박물관의
그림자

박물관의 그림자

지성의 위기를 넘어 새로운 미래로

애덤 쿠퍼 지음 | 김상조 옮김

The Museum of Other People

진성북스

목차

2부 아메리카 원주민, 명백한 사명, 그리고 미국 예외주의

3부 박물관의 분화와 재창조

1장

'타인의 박물관'에 어서 오세요!

적어도 15세기 이후부터 유럽인 중 1%에 해당하는 사람들이 그리스와 로마 시대 골동품, 르네상스 미술작품, 그리고 중국 도자기를 수집하기 시작했다. 그들의 정원에는 이국적인 나무들이 넘쳐났다. 관상용이나 교육용으로 '자연의 흥미진진한 것들'과 '사람이 만든 흥미로운 작품들'을 수집하다 보니 자연 속의 기괴한 것들과 사람이 만든 기묘한 도구, 나아가 고문 도구와 자극적인 그림까지 한곳에 모아졌다.

18세기 후반에 되자 수집가들은 이렇게 모은 방대한 수집품을 대중들이 볼 수 있도록 전시하기에 이른다. 이 전시장들은 뮤지엄museum, 즉 '뮤즈들의 성지'라고 알려졌다. 처음에는 엄선한 자들만 방문할 수 있었다. 에르미타주는 궁중 예복을 입은 자들만 입장시켰다. 루브르는 예술가에게만 특별 관람을 허락했다. 대영박물관은 1808년까지도 신청서를 작성한 사람들만 입장할 수 있었다. 세월이 흐르면서 점점 대중에게 개방되었지만 여전히 아이들은 들어갈 수 없었다.

1848년 중국은 새로 생겨난 이 기관을 조사해 오라고 두 명의 학자를 파견했다. 이들은 '해골을 모아놓은 건물'인 집골루集骨楼, '온갖 것들이 진열된 정원'인 만종원万钟园, '그림들이 걸려 있는 전시관'을

뜻하는 화각画阁, '보물들을 모아둔 뜰'인 집보원集宝园, '무기를 모아둔 곳'인 군기루军器楼가 있었다고 보고했다. 일본이 파견한 조사단은 대영박물관을 둘러본 뒤 '셀 수 없이 많은 것이 들어있는 집'을 뜻하는 하쿠부츠칸はくぶつかん 즉 박물관博物館[01]이라는 말을 새로 만들어냈다.

이 책은 그 모든 것과 구별되는 또 다른 박물관에 관한 이야기이다. 브누와 드 레스투알Benoît de L'Estoile이 '르 뮈제 드 로트르le musée de l'Autre'라고 명명한 박물관. **나는 '타인의 박물관the Museum of Other People'이라고 부르려고 한다.**[02]

1830년대에서 1840년대를 지나며 생겨난 타인의 박물관은 아주 먼 곳에서 살았거나 아주 오래전에 살았던 '원시인'이나 '부족민'의 세계를 전시한다. 이 박물관은 아프리카와 오세아니아 지역에서 유럽의 식민지 건설이 한창이던 1880년대에 황금기를 맞이했다. 그러다 탈식민지화가 진행되던 1960년대에 이르러 쇠퇴기에 접어든다. 미국에 있는 인류학, 민족학 박물관들도 이와 비슷한 궤적을 그리는데 미시시피 서쪽(인디언들 거주지)을 식민지화하던 시기에 절정을 맞이했다가 1980년대에 들어오면서 정체성 박물관identity museum[01]에게 자리를 내주고 말았다. **21세기에 들어선 이후로 타인의 박물관은 전면적인 위기에 봉착했다. 지금 이대로 가면 다시 회복하기 어려울 듯하다.**

인류학과 민족학, 그리고 박물관

타인의 박물관 설립에 관한 최초 계획은 파리, 레이던, 코펜하겐, 드레스덴 등지에 세워졌다. 대영박물관은 1845년에 민족학 전문 갤러

---

01 정체성 박물관에 대한 자세한 논의는 13장에서 다룬다.

리를 오픈했다. 워싱턴 DC에 있는 스미소니언은 1846년에 민족학 부문을 새로 만들었다. 동시에 당시 새롭게 일어나던 유럽의 산업화, 도시화, 제국주의 시대에 관한 학문 연구의 일환으로 인류학 학회와 민족학 학회가 설립되기에 이른다.

이즈음 정부는 교육, 구제 사업, 공중 보건, 치안 등(그전까지 주로 교구 단위로 감당하던 기능)에 대한 책임을 짊어지기 시작했다. 국가 차원의 통상 무역을 위해 유럽 각국은 먼 곳에 있는 땅을 점령하는 새로운 경쟁에 돌입했다. 관료 체제가 근대화되면서 사실과 아이디어를 확보해야 할 필요성이 대두되었다. 1836년, 영국 수상을 두 번이나 역임했던 존 러셀John Russell 경은 이렇게 단언했다. "현재 우리는 시스템, 방법론, 과학, 경제, 규칙성, 그리고 규율을 도입하느라 무척 바쁘다."[03]

일단의 새로운 통계학자들이 데이터를 제공하는 일을 담당했다. 프랑스의 실증주의자들과 영국의 공리주의자들이 숱한 방법론과 이론을 제시하면서 새로운 학문이 나타났다. 프랑스의 철학자 미셸 푸코Michel Foucault는 이를 '인문 과학human sciences'이라고 부르면서도 이때의 '과학sciences'이라는 용어는 그렇게 엄격한 의미는 아니라는 것을 인정했다. 다시 말해 인간을 경험적 연구 대상으로 삼는 '지식의 체계the body of knowledge(사실 이 말도 너무 강한 뉘앙스를 풍기므로 좀 더 중립적인 어감을 찾자면 '논의의 체계the body of discourse')'라는 의미라고.[04]

과학 철학자이자 과학사가인 이언 해킹Ian Hacking이 말했듯이 새롭게 출발한 인문 과학은 인간의 유형kinds of people을 구분했다.[05]

민족학자와 인류학자들은 아주 구체적이고 특정한 인간 유형이 갖고 있던 특성, 습관, 관습을 연구하기 시작했다. 한때 야만인으로 알려졌지만 과학의 시대인 지금은 '원시인'이라고 불리며 인간 발달 단계

박물관의 그림자

상 초기에 존재했던 인간 말이다. 이 원시인들은 18세기 후반에야 만들어진 용어인 '인종,' '문화,' 혹은 '문명'의 정도에 따라 구분된다.

인류학자는 사람을 인종에 따라 구분한다. 그리고 민족학자는 문화나 문명에 관심을 쏟는다. 그러나 분과학문별로 사용하는 이 라벨들은 그 의미하는 바가 넓고 서로 중첩overlapping될 뿐만 아니라 논란을 불러일으킬 때도 많다. 자메이카 농장주의 아들이자 1831년에 파리 민족학회를 세운 윌리엄 에드워즈William Edwards는 민족학이라는 용어가 일반화를 쉽게 할 뿐만 아니라 "인종이나 민족 연구 어디에도 사용할 수 있다."[06]라는 차원에서 이중의 장점을 가지고 있다고 주장했다. 1843년에 영어로 나온 최초의 민족학 교과서를 집필했던 제임스 카울리 프리처드James Cowley Prichard는 민족학을 민족의 역사 연구라고 정의하면서 "주로 그들이 사용하는 언어들 사이의 관계 연구에 토대를 둬야 한다."고 밝혔다. [07]

1859년, 소르본의 해부학 교수 폴 브로카Paul Broca는 인간 조건에 대한 철학적 고찰을 가리키는 고전적인 용어인 '인류학'을 사용한 최초의 학회인 파리 인류학회를 설립했다. 그는 민족학자들은 노예제도 폐지에나 집착할 뿐 학문적 연구에 대한 열망이 부족한 공상적 박애주의자에 불과하다고 못마땅해했다. 심지어 그들은 생물학적 차이가 만드는 근본적인 중요성을 인정하는 것에도 주저하는 형편없는 자들이라고 개탄했다.

학회에 가입할 의향이 있는 18명의 서명을 받아 든 브로카는 교육부 장관을 찾아가 학회 설립 허가를 요청했다. 하지만 장관은 주저했다. 역사학자 프랜시스 실러Francis Schiller는 당시의 공식적인 우려 사항을 이렇게 요약한다. "노예제도 반대만 표나게 내세우는 민족학보다는 체제전복적이고 1848년의 혁명정신을 추구할 뿐만 아니라 영원불멸하는 인간 영혼을 은밀하게 폄하하고 교회의 가르침이나 제국의 이익에도 어긋나는 인류학 쪽이 문제가 더 심각하다."

결국 설립 승인은 났지만 두 가지 조건이 붙었다. 첫째, "정치와 종교에 대한 논의는 절대 금한다." 둘째, "모든 회의에 사복을 입은 제국 경찰관이 참석하며 논의 내용을 본부에 보고한다."[08]

(브로카는 회의에 참석했던 경찰관이 그냥 가도 되겠느냐고 물어봤던 때를 유쾌하게 회상했다. "오늘은 특별한 내용이 없을 듯하네요. 저는 가도 되겠죠?" 이에 브로카가 대답했다. "아, 친구, 그러면 안 되죠. 산책이나 해서는 안 되고 가만히 앉아서 월급 받은 만큼 일을 해야죠.")[09]

런던에서도 민족학자들과 인류학자들은 서로 으르렁거렸다. 1842년 원주민 보호학회는 원주민을 돕는 가장 좋은 방법은 그들을 연구하는 것이라고 결의했다.[10]

논란을 불러일으키는 결정이었다. 학회 내의 선교적 열정을 가진 이들은 반발했다. 1년 후 원주민 보호학회 서기인 리처드 킹Richard King과 의사이자 퀘이커 교도인 토마스 벅스턴Thomas Buxton, 그리고 토마스 호지킨Thomas Hodgkin은 런던 민족학회를 세웠다. 회원은 모두 노예제도를 반대할 뿐만 아니라 모든 인간은 공통된 조상에서 나왔다는 학설을 지지하는 이들이었다.

미국 남북전쟁이 한창이던 1863년, 대놓고 인종차별을 하던 이들이 나가 런던 인류학회를 세웠다. 1년 후, 그들의 리더인 제임스 헌트James Hunt는 『자연 속에서 흑인의 위치On The Negro's Place in Nature』를 출간했는데 여러 인종은 서로 다른 기원에서 나왔다는 주장과 함께 노예제도를 옹호하는 내용을 담았다. 인류학회 핵심 멤버들은 '식인종 클럽The Cannibal Club'을 결성했는데 여기서는 아프리카인의 머리 모양을 조각한 망치를 주문하기까지 했다.[11]

헌트는 민족학자들을 브로카보다 더 심하게 멸시했다. "비교 인류학을 반대하는" 이 사람들은 "뇌 성장이 정체"되어 있으며 "내가 각

각 종교적 광신과 인권에 대한 광신이라고 부르는" 질환에 시달리고 있다는 식이었다.[12]

헌트는 1869년에 사망했다. 다윈이 『인간의 유래The Descent of Man』를 출간한 해이기도 한 1871년에 오면, 서로 앙숙이던 런던의 이 두 학회는 토머스 헨리 헉슬리Thomas Henry Huxley, 존 러벅John Lubbock, 아우구스투스 레인-폭스Augustus Lane-Fox 중장(훗날 피트 리버스 Pitt Rivers라는 이름으로 알려지는)의 지도하에 하나로 통합되었다. 이들은 모두 다윈주의자였다. 실제로 어떤 비평가는 새로 생긴 학회가 "다윈주의자 클럽과 다를 바 없지 않은가?"라는 비판을 내놓았다.[13]

학회명을 정하는 일이 마지막으로 남은 쟁점이었다. 러벅은 영국 과학발전협회에서 벌어진 뜨거운 토론에 개입하면서 자신이 보기에 "인류학은 민족학을 뜻하는 듣기 거북한 이름이며 [민족학이] 인류학 보다 더 오래되고 더 예쁜 말"[14]이라고 주장했다. 그러나 오랜 시간 숙의를 거치면서 반인종주의자인 러벅 여사의 열정적인 후방 지원 사격에도 불구하고 새 학회의 이름은 '인류학회'[15]로 정해졌다.

'문명 박물관Museums of Civilisation(루브르, 대영박물관, 뉴욕 메트로 폴리탄 박물관)'은 인류 역사에 대한 계몽주의적 관점에 입각해 있다. 모든 인간 사회는 저열한 상태에서 고등한 상태로 진보하며 어떤 사회는 다른 사회보다 좀 더 빠르게 진보한다는 입장 말이다. 진보는 날 것 그대로의 자연, 본능, 미신, 전통적 권위 등에 대항하며 전 우주적 차원의 전쟁을 치러온 이성의 발전상이다. 긴 여정을 거쳐 우리 모두 도달해야 하는 목표는 18세기 프랑스 철학자들이 '문명'이라고 불렀던 그것이다.

문명은 야만을 이겼는가?

문명은 지금까지 세 번의 정점이 있었다. 고대 그리스와 로마, 유럽

르네상스, 그리고 모두 알듯이 최고급 문명 박물관이 세워져 있는 파리, 런던, 뉴욕과 같은 대도시. 문명의 대척점이면서 문명을 돋보이게 하는 것은 '석기 시대' 혹은 '원시' 사회로 대변된다. 그들이 만든 미숙한 그림이나 공예품은 자연사 박물관이나 '타인의 박물관'으로 보내면 그만이었다.

19세기 중반, 영국 철학자 허버트 스펜서Herbert Spencer는 인간 사회가 살아있는 유기체와 같다고 주장했다. 사회는 '진화'하면서 점점 복잡해지고 효율적으로 변한다. '진화'라는 용어는 '진보'나 '문명'이라는 용어와 함께 사변적 역사학자들이 자주 쓰는 말이 되었다. 그러나 스펜서가 말하는 '진화'는 다윈이 말한 자연선택설과는 근본적으로 다른 의미였다. 다윈은 사회는 말할 것도 없고 자연적 유기체가 발달하는 과정도 어디서나 동일한 패턴으로 일어난다는 생각을 거부했다. 닥쳐오는 도전적인 상황은 지역마다 다르고 변화도 많다. 생물이 구체적으로 어떻게 적응해 나갈지는 예측할 수 없다. 그 결과를 미리 알 수도 없다. 다윈은 이에 관해 다음과 같이 사유를 이어간다. "인간이 세상에 나온 것 자체가 얼마나 큰 우연인지. 어떤 원숭이도 지능을 갖출 수야 있었지만 인간이 될 수는 없었다."[16]

다윈은 인간이 도구를 만들어 쓰면서부터 환경변화에 덜 종속될 수 있었다고 보았다. 인간은 자신의 진보를 이루는 데 필요한 도구를 계속 만들어냈다. 이 대목에 와서 다윈 자신도 '문명'이라는 내러티브Narrative를 받아들였다. 그는 『인간의 유래』에서 "인간은 비록 매우 느리고 때때로 중간에 단절되는 단계를 거치지만 저열한 상태에서 높은 수준으로 끊임없이 나아가면서 지식과 도덕과 종교까지 터득했다."[17]라고 쓰고 있다.

그는 노예제도를 혐오했지만 인종 간에는 서열이 존재한다고 믿었다. 1862년에 기독교 사회주의자 찰스 킹슬리Charles Kingsley에게 보낸 편지에서 다윈은 "언젠가 고등한 인종이 열등한 인종을 대체해서 완전히 없애버릴 것이라는 당신의 견해는 지극히 진실에 가깝습니다. 앞으로 500년 안에 앵글로색슨 인종이 널리 퍼져 다른 모든 나라를 없애겠죠. 그때가 되면 인류 전체가 한층 더 고귀해지는 셈입니다."라고 썼다.[18]

1871년에 영국 인류학의 대부격인 E. B. 타일러E. B. Tylor는 자신의 저서 『원시 문화Primitive Culture』에서 이렇게 썼다. "교육받은 세계인 유럽과 미국 사람들은 인간 사회를 한 줄로 세울 때 자신들의 민족을 한쪽 끝에 놓고 미개인 부족을 반대편 끝에 놓은 다음 나머지 인류는 미개인에 가까운지 문화적인 삶에 가까운지 정도를 살펴 이 양극단 중간에 배열하는 방식으로 판단 기준을 마련한다."[19]

타일러는 비꼬는 의미로 썼지만 제국주의자들은 분명히 이런 사고방식을 가지고 있었다. 그들이 지배하는 이방인들이야 전혀 그렇게 생각하지 않았겠지만 말이다.

유럽 열강이 아프리카와 오세아니아 열대 지역으로 제국의 영토를 확장하느라 혈안이던 19세기 후반, 유럽인 자신들도 대부분 제국주의 통치하에서, 다시 말해 오스트리아-헝가리 왕가, 오스만 제국, 혹은 러시아 제국의 백성으로 살고 있었다. 중부 유럽의 지식인들은 제국주의가 신봉하는 '문명Civilisation'에 대항해 '문화Kultur'라는 개념을 내세웠다.[20] 특정한 문화에서부터 '민족Volk'이라는 정체성이 형성되었다고 보았다.

민족은 혈연과 지연에 뿌리를 두고 그 지역 환경에 적응하며 성장했다. '민족 정신Volksgeist'는 고유의 예식, 민간 설화, 음악, 공예품 등에 반영된다. 보편적인 문명을 내세우는 것은 제국주의의 선전에 불과하다. 문화 간에는 우열이 없고 세상의 모든 인간을 문명의 상태에 이르도록 앞으로 그리고 위로 이끄는 보편적이고 역사적인 변증법적 힘 따위는 존재하지 않는다. 요한 고트프리트 폰 헤르더Johann Gottfried von Herder는 "도대체 '인간의 진보'라는 게 무슨 말이란 말인가? 외부에서 정보가 아무리 좋다고 하더라도 그토록 다양한 시대와 인간들을 무슨 수로 제대로 평가할 수 있는가?"라고 강하게 말했다.[21]

지역 고유문화를 중시하는 이들은 외부 세력과 교묘하게 침투해 오는 근대성의 영향 때문에 자신들의 정체성이 훼손되는 것을 두려워했다. 과학, 산업, 교역 부문을 향해 의심의 눈초리를 거두지 않은 채 과거에서부터 확신과 영감을 얻으려고 했다. 반면, 문명을 옹호하는 이들은 낙관론에 가득 차 앞으로 나아가며 진보할 수 있다고 믿었고 자신들은 역사의 편에 서 있다고 확신했다. **문명은 야만을 이겼다고. 진보에는 물론 대가가 따르겠지만 저항은 의미가 없다고.**

그러나 타일러가 말했던 일련의 계열상 양쪽 극단-미개인과 문화-은 객관적이거나 구체적으로 확인할 수 있는 역사적 상황과는 부합되지 않았다. 상부 구석기 시대 수렵 채집인들의 생활이나 믿음 등에 대해 알려진 바는 거의 없다. 지금 우리는 그 시대 여러 사회가 수렵 채집에 의존했다는 사실 외에 다른 공통점이 무엇이었는지 자신 있게 말할 수 없다(그들에게 가족, 지도자, 샤먼, 음악이 있었는지 없었는지 누가 알 수 있는가?). 유목민이나 수렵 채집 생활을 이어가던 이들은 기록상에 등장한 이후로는 농사를 짓고 사는 이들이나 심지어 도시 거주민과 여러 세대에 걸쳐, 심지어 천 년의 세월을 두고 교류를 이어갔다. 그랬기에 그들은 수렵 채집 생활을 이어가던 고대 구석기 시대 사람들과는 전혀 달라졌으며 세계다른 지역에 사는 수렵 생활인들이나 가축을 기르던 사람들보다 농사를 짓고 사는 이웃 사람들과 유사한 점이 더 많아졌다.

계몽주의 시대에 미개인이나 야만인과 대척되는 개념으로 내세웠던 '문명'은 그 뜻을 정의하기가 꽤 어려운 말이다. 처음에는 고대 그리스나 로마 시대를 설명하는 말로 사용되었다. 19세기에 들어와 유럽 학자들이 여기에 고대 이집트와 이스라엘, 바빌론, 페르시아, 중국, 일본, 인도의 무굴제국까지 포함하고 만다. 고대나 현대의 모든 문명인은 공통적인 특징을 갖고 있지만 어떤 특질이 결정적으로 중요한지에 대해서는 합의가 이루어지지 않았다. "문명사회 중 그 어떤 곳도 _____ 하지 않는다."에서 이 빈칸은 각자 취향에 따라 내용이 달라진다.

1883년 영국 역사학자 J. R. 실리J. R. Seeley는 문명이란 온갖 조건, 즉 "때로는 부드러운 예의범절과 때로는 기계 발명과 때로는 종교적 관용과 때로는 위대한 시인이나 예술가의 출현과 때로는 과학상 발견과 때로는 헌법적 자유"와 관련되어 있다고 보았다. 이런 일은 동시에 일어나는 것이 아니다. 하나의 원인에서 비롯되지도 않는다. '문명' 개념으로는 대영제국의 놀라운 팽창에 대한 변명은 말할 것도 없고 설명조차 불가능하다. ("우리는 경황도 없이 전 세계의 절반을 정복하고 사람들로 가득 채운 것 같다." 실리가 남긴 유명한 말이다.)[22]

영국이 제1차 세계대전 참전용사들에게 수여한 메달에는 '1914~1919년, 문명을 위한 위대한 전쟁'이라는 문구가 새겨져 있다. 그러나 그 전쟁의 무섭고 두려운 실상이 드러난 이후 문명과 야만 사이의 구분은 흐려져 버렸다. '미국 인류학의 아버지'라고 할 수 있는 프란츠 보아스Franz Boas는 1928년에 이렇게 썼다.

원시 부족 사람들과 함께 지내며 그들의 기쁨과 슬픔, 그들의 빈곤과 사치를 함께 겪어본 이들이라면 누구든 '원시적인 정신'이나 '마술적' 혹은 '논리 이전의' 사고방식 같은 것은 존재하지 않으며 '원시' 사회 속의 모든 개인은 모두 우리 사회의 남자, 여자, 아이와 똑같은 방식으로 생각하고 느끼고 행

동하는 남자, 여자, 아이라는 점에 동의할 것이다.[23]

그러나 이 대목에서조차 보아스는 미처 자신도 의식하지 못한 채 '원시 부족'이라는 표현을 썼다. '원시인'이라는 관념은 내가 케임브리지대학 사회인류학과 대학원생이던 1960년대까지도 유효하게 작동하고 있었다. 아프리카와 카리브해와 태평양에 있던 영국과 프랑스와 벨기에 식민지들이 독립국으로 변모하던 시절이었다. 그런데도 그때 우리는 열대 지방이나 호주, 뉴질랜드, 최근까지도 유럽의 식민지였던 나라들에서는 여전히 부족 사회가 작동하고 있다고 배웠다. 물론 그들은 이제 대부분 기독교인이나 이슬람교도가 된 상태지만 말이다.

아이들은 학교에 다닌다. 그러나 아직도 과거 시스템의 잔재는 남아있다. 선교사들이 비판하는데도 불구하고 사람들은 여전히 자기 조상들에게 제사를 지내고 동물 토템 모양의 문신을 한다. 부족장은 식민지를 통치하던 관료에 의해 세워졌지만 여전히 전통적인 특권을 고수한다. 모든 사람이 돈과 시장에 접근할 수 있었지만 물물교환과 선물 경제가 여전했다.

식민지 시대 이후post-colonial에 들어와서는 인류학자들도 변화된 세계에 적응해야 했다. 고유한 원시 문화를 간직한 채 고립되어 살아가는 부족에 대한 환상은 포기하고 세계화, 종교 혼합, 민족 간의 교류, 도시 생활, 식민지 구조가 남긴 유산을 연구했다. 어떤 이들은 새로 독립한 국가들의 '근대화'나 '개발' 프로젝트에 몰두했다. '원시적primitive'이라는 표현은 쓰지 않게 되었다. '토착적indigenous'이라는 용어가 더 선호되었는데 이 용어도 수렵과 유목 생활을 하는 이들-빅토리아 시대 사람들이 원형적 원시인proto-typical primitives이라고 여겼던-을 가리키는 말이었다.

'타인의 박물관'의 표류

이즈음 '타인의 박물관'은 정체된 상태였다. 1969년, 워싱턴 DC에 있는 스미소니언 협회에서 오랫동안 북미 민족학 분야 큐레이터로 지내던 윌리엄 스터트반트William C. Sturtevant는 자기 동료들에게 "오늘날 민족학 분야에 종사하는 자들이라면 박물관에서 일한다는 게 얼마나 미미한 역할과 낮은 지위를 가지는지 알아야"[24] 한다고 말했다.

그로서는 당연히 그렇게 말할 만했다. 많은 박물관은 여전히 이국적인 삶의 방식을 형상화한 영원불멸의 조각상(사냥, 기도, 조각, 길쌈, 요리, 모닥불 주변에 앉아 있는 모습 등을 밀랍으로 만들어 진열한 디오라마)을 전시했다. 그러나 깔리는 무드음악은 더 이상 제국주의적인 느낌이 아니었다. 전시회는 '온화한 보편주의'의 느낌을 전달하려고 애쓰고 있었다. '세계 곳곳의 장례 문화, 영적인 존재에 대한 믿음, 음악, 춤, 통과의례 등을 두루 살펴보라. 우리는 얼마나 공통점이 많은가?'라고.

이런 전시회의 원형은 1950년대에 온 세계를 다니며 개최했던 블록버스터급 사진전 『인간 가족Family of Man』이라고 하겠다. 그 당시만 해도 이 사진전은 그저 '우리 모두 함께 왁자지껄하게 행복해지는 쿰바야 가족 사진전'이라는 조롱을 받았다. 비평가 롤랑 바르트Roland Barthes는 이 사진전의 애매모호한 메시지를 이렇게 지적한다.

인간의 형태적 특징 차이가 두드러지면서 이국적인 느낌이 일관되게 강조되고 있을 뿐만 아니라 인종의 다양성은 물론 피부색, 머리뼈, 관습의 다양성도 확연히 표현되었으며 세계의 이미지 위로 바벨의 이미지가 만족스러운 듯 투사된다. 그러나 이 다원주의로부터 하나 됨이 마술처럼 만들어져 나온다. 이 세상 어느 곳에서나 인간은 태어나 일하고 웃고 죽는다는 점은 똑같다는 것… 물론 이것은 인간 본질은 하나라고 상정한다는 말이며 이를 위해 우리 전시회에 하나님이 다시 도입되고 있다.[25]

『인간 가족』전은 큰 성공을 거두었다. 미국 문화정보국이 자금을 댔고 전 세계 37개국에서 750만 명의 관람객이 찾아왔다. **'타인의 박물관'은 점점 중심을 잃고 표류하기 시작했으며 해부학, 인류학, 고고학, 언어학, 예술사와 관련한 새로운 연구의 중심부로부터 멀어져 갔다.** 1920년대와 1930년대부터 민족학자들은 장기간 이어지는 현지 조사를 시작했다. 사회 문화적 발전 과정을 연구하고 광범위한 사회과학 이론을 도출하면서 그들은 흔히 말하는 '물질 문화material culture'-박물관에서 볼 수 있는 물건들-에 대한 흥미를 잃었다. 20세기 후반에는 인종주의나 유형 분류학적 연구 방식은 밀려나고 통계학에 기반한 집단 유전학이 우세해졌다. 더 이상 두개골이나 사람의 뼈를 전시할 이유가 없어졌다. 그러나 대학에서는 이 구식 패러다임이 폐기되었다고 해도 박물관에서는 명맥을 유지하고 있었기에 이국적인 생활 양상을 보여주는 영원불멸한 형상을 담은 진열장이나 밀랍으로 만든 입체 모형이 계속 전시되었다.

1960년대에 오면 '타인의 박물관'은 격랑 속으로 들어선다. 아프리카와 오세아니아에 있던 유럽 식민지들은 독립 국가가 되었다. 아메리카, 호주, 뉴질랜드에서는 토착민 권익을 위한 연합운동이 대두되었다. 20세기 후반 이후, 워싱턴 DC에 세워진 여러 정체성 박물관은 '타인의 박물관'이 가지고 있는 존재 가치에 의문을 제기했다. 민속학적 선사시대 예술품을 다루는 큐레이터들은 채 준비되지 않은 상태로 인종, 식민주의, 문화 도용, 과학적 권위의 본질에 관한 뜨거운 논쟁이 뒤섞인 들끓는 가마솥에 던져지고 만다. 설상가상으로 21세기에 이르러서는 '남의 집안 가보를 빼앗아가 움켜쥐고 있는 자들'

박물관의 그림자

이라는 혐의까지 씌워졌다.

"대영박물관 이사회야말로 세계 최대 도난품 매입자가 되었고 그곳 약탈품의 대부분은 전시되지도 않은 상태"라는, 인권 변호사로 활동하던 칙선 변호사[02] 제프리 로버트슨Geoffrey Robertson의 주장까지 나왔다.[26] 옥스퍼드대학 소속 피트 리버스 박물관의 수석 큐레이터 댄 힉스Dan Hicks는 유럽의 여러 박물관은 과거 식민지 정복 시기의 잘못을 배상하고 스스로 '양심의 전당'이 되어야 하며 "2020년대를 반환을 위한 10년으로 삼기 위한 행동에 나서야 한다."라고 주장한다.[27]

사회 활동에 적극적인 연극인들이 만든 단체인 'BP냐 BP가 아니냐 BP or not BP(『햄릿』의 대사에서 착안한 단체명으로 논란 많은 기부자이자 세계적인 석유기업 '브리티시 페트롤륨British Petroleum'을 가리킨다)'에서는 대영박물관의 '훔쳐 온 작품 투어'를 운영했다. 호주 토착민 출신으로 런던에 거주하는 한 남성이 1770년 쿡 선장이 가져간 방패를 돌려줄 것을 요구했다. 그 방패는 250년 전 쿡이 쿠맨Cooman이라고 신원까지 확인한 전사였던 자기 선조 것이라는 주장이었다. 그 뒤로도 자신을 마오리족이라고 소개한 한 여성이 대영박물관에 2,300점의 마오리 공예품을 반환해 줄 것을 요청했다. 그다음에는 그리스계 키프로스인 부모를 둔 한 영국 남성이 엘긴 마블(파르테논 대리석 조각군)은 아테네에 돌려줘야 한다는 주장을 폈다.

2018년에 나온 슈퍼 히어로 영화 「블랙 팬서」에 보면 아프리카에 있는 가상 국가에서 온 에릭 '킬몽거' 스티븐스(마이클 B. 조던이 연기한 배역)가 '대영제국 박물관'에 있는 큐레이터와 논쟁하는 장면이

---

02 칙선변호사Queen's Counsel - 영국에서 최고 등급의 법정 변호사. 여왕 치세 때 쓰던 표현

나온다. 그는 한 큐레이터에게 다른 아프리카 공예품과 함께 전시 중인 17세기 전쟁용 해머에 라벨 표기가 잘못되어 있다고 말한다. 해머가 베냉(서아프리카의 국가)에서 만든 게 아니라는 말이었다. 영국인들이 자기 나라 사람, 즉 와칸다인들에게서 빼앗아간 것이며 이제 되돌려 받아야겠다고 하자 그녀는 판매하는 물건이 아니라고 대답한다. "당신들 조상이 이걸 어떻게 가져왔을 거라고 생각하는 거예요?" 그가 대꾸한다. "제값을 주고 샀을 거라고 생각해요? 아니면… 다른 것들처럼 그냥 가져왔을 거라고?" 킬몽거는 큐레이터의 커피에 독을 타고 경비원들을 다 해치운 후 해머를 가져간다.

약탈하고 전시하다

대영박물관의 대표적인 작품들은 유럽 제국주의가 한창일 때 다른 경쟁 제국에게서 강제로 빼앗아오거나 은밀한 거래를 통해 획득한 것들이다. 유명한 사례로 엘긴 마블, 로제타 스톤, 중국 이화원에서 약탈해 온 청나라 보물들이 있는데 모두 대영박물관이 자랑하는 작품들이다.[28] (심지어 약탈loot이라는 용어마저 가져온 말이다. 약탈을 뜻하는 힌두어 lut에서 나왔다.)

1798년 나폴레옹이 이집트 원정을 떠날 때 일단의 과학자들이 그를 따랐다. 그들이 고대 유물을 잔뜩 탈취했는데 그중 일부-로제타 스톤을 포함한-는 영국 원정군이 차지한 후 포획한 프랑스 소형 구축함 '이집트인L'Egyptienne'에 실어 런던으로 보냈고 결국 대영박물관에 들어갔다. 1812년 오스만 제국에 파견된 영국 대사였던 엘긴 경은 파르테논 신전에 남아 있던 조각상 절반가량을 영국에 있는 자기 집으로 가져갔다. 그는 "나폴레옹 보나파르트도 이탈리아에서 이 정도까지 많이 훔쳐 오지는 못했다."라고 대놓고 자랑할 정도였다.[29] 그 후 1816년에는 자신의 전리품을 대영박물관에 팔았다.

베이징 북쪽에 있는 중국 황제의 이화원은 2차 아편전쟁 당시 39명의 유럽인이 붙잡혀 고문받은 후 18명만 살아남았던 사건에 대한 보복의 하나로 1860년 10월에 쳐들어온 영국과 프랑스 군대에 의해 철저히 약탈당하고 파괴되었다. 약탈이 시작되었을 때 군인들은 마음대로 해도 좋다는 허락을 받았고 왕궁 안에 있던 약 150만 점의 귀중품이 사라졌다. 그중 상당수는 유럽과 북미의 박물관으로 갔다.[30]

40에이커 즉, 4만 9천 평에 이르는 황제의 궁은 중국에 파견된 영국 고등판무관[03] 엘긴 경(엘긴 마블을 가져왔던 엘긴 경의 아들)의 명령에 따라 불태워졌다.

"우리 유럽인은 문명인들이고 우리 눈에 중국인은 야만인이다."라고 빅토르 위고Victor Hugo는 어느 편지에서 썼다. "그런데 자, 문명인들이 야만인들에게 한 일을 보라…. 나는 언젠가는 프랑스가 전쟁 중에 약탈한 모든 것을 중국에게 돌려줄 날이 오기를 바란다. 깨끗이 닦고 광을 낸 상태로."[31]

"인류 역사에서 보면 전쟁에 참여한 군인은 전리품에 대한 소유권이 있으므로 도시를 약탈하는 일은 시골에서 식량을 강제로 징발하는 일처럼 흔했다." 케임브리지대학 근대사 흠정欽定 강좌 담당 교수 리처드 에반스 경Sir Richard Evans은 이렇게 말한다.[32] 약탈은 전쟁에 수반되는 액세서리일 뿐만 아니라 당연한 권리로 간주하였다. 1625년에 나온 전쟁과 평화에 관한 자신의 고전적인 법학서에서 네덜란드 법학자 휴고 그로티우스Hugo Grotius는 "적에게서 빼앗은 물건은 자기 것으로 삼을 권리가 있다."라며 약탈을 긍정했다.[33]

---

03 판무관 - 정치, 외교 등의 업무를 처리하도록 보호국이나 식민지에 파견하는 관리

나폴레옹 보나파르트는 약탈을 "애국자라면 완수해야 할 의무"로 격상시키기까지 했다. 로마의 개선식을 모방해 그는 자신이 훔쳐온 것을 축하했다. 1798년, 로베스 피에르가 몰락하고 공포정치가 끝난 것을 기념하기 위해 파리는 이틀 동안 '자유, 그리고 이탈리아에서 가져온 과학 발명품과 예술 작품의 개선 입성 축하 페스티벌'을 열었다. 행사 중에 전시된 전리품 중에는 코린트 양식으로 도금된 네 마리의 말 조각상도 있었는데 1204년에 십자군이 콘스탄티노플의 마차 경주장에서 베네치아로 가져온 것이었다. 프랑스 군대는 베네치아 성 마르코 성당 현관에 있던 이 조각상을 가져와 다음과 같은 문구가 적힌 깃발 아래에 세워 파리 시내까지 행진했다. "코린트에서 로마로, 로마에서 콘스탄티노플을 거쳐 베네치아로, 베네치아에서 프랑스로. 이제야 자유의 땅에 발을 딛다." 이때 불렀던 노래의 후렴구는 다음과 같다. "로마는 더 이상 로마에 있지 않도다 / 로마의 모든 것은 파리에 있도다." [34)

나폴레옹이 원정 중에 가져온 약탈물 중 상당수는 루브르에 소장되었는데 루브르는 1803년에 나폴레옹 박물관으로 이름이 바뀌기도 했다. 워털루 전쟁 후 웰링턴 공은 승리한 연합군으로서는 "프랑스 혁명과 보나파르트의 독재가 이어지던 참담한 시기에 문명국의 전쟁 관습에 정면으로 배치되는 방식으로 다른 나라에서 탈취해 온 '예술 작품들'을 본국으로 되돌려 주지 않을 수 없다."라고 선언한다. [35) 그러나 리처드 에반스가 지적했듯이 "약탈품 중 55%만 반환되었고 나머지는 점령 중이던 연합군의 시선이 미치지 못하는 여러 지역 박물관으로 보내졌다." [36)

1899년과 1907년에 열린 헤이그 회의는 약탈을 금지한 최초의 국제적 조약이었다. 그러나 이 결정으로는 나치가 여러 박물관과 유대인 가정에서 숱한 명화를 강탈해 나오는 사태를 막을 수 없었다. 히틀러는 젊었을 때 예술가가 되고 싶어 했다. 세계대전이 한창이던 말년에 와서는 오스트리아에 있는 자신의 고향 근처인 린츠Linz에 총통 박물관을 세우고자 했다. 총통 박물관은 그렇게 약탈한 예술품으로 가득 채운 박물관이 될 참이었다.

나치 독일이 패한 후 미국은 예술품 거래를 한시적으로 금지하고 훔친 작품을 모아 돌려주는 방안을 마련했다(그러나 이런 방안으로는 숱한 고대 유물과 예술 작품을 트럭으로 빼돌리는 소련군을 막지 못했다). 유엔과 유네스코 회원국들은 협의를 거쳐 1954년 헤이그에서 전시 문화재 보호에 관한 협약을 채택했다. 협약 체결 당시 회의에는 133개국이 참여했다. (미국은 2009년에야 서명했는데 서명하면서도 핵무기가 동원되는 전시는 예외로 해야 한다는 주장을 폈다.)

이 협약은 누군가가 훔쳐 간 예술품의 원소유주인 기관이나 개인(그리고 그들의 후손)은 되돌려 받을 권리가 있다는 점을 명시했지만 나치가 약탈해 간 보물을 다시 찾아오는 것은 불가능에 가까웠다. "많은 경우, 원소유주는 이미 사망했고 어떤 경우는 후손들까지 나치에 의해 살해된 후였다." 제3제국 연구의 권위자 에반스Evans는 다음과 같이 쓰고 있다.

> 아우슈비츠에서 가족 전체가 몰살된 경우가 대부분이고 기관이나 박물관 혹은 갤러리는 자신들이 빼앗긴 문화재를 되찾는 데 필요한 지식과 자원과 증거를 갖고 있지만 개인은 좀처럼 그렇게 하기 어렵다. 그 결과, 1950년대 들어와 반환 요청과 소송 건수는 급감한 반면, 자국 보유 문화재를 보호하려는 국제 조약이 작동하기 시작했다.[37]

1970년에 유네스코에서 정한 '불법문화재 수입, 수출, 소유권 이전을 금지하고 예방하는 방안'에 관한 협약에 따르면 구매자는 자신이 구입하려는 고대 유물이 합법적으로 획득된 물건이라는 증명을 요구받아야 했다. 미국은 이 협약을 1983년에 비준했지만 영국은 2002년, 독일은 2007년에 가서야 서명했다. 그 사이 고대 유물이 풍부한 나라들—아프가니스탄, 이라크, 리비아, 시리아—은 외부의 침략과 내전을 겪으면서 엉망이 되었다. 그리고 얼마 안 가 희귀하고 놀라운 예술품들이 전 세계 시장에 나타났다.[38]

빌릴 것인가? 돌려줄 것인가?

법학자 존 헨리 메리먼John Henry Merryman은 '문화재(그는 "예술적, 고고학적, 민족학적, 역사적 가치가 있는 물건"이라고 정의한다)' 소유권 관련 국제 협약을 검토하면서 서로 경합하는 두 개의 관점을 제시한다.[39]

그중 한쪽은 문화재를 인류 공동의 유산으로 본다. 메리먼은 이를 '코스모폴리탄 원리'라고 명명한다. 1954년에 제정된 헤이그 협약의 서문이 이 원리의 대표적 사례인데 서문에는 "그 어떤 민족에게 속하는 문화재든 거기에 가해지는 위해는 모든 인류의 문화유산에 가해지는 위해다. 우리 모두 세상의 문화를 만드는 데 기여하고 있기 때문이다."라고 표현되어 있다.

또 다른 접근법은 '민족주의적 입장'이다. 문화재에 관한 유네스코 협약이 이 입장을 잘 반영한다. 이 입장의 요지는 국가의 관할 내에 들어와 있는 문화재는 국가가 보존해야 한다는 것이다.

민족주의 관점이든 코스모폴리탄의 관점이든 이 국제 협약의 지위는 별로 공고하지 않다. 국제사법재판소만 해도 국제법상 비합법적으로 획득한 '문화재'라도 돌려줄 의무가 있다는 판결이 내려지진 않았다. '제이 폴 게티 재단J. Paul Getty Foundation'의 대표이자 최고 경영자이며 하버드 미술관장, 코톨드 미술관장, 시카고 미술관장을 역임한 제임스 쿠노James Cuno는 크게 기대하지 않는 편이다. 그는 이렇게 썼다. "이 숱한 협약들은 그저 선의와 관료주의적 야심을 섞어 만들어 낸 부야베스⁰⁴ 같은 것이라고 해도 과장이 아닌데 해당 국가들이 협약 내용에 따른 국내법을 제정하고 제재를 실행하지 않는 한, 결국 모두 하나같이 강제력도 없이 유야무야 끝나기 때문이다."⁴⁰⁾

일부 국가의 입법부에서는 문화재 반환을 위한 법률을 제정했다. 뉴질랜드, 호주, 캐나다는 소수 원주민 유산보호법이 만들어졌다. 미국 의회에서는 1990년 아메리카 원주민 묘지 보호 및 본국소환법 Native American Graves Protection and Repatriation Act (NAGPRA)이 통과되었다. 이 법은 여러 박물관이 소장 중이던 아메리카 원주민 유해와 그들 묘지에 함께 묻혔던 부장품을 다시 가져올 수 있는 법적 근거를 제공했다. 노예제도와 식민주의가 끼친 피해를 보상하라는 사회 운동도 세계 곳곳에서 일어났다.

2013년 7월, #흑인의 생명이 중요하다#BlackLivesMatter라는 해시태그는 미국 역사상 가장 큰 저항운동의 도화선이 되었다.⁴¹⁾

2020년 5월 25일, 미니애폴리스 경찰관에 의해 조지 플로이드 George Floyd가 사망한 사건으로 인해 미국 전역 550개 지역에서 대규모 시위가 촉발되었다. 노예를 소유했던 자들의 기부금으로 세워진 대학 기숙사, 강의실, 도서관은 이름이 모두 바뀌었다. 2020년 6월, 대서양 노예무역으로 큰돈을 벌었던 자선사업가 에드워드 콜슨 Edward Colson의 석상이 끌어 내려져 브리스톨항 앞바다에 처박혔다.

그 후 스포트라이트는 박물관 소장품 쪽으로 옮겨갔는데 특히 1890년대에 영국과 프랑스 군대가 약탈한 서아프리카 궁정 예술품

---

04 부야베스bouillabaisse - 향신료를 많이 넣은 프랑스 남부 생선 수프

에 관심이 쏠렸다. 2016년 8월, 베냉 공화국에서 새로 선출된 대통령 파트리스 탈롱Patrice Talon은 1894년에 자신들의 과거 왕국인 다호메이[05]에 침략했던 프랑스 원정대가 약탈해 간 전리품들을 돌려달라고 요구했다. 당시 프랑스 외무장관은 통상적인 답변을 내놓았다. '프랑스 박물관이 소장하고 있는 물품은 양도할 수 없는 국가 재산'이라고. 그러나 2017년 11월 28일, 프랑스 대통령으로 선출된 후 부르키나파소를 방문한 에마뉘엘 마크롱은 트위터에 "아프리카의 유산이 유럽 박물관에 갇혀 있어선 안 된다."라는 글을 올렸다.

마크롱의 발언은 인종과 제국주의에 대한 사람들의 시선이 어떻게 변했는지를 잘 보여준다. 대영박물관의 연차 높은 직원들은 1982년 그리스 영화배우 출신으로 그리스 문화부 장관이 된 멜리나 메르쿠리Melina Mercouri가 추진했던 '엘긴 마블 반환운동'에 관한 두려운 기억이 있다. 하지만 마크롱의 발언은 그보다 한층 더 충격적이었고 지지자들도 더 많았으며 과격했다. 문화계도 균형을 잃었다. 일부 박물관장은 무시로 일관했고 다른 박물관은 고귀한 박물관 강령을 발표하는 식으로 대응했다. 또 다른 일부는 연대 의사를 표현하기도 했지만 탈취한 수집품을 실제로 돌려주지는 않았다.

파리에 있는 케 브랑리quai Branly 박물관 전前 관장이던 스테판 마르탱Stéphane Martin은 마크롱의 트윗을 패러디해 "박물관은 고통스러운 제국주의 역사에 포로가 되어선 안 된다."라고 선언했다.[42]

그는 베냉 공화국이 반환을 요구하는 작품 중 하나이자 루브르가 보관 중이던 다호메이의 신 '고우Gou'의 조각상은 다호메이의 옆 나라 사람이 다호메이 왕의 감옥에 갇혀 있던 시기에 만들었다는 점을

---

05 아프리카 서부 다호메이Dahomey 왕국은 1975년에 베냉Bénin 공화국이 되었다.

강조했다. 바닷가에 있던 그 신상을 프랑스의 한 선원이 발견했다. 루브르에서 전시되던 150년 동안 이 신상은 모더니즘의 아이콘이 되었고 피카소와 아폴리네르도 경탄을 마다하지 않았던 작품이다.[43]

하지만 마르탱은 박물관들이 예술 작품을 서로 '통용circulation' 하는 것에 호의적이었다. 그는 아프리카 정부들도 자국 큐레이터를 존중해야 하며 충분한 급여를 줘야 한다는 점을 언급했다.

유럽의 다른 박물관 관장들은 좀 더 외교적인 태도를 보였다. 베를린 훔볼트 포럼의 관장이던 하트무트 도르겔로Hartmut Dorgerloh는 앞으로는 작품에 붙이는 라벨에 식민지 예술품의 시대 정황을 표현하고 마음을 불편하게 하는 출처도 분명히 밝히겠다고 약속했다. 그는 "이 일은 그 작품을 독일로 가져온 식민주의자들과 피식민지인 간의 지배-피지배 관계를 드러낼것"이라고 말했다.[44]

대영박물관 측은 입구 옆 받침대 위에 있던 자신들의 설립자 한스 슬로언Hans Sloane 경의 흉상을 떼어내고 그때 새로 마련해 대중에게 공개한 계몽주의 홀Enlightenment Hall에 있는 보관장으로 옮겼다. 그를 '노예 주인'으로 표기할 뿐만 아니라 그가 이룬 일은 "유럽 제국주의 시대에 일군 부와 네트워크를 통해 가능했다."라는 표현까지 명시했다. 대영박물관 관장 하트위그 피셔Hartwig Fischer는 「데일리 텔레그라프Daily Telegraph」에 "대영박물관은 지금까지 큰 노력을 기울였고 자신의 역사, 제국의 역사, 식민주의의 역사, 노예제의 역사와 관련된 작업을 가속화하고 확대해 왔다. 우리는 그 어떤 것도 감추지 말아야 한다. 상처의 치료가 곧 지식이다."라고 말했다.[45]

그는 2020년 6월, 박물관 웹사이트에 선언문까지 올렸다. "대영박물관은 영국 흑인 공동체, 아프리카계 미국인 공동체, 전 세계 흑인 공동체와 연대합니다. 우리는 온 세상에서 일어나고 있는 '흑인의 생명은 중요하다'라는 운동의 정신에 동조합니다."

그러나 피셔는 「뉴욕 타임스」와의 인터뷰에서는 마크롱이 주도하는 운동이 "대영박물관의 정책은 물론 대영제국의 정책을 바꾸지는 않는다."라고 말했다. 물론 대영박물관 이사회는 모든 형태의 협력에 열려 있다. 하지만 "소장품은 모두 현 상태로 보존되어야 한다."라고.[46]

빼앗거나 구매하거나

제국주의 전쟁은 식민지 시대 예술품 수집 활동에 오랫동안 영향을 미쳤다. 당시 원주민과 외국 수집가 사이에는 자원의 불균형이 상당했으므로 식민지 시대 유럽인이 획득한 모든 물건은 불법적이라고 판단해야 한다는 주장이 있다. 이런 삼단논법을 지지할 만한 증거는 차고 넘친다. 민족학자이자 초현실주의 시인이던 미셸 레리Michel Leiris는 파리 국립민족학 박물관이 파견한 수집 원정대 총무로 일하던 1931년 9월에 아내에게 보낸 편지에 이렇게 썼다. "지금 우리는 다른 사람들에게 아프리카인을 사랑하고 아프리카 문화를 이해하는 법을 가르쳐야 한다는 이유로 그들의 물건을 조금씩 빼돌리고 있는 셈인데 말하자면 더 많은 민족학자를 교육한 후 그들이 나중에 여기로 와 '사랑하고 빼돌리는' 일을 계속하게 만드는 거야."

그러나 레리는 자신의 일기장에는 "우리가 그들이 갖고 있는 물건을 내놓도록 강제하고는 있지만(식민지 행정부의 권위를 빌려 협박하는 식으로) 그게 그들에게 꼭 손해는 아니다."라고 썼다. 어쨌든 "거의 다 돈은 주고 사들이는 거니까."[47]

그러나 제국주의 시대에 있었던 모든 거래를 싸잡아 비난하는 것은 그 지역 출신 알선자local agency들의 역할을 제대로 이해하지 못한 처사다. 수집가들은 당시 이미 존재하던 거래 시스템을 따랐던 경우가 대부분이었다. 레리는 이 상황을 풍자해 유럽인들이 사육제 가면을 주고 그 대신 원주민들에게서 신들의 가면을 받아 자신들의 박물관으로 가져가고 원주민들은 유럽인에게서 받은 가면으로 이국적 공예품 박물관을 여는 광경을 묘사하기도 했다.[48]

시드니에 있는 호주 박물관의 태평양 수집품 부문 공동 책임자인 제니 뉴웰Jenny Newell은 18세기에 죄수를 운송하던 선박의 외과 의사가 쓴 기록을 인용하기도 했다. 다음은 그 배가 폴리네시아 항구에 정박했을 때의 이야기다.

> 배가 닻을 내리면 그 지역의 힘 있는 집안의 사람들이 배에 오르거나 해변에서 선장과 선원들과 만난다. 족장들과 그들의 가족은 왕실 예복, 장식한 타파 천[06]뭉치, 장신구, 돼지와 과일 등 값비싼 선물을 가져오는데 물물교환이 아니라 상호 관계를 돈독히 하기 위한 품목들이다. 신분이 높은 이 사람들은 선원 각자의 지위나 재산 정도를 판단한 후 각자에게 어울릴 만한 타이오taio[친구라는 뜻]를 붙여준다. 그들은 선원 한 명 한 명을 천으로 감싸고 때로는 그의 목에 타우미taumi(깃털과 상어 이빨로 만든 전사의 목가리개)까지 두른 후 귀한 물건들을 선물로 주는데 한 선원의 기록에 따르면 그 더위와 무게 때문에 실신할 정도였다.

"타이오를 통해 모든 계급의 선원들과 뭍에 사는 공동체의 관계가 끈끈하게 결속되고 상품과 선물 교환은 배가 거기 머무는 동안 계속된다. 타히티인들은 종종 배에 탄 목수들에게 나무 상자를 만들어 달라고 했는데 그 안에 자신들이 모은 귀중품을 담으려는 것이다."라고 뉴웰은 덧붙였다.

제니 뉴웰은 블라이Bligh 선장이 이끄는 프로비던스Providence 호에

---

06   타파tapa - 남태평양 제도에서 꾸지나무 껍질로 만든 종이 같은 천

탐승한 젊은 부관 조지 토빈George Tobin이 1792년 타히티를 방문해 했던 말을 이렇게 인용한다. "그들은 오타히테이O'tahytey에 자신들의 수집품은 물론 유럽에서 온 신기한 물건들을 보관하는 캐비닛도 갖고 있다."[49]

타히티 근처 섬 출신으로 젊고 잘생긴 귀족이던 오마이Omai는 1774년 쿡 선장의 두 번째 태평양 항해 끝에 쿡 선장과 조지프 뱅크스를 따라 영국에 도착했다. 오마이는 국왕 조지 3세를 알현했으며 왕은 그에게 쓸 돈을 주고 숙소도 지어주었다. 오마이의 초상화를 조슈아 레이놀즈Joshua Reynolds가 그렸으며 그의 일대기에 관한 연극까지 코벤트 가든에 있는 왕립극장 무대에 올려졌다. 그는 정중한 사교모임에도 초대받았고 예의범절과 기품이 깃든 태도 덕분에 큰 환영을 받았다.

지독한 근시였던 존슨 박사Dr. Johnson는 오마이와 영국 정치가 멀그레이브Mulgrave 경과 함께 저녁 식사를 하던 자리에서 있었던 일에 대해 보스웰[07]에게 이렇게 말한다. "그 두 사람 뒤쪽에서 비치는 빛이 자리에 앉아 있던 나를 비추는 바람에 정확히 볼 수는 없었지만 오마이에게 야만스러움 따위는 거의 없어 나는 두 사람을 혼동할까 봐 그들 중 누구에게도 말을 붙이기가 조심스러웠다."[50]

오마이는 1777년 말 한 필과 갑옷, 여러 진귀한 물건을 가지고 고향인 라이아테아Raiatea 섬으로 돌아갔고 거기서 박물관을 세웠다. 오마이가 죽은 지 40년 후 어느 선교사가 쓴 글에 따르면 "쿡 선장이 지어준 오마이의 집이 있던 자리 옆에는 아직도 투구와 갑옷 일부가

---

07 존슨 박사는 사무엘 존슨Samuel Johnson을 말하며 제임스 보스웰James Boswell이 쓴 그의 전기가 1791년에 나왔다.

단검들과 함께 남아 전시되어 있다. 깜짝 장난감 상자[08]나 실린더처럼 생긴 갑에 달린 뚜껑을 열면 뱀처럼 생긴 것이 튀어나오게 되어 있는 자질구레한 장신구를 그 지역 유지가 조심스럽게 관리하고 있는데 우리가 거기 도착했을 때 그는 그것들이 매우 진귀한 물건이라고 생각하며 특별한 호의를 베푸는 듯한 태도로 우리에게 보여줬다."[51]

그렇게 런던으로 돌아온 선교사 조지프 뱅크스Joseph Banks는 대영박물관에 "남태평양 제도에서 가져온 상당한 양의 진귀한 기구와 의복 수집품"을 기증했다.[52]

뉴웰 박사는 소시에테 제도[09] 출신이면서 쿡 선장의 2차 항해에 통역자이자 가이드로 동승했던 젊은 청년 히티히티Hitihiti의 이야기도 들려준다. 배가 이스터섬에 입항했을 때 히티히티는 타히티섬에서 가져온 타파와 사람 모양의 조각품을 교환하면서 "이 조각상들이 타히티 사람들에게는 큰 가치가 있다."라고 우리에게 말했다.

그는 원정대에 함께 있던 박물학자 요한 라인홀드 포스터Johann Reinhold Forster에게 실물 크기에 긴 손톱이 달린 손 모양 조각을 건넸는데 포스터는 그것을 대영박물관에 보냈다. 이 조각은 지금도 계몽주의 시대 홀에 전시되어 있다.[53]

유럽 식민지에서 활동했던 수집가들의 부정직한 행태를 보여주는 일화도 많다. 독일 박물관들을 위해 활동하던 왕성한 수집가 레오 프

---

08 깜짝 장난감 상자 - 뚜껑을 열면 용수철에 달린 인형 등이 튀어나오게 되어 있다.

09 소시에테 제도Society Islands - 남태평양에 있는 프랑스령 제도, 최대의 섬은 타히티.

로베니우스Leo Frobenius가 진품 이페Ife 두상[10]을 모조품으로 바꾸려던 도중에 나이지리아 식민지 관할 당국에 적발된 이야기가 대표적이다.[54]

이런 사례는 무엇을 의미하는가? 20세기 초 레오 프로베니우스의 수집품은 물론 헝가리 민족학자 에밀 토르데이Emil Torday와 미국 인류학자 프레데릭 스타Frederick Starr의 수집품을 연구한 에니드 실트크라우트Enid Schildkraut는 "일부 물품은 훔치거나 강제로 빼앗아 온 게 분명하다."라고 썼다. 그러나 그녀는 이렇게 적시하고 있다.

> 대부분의 적극적인 수집가들은 자주 드나들면서 때로는 (토르데이처럼) 아프리카 말까지 익히고 아프리카인들과 함께 술을 마시고 담배를 피우고 춤도 추면서 자신들이 가져간 물건과 그들이 가진 물건을 맞바꾸자고 설득하는 경우도 많았다. 심지어 이 수집가들은 이 마을에서 저 마을로 돌아다니거나…그 지역 출신 알선자들을 통해 친밀한 관계를 맺어 자신들이 찾는 물건을 뜯어낼 수 있었다.[55]

식민지 시대에 수집가들은 유럽인들의 관심사가 무엇인지 알게 된 토착민들과 유착 관계를 맺었다. 어떤 토착민들은 몹시 능숙하게 거래를 주도했다. 1905년 11월, 프레데릭 스타는 콩고의 어느 마을에 있는 노인에게서 매우 이국적인 물건을 구매하려고 했던 일화를 일기장에 이렇게 기록했다.

> 그러더니 그는 자줏빛이 도는 물건이 담긴 또 다른 꾸러미를 보여줬다. 이미 쓸모가 없어진 물건이라고 해 우리가 사겠다고 했더니 거기 있던 이들 중 한

---

10 나이지리아 중서부 도시 이페Ife에서 발굴된 청동으로 만든 두상 조각

명이 그 제안을 즉시 거절했다. 약간의 언쟁 후 주술용 작은 물건을 꺼내오더니 우리에게 어떻게 사용하는지 보여주겠다며 팜유가 든 병과 캠우드[11] 액을 가져왔다. 그것을 손바닥에 놓고 섞더니 조심스럽게 주물 전체를 문지르기 시작했고 처음부터 끝까지 정해진 의식대로 진행되었다. 의식이 다 끝난 후 우리는 가격 협상을 진행했다. 나는 1.5프랑, 만약 그 노인이 서서 주물에 기름을 바르는 모습까지 사진으로 찍을 수 있다면 2프랑을 주겠다고 제안했다. 노인은 후자 쪽을 받아들였다. 노인의 말에 따르면 사냥 성공을 기원할 때 쓰는 주물이었다.[56]

1907년 출간한 책에서 프로베니우스는 콩고에서 진귀한 물건을 구매하기 위해 협상을 벌이던 장면도 기록했다.

쿠켄코Kukengo국의 키가 큰 아들들이 느릿느릿 다가오더니 자신들이 가지고 있는 민족학적 물품[Ethnologischen Kram]을 팔겠다며 제안해 왔다. 나는 오래전 그 나라에 사람들을 보내 바쿠바Bakuba족 사람들을 초대했는데 이들이 온 것이다. 하지만 바쿠바 사람들은 물건을 팔 때는 정말 지독한 그리스인들 같다. 처음부터 터무니없이 높은 가격을 부르고 흥정은 하지 않는다. 그러고는 누군가 똑같은 물건을 들고 와서는 가격을 놓고 끝없이 실랑이를 벌이는 식이어서 민족학자라면 누구나 귀한 물건을 수집하려는 인내와 열정을 가지고 있어야만 이런 괴로움을 이겨낼 수 있다. 더 많은 물건을 얻기 위해 나는 처음에는 매우 높은 가격도 내야 했고 피도 많이 흘려야 했다.[57]

피를 흘려야 했다는 말은 문자 그대로 이해할 것은 아니지만 프로베

---

11   캠우드camwood - 콩과(科)의 단단한 나무. 여기서 붉은 물감을 채취한다.

니우스는 필요하다면 무력을 쓸 준비가 되어 있었고 특히 사들일 만한 물건을 가진 자를 모집할 때는 더 그랬다. 그래서 그는 개인적으로 고용한 험상궂게 생긴 '경찰병들police soldiers'과 함께 움직였다.[58]

1920년대에 숙련된 민족학자들은 오지에 있는 마을까지 들어가 한 번에 몇 달, 몇 년 동안 지내면서 적응하기 위해 최선을 다해야 했다. 그레고리 베이트슨Gregory Bateson과 그의 아내 마가렛 미드Margaret Mead는 1920년대와 1930년대에 뉴기니 현지 연구를 진행했다. 베이트슨은 당시를 이렇게 회상한다.

> 세픽Sepik강의 헤드헌터족이 사는 큰 마을에서 나는 매우 아름다운 플루트 한 짝을 사기 위해 협상하고 있었다. 잘 꾸민 대나무로 만든 몸통에 길이는 1.8m, 깊은 오르간 소리가 나는 플루트였다. 그 플루트를 소유한 부족 사람들은 두 가지 이유로 팔지 않으려고 했다. "만약 이 플루트를 당신 나라로 가져가면 '여자들'이 이걸 보게 된다."라는 것과 "이 플루트는 다시는 울리지 않게 된다. 이걸 연주하는 법을 아는 사람이 있느냐?"라는 말이었다. 나는 여자에 관해서는 그들에게 "이 플루트를 다시 볼 수 있는 뉴기니 여자는 아무도 없고 내 나라의 여자들은 이걸 보더라도 이게 뭔지 모른다."라고 안심시켰다. 다만 두 번째 이유에 대한 대답으로 내가 할 수 있는 유일한 것은 플루트 연주법을 배우는 것뿐이었다.[59]

아프리카계 미국인 연구의 선구자인 멜빌 헤르스코비츠Melville Herskovits는 1920년대 후반, 오늘날의 수리남 공화국이 있는 지역인 남아메리카 네덜란드 식민지에 살던 사라마카 마룬Saramaka Maroons 부시맨들 속에 들어가 현지 연구를 진행했다. 그는 그곳을 떠날 때 있었던 일을 이렇게 쓰고 있다.

현재의 콩고 민주 공화국The Democratic Republic of Congo의 카사이 지방에
해당하는 이반트시Ibantshe 마을에서 거래 중개인이 판매용 공예품을
꺼내놓고 있다. 1904~1906년에 콩고 독립국Congo Free State으로 탐험온 시기에
이 사진을 찍은 레오 프로베니우스는 쿠바Kuba족 중개인이 제시한 가격이
자신이 생각했던 가격보다 너무 높았다며 불평했다
(프랑크푸르트대학 프로베니우스 박물관의 승인을 받아 게재. 사진 번호: FoA 01-2229)

내가 베이스캠프와 철길 끝 사이로 흐르는 급류를 헤치고 마지막 여정을 떠
나기 위해 통나무 카누에 올라탈 무렵이었다. 필드 연구용 키트, 노트, 잔뜩
쌓인 조각품과 시료 등을 배에 다 실었고 막 작별 인사를 하고 있었다. 그때
한 나이 많은 여자가 내게 다가왔다. 양손에 음식을 저을 때 쓰는 예쁜 주걱
을 들고 있었는데 그 전에 내가 그녀에게 돈을 주고 사려고 애썼지만 끝내

팔지 않겠다는 것이었다. "백인 양반!" 그녀가 말했다. "이거 받아요. 이건 내가 아요보Ayobo가 사는 마을로 와 함께 살기 전에 그가 만들어 준 거예요. 당신이 아름다운 물건들이 잔뜩 보관되어 있다고 말하던 그 집, 당신 백인들이 사는 나라의 그 큰 집에 이걸 보관해 주세요. 그리고 종이에 아요보가 만들었다는 말을 꼭 써줘요."[60]

방황하는 유물들

식민지 시대에만 집중하다 보면 논의가 엉뚱한 방향으로 흘러갈 우려가 있다. 소르본에 있는 아프리카 예술사학자 모린 머피Maureen Murphy에 따르면 "아프리카 대륙 밖으로 나와 있는 예술품 중 70%는 1960년대에 이루어진 독립 이후에야 '유출'된 것들이다."[61]

부패, 내정 불안, 내전 등으로 밀수가 횡행했다. 존 픽턴John Picton은 1960년대 후반 바이아프라[12] 전쟁 당시 나이지리아 연방 소속 병사들이 이그보우[13] 조각 작품을 잔뜩 약탈해 "군용 차량 앞에 트로피처럼 달아 놓기도 했지만 나머지 중 상당량이 국제 시장으로 흘러들어왔다."라고 회상한다.[62]

아프리카에 온 기독교 선교사와 이슬람 선교사들은 악마 숭배와 관련된 조각상을 주기적으로 쓸어 없앴다. 마르크스주의 정권이 들어선 서아프리카 국가들은 다신교 제의를 금지했다(예를 들어, 베냉 공화국에서는 부두교가 1970년부터 1990년까지 금지되었다). 그럴 때마다 숱한 고대 유물이 해외로 쏟아져 나왔다.[63]

---

12 바이아프라Biafra - 나이지리아 동부 지방. 1967년에 독립을 선언했다가 실패했다.

13 이그보우Igbo - 나이지리아 남동부의 민족

밀수보다 우상파괴령Iconoclasm이 더 큰 해를 끼쳤다. 2001년 2월, 탈레반 지도자 물라 오마르Mullah Omar는 아프가니스탄에서 이슬람교 이전 시기에 나온 기념물이나 조각상은 다 없애라고 명령했다. 3월에는, 기원후 570년부터 618년 무렵까지 바미얀Bamiyan 절벽을 파조각한 거대한 석불상 두 점이 폭파되어 사라졌다. 탈레반이 파견한 조사원들이 카불에 있는 국립 박물관에 도착해 큐레이터들에게 고대 유물을 보관하느라 잠겨 있는 고대 유물 캐비닛을 열라고 명령했다. "거기에는 무척 빼어난 박트리아[14] 공예품과 간다라 양식 두상과 작은 조각상들이 진열되어 있었다."라고 철학자 콰메 앤서니 아피아Kwame Anthony Appiah는 말한다. "조사원들이 망치를 꺼내더니 자기 눈앞에서 그 빼어난 작품들을 가루로 만드는 광경을 묘사하던 어느 큐레이터의 암울한 눈빛을 내 친구들은 지금도 기억하고 있다."[64]

권위주의 정권이나 성직자 정권에게는 현대 미술품도 저주스러운 것이었다. 1970년대, 이란의 왕권이 탄탄한 데다 유가까지 치솟아 막대한 이익을 거둘 무렵, 왕비 파라 팔레비Farah Pahlavi는 박물관을 지을 계획을 실행에 옮기고 있었다. 그녀의 대표적인 프로젝트가 바로 '테헤란 현대 미술관'이었다. 그녀는 큐레이터들을 뉴욕과 파리에 보내 피카소, 고흐, 폴록, 워홀, 드 쿠닝 등 위대한 현대 미술가들의 작품을 사들였다.

논란이 많았던 작품으로는 1907년에 르누아르가 그린 「블라우스를 열어젖힌 가브리엘Gabrielle With Open Blouse」, 1968년에 베이컨Bacon이 그린 세 폭짜리 그림 「수행원들을 두고 침대에 누워 있는 두 사람Two Figures Lying on a Bed With Attendants」이 있었다. (작품 속 벌거벗은 남성 두 명이 서로 마주 보고 있다.) 동양풍의 수집품으로는 드랭

---

14 박트리아Bactria - 고대 그리스인들이 중앙 아시아에 세운 왕국(246~138 B.C.)

Derain의 「황금시대L'Age d'or」 같은 도발적인 그림도 포함되어 있었는데 거의 다 벗은 양성구유자들이 야생동물과 놀고 있는 장면을 그린 원시주의 화풍의 실험적인 작품이다. 테헤란 미술관 전前 큐레이터 록산 잔드Roxane Zand는 이 박물관이야말로 "뒤집힌 프로세스, 즉 뒤집힌 식민주의 혹은 재점유 과정을 잘 보여주는 비중 있는 기관"이라고 평가한다.[65]

이란이 예술계의 세계적 흐름에 갑자기 참여한 것은 주목할 만한 사건이었다. 그러나 1979년에 근본주의 정권이 들어선 이후 모든 게 바뀌었다. 예술 작품, 비판적인 문학 작품, 심지어 고대 문헌조차 불경스럽다는 낙인이 찍혔다. 1989년 아야톨라 호메이니는 모든 무슬림에 살만 루시디Salman Rushdie를 살해하라는 파트와[15]를 선언했는데 그의 소설 『악마의 시Satanic Verses』가 신성모독이라는 이유였다. 그 후 이란 정치인들은 선지자 마호메트가 등장하는 덴마크 일간지 「윌란드 포스텐Jyllands-Posten」에 실린 풍자만화로 촉발된 격렬한 논쟁에도 참여했다.[66] 테헤란 현대 미술관 소장품들은 고도의 보안 시설이 갖춰진 금고 안에 보관·폐쇄된 상태다. (소장품의 현재 가치는 25억 파운드(한화 약 4조 1천억 원)에 이른다.)[67]

이란에서 이슬람 혁명이 일어나기 직전만 해도 이란의 왕은 키루스 실린더Cyrus Cylinder 대여 문제로 대영박물관과 협상을 벌이고 있었는데 점토로 만든 이 원통에는 기원전 539년에 있었던 키루스의 바빌론 정복기가 새겨져 있다. 새로 들어선 정권에서 협상을 이어갔다. 이란 정치인들은 이 유물이 1879년 바벨론에서 발굴되었으므로 당연히 이란 소유이며 따라서 영구히 반환되어야 한다는 주장을 폈

---

15 파트와fatwa — 이슬람교 지도자가 내리는 칙명勅命

다. 기나긴 협상 끝에 2010년에 이르러 대여하는 쪽으로 협상이 마무리되었다. 닐 맥그리거Neil MacGregor는 외교적으로 거둔 큰 성과라며 환호했다. 하지만 이란에서는 이슬람 이전에 있었던 왕조의 영광스러운 역사를 밝혀주는 이 고대 예술품을 결국 반환받지 못한 데 대한 항의가 빗발쳤다. 국립 박물관장은 투옥까지 당했다.

무엇을 위한 박물관인가?

밀수와 절도, 우상파괴령, 검열, 방치와 무관심에 관한 조심스러운 이야기에도 불구하고 식민지에서 수집한 물건은 돌려줘야 한다는 주장이 힘을 얻는 실정이다. 유럽의 한 주요 박물관 관장이 내게 들려준 말에 따르면 그녀 휘하의 젊은 큐레이터들은 박물관 소장품 중에 의심스러운 작품은 반드시 '반환해야' 한다고 확신하고 있다.

그러나 고대 예술품 반환은 그렇게 간단한 문제가 아니며 누가 합법적인 소유주이며 신뢰할 만한 관리인이냐는 문제도 마찬가지다. 단지 같은 '문화(그게 어떤 의미이든)'를 공유하는 민족이라고 해서 수백 년 전에 나온 역사적 예술품에 대한 집단적 소유권을 갖는 건 정당한가? 외국에서 가져온 예술품을 100년 이상 보존하고 전시해 온 박물관은 이에 대한 합법적인 권리가 없는가?

엘긴 경이 아테네에서 약탈해 온 예술품을 놓고 "양쪽 모두 격한 언쟁을 벌였다."라는 것이 메리 비어드Mary Beard의 판단이다. "정치인들은 모두 시류에 올라타기도 하고 내려오기도 했다. 그리스에 들어섰던 일련의 정부는 잃어버린 파르테논 조각품 문제를 국가 통합을 위한 손쉬운 상징으로 활용했고 그걸 돌려받아야 한다는 요구를 마치 돈 들 일이 없으며 상대적으로 위험할 일도 없는 선거운동으로 여겼다." 기본 원칙 차원에서 어려운 문제가 대두되었다. "파르테논과 다른 세계 1급 기념물은 과연 누구의 소유인가? 문화적 가치가 있는 보물은 원래 있던 곳으로 돌려줘야 하는가, 아니면 박물관은 자신이 보유 중인 세계적인 작품을 자랑스러워해야 하는가? 파르테논은 예외적인 경우인가? 그렇다면 어째서인가?"[68]

2020년대에 들어와 압력은 한층 더 거세졌다. 워싱턴 DC 스미소니언 협회와 런던 호니먼Horniman 박물관은 베냉 브론즈Benin Bronzes[16]를 나이지리아에 돌려주기로 했다고 발표했다. 대영박물관에 있는 파르테논 마블에 대한 아테네의 소유권 관련 협상도 진행 중이다. 2021년 5월, 유네스코UNESCO 회의에서는 「더 타임스The Times」의 표현을 빌리면, "모든 나라가 벌 떼처럼 일어나 영국에 맞섰다."

2021년 11월, 유고브YouGov[17]가 실시한 투표 결과, 투표에 참여한 영국인 중 59%는 파르테논 조각상을 그리스에 돌려줘야 한다고 보았다(18%는 영국에 계속 남겨 둬야 한다고 응답했다. 22%는 잘 모르겠다고 답했다). 하지만 그리스에서는 마블에 대한 소유권을 인정받고자 했던 반면, 대영박물관 부관장인 조너선 윌리엄스Jonathan Williams는 대여하는 방식을 선호했다. "흔쾌히 서로 빌려주고 빌려올 만한 놀라운 작품들이 많이 있다."라고 그는 말한다. "그게 우리가 지금 하는 일이기도 하다."[69]

반환 요구 관련 기사가 헤드라인을 장식하고 있지만 더 근본적으로 말하면 **타인의 박물관이 겪고 있는 위기는 지성의 위기다.** 오늘날 타인의 박물관은 인종주의와 제국주의 사상을 전파한다는 비난을 받고 있다. 이런 거친 비난은 얼마든지 대응하고 상대화하며 역사적 맥락 속에서 바로 잡으면 된다. 하지만 여전히 제대로 다루어야 하는

---

16 16세기 이후 서아프리카 베냉에서 만들어진 일련의 조각품을 말한다. 두상과 동물 조각, 인물 조각, 왕실 용품, 개인 장식품 등 다양하다.

17 유고브 - 인터넷에 기반을 둔 국제적 시장조사기관

한층 더 은밀한 문제들이 남아있다. '우리(유럽인)'는 과연 우리와 공통점이 별로 없고 우리를 인종차별주의자로 의심할 충분한 이유를 가지고 있으며 우리가 자신들을 내려다보고 있다고 의심하는 이들이 갖고 있는 세계관, 예식, 풍습, 예술을 이해할 수 있는가? 우리는 그들의 생각을 우리의 언어로 바꿀 수 있는가? 바꾸어야 하는가?

다른 사람을 관찰하고 분류하는 행위 자체가 이미 권력관계를 뜻한다고 비판하는 이들도 있는 것이 현실이다. 만약 그게 맞다면, 아무리 잘 생각해 봐도 인류학 연구 자체가 불가능해진다. 그렇다고 낯선 이방인이 자신에 대해 하는 말만 곧이곧대로 받아들여야 하는가? 반대로 생각하면, 영국인 중에 자기 나라의 역사, 문화, 예술, 종교에 대해 제대로 된 정보를 제시할 수 있는 사람이 얼마나 되는가?

이 대목에서 대단히 도전적인 질문이 대두된다. "타인의 박물관은 과연 무엇을 위한 박물관인가? 무엇에 관한 박물관인가?"라는 질문이다. 1988년, 런던 빅토리아 앤 앨버트Victoria and Albert 박물관은 자신을 '매우 멋진 박물관이 바로 옆에 붙어 있는 최고급 카페'라고 소개하는 포스터 광고 6편을 제작했다. 그중 한 포스터에 이런 질문이 들어있다. "달걀 샐러드를 시키면 1억 파운드짜리 '예술적 오브제'를 무료로 볼 수 있는 곳이 세상 어디에 또 있을까요?" 21세기 타인의 박물관 광고 포스터에는 어떤 슬로건이 새겨질 것인가? (다른 이름으로는 더 말할 것도 없으리라.)

The Museum of Other People

1부

'먼 곳'에 있는 사람들

2장

'타인의 박물관'의 탄생
박물관을 만든 사람들

1789년 10월, 프랑스 혁명 정부는 교회 재산을 모두 압류했다. 1792년 3월에는 해외로 망명한 귀족들의 재산과 물건이 몰수되었다. 1793년 10월, 공화국은 참수당한 자들의 재산도 국가에 귀속시켰는데 그들 중에는 루이 16세와 왕비 마리 앙투아네트도 포함되어 있었다.

교회 건물, 대저택, 공원, 농지, 숲까지 전부 국가 소유가 되었다. 정부는 원고, 성물, 보석류, 예술 작품, 무기류, 동물학 및 식물학 표본 등 말할 수 없이 방대한 물품도 손에 쥐었다. 귀중품 중 일부는 팔아버렸지만 이 거대한 소장품을 일반 대중에게 공개해야 한다는 고상한 견해가 대두되었다. 그렇게 진귀한 자연 풍광이 가득한 왕궁 정원이 대중에게 개방되었는데 이것이 국립 자연사 박물관이 되었다. 왕궁 도서관은 국립 도서관이 되었다. 1793년, 루브르궁은 예술품과 고대 유물을 갖춘 공공 박물관이 되었다. ("박물관은 시시한 사치품이나 모아놓은 허망한 곳이 되어선 안 됩니다." 그 시대 프랑스의 선도적인 화가이면서 로베스 피에르의 측근이던 자크-루이 다비드Jacques-Louis David는 의회에 이렇게 조언했다. "위엄을 갖춘 학교가 되어야 합니다.")[01]

도서관에서 벗어난 보물들

모든 것을 바로 잡는 일은 언제나 간단명료하게 진행되지 않으며 이름을 바꾸는 정도로는 해결되지도 않는다. 특히 골치 아픈 문제는 왕궁 도서관 내에 쌓여 있던 프랑스 왕의 메달 캐비닛Cabinet des médailles이었다. 유물로 남겨진 중세 시대 보물 창고라고 할 만한 이 금고는 애초에는 고대 주화와 외국 주화, 보석, 다양한 인장과 판화 등을 보관하는 곳이었다.[02] 왕궁 도서관을 베르사유에서 파리로 이전한 1724년에 이르면 캐비닛이 왕실의 다락과 같은 역할을 하게 되면서 마구 쑤셔 넣은 고대 및 국외 예술 작품으로 가득 채워지고 만다.

1795년, 혁명 의회의 대중교육위원회는 왕궁 도서관 재편을 위한 고문으로 위원 한 명을 파견했는데 그가 바로 급진주의적 사상을 가진 빌라르 드 라 마옌Villar de la Mayenne 주교였다. 그는 도서관 다락을 들여다보니 온통 우상, 꽃병, 흉상, 고대 램프 등이 가득하다고 보고했다. 1층에 있는 어둑어둑하고 축축한 또 다른 방에도 고대 물건과 이국적인 물건들이 가득 들어있다고 했다.

1800년에 들어와 감사가 진행되었다. 감사 결과, 캐비닛에는 이집트, 에트루리아, 그리스, 로마, 프랑스, 인도, 중국, 페루 등에서 온 물건이 6천 점 이상 있었고 조각상, 꽃병, 상형문자 비문, 가구, 외과 수술 도구, 무기 등도 포함되어 있었다. 감사단은 이들의 원재료(대리석, 은, 동, 돌 등)에 따라 품목을 분류한 후 원산지를 따라 세분했는데 분류상 기본 원칙은 명확하지 않다.[03]

그 때문에 무슨 이유로 어떻게 획득했는지 그 과정도 재구성하기 어렵다. 예를 들어, 1776년에 왕립 도서관은 널빤지에 새겨진 러시아 달력 두 개, 시베리아에서 온 쇠로 만든 마구, 시베리아와 몽골에서 온 신상, 중국 저울을 얻었다. 때로는 이쪽에서 원하지 않았음에도 해군 장교나 여행하는 과학자 쪽에서 일방적으로 기증한 기묘한 물건도 있었다.

1779년에 조지프 돔비Joseph Dombey라는 모험심 가득한 프랑스 식물학자가 페루에서 가져온 자잘하지만 인상적인 물건들을 기증했는데 금은 장신구나 작은 조각상이 포함되어 있었고 "특이하고 기괴하기까지 한" 모양의 꽃병, 장식이 달린 나무 지팡이, 매우 근사한 수를 놓은 판초도 있었다.[04] (이듬해 조지프 돔비는 페루에서 프랑스로 식물 표본도 보냈다. 그러나 표본들을 싣고 오던 배가 중간에 영국 배에게 강탈당하는 바람에 수집품은 대영박물관으로 가버렸다.)

빌라르 드 라 마옌은 메달 캐비닛이 이미 가득 차 넘칠 지경이라고 보고했지만 그럼에도 보물은 계속 들어왔다. 교회가 갖고 있던 성물, 조각품, 그림까지 모두 몰수되었다. 프랑스에서 도망쳤거나 처형된 귀족들의 귀중품 캐비닛도 압수되었다. 혁명군은 해외 원정에서 가져온 전리품까지 반입했는데 벨기에와 이탈리아의 유명 예술품뿐만 아니라 교황의 수장고에 있던 수집품, 네덜란드 총독이 수집한 동방의 원고와 지도 같은 소장품도 포함되어 있었다. 이 모든 보물을 어떻게 해야 한단 말인가?

1803년, 단기간 존속했던 인간 관찰자 학회Société des Observateurs de l'Homme의 사무총장이던 루이-프랑수와 조프레Louis-François Jauffret는 '인류학 박물관'에 관한 짧은 분량의 계획을 발표했다. 그는 인간에 대한 '사실적인' 연구를 위해 두개골과 뼈를 수집하고 고대인과 근대인의 풍습을 이해하기 위해 '야만인들이 만든 물건'을 전시하고자 했다.[05] 하지만 당시 아무도 그의 계획에 관심을 보이지 않았다.

조각품 중에서 선별한 작품들은 루브르로 보냈다. 해부학, 지질학, 동물학, 식물학 관련 견본은 새로 생긴 국립 자연사 박물관으로 보내졌다. 그러나 국립 도서관 다락에 잔뜩 쌓여 있는 고대 유물과 진귀한 물품들은 어떻게 할 것인가? 빌라르 드 라 마엔은 최근 압수한 도망친 귀족들의 저택 중 한 곳에 고대 유물 박물관을 세울 것을 제안했다.

도서관 관장이자 메달 캐비닛의 큐레이터였던 안드레 바텔레미 드 쿠르세André Barthélemy de Courcay가 이 고대 유물 박물관 설립을 담당했는데 그는 이 박물관이 "시공간상 멀리 떨어져 있는 사람들의 풍습"을 보여줄 것이라고 발표했다.[06] 공간이 협소해 애를 먹고 있던 자연사 박물관은 즉시 바텔레미에게 자신들로서는 달갑지 않은 "사람이 제작한 진귀한 물품"을 보내주겠다고 제안했다. 메달 캐비닛에서 일하던 한 직원은 박물관 내 잡동사니 가득한 상자 사이를 걸어 다니다가 "미개인들이 숭배하던 신상, 그들이 쓰던 무기와 가구"를 찾아내기도 했으며 "미라 한 구, 이집트의 고대 유물, 그리고 미라화된 사람의 머리도 하나 가지고 나왔다."[07] 1799년 10월, 바텔레미는 갑자기 뇌졸중이 오는 바람에 아직 개봉하지도 못한 진귀한 물건들이 들어있는 상자에 둘러싸인 채 사망했다. 그 일에 헌신적이었던 바텔레미가 세상을 떠나자, 고대 유물 박물관 설립 건은 사람들의 시야에서 완전히 사라져 버렸다. 그러나 물품들은 여전히 계속 밀려들고 있었다. 이집트에 가 있던 나폴레옹 원정대는 여러 척의 배에 고대 유물을 잔뜩 실어 프랑스로 보내왔다. 오세아니아, 남미, 극동으로 나갔던 과학자들과 해군 탐험대는 지도와 해도뿐만 아니라 식물과 씨앗류, 고대 유물, 보석, 무기, 자그마한 예술품과 공예품까지 가져왔다. 루브르에서 받아주거나 메달 캐비닛에 들지 못하면 경매를 통해 팔아야 했다. 나폴레옹의 아내인 황후 조세핀Josephine은 자기 마음에 드는 예술품은 새로 장만한 호사스러운 자기 집 말메종the Malmaison에 가져다 놓으라는 명령을 내렸다.

상당히 중요한 물품이 도착해 이목을 집중시키는 경우도 종종 있었다. 대중 교육부 장관은 그럴 경우, 필요한 일을 수행하는 위원단을 임명했다. 1818년, 카이로에 있는 프랑스 영사는 마구잡이로 모았지만 그래도 꽤 상당한 양으로 쌓인 이집트 물건을 보내왔다. 이에 교육부 장관이 위원회를 수립했다. 위원회는 고대 유물은 루브르에 보내야 한다는 지시를 내렸다. 그들은 식물, 동물, 인간의 뼈와 두개골은 자연사 박물관으로 가야 한다고 했다. "그러나 이집트, 누비아, 아비시니아[01] 등지에서 나온 다양한 물건들, 예를 들어 악기, 연장, 무기와 갑옷, 의류, 요리 도구, 꽃병과 집안에서 쓰는 물건을 받을 만한 기관이 현재로서는 없다."

위원회는 정부가 "세 번째 유형에 해당하는 이런 물건들을 모아 '특별 수집품'을 만들기 위한"[08] 기금을 마련할 것을 제안했다. 하지만 영사가 보낸 수집품은 모두 경매로 팔아치우고 말았다. 그러나 위원회 비서였던 에드메 프랑수아 조마르Edme-François Jomard는 '특별 수집품'을 위한 시설 마련에 평생을 바쳤다.

조마르, 민족학 박물관의 아버지

엔지니어이자 지도제작자였던 조마르는 나폴레옹 군대와 동행해 이집트까지 갔던 석학으로, 나중에 그 나라에 관한 백과사전적인 공식 보고서 편집까지 맡았다. 1828년에는 메달 캐비닛의 큐레이터로 임명되었을 뿐만 아니라 '과학적 여행에서 얻은 다양한 물건과 도구'를 모아두는 곳인 '지리학 저장소dépôt de géographie' 설립도 책임졌다.[09] 당시부터 그는 사명감을 가지고 활동했으며 '세 번째 유형에 해당하는 물건들'을 위한 박물관을 만들고자 했다. "타이밍도 기막히게 좋다."라고 조마르는 적었다. 당시 프랑스는 알제리에서 군사작

---

01   아비시니아Abyssinia - 에티오피아의 별칭

전을 진행 중이었다. "상업뿐만 아니라 과학도 수익이 나야 한다…. 분명히 깊은 내륙에 사는 부족에게서도 물건을 수집하게 될 것이다…. 베르베르족을 포함해 지도책에 나오는 여러 민족의 관습과 전통이 담긴 흥미로운 물건을 수집하게 될 것이며 여기에는 무기, 꽃병, 다양한 연장도 포함된다."[10]

선배였던 바텔레미처럼 조마르도 민족학 공예품과 고대에 나온 공예품을 나란히 전시하고자 했다. 왕립 도서관은 거북 등껍질로 만든 공명판이 달린 다섯 줄짜리 누비아산産 수금竪琴을 소장하고 있었다. 그것을 살펴보던 조마르는 문득 깨달았다. "와우, 드디어 나는 그리스 신화의 땅에서 한참 멀리 떨어진 곳에서 머큐리[02]의 수금을 찾았다는 사실에 속으로 쾌재를 불렀다. 이후부터 나는 수집품을 만들기 시작했으며 인간에 관한 연구에 이 수집품이 얼마나 유익할지 즉시 감을 잡았다.[11] 고대와 이국에서 나온 기구, 무기, 의상은…여러 민족의 관습, 용례, 나아가 문명 수준까지 알려줄 것이다."[12]

그러나 조마르는 얼마 지나지 않아 경쟁자를 만났다. 부르봉 가문이 왕권을 회복했기 때문이다. 1827년, 샤를 10세는 루브르 안에 해군박물관Musée de la Marine을 설립하라는 지시를 내렸다. 배, 해전, 지도책 관련 내용이 대부분이겠지만 나아가 해군 원정과 관련해 매우 먼 곳의 항구에 도착한 프랑스 해군이 수집한 '민족학' 자료까지 전시할 계획이었다. 뒤몽 뒤르빌Dumont d'Urville 장군은 오세아니아 지역에서 가져온 물건을 100점 이상 기부했다.[13] 왕실 수집품과 국가 소유의 다른 보관소가 갖고 있던 소장품 중에서 박물관에 적합한 품목들이 보내졌는데, 칠레에서 가져온 꽃병, 캐나다에서 만든 눈신,

---

02 머큐리Mercury - 로마 신화에서 상업과 교역을 담당한 신으로 그리스 신화의 헤르메스에 해당한다.

하와이에서 온 투구, 수Sioux족[03]이 갖고 있던 화려한 의상 등이 포함되었다. 왕은 새로 만들 박물관에 큰 기대를 품고 있었고 자기 아들을 위해 그곳에 도팽the dauphin이라는 이름을 붙였다. [04]1349년에 프랑스 왕가가 구입한 땅의 이름인 도피네Dauphiné를 따 황태자에게 이 이름을 사용하기 시작했다.

그렇게 조마르가 민족학적 가치가 있는 물건을 차지할 가능성은 사라져 버렸다.

1828년에 이르러 인도에서 만든 상당한 양의 종교 관련 물건이 프랑스로 들어왔다. 여러 박물관이 입찰에 참여했다. 장관은 절차를 따라 엄선한 위원회를 설립했는데 여기에는 저명한 박물학자 조지 퀴비에George Cuvier와 조마르도 포함되었다. 위원회는 다음과 같이 제안했다.

> 1. 파리에 '육체적 인간과 도덕적 인간l'homme physique et l'homme moral'의 역사를 보여줄 수 있는 민족학 수집품을 설립해야 한다.
> 2. 저장고는 왕립 도서관 내부에 둔다.
> 3. 오늘날 파리의 여러 공공시설에 흩어져 있는 물품 중에 이 수집품에 적합한 품목은 왕립 도서관으로 모은다.[14]

조마르야 큰 힘을 얻었겠지만, 루브르는 별다른 감흥을 받지 못했다. 장관이 집행할 수 있는 예산도 넉넉치 않았다. 그리고 때마침 1830년에 이르러 다시 정치적 위기가 닥쳤다. 부르봉 왕가가 쫓겨난 것이

---

03 수Sioux족 - 아메리카 원주민 중 한 종족

04 도팽dauphin은 프랑스 왕위 계승자를 부르는 호칭이었다.

다. 새로 들어선 시민왕 루이 필리프Louis Philippe는 다른 일로 정신이 없었다. 조마르의 계획 따위에 신경 쓰는 사람은 아무도 없었다.

민족학 박물관을 세우려면 그 전에 먼저 머릿속에 그림이 그려져야 한다. 1831년 조마르는 민족학 오브제의 확정, 분류, 정리에 관한 최초의-세계 최초일 것이다-논리정연한 계획을 발표했다.[15] 나폴레옹 원정대에도 참가했을 뿐만 아니라 루브르 해군 박물관 관장이기도 했던 페루삭Férussac 남작은 조마르가 해군 박물관 수집품을 빼가려 한다며 비난을 퍼부었다.[16] 또 다른 한 유명 박물학자는 조마르가 메달 캐비닛 내에서 자신의 영역을 넓히고 멋지게 만들기 위해 애쓴다고 비판했다.[17] 이런 주변의 질투를 극복하고 조마르는 일관되고 사려 깊은 논의를 발전시켰다. 그의 논문은 19세기 내내 반향을 불러온 논쟁을 촉발했다.

　조마르는 "매우 먼 곳에 있는 사회조차 지금은 유럽의 언어, 관습, 기술을 따르고 있다."라는 말로 논의를 시작한다. 그러므로 그렇게 점점 훼손되기 전에 원래 모습을 가진 예술품을 수집해야 할 필요성이 있다고 본 것이다. "그런 수집품은 철학적인 목적과 실질적인 목적 모두를 충족시킨다. 프랑스는 먼 곳에 있는 나라들과 교역을 확대하고 있고 열대 지방에 식민지도 확장 중이다. 그러므로 프랑스 무역상과 관료들은 이 먼 나라들에 대해 더 많이 배워야 한다."라고.

　그리고 여기서 그는 결정타를 날린다. "상트페테르부르크, 베를린, 런던은 물론 스칸디나비아반도 중소 국가의 수도에만 가도 이미 상당한 수준의 민족학 수집품이 마련되어 있다."라고 말이다. 조마르 자신의 표현으로 "문명의 수도"인 파리라면 당연히 자신만의 민족학 박물관을 가져야 하지 않겠는가?[18]

　조마르의 핵심 주장은 '세 번째 유형에 해당하는 물건', 즉 '민족학' 공예품이 사실 상당히 주목받을 만하다는 것이었다. 자연에서 나오는 재료를 사용했지만 '자연에 속한' 것은 아니므로 자연사 박물관에 둘 수는 없다. 그렇다고 고대 유물은 더더욱 아니다. 지금도 여전히 만들어지고 있으니 말이다. 예술 작품이라고 할 수도 없다. 이들에 부여된 미학적 가치는 부차적이며 민족학적 물건들은 차라리 연장이나 도구로 간주해야 한다(물론 조마르는 아무 쓸모 없는 장신구도 철학자에게는 '도덕적 인간'을 이해하는 데 도움이 된다는 점을 입에 침이 마를 정도로 강조했지만). 그의 결론은 명확했다. **민족학 자료는 민족학 박물관에 모아야 한다는 것이다.** 어떤 자료를 선정해야 하느냐에 관해서는 그건 "구체적으로 어떤 목적을 가지고 모으느냐"에 따라 결정된다고 조마르는 썼다. "이 목적은 본질적으로 과학적이다. 즉, 가장 중요한 사항은 그 민족이 당시 자신들의 사회 수준에서 어느 정도까지 문명의 진보를 이루었는지 정교하고 실증적인 방식으로 이해하는 일이다."[19] 이 민족들의 공예품을 연구한 '철학적 관찰자'라면 그 누구도 인류의 진보에 감동하지 않을 수 없다.[20]

그렇다면 민족학 자료는 어떤 방식으로 분류해 전시되었는가? 이 부분에서 조마르는 가장 큰 공헌을 했다. 19세기 초까지만 해도 자연과학에서는 칼 린네Carl Linnaeus의 정통적 분류체계가 여전히 사용되고 있었지만 프랑스의 저명한 박물학자 조지 퀴비에George Cuvier는 분류할 때 중요한 것은 린네 분류법에서 사용하는 형태나 가계도(속屬, 종種, 변종變種)가 아니라 기능이라고 주장했다. 퀴비에는 기능이 형태를 결정한다고 보았다.[21]

자연사 박물관 교수로서 그는 박물관이 보유한 동물 뼈를 재분류했는데, 각 기관의 기능과 그가 만든 용어인 '부위 간 상관관계'를 기준으로 했다.[22]

과학계에서 상당히 비중 있는 인물이었던 퀴비에는 인류학과 민족학 연구를 지지했다. 조마르는 민족학 박물관 설립을 제안했던 1828년도 위원회를 비롯한 여러 공식 위원회에서 그와 함께 일했다. 1830년에 퀴비에는 과학적 분류법에 관한 역사적 논쟁에서 자신보다 더 정통적 입장이던 박물학자 조프루아 생틸레르Geoffroy Saint-Hilaire와 대립했다.[23] 그리고 몇 달 후 조마르가 만든 소책자가 출간되었다. 그 자료는 민족학 자료를 분류하고 비교할 때 퀴비에의 방식을 채택했다. 기능이 가장 핵심이었다.

모든 인간은 공통된 니즈를 가지고 있다. 조마르는 소책자에서 이렇게 시작한다. '야만인'조차 이런 니즈(식량, 주거지, 자기방어 등)를 충족시키기 위해 도구를 만든다. 더 발전한 단계에서는 예술, 과학, 종교가 발전한다. 비슷한 기능을 가지고 있으므로 동일한 '장르'로 분류되는 물건은 한곳에 모아야 한다.

예를 들어, 조마르는 전 세계 무기는 모두-고대 무기든 민족학 차원의 무기든-원시 시대부터 문명 시대까지 순서대로 배열해 한꺼번에 전시해야 한다고 주장했다. 이렇게 수집할 때 지리적 범위에 한계를 둘 필요는 없다. "문명화된 유럽은 제외하고 인간이 사는 지구상 모든 곳에서부터 적합한 자료를 모을 수 있다."[24]

이 순간 '타인'이 누구인지 명확해졌다. **'문명화된 유럽' 너머에 있는 세계는 모두 타인이었다.**

지볼트, 민족학 박물관을 꿈꾸다

조마르가 쓴 소책자는 외과 의사이자 범세계주의적 모험가, 동방 고대 유물 딜러이면서 네덜란드의 대학 도시 레이던에 민족학 박물관을 설립하려는 계획을 품고 있던 필리프 프란츠 발타자르 폰 지볼트Philipp Franz Balthasar von Siebold의 눈에 띄었다. 1796년에 주교관할령인 뷔르츠부르크에서 태어난 지볼트는 조마르보다 20살 아래였다.[25]

의사 집안 출신에 의사가 되었던 지볼트는 늘 자신이 우상으로 여겼던 알렉산더 폰 훔볼트Alexander von Humboldt처럼 여행가이자 과학자가 되는 것이 꿈이었다. 경력의 출발은 매우 전도유망했다. 그는 동인도의 네덜란드 군의관으로 선발되었는데 지볼트의 할아버지로부터 총상 치료를 받은 적이 있던 장교가 그를 즉시 진급시켜 주었다. 그렇게 젊은 나이에 지볼트는 대령이 되었다.[26]

나폴레옹이 실각한 후 네덜란드 동인도 회사는 극동지역 본부가 있는 바타비아Batavia[05]에서 비록 입지가 견고하지는 않았지만 장차 중요한 근거지가 될 것으로 예상되는 데지마Dejima에 집중하고 있었는데 나가사키에 있는 인공섬 데지마는 에도 시대 일본이 외부 세계와 직접 무역을 했던 유일한 창구였다. 1822년, 지볼트는 군의관 자격으로 인도네시아로 발령받았다. 그는 네덜란드 총독에게 좋은 인상을 준 일을 계기로 데지마로 파견되었는데 거기서 그는 의사로 일하면서 한편으로 무역상이자 수집가로도 활동하고자 했다. 그로서는 다행스러운 일이었지만 나가사키에서 진료할 수 있다는 허락을 받은 덕분에 지볼트는 그 지역 과학자들과 깊은 교분을 쌓을 수 있었고 일본 가정도 꾸렸다.(그들 사이에서 태어난 딸 구스모토 이네Kusumo-to Ine는 서양 의학을 배운 일본 최초의 여성 의사가 되었고 일본 왕실 담당 의사로 임명되었다. 그녀의 이야기는 연극, 뮤지컬, TV 드라마는 물론 유명한 일본 작가 요시무라 아키라Akira Yoshimura가 쓴 소설로도 나왔다.)[27]

지볼트는 일본어를 완전히 익히지는 못했다. 그는 "그 기묘한 발음은 유럽인이 단기간에 습득하기에는 불가능하다."라고 털어놓기도 했다.[28] 그러나 그는 네덜란드 동인도 회사를 대표해 식물, 동물, 과학기구, 예술품, 공예품을 수집하는 데 온 힘을 쏟았다.[29] 그러다가

---

05 바타비아Batavia - 자카르타의 옛 이름

선을 넘어 버렸다. 지볼트는 에도(현재의 도쿄)를 방문해도 된다는 허락을 받고 갔다가 일본 지도 여러 장을 입수했는데 이 일로 그는 간첩 혐의를 받고 집에 구금되었다가 추방되기에 이른다.

이에 대한 보복으로 네덜란드가 일본과 무역할 수 있는 양이 절반으로 줄어들었지만 네덜란드 당국은 그에게 관대하게 처우했다. 1830년, 그는 상당한 분량의 그림, 서적, 식물학 표본, 민족학 표본을 가시고 유럽으로 돌아왔다. 돌아온 직후부터 일본 관련 자료를 모아 장황하고 짜임새는 부족한 대신 폭넓은 주제를 다루는 책을 계속 출간했다.[30](참고로 그가 참고했던 모델은 멕시코와 쿠바에 관한 훔볼트의 저작이었다.)[31] 그러더니 마침내 자신이 가진 물건들을 내놓고 팔기 시작했다.

나폴레옹이 네덜란드를 점령했을 때 네덜란드 총독 윌리엄 5세는 영국으로 달아났다. 그가 보유하고 있던 자연사 캐비닛 속 수집품은 압수당해 150개 상자에 나뉘어 담겨 프랑스로 이송되었는데 그가 갖고 있던 상당량의 동방 필사본이나 보물류도 이때 함께 옮겨졌다.[32] 1813년, 보나파르트 실각 후 총독의 아들 오렌지 공 윌리엄이 통일 네덜란드 초대 왕이 되어 돌아왔는데 자신의 아버지가 전에 피난갈 때 가져갔던 수집품도 가지고 돌아왔다. 나폴레옹을 무너뜨리는 데 일익을 담당했던 웰링턴 경이 반환하라고 압박을 가하자 이를 못 이긴 루브르는 나폴레옹의 부하들이 빼앗아간 귀중품도 돌려주게 된다. 1816년, 윌리엄 왕은 '왕립 희귀품 캐비닛Royal Cabinet of Rarities: Het Koninklijk Kabinet van Zeldzaamheden'을 세운다. 이 캐비닛은 1821년에 복원된 헤이그 마우리츠하위스Mauritshuis 박물관으로 옮겨져 왕립 예술 수집품과 함께 나란히 진열된다. 그리고 1년 후 대중에게 개방되었다.

네덜란드 개혁교회 목사였던 레이니어 피테르 반 데 카스틸레Rei-nier Pieter van de Kasteele가 왕립 희귀품 캐비닛 관리를 맡게 되었다. 모든 것이 온통 뒤섞인 이 거대한 소장품을 분류하는 임무를 맡아 암담함까지 느꼈던 그는 동료에게 편지를 썼다. "말하자면 새로 이사 들어간 집에서 가져온 짐을 다 풀었지만 아직 정리가 되지 않은 상태"라고.[33] 그러나 왕은 계속 더 많은 물건을 수집했다. 카스틸레에 따르면 "희귀품, 고대 유물, 자연에서 나온 물건, 예술과 기호 관련 물품까지" 있었다.

독일 할레에서 지리학과 민족학을 공부했던 카스틸레는 이 수집품이 "중세 이후 모든 현존하는 민족은 물론 조국에 사는 이들의 도덕, 풍습, 종교를 반영"한다고 적었다.[34]

그동안 네덜란드가 극동에 쏟은 투자 덕분에 동방에서 가져온 물품은 단연 풍성했다. 왕은 데지마에서 활동하고 있던 네덜란드 동인도 회사의 중개인들을 통해 중국과 일본 자료를 더 사들이라고 지시했다.

1831년, 왕은 지볼트에게서 상당량의 책과 예술품을 구매했다. 물론 왕이 자신의 가장 중요한 고객이었지만, 종종 지볼트는 러시아와 독일 수집가에게도 양질의 물품을 팔았고 그것은 네덜란드 당국으로서는 꽤 신경 쓰이는 일이었다. 어쨌든, 그는 딜러 역할에 만족하지 않으며 학자로서의 허세도 지니고 있었다. 그는 왕이 소장 중인 일본 수집품과 자신의 수집품을 합쳐 레이던에 새로운 박물관을 세우고 싶었다. 그 사이 자기 집을 찾아오는 이들에게 동방에서 가져온 자신의 소장품들을 공개하기도 했다.

1834년, 지볼트는 유럽 너머 나라들, 특히 동양의 네덜란드 식민지와 무역 대상국에서 가져온 물건들을 전시하는 민족학 박물관 설립 계획서를 사람들에게 배포했다.[35]

개인 수집품으로 시작하면서 "외국 풍토에서 발전한 인간성의 다양한 양상을 보여주는 것이 민족학 박물관의 '중심 테마'다."라고 밝혔다. 당시 독일 지리학 담론에 근거해 그는 '땅과 사람들'에 대한 연구는 자연사 분야가 다루는 주제인 환경 연구와는 구별되어야 한다고 보았다.

그러나 지볼트는 학문적 관심에만 머물지 않았다. "민족학 박물관의 목적은 땅과 사람들에 대한 일반적 지식의 확장이며…이런 지리학적 지식의 확장은 해상무역에 의존하는 국가에게 커다란 이익이 될 것이 분명하다."[36] 그의 박물관에서는 알려지지 않은 먼 나라에서 '상업적 교역을 통해 얻은 물품'을 전시할 예정이며, 경제학자, 예술가, 제조업자, 건축가 모두에게 이익이 될 만한 품목을 선정하고자 했다. 다만, 선사시대 공예품은 제외되었는데 지볼트는 선사시대 공예품이 다른 박물관, 즉 고대 유적 박물관이나 자연사 박물관으로 가야 한다고 보았다.[37]

1838년, 지볼트는 드디어 자신이 가지고 있던 막대한 양의 일본 자료를 네덜란드 왕에게 팔기로 했다. 그는 일반인들이 내놓은 돈으로 기금을 마련해 박물관을 세우고 자신이 관장을 맡을 생각으로 계속 로비를 벌였지만 일본 전문 박물관을 세울지, 아니면 아직 그 내용을 확정하지는 못했지만 더 폭넓은 민족학 박물관을 세울지 오락가락했다.

조마르와 지볼트의 만남과 대립

1843년, 지볼트는 파리에서 조마르를 만났다. 그리고 나서 민족학 박물관에 관한 책자를 출간했다. 조마르에게 바치는 형식을 띠고 있지만, 이 책은 그가 레이던에서 박물관을 세우기 위해 오랫동안 캠페인을 벌였던 노력의 연장선에서 이해해야 한다. 지볼트는 조마르의 제안을 비판적으로 그러나 예의를 갖추어 수용했고, 때로는 길게 다루었다.[38] 가장 중요한 이슈에서 보자면, 그 역시 식민지 관료나 선교사, 무역상들에게 그들이 다뤄야 하는 민족의 특징을 알려주기 위해서 민족학 박물관이 필요하다는 점에 동의했다. 지볼트의 책자 제목도 「식민지를 소유하고 있거나 세계의 다른 지역과 통상 관계를 유지하고자 하는 여러 유럽 국가에서 민족학 박물관을 설립해야 하는 중요성 및 그 박물관의 유용성에 관하여」였다.

민족학 박물관은 철학적 목표를 위해서도 필요했다. 지볼트는 "대다수 학자가 동아시아나 아메리카 문명을 무시하고 있다."라고 썼다. 자신은 오랜 세월 일본에서 살았는데, 자신이 보기에 일본은 '극동 문명의 정점'에 해당한다는 것이었다. 그는 조마르가, 한때 고도의 문명을 갖추었지만 지금은 야만족이 점령한 이집트에 조예가 깊다는 점도 언급했다. 즉, "자신과 조마르는 서로 차이가 많은 이 문명들에 대해 공감과 이해를 키워온 편"이라고 주장했다.[39] 반면, 유럽인들은 가시적으로 볼 만한 게 없는 사회를 무시하는 경향이 있다고 보았다.

지볼트는 "비유럽인은 거의 다 잊혀진 상태"라고 말했다. "통상적으로 그들을 부르는 '미개인'이라는 말 한마디면 문명 세계의 관심을 꺼버리는 데 충분하다. '진귀한 물건'이나 '희귀한 물건'의 캐비닛에는 '야만인들'이 사용하는 무기류, 의류, 성물, 생활 도구가 포함되지만 가장 끔찍한 사례는 그들이 가진 풍습의 기괴함이나 비인간적인 측면을 부각할 의도로 특정 물건들만 수집한다거나, 그들의 종교와 도덕, 정부와 행정 분야와 관련해서는 오직 이교도식 건축물이나 전제군주의 말 등에만 관심을 가진다는 것이다."[40]

민족학 전문 박물관이 필요하다는 점에 관해서는 지볼트도 조마르와 같은 입장이었지만, 민족학 수집품을 어떻게 분류하고 전시할

지에 대해서는 둘 사이에 의견 차이가 컸다.[41] 조마르는 퀴비에의 모델을 따라 '기능'에 따른 분류를 주장했다. 지볼트는 민족학 박물관은 특정 지역 내에서 만들어진 물건에 초점을 맞춰야 한다고 보았다. 그는 서로 다른 지역에서 유사한 유물이 발견될 수 있다는 점은 인정했는데, 그건 한 곳이 다른 곳을 차용한 까닭이라고 보았다. 예를 들어, 중국인의 황도 십이궁도과 유사한 것이 아스텍인들에게도 발견되었다. (지볼트가 일본인 동료들에게 홈볼트가 그린 아스텍의 황도 십이궁도 삽화를 보여주자 다들 대번에 유사성을 알아보았다.)[42]

결론적으로 지볼트는 조마르에게 이렇게 썼다.

> 당신과 나는 민족학 관련 물품의 분류를 위해 서로 다른 체계를 선택하고 있습니다. 당신의 분류체계는 서로 다른 민족에서 나온 것이라도 같은 목적을 위해 만들어진 동일한 특성의 물품이라면 한군데 모아 비교하기 쉽게 해줍니다. 반면, 제 분류체계는 지역에 따른 분류 방식이어서 한 민족에게서 나온 것들은 한군데 모아 둡니다… 제 수집품의 한 방에서는 풍부하고 높은 완성도를 가진 일본 기술 문명이 드러난다면 뉴기니 사람들을 다루는 또 다른 방에서는 가장 야만적인 수준인 그들의 삶에 없어서는 되는 도구, 의류, 기타 물건들이 얼마나 빈약하고 불완전한 수준인지 드러나는 식입니다.[43]

지볼트는 조마르의 수집품을 방문했을 때 봤던 일본 청동 거울에 대해 언급한다. 조마르는 그것을 고대 로마 거울과 함께 놓아두었고 지볼트는 자신의 박물관에서 더 폭넓게 모은 일본 사치품과 일본 거울을 함께 놓아두었다. 지볼트는 자신과 조마르가 서로 다른 학문을 하는 것 같다는 의견을 피력했다. 그는 그 문제에 대해 이렇게 쓰고 있다. "서로 다른 민족들에게서 나온 같은 특성의 물건을 병치시키는 방식을 민족학적 방법the ethnological method이라고 할 수 있다면 민족별로 구별해 살펴보는 방식은 민족지학적 방법the ethnographic method이라고 할 수 있는데 내가 보기엔 후자가 더 온당하다."[44]

1848년 2월, 지볼트는 드디어 내무장관으로부터 네덜란드 국왕이 자신의 왕실 소유의 일본 및 민족학적 유물과 레이던에 있는 지볼트의 소장품을 합치려고 한다는 말을 전해 들었다. 새로 만들 박물관의 관장직은 지볼트가 맡기로 했다. 이 거래의 일부로서 지볼트는 자신이 가지고 있던 모든 자료를 국가에 팔기로 했지만 네덜란드 관료들이 반대했음에도 일본 공예품 판매 사업은 계속 이어갔다.[45]

1850년대에 들어와 미국과 영국의 압박에 밀린 일본은 외국인에 대한 규제를 완화했다. 1859년에 지볼트는 일본으로 돌아갈 수 있었다. 그는 3년 동안 머물면서 또다시 방대한 수집품을 모았다. 그 사이 네덜란드 레이던에 있는 고대 유물 박물관 관장 콘라두스 리만스 Conradus Leemans가 지볼트가 세운 일본 박물관을 인수했다. 1864년에 이 박물관은 리만스 주도하에 세워진 국립 민족학 박물관의 모태가 되었다.

자신이 주도하는 방식으로 공공 박물관을 설립하려는 야망이 좌절되자 지볼트는 자신이 새로 모아둔 수집품을 구매해 줄 것을 네덜란드 당국에 제안했다. 당국은 그가 제시한 높은 가격 탓에 머뭇거렸다. 그러자 그는 유럽 내 주요 박물관에 카탈로그를 보냈고 외국과의 교역 문호를 열기 시작한 일본과 상업적 교류를 활성화하기 위해서도 분주히 움직였다.

지볼트가 잠시 비서로 고용했던 적도 있고 나폴레옹 3세의 궁에서 일한 적도 있던 프랑스 소설가 알퐁스 도데Alphonse Daudet는 자신이 발표한 글에서 1866년에 '지볼트 대령'이 파리를 방문했을 때의 일을 풍자적으로 묘사했다. 긴 흰 수염을 날리는 장대한 노인이면서

"72살이나 되었지만 여전히 꼿꼿하고 바른 자세를 가지고 있던 그는 뮌헨 출신의 젊은 아가씨와 동행했는데 그녀를 자신의 조카라고 소개했다(루돌프 에퍼트Rudolf Effert에 따르면 지볼트는 긴 금발을 가진 막내아들만 데리고 왔다. 도데가 독자들을 속인 것 같다)." 지볼트의 방문 목적은 일본에 투자할 국제적 비즈니스 컨소시엄에 대한 황제의 관심을 유발하는 것이었다. 도데는 여기에 대해 조금은 조롱하듯이 적고 있다.

> 늙고 가련한 지볼트! 나는 지금도 그가 가슴에 여러 개의 메달을 꽂고 화려한 대령 제복을 입고 튈르리 궁전[06]에 들어오는 모습이 눈에 선하다. 그날 저녁 그는 의기양양하게 돌아갔다. 나폴레옹 3세께서 그를 맞이해 5분가량 그가 하는 말을 귀담아 들어주었을 뿐만 아니라 "무슨 말인지 알았소…. 생각해 보겠소."라며 긍정적인 표현을 쓰며 보내줬기 때문이다. 나는 그에게 폐하께는 생각할 시간을 많이 드려야 하고 그 사이 뮌헨 당국이 그의 방대한 수집품을 구매할 기금을 마련 중이니, 거기로 돌아가 있는 게 좋겠다고 설득하느라 상당히 애 먹었다.[46]

몇 달 후 지볼트는 바이에른을 침공한 프로이센 군에게 붙잡혔다가 뇌졸중으로 급사했다. 바이에른 당국은 지볼트가 소유한 일본산 자료 중 상당량을 구매하기도 했지만 1887년에 뮌헨 민족학 박물관 관장이 된 막시밀리안 부흐너Maximilian Buchner는 그 자료에 대해 "예술 분야의 식견 따위는 전혀 없는 자연사 분야 연구가가 가치나 질 대신 양으로 경쟁하려고 한 수집품"[47]이라고 평가했다.

---

06 튈르리 궁전 - 파리의 옛 궁전으로 1871년에 소실되었다.

2장 | '타인의 박물관'의 탄생

톰센, 그리고 신화와 역사

코펜하겐에 새로 세워진 왕립 북유럽 유물 박물관 관장인 크리스티안 위르겐센 톰센Christian Jürgensen Thomsen은 조마르와 지볼트 두 명과 서신을 주고받으며 지냈고 1841년과 1842년에 그들을 방문했다. 이 세 명은 당시만 해도 새로 생긴 분야인 민족학과 고고학 박물관 분야를 개척해 가는 동료였지만 이 박물관이 어떤 물품을 수집하고, 수집한 물품을 어떻게 진열할 것인지 문제에서는 의견이 전혀 달랐다. 지볼트처럼 톰센도 한 민족이 사용하는 일상용품 전체를 보여주는 쪽을 선호했다. 그는 자신의 박물관이 소장하고 있는 '특이하고 희귀한 물품'은 보이지 않게 감추었다.[48] 그럼에도 그는 이상적인 유물 박물관이라면 마땅히 '인류의 점진적 발전 과정'을 드러낼 수 있어야 한다는 조마르의 의견에 동의했다.[49] 그랬기에 그는 고고학 민속학 자료를 시대순으로 배열하기 위해 애썼다.

톰센은 상인이자 선주이며 1818년에 설립된 덴마크 국립은행의 최초 은행장 5인 중 한 명이던 크리스티안 톰센이 낳은 여섯 아들 중 장남이었다. 아버지가 사망한 후 그는 가업을 물려받아 10년가량 운영하다가 국가 차원에서 진행하는 고대 북유럽 유물 수집에 헌신하기 위해 매각했다.[50] 이는 애국심의 발로라고 할 만하다. 나폴레옹 전쟁 당시 덴마크는 중립을 지키기 위해 최선을 다했지만 영국은 덴마크가 프랑스와 러시아 쪽에 붙어 영국에 맞서려 한다고 의심했다. 1801년, 영국 해군 선박이 외레순드[07]로 들어왔고, 코펜하겐 항에서 덴마크 함대를 격파했다. 1807년, 영국군이 질란드Zealand를 점령하고 해상봉쇄를 단행한 후 코펜하겐을 폭격했고 도시 대부분이 폐허

---

07 외레순드Öresund - 덴마크 질란드Zealand 섬과 스웨덴 남부 사이 해협. 영어 명은 the Sound이다.

로 변했다.

이에 대한 저항의 일환이자 애국심 고취 차원에서 고대 영웅 전설sagas에 대한 관심이 일어났다. 1802년, 아담 고틀로브 욀렌슐레게르Adam Gottlob Oehlenschläger가 발표한 서사시 『황금 뿔The Golden Horns』은 대중의 뜨거운 반응을 불러일으켰다. 작품은 17세기 유틀란트에서 발견되어 왕립 골동품 진열실에 보관 중이던 선사시대 황금 뿔잔 두 점을 도둑맞은 사건을 다루고 있다(톰센은 도둑을 잡으려고 애썼다. 뿔은 곧 발견되었지만 이미 녹아 없어진 뒤였다).[51] 욀렌슐레게르는 이 뿔이야말로 '북유럽 신들이 준 선물'이라면서, 현대 덴마크인들은 너무 물질주의적이어서 그 참된 가치를 알아보지 못했다고 탄식했다.

그러나 낭만적인 골동품 수집가들은 냉정한 역사학자들의 비판에 직면했다. 문화 전쟁, 즉 과거 역사에 관한 투쟁이 진행 중이었다. 독일에서 새로 일어난 역사 비평 연구는 문헌 연구에 몰두했다. 문자로 기록되기 이전 시대가 존재했다는 점이야 인정되지만 그런 시대는 역사 속에 위치할 수는 없고 역사 연구 분야에서는 더 말할 것도 없었다. 비평적 역사학자 아우구스트 루트비히 슐뢰저August Ludwig Schlözer는 1772년에 이렇게 썼다. "나는 이 세상이 시작된 후부터 로마가 시작될 때까지의 모든 역사 -혹은 그 역사의 얼마 안 되는 잔재- 를 세계사에서 따로 떼어내고 이를 선사시대Vorgeschichte라고 부르려고 한다."

스웨덴에서 여러 해를 보냈던 슐뢰저는 스칸디나비아 지방이 기독교화되었던 9세기 전까지만 해도 북유럽의 역사 따위는 존재할 수 없다고 판단했다. 문자가 없었으니 '내부 역사'도 존재할 수 없다. 또한, 유럽 남쪽의 문명화되고 문자를 갖춘 기독교 진영과 접촉하지도 않았으니 '외부와의 교류사'도 존재할 수 없다는 이유에서였다.[52] 코펜하겐 대학 교수이자 1839년에 덴마크 역사학회를 세웠던 크리스티안 몰베크Christian Molbech는 선사시대라는 '완전한 암흑기'와 역사 시대를 구별해야 한다고 주장했다. 선사시대는 "신화적 시가나 자연철학적 추정의 소재는 될 수 있을지 모르지만 역사적 지식의 대상이 될 수는 없다."[53] 눈이 하나뿐인 현명한 북유럽의 신 오딘Odin은 신화일 뿐 실제로 존재했던 인물이 아니라고.

영웅 전설은 신화와 전설을 역사 속에 있었을 만한 일과 하나로 버무려 놓은 것인데 새로 대두된 냉정한 학설은 고대 북유럽 시대에 관한 학문적 연구를 위한 여지를 주지 않는다. 그럼에도 열정적인 이들은 고대 유물을 수집하기 시작했는데 단지 고대 룬 문자로 새겨진 비석뿐만 아니라 석기류까지 모았다. 이것들은 설화에서 말하듯이 하늘에서 뚝 떨어진 '뇌석thunderstones'이 아니라 고대 북유럽 장인들이 만들어 낸 작품이었다.[54] 이 공예품들은 이교도 시절의 스칸디나비아 지역에 대해 어떤 힌트를 제공하는가?

1806년, 코펜하겐대학 사서였던 라스무스 뉘루프Rasmus Nyerup는 기념비들을 보존하고 국가 차원에서 고대 유물 박물관을 세워야 한다는 내용의 책을 출간했다. 1807년, 유물 보존과 수집을 위한 왕립위원회가 결성되었고 뉘루프가 위원장을 맡았다. 위원회에서는 얼마 지나지 않아 상당량의 수집품을 수집했다.

톰센은 뉘루프를 돕는 부위원장으로 영입되었다. 1816년, 그에게는 위원회가 수집한 유물을 목록화하고 전시하는 작업을 준비하라는 업무가 맡겨졌다. 당시 그의 나이 불과 27살이었고 학문적 교육은 받지 못하고 상업적 수련만 받은 상태였다. 한 코펜하겐대학 교수는 그에 대해 냉소적으로 '아마추어일 뿐'이라고 평가했지만, 적어도 '많은 역량을 갖춘 아마추어'라는 점은 인정했다. 톰센이 사업상 받았던 수련은 분명히 그에게 큰 자산이 되었다. 예산관리 체계를 도

입했을 뿐만 아니라 획득한 물품 명부를 만들고 수집할 물품에 대한 열정적인 계획도 수립했다.[55]

삼시대법의 탄생

1819년, 톰센은 거창하게 '왕립 고대 유물 박물관'이라고 이름지은 박물관의 개관을 감독했다. 수많은 사람이 방문했고 기부금도 쏟아졌다. 불과 몇 년도 지나지 않아 진열장은 물품으로 넘쳐났다. 그러자 톰센은 서둘러 분류체계를 만들었다. 처음에는 공예품에 들어간 재료를 중심으로 분류하고 그다음에는 기능에 따라 세부 분류를 했다. 1820년, 이 박물관에 찾아온 한 영국인은 이렇게 썼다. "이교도들의 고대 유물을 모은 수집품은 완벽하다. 어느 캐비닛에는 돌로 만든 물품들만 들어있는데 종교와 관련된 것들이다…. 다른 캐비닛에는 돌로 만든 무기류만 진열되어 있다…. 그다음 세 번째 캐비닛에는 쇠로 만든 유물이 들어있는데 종교 의식과 관련된 것들이며(신상, 제사용 그릇 등) 네 번째 캐비닛에는 쇠로 만든 무기류와 연장들이 있다."[56]

1832년에 수집품을 크리스티안보르Christianborg성으로 옮겨야 했을 때 톰센은 수집품을 석기 시대, 청동기 시대, 철기 시대로 구분해서 진열했는데 이는 '삼시대법Three Age System'으로 알려졌다. [57] 1837년, 왕립 고대 북유럽 문헌학회는 『고대 유적 가이드라인Guideline to Knowledge of Nordic Antiquity』이라는 총서를 출간했다. 톰센은 삼시대법에 관한 글을 실었고 이 책은 얼마 지나지 않아 독일어로 번역되었다. 1848년에는 영어 번역본이 나왔다.[58]

톰센의 모델이 전적으로 독창적인 것은 아니었다. 그 기원을 따져보면 기원전 1세기 경 루크레티우스Lucretius가 쓴 장편 시 『사물의 본성에 관하여De Rerum Natura』까지 올라갈 수 있는데 작품 속에서 장식품과 무기류는 석기, 청동기, 철기로 분류된다. 이 작품은 고전

교육을 받은 이들이라면 누구나 알고 있던 내용이었다. 1813년, 왕립 고대유물보존위원회에서 톰센의 동료로 활동했던 베델 시몬센Vedel Simonsen은 이 분류법을 위원회가 가진 수집품에 적용할 수 있다고 보았다.[59] 그러나 이 모델이 실제로 적용될 수 있다는 것을 증명한 인물은 톰센이었다. 이 분류법 덕분에 톰센이 관장하던 박물관에 소장된 거대하고 다양한 보유품을 시대순으로 일관된 내러티브로 정리할 수 있었다.

물론 톰센도 이 3단계 간 경계선이 그렇게 명확히 그어지지 않는다는 점은 알고 있었다. 스웨덴 고고학자 보 그레슬룬드Bo Gräslund는 "철기 시대에도 청동기와 돌로 만든 공예품이 계속 만들어졌고 돌로 만든 연장이 청동기 시대에도 여전히 사용되었다."라고 말한다. "그래서 철기 시대에 만들어진 청동기 연장과 청동기 시대에 만들어진 연장을 구분하거나, 각 시대에 나온 석기류를 구분하는 것이 과제였다. 금, 은, 유리, 기타 재료로 만들어진 물건들을 시대별로 구분하는 것도 문제였다."[60]

톰센은 세 시기의 시대 안에서는 기능별(도구, 무기, 요리 기구, 보석류, 종교 제의 물품 등)로 물품을 배열했고 그다음으로는 형태, 장식에 따라 구분했는데 이런 구분으로 인해, 돌로 만든 물품 중 어느것이 청동기 시대의 다른 물품과 연결될 수 있는지 파악해 시대를 가늠하는 지침을 세웠다.

1825년, 톰센은 독일인 동료에게 편지를 보낸다. "초창기 북유럽 지역, 즉 스칸디나비아, 독일 대부분, 프랑스, 영국에는 서로 비슷한 모습으로 살던 원시인들이 있었다는 점이 이제 분명해졌다." 그리고 그는 이렇게 덧붙였다. "많은 부분에서 그들은 북미에 살던 야만인들과 닮았다."[61] 그래서 그는 이국적인 '민족학 자료'는 석기 시대에 나온 북유럽 유물과 나란히 진열되어야 한다고 보았다.

처음에는 대학 도서관 다락방에 억지로 쑤셔넣듯이 처박혀 있던 왕립 북유럽 고대 유물 박물관은 1832년에 와 한층 화려한 크리스티안보르성으로 이전했다. 1839년, 톰센은 덴마크 왕립미술관 민족학 수집품 감독 책임도 맡았다. 1845년부터 1847년까지 국왕 크리스티안 3세의 후원을 받았던 콜베트 함인[08] 갈라테아Galathea 호는 5명의 연구가를 태우고 인도, 중국, 타히티, 남아메리카 등으로 항해를 떠났다. 돌아올 때 싣고 있던 막대한 양의 동물학, 식물학, 민족학 자료는 톰슨의 수집품에 포함되었다. 1849년, 그 박물관이 크리스티안보르 궁 옆에 있는 프린스 궁 안의 44개 방을 채우는 '왕립 민족학 박물관'으로 이름을 바꾸어 재개장했을 때 외국에서 가져온 민족학 자료들은 유럽에서 나온 고고학 자료들과 함께 전시되었다.

한때 톰센의 조수였던 옌스 워사에Jens Worsaae는 1855년에 코펜하겐대학 고고학과 수석 교수로 임명되었다. 그는 스칸디나비아 지방 발굴과 잉글랜드 및 스코틀랜드의 바이킹 정착지 발굴을 지도하면서 삼시대법이 북유럽 고고학 유적지에도 적용될 수 있다고 확신했다. 그는 또한 북유럽 영웅 전설이 역사적 근거가 있다고 주장하는 고고학 연구가들에게 신랄한 비판을 가했다.[62)

덴마크 국왕은 워사에가 당시까지 룬 문자라고 여겨지던 것들이 사실 자연적으로 돌을 긁으며 형성된 단층선 자국임을 증명하자 무척 기뻐했다. 워사에는 이렇게 기록했다.

잠시 후 국왕은 "경에게 감사하고 축하하오. 이제부터 내게 루나모Runa-

---

08 콜베트 함 - 다른 배들을 공격으로부터 보호하는 소형 호위함을 말한다.

mo[09]에 룬 문자가 한 글자라도 있다고 믿도록 강요할 인간은 아무도 없겠구려. 이것이 이토록 명백히 자연의 산물이라는 것을 나는 지금까지 상상조차 못했소." 그러더니 국왕은 크게 웃기 시작했는데, 나중에는 배를 움켜쥐고서 "한심한 학자들 같으니!"라는 말을 반복하더니 "이건 정말 말도 안 되는 이야기야."라고 했다.[63)]

스칸디나비아 학자들은 삼시대법을 즉시 수용했다. 워사에는 덴마크 국왕의 총애를 얻었고 왕은 1846~1847년 워사의 영국 방문을 후원했다. 런던에서 그는 유명하다는 영국 골동품 전문가들을 만났지만 별다른 감흥을 받지 못했다. "대영박물관은 완전히 엉망진창이다! 영국 고대 유물을 보관해 둘 방 같은 것은 하나도 없었다. 더 심각한 것은 통상적으로 받아들여지는 고고학적 체계 같은 것도 전혀 마련되어 있지 않았다는 점이다. [큐레이터들은] 순전히 아마추어들이어서 기념비나 유물의 시대순서 같은 개념도 몰랐다. 무례를 범할 생각 없이 한마디로 내 여행은 영국 제도에 덴마크 방식 시스템의 토대를 놓아주는, 고고학적 차원에서 일어난 바이킹의 습격이었다고 할 만하다."[64)]

영국의 고대 유물 전문가들은 삼시대법이 과거를 보는 관점 차원에서 기존에 자신들이 갖고 있던 '켈트족' 중심의 관점-별로 정교하지는 않지만-더 개선된 방식이라고는 생각하지 않았다. 그들은 1858년에 데번Devon에 있는 브릭섬Brixham 동굴에서 석기 시대 도구와 인간 유해를 발견한 충격과 1865년, 존 러벅John Lubbock이 쓴 『선사시대Pre-Historic Times』 출간 이후에야 덴마크 모델을 더 진지하게 연

---

09 루나모Runamo - 현재 스웨덴 지역에 있는 금이 간 현무암 둑. 금간 부분이 수 세기 동안 룬 문자로 여겨져 왔다.

코펜하겐 소재 크리스티안보르성에 있는
왕립 북유럽 고대 유물 박물관을 찾아온 관람객을 환영하는
크리스티안 위르겐센 톰센. P. 마르카드 그림. 1846년

구했다. 물론 러벅은 삼시대법을 받아들이고 있었지만 그는 그 분류
법을 더 야심찬 '진화론적' 사고방식에 근거해 한층 넓은 틀 안에서
수용하고 있었기 때문에, 코펜하겐의 접근법은 더 제한적이고 낡아
보였다.

톰센과 워사에 둘 모두 지리 연구를 통해 밝혀진 것처럼 지구상에
서의 생명의 역사가 매우 방대하다는 견해를 채택하지는 않았다. 둘
다 지구가 6천만 년 전쯤 단기간에 창조되었고 인간을 창조함으로
써 마무리되었다는 정통 신학적 입장에 의문을 제기하지 않았다. 특

히 톰센은 석기 시대의 끝을 언제로 잡을 것인가에 관해서도 확신이 없었다. 당시 다른 학자들과 마찬가지로 그는 "오딘이 그리스도 탄생 1세기 전 북유럽 금속 기술의 '창조자'라고 보는 전설"을 신뢰하고 있었다.[65]

하지만 북유럽 골동품 전문가들은 뭔가를 알아차렸다. "아이러니한 우연이지만" 저명한 고고학자인 브루스 트리거Bruce Trigger는 이렇게 설명한다. "스칸디나비아, 스코틀랜드, 스위스는 모두 뷔름 Würm 빙하기[10] 동안 빙하에 덮여 있었고 홀로세Holocene epoch 이전에 인간이 거주했다는 증거는 지금까지 나오지 않았다[홀로세는 현재의 지질학적 시대를 말한다. 마지막 빙하기 이후인 11,600년 전부터 시작한다]. 따라서 스칸디나비아인, 스코틀랜드인, 스위스인들이 자신들의 발견에 따라 계산한 절대적 연대기는 현재 우리가 알고 있는 것과 별로 다르지 않다."[66]

조마르는 아주 먼 옛날 존재했던 야만인부터 시작해 문명의 진보 과정을 보여주는 박물관을 만들고자 했다(톰센의 3단계 모델은 이 패러다임의 한 버전이라고 하겠다). 훔볼트의 방법론을 따랐던 지볼트는 지역별로 문화적 전통을 배열하는 방식을 옹호했다. 20세기 후반까지만 해도 타인의 박물관은 '진화론' 모델, 아니면 '문화적' 혹은 지역별 모델, 이 두 가지 중 하나를 채택했다. 때때로 이 모델에서 저 모델로 방향을 바꾸는 일이 일어나기는 했다. 1865년, 톰센이 죽은 후 워사에가 코펜하겐 박물관 관장이 되었다. 그는 톰센의 시스템을 버리고 지역별로 전시물을 재배치했다.

---

10   뷔름 빙하기 - 홍적세에 유라시아 대륙에 있었던 최종 빙하기

3장

문명과 야만
대영박물관과 피트 리버스 박물관

마치 민족 간 문화 차이에 관한 고정관념을 보여주고자 일부러 그렇게 만들었나 생각되는, 혁명 이후 세워진 파리 박물관들은 하나같이 합리적이고 현대적이면서도 그때그때 대두되는 이념적 경향에 따라 변모해 갔다. 대영박물관은 경제적이고 고전적이며 변화가 없었다. 1818년, 영국을 방문한 프랑스 박물학자 조지 퀴비에는 이렇게 말했다. "자연사 박물관에는 매우 근사한 것들이 있는데 특히 화석이 그렇다. 하지만 그들의 수집품은 우리 수집품과 비교할 수준은 못 된다. (…) 그들은 자신들이 소장한 보물의 가치를 알지 못한다. 한마디로 대영제국에는 학문적 기관 따위는 아예 없다고 할 수 있다. 정부는 단지 돈을 벌 요량으로 예술에 관심을 기울인다…. 모든 게 돈 문제일 뿐이다."01)

한스 슬론과 대영박물관의 탄생

유럽의 다른 유명 박물관과 달리 대영박물관은 왕실 수집품에서 생겨난 것이 아니다. 자수성가한 한스 슬론Hans Sloane 경이 모은 엄청난 양의 특이 수집품을 수장하기 위해 의회가 결정해 만들어졌다. 아일랜드 출신 약종상이던 슬론은 런던에서 의사가 되었고 왕립 내

과대학 학장으로 일했으며 아이작 뉴턴의 뒤를 이어 왕립협회 회장
이 되었다. 1712년에는 런던의 대저택인 첼시 장원Chelsea Manor을 사
들였다(이 장원은 한때 헨리 8세가 살던 곳으로 현재의 체인 워크Cheyne
Walk 지역이다).

한스 슬론은 1716년에 남작이 되었으며 1720년대 들어와 "개인 재
산이 늘어났으며 사회적 명망을 갖춘 신사로 발돋움했다."라고 그
의 전기 작가 제임스 델부르고James Delbourgo는 쓰고 있다.[02] 슬론은
1753년, 93세 나이로 사망했다. 유언장에서 그는 자신의 수집품을 국
가에 팔기로 했는데(실제 가격의 1/4 수준에 매각하겠다는 의사를 밝혔
다) 그 대신 대중에게 공개되어야 한다고 적시했다. 의회가 이를 받
아들였고 1753년에 국왕 조지 2세는 대영박물관 설립법을 승인했다.
매입 자금은 복권 발행으로 충당했다.("도박을 즐기던 18세기 당시 분위
기를 고려하더라도" 델부르고는 이렇게 말한다. "대영박물관 복권은 정말
부끄러운 일로 받아들여졌다.")[03]

슬론은 글을 많이 쓰지 않았으며 그렇게 남긴 글도 전문가들에게
서 인정받지는 못했다. "슬론이 발표한 글 중에서 신기한 물건에 대
한 그의 열정적인 전파력-때때로 사람들이 열광적으로 받아들이기
도 했다-을 제대로 드러내는 글을 꼽자면 슬론 자신이 '중국 캐비
닛'이라고 부른 것과 관련해 그림을 곁들여 총 4부로 구성한 글이 가
장 훌륭하다."라고 델부르고는 쓰고 있다.

동인도 회사의 한 외과의가 왕립협회에 증정한 이 중국 캐비닛에
는 녹슬지 않는 면도날, 청동과 철로 만든 칼, 위석[01], 핀셋, 빗, 잉크
와 종이, 해부학 표본들이 포함되어 있었다. 슬론은 "이 캐비닛에서

---

01 위석 - 소·양 등의 위장에 생기는 결석結石. 중세 이후 치료 효과가 있다고
    여겨졌다.

박물관의 그림자

가장 독특한 기구는 귀지를 파내거나 귀를 긁거나 간지럽힐 때 쓰는 기구였는데 중국인들은 이것을 매우 즐겼다."라고 생각했다. "이 기구를 사용하며 무척 즐거워하는 표정의" 작은 조각상도 있었다. 그러나 실력 좋은 의사였던 슬론은 '귀를 너무 많이 후벼 파는' 사람에게 초래될 수 있는 '위험'도 경고했다.[04]

한때 슬론의 하인이던 제임스 솔터James Salter는 슬론이 수집한 진귀한 물품을 조롱하는 의미로 '솔터 씨의 커피하우스'를 차렸는데 그곳을 방문한 사람의 말에 따르면 그는 거기에 "악어나 거북과 같은 다양한 이국적인 동물뿐만 아니라 인디언과 다른 이방인들이 입는 옷과 무기류"까지 진열했다.[05] 그러나 영국 왕자를 포함한 저명한 인사들까지 슬론의 소장품을 보려고 초대에 응해 첼시 장원을 찾아왔다.

"이 놀라운 수집품은 18세기에 한 사람이 모은 것으로는 최대 규모를 자랑하는데 슬론은 의사로 번 수입, 자메이카 노예 농장에서 나온 소득, 런던의 대지 임대료, 공직에서 나오는 급여를 포함한 막대한 자금을 투입했다."라고 델부르고는 기록한다.[06] 슬론은 자신이 직접 수집품을 모으지는 않았다. 델부르고는 그를 '수집가들의 수집가'라고 표현했다.[07] 그의 사회적 입지는 그야말로 이상적이었다. "런던 한복판에서 그가 얻은 명성은 그를 대영제국의 중심인물로 만들었다. 이 제국은 그야말로 온갖 사람들과 물건들이 모여 있는 제국이었고…진귀한 보물들이 모여 있는 제국이었다."[08]

왕립협회에서는 막강한 인맥을 갖고 있었지만 슬론의 수집품은 19세기 박물관이라기보다 진귀한 물건을 모아놓은 구식 캐비닛에 가까웠다. 그는 물건 목록을 만들기 위해 학자들을 조수로 채용했지만 기초 계획은 물론 과학적 분류체계도 없었다. 게다가 기묘하게 병치시켜 놓은 것도 많았다. 악기 수집품 속에 흡연용 파이프가 포함된 경우도 있었다. 델부르고가 말했듯이 "표류하듯 길을 잃고 잡다한 물건에 집착하는 경향이 반복적으로 나타났다."[09]

대영박물관이 1946년에 와서야 개설한 민족학 부문의 책임자로 임명된 H. J. 브라운홀츠H. J. Braunholtz는 슬론의 외국 문물 수집품에는 "인도, 페르시아, 중국, 일본, 터키, 러시아에서 나온 신발, 담배 파이프, 활과 화살 등 자잘한 물품도 포함되어 있다. 지역이 특정되지 않고 단지 '인디언'이라고 표기된 물건은 인도에서 온 것인지 아메리카 대륙에서 온 것인지 불분명하다."라고 기록했다. "슬론이 '인디언'이라고 표기한 버지니아에서 나온 드럼은 실제로는 골드 코스트에 사는 아샨티족[02]이 최근에 만든 작품과 흡사하고 십중팔구 어느 노예가 만들었을 가능성이 크다."[10]

브라운홀츠는 박물관의 민족학 수집품이 "주로 여행가나 탐험가가 우연히 획득해 가져온 '진귀한 물품'에만 의존하느라 경련이 일어나듯 간간이 커졌다."라고 탄식했다. [11] 초기 수집품의 대부분은 조지프 뱅크스Joseph Banks 경이 배열했다. 왕립협회 회장이자 대영박물관 이사이며 큐 왕립식물원Kew Gardens의 비공식 관장이기도 했던 뱅크스는 유명한 쿡 선장의 1차 항해(1768-1771)에도 동행했다. 그는 왕립협회가 가지고 있던 '진귀한 인공물품artificial curiosities'을 대영박물관으로 옮기는 업무를 주관했고 1870년에 쿡 선장의 마지막 항해에 동행했던 선원과 사람들이 "왕실의 배 레볼루션 호와 디스커버리 호가 최근 방문한 남양 제도와 북미 서부 해안, 캄차카 등에서 가져온 막대한 양의 진귀한 인공 도구, 의복 등"을 기부하는 일을 주도하기도 했다.[12] 배의 선장들과 탐험가들은 자신들이 영국으로 가져온 물품을 처분하기 위해 늘 그에게 자문했다. "짐은 경이야말로 우리

02　아샨티Ashant - 아프리카 서부, 현재의 가나에 있었던 구 왕국

같은 발견자들 사이에서 핵심 인물이라고 생각하네."라고 제임스 국왕조차 그에게 말한 적이 있는데 제임스 국왕도 쿡 선장의 1차 항해에 동행했던 인물이었다. 뱅크스는 그들에게 진귀한 인공물품은 대영박물관에 보내라고 조언했다.

쿡 선장 항해에 동행했던 또 다른 인물인 조지 딕슨George Dixon은 아메리카 북서부 해안에서 많은 물품을 수집해 가져왔다. 뱅그스는 그중 진귀한 인공물품을 대영박물관으로 보냈다. 그 물품 리스트가 박물관 회의록에 남아있다.

> 딕슨 선장이 아메리카 북서부 해안에서 가져왔으며 조지프 뱅크스 경이 기부한 다양한 물품은 다음과 같다.

> - 여성들이 아랫입술에 끼우는 장신구
> - 아메리카 버펄로의 뿔로 추정되는 것으로 만든 커다란 국자
> - 인간 형상의 그릇 혹은 얕은 사발
> - 부싯돌과 철과 부싯깃으로 사용하는 황철광이 함유된 돌과 불쏘시개용 풀
> - 초록색 화강암
> - 원주민들이 사용하는 담배용 종이
> - 크리스털 조각 하나와 여러 개의 구슬
> - 다양한 표시가 되어있어 놀 때 사용하는 34개의 작은 나무 실린더[13]

홀대받는 민족학 유물들

초창기에 대영박물관 소장품은 크게 3개 부문으로 나뉘었다.

1. **원고와 동전**. 여기에는 슬론이 갖고 있던 서적과 원고류 외에 다

른 두 명의 개인 소장품이 포함되었다(1823년에 와서는 조지 3세의 도서관이 추가되면서 박물관의 도서관이 두 배로 커졌다).

2. **인공물과 자연물.** 대부분 슬론의 수집품에서 나온 것들로 '인공물'에는 멕시코와 페루에서 가져온 공예품, 일본 신전의 모형물, 소품으로는 광주리, 담뱃대, 물 담뱃대, 부적, 고문 기구, 고대 조각, '아메리카에서 나온 우상' 등이 포함되었다.

3. **현대적인 진귀한 물품.** 이 부문에서 슬론의 취향이 여실히 드러난다. 그는 자신이 주술과 마법이라고 부르던 것들을 경멸했지만 그 대신 '로마 가톨릭교도가 소중히 여기는 성유물 같은 물품'을 포함해 은밀한 매력을 가진 방대한 양의 물건을 수집했다.[14] 여기에는 아메리카에서 가져온 깃털이 달린 두건, 조가비 구슬 목걸이, 두피, 유럽에서 나온 청동기 제품과 상아, 중국의 신상, 이마 한복판에 박힌 눈이 하나뿐인 외눈박이 돼지, 그리고 뿔이 달린 여성의 뿔이 포함되었다.[15]

1807년에 와 수집품은 '도서관', '자연사' 그리고 '고대 유물' 3개의 독립된 부문으로 재편되었다. 1816년, 고대 유물 부문에서는 엘긴 경에게서 파르테논 신전 조각상들을 구매했고 1847년에는 오스틴 헨리 레이어드Austen Henry Layard가 아시리아에서 발굴한 막대한 분량의 부조상과 조각상을 사들였는데 중국이나 인도 관련 전시물은 별로 없었다.[16] (동인도 회사는 1801년에 레든홀 스트리트Leadenhall Street에 있는 자신들이 소유한 부지에 인도 박물관을 건립했다. 제대로 구성되지는 않았지만 상당량에 이르렀던 그곳의 수집품은 1880년에 빅토리아 앤드 앨버트 박물관으로 이전되었다.)

부끄러운 이야기지만, 영국 최고의 국립 박물관인 대영박물관에는 영국의 선사시대 유물이 매우 부실했다. 덴마크 국립 박물관 관장이던 크리스티안 위르겐센 톰센은 1843년에 대영박물관을 방문했을 때 "곳곳에 있는 영국 고대 유물은 먼지를 뒤집어쓰고 있었고 아무도 관심을 보이지 않았다."라고 지적하면서 "큐레이터들의 소양이 부족하다."라고 평가했다.[17]

슬론의 민족학 수집품은 처음에는 자연사 부문에 배정되었다. 이 부문은 쿡 선장과 조지프 뱅크스가 수집한 폴리네시아산 물품을 수용하면서 그 폭이 크게 넓어졌고 1778년에는 '오타헤이티[03] 및 남해관The Otaheite and South Sea Room'을 열었다. 개관 직후부터 수많은 관람객이 밀려들었지만 이곳도 물품이 마구 뒤섞인 상태였다. "왼쪽 구석에는 오타헤이티 여성이 입는 상복이, 맞은편에는 샌드위치 제도[04]에서 가져온 값비싼 망토와 깃털이 달린 투구가 진열되어 있다. 벽난로 위에는 카바 포도주 통이 있고 그 위에 바퉁battoons(배턴batons을 말한다) 그리고 전쟁에 쓰는 다양한 도구들이 놓여 있다. 여러 섬에서 나온 우상들이 끔찍할 정도로 흉한 모습 그대로 수많은 예술 작품들과 대조를 이루며 서 있다."라고 안내서에서 소개하고 있었다.[18] 기부 형식으로 받아들인 서아프리카, 극지방, 멕시코, 오스트레일리아 등에서 만든 조각상, 무기, 의류, 그 외 다양한 진귀한 물품도 점점 남해관에 진열되었다.[19]

1836년에 와서는 제대로 목록이 갖춰지지도 않은 채 마구잡이로 추가되면서 일관성도 없이 모아놓은 이 물품들-게다가 다른 '인공물'까지 포함해-은 자연사 부문에서 고대 유물 부문으로 이관되었다. 그러나 지중해와 극동 지방에서 나온 조각과 기념비 위주로 구성

---

03   오타헤이티 - 타히티의 옛 이름

04   샌드위치 제도 - 하와이 제도의 옛 이름

되어 있던 그 부문에 잘 어울리지 않았다. 민족학 자료가 로마 시대 영국 자료나 중세 자료와 함께 묶여 하나의 하위 부문을 이루는 바람에 '민족학과 중세 유물'이라는 전혀 어울리지 않는 쌍의 한쪽을 담당하게 되었다. 이 둘의 공통점이라고는 둘 다 폭풍 속에 남겨진 고아와 같은 처지라는 사실뿐이었다. 박물관 관장으로 막강한 권력을 가진 사서였던 앤서니 파니치Anthony Panizzi가 경멸하는 대상이었을 뿐만 아니라 고전학자들도 멸시했기 때문에 이들은 언제든지 자리가 사라질 위험에 노출되어 있었다.

1851년에 와서는 아우구스투스 울러스턴 프랭크스Augustus Wollaston Franks가 존폐위기를 겪는 이 부문의 책임자가 되었는데 그는 박물관에서 로마 이전 시대 영국과 로마 시대 영국의 유물을 수집하는 업무를 잠시 맡았던 때를 제외하면 이 부문을 계속 맡았다. "황동으로 만든 기념물에 관심이 많은 젊은 수학 전공자를 그 자리에 임명한 것은 지금보면 매우 이상하다."라고 질 쿡Jill Cook은 인정했는데 "그러나 그녀는 프랭크스가 고전학자는 아니었지만 진귀한 물품 수집에 정성을 다했을 뿐만 아니라 고대 유물에 폭넓은 관심을 가지고 있었다."라고 덧붙인다.[20]

그보다 더 의미 있는 것은 바로 그가 재력이 상당했을 뿐만 아니라 사교계에서 자유롭게 움직였다는 데 있다. 프랭크스는 이렇게 회상한다. "내가 꽤 많은 유산을 물려받게 되었을 무렵 박물관의 직책을 받아들이는 것이 품위를 떨어뜨리는 일은 아니라는 진지한 조언을 받았다. (다행히 그는 아버지의 재산을 관리하는 이들 중 한 분께서) 박물관에 서퍽주Suffolk 출신의 남자(반월 씨Mr. Barnwell)가 일하고 있다는 사실을 알아낸 후 내가 그 자리를 맡아도 되겠다고 결정되었다."[21]

이 젊은 남자는 관료사회 내부 투쟁에서 재능을 보였다. 물품이 많아지면서 공간이 점점 줄어드는 박물관 내부에서 모든 부문이 생존하기 위해 전시 공간을 확보하는 데 눈독을 들이는 시기, 이 재능은 필수적이었다. 1845년에 문을 연 '민족학 갤러리' 역시 얼마 안 가 수용할 수 있는 최대치에 도달했다. 프랭크스가 고대 유물 부문에 합류한 1851년에 대영박물관은 약 3,700점의 '민족학ethnological' 혹은 '민족지학ethnographical' 물품을 보유 중이었다. 그가 은퇴한 1896년에는 38,000점 이상으로 늘었다. 이 중에는 프랭크가 개인적으로 기부한 9천 점가량이 포함되어 있었다.[22]

변화하는 대영박물관

1850년대 들어와 대영박물관은 큰 변모를 거듭한다. 이미 공간이 가득 찬 이전 건물은 확장·재건축했다. 그리고 문명 박물관으로 새 단장을 단행했다(물론 적어도 문명의 대척점에 서 있는 야만의 세계까지 포함하고 있었다). 박물관의 새로운 임무, 미래 전망은 돌에 새겨져 전시되었다. 1852년에 재건축이 완공된 박물관 건물 앞쪽으로 프리에네Priene[05]에 있는 아테나 신전의 기둥을 모방한 이오니아식 기둥들이 세워졌다. 이 기둥 위쪽으로는 리처드 웨스트마콧Richard Westmacott 경이 만들고 비유적으로 '문명의 진보'라고 명명한 조각이 새겨진 삼각형 페디먼트[06]가 올려졌다. 로마에서 안토니아 카노바Antonio Canova 밑에서 수학한 웨스트마콧은 철저한 고전주의자였다. 그는 대영박물관 측에 그리스·로마 조각상을 사들이라고 조언했으며 엘긴 마블을 최초로 공개하는 특별실 기획도 맡았다. 그가 세운 페디먼

---

05 프리에네 - 소아시아 카리아 지방의 서해안에 있는 고대 도시 유적

06 페디먼트pediment - 고대 그리스식 건축에서 건물 입구 위의 삼각형 부분

트에는 파르테논 신전을 모방해 네 명의 여성을 새겨넣었는데 다만 속이 다 비치는 튜닉 대신 두꺼운 직물을 입혔다.[23]

고전주의자이자 대영박물관의 중요한 지위에 있는 사서였던(관장이었던) 헨리 엘리스Henry Ellis에게 쓴 편지에서 그가 밝혔듯이 조각된 페디먼트는 교훈적인 이야기를 담고 있었다.

페디먼트 동쪽 끝의 기울어진 부분부터 시작해 보자면 인간은 투박하고 미개한 상태에서 시작해 종교의 영향으로 점점 문명화되고 있습니다. 그다음에는 사냥꾼으로, 그다음에는 대지의 경작자가 되어 생존을 위해 노동하는 모습으로 그려집니다. 족장 시대의 단순함은 이내 사라지고 참된 신에 대한 경배는 훼손됩니다. 이방 종교가 득세하고 예술이라는 여러 방편을 통해 널리 전파되지요.

하늘의 별들과 그들이 미치는 영향력을 숭배하는 사상은 이집트인, 칼데아인, 아시리아인, 그 외 다른 나라들까지 모두 점성술 연구로 이끌었는데 이것은 중앙에 서 있는 조각상들에서 구현되어 있습니다. 이것이 이 전체 작품의 중심부인 셈입니다.

여기까지 오면서 문명은 상당히 많이 발전되었습니다. 페디먼트의 서쪽 끝 기울어진 부분으로 오면 널리 알려진 건전한 원리에 따라 작동하는 과학 전반을 대변하는 수학이 제시됩니다. 희곡, 시, 음악은 동쪽에 있는 예술과 균형을 이루며 마침내 전체 작품은 자연사로 마무리되고 자연사를 가장 효과적으로 구현하는 물체와 표본들이 조각되어 있습니다.[24]

블룸즈버리Bloomsbury에 있던 건물을 확장했지만 두 번째 박물관을 건립해야만 공간 부족 문제를 해결할 수 있다는 의견이 지배적이었고 가장 좋은 부지로 사우스 켄싱턴South Kensington이 거론되었다.

그러나 어느 수집품을 그쪽으로 보낼 것인가? 자연사 부문이 유력한 후보인 것은 분명했는데 그 이유는 수집품 규모도 크고 계속 빠르게 확장 중이었을 뿐만 아니라 고전주의 교육을 받았고 대영박물관의 전체 톤을 결정했던 신사들이 자연사 부문에 관심이 없었기 때문이었다.

하지만 민족학 부문이 더 기묘한 부문이었으며 이 부문을 남겨둬야 한다고 옹호할 사람도 별로 없었다. 대영박물관과 관련해 의회에서 선정한 위원회가 1860년에 소집되었는데 거기서 내놓은 보고서에 이렇게 기록되어 있다. "이 문제를 검토한 모든 이들에게서 민족학 수집품을 옮기는 것이 좋겠다는 증언을 받았다. 민족학 수집품을 대영박물관 내에 온전히 보유하려면 상당히 넓은 공간이 필요하므로 이 수집품을 보관할 장소를 별도로 마련하는 것이 타당하다."[25]

1910년에 대영박물관이 출간한 『민족학 수집품 핸드북』에는 민족학 부문을 자연사 수집품과 함께 사우스 켄싱턴으로 보내기보다 블룸즈버리에 그대로 두는 것이 나은 이유를 이렇게 설명한다.

> 공간 부족은 도저히 어떻게 해볼 수 없는 문제인 것은 분명하다. 그럼에도, 한 지붕 아래에서 민족학 표본을 고대 문명의 예술과 산업 분야의 품목들과 함께 진열하는 방식이 가진 장점이 있다. 이 문명들은 심지어 그리스 문명까지도 원시 단계에서부터 점점 발전해 왔다. 그러므로 미개인이나 야만인들이 만들어 쓰던 도구나 연장은 고대 유적 연구와 관련이 없을 수 없다. 선사시대 유물과 비교해 볼 점이 많을 뿐만 아니라 석기류의 경우는 특히 시사하는 바가 크다.[26]

프랭크스는 방을 빼겠다는 위협을 간신히 피한 후 안심하는 수준에 머물지 않았다. 그는 자신이 갖고 있던 여러 유형의 수집품까지 한군데 합쳐 대영박물관의 보유 물품을 크게 늘렸다. 이것은 그의 인내와 외교적 수완을 잘 보여주는 것이었지만 그에게는 두 가지 행운도 뒤따랐다. 첫 번째 행운은 바로 여러 번 결정이 뒤집히는 과정 끝에 자연사 부문을 맡고 있는 강력한 부문장인 리차드 오웬Richard Owen 경이 드디어 자연사 수집품을 자신이 온전히 주관할 수 있는 사우스켄싱턴으로 옮기기로 한 것이다. 이렇게 되면서 대영박물관 본부 격인 블룸즈버리에는 커다란 진열 공간이 생겼다. 프랭크스에게 찾아온 두 번째 행운은 1865년에 와 충분히 조달한 기금을 동원해 엄청난 규모에 중대한 가치를 가진 크리스티 컬렉션Christy Collection을 사들인 것이다. 이 컬렉션은 자연사 부분이 나가고 비어 있는 갤러리 공간으로 들어왔다.

크리스티 컬렉션

퀘이커 교도인 사업가이자 은행가인 아버지의 아들로 태어난 헨리 크리스티Henry Christy는 아버지를 따라 은행에 들어갔다. 그는 40대에 들어서면서 중동에서 나온 민속 예술품과 직물을 수집하기 시작했는데 그중 일부는 1851년, 런던 만국 박람회에서 일반에게 공개했다. 그 후로는 범위를 더 넓혀갔다. 1857년에는 하바나에서 탄 버스 안에서 우연히 젊은 영국인 에드워드 버넷 타일러Edward Burnett Tylor를 만났는데 타일러는 마침 병 치료를 위해 여행 중이었다(타일러는 승객 중 한 명이던 크리스티가 영어를 쓰면서 thee와 thou를 사용하는 것을 듣고 그가 자신과 같은 퀘이커 교도임을 알아차렸다고 한다). 그들은 함께 멕시코의 고고학 유적지를 방문했고 크리스티는 멕시코에서 고대 유물 몇 개를 밀반출해 가져왔다.[27]

옥스퍼드에 있는 피트 리버스 박물관의 최초 큐레이터 중 한 명이었던 타일러는 그 후 영국 인류학의 기초를 놓던 세대의 인류학자들에게 정신적 지도자가 되었다. 크리스티는 유럽 선사시대 연구라는 새로운 분야를 개척했는데 이는 유럽 고고학계에서 영웅적인 일이 었다. 프랑스에서는 고대 지질 구조 속에서 인간 유해와 공예품이 발굴되었다. 크리스티는 1863년에 도르도뉴Dordogne 지방에서 진행된 에두아르 라르테Édouard Lartet의 선구적인 발굴 작업도 지원했지만 2년 후 벨기에에 있는 선사시대 유적지를 찾아갔다가 폐렴에 걸려 사망했다. 그는 자신의 수집품을 대영박물관에 제안해 보라는 지침과 함께 4명의 신탁 운영자에게 맡겼는데 그중 한 명이 프랭크스였다. 기부금이 상당히 많이 모인 덕분에 프랭크스는 추가로 2만 점가량의 공예품까지 구매할 수 있었다.[28]

그의 수집품은 20년 동안 웨스트민스터의 빅토리아 거리에 있는 크리스티의 저택에 보관되다가 자연사 수집품이 사우스 켄싱턴으로 이관된 1883년에야 대영박물관으로 옮겨왔다. 하지만 프랭크스는 크리스티가 선사한 컬렉션 덕을 톡톡히 보았다. 크리스티가 사망한 이듬해인 1866년에 그는 관리자로 승진했고 새로 생긴 '영국 유물과 중세 유물과 민족학' 구획 전체를 관할하게 되었다.

프랭크스는 자신이 맡은 이 구획이 뒤죽박죽이라는 것을 잘 알고 있었다. 그는 자신이 보낸 편지에서 "(이 구획은) 말 그대로 잡동사니 유물 부문이라고 부를 수 있을 겁니다."라고 썼다.[29]

이곳은 다음과 같이 구성되어 있습니다. 1. 모든 민족의 선사시대 유물…여기에는 물론 이집트와 동방에서 나온 선사시대 물건들이 포함됩니다. 2. 영국 고대 유물, 즉 초기 영국, 앵글로 로만, 앵글로색슨 유물. 3. 중세 유물. 이 시대 물품은 가격이 비싸 소장품이 많지는 않습니다. 4. 유리와 도자기 수집품…여기에는 시대와 민족을 막론하고 이 재료를 사용해 만든 물품이 전부 포함되어 있습니다. 5. 아시아. 여기에는 인도의 고대 유물, 불교와 힌두교 그림, 중국과 일본 예술품과 도자기류 등이 포함됩니다. 6. 이곳은 민족학 자료, 그리고 전 세계 미개인들이 만들어 낸 물품이 포함됩니다. 7. 아메리카 고대 유물. 이 부문은 범위가 상당히 넓을 뿐만 아니라 지금까지 영국이 제대로 관심을 기울여 본 적이 없는 주제입니다. [30]

프랭크스의 조수였던(훗날 그의 후임자가 되는) 찰스 허큘리스 리드 Charles Hercules Read는 대중이 보기에는 "이 민족학 수집품은 이집트 미라 다음으로 관심이 가는 부문"이라고 평했다. [31] 그러나 방문객들은 자신들이 눈으로 보고 있는 물품에 관한, 제대로 된 설명을 듣지 못했다. 전시물은 지역별로 별로 엄밀하게 배열되지도 않았고 심지어 관련 없는 수집품이 서로 붙어 있는 경우도 허다했는데 공간 부족 때문이거나 가족 신탁사들의 요구 때문이었다.

1866년에 고대 유물 관리자에게 보낸 편지에서 프랭크스는 인도와 중국 수집품이 왜 '민족학실'에 진열되어 있는지 설명한다. "우선 물리적으로 물품을 옮겨둘 다른 공간이 없었습니다. 보안상 이유만 보면 보안지역 접근을 제한한다는 것은 두 부문 모두 한 진열장에 자신들의 물품을 쉽게 넣어 둘 수 없게 된다는 뜻입니다. 특히 아랍에서 만든 기념비는 중세 이전 자료가 거의 없었습니다." [32]

1921년에 오면 '영국과 중세 유물'은 독립되어 별도 부문이 된다. 그 결과, 민족학은 동방 도자기와 함께 진열될 수밖에 없었다. [33]

변모하는 민족학

민족학과 선사시대 부분은 새로 발견된 유물과 과감하고 도발적인 새로운 사상에 힘입어 변모를 거듭하고 있었다. 찰스 라이엘Charles Lyell이 1830~1833년 총 세 권으로 발간한 『지질학의 원리Principles of

Geology』는 과학계에 새로운 패러다임을 제시했다. 그는 지구의 나이를 한없이 넓혀 잡았다. 또한, 지층이 연속적으로 겹쳐져 있다는 것을 확인했는데 이를 토대로 화석과 고고학적 발견물의 상대적 연대를 측정할 수 있었다. 젊은 찰스 다윈Charles Darwin은 영국 군함 비글 Beagle 호를 타고 갈 때 라이엘의 『지질학의 원리』를 가져 갔다. 유럽 대륙에서는 인간의 유해와 공예품이 발견되었는데 지층이 형성된 시기는 물론 멸종한 동물 화석과의 상관관계가 연구되었다. 1859년에 라이엘은 브릭섬Brixham의 동굴에서 발굴된 자료를 검토한 후 비중 있는 학회에서 "인간은 상당히 오래전부터 존재했고 적어도 시베리아 매머드와 공존했다."라고 말했다.[34]

찰스 다윈의 『종의 기원On the Origin of Species』도 같은 해 말에 출간되었다.

1863년, 라이엘이 출간한 『인간의 고대성에 관한 지질학적 증거 Geological Evidences of the Antiquity of Man』는 빙하기, 진화, 인류의 오랜 역사에 관한 새로운 생각을 담았는데 이 모든 주제와 관련해 그는 그전까지만 해도 회의론자로 유명했다. 같은 해에 토마스 헉슬리 Thomas Huxley가 쓴 『자연 속에서 인간의 위치Man's Place in Nature』는 인간과 유인원이 공통된 조상에서 나왔다는 사실을 명백히 증명하는 해부학적 유사성에 집중했다. 다윈은 자신이 쓴 『인간의 유래The Descent of Man(1871)』에서 초기 인류는 틀림없이 아프리카 유인원과 비슷하게 살았을 것이라고 주장했다.

고고학에서도 혁명이 일어났다. 인류 역사가 구약 성경에서 제시하는 짧은 기간에만 한정될 수 없다는 의견이 대두되었다. 이제 고고학적 유적지를 지질학적 연대에 따라 시대별로 배열하는 것이 가능해졌다. 이렇게 되자 문명은 비교적 최근에 와서야 생겨났다는 사실을 부정할 수 없게 되었다. 인류는 기나긴 역사에서 대부분의 시간 동안 수렵과 채집 생활을 하며 살았고 돌, 나무, 조개껍데기, 뼈로 만든 도구를 사용했다. 문명이 생겨나기 이전 시기를 부르는 이름도 새로 생겼는데 '선사시대pre-history'가 바로 그것이다.[35] 이 용어는 처음에는 로마 이전 시대의 유럽을 가리키는 의미로 사용되었다. 그러다가 1865년에 존 러벅John Lubbock이 『선사시대Pre-Historic Times』를 출간하면서 유행했는데, 이 책은 '석기 시대', '청동기 시대', '철기 시대'로 구분하는 스칸디나비아의 삼시대三時代 모델을 채택했다(브루스 트리거Bruce Trigger에 의하면 이 책은 "19세기에 고고학 분야에서 나온 가장 영향력이 큰 작품"이었다).[36]

러벅은 다윈의 지지자이자 그의 이웃이었다. 또한, 의회의 일원으로 활동하면서 다윈의 프로젝트를 지원했으며 에이브베리Avebury 유적[07]을 보호하기 위해 유적이 있는 땅을 사들이기도 했다. 1882년에는 고대 건축물 보존법 제정을 주도했다(덴마크에서 그와 유사한 법령이 통과된 후 70년이 지난 시점이었다). 러벅의 두 번째-한참 어린-부인은 유명한 수집가인 피트 리버스Pitt Rivers 장군의 딸이었는데 그는 자신의 장인이 고대 건축물 수석 조사관으로 임명될 수 있도록 많은 신경을 썼다.

크리스티 컬렉션을 맡은 신탁 담당자 4명 중 한 명이던 러벅은 역사의 3단계 이론을 제시한 톰센을 존경했던 크리스티와 같은 의견이었다. 1861년에 크리스티는 톰센의 조수였던 칼 루트비히 슈타인하우어Carl Ludvig Steinhauer를 초대해 자신의 수집품을 목록화했고 그 후 수집품을 석기 시대, 청동기 시대, 철기 시대로 나누었다. 크리스티는 러벅의 지도를 따라 오스트레일리아와 아메리카에서 나온 수

07　에이브베리 - 영국 잉글랜드 윌트셔Wiltshire 주州에 있는 마을. 선사시대에 만들어진 환상열석環狀列石:megalith 유적이 있다.

렵 채집용 도구가 선사시대 유럽의 공예품 제작과 사용에 대한 통찰을 제공할 수 있다는 견해를 수용했고 자신의 수집품을 확대해 민족학 표본들도 포함했다.

그러나 대영박물관 방문객들은 '선사시대'에 관한 새로운 생각을 제대로 접할 기회가 없었다. 프랭크스 자신도 1860년대와 1870년대에 주도적인 역할을 하고 있던 지식인들의 학회를 온통 들쑤셔 놓은, 진화론에 관한 토론의 소용돌이로부터 조심스럽게 거리를 유지하고 있었다. 그는 고대유물학회의 학회장이었고 민족학회 위원이었으며 나중에 그 민족학회를 계승해 생겨난 지극히 다원주의적인 노선을 따르는 인류학 연구회의 부회장을 맡았다.[37] 이런 상황에서 진화에 관한 논쟁을 피할 길이 없었다. 프랭크스가 보기에 이 새로운 생각은 지독히 논쟁적이라는 것이 문제였다. 대영박물관에서 자연사 부문을 맡은 저명한 책임자였던 리차드 오웬Richard Owen은 다원주의 이론에 대응해 과학적 반론을 펴는 진영의 리더였다. 그는 종은 불변한다는 기존 정통 사상을 고수했으며 종의 변천을 지지하는 증거가 될 수 있는 표본을 의도적으로 감췄다는 혐의로 고소까지 당했다.

교계 지도자들도 다윈의 이론을 불편하게 받아들였고 심지어 이단이라고까지 생각했다. 성직자 중에서 목소리를 냈던 반대파로는 대영박물관의 신탁 관리자 중 한 명이던 윌버포스 주교가 있었다. 캔터베리 대주교도 그 직무에 따라 신탁 관리자가 되어 있었다. 그들은 정치적으로 큰 지지세를 등에 업고 있었다. 영국 세속사회에서 가장 영향력 있고 교육받은 인사 중 여러 명은 창세기에 기록되어 있듯이 이 세계는 수천 년의 역사가 전부라고 확신했다. 1868~1894년에 걸쳐 영국 수상직을 네 번이나 수행했던 윌리엄 글래드스톤William Gladstone은 노아 홍수 이후 인류의 족보를 기록한 창세기 10장이야말로 "인간에게 알려진 고대 민족학 자료 중 가장 가치 있는 자료"라고 말

했다.[38]

그런 상황이어서 프랭크스로서는 자세를 한층 낮추고 지낼 수밖에 없었다. 그러다 보니 그는 런던 민족학회의 진화론자 진영에서 쏟아지는 비난을 피하기 어려웠는데 그 학회는 헉슬리, 러벅, 그리고 어마어마한 논객이던 피트 리버스 장군 등이 주도하고 있었다. 진화론을 위해서라면 어떤 싸움도 불사하는 지지자인 피트 리버스는 대영박물관을 "발전 단계상으로 보면 연체동물이나 무척추동물 상태인 민족학적으로 진귀한 유품"이라고 비판을 퍼부었다. 그는 비판 이유에 대해 "(대영박물관은) 대중을 교육시키는 데 아무 쓸모가 없다. 물품들이 나온 시대에 대한 지식이 얼마 없는 상태로 그 긴 갤러리를 돌아다니는 사람들의 정신을 혼란스럽게 하는 것 외에 다른 역할이 없다."라고 했다.[39]

수집가 피트 리버스

1827년에 태어난 피트 리버스-50대 중반이 되기 전까지 아우구스투스 레인-폭스Augustus Lane-Fox였다-는 귀족 계층과 인맥이 닿았지만 가난한 집안의 차남이었다. 군인이 된 그는 당시 통상적으로 그랬듯이 돈을 주고 승진하는 방식으로 계급이 올라갔고 장군까지 되었다. 아마도 1851년, 판유리와 무쇠로 지은 크리스털 팰리스에서 개최된 런던 만국 산업박람회에 방문한 것이 계기가 되어 장군에서 본격적인 수집가로 변모한 것으로 추측된다. 최초의 만국 박람회였던 그곳에 500만 명 이상이 찾아왔다. (야당인 토리 당의 당수 벤저민 디즈레일리는 이 박람회가 "정부의 수많은 실정에서부터 대중의 관심을 완전히 다른 데로 돌려놓은, 하늘이 정부에게 준 선물"이라고 불만을 터트렸다.)[40]

빅토리아 여왕의 부군 앨버트 경이 주관한 이 거대한 전시회는 "인류가 현재까지 도달한 발전 단계에 대한 진정한 시금석이자 생생한 그림이며…새로운 출발점으로서 기획되었으며 전 세계 모든 나라는 이 출발점에서 시작해 장차 어느 방향으로 힘을 쏟아야 할지 가늠할 수 있다."[41] 영국은 물론 영국 식민지, 그 밖의 해외 44개국에서 13,000명 이상의 전시회 출품자들이 참가했다.

산업용 기계와 제품들은 라이언 플레이페어Lyon Playfair가 만든 분류법에 따라 진열되었는데 그는 화학학회 회장이자 왕립협회 회원이며 앨버트 경의 의전관이자 의회 내 자유당 소속 의원이었다. 플레이페어는 한때 랭커셔주에서 옥양목 사업을 운영하다가 당시 기업가라면 누구나 상식적으로 선택할 분야인 원재료, 기계류, 제조, 미술 분야-이들 각각은 다시 세분된다-에 들어선 인물이다. 전시회에 나온 분야들은 기술의 다양한 발전 양상을 드러내도록 진열되었다. 종합적으로 보면 전시회는 인류의 진보, 특히 빅토리아 왕조 시대 영국의 발전상을 기리고 있었다. (그러나 역사가인 아사 브릭스Asa Briggs는 "진열된 대부분의 기계는 유용하다기보다 기발한 것들이었는데 예를 들어 '언제든지 사람이 일어나게 하는 알람형 침대 프레임'이나 '일류 투수가 없을 때도 공을 던져줄 수 있는 크리켓 공 발사기' 같은 것들"이라고 논평했다.)[42]

1851년에 피트 리버스 장군은 소총 설계를 감독하는 육군위원회 일원으로도 봉사했다. 그때부터 장군은 총기류를 수집하기 시작했고 그 이후로 부메랑에서부터 창에 이르기까지 모든 무기류로 수집 범위를 확대하다가 결국 고대 유물과 민족학 공예품까지 총망라하기에 이르렀다. 얼마 지나지 않아 그는 고대 유물과 민족학 분야에서 영국 최고의 수집가가 되었다.

1879년, 전혀 예상하지 못한 사태였지만 장군의 운명이 완전히 바뀌는 일이 벌어졌다. 모계 친척인 리버스 경으로부터 윌트셔에 있는 3만 2천 에이커에 달하는 영지인 크랜본 체이스Cranborne Chase는 물론 막대한 재산까지 상속받은 것이다. 유언장에 명시된 대로 이름을 바꿔야 해 그는 결국 아우구스투스 헨리 레인-폭스 피트 리버스 Augustus Henry Lane-Fox Pitt Rivers가 되었다. 이때부터 그는 수집에 더욱더 속도를 냈는데 연줄이 있는 중개상들을 통해 민족학 자료와 고대 유물들을 끊임없이 사들였고 자신의 영지 내에 있는 로마족과 색슨족 유적지도 발굴했다.

한 전기 작가는 다음과 같은 글을 남겼다. "장군은 성품이 난폭해 폭력을 쓰는 일도 있었다. 그는 사교성이 부족하고 집에서는 폭군처럼 살았다."[43] 장군이 학대했던 아내 앨리스 피트 리버스의 조카였던 버트런드 러셀Bertrand Russell은 그가 "아껴 모은 돈은 모조리 고대 유물을 사들이는 데 써버려 온 집안 대가족이 모두 힘들어했다. 앨리스 이모는—남편의 지나친 지출 때문이겠지만— 이런저런 부업을 했는데 정말 상상을 초월했다."라고 회고한다.[44]

즉, 장군은 자신의 계획에 반대하는 자들에게 굴복하는 유형이 아니었으며 **특히 인류학 박물관 설립이라는 자신의 원대한 계획에 대해서는 더 그랬다.**

피트 리버스는 민족학과 고대 유물 수집품을 자신이 생각하기에 과학적일 뿐만 아니라 이념적으로도 올바른 하나의 이론에 근거해 일관된 계획을 따라 키워가고자 했다. 그 이론은 그가 개인적으로 알게 된 허버트 스펜서Herbert Spencer와 자신이 런던 민족학회에서 만나 교류했던 다윈주의자들에게서 배우게 된 '진화'와 '진보'의 이념이었다. 특히 그는 급격하고 혁명적인 비약보다 다윈주의자들이 주장하는 대로 천천히 그리고 꾸준히 일어나는 변화 쪽을 지지했다. 장군은 이 이론이야말로 급진적인 정치개혁을 추구하려는 쪽에 대항하는 과학적인 반박도 된다고 생각했다. 혁명은 자연의 법칙에 어긋난다고 보았던 셈이다. 그는 기술적 진보를 보여주는 전시물을 대중에게 공개해 사회 하층민들이 점진적 진보의 필연성과 급진적 변화의 어리석음을 깨닫게 하고자 했다.

피트 리버스는 특히 무기에 매료되어 집착하게 되었으며 인간이 만든 모든 물건-고대 것이든 현대 것이든, 영국에서 나온 것이든 이국에서 나온 것이든-을 그 쓰임새와 기능에 따라 유형types별로 나누었다. 그는 자신이 인간이 만든 물품을 분류하는 시스템으로서 '유형별 분류체계typology'라는 용어를 사용한 최초의 인물이라고 주장했다.[45] 그는 유형마다 물품을 가장 단순한 것에서부터 시작해 더 복잡한 것에 이르는 순서별로 배열해 보편적으로 일어나는 점진적 개선 과정을 볼 수 있게 했다.

피트 리버스가 말하는 유형별 분류체계의 근본 원리는 이미 널리 알려진 내용으로 린네의 생물 분류법에 유기체 간 유사성에 관한 허버트 스펜서의 이론을 혼합한 것이다. 그는 생각과 기술도 자연계의 생물종과 같은 방식으로 분류할 수 있으며 생물종이 진화하듯이 진보한다고 보았다. "다양한 산업 제품들이 잘 보여주듯이 인간의 아이디어는 동식물계가 낳은 개체들과 마찬가지로 속屬, 종種, 변종變種으로 분류할 수 있고 동종에서 이종으로 발전할 때도 동일한 법칙을 따른다."라고 피트 리버스는 쓰고 있다.[46]

이런 내용은 조마르가 썼던 『민족학 분류 계획Plan d'une Classification Ethnographique』을 연상시킨다. 윌리엄 라이언 채프먼William Ryan Chapman은 조마르의 계획이 얼마 안 되는 영국 민족학자들 커뮤니티에는 익숙한 내용이었다고 말했다. 피트 리버스는 조마르를 몇 번 직접 만나 이야기도 나누었다. 그러나 채프먼은 조마르의 모델은 피트 리버스 자신이 독자적으로 생각해 낸 아이디어가 온당하다는 사실을 확인시켜 준 데 불과하다는 피트 리버스의 주장을 인정해 주는 편이다. "당시 생물학 체계에 대한 뜨거운 관심을 고려한다면 다르게 생각할 이유는 거의 없다."[47]

민족학 박물관의 두 가지 모델

1840년대 있었던 조마르·지볼트의 대화 이후 민족학 박물관을 위해
서는 두 개 모델이 서로 경합했다. 진화론적 원리에 입각하거나 지역
에 따라 배열하는 방식 말이다. 프랭크스는 기본적으로 지리적 배열
을 선호해 기부를 받아 들여온 막대한 양의 물품을 분산하지 말라는
조건 때문에 종종 곤경에 빠지기도 했다. 피트 리버스는 유형별 배열
과 지리적 배열을 혼합하는 방안을 고민했다. 자신이 '원형 홀 배열
방식rotunda arrangement'이라고 이름 붙인 방식을 고안하기도 했다.
일단 물품을 기능에 따라 분류한 후(무기, 악기 등) 다음으로는 기술
적 진보를 보여줄 수 있도록 시대 순으로 마지막에 그것이 만들어진
지역에 따라 수평적으로 나누는 방식이었다.[48]

장군의 수집품은 얼마 안 가 런던에 있는 그의 집을 전부 차지했다.
1874년에 그는 상당한 양의 공예품을 자신의 유형별 분류체계에 따
라 전시한다는 조건으로 사우스 켄싱턴 박물관 부속 건물인 베스널
그린Bethnal Green(현재의 빅토리아 앤드 앨버트 박물관)에 대여했다. 그
러나 그가 점점 더 많은 표본을 강압적으로 보내는 바람에 박물관
측에서 반발했다. 결국 피트 리버스는 자신의 수집품을 국가에 기부
하겠다고 제안했다.

  정부에서 파견한 위원회에서 이 제안을 검토했다. 프랭크스도 위
원회 일원이었다. 남겨진 기록에 따르면 프랭크스로서는 "약간 묘한
처지에 놓이는 셈이며 국립 민족학 수집품 관리자로서 내가 보기에
는 정부에게 두 번째 수집품이 생긴다는 사실 자체를 약간 불만족스
럽게 대할 수밖에 없고 우리가 가진 수집품과 범위는 겹치면서도 국

립 수집품이 채택한 시스템과는 다른 방식으로 배열되어 심각한 혼란을 초래할 수밖에 없기 때문이다."[49]

이는 즉, 자신의 수집품을 진화론에 입각한 장군의 수집품과 나란히 놓으면 무척 거북해질 거라는 말이었다. 그 위원회의 일원이자 다윈과 막역한 동료 사이였던 러벅과 헉슬리는 피트 리버스의 조건을 수용하려고 했지만 정작 이 일을 위해 의회에서 파견한 위원회는 반대하고 나섰다.

1884년에 피트 리버스는 옥스퍼드대학을 설득해 자신의 수집품을 모두 가져가되 자신이 개발한 유형별-이데올로기적 배열 방식에 따라 영구히 진열하도록 했는데 이것이 바로 피트 리버스 박물관이 되었다.[50] 그는 자신의 기증서에 "옥스퍼드에서 매년 인류학 강의를 할 수 있는 교수를 임명한다."라는 문구를 추가로 삽입했다. 오랫동안 크리스티의 여행에 동행한 친구였던 에드워드 버넷 타일러Edward Burnett Tylor가 이 자리에 발탁되어 1884년부터 1895년까지 인류학 부교수 지위를 얻었다. 영국 대학에 생긴 최초의 인류학 교수 자리였다.

예상대로 피트 리버스 박물관은 상상할 수 있는 인간 활동의 모든 분야의 물품을 유형별로 진화론에 근거해 진열했는데 여기에는 장군에게는 뜻깊었을 것이 분명한 진열도 있었다. 바로 '죽은 적들을 다루는 법'[08]에 관한 진열이다. 여기에는 에콰도르에서 나온 쪼그라든 사람 머리에서부터, 파푸아 뉴기니, 남수단, 나갈랜드, 북아메리카, 브라질에서 가져온 두개골과 두피까지 포함되었다.

그 박물관 최초의 큐레이터였던 헨리 밸푸어Henry Balfour는 피트 리버스의 거창한 계획에 동조하지 않았다. 그는 원대한 생각이라는

---

08 인디언들이 죽은 적을 다루는 법은 13장에 더 자세히 설명되어 있다.

개념 자체를 싫어했다. 1898년 9월에 친구이자 오스트레일리아의 선구적 민족학자인 볼드윈 스펜서Baldwin Spencer에게 보낸 편지에서 그는 이렇게 썼다. "나는 이론을 수립하는 일은 하고 싶지 않고 내가 할 수 있는 한, 자세히 설명하는 데 집중할 생각이야. 나는 연구를 하면 할수록 이론을 만드는 것이 얼마나 위험천만한 일인지 깨달았기 때문에 일단 많은 자료를 모으고 분석하는 데 집중해야 한다는 쪽이고 이론은 산더미 같은 사실에 부합해야 한다고 봐."[51]

피트 리버스는 옥스퍼드대학이 자신을 실망시켰다고 불평을 털어 놓았다.

> 나는 한 사람이 제안한 방법론이 다른 이들에 의해 실행되는 것은 불가능에 가깝다는 것을 금방 깨달았다. 옥스퍼드는 적합한 곳이 아니어서 그곳으로 보내면 안됐는데 하필 그때 내가 몸이 안 좋았고 당시 장차 그것들을 오랫동안 보존할 장소를 물색하느라 고민하던 때여서 결국 거기로 보내고 말았다. 그렇게 한 것을 늘 후회하고 있었지만 이번에 도어셋Dorset 주의 파넘 Farnham 지역에 새로 만든 박물관(그의 영지에 세워졌다)은 이 분야에 대한 내 관점을 더 잘 반영하고 있다.[52]

파넘에 세운 박물관은 계속 존속하다가 1960년대에 들어와 그의 가족이 수집품을 모두 처분해 버렸다.

1963년, 나이지리아 국립박물관 관장이던 버나드 패그Bernard Fagg 가 피트 리버스 박물관 큐레이터로 임명되었다. 옥스퍼드대학은 벤버리Banbury 가에 있는 새로운 부지로 수집품을 옮길 계획이었다. 패그는 때마침 새로 설계하려는 건물에 대학이 가지고 있던 사회 생물 인류학 부문까지 포함해 박물관 전체를 새로 탈바꿈시키려고 했다.

패그는 장군이 제안한 원형 홀 배열법에서 큰 영감을 받았다. 유명한 엔지니어였던 피에르 루이지 네르비Pierre Luigi Nervi는 현대적인 콘크리트로 건축할 로툰다 스타일 건물 모형까지 만들었다.[53] 건물 위에 돔을 얹고 그 아래에서는 열대 및 아열대 식물이 자라게 하는 구조였다. 두 개 층은 민족학과 선사시대 각각의 갤러리를 전시한다. "방문객은 민족학 전시관 주변을 원형으로 돌아가는 길을 따라 걸어가면서 유형별로 독창적으로 진열된 물품을 볼 수 있는데 큰 물품(예를 들어, 카누)은 동심원 맨 바깥쪽에, 작은 물품(보석류)은 맨 안쪽에 배치된다."라고 1998년부터 2015년까지 피트 리버스 박물관 관장으로 있었던 마이클 오핸런Michael O'Hanlon은 설명한다.

로툰다의 안쪽으로 가면서 방문객은 "지역별로 진열된 수집품을 만나게 되며 쐐기꼴로 나뉜 로툰다의 각 구역에는 특정한 지역 문화에서 나온 물품이 진열된다." 선사시대 전시층도 쐐기가 지역별로 나뉘는데 방문객은 쐐기 꼭지 쪽에 있는 가장 오래전에 나온 아이템에서부터 시작해 바깥쪽으로 계속 나아가면서 시간 속을 걷게 된다.[54]

건물 짓는 예산은 300만 파운드로 책정되었지만 대학은 승인하지 않았다. 1968년, 패그에게 뇌졸중이 찾아왔다. 그의 통솔력이 사라지면서 프로젝트는 동력을 급격히 상실했다. 오랫동안 유지되어 온 표본 진열 방식을 바꾸는데 반대하는 의견도 도처에서 대두되었다. 물품이 가득 들어있는 오래된 진열장은 친숙할 뿐만 아니라 성스러운 것으로 여겨졌다. 결국 급격한 변화는 실행되지 못했다.

장군이 기증 당시 작성한 증서에 명시된 까다로운 조건 탓에 옥스퍼드대학이 그의 수집품의 진열 상태에 변화를 주지 못하는 것 아니냐는 주장도 종종 제기되었다. 그가 작성한 '계약서Indenture' 원문에는 관련 사항이 이렇게 표현되어 있다.

이 수집품이 현재 채택하고 있는 전체적 진열 방식은 계속 유지되어야 하며 어거스트 헨리 레인 폭스 피트 리버스가 살아있을 동안 그의 동의 없이는 세부적인 그 어떤 변화도 불가하며 어거스트 헨리 레인 폭스 피트 리버스 사후에도 지식의 진보에 따라 어쩔 수 없이 꼭 필요하다고 판단되는 경우에만 세부적인 변화가 가능하되 어거스트 헨리 레인 폭스 피트 리버스가 창안한 전체적 원리에 영향을 미치면 안 되는 방식이어야 한다.

이것은 책임을 회피하려는 자들에게 좋은 구실이 되었다. 어쨌든 어떤 변화든 무력화시킬 필요가 있을 때마다 이 증서가 거듭거듭 소환되었다. 그 결과, 피트 리버스 박물관은 오늘날까지도 박물관 속 박물관의 가장 완벽한 사례로 남아있다.

4장

독일 박물관과 인류 문화사
훔볼트, 클렘, 그리고 바스티안

19세기 프랑스에서 문화 분야의 주요 기관들이 파리에 생긴 것은 자연스러운 현상이었다. 대영박물관, 자연사 박물관, 빅토리아 앤드 앨버트 박물관, 국립 갤러리 모두 런던에 세워졌다. 이와 대조적으로 느슨한 형태의 독일연방을 구성한 39개 주에서는 각자 자금을 조달해 자신들만의 대학, 미술관, 박물관, 콘서트홀, 오페라 하우스를 지었다. 1871년 독일 통일 이후에도 문화 행사는 지역별로 진행되었다.

바이마르 공국은 독일이 낳은 위대한 작가인 요한 볼프강 괴테와 프리드리히 실러를 보유하고 있었다. 프로이센 왕은 자신의 궁정에서 마지못해 신하로 일하고 있었지만 과학적 전문성과 인문학자의 감수성, 탐험가로서의 화려함까지 갖춘 알렉산더 폰 훔볼트Alexander von Humboldt에 대해 큰 자부심을 느끼고 있었다. 훔볼트는 괴테와 친구 사이였으며 젊은 시절 찰스 다윈은 훔볼트가 쓴 여행기에서 큰 감명을 받았다. 토머스 제퍼슨은 그를 "자신의 시대에서 과학적으로 가장 뛰어난 인물"이라고 말했다. 하지만 훔볼트는 여행을 떠났다가 돌아오면 늘 베를린 궁에서 왕실 예복을 차려입고 저녁마다 왕 앞에서 글을 읽을 준비를 해야 했다.[01]

고상하게 보이기 위해 학문과 예술을 추구한 것은 왕실뿐만이 아니었다. 고급스러운 기호, 지적 세련미, 예술 취향 등은 당시 부상하던 교육받은 부르주아가 자신의 신분을 표현하는 방식이었다.[02] 도처에서 생겨난 수많은 사교 집단society은 바이로이트Bayreuth에서 개최된 리처드 바그너의 음악 페스티벌에서부터 미술관, 수족관, 동물원에 이르기까지 다채로운 취향을 추구했을 뿐만 아니라 베를린, 드레스덴, 함부르크, 라이프치히, 뮌헨 등에서 경쟁적으로 생겨난 민족학 박물관 설립에도 관여했다.

구스타프 클렘과 인종주의 이론

드레스덴 왕립 도서관 관장이자 왕실 도자기 수집품 검사관이었던 구스타프 클렘Gustav Klemm(1802-67)은 궁정 지식인의 전형이었다. 그가 고대 유물을 수집하고 역사책을 쓰게 된 것은 자연스러운 현상이었다.

클렘이 쓴 첫 번째 논문은 훈족의 아틸라Attila the Hun에 관한 연구였다. 본인의 말에 의하면 이 연구로 인해 그는 "고대 게르만의 기념비와 다른 민족의 기념비를 비교할 수 있었고-왕실 도자기를 재배치하고 전시하는 업무가 내게 주어져 중국을 새로 연구하게 되었으며 도자기 생산기술에 관한 생각을 키울 수 있었다."[03] 그는 선사시대 게르만족이 만든 점토 그릇에서부터 중국 도자기에 이르기까지 도자기 발전사를 추적하면서 도자기는 작센 지방의 마이센[01]에서 완성되었다고 보았다. 1843년부터 1852년 사이에는 『인류 문화 통사 Allgemeine Kulturgeschichte der Menschheit』를 출간했고 뒤이어 두 권짜리 『문화사 개론Allgemeine Kulturwissenschaft(1854~1855)』을 완성했다.

---

01   마이센Meissen - 동독 동남부 엘베 강에 면한 도시. 질 좋은 도자기 산지로 유명하다.

클렘의 문화사 이론은 거대한 스케일로 구상되었으며, 그 당시 교양 교육을 받은 이들 사이에서 통용되는 생각, 특히 알렉산더 폰 훔볼트가 내세운 전 지구적 환경결정론과 문명의 진보에 관한 계몽주의적 이상을 한군데 섞은 것이었다. 그는 여기에 톰센의 삼시대 분류 시스템까지 더했다. 이렇게 나온 혼합물을 새로 유행하기 시작한 인종주의 이론으로 마무리했다.

클렘은 이렇게 쓰고 있다. "이제 우리는 익히 알려진 지리적, 민족학적, 동시대적 진열법을 제쳐놓자. 그리고 인류를 기본적으로 3개 계급-미개인, 야만인, 문명인(시간상으로는 대략 석기 시대, 청동기 시대, 철기 시대에 해당한다)으로 구분하자."[04]

그리고 인종은 다시 '수동적인 인종'과 '능동적인 인종'으로 분류했는데 클렘은 이를 여성적인 인종과 남성적인 인종으로도 묘사한다.

> …남성은 힘에서뿐만 아니라 성향에서도 여성과 차이가 난다. 남성은 온갖 유형의 사업과 모험을 선호한다. 또한, 자기 정신을 고양하여 가득 차게 만들기 위해서 술에 취하거나 환각제를 사용하는 것도 꺼리지 않는다…. 여성은 부드럽고 동그란 몸매에서 잘 나타나듯 유순하고 온화한 본성을 가지고 있으며, 동정과 자비를 베푼다. 남성이 맹목적인 열정에 취해 파괴적으로 변할 때, 남성이 무모하게 파괴할 만한 것을 여성은 사랑으로 보존한다.[05]

라마르크Lamarck[02] 전통에 서 있었던 클렘은 신체적, 심리적 특질은

---

02 라마르크(1744~1829) - 다윈에 앞서 진화론을 제시한 사상가. 기관의 사용 여부가 기관의 발달과 퇴화를 초래하고 그것이 유전되어 생물이 변화(진화)한다는 용불용설을 주창했다.

환경에 의해 형성된다고 보았다. (그에 따르면) 여성적이고 수동적이고 검은 피부색을 가진 인종은 숲에서 살았던 이들이다. 보수적이고 차분하고 수줍음이 많은 그들은 사냥과 낚시를 하며 생활했다. 수동적인 민족 중에서 좀 더 발전한 이들은 탁 트인 초원 지대에 살면서 동물을 길들였고 유목민이 되었다. 그리고 마침내 농부가 나타났는데 농부야말로 수동적인 인종의 대표라고 하겠다.

반면, 능동적이고 남성적이고 밝은 피부색을 가지고 있는 인종은 더 도전적인 환경 속에서 번영했다. 그들은 폭력적이고 충동적이며 파괴적인 성향을 지녔다. 그때 세계 역사 차원에서 변증법적 발전이 일어났다. 즉, 능동적이고 남성적인 인종이 수동적이고 여성적인 인종을 정복한 것이다. 초기에는 계층 제도가 발전했다. 좀 더 진보된 사회에서는 남성적인 자질과 여성적인 자질 간에 행복한 결합이 일어난다. 클렘이 가장 이상적이라고 생각했던 것은 다음과 같다. "애초에 능동적인 인종과 수동적인 인종으로 나뉘어 있던 이들이 섞이면서 다양한 유기적 피조물 전체를 통해 자연이 달성하고자 했던 목표가 성취된다. 남자와 여자가 혼자 있으면 자연의 목표를 이룰 수 없듯이 민족도 마찬가지여서 능동적 인종이든 수동적 인종이든 완성되지 않은 반쪽으로 존재할 뿐이다."

그렇다면 인류를 가장 높은 수준으로 발전시키는 행복한 결합은 어디서 이루어지는가? 이 부분에서 클렘은 추호의 의심도 하지 않는다. "그러므로 우리는 능동적인 인종과 수동적인 인종이 균형 잡히게 섞인 게르만족이 사는 유럽에서 참된 문화, 참된 예술, 참된 과학, 최상의 삶과 법률과 자유를 발견한다."[06]

클렘은 여행가는 아니었다. 그가 평생 독일 밖으로 나갔던 여행이라곤 1838년 작센 왕실 수행단 일원으로 이탈리아를 짧게 방문한 게 유일했다. 그러나 그는 이국땅에 관심이 깊었는데-그의 말에 따르면 이 관심은 자신이 어렸을 때, 나폴레옹 전쟁이 진행 중이던 시기에 화려한 군복을 입은 외국 군대가 그의 고향 켐니츠Chemnitz를 통과해 지나가는 모습을 보면서 촉발되었다.[07] 그는 독일, 중국, 남태평양, 아프리카와 극지방에서 나온 고대 유물과 공예품을 수집했다. 독일의 진귀한 물품 수집 역사에 관한 선구적인 책도 썼다. 문화사와 관련해서는 신헤겔주의적인 이론을 발전시켜 나갔다. 이 이론의 궤적은 유럽 고대사 분야의 저명한 역사가 아르날도 모미글리아노Arnaldo Momigliano가 했던 다음과 같은 말로 간명하게 요약할 수 있다. "고대 유물 연구가라면 18세기라는 추레한 분야를 벗어나 현대에 들어서는 순간, 엄청난 수집가가 되고 전공 분야를 정하기 마련이며 나아가 미술이나 비교인류학 연구기관 창설자가 될 것이다."[08]

"인류사에 대한 클렘의 비전은 수집가의 비전이기도 했다." 피터 밀러Peter N. Miller는 이렇게 클렘을 평하기도 했다.[09] 1843년 클렘은 가지가 마구 뻗어나가는 방식으로 집필한 10권짜리 『인류 문화사Allgemeine Kulturgeschichte der Menschheit』 제1권에 붙인 부록으로서 『환상적인 문화사 박물관』을 출간했다.[10]

이 환상적인 박물관 내의 각각의 방은 문화사 각 권의 내용을 보여주도록 디자인되었다.[11] 제1실: 자연적 산물. 제2실: '수동적 인종' 중에서 '좀 더 거친' 사례(아메리카와 극지방의 낚시꾼과 사냥꾼, 아프리카와 아시아의 유목민, 남양 제도민 등). 제3실: 멕시코, 이집트, 인도. 제4실: 중국, '수동적인 민족'이 도달할 수 있는 최상위 문화권. 제5실: 초기 '능동적 인종(체르케스인과 타타르인, 그다음으로는 아랍인, 페르시아인, 터키인)'. 제6실: 고전적 고대 문화, 그리스와 로마. 제7실: 게르만족과 스칸디나비아 나라들. 제8실: 게르만족과 로마네스크-기독교 중세. 제9실: 현대.

이 환상적인 박물관은 클렘 자신의 개인적 수집품을 확장하고 이상화한 성격인 셈인데 둘 다 그의 이론을 보여주고 지지하려는 목적을 품고 있다. 클렘이 남긴 말에 따르면, 그는 "모든 시대와 전 지역에서부터 산업 생산품과 예술 작품을 모아 과학적 문화 연구를 확립하고자 했으며 그 연구의 토대는 내가 집필한 10권짜리 문화사가 감당할 것이다…. 신의 도움과 자애로운 여러 친구의 도움이 있었기에 우리는 20년 넘는 세월을 거쳐 그 목표에 이토록 가까이 근접할 수 있었다."[12]

얼마 지나지 않아 클렘의 수집품은 그의 아파트 방을 모두 채우고 남을 지경에 이르렀다. 1840년에 그는 드레스덴 북쪽에 있는 큰 저택을 매입했고 거기 있는 방 다섯 개를 사용해 개인 박물관을 차렸다. 이 박물관은 1864년에 지리학 분야의 인기 많은 주간지 「다스 아우슬란트Das Ausland」에 소개될 정도였다. 터져 나올 듯이 가득 차 있는 "수집품은 현재로서는 중간 크기의 5개 방을 채우고 있는데 제대로 진열하기 위해서는 지금보다 6배는 더 큰 공간이 필요하다."

그토록 꽉꽉 들어차 있는 상태이지만 그럼에도 철학적 사유에 따라 진열되었다는 점은 분명했다. 전시품들은 인류가 원시 자연 상태에서 문명으로 발전해 온 양상을 잘 드러내고 있었다. 방문객은 "암석과 머리뼈부터 시작해 상반신, 신체기관, 인간이 자연에서 얻은 재료, 도구와 무기, 주거지 표본, 운송수단, 옷과 보석류, 사생활, 공동생활, 종교용품을 거쳐 마침내 나폴레옹이 썼던 펜꽂이와 마리 테레사 여제의 신발 등 역사적 '유물'에 이를 수 있었다."[13]

"1867년 그가 사망할 무렵 이미 클렘 박물관은 유럽 최고의 개인 수집품을 자랑했고 분류된 물품만 8천 점이었으며 1만 6천 점이 더 있었다."라고 크리스 마니아스Chris Manias는 쓰고 있다. 아돌프 바스티안Adolf Bastian은 "유럽 전체를 통틀어 그런 유형의 박물관으로는 단연 최고"라고 평가했다. 다만, 관람객들은 유물을 구경하기 위해 방문할 수는 있었지만 항상 환영받지는 못했다. 클렘은 친구에게 보낸 편지에서 수집가의 "가장 심각한 적은 모든 걸 자기 손으로 직접 만져보려 하고 이미 증명된 물건의 정확성을 의심하며 청동기를 석기나 철기와 혼동하고 루안다Luanda[03]가 아메리카에 있는지 아시아에 있는지 물어대는 관람객이다."라고 썼다.[14]

클렘이 사망한 지 1년이 지났을 때, 그의 아들은 독일 고대 유물을 대영박물관에 팔았다(프랭크스는 선별을 위해 직접 드레스덴까지 찾아왔다). 라이프치히대학은 나머지 수집품 구매를 거부했지만 애국심이 있는 시민들이 자발적으로 협회를 설립하고 사들였는데 이는 훗날 라이프치히 민족학 박물관이 된다. 아돌프 바스티안이 그 협회에 자문 역할을 했기에 1895년에 와 개관한 라이프치히 박물관은 지역별 진열 원리를 따랐다. 문화사에서의 단계론을 주장한 클렘의 이론은 폐기되었다. 그의 환상적 박물관 역시 그가 죽으면서 같이 사라졌다. 20세기에 들어와 나치는 자신들이 옹호하는 인종 차별 사상의 선구자로 클렘을 내세웠다.

훔볼트의 추종자, 아돌프 바스티안

독일에서 민족학 박물관으로 가장 중요할 뿐만 아니라 잠시나마 세계에서 가장 큰 민족학 박물관 자리를 차지한 것은 아돌프 바스티안이 베를린에 세운 박물관이었다. 바스티안은 클렘보다 4반세기 후인 1826년, 한자동맹에 속한 브레멘에 있는 유복한 상인 집안에서 태어났다. 자유롭게 살아도 될 만큼 충분히 부유했던 그는 평생 원하는 대로 공부하고 여행을 다녔다. 여기저기 여행하며 배우는 독일 전통

---

03   루안다 - 아프리카 남서부 앙골라의 수도

을 따라 그는 다섯 곳의 대학을 다니며 다양한 학문을 익히다가 뷔르츠부르크 대학에서 의학 전공으로 졸업했으며, 그를 가르쳤던 루돌프 피르호Rudolf Virchow는 저명한 해부학자이자 인류학자, 자유주의적 정치가였는데 그 뒤로 평생 바스티안의 친구이자 멘토가 되었다.

바스티안은 알렉산더 폰 훔볼트를 "우리 시대의 영웅"이라고 평가했다. 그는 훔볼트가 "귀납적 연구에 따라 조화로운 우주적인 신전을 세울 수 있는 토대를 마련해 주었다."라고 보았다.[15] 졸업한 뒤에 바스티안은 훔볼트의 전례를 따라 전 세계를 돌아보기로 했고, 어느 배의 선상 의사가 되어 8년간 온 세상을 떠돌아도 보았다. 이후 돌아온 그는 인류에 관한 사려 깊지만 그만큼 추상적인 3권짜리 연구서를 발표했으며, 이 책을 훔볼트에게 바쳤다. 바스티안은 그다음으로는 동아시아 쪽으로 5년간 여행을 떠났는데 이때 겪은 숱한 모험 중에서는 특히 몇 달 동안 버마(미얀마) 왕의 손님으로서 마지못해 만달레이Mandalay 궁에서 지내면서 매일 몇 시간씩 불교 공부를 해야 했던 일도 있었다. 그는 이 아시아 여행의 경험을 근거로 『동아시아 민족들Die Völker des Östlichen Asien』이라는 여섯 권짜리 개론서를 집필할 수 있었다.

바스티안은 독일로 돌아온 후 자신의 오래된 은사인 루돌프 피르호와 함께 베를린대학 교수진이 된다(알렉산더의 형 빌렘 폰 훔볼트 Willem von Humboldt가 세운 베를린대학은 이후 연구 중심 대학의 모델이 되었다). 피르호와 바스티안은 베를린 인류학·민족학·선사시대 학회를 창립했는데, 독일에서는 이 분야에서 처음으로 세워진 학회였고 민족학 전문 박물관 설립을 위한 캠페인도 함께 펼쳤다. 1868년 바스티안은 왕립 베를린 박물관의 민족학 큐레이터가 되는데 거기서 (E. B. 타일러E. B. Tylor의 말에 의하면) "그는 민족학 수집품이 두 개의 갤러리와 매우 어울리지 않는 작업실 안에 모두 처박혀 있는 것을 발견했다."[16]

1873년에 민족학에 특화된 박물관인 왕립 민족학 박물관이 베를린에 세워졌고 바스티안은 초대 관장이 된다. 그야말로 아무것도 없는 상태에서 시작해야 하는 실정이었기에 이 박물관의 수집품은 1886년에 와서야 일반인에게 공개될 수 있었다. 그 사이에 바스티안은 매우 두꺼운 책을 계속 집필하고 자기 돈으로 여행을 이어갔으며, 남아프리카, 폴리네시아, 중남미까지 돌아보았다. 그는 1905년에 78세의 일기로 트리니다드Trinidad[04]에서 사망했다.

바스티안은 자신의 여행 경험을 토대로 30권의 책을 출간했는데 훔볼트 사상에 근거한 다섯 권짜리 세계사 책이 마지막으로 나왔다. 책들은 비교적 잘 팔렸지만 그렇게 많이 읽히지는 않았으며 후대로 가면서 난해하다는 평을 받았다. 20세기 초 미국 인류학에서 가장 중요한 인물인 프란츠 보아스를 중심으로 형성된 이너 서클Inner Circle의 한 멤버였던 로버트 로위Robert Lowie는 묻는다. "요즘 누가 바스티안을 읽는가?"라고. "불경한 후손들은 두 가지 요인 탓에 바스티안에게 우스꽝스러운 아우라를 부여하고 있다. 다원주의에 대한 그의 결연한 반대와 그의 문체가 그것이다." 로위는 다원의 독일인 제자인 에른스트 헤켈Ernst Haeckel이 바스티안을 묘사하며 썼던 "은밀한 혼란 전문 수석 사무관Geheimer Oberkonfusionsrat"이라는 표현도 인용했다.

사실 다원주의에 대한 반대는 그 당시 프랑스와 독일 과학계에서는 흔한 일이었다. 바스티안의 멘토였던 피르호가 바로 다윈에 대한

04　트리니다드 - 서인도 제도 최남단의 섬

주요 비판자였다. 바스티안의 문체는 한층 더 곤혹스러운 문제였다. "심할 때는 도무지 믿을 수 없을 만큼 난잡하다."라고 로위는 쓰고 있다. "열심히 연구하는 바스티안의 의견에 반대하는 일은 결코 잊을 수 없는 경험이다…. 지적인 조직력 같은 건 좀처럼 보이지 않는다. 자유 연상 원리에 따라 숱한 착상이 이어질 뿐이며, 자신이 좋아하는 주장은 악극Music drama의 주도동기Leitmotiv처럼 시도 때도 없이 불규칙하게 나타난다."[17] 로위는 그나마 여행기는 종종 흥미로웠다고 인정했지만 바스티안이 "이론을 설명하다 보면 점점 오리무중으로 빠져들어 간다."라고 불만을 토로했다.[18]

바스티안은 인종과 관련해 자기 스승 피르호의 자유주의적인 사상을 그대로 흡수했다. 바로 모든 인종은 공통의 기원에서 나왔다고 보는 사상이었다. 순수한 인종이란 존재하지 않으며 인종이 서로 섞이면서 새로운 힘이 생긴다. 인종, 언어, 문화 간에는 상관관계가 없다는 것이었다. 이와 관련해 바스티안은 또한 독일 심리학의 선구자인 테오도르 바이츠Theodor Waitz와 빌헬름 분트Wilhelm Wundt가 정교화한 '인류의 정신적 단일성' 이론도 채택했다.

바스티안이 특히 기여한 바가 있다면 바로 '기본 사상(Elementargedanken)'이라는 개념일 것이다. 만약 인류가 유사한 정신적 틀을 가지고 있다면(인류의 정신적 단일성) 모든 사람이 공통되는 기본적인 생각을 가질 수밖에 없다는 것이 이 개념의 기본 골자다. 이것이 말하자면 임마누엘 칸트의 인식론에 대한 정통적 이해라는 주장이다.

칸트는 공간, 시간, 원인에 대한 직관은 모두에게 보편적으로 내재해 있다고 주장한다. 그러나 바스티안이 말하는 기본 사상, 즉 그의 표현대로 "동일한 기본 사상의 단일한 기층a monotonous substratum"은 무엇을 말하는지 그 구체성이 현저하게 부족하다. 바스티안의 이론에 대해 유일한 논문을 썼던 클라우스-피터 쾨핑Klaus-Peter Koepping은 이렇게 질문한다. "그는 실제 현실 속에 존재하는 어떤 특정한 기본 사상을 말하고 있는 것인가, 아니면 그저 이론적인 중요성을 지닌 용어로써만 쓰고 있을 뿐인가?"[19] 어느 쪽이든 바스티안에 따르면 이런 기본 사상은 직접 연구할 수가 없었다. 이 기본 사상은 "결코 자기 모습 그대로 나타나지 않고, 언제나 민족 사상(Völkergedanken)이라는 독특한 옷을 덧입고 나타난다."[20]

그렇다면 민족 사상이란 무엇인가? "내가 말하는 민족 사상은 다른 이들이 세계관이라는 용어로 가리키는 내용이다."라고 바스티안은 쓰고 있다. [21] 환경에 의해 형성된 세계관은 바스티안이 말하는 '지리적 지역' 범위 내에 사는 모든 사람을 공유한다. 환경결정론과 흡사한 이 주장은 독일 지리학계의 훔볼트 학파의 학설과 잘 들어맞는다.

바스티안에 따르면, 사람들은 도전적인 환경에 처하면 기술적인 해법을 찾아냈다. 기술이 발달하지 않는 사회는 '이웃과의 거래'를 통해 새로운 기술은 도입하지만 그럼에도 인류 역사 대부분의 시간 동안 사람들은 스스로 만든 발명품으로 감당했다는 것이 그의 주장이다.[22] 지리학계에서 그와 경쟁 관계에 있는 프리드리히 라첼Fried-rich Ratzel이 이끌던 학파는 근대 이전 시기의 사람들이 그렇게 창조적이었을 가능성에 대해 회의적이다. 새로운 해법은 다른 곳에서 빌려오거나 강제로 부과된다고 본다. 정복이나 인구 이동 후에야 큰 변혁이 생긴다. "세계사의 근간이 되는 이론은 이주의 역사"라고 라첼은 쓰고 있다.[23]

독일 박물관의 실패

1886년에 와 바스티안의 감독하에 베를린 왕립 민족학 박물관을 위한 기념비적인 새로운 건물이 마침내 공개되었다. 글렌 페니Glenn

Penny는 그때 있었던 성대한 기념식을 생생하게 묘사한다. 프로이센의 엘리트들이 다 참석했는데 군복과 의장을 완전히 갖춰 입은 왕세자는 물론 독일 통일의 설계자 오토 폰 비스마르크Otto von Bismarck도 참석했다. "관객이 모두 모인 후-관료들은 왼쪽에, 군인들과 해외 사절단은 오른쪽에, 이 건물의 설계자인 바스티안과 다른 과학자들은 앞쪽에, 건설 노동자를 비롯한 다른 하객은 뒤쪽에 착석했다-왕실 인사들이 단에 놓인 자리에 앉았다."

그들을 향해 문화부 장관인 구스타프 폰 고슬러Gustav von Gossler가 연설했다. 그는 자기가 보기에 '진귀한 물품'과 '신기한 물품' 더미를 과학적 수집품으로 변모시킨 주역 바스티안에게 상찬을 쏟아냈다.[24]

그러나 이 판단은 섣부른 것이었다. 바스티안의 모토가 그저 '모든 걸 수집한다'였을 뿐이기 때문이다.[25] 그는 "이제 마지막 때가 왔고, 12시의 종이 울렸다."라고 외쳤다. "인류사에서 측정할 수도 없고 대체할 수도 없는 가치를 가진 문헌들이 파괴되고 있다! 그들을 구하라! 그들을 구하라! 너무 늦기 전에!"[26]

그는 수백 명의 사람들-선장, 무역 회사 대표, 여행하는 학생들-을 모집해 자신이 세운 박물관에 갖다 놓을 물품을 수집해 오게 했다. 부유한 베를린 사람들은 수집품을 통째로 사들이거나 런던이나 파리의 경매에 입찰하는 데 필요한 기금을 마련하기 위해 돈을 내놓았다. 비스마르크의 해외 제국이 점점 커지면서 식민지 총독부는 민족학 수집품을 베를린 박물관으로 보내라는 지침을 하달받았다. 사망할 무렵의 바스티안은 로위의 표현으로는 "전 세계에서 가장 큰 민족학 상점"을 구축하기에 이르렀다.[27] 대영박물관의 어느 큐레이터가 비교한 바에 따르면, 개점 후 10년쯤 지났을 무렵 베를린 박물관의 민족학 수집품은 런던에 있는 수집품의 10배에 이르렀다.[28] 그러나 사들이는 물품이 계속 쏟아져 들어왔음에도 이를 정리할 시간과 공간은 충분하지 않았다.

바스티안은 이국적인 공예품을 이토록 광적으로 사냥하듯 모아들이는 이유로 두 가지를 제시했다. 첫 번째 이유는 "원주민 부족들이 마치 한낮의 태양 아래 있는 눈처럼 사라지고 있다. 원시 사회의 종언은 멈출 수도 피할 수도 없는 역사 법칙에 따라 이미 결정된 사항이다. 원시 사회가 지금처럼 빠르게 사라져 갈 때 개입해 얼마 안 남아있는 부분이라도 구조하고 기록으로 남기고 박물관 안에 보존하는 우리의 행위는 정당화된다."

두 번째 이유는 박물관 수집품이 과학적 연구에 적합하기 위해서는 모름지기 하나도 빠트리는 것 없이 완전해야 한다는 그의 견해 때문이다. 귀납적 연구 방식은 연관성이 조금이라도 있는 것이라면 모두 자세한 연구 대상으로 삼아야 한다고 본다. 어떤 것이 연구와 상관없는 물건으로 판명될 것이라고 미리 단정하는 것은 미련하다. 원시 시대의 순수한 민족학적 산물들은 소멸당하기 직전이므로 '모든 것'을 수집해야 한다. 바스티안은 이렇게 결론 내린다. "이런 방식으로 우리는 미래 세대에게 그들이 수집할 수 없는 연구 자료를 제공하고 그들은 그 자료를 근거로-귀납적 연구를 통해-인류 전체의 역사를 쓸 수 있다."[29]

독일의 민족학 박물관들은 하나같이 큰 기대를 받으며 개관했지만 19세기 말에 이르러 모두 붕괴 직전 상태에 처한다. 바스티안이 세운 박물관의 실패는 무분별한 경험주의가 얼마나 위험한지 보여주는 대표적인 사례다.

분명한 원칙을 정하지 않은 채 모든 것을 수집한다면 필연적으로 혼돈이 찾아올 수밖에 없으며 실제로도 그랬다. 공식적인 박물관 가이드북을 업데이트하는 일은 끊임없이 연기되었는데 계속 쏟아져 들어오는 물품을 도무지 감당할 수 없었기 때문이었다. 바스티안은 이론상으로는 지역별로 수집품을 진열하고자 했지만 어느 가이드북에 따르면 "아프리카의 전혀 다른 지역에서 나온 수집품이 담긴 캐비닛들이 곧잘 나란히 세워져 있었다."[30] 진열 선반에는 점점 많은 물건이 쌓여갔고, 두개골과 골격을 전시하려는 야심 찬 계획은 한없이 보류될 수밖에 없었다.

1층 전체는 유럽 선사시대가 가득 채웠다(하이라이트는 고대 트로이가 있던 곳으로 추정되는 지역에서 슐리만Schliemann [05]이 발견한 유물을 전시한 것이었다). 바스티안은 관람객들이 고대 유럽의 유물을 동시대의 아주 먼 나라에서 가져온 놀라울 정도로 비슷하게 생긴 민족학 물품과 비교할 수 있기를 바랐다. 그러나 분명한 메시지가 빠진 채 물품이 마구 엉켜 무질서하게 진열된 베를린 박물관은 방문객에게 그저 혼란스럽고 혐오스러울 뿐이었다. 결국 언론도 불만을 터뜨렸다. "전 세계에서 나온, 학술 가치가 충분한 수집품이 마치 양배추와 순무처럼 뒤엉킨 채 방치되어도 좋단 말인가?"[31]

그러는 동안에도 목록으로 정리가 되지도 않는 표본들이 계속 무분별하게 쏟아져 들어와 큐레이터들을 압도할 지경이었다. "개관 후 10년 남짓 지났을 무렵, 바스티안과 그의 조수들은 박물관 상태가 '견딜 수 없을 정도'임을 선언했다."라고 글렌 페니Glenn Penny는 기록했다.[32] 바스티안이 사망한 1905년경에 이르러 "베를린의 그 유명한 박물관–세계 최초의 민족학 전문 박물관이자, 이런 유형의 박물관 중에서 가장 큰 규모를 가진–은 민족학계의 유령같이 변해 버렸다."[33]

---

05 하인리히 슐리만(1822-1890) - 독일의 유명한 고고학자

박물관의 그림자

왕립 박물관 관장이자 미술사학자였던 빌헬름 폰 보데Wilhelm von Bode는 이 엉망진창의 난장판을 정리하고, 미학적으로 빼어난 작품들만으로 꾸민 전시관을 만들고자 했다. 한 세기 후에야 폰 보데의 꿈은 실현되었다. 거대하고 화려하게 꾸며진 베를린 훔폴트 포럼 Humboldt Forum이 먼 곳에서 가져온 예술 작품들을 위한 전시관으로 만들어졌다. 바스티안의 지도하에 수집한 민족학 자료 대부분은 교외에 있는 다렘Dahlem의 창고에 들어갔다.

독일의 또 다른 주요 민족학 박물관들 역시 19세기 말에 오면 흉물스럽게 변한다. 라이프치히 박물관은 클렘이 제안한 발전적 모델을 포기했지만 그럼에도 대중의 지지를 얻지 못했다. 뮌헨 박물관의 경우 관장의 말에 의하면 "큐레이터가 온통 고전주의자로 채워졌고, 대중은 민족학보다 예술에 관심이 많다."라는 것이었다.[34]

5장

인간 박물관의 흥망
민족학과 인류학, 그리고 미학

1851년 런던에서 개최된 만국산업박람회는 최첨단 과학기술의 놀라운 성취는 물론 현대 미술과 이국적 공예품까지 선보였다. 6백만 명의 방문객이 찾아왔으며, 전 세계적으로 터무니없는 고비용이 드는 축제를 개최하려는 경쟁에 불을 붙이는 도화선이 되었다.

나폴레옹 3세는 런던을 넘어서기로 작심했다. 1855년, 그의 주관하에 파리에서 만국 농업 공업 미술 박람회가 개최되었다(이때부터 보르도산 고급 와인의 등급을 매기는 일이 처음 시작되어 그 뒤로도 계속 이어졌다). 6백만 명이 조금 못 되는 사람들이 찾아왔다. 황제는 1867년에 규모를 한층 더 키워 다시 한번 개최하고자 했다. 이번에는 1천 1백만 명이 방문했다(월터 벤야민은 세계 박람회가 "상품에 성적 도착fe-tish을 느끼는 자들이 순례하듯 찾아가는 곳"이 되었다고 비판했다).[01]

파리에서 태동하는 민족학 박물관

기술적 진보를 보여주는 놀라운 물건 외에도 박람회에는 저명한 프랑스 고고학자 부셰 드 페르트Boucher de Perthes가 큐레이션Curation한 새로 발견된 선사시대 유물도 전시되었다. 수에즈 운하 운영사Suez Canal Company는 고대 이집트 건축물을 전시하느라 애를 썼다.

페루와 볼리비아 영사관 관료들은 조각품, 도자기, 직물, 보석, 머리뼈, 미라까지 보내왔다.[02] 여러 식민지 총독부에서 예술품과 공예품을 조달했다. 박람회가 끝나고 나서 고고학과 민족학 분야의 귀한 물품들은 자연사 박물관, 루브르, 그리고 여러 지역 수집품으로 나뉘어 보내졌다.

파리에서 진열된 독창적인 산업재 중에는 독일 무기상인 크루프 Krupp가 가져온 거대한 대포도 있었다. 3년 후인 1870년에 이 대포는 프랑스를 침공한 프로이센이 파리를 에워싸고 프랑스 군대를 무너뜨린 후 막대한 배상금을 부과했던 전쟁에서 무시무시한 공을 세웠다. 나폴레옹 3세는 스당Sedan 전투에서 포로로 잡혔다. 그는 영국으로 망명했다가 거기서 2년 후 숨을 거두었다.

1873년, 프랑스가 패배하고 독일이 통일된 이후 베를린은 민족학 박물관 수립에 관한 야심 찬 계획을 발표했다. 그 전인 1831년으로 돌아가 보면 에드미-프랑수아 조마르는 파리에 민족학 박물관을 수립하기 위해 돈키호테처럼 1인 캠페인을 시작했다. 그가 1862년에 사망하면서 "오랫동안 그토록 염원했으나 덧없이 사라져 버린, 지리와 여행 전문 박물관"[03]을 향한 그의 꿈도 종언을 고했다.

그러나 파리는 문화 방면에서라면 베를린에 뒤처질 생각이 조금도 없었다. 1874년, 파리 자연사 박물관 큐레이터인 어니스트-테오도르 해미Ernest-Théodore Hamy는 스칸디나비아 지역 고고민족학 박물관들을 살펴보기 위해 파견되었다. 그는 특히 코펜하겐의 '장엄한' 왕립 민족학 박물관에서 감명받았다. '이와 비슷한 것을 파리에 세울 수 없을까?'

조마르는 좀처럼 실마리를 찾지 못하고 말았는데 해미는 조마르에게 문제의 원인이 있었다고 비판한다. 조마르의 계획은 "착상이 잘못되었고 제대로 프레젠테이션도 안 되었기에 성공하기 어려웠다.[04] 더구나 그는 기질상 해군 박물관과 루브르 측과 원만한 협상에 이르기까지는 극복할 수 없는 장애가 있었다.”라고 말이다.[05]

해미는 자신을 후원해 줄 사람을 만났다. 공공교육부의 과학과 문학 부문 책임자이자 아마추어 고고학자이며 “여러 민족의 전쟁 구호”에 관한 논문도 쓴 저자인 오스카 아메디 드 와트빌Oscar-Amédée de Watteville이 파리에 민족학 박물관을 세우는 일을 지지하고 나섰다. 게다가 섭리인지 몰라도 기회가 찾아왔다. 또 다른 만국 박람회가 1878년 5월부터 11월 사이에 파리에서 열린 것이다(이 박람회에는 무려 1천 6백만 명이 찾아왔다). 이 만국 박람회는 프랑스가 전쟁에서 회복한 모습을 과시했을 뿐만 아니라 제3공화국 아래에서 민주주의 정부가 복원된 것을 축하하는 자리이기도 했으며 급속도로 팽창하는 해외 식민지 제국을 널리 알리는 역할도 했다. 해외 식민지 총독부에서는 예술 작품, 공예품, 고대 유물은 물론 음악가와 무용가들까지 보내왔다.

해미는 잠정적으로 과학적 미션을 가진 ‘민족학 박물관Musée ethnographique des missions scientifiques’을 세우는 업무를 맡았다. 이 임시 박물관의 중심부는 주로 페루와 멕시코에서 가져온 아메리카 고대 유물과 민족학 공예품 전시가 차지하고 있었다. 해미는 소규모지만 유럽과 아시아, 서아프리카의 예술품과 공예품도 수집했다.[06] 언론은 호의적이었다. 몇 달 후 전시품은 만국 박람회를 위해 마르스 광장으로 옮겨졌는데 상당히 큰 인기를 끌었다.

와트빌은 전시품 중에서 좋은 것들을 선별해서 그걸 기초로 영구히 지속되는 민족학 박물관을 세우자고 제안했다. 그는 “귀중품으로 된 눈부신 수집품뿐만 아니라 진화를 잘 보여주는 물품이라면 비록 사소한 것들이라도 소홀히 다루지 않는 명실상부한 과학 박물관”을 세우겠다고 약속했다.[07] 공공교육부 장관은 이를 받아들였다. 해미가

책임자로 임명되었다. 그는 1908년에 사망했는데 그 전 해까지 박물관 관장직을 유지했다.[08]

마르스 광장이 내려다보이는 곳에 비잔틴 스타일, 고딕 스타일, 무어인Moor 스타일까지 혼합되어 뒤죽박죽인 트로카데로 궁Trocadéro Palace이 만국 박람회를 위해 세워졌다. 장관은 그 궁의 한쪽 동을 민족학 박물관을 위한 장소로 내주었다. (다른 동은 "프랑스의 기념물" 수집품을 위한 자리로 배정되었다. 여기에는 교회와 궁에서 나온 조각품과 무덤의 석고 모형들이 포함되었다.)

얼마 지나지 않아 '과연 어떤 것들이 민족학 수집품에 포함되어야 하느냐'는 논쟁이 촉발되었다. 특히 해미가 샹젤리제에 전시했던 아메리카 자료들을 왜 트로카데로 박물관에 넘겨야 하느냐는 문제에 대해 논의가 뜨거웠다. 이 자료들은 실제로 '민족학' 물품인가? 이 문제는 프랑스 최고 법원 격인 국무원까지 올라갔다. 법정은 다음과 같이 판단했다. "아메리카 수집품은 일부 섬유 제품이나 몇 가지 기구를 제외하고는 하나의 형태를 이루고 있지만 대체로 보자면 민족학 자료는 아니다. 아메리카 고고학과 신화, 아메리카 예술은 존재한다…."라고.[09]

수집품은 루브르로 가는 게 적절해 보였으며 그곳이 최적의 장소인 듯했다. 그러나 줄 페리Jules Ferry(대중교육부 장관이었고 머지않아 수상이 된다)가 이의를 제기했다. 루브르는 미술사 분야 전문이라고 말한 것이다. 페리는 "인류 역사의 다양한 시대 속에 존재했던 여러 민족의 풍속사"를 위해 박물관을 새로 지어야 한다고 보았다.[10] 논의의 교착은 무려 5년간 이어졌다. 마침내 아메리카 수집품은 새로 지은 민족학 박물관으로 이전되었고 루브르에 있던 콜럼버스 이전 시대 물품도 같이 옮겨졌다. 새로 생긴 트로카데로 박물관은 아메리카 물품 1만 점을 소장하게 되었는데 주로 페루와 멕시코에서 나온 자

료였다.[11] 해미는 이 수집품이 아메리카 수집품으로는 세계 최고라고 자부했다.[12]

그러나 트로카데로 박물관의 민족학 자료는 균형감각이 부족했다. 크게 보아 1928년에 박물관을 재편할 때까지 아시아 부분은 제외되어 있었다(별도로 존재했던 기메 박물관Guimet museum은 상당한 수준의 동양 미술품을 소장하고 있었지만 말이다). 초창기에는 아프리카 전시품도 많지 않았다. 남아프리카에 있는 프랑스 식민지에서 가져온 공예품들이 조금씩 수집품을 채웠다.[13] 1884년에 개관한 유럽홀에는 그리스, 이탈리아, 스페인, 포르투갈, 러시아에서 가져온 전통 공예품과 의복이 전시되었고 나중에는 스칸디나비아에서 가져온 것들이 추가되었다. 프랑스 전통 미술과 공예품을 전시하는 또 다른 홀에는 브르타뉴 지방에서 온 물품이 많았는데 이 지역은 프랑스 내에서도 특히 낙후되고 고풍스러운 지역이었기 때문이었다.

전시물은 소박했다. 명품을 하나하나 부각하기보다 진열대를 일상 생활용품으로 가득 채웠다. 해미는 조마르의 책을 따랐는데 심지어 조마르가 쓰는 말까지 그대로 가져왔을 정도였다.[14] 민족학 물품과 고고학 물품이 함께 전시되었다. 그렇게 진열함으로써 인간이 가진 기본적 욕구는 세상 어디서나 그리고 예나 지금이나 같지만 사회가 긴 세월을 거쳐 문명의 상태로 진보할수록 점점 세련되고 도구와 예술품은 점점 정교해지고 효율적으로 변해간다는 사실을 부각했다.

프랑스 민족학의 위기와 발전

트로카데로 박물관의 출발은 순조로웠다. 해미는 초기부터 하루에 4천 명이 방문했다고 보고했다. 대중의 평판을 감지한 어느 기자는 그 박물관에 찾아가는 일을 "바르바르[01] 한복판으로의 여행"에 비유했다.[15] 그러나 20세기 초반에 이르렀을 즈음만 해도 박물관의 상태는 비참했다. 트로카데로 궁은 박물관으로 쓰기에 적합하지 않았다. 커다란 홀은 난방 불가였으며 진열장에 잔뜩 쑤셔 넣어둔 민족학 자료를 초라해 보이게 만들었다. 예산은 운영비를 겨우 감당할 수준이었기에 새로운 물품 구매는 엄두도 내지 못했다. 1907년, 해미는 예산 삭감에 항의하는 차원에서 자리에서 물러났다. 그러나 돈 문제가 전부는 아니었다. 프랑스는 독일, 영국, 미국에 비해 민족학 연구 분야가 뒤처져 있었다. 박물관은 명확한 미션을 설정하지 못했다.

게다가 얼마 안 있어 1차 세계대전이 터졌고, 금융위기가 뒤를 이어 찾아왔다. 1920년대에 들어 박물관 수입은 운영비를 감당하기에도 부족할 지경이 되었다. 직원은 다 줄이고 큐레이터 두 명, 경비원 세 명만 남았다. 카탈로그도 없고 도서관도 없었다. 갤러리는 일주일에 이틀만 대중에게 공개되었다. 유럽 민족학 연구의 권위자였던 아놀드 반 게네프Arnold van Gennep는 이건 "정말 터무니없는 상황"이라고 비판했다. 어느 정부 관료는 "국가적 수치"라고까지 표현했다.[16] "현 상태로 박물관을 유지하느니 문을 닫는 쪽이 더 낫다."라고 저명한 사회주의 과학자 마르셀 모스Marcel Mauss는 판단하기까지 했다. "난방도 불가능하고 문을 열 수도 없고 대중에게 개방할 수도 없다. 경비원을 세울 수도 없다. 심각한 도난 사고가 이미 여러 차례 있었다."[17]

영광스러운 시대는 1929년 주식시장 붕괴 이후 이어진 10년, 즉 프랑스의 '광기의 시대années folles'가 되어서야 찾아왔다. 마르셀 모스가 프랑스에서 민족학의 학문적 전문화를 주도했다. 1937년에는 낡

---

01   바르바르 - 이집트를 제외한 북아프리카의 옛 이름

은 민족학 박물관을 대체하는 현대적인 '인간 박물관Musée de l'Homme'이 들어섰다. 젊은 민족학자들은 진보적 정치가, 식민지 개혁가, 아방가르드 예술가, 작가들과 함께 교류했다. 황금시대가 시작되는 듯했지만 이 짧고 빛나는 개화의 시기는 1940년 독일의 프랑스 점령으로 끝나 버렸다.

프랑스에서 민족학은 에밀 뒤르켐Émile Durkheim이 주도했던 비교 실증주의 사회학이 밖에서 데려온 자식처럼 여기는 소박한 학문으로 출발했다. 에밀 뒤르켐이 속한 서클이 만들었던 저널 「사회학의 시대Année Sociologique」는 전체 페이지의 1/3을 민족학에 할애했다. 1917년 뒤르켐이 죽은 뒤로 잡지는 발행되지 못했다. 1925년에 와서야 뒤르켐의 조카이자 정신적 후예인 마르셀 모스가 편집을 맡아 다시 발행하기 시작했다. 복간호에는 모스의 걸작으로서 보아스와 말리노프스키의 민족학 연구를 가다듬은 『재능에 관하여Essay on the Gift』가 실렸다.

　　모스는 비록 자신이 "몹시 괴상하게도 '비 문명권 민족들의 종교사학'이라는 이름을 가진 분야의 소박한 교수 자리"에 앉아 있었지만 프랑스 고등교육기관 내에서 민족학이나 사회학을 전공한 교수는 단 한 명도 없다는 점을 지적했다.[18] 자신이 『사회학의 시대』를 복간하던 해인 1925년에 모스는 민족학 연구소를 설립했다. 소르본 부속 시설로서 식민지 관할부 자금을 받아 운영한 이 연구소는 이 분야에서 프랑스 최초로 생긴 교육기관이었다.[19] 연구소장은 소르본의 철학 교수이자 『원시인의 멘털리티primitive mentality(1922)』와 『원시인의 영혼soul of the primitive(1927)』을 집필한 저명한 저자였던 뤼시앵 레비-브륄Lucien Lévy-Bruhl이 맡았다.[20] 모스는 연장자에 대한 존경의 의미로 공식적인 수장 자리를 레비-브륄에게 양보했지만 미국인 동료에게 쓴 편지에서는 자신이 "일을 다 하고 있으며…내가 독무대를 펼치고 있다."라고 썼다.[21] 연구소는 아주 명석하고 유능한 폴 리벳Paul Rivet을 비서로 채용하는 행운도 있었다. 의사였던 리벳은 브로카의 전통을 따르는 비교해부학자로서 남아메리카로 떠났다. 페루에서 5년을 보낸 뒤 그는 민족학자가 되어 돌아왔다.[22]

"모스는 모든 걸 다 알고 있어"라고 레비-브륄은 쓰기도 했는데 모스는 자기가 가르치는 학생들도 모든 걸 알고 있기를 기대한 듯했다.[23] 총애를 받던 학생이었던 자크 수스텔Jacques Soustelle-명석하고 젊은 철학 전공자-의 말에 따르면 모스는 수업 시간에 들어와 민족학을 하려는 사람은 현대어인 독일어, 영어, 화란(네덜란드)어는 물론 라틴어, 고전 그리스어에 산스크리트어, 히브리어, 중국어까지는 기본적으로 알고 있어야지 그렇지 않고서는 연구할 수가 없다고 말했다.

또 다른 학생은 모스의 첫 수업을 들은 경험을 이렇게 말한다. "나는 완전히 그로기 상태였다. 도대체 모스 교수는 무슨 말을 하는 건가? 강의 한 번에 그토록 많은 조크와 암시가 쏟아져 나오는 건 나로서는 처음 겪는 일이었다."[24] 하지만 모스는 민족학 자료를 수집하고 문서화하는 세세한 지침까지 가르쳐 주었고 학생들에게는 모든 것을 기록으로 남겨야 한다고 말했다. 무엇이 중요한 것으로 판명될지 미리 알 수 있는 사람은 아무도 없어서 그렇다고. "변소까지 주의해 살펴보라. 그리올Griaule[02]이 도곤족 철가면 몇 개를 찾아낸 것도 변소"였다고. 그는 학생들에게 이런 말도 남겼다. "순수한 토착민으로만 이루어진 사회를 찾으려는 불가능한 희망은 품지 말라…. 사회가

---

02 마르셀 그리올Marcel Griaule - 프랑스 민족학자로 프랑스령 수단(현재의 말리) 도곤족의 신화·의례·상징체계 등 문화와 사회생활을 연구했다.

변모해 가는 모습은 안정화된 모습만큼 흥미롭다."[25]

1928년, 민족학 연구소 관리자로 재직 중이던 리벳은 그 당시에 자연사 박물관 관할하에 있던 국립 민족학 박물관의 관장으로 임명되었다. 그는 자기 직책을 '인류학'에서 '현대 인류와 화석 인류의 민족학'이라고 바꾸고, 트로카데로를 인류 진화를 보여주는 박물관으로 재단장하는 일에 착수했으며, 수집품을 새로 채우기 위해 엄청난 노력을 쏟았다.

모스의 민족학 연구소와 리벳의 트로카데로 민족학 박물관-학생들은 이들을 각각 '연구소Insti'와 '트로카Troca'라고 불렀다-이 프랑스 인류학의 전문화를 주도했다. 연구소 소속 학생들은 모스의 뿜어져 나오는 사유에 열광했다. 학생들은 과학적 방법론에 입각한 그의 자세한 지침도 소중하게 받아들였다(비록 모스 자신은 필드에 나선 적이 한 번도 없었지만). 그들은 그의 사회주의 사상에도 공감했다. 동시에 그들은 연구소가 설립되기 한 해 전인 1924년에 나온 초현실주의자들의 첫 번째 선언문에 나타난 전복적인 창의력에도 끌렸다.

민족학과 미학의 만남

아프리카 예술과 아프리카계 아메리카 음악과 춤이 유행처럼 번졌다.[26] 1923년 파리에서 첫선을 보인 발레 「세상의 창조la Création du monde」는 나중에 흑인 예술l'art nègre로 알려진 장르의 대표 격이 되었다. 다리우스 미요Darius Milhaud의 음악은 재즈 리듬을 담고 있었다. 블레스 상드라스Blaise Cendrars가 쓴 책은 바울레Baoulé의 민간 설화를 각색한 내용이었다. 페르낭 레제Fernand Léger가 만든 커텐, 데코, 의상은 아프리카 가면을 참고해서 나왔다.

1925년, 잘 차려입은 파리지앵들은 샹젤리제 극장에서 하는 공연 「흑인 레뷰La Revue négre」를 보러 달려갔는데 아프리카계 아메리카 댄서인 조세핀 베이커Josephine Baker를 보기 위해서였다. "그녀는 등에 타조 깃털을 달고 말할 수 없는 부위에 바나나를 주렁주렁 매단 채 등장했다." 젊은 민족학자 앙드레 셰프너André Schaeffner는 이렇게 회상한다. "노래를 불렀는데 노래라기보다 외침에 가까웠다. 닭을 흉내내며 춤을 췄고…다른 건 아무것도 하지 않았다. 너무나 매력적이어서 저항할 수 없었다."[27] 민족학 박물관 부관장이었던 조르주 앙리 리비에르Georges Henri Rivière는 그녀를 위해 노래를 여러 개 만들었는데 그중에는 인기가 많았던 외설적인 노래 「조세핀, 조세핀」도 있었다.

모스는 흑인 예술에 별로 매료되지는 않았다. 그는 학생들에게 향락주의Dilettantism에 빠지지 말라고 신신당부했다("무슨 일이 있더라도 아마추어 예술가가 되어선 안 돼").[28] 그러나 젊은 민족학자들은 자신들을 새로운 과학과 현대적 휴머니즘을 결합할 사명을 가진 예술가이자 과학자라고 생각했다.[29] 다리우스 미요와 이고르 스트라빈스키의 동료였던 셰프너는 프랑스에서 나온 최초의 '재즈 연구서(1926년 출간)'를 썼고 민족음악학의 선구자가 되었다. 시인이었던 레리Leiris는 자신이 관여하던 초현실주의 운동과의 연관성 속에서 민족학에 경도되었는데 "나에게 민족학은 서구 사회의 합리주의에 대한 반항이자 레비-브륄이 원시적 멘털리티라고 불렀던 정신을 가진 민족들에 대한 지적 호기심이었다. 아주 단순한 것이다."[30]

트로카데로 박물관 관장이었던 폴 리벳은 민족학 자료에 미학적으로 접근하는 방식에는 양면적인 입장이었지만 박물관이 원시 예술에 열광하는 팬들의 요구를 충족시켜 주어야 한다는 점은 인정했으며 그러한 팬 중에는 돈도 많고 영향력도 큰 후원자들과 수집가들도 포함되어 있었다.[31] 민족학자, 미학자, 상류 사회 사이에 존재하는 간격을 메우기 위해 그는 대범하고 젊은 아마추어 호사가인 조르주 앙리 리비에르를 자기 밑의 부관장으로 발탁했다.

앨리스 콩클린Alice Conklin은 "탐미주의자이자 재즈에 열광하는 30살짜리 부르주아일 뿐 어떤 학문 수련이나 직함도 없고 정치적 원리 따위도 갖추지 않은 자를 선택한 것은 극히 이례적이다."라고 말했다.[32] 리비에르는 자신이 발탁된 것을 두고 "프랑스에서 과학과 문화의 결합을 드러내는 일이다. 탁월한 학자는…그 어떤 학문적 자격도 갖추지 못했더라도 루브르 학교에서 수련하면서 음악적 소명을 숨기지 못했던 30살짜리를 얼마든지 발탁할 수 있다."라고 주장했다.[33]

그러나 리벳은 자신이 세운 부관장이 과학자가 되어주리라는 기대는 할 수 없었다. "나는 과학을 하겠네. 자네는 그 과학을 대중이 알기 쉽도록 번역해 제공할 때 필요한 모든 일을 해보게"라고 그는 리비에르에게 말했다. "나는 사람들을 위해 존재하는 사람이야. 거대한 대중문화 박물관을 짓고 싶네" 그는 리비에르에게 이 박물관, 즉 "박물관 중에서 가장 가난한 박물관"을 위해 기금을 모으는 일을 맡으라고 말했다.[34]

수많은 예술가, 수집가, 기부자들과 인맥을 쌓고 있던 리비에르는 돈이 부족해 힘겹게 버티고 있던 박물관에 이루 말할 수 없이 큰 힘이 되었다. 그는 라자드 브라더스 은행 회장이자 예술품 수집가이며 트로카데로를 비롯한 여러 박물관의 후원자이기도 했던 다비드 다비스-웨일David David-Weil의 비서로 일한 적도 있었다. 또한, 조르주 바타유Georges Bataille가 편집을 맡아 잠시 간행되었던 독자적인 초현실주의 잡지 「도퀴망Documents」과도 관련이 있었는데 리비에르 본인의 말에 따르면 "나도 직접 잡지 제작에 참여했다." 「도퀴망」은 다방면에 걸쳐 다루는 잡지로 유명했다. 잡지의 소표제에 명시되어 있듯이 교리, 고고학, 예술, 민족학까지 다루었다. 리비에르는 이렇게 회상했다. "삽화들을 보면 사포텍족[03] 항아리와 폴리 베르제르[04]에서 공연 중인 연극의 한 장면이 나란히 배치되어 있었다."[35]

「도퀴망」은 점점 민족학 박물관 기관지처럼 변해갔다. 박물관장인 리벳이 편집위원이었고 두 명의 큐레이터 미셸 레리Michel Leiris와 앙드레 셰프너André Schaeffner가 정기적으로 기고했다. 프랑스 최초의 민족학 전문학자였던 마르셀 그리올Marcel Griaule도 마찬가지였다. 얼마 안 가 초현실주의자들의 모임인 '시네-클럽Ciné Club'은 트로카데로 박물관에서 정기적으로 영화를 상영했다.[36] (바타유는 박물관이란 "사람이 자신의 다양한 면모를 모두 비춰보고 스스로 경탄하며 바라보며, 수많은 예술 잡지에서 묘사되는 황홀경 속에 빠져들게 하는 하나의 거대한 거울"이라고 정의했다.)[37]

리비에르는 박물관에 동지애를 전파했다. 1929년에 그는 다 함께 앉아 먹을 수 있는 기다란 식탁을 갖춘 구내식당을 열었다. 그가 신경 써 키워낸 '박물관을 사랑하는 친구들 모임Society of Friends of the Musuem'에서 내놓는 기부금으로 운영된 이 식당의 식사는 우호적인 큐레이터, 필드 연구가, 아방가르드 예술가, 작가, 사교계 여성에게 무료로 제공되었다. 그들은 경비원들도 동료로 대했으며 전시회에 힘을 보탰다. 상점에 있는 멕시코인 모형들 사이 공간에 탁구대도 여러 개 들여놓았다. 리비에르는 저녁이면 콘서트와 무도회와 영화 상영까지 기획했다. 크리스틴 로리에르Christine Laurière는 다음과 같이 기록했다. "트로카데로에서는 동료 간의 결혼이 대세였다. 젊은 민족학자들 사이에서만 그런 게 아니었다. 여러 커플이 탄생하고 헤어

---

03 사포텍족Zapotec - 멕시코에 사는 아메리칸 인디언

04 폴리 베르제르Folies Bergères - 1869년 파리에서 개설된 뮤직홀

졌다.”[38]

리벳은 트로카데로가 과학적인 박물관이 되어야 한다고 주장했다. 게다가 민족학은 예술사가 아니다. 민족학의 주요 소재는 일상생활의 물품이었다. 하지만 리벳은 원시미술 전문 감정가들과 보조를 맞추지 않을 수 없었다. 그는 리비에르에게 ‘보물의 전당’을 세우라고 지시했다. 1932년 뉴욕 현대 미술관에서 개최한 선구자적인 원시미술 전시회에 자극받은[39] 리비에르는 ‘치외법권’을 향유하는 자신의 이 ‘작은 왕국’을 “예술적인 관점에서 주목할 만하고 순전히 보는 즐거움을 위해 수집한” 물품들을 위한 공간으로 삼았으며 “그 어떤 과학적이고 분류학적인 장치”도 없이 설계했다. 무대 장치는 조각가인 자크 립시츠Jacques Lipchitz가 맡았다.[40]

앨리스 콩클린Alice Conklin은 미학적 매력, 신비감, 희소성, 현대 미술 시장에서의 가치에 따라 선정해서 전시한 물품 중에서도 특별히 하와이에서 가져온 깃털 달린 투구, 마르키즈 제도에서 나온 창조신 티키Tiki 상, 콜롬비아에서 나온 황금 펜던트, 멕시코산 수정 해골, 아스텍의 깃털 덮인 뱀, 콜럼버스 이전 시대 멕시코에서 만든 가면 두 개, 황철석으로 만든 멕시코산 거울, 고대 페루에서 만든 엄청나게 큰 직물, 아스텍 달력 표시가 아로새겨진 흑요석 등에 주목했다. 아프리카에서 나온 것으로는 16세기 베냉에서 만든 청동기 작품, 벨기에령 콩고에서 만든 상아 조각, 아이보리 코스트(코트디부아르)에서 나온 황금 가면이 있었다.[41] 진품에 대한 피상적인 관념에 도전하려는 의도로 모작들도 전시되었다.

이에 대한 반발도 있었다. 레리는 다음과 같이 기록한다. “리비에르는 전시물을 더 꾸밈없고 금욕적이고 냉철하게 보이도록 하고자 나무 케이스를 없애고 철제 케이스를 설치하기로 했다. 그리고 리비에르와 그의 동료들은 미학에 대한 반감도 있었다. 그들은 ‘흑인 예술' 운운하는 말을 듣기 싫어했다. 이미 유행처럼 변해 버렸다고 말이다. 그뿐만 아니라 인류학은 '흑인 예술'이니 이국적 예술 연구 따위로 축소될 수도 없다. 우리는 연구 대상인 민족과의 관계를 낭만화하고 찬미하려는 탐험가들에게도 반대하고 그 민족들이 만들어 낸 물품을 미학적으로 보려는 입장에도 반대한다."[42]

1930년에 나온 「도퀴망」에 실은 글에서 선구적인 아프리카 연구가 마르셀 그리올은 다음과 같이 쓰고 있다.

> 민족학-이 말을 반복해야 한다는 게 지겹긴 하지만-이 '아름다움'과 '추함'에 관심이 있는 것처럼 보이는데 이는 굳이 터무니없는 이들 용어에 대한 유럽적인 감각에 따르자면 그렇다는 말이다. 그러나 원래 민족학은 '아름다움'에 대해 의심하는 경향을 지니고 있다. 아름다움이란 문명에서 아주 희귀하게-그리고 끔찍하게-발생하는 사태이기 때문이다. 민족학은 자기 자신에 대해서도 회의하며-민족학은 하얀 과학, 즉 편견에 쉽게 물드는 학문이기 때문-최근에 만들어졌거나 대량 생산 체계에서 나온 물건에 대해서도 미학적 가치를 부여하길 마다하지 않는다.[43]

그는 "보울족[05]이 만든 어느 드럼에 총을 든 상像이 조각되어 있다는 이유"[44]로 가짜라고 의심하는 전문가들을 대놓고 조롱했다.

자크 수스텔은 1936년에 리비에르의 뒤를 이어 트로카데로 박물관 부관장이 되었다. 그 당시 공산당과 가까웠던 그는 박물관이라면 "반드시 노동자와 학생 대중에게 적합해야"[45] 한다고 주장했다. 그는 저녁 시간에 육체노동자들의 박물관 투어를 직접 맡아 안내했다. 그리고 보물의 전당Hall of Treasures은 폐쇄해 버렸다.

---

05 보울Baoule - 코트디부아르 지역에 사는 민족 이름

수집품 원정대

1930년대 들어와 박물관은 수집품을 수집하기 위한 원정대를 구성했다. 이 방식을 통해 박물관은 돈을 아낄 수 있었는데 그 당시 '원시예술'에 대한 취향이 유행처럼 번지면서 가격이 급등했기 때문이다. 박물관은 모스의 민족학 강의를 들은 젊은 졸업생들에게 현장 연구 Field work를 나갈 기회도 제공했고 거기 다녀온 자들은 트로카데로에서 일자리를 얻을 수 있었다.

박물관의 첫 번째 수집품 수집 원정대인 '다카르-지부티 원정대'의 자금 마련을 위해 리비에르는 시르크 디베르Cirque d'Hiver에서 복싱 경기까지 열었는데 밴텀급 세계 챔피언이자 아프리카계 미국인인 파나마 알 브라운Panama Al Brown이 나오는 경기였다. (전해지는 말에 따르면 마르셀 모스는 링에 올라 파나마 알 브라운과 함께 섀도복싱도 했다.)

박물관에서 새로 문을 연 오세아니아 홀 개막식을 축하하기 위해 "대형 양장점들이 매혹적인 파레오[06]를 입혀 내놓은 마네킹을 진열했다."라고 리비에르는 회상한다. "창조적인 현대성과 학술적인 정책이 조화를 이루어 민족학과 원시예술 연구를 촉진했다."[46]

파리 민족학 박물관은 1928년부터 1937년 사이에 100여 회에 걸쳐 수집품 수집 원정대를 주도하거나 후원했는데 가장 유명한 것은 마르셀 그리올(1931-1933년)이 이끈 다카르-지부티 원정대와 1930년대 후반 클로드 레비스트로스Claude Lévi-Strauss이 주도한 브라질 내륙 탐험이었다.[47] 민족학 연구소의 촉망받는 학생들은 첫 번째 방학 동안 박물관의 수집품 수집 원정대에 참가했다. 셰프너와 레리는 그리

---

06 파레오 - 장방형 목면의 피륙을 스커트처럼 또는 타히티 섬의 사람들이 착용하는 로인클로스와 같이 휘감아 입는다.

올의 아프리카 원정대에 참가했다가 얼마 안 지나 민족학 박물관 큐레이터가 되었으며 특히 셰프너는 최초로 민족음악 큐레이터가 되었다.

레리는 다카르-지부티 원정대가 일상 생활용품의 중요성을 강조하는 모스에 대한 존경심 차원에서 생활 속에서 사용하는 공예품을 몇 점 가져왔다고 기록하고 있다.[48] 나중에 마르셀 그리올은 남부 말리에 있는 도곤족이 사는 곳에서 몇 달을 지냈다. 그는 주목할 만한 가면과 조각품은 가져왔지만 모스의 지침에도 불구하고 단 한 자루의 괭이도 가져오지 않았다. 심지어 도곤족은 괭이로 농사를 짓는 민족이었는데도 말이다.

레비스트로스가 이끄는 세 번의 아마존 원정대는 정부가 정하고 선교사들이나 전신 회사에서 운영하는 '접촉 지역' 내에서 대부분의 시간을 보냈다. 그들의 주요 업무는 자신들에게 자금을 대준 인간 박물관으로 가져갈 물품을 수집하는 일이었다. 내륙 탐험은 극도로 신중해야 할 뿐만 아니라 비용도 많이 들었기에 짧은 기간만 이루어졌다. 레비스트로스의 첫 번째 원정대에 동행했던 브라질의 젊은 민족학자 카스트로 파리아Castro Faria는 "현장 연구라기보다 여행에 가까웠는데 원주민들과 아주 잠시 만나기 위해 여러 달 동안 준비해야 했다."[49]라고 당시를 술회한다.

레비스트로스는 인디언들이 즉석에서 만들어 내는 잡스러운 공예품 따위는 수집하지 않았고 혼탁해졌다거나 쇠퇴의 흔적이 보이는 것들에게서는 카메라를 돌려 버렸다.[50] 탐험을 다녀온 뒤 레비스트로스와 레리 둘 다 기념비적인 저작을 써냈다. 바로 레리가 쓴 『아프리카의 환영L'Afrique fantôme(1934)』 그리고 레비스트로스가 쓴 『슬픈 열대Tristes tropiques(1955)』다.

민족학과 반식민주의

민족학 박물관은 때로는 진화론적 관점에서, 때로는 문화권별로 물품을 전시했다. 이 두 개의 전략은 서로 다른, 심지어 서로 충돌하는 식민지 이데올로기에 근거해 나타났다. 진화론적 모델은 이 세상에는 하나의 인류 문명이 있다고 본다. 다만, 그 문명이 세상의 여러 지역에서 균질하지 않게 발전했다고 생각한다. 따라서 프랑스가 자신의 식민지 백성이 더 높은 문명 단계에 이를 수 있도록 도와야 한다고 주장한다.

이와 반대인 입장의 민족학자들은 인간이 이룬 여러 문화는 서로 근본적으로 다르며 모두 소중하다고 주장한다. 이 관점은 1920년대 영국 식민지에서 시작해 1930년대에는 프랑스 식민지 총독들에게도 영향을 미친 '간접 통치' 정책과도 잘 부합한다.

민족학 연구소와 트로카데로 민족학 박물관-'연구소Insti'와 '트로카Troca'-는 둘 다 식민지 통치부Ministry for the Colonies의 자금 지원에 의존하고 있었다. 연구소 학생 중 1/3은 식민지 관련 부문 출신들이었다. 모스와 리벳은 낡은 스타일의 식민지 정책에 비판적이었으며, 1936년에 새로 정권을 잡은 좌파 연합인 인민전선이 진보적인 식민지 정책을 펼칠 거라고 기대하고 있었다. 둘 다 새로 정권을 잡은 지도자와 친분도 있었다.

근래에 터진 1차 세계대전의 공포에 시달리던 젊은 민족학자들은 프랑스에 있다는 '문명화시킬 사명'에 대해 회의적이었다. 북부 카메룬에 있던 미셸 레리는 일기장에 이렇게 썼다. "세금을 거둬들이는 일만 유일한 관심사다. 강화조약과 의료지원은 사람들을 유화시켜 저항하지 않고 순순히 세금을 내게 하려는 한 가지 목적만 갖고 있다. 때때로 피가 흥건한 공식 투어는 도대체 무슨 목적을 위함인가? 세금을 거두려는 것이다. 민족학 연구는 무엇을 위함인가? 세금을

박물관의 그림자

거두는 데 더 효과적인 정책을 집행하기 위함이다."[51]

레리는 젊은 민족학자들이 품은 반反식민주의가 "약간 복잡미묘하게" 변할 수 있다는 점은 인정했다.

> 그러니까 서구 문명에 대한 반란이 진행되고 있었다. 단순명료한 반란. 나는 흔히 말하는 원시 사회가 우리 문명보다 우월하다고 진심으로 생각하고 있었다. 이를 '뒤집혀 있는 인종주의'라고 하겠다. 물론 나로서는 민족학자들이 연구하는 눈부시게 찬란한 이들 사회 속에도 우리 문명과 마찬가지로 '백치'나 '등신'들이 있다는 것을 이해하는 데 꽤 긴 세월이 필요했다…. 그러나 마침내 그러니까 내가 생각하기에 정말 중요한 것은 우리가 최초에 가지고 있던 정치적 입장이 반식민주의적이었다는 점이다…. 우리는 프롤레타리아가 처한 상황에 관심을 기울이기 이전에 식민지 사람들의 상황에 먼저 관심을 기울였다…. 우리는 지금 이곳에서 살고 있는 핍박받는 이들보다 '해외의' 핍박받는 민족에 더 큰 연대감을 느꼈다.[52]

민족학 연구소 소장이었던 레비-브륄은 더 관용적인 식민지 정책의 도입을 위해 민족학자들에게 아프리카 문명의 가치를 강조하라고 장려했다. 레리는 이것이야말로 "그 시대를 고려했을 때, 매우 앞선 사상"[53]이라고 보았다. "그러한 행위는 연구의 과학적 가치를 떨어뜨릴뿐"[54]이라며 자기 학생들에게 식민주의에 관해 언급하지 말고, 특히 식민지 자본주의에 대해서 비판하지 말라고 충고했다. [54] 그러나 사석에서는 그도 신랄해졌다. 프랑스 학계는 "뉴칼레도니아의 카낙인들Canaques을 위해 아무것도 하지 않았고, 그저 알코올, 매독, 노예화, 대학살, 짐승 같은 짓에 시달리도록 방치함으로써 한마디로 유럽화되도록 했으며 실험실의 임상 연구가들이나 그들에게 관심을 기울일 뿐"[55]이라고 말이다.

1931년 식민지 전시회가 파리 뱅센 공원 내에 전시회를 위해 특별히 건축한 포트 도레la Port Dorée 궁에서 열렸다.[56] 거기 나온 모든 전시품이 진품은 아니었다. 선교사이자 인류학자였던 모리스 린하르트 Maurice Leenhardt는 프랑스령 뉴칼레도니아에서 온 카낙Canaques 부족 댄서들이 부르는 군가가 실제로는 개신교 찬송가라는 사실을 알고는 크게 놀랐다. (카낙인들 중 일부는 달아나 프랑스에 정착했다.)

트로카데로 박물관은 서아프리카 전용 전시관에서 성대한 파티를 열었다. 아프리카 군인들이 경계근무를 했다. 확성기를 통해서는 '진짜 흑인 음악la musique nègre authentique'이 흘러나왔다. 축하연의 좌장이었던 안드레 셰프너는 아이보리 코스트(코트디부아르) 출신의 가면을 쓴 곡예사들을 소개했고 그들은 아프리카 왕궁과 마다가스카르 전통 의례 장면을 연출했다. 수많은 디자이너, 작가, 미술가, 작곡가들이 참석했는데 그중에는 조르주 바타이유, 조르주 브라크, 마누엘 데 파야, 쥘리앵 그린, 알베르토 자코메티, 자크 립시츠, 앙리 마티스, 파블로 피카소, 세르게이 프로코피예프, 헬레나 루빈스타인, 이고르 스트라빈스키, 트리스탄 짜라, 오시 자킨도 있었다.[57]

초현실주의자들은 보이콧을 선언했다. "식민지 전시회에 찾아가지 마시라(Ne visitez pas l'Exposition colonial!)". 그들은 신전에서 탈취해 전시해 둔 물품들에 대해 강하게 비판했는데, 이것들이야말로 "대학살로 시작해 개종과 강제 노동과 질병으로 이어지는 식민주의의 완성"이라고 보았던 이유다. 그래서 그들은 공산당 본부에서 반反전시회까지 열었다. '식민지에 관한 진실La Verité sur les colonies'라고 이름까지 붙인 그 전시회에는 일련의 '페티시fetish'가, 성모와 아기 예수상과 나란히 전시되었다.[58] 하지만 이것은 그리 영향력 없는 소소한 쇼에 불과했다. 공산당원들조차 이 전시회를 보러 오지 않았다.

식민지 전시회가 끝난 후 전시품 중 상당수는 포트 도레 궁에 새

박물관의 그림자

로 지은 '식민지 박물관'에 소장되었다. 리벳은 자기가 밀어주는 리비에르가 그 박물관을 맡도록 힘을 쓰면서 그 박물관이 식민지 역사와 경제 발전 분야에 한정된 박물관으로 발전하도록 제한했다. 민족학 박물관으로 발돋움할 생각을 해서는 안 된다는 뜻이었다.[59] 1935년 식민지 박물관은 '프랑스 해외 소유물 박물관(Musée de la France d'Outre-mer)'으로 개명되었다. 1960년에 와서는 '아프리카 오세아니아 미술 박물관Museum of African and Oceanian Art'으로 바뀌었다. 2007년에는 '이민 박물관Museum of Immigration'이라는 이름으로 드라마틱하게 변모했다.

1937년, 추레하고 낡은 트로카데로 궁은 철거되고 식민지 전시관을 수용하기 위해 지어진 전시실인 샤요(샤이요)궁Palace of Chaillot으로 대체되었다. 이곳에서 리벳은 민족학 박물관을 '인간 박물관 Musée de l'Homme'으로 변경했다. 이 박물관은 1938년 6월 20일, 제3공화국 마지막 대통령인 알베르 르브룅Albert Lebrun에 의해 공식적으로 개관했다. 리벳은 식민지 군대의 행진을 준비했는데 "우리 박물관은 1차적으로는 식민지 박물관"[60]이라는 이유 때문이었다. 그는 민족학 박물관이란 모름지기 "문화 차원과 식민지 정책 차원의 프로파간다를 위한 수단"이어야 하며 식민지 관료들에게 유용한 기록물을 보관하는 "귀중하고 필수 불가결한 센터" 역할을 해야 한다고 썼다.[61]

인간 박물관

레리는 '인간 박물관'이라는 이름 자체가 모순이라고 평가했는데 인간homme이라는 말과 "황량한 느낌이 드는 용어"인 박물관museum이라는 말이 연결되는 게 놀랍다는 견해였다. 그럼에도 그는 인간 박물관이 "세상에서 가장 아름답지는 않더라도 가장 현대적인 박물관"[62]

은 분명하다고 주장했다. 리벳은 이 박물관에 현대적이고 과학적인 정체성(아이덴티티)을 부여하려고 애썼다. 민족학 자료들은 기능적 유형에 따라 분류되었다. 인종차별적인 과학이 발달한 그 시대에 그는 인종 간의 우열을 공고히 하려는 이데올로기에 맞서기 위해 자연사 박물관에 있던 인간의 뼈와 두개골도 옮겨왔다. 부관장은 생물학과 선사시대를 맡은 한 명과 민족학 부문을 책임지는 자크 수스텔 이렇게 두 명이었다. 이론상으로는 두 부문이 통합되어 있었지만 실제로는 갈등이 있었다.

프랑스 민속 공예품 수집품은 새로 생긴 국립 예술 전통 박물관으로 이관되었다. 여기서 리벳은 자칫 서로 경쟁하는 구도가 될 수도 있는 이 박물관의 운영을 또다시 지독히 활동적인 리비에르에게 맡겼다. (리비에르는 레비스트로스에게 전시회를 위한 지면 설계를 그려 달라고 요청했다. "내 사무실에 이국적인 꽃이 하나 있었는데 그 꽃의 모양이 영감을 주었다."라고 레비스트로스는 회고한다.)[63]

브누아 드 레스투알Benoît de L'Estoile은 원시 사회 민족학에 특화된 박물관과 프랑스 민속 전통에 특화된 박물관, 이 두 박물관이 지리상의 범위뿐만 아니라 시간관념 상으로도 서로 차이가 있다고 보았다. 예술 전통 박물관은 프랑스 공예품을 설명하는 라벨에 과거형으로 설명을 적어두었다. 이와 대조적으로 자연사 박물관은 '진화론적'이면서도 역사적 관념이 부족했다. "미리 정한 특징에 따라 확정하는 자연적인 종에 입각한 인간 '문화'에 대한 관념은 시간과 상관없는 전시물로 나타나기 마련이기에 라벨은 현재형으로 기록된다."[64]

1940년 5월 10일, 독일군이 프랑스로 쳐들어왔고 한 달도 안 되어 파리가 함락되었다. 그렇게 점령이 시작되었다. 프랑스 정부는 프랑스 중부에 있는 휴양지 비시Vichy로 대피했고 페탱Pétain 장군 하에서 연합정부를 구성했다.

리벳은 어느 반反파시스트 지식인 단체 대표였다(수스텔이 총서기였다). 그는 프랑스 식민지 제국 관련 전시회를 기획했는데 식민지들은 드골의 편에 서 있고 비시에 있는 페탱과 부역 정부에 반대한다는 점을 강조하기 위함이었다. 리벳이 페탱에게 보냈던 4통의 편지 중 첫 번째 편지가 1940년 7월 14일에 발송되었는데 비시에 수립된 정권을 비판하는 내용이었다. "장군, 이 나라는 당신과 함께 있지 않습니다. 프랑스는 더 이상 당신 편이 아닙니다."

부역 정권을 옹호하는 언론사에서는 그를 "유대인-프리메이슨 진영이 세운 인간 박물관"의 리더라고 비난을 퍼부었다. 11월 19일, 리벳은 다른 좌파 학자들과 관료들과 함께 교육부 장관에 의해 해임되었다. 1941년 2월 그는 콜롬비아로 도피했고 전쟁이 끝날 때까지 거기서 지냈다.[65]

여러 명의 민족학자가 파리 레지스탕스 조직에 가담했다. 그들은 인간 박물관 지하실에서 언더그라운드 신문 「레지스탕스」도 발행했다. 사제였던 로베르 알레쉬Robert Alesch가 조직 내부에 침투했고 게슈타포에 밀고했다.

1942년, 인간 박물관 큐레이터들이었던 보리스 빌데Boris Vildé와 아나톨 레비츠키Anatole Lewitzky가 사격대에 총살당했다. 또 다른 큐레이터이자 레지스탕스의 일원이었던 데보라 리프시츠Deborah Lifschitz는 아우슈비츠로 이송되었고 거기서 살해되었다. 그녀의 남편이자 독일에 거주하는 유대인 난민이며 박물관 큐레이터였던 앙리 레만Henri Lehmann은 밀항으로 프랑스를 벗어나 콜롬비아에 있는 리벳과 합류했고 그들은 거기서 민족학 연구소를 설립했다.[66] 모스에게서 배운 학생이었던 제르맹 틸리옹Germaine Tillion은 같은 레지스탕스였던 어머니와 함께 라벤스브뤼크Ravensbrück에 있는 강제수용소로 보내졌다. 그녀의 어머니는 1945년에 살해되었으나 제르맹은 스웨덴 적십자의 도움으로 구조되었다. 알제리 전쟁 기간[07] 동안 그녀는 재소자들에게 가해진 고문에 관한 증거를 수집했다. 1973년에 그녀는 라벤스브뤼크에 관한 민족학 연구서인 『여성 강제 수용소에 대한 목격담』을 출간했다. 그녀는 지금까지 레지옹 도뇌르 대십자 훈장을 받은 다섯 명의 여성 중 한 명이다. 2015년에 그녀는 상징적이게도 파리 팡테옹 묘지에 묻혔다.

리비에르는 독일의 점령 기간 내내 근신하듯 지냈다. 그는 프랑스 미술과 전통 관련 박물관을 짓는 일에 집중하고 있었는데 이 분야 연구는 국수적이고 인종주의적인 민족학에 경도된 비시 정권 때문에 위태로워졌다.[67] 해방 후 그는 부역했다는 혐의로 고발당했지만 나중에 모든 혐의를 벗었다. 저명한 프랑스 역사학자 뤼시앵 페브르 Lucien Febvre는 "근본적으로 그는 인민전선에 주었던 것 이상을 비시 정권에게 주지는 않았다."[68] 라고 평가한다.

리벳이 독일에 점령당한 프랑스에서 도피한 후 그리올이 인간 박물관 부관장이 되었다. 1941년 그는 소르본의 민족학 수석 교수로 임명되었다. 해방 후 셰프너는 레리와 함께 서명한 서한을 통해 공식적으로 그리올에게 부역 혐의를 제기했지만 그는 조사단의 조사 결과, 모든 혐의에서 벗어났다.

수스텔은 프랑스를 떠나 드골이 런던에서 세운 자유 프랑스군에 가담했다. 해방 후 한때 마르크스주의자였던 수스텔은 전후 제헌 의회 일원이 되고 드골 당의 사무총장까지 되었다. 1956년에는 알제리 총독이 된다. 알제리 혁명의 소용돌이 속에서 그는 알제리의 독립을

---

07 알제리 전쟁은 1954년~1962년 이어졌다. 이 전쟁 끝에 알제리가 프랑스에서 독립한다.

반대하는 극단주의 테러리스트들 쪽에 섰다. 1961년에는 스위스에 유배되었다.[69] 혁명의 물결이 거셌던 1968년에 와 수스텔은 공식적으로 복원된다. 의회로 돌아온 그는 문화 학술 분야에서 일련의 명예로운 업무를 맡았다. 1983년에는 레비스트로스의 지원에 힘입어서 프랑스 최고 클럽인 프랑스 아카데미Académie française의 회원이 된다.[70]

전쟁에서 살아남아 인간 박물관으로 되돌아온 이들은 예전에 갖고 있던 약동하는 생동감을 다 상실한 상태였다. 새로 관장으로 임명된 이는 생물학 기반의 인류학자 앙리 발루아Henry Vallois였다. 민족학자들은 모두 밀려났다. 레비스트로스는 잠시 박물관 부관장으로도 일했고 민족학 연구소에서 강의도 했지만 1960년에 와서는 콜레주 드 프랑스[08]에 자기 연구소를 차렸다. 영어 표현을 채택해 연구소 이름을 '사회 인류학social anthropology' 연구소라고 지었다.

인간 박물관은 리벳의 인류학, 모스의 민족학과 리비에르의 미학을 추종하는 쪽 간의 갈등으로 갈라져 있는 상태였는데 이 균열은 한 세기 후 시라크 대통령이 '케 브랑리quai Branly 박물관'을 세울 때 수면 위로 드러났다. 시라크는 민족학 수집품 전체를 새로 지은 박물관으로 옮기고 이들을 예술품으로 재단장했다. 2009년, 인간 박물관은 새로 꾸미기 위해 문을 닫았다. 2015년 10월에 이르면 인간 진화 전문 박물관처럼 두개골, 뼈, 흉상, 선사시대 공예품을 구비하고 재개장했다.[71]

1962년, 젊은 학생이었던 나는 인간 박물관에서 몇 달을 지냈는데 열람실에서 책을 읽고 쓸쓸한 분위기에 퀴퀴한 냄새가 나는 갤러리를 돌아다니고 연구하며 보냈다. 박물관 내부는 위축과 쇠퇴의 분위기가 물씬했다. 2년 뒤 장 폴 벨몽도가 주연한 「리오의 사나이L'Homme

---

08   콜레주 드 프랑스Collège de France - 1530년 프랑스에 설립한 고등교육기관

de Rio」가 개봉했는데 영화는 더 낭만적이었던 시절을 떠올리게 했다. 나중에 나온 인디아나 존스 시리즈 「레이더스: 잃어버린 성배를 찾아서」의 전신 격인 이 영화는 인간 박물관이 소장하고 있던 아마존 조각상 도난 사건을 소재로 한 내용이었다.

영화의 잊혀지지 않는 장면에서 정체불명의 적에게 쫓기던 벨몽도는 나로서는 아주 익숙한, 박물관 속의 잘 알려지지 않은 회랑을 뛰어간다. 뒷문으로 이어지는 그 회랑에는 아마존 유역 원주민들이 만든 쪼그라든 사람 머리가 줄지어 진열되어 있었다.

막간

파리의 미국인

1889년 미국 국립 박물관의 민족학 부문 큐레이터였던 오티스 메이슨Otis T. Mason은 유럽의 인류학 연구 기관들을 둘러보려고 석 달간 긴 여행을 했다.[01] 여행의 하이라이트는 파리 만국 박람회 방문이었는데 거기서 열린 '인류학 의회Congress of Anthropology'에도 참석했다. "파리를 방문해 여러 사람을 만나고 개인적으로 안면을 트게 된 것이 큰 수확입니다."라고 그는 국립 박물관 관장인 조지 브라운 구드George Brown Goode에게 보고했다.[02] 아내에게는 이렇게 편지를 썼다. "자신이 가진 사상의 힘으로 온 세상을 움직여 온 사람들을 만나면서 얼마나 기뻤는지 몰라. 이런 여행을 30년 전에 했어야 했어. 지금까지 내 정신은 얼마나 비좁은 통에 갇혀 있었는지."[03]

1889년 파리 세계 박람회는 바스티유 감옥 습격 100주년을 기념하는 자리였다. 3천 2백만 명이 방문해 최다 방문객 기록을 경신했다.[04] 박람회의 주제는 언제나 그렇듯 '진보'였다. 1889년 파리 만국 박람회 신문 제1호는 "진보 자체가 무한하므로 진보라는 법칙은 영원하다"라고 천명했다. 프랑스 본국의 제3공화국과 다양한 문화를 가진 해외 식민지 제국에서 이루어 낸 기술적 진보를 보여주는 물품이 전시되었다. 마르스 광장Champs de Mars 전시장 입구에 세워진 에펠탑이 민족학 전시품과 다양한 문화재를 갖춘 야외 갤러리를 내려다 보고 있었다. 파리 오페라 극장을 설계한 순수미술 건축가 샤를 가르니에Charles Garnier가 야외 전시물인 '인류 주거의 역사' 구역의 설계를 담당했는데 마르스 광장에서 시작해 박람회를 위해 특별히 만든 트로카데로 궁에 이르는 거리 전체에 39채의 집을 세워 놓은 장관이었다. 각각의 집은 "선사시대부터 지금까지 전 세계에서 지어진 집에서 드러나는 문화 발전 단계"를 표현했다.[05] 집 안에는 원주민 복장을 한 채 물건을 만들거나 악기를 연주하거나 요리하느라 바쁜 사람들이 배치되었다.

메이슨은 미국 인류학회에 보고하면서 이렇듯 '원주민'의 삶을 무대처럼 꾸며 보여주는 방식에 호감을 나타냈다.

> 에스플라네드 데 장발리드Esplanade des Invalides[01]에는 12가지 유형의 아프리카인들이 자바인, 통킹Tongking인, 중국인, 일본인, 그 외 동양인들과 함께 각자의 집에서 전통 의상을 입고, 전통 음식을 먹고, 전통예술과 의식을 구현하고 있었는데 그 옆에는 최신 발명품들이 놓여 있었고, 그 옆으로는 문명국 사람들이 구경하고 있었다…. 앵발리드[02] 옆의 공간 일부는 전형적인 주거지에 거주하는 아프리카인과 프랑스령 인도 주민들을 보여주는 공간이었는데 대중에게 가장 인기가 많았던 것은 자바인의 극장과 안남인[03]의 불교 사원이었다. 인류학 의회에서 나온 사람들은 지역 위원회 위원들의 인도를 따라 이들 원시인 거주지에 들러 몇 시간이나 거기 있는 사람들을 관찰

---

01 에스플라네드 데 장발리드 - 세느강변의 넓은 잔디밭

02 앵발리드 - 파리의 역사적 건축물 중 하나. 1671년 루이 14세가 부상병을 간호하는 시설로 지었다. 1674년부터 부상병들이 간호받기 시작했다.

03 안남 - 베트남 중부의 옛 왕국

하고 그들의 예술을 살펴보고 그 투박한 음악을 들으면서 보냈다.[06]

메이슨은 자신이 방문한 유럽의 여러 박물관에 대해서는 큰 흥미를 느끼지 못했다. 대영박물관에 갔을 때 프랭크스는 만날 수 없었다. 메이슨을 영접한 것은 부관장인 찰스 허큘리스 리드였다. 메이슨이 구드에게 쓴 글에 이런 대목이 나온다.

여러 개의 화려한 홀을 겸손한 자세로 돌아보면서 제가 얼마나 비천하고 하찮은지 느껴야 했지만 마침내 아메리카 대륙 홀에 들어설 때 제가 또 얼마나 기뻤을지 상상하시기 힘들 겁니다. 그러나 저는 여기저기서 울음이 터지려는 것을 간신히 참아야 했습니다. 제대로 된 것이 별로 없었고 표본의 라벨은 떨어져 있기 일쑤였습니다. 그들은 자신들이 이들 표본에 대해 아는 게 거의 없다는 점을 솔직히 인정하더군요. 아메리카 도자기 절반은 홈스 Holmes에 의해 위작으로 판명 난 것들이었습니다.[07]

구드는 메이슨에게 표본을 서로 교환하는 프로젝트를 진행할 만한 이들과 인맥을 쌓으라는 지시를 내렸지만 메이슨은 대영박물관에 관해서는 "이 사람들은 무척 인색하고 영리해요."라는 답을 보냈다. "여기서는 큐레이터들을 키퍼Keepers라고 부르는데 적당한 표현 같습니다. 이들은 최대한 전부를 끌어모으고 그렇게 끌어모은 전부를 쥐고 있으니까요."[08] 그러나 그는 대영박물관의 민족학 자료들은 부문별로 잘 배열되어 있으며 "부문마다 구역이 정해져 있어 새로운 자료가 입수되면 즉시 해당 부문에 할당한다."라고 긍정적으로 평가했다. 옥스퍼드에 있는 피트 리버스 박물관에 갔을 때는 거물인 E. B. 타일러와 헨리 밸푸어는 자리에 없어 만나지 못했지만 메이슨은 구드에게 이렇게 쓰고 있다. "이 박물관은 보석 같은 곳입니다. 모든 부분이 완전하게 매듭지어졌다거나 마무리가 된 것은 아니지만 그럼에도 내가 들른 곳 중에서 가장 인상적인 곳입니다. 하나하나 만질 때마다 많은 생각을 하게 만들어요."[09]

독일에 갔을 때는 그들의 노동관에 큰 감명을 받았다. "독일인의 근면성은 경이로울 지경입니다." 라이프치히를 방문해 보니 클렘의 민족학 수집품은 상자에 담겨 창고에 들어있는 상태라고 볼 수가 없었다. 베를린에서 바스티안과 그의 동료들을 만날 수는 없었지만 메이슨 혼자 수집품을 살펴볼 수 있었다. 그는 베를린이 보유한 북아메리카 수집품이 스미소니언 소장품과 비슷한 수준이지만 "남아메리카, 아프리카, 아시아, 폴리네시아 자료는 단연 월등하다."라고 평가했다.

> 이곳 수집품에서 가장 인상적인 건 진열대나 과학적인 처리 솜씨 따위가 아니라 그 방대함에 있습니다. 관장님도 아시다시피 바스티안은 학문적인 사람은 아닙니다. 그가 쓴 글을 읽는 사람은 아무도 없어요. 독일 학자라면 누구나 그렇게 말할 거예요. 그는…멋진 사람 중에서도 단연 돋보이는 자이며, 독일인들이 말하는 만성적인 사고분열증Gedankenflucht(생각이 두서없이 마구 흩어지는 증상)에 사로잡힌 채 원하는 만큼 돈을 무한대로 끌어모을 수 있어 닥치는 대로 물건을 수집하는 편집증에 시달리고 있습니다.[10]

독일에서 스톡홀름으로 간 메이슨은 거기서는 인맥을 쌓지 못했다. 코펜하겐을 방문해서는 민족학과 북유럽 고대 유물 박물관에 깊은 인상을 받았다. 덴마크의 수집품은 그린란드 쪽에 강점이 있었지만 메이슨은 그곳의 몇몇 자료에는 아쉬움을 내비쳤다. "알래스카 쪽 자료는 끔찍할 정도로 부실했습니다. 그들이 가진 북아메리카 자료에 라벨을 부착해 주느라 3시간을 꼬박 일했더니 저에게 정말 고마

위하더군요. 그들은 우리를 위해 할 수 있는 일이 있다면 전혀 마다 하지 않을 겁니다."[11]

코펜하겐에서 보내는 글에서 그는 구드에게 이렇게 비판적인 글을 썼다. "이번 여름이 저에게는 수많은 사람을 만나고 좋은 친구를 사귈 수 있는 정말 좋은 기회가 된 것 같습니다.…. 하지만 요약하자면 서로 물품을 교환해 볼 수 있을까 생각하고 유럽 박물관들과 협의하는 것은 시간 낭비라고 할 수 있습니다. 그들은 주기보다 받는 걸 원하니까요." 그는 새로운 목표를 품고 귀국길에 올랐다. "이제 유럽은 우리가 알려주는 바를 따라야만 [아메리카 인디언에 대해] 알 수 있으리라." [12]라고. 그렇게 그는 시카고에서 열릴 예정인 세계 박람회를 준비하기 시작했다.

The Museum of Other People

2부

아메리카 원주민, 명백한 사명,
그리고 미국 예외주의

6장

스미소니언, 서부로 가다

제임스 스미슨James Smithson에 관한 전설과 스미소니언 협회가 세워지기까지의 신화 같은 이야기는 한스 슬로언과 대영박물관에 관한 이야기나 피트 리버스와 옥스퍼드의 피트 리버스 박물관 이야기처럼 기묘하고 낭만적이다. 심지어 이 이야기는 최근까지도 신비에 싸여 있었다. 1865년 스미소니언 협회에 발생한 화재로 인해 스미슨의 개인 자료가 불에 타버렸다. 스미소니언의 사무총장이었던 스펜서 베어드Spencer Baird는 스미슨 전기 집필을 의뢰해 1880년에 출간했는데 거기서 그는 자료가 "몹시 부족했을" 뿐만 아니라 새로 조사한 결과, 새로 밝혀진 내용도 없다고 고백했다.[01] 21세기에 들어와 스미슨에 대해 철저히 조사했던 헤더 유잉Heather Ewing의 전기가 출간되고서야 모두 궁금해하던 부분 중에서 일부가 비로소 드러났다.[02]

제임스 스미슨과 유산

피트 리버스와 비슷하게 제임스 스미슨도 일생의 대부분을 다른 이름으로 살았다. 사생아였기 때문이다. 그의 어머니 엘리자베스 메시 Elizabeth Macie는 영국 귀족 신분에 부유한 미망인이었다. 그의 아버지 휴 퍼시 스미슨Hugh Percy Smithson은 노섬벌랜드의 두 번째 백작이었다가 나중에 첫 번째 공작이 된다. 공작부인의 사촌이었던 엘리자베스는 스미슨과 오랫동안 연인 사이였다. 1764년 그녀는 애를 뱄고 파리로 가 아이를 낳았으며 이름을 자크 루이 메시Jacques Louis Macie라고 붙였다. 공작은 사생아라도 딸은 모두 인정했지만 아들은 인정하지 않았는데 작위 계승 문제를 피하려는 목적이었던 것으로 보인다. 엘리자베스는 제임스의 양육은 물론 공작의 아들이 분명한 또 다른 어린 사생아의 양육까지 책임졌다.

제임스는 공식적으로는 법학원Inner Temple 소속 어느 변호사를 후견인으로 두고 옥스퍼드의 차터하우스 학교와 펨브룩 칼리지에서 수학했다. 나중에 왕립학회 학회장이 되었던 대학 친구 데이비스 길버트Davies Gilbert에 따르면 그 당시 옥스퍼드에서는 "메시라고 불렸던 학부생 스미슨은 대학의 다른 어떤 이들보다 탁월한 화학 실력으로 유명했다."[03]

부유한 학부생이었던 스미슨은 유럽 대륙을 폭넓게 여행하면서 광물을 수집하고 화학 분야 논문을 출간했으며 왕립학회 회원이 되었다. 프랑스의 물리학자이자 천문학자 프랑수아 아라고François Arago는 중년에 이른 스미슨을 "단연 돋보이는 이방인, 엄청난 재력을 소유했으나 건강은 극도로 나빴고 잠자는 몇 시간을 제외하면 일과를 온통 몹시 흥미로운 과학 연구와 도박으로 채우는 인물"[04]이라고 묘사했다.

헤더 유잉의 치밀한 조사에도 불구하고 스미슨의 개인사에 대해서는 알려진 바가 거의 없다. 여자관계는 어떠했을까? 왕립학회 회의 석상에서의 자기 친구를 회상하면서 길버트는 스미스가 늘 하는 이야기가 있었으며 "여러 번 반복한 그 이야기를…몹시 즐겁고 신이 나 꺼냈는데 다른 어떤 이야기와 견주어도 이게 가장 재미있다는 투였다."라고 기억한다. 스미슨이 했던 이야기란 "어느 젊은 여자의 빰에 눈물이 흐르는 걸 보고는 수정으로 만든 병에 눈물을 담으려고 애썼다. 눈물의 절반은 사라졌지만 담는 데 성공한 눈물 절반은 시약에 넣어 분석했는데 그 당시 소우주 속의 소금microcosmic salt이라고 불렸던 것과 염화소다가 나왔으며 4~5가지 또 다른 염분 물질도 들어있었다."[05]라는 내용이었다. 비록 결혼하지 않았고 자식도 없이 죽었지만 그가 사용했던 인장에는 에로스와 프쉬케가 껴안고 있는 그림이 그려져 있었다.[06]

첫 번째 남편에게서 상당한 유산을 물려받은 엘리자베스는 제임스가 태어난 후 재혼했는데 두 번째 남편이 그녀에게서 많은 돈을 가져갔다. 그 뒤로 그녀는 남아있는 재산을 사치와 여러 친척과의 송사에 탕진했다.[07] 1800년 사망하면서 그녀는 제임스에게 1만 파운드를 남겼는데 그 당시 이 정도 재산이면 혼자 사는 이에게 큰 부를 안겨주지는 못하더라도 안락한 생활은 가능했다(제인 오스틴의 소설『오만과 편견』에 멋진 신랑감으로 나오는 다아시Darcy 씨는 매년 만 파운드를 벌었다).

제임스의 또 다른 사생아 동생인 디킨슨 대령은 1820년 사망하면서 막대한 재산을 제임스가 관리하도록 남겼다. 액수가 얼마인지, 대령이 어떻게 부를 축적했는지, 왜 자기 미망인이 아닌 제임스에게 돈 관리를 맡겼는지 알 수 없다. 유산은 프랑스 정부 국채에 투자되었다. 제임스는 여기서 얻은 이자 수익의 상당 부분을 디킨슨의 아들을 위해 저축하고 있었다.[08]

어머니가 세상을 떠나고 한 달 후 제임스는 스미슨으로 개명한다. 어머니가 돌아가시고 나서 그는 조지프 뱅크스 경Sir Joseph Banks에게 보낸 편지에서 이렇게 설명하는데 "나는 노섬벌랜드의 현 공작과 내가 형제라는 사실을 딱히 비밀로 하고 싶지 않았어요."[09] 1826년 여름, 62세의 나이에 그는 유언장을 만드는데 스스로 작성하는 유언장을 위한 매뉴얼을 따라 작성한 것이었다. 유언장의 시작은 무척 거창하다. "나 제임스 스미슨, 노섬벌랜드 첫 번째 공작과 엘리자베스, 즉 스터들리의 헝거포드의 상속녀이자 서머셋의 자부심 넘치는 찰스 공작의 조카 사이에서 태어난 아들은…."

그는 자기 재산의 대부분은 조카, 즉 디킨슨의 아들을 위한 것이며 재산에서 나오는 수익은 계속 그가 가져야 한다고 명시했다. 만약 조카가 사망하고 자녀를 남겼으면 그 자녀가 상속받는다. 자녀가 없다면 스미슨의 재산은 "미합중국에 귀속되며 워싱턴에 인류의 지식을 증대하고 전파하는 일을 위해 스미소니언 협회를 세우라." 스미슨은 1829년에 사망했고 그의 조카는 자녀 없이 1835년 사망했다.[10]

1836년 미국 의회는 스미슨이 남긴 유산을 공식적으로 받아들였고 재산을 정리하기 위해 외교관이 런던으로 파견되었다. 챈서리 Chancery[01]에서 2년간이나 다툰 끝에 유언장은 진짜로 판명되었고 파견되었던 외교관은 스미슨의 문서와 그가 남긴 과학 수집품, 그리고 가죽 가방에 담겨 11개 상자에 봉인되어 있던 금화 10만 4,960파운드까지 챙겨 워싱턴으로 돌아갔다. 금화는 녹여 미국 통화로 주조했는데 총50만 8,318달러 46센트에 달했다. 이는 그 당시 하버드대학이 1년 동안 받는 기부액과 비슷한 금액이었고 1838년 기준 미국 연방 예산의 1/66에 해당했다.[11]

스미슨이 왜 미국에 이런 선물을 남겼는지 그 이유는 명확하지 않다(원래 왕립협회에 기부할 생각이었지만 자신이 쓴 논문 출판이 거절된 후 계획을 바꾸었다는 소문이 있다).[12] 젊은 시절에 그는 프랑스 혁명에서 큰 영향을 받았지만 귀족 출신이라는 자존심 때문에 공화주의에

---

01   챈서리 - 영국 고등법원 상법부. 회사와 관련된 소송, 특허 분쟁 등을 관할한다.

경도되지는 않았다. 헤더 유잉은 미국이 독립기념일 50주년을 축하할 무렵 그가 유언장을 작성했다고 본다. 놀라운 우연이지만 미국 2대, 3대 대통령인 존 애덤스John Adams와 토머스 제퍼슨Thomas Jefferson은 모두 7월 4일에 사망했다. 둘 다 과학과 계몽주의를 전파한 사도들이었으며 이 점이 스미슨의 마음을 움직였을 수도 있다.

스미소니언 협회의 탄생

미국 의회가 스미슨이 남긴 유산에 대한 처리를 놓고 논쟁을 이어갈 무렵 그 자금은 아칸소주에서 발행한 미국 국채에 투자되었는데 모두 채무 불이행 상태가 되었다. 이 일은 존 퀸시 애덤스John Quincy Adams의 마음을 불편하게 했다. 미국의 2대 대통령 존 애덤스의 아들이자 자신도 대통령직을 수행했으며 그 당시 매사추세츠 의원으로 있던 그는 스미슨의 유산이 "가마우지 같은 인간들에게 다 털리거나 선거철 뇌물 따위로 탕진될지 모른다."라며 우려했다. "아칸소주가 감추고 있는 송곳니"[13]에서부터 유산을 지켜야 한다고 결심한 그는 손실분은 모두 보상해야 한다고 의회를 설득했다.

명확한 결론이 나지 않은 채 여덟 번의 회기 동안 논쟁이 이어지다가 1846년에야 의회는 스미슨이 남긴 유산을 '스미소니언 협회' 설립이라는 독자적인 프로젝트 자금으로 사용하기로 결론이 내려졌다.[14]
　스미소니언 협회는 도서관, 대학, 박물관, 어떤 형태를 갖추어야 할까? 스미슨의 유산을 다룰 의회 위원회 위원장을 맡은 존 퀸시 애덤스는 천문대를 짓자고 했는데 "스미슨의 돈을 교육에 사용하느니 차라리 포토맥강에 던져 버리겠다."[15]라고 말할 정도였다. 드디어 회기 마지막 날, 의회는 협회의 첫해 예산을 지원하기 위해 국채에 대한 6% 이자를 지급하기로 했다. 그러나 협회의 미션을 정하는 단계에 와 의회는 미궁에 빠졌다("의회 회기 마지막 날은 언제나 그렇듯 그 날도 혼돈 그 자체였다"라고 애덤스는 일기에 쓰고 있다).[16] "그렇게 제정된 법안은 의회에서 이루어지는 전형적인 타협의 산물이었다."라고 헤더 유잉은 쓰고 있다. "이런저런 계획과 지침이 가득했고 자원을 어디에 배분할지 휘갈겨 쓴 내용도 피할 수 없었다."[17] 예산은 의회가 스미소니언 협회를 통해 이루고자 하는 활동을 다 감당하기에는 턱없이 부족했을 뿐만 아니라 박물관 건물을 지을 자금으로도 모자랐다.

1846년 제임스 포크James K. Polk 대통령은 스미소니언 협회를 위탁사업체trust 형태[02]로 설립하고 위탁 관리인으로 구성된 위원회와 사무총장에게 운영을 맡기기로 하는 법안에 서명했다. 미국 부통령, 대법관, 워싱턴 시장, 미국 의회 의원 몇 명까지 포함해 엄선한 위탁관리위원회가 꾸려졌다. 그러나 그들은 모두 바쁜 사람들이었다. 결국 사무총장에게 모든 권한이 집중될 게 분명했다.

관리인들은 그 자리에 조지프 헨리Joseph Henry를 임명했다. 의사이자 전자기학 분야의 선구적 인물이었던 헨리는 1832년에서 1846년까지 뉴저지대학(프린스턴대학교의 전신) 자연사 분야 수석 교수였다. 그는 1846년부터 1878년까지 스미소니언의 사무총장으로 일했고 1868년에는 국립 과학 아카데미 2대 회장으로 선출되었다.

조지프 헨리는 스미소니언 협회가 과학 연구의 중심지가 되기를 바랐다. 하지만 의회는 "지질학과 광물학 분야를 포함한 자연사 관련 자료"를 전문으로 수장하는 건물을 짓기로 했다. 물론 지질학과 광물학은 스미슨이 좋아하고 그 분야의 수집가로 활동했으므로 적

---

02 위탁사업체 - 모금되거나 빌린 돈을 투자해 그 수익금으로 자선활동을 하는 단체

절한 선택이기는 했다(불행히도 1865년 스미소니언에 불이 났을 때 스미슨이 개인적으로 수집한 8천 점에서 1만 점에 이르는 대단히 아름다운 광물 자료를 소장한 캐비닛과 그의 개인 창고까지 다 타버리고 말았다).[18] 그러나 헨리는 1857년에 나온 자신의 첫 번째 연차 보고서에서 스미소니언은 아메리카 고대 유적과 민족학 자료도 수집해야 한다고 지적했다. "역사와 풍습에 관련된 모든 것, 그리고 물질로 되어있는 기발한 자료들까지, 즉 북아메리카 원주민의 특성과 역사를 보여주는 모든 자료를 수집하는 것이야말로 이 나라가 문명 세계를 위해 짊어져야 하는 신성한 의무다."[19]

하지만 헨리는 품질이 천차만별인 다양한 수집품을 수집하느라 협회 기금이 줄어드는 상황은 원하지 않았다. 1858년에 그는 의회와 협상을 통해 박물관 유지비를 국고에서 지원받기로 했다. 박물관과 도서관 운영 경비로는 연간 1만 5천 달러, 연구, 출판, 강연을 위해서는 15,910달러를 지원하기로 결정되었다.[20] 그 후 헨리는 박물관 운영 책임을 부사무총장인 스펜서 풀러턴 베어드Spencer Fullerton Baird에게 요령껏 이양했다. 펜실베니아 디킨슨대학의 자연사 교수이자 표본을 그리는 법을 존 오듀본John Audubon에게 직접 사사한 조류학자인 한 베어드는 개인적으로 모은 자연사 수집품을 가지고 워싱턴으로 왔는데 그 양이 화물철도 두 량을 가득 채울 정도였다.[21]

의회가 스미소니언 협회를 설립하기로 정할 무렵만 해도 워싱턴은 몇 채 안 되는 정부청사가 세워진 작은 정착지에 불과했고 대통령은 의회가 열릴 때만 그곳에 와 거주했다. 1849년 재커리 테일러Zachary Taylor 대통령 취임식 때 워싱턴을 찾아온 어느 남부 신사에게도 별다른 감흥이 없었다. "워싱턴에서 시야에 들어오는 것이라고 해봐야 국회의사당과 정부청사를 빼면 특별할 게 없다."라고 그는 기록한다. "도시는 일종의 야영장 같은 느낌이다."[22] 헨리 애덤스Henry Adams-존 애덤스의 증손자이자 존 퀸시 애덤스의 손자-는 1850년 12살의 소년으로 연방 수도에 방문했다. 자기 할아버지의 결연한 의지 덕분에 스미소니언 협회가 설립된 지 이제 4년이 지났고 협회의 첫 번째 건물이자 의회에서 조금만 걸어가면 나오는 '캐슬Castle'이라고 불렸던 붉은색 사암으로 지어진 건물에 들어선 지 고작 3년이 지났을 무렵이었다.

이른 아침 할머니 집-아직도 여전히 애덤스의 집이라고 불렸다-에 있는 자기 방에서 깨어나 내려와 개오동나무의 짙은 향이 진동하는 에프 거리를 따라 밖으로 나서면 흙으로 만든 마을 거리에 이르는데 마차 바퀴 자국이 나 있는 그 거리는 재무부 건물의 돌기둥을 지나 서로 멀찍이 떨어져 마주 보고 있는 우체국과 특허국 건물의 기둥과 정문까지 다다르는데 사람이 다 떠나간 시리아의 어느 도시 속 황량한 채석장에 서 있는 하얀 그리스 신전 같은 느낌이었다.

그가 자라난 유서 깊은 뉴잉글랜드의 문명 세계와는 전혀 다른 풍경이었지만 그럼에도 "소년은 이곳이 좋았다. 마음속에 늘 매력적인 곳으로 남아있었다…. 통행을 가로막는 장벽도 없고 인도도 없고 이런저런 건물도 아직 제대로 세워지지 않은 곳. 그 느슨함, 나른함, 느릿느릿한 남부 억양, 거리에는 돼지들이 돌아다니고 흑인 아기들과 반다나를 두른 아기 엄마들, 그 자유로움, 개방성, 자연과 인간에게서 온통 뿜어져 나오는 활력…."[23]

그러나 남북전쟁[03]이 발발하면서 상황이 완전히 변했다. 1850년에

---

03 남북전쟁 - 1861~1865년

워싱턴 DC의 인구는 노예 4천 명까지 포함해 총 5만 명이었다. DC에서 노예제가 폐지된 후 피난민과 도망쳐 온 이들이 밀려 들어왔다. 전쟁이 끝날 무렵 워싱턴 인구는 13만 2천 명이었고 1880년에는 17만 8천 명에 이르렀다.[24] 이제 연방정부는 새로운 과제를 해결해야 했다. 비용도 많이 들여야 할 뿐만 아니라 정치적으로도 뒤엉켜 있는 남부의 '재건' 말이다. 서부 쪽으로는 19세기 국가 차원에서 시행한 가장 중요한 과업인 미시시피강 건너편 광활한 지역을 탐사하고 병합하는 프로젝트도 실행에 옮겼다.

혼돈의 시대

스미소니언 협회가 설립될 당시 미시시피 너머 땅 대부분은 그 당시 용어를 쓰자면 '인디언의 나라'였다. 1814년 존 퀸시 애덤스는 영국 대사에게 그 지역은 합법적인 미합중국 영토라고 말했다. "고작 수백 명의 야만인들이 야생동물 사냥이나 하고 다니도록 그 광대한 땅을 황량하고 쓸쓸한 상태로 방치하는 짓은 영국 혈통을 이어받은 국가가 할 일은 아니죠."라고 애덤스는 강조했다.[25]

1830년 제정된 인디언 이주법은 원주민들을 미시시피 서쪽 지역으로 이주시키는 명분을 제공했다. 1830년에서 1850년 사이 미국 동남부에 거주하던 '문명화된' 다섯 부족-크리크(크릭)족, 체로키족, 촉토족, 치카소족, 세미놀족-총 6만 명가량이 현재의 오클라호마 동쪽에 강제로 이주당했다('눈물 어린 이주길Trail of Tears'이라고 부른다). 저항은 아무 소용이 없었다. 체로키족은 조지아주를 상대로 법원에 소송을 냈고 두 개 재판에서 대법원까지 올라가 승소했다. 그러나 바뀌는 건 없었다. 앤드류 잭슨 대통령은 이런 말을 했다고 전해진다. "[대법원 수석재판관] 존 마셜이 판결을 했다던데, 그 판결대로 할 수 있으면 해보라고 해."

1831년 크리스마스 이브, 젊은 프랑스 여행가 알렉시 드 토크빌 Alexis de Tocqueville은 멤피스로 쫓겨 가던 촉토족의 처참한 행렬과 마주쳤다. 그는 어머니에게 쓴 편지에서 미국인들은 1km²당 원시인들 보다 10배는 많은 문명인을 먹여 살릴 수 있으므로 원시인들은 쫓아 내기로 했다고 적었다. "이 얼마나 멋진 논리인가요." 촉토족은 선물로 받은 "브랜디가 담긴 병, 유리 목걸이 귀걸이, 거울"을 가지고 가고 있었다. 영어를 할 줄 아는 노인을 만난 토크빌은 그에게 왜 촉토족이 자기 땅을 떠나는지 물었다. "자유롭기 위해"라고 노인이 대답했다.[26] 그러는 사이 이주민들이 서부로 물밀듯이 밀고 들어갔다. 새로운 영토가 식민지로 개척되면서 서쪽 국경은 계속 확장되었다. "인디언과의 전쟁을 통해 영토를 하나씩 획득해 나갔다."라고 프레데릭 터너Frederick J. Turner는 자신이 쓴 고전적인 에세이 『미국 역사에서 국경의 의미The Significance of the Frontier in American History』에서 적고 있다.[27]

1844년 포크 대통령은 멕시코가 갖고 있던 텍사스를 병합해야 한다는 캠페인을 전개했다. 당시 사람들에게 인기가 많았던 「데모크라틱 리뷰Democratic Review」지는 미국이 텍사스를 차지한다면 "매년 수백만 명씩 인구가 늘어나는 이 나라를 발전시켜 자유롭게 대륙 전체로 뻗어 나가라고 하나님께서 우리에게 부여하신 명백한 사명을 성취하는 일"이 될 것이라며 뜨겁게 예언하듯 말했다(이게 바로 '명백한 사명manifest destiny'이라는 표현이 신문에 처음 등장한 때다). 미국은 1846년에서 1847년에 걸쳐 멕시코와 전쟁을 벌였다. 1848년 2월 2일 과달루페 이달고Guadalupe Hidalgo에서 조인한 협약에서 멕시코는 텍사스의 독립을 승인하고 자기 땅의 55%를 미국에 양도했는데 여기에는 현재의 애리조나, 캘리포니아, 콜로라도, 네바다, 뉴멕시코, 유타까지 포함되었다. 1867년에는 러시아에 720만 달러를 주고 알래스카를 사 왔는데 에이커당 2센트에 해당하는 가격이었다.

남북전쟁 이후 서부 식민지화는 더욱더 가속화되었다. 1862년 제정된 공유지 불하법Homestead Act를 통해 65만 평방 킬로미터의 공유지-미국 전체 국토의 10%에 해당한다-를 따로 떼어내고 연방정부 반대편 진영에 서지 않았던 자들에게 160에이커 단위로 무상으로 나누어 주었다. 대부분 미시시피 건너편에 있는 땅이었다.

수십만 명의 새로운 이주자들이 서쪽으로 떠났다. 미국 군대는 남아 있는 인디언들과 전쟁을 계속했다. 당시 내륙부는 지질학 지리적 조사를 위한 자금을 댔다. 스미소니언은 긴급히 인디언 인구를 조사해 기록으로 남기는 일을 수행했다. 미국 국립 박물관 생물학 부문 초대 수석 큐레이터(1897-1911)를 역임한 프레데릭 윌리엄 트루Frederick William True는 이렇게 말한다. "이 박물관은 본질적으로 정부의 활동에서 자연스럽게 생겨난 산물이며 정부와 함께 성장하고 정부와 함께 팽창해 왔다."[28]

그랜드캐니언의 정복자, 파웰

미국 서부의 학술적 탐험에 가장 큰 영향을 미친 인물인 존 웨슬리 파웰John Wesley Powell은 미국 중서부에 정착한 영국 감리교 설교사의 넷째 아들이었다. 대학에서 과학 공부를 했으나 학위를 받지는 못했다. 그는 쉬는 날이면 미시시피강과 오하이오강을 따라 탐험하면서 화석을 수집하는 일을 좋아했다. 그 뒤로 일리노이에서 고등학교 교사가 되었다. 자기 사촌, 즉 자기 어머니의 이복 오빠의 딸과 결혼했다.

단조롭던 그의 시골 생활은 남북전쟁으로 크게 흔들렸다. 1861년 봄, 링컨 대통령이 남부 반군과 싸울 자원자를 모집한다고 공표한 지 닷새가 되었을 때 27세였던 파웰은 군대에 들어갔다. 육군 원사가 되었다가 두 달 후 율리시스 그랜드 장군에 의해 소위로 임관했다. 1862년에 참전한 자신의 첫 번째 전투인 테네시 샤일로 전투에서 부상을 입었다. (군에 들어오기 전 약사였던) 군의관은 그의 오른팔을 팔꿈치 밑으로 잘라내 버렸다. 이 부상은 평생 그를 괴롭혔지만 파웰은 자기 일을 적극적으로 수행했고 소령으로 진급한다. 이후 그는 파웰 소령으로 알려지게 된다.

군인으로 4년을 지난 뒤 파웰은 블루밍턴에 있는 일리노이 웨슬리언대학에서 자연과학을 가르치는 교수가 되었다. 그는 다시 탐험과 수집 활동을 시작했고 곧 일리노이 자연사 학회 박물관 큐레이터가 되었다. 1867년에는 10명으로 구성된 비공식 조직인 '콜로라도강 탐험대'를 이끄는 리더가 되었다. (이 탐험대는 비극으로 끝났는데 식량이 부족했고 세 명은 달아났다. 식물 씨앗을 채집하고 있던 인디언 여자와 마주친 그들은 그녀를 강간하고 살해했다가 그들을 찾아 나선 파이우트족 인디언들의 손에 다 죽고 만다.)[29]

1860년대와 1870년대를 거치면서 의회는 서부에서 광물 채굴지와 농지와 정착지를 정하기 위해 네 번의 조사를 진행했다. 그중 한 번은 파웰이 이끌었다. 공식적으로 'J. W. 파웰이 이끄는, 로키산맥 지역의 지리 및 지질 조사'라고 이름 붙인 조사였다.[30] 파웰이 이끈 이 조사팀은 특이하게도 인디언 인구 조사에 특별한 관심을 쏟았다. 그는 그레이트 베이슨[04]에 사는 부족들에게서 나온 공예품을 상자에 가득 담아 스미소니언으로 보냈는데 여기에는 "씨앗 부채seed fans, 키질할 때 쓰는 트레이, 이가 깨진 화살촉, 손잡이 달린 돌칼, 울림통이 달린 악기, 생가죽, 전투용 곤봉, 돌로 만든 파이프" 등이 포함되어

---

04 그레이트 베이슨Great Basin - 미국 서부 네바다, 유타, 캘리포니아, 오레곤, 아이다호에 걸쳐 있는 큰 분지

있었다.[31]

로키산맥에서 돌아온 후 파웰은 워싱턴 DC에 정착했다. "전쟁 이후 수십 년 동안 파웰은 서부에 사는 원주민뿐만 아니라 지형, 지리, 기후에 이르기까지 서부에 관한 최고의 전문가가 되었다."라고 그의 전기를 쓴 도널드 워스터Donald Worster는 기록하고 있다. 파웰은 미시시피 건너편 지역 개발을 촉진한 산파産婆이기도 했다. 그는 "미대륙 정복이라는 대의명분에 참여했을 뿐만 아니라 열성적으로 헌신했다."[32] 미국 수도에 사는 파웰이야말로 꼭 필요한 시점에 꼭 필요한 곳에 자리 잡은 딱 맞는 사람이었다. 『미국 전기 사전Dictionary of American Biography』에 따르면 그는 "외관상으로는 거칠고 강렬한 풍모에 헝클어진 머리와 수염을 하고 있었다. 원기 왕성하고 놀랄 만큼 사람을 끌어당기는 매력이 있었으며 때때로 군인 특유의 독단으로 자기 견해를 관철하기도 했다. 리더십이 뛰어났으며 지독히 사랑스러웠다."

1878년 파웰의 집 거실에서 열린 회합에서 '코스모스 클럽Cosmos Club'이 결성되었다(당연히 헨리 애덤스도 참석했다). 운영 계획서에 따르면 클럽은 "직업적으로 그리고 직업이 아니더라도 과학에 헌신하거나 관심 있는 자들"에게 열려 있었다.[33] 워싱턴의 지식인들로 구성된 코스모스 회원들은 모두 영국에서 건너온 '진화'와 '진보'라는 새로운 사상에 매료되었다. "진보라는 태양이 이토록 아름답게 빛난 적은 없었다."라고 헨리 애덤스는 9년 만에 런던을 방문했던 1870년에 풍자하듯이 썼다. "다윈은 온 세상의 진화론자들 사이에서 가장 위대한 예언자였다."[34]

하지만 애덤스는 귀족 출신에 탐미주의자였지만 열광하는 인간은 아니었다. 그는 자신을 3인칭으로 놓고 서술하는 놀라운 회고록에서

"헨리 애덤스는 다원주의자였는데 다원주의자가 되는 게 더없이 쉬웠기 때문이었다."라고 표현한다. 진실로 "그는 사실이 정말 사실인지 아닌지 따위는 관심이 없었다. 증명하는 과정이 새롭고 재미있지 않은 한, 사실인지 증명하는 일에도 관심이 없었다. 그는 순전히 재미로 다원주의자가 되었을 뿐이다."[35]

애덤스는 인류와 자연의 변증법적 관계에 관한 상당히 모호한 헤겔주의적 관념을 활용해 미래에 대한 자신만의 독특하면서도 신비주의적인 견해를 발전시켰다.[36]

'진화'에 관련해 보면 미국에서는 다윈보다 허버트 스펜서Herbert Spencer의 영향력이 더 컸다. 그는 자연과 사회에서 공통으로 나타나는 과정이 있다고 가르쳤다. '생존 투쟁'(스펜서가 만든 용어)은 다윈이 좋아하는 개념인 적자생존으로 귀결된다. 스펜서는 이 투쟁은 처절하고 희생도 따르지만 개인이나 계급, 인종 간에 아무 제약이 없는 경쟁이 일어나야만 사회 경제 정치적 진보가 가능하다고 보았다.

스펜서를 진보와 자본주의의 사도로 추앙하는 미국인이 많았다. 파웰은 스펜서가 워싱턴을 방문했을 때 자기 사무실로 초대했다. 그후 스펜서는 그에게 우호적인 편지를 써 보냈다. "일을 너무 많이 하지 마시고 그때 말씀하셨던 대로 침실에 있는 전화도 없애시기를."[37] 파웰이 이 조언을 따랐을 가능성은 거의 없다. 그건 그렇고 감리교도로서 개인주의 풍토가 강한 미국 중서부에서 자라난 파웰은 스펜서가 지나치게 강한 결정론자라고 생각했다. 그는 냉혹한 자본주의가 득세하는 것을 좋게 여기지 않았다. 사태를 개선하는 국가의 역할도 신뢰했다. 그는 정부가 기업에게 반드시 도덕적 책임을 부과해야 한다고 보았다. 장래의 이상적인 미국 사회에서 모든 남자와 여자는 "불구인 한 사람에게 봉사하기 위해 서로 다투듯 경쟁할 것"이라고 보았다.[38] 또한, 파웰은 미국 서부에서는 스펜서가 말하는 생존 투쟁의 비참한 모습이 나타나지 않을 것이라고 믿었다. 하늘이 도와주셔서 자연은 이 광활한 영토에 정착한 자들에게 미소를 지을 것이라고 말이다. "사람들은 식물을 밀어낼 일이 없고 동물을 밀어낼 일도 없고 다른 사람들을 밀어낼 일도 없다. 땅은 적당히 넓어 모든 사람을 수용할 수 있으니까."[39]

파웰, 영향력을 발휘하다

전쟁에 참여했던 경력에 힘입어 파웰은 정치권에도 들어섰고 특히 상이용사들이 그를 환대했는데 어느 편에서 싸웠든 그랬다. 그와 각별한 친구 사이였던 이들 중에는 연방주의 진영에서 장교로 복무하다가 전투에서 다리를 잃은 데이비드 브레머 헨더슨David Bremner Henderson이 있었다. 공화당원이자 최초의 미시시피 서부 출신 의원이 된 헨더슨은 하원 세출위원회 위원이 되고 하원의장으로 선출되었다. 그는 파웰에게 큰 도움이 된다. 또 다른 친구이자 하버드 로스쿨 졸업생인 찰스 에드워드 후커Charles Edward Hooker는 남부 연합군 장교로 복무한 뒤에 미시시피 출신 민주당 의원으로 의회에 진출했다. 후커는 빅스버그Vicksburg 전투에서 왼쪽 팔을 잃었다. 파웰은 오른쪽 팔을 잃었기에 그 두 사람은 서로 장갑을 교환하곤 했다.[40] 파웰의 이전 사령관이었던 율리시스 그랜트Ulysses S. Grant는 1869년에서 1877년까지 대통령으로 일했다. 파웰은 같은 중서부 출신으로 남북전쟁에 참전했던 가필드Garfield 대통령과도 특별한 교분을 유지했다.

이런 인맥으로 인해 파웰은 워싱턴에서 벌어진 서부 관련 논쟁에 영향력을 행사할 수 있었다. 두 개의 중요한 공직에도 임명되었다. 1879년 의회는 네 번의 서부 조사를 끝내고 미국 지질조사소를 설치했다. 2년 후 가필드 대통령은 파웰을 소장으로 임명했다. 의회에서 만들어진 지질조사소 설립 법안에서는 스미소니언 협회 내에 민족학 사무국(1897년 이후로는 미국 민족학 사무국으로 개명되었다)을 세울 기금을 대고 인디언 인구에 관한 정부의 기록물도 이 사무국에 이관한다는 내용도 담겨 있었다. 이 새로운 기관은 세심한 계획에 근거했다기보다 나중에 생각이 나 덧붙이듯 만든 것에 가까웠다. 도널드 워스터는 다음과 같이 설명한다.

> 의회가 민족학 사무국 설립을 공식적으로 명시한 대목은 어디에도 없다. 1879년에 서부 조사를 중단하고 지질조사소 설립을 제정할 당시 파웰은 '로키산맥 지대의—지리 및 지질 조사 관련 보고서 및 지도와 도해' 작성을 위해 2만 달러를 요청해 받았다. 그러나 1년 후 그는 스미소니언 내에 새로 생긴 사무국을 위해 5만 달러를 요청했다…. 그는 의회가 무엇을 하려는지-적어도 무엇을 해야 했는지-알고 있었고 그 일을 하도록 만들었다.[41]

파웰은 민족학 사무국 국장이 되었다(그는 '인류학'이라는 용어를 더 선호했으며 "지금 내가 와 앉아 있는, 이름을 잘못 붙인 이 사무국"에 대해 불만을 표시하기도 했다).[42] 1882년에 그는 의회에서 사무국 자금으로 다시 4만 달러를 뽑아내고 그 뒤로도 10년간 비슷한 수준의 자금을 계속 받아 갔다.[43] 파웰은 남부 연합군이나 지질 조사단 출신으로 자신과 비슷한 배경을 가진 이들 중에서 충성도가 높은 직원을 많이 선발했으며 서부 지역에서도 폭넓은 중개 알선인 연락망을 갖고 있었다. 1884년, 영국의 어느 대학에 세워진 인류학과의 수석 교수 자리에 임용된 E. B. 테일러E. B. Talyor가 스미소니언 협회에 방문했다. 워싱턴에서 열린 인류학 회의에서 강연하도록 초대받은 그는 거미줄처럼 퍼져 있는 파웰 소령의 인맥과 영향력에 대해 놀리듯 말했다. "민족학 사무국이 먼 곳으로 퍼져 있는 그물망 같은 조직을 통해 일하는 에너지는 …지도자가 로마에 있는 궁궐 속 자기 방에 앉아 있고, 거기서부터 전 세계로 지시가 하달되면 받아들인 곳에서는 모든 기량과 열정을 동원해서 명령을 완수하는 예수회 조직의 에너지와 비슷하다."[44]

사무국은 처음부터 정치와 관련되어 있었으며, 파웰은 사무국이 "미국 군대와 인디언 위원회가 그들의 병동을 관리할 때 필요한 정보부 같은 곳"이라고 생각했다.[45] 파웰에 따르면 사무국의 조사는 "미국 원주민들 간의 관계성을 확인하고 인디언 보호 구역으로 모아들일 호의적인 부족을 찾아내는 것"을 목표로 한다. 1892~1893년 발간된 민족학 사무국 연례 보고서는 이렇게 기록한다.

> 사무국이 수행하는 조사는 반드시 새로운 인종 분류법의 발견으로 이어져야 한다… 그렇기에 사무국의 초기 업무는 원시인들을 분류하는 시스템을 개발하는 일이었고 이런 상황 속에서 분류법을 실제로 테스트하고 부자연스럽고 비논리적이고 적합하지 않은 시스템은 폐기해야 한다.[46]

내륙부의 관할권에서 벗어나고 싶었던 파웰로서는 사무국을 베어드가 운영하던 스미소니언 협회 안에 두는 게 최선이었다. 그러나 이렇게 되자 긴장이 생겨날 수밖에 없었다. 사무국은 공식적으론 스미소니언 협회에 속해 있었지만 파웰은 자율적으로 운영하겠다고 했다. 그와 스펜서 베어드 사이의 관계는 "그리 호의적이지 않았다."라고 레그나 다넬Regna Darnell은 쓰고 있는데 파웰이 운영하는 사무국과 베어드가 관할하는 박물관 측은 "서로 자주 부딪쳤다." 내륙부는 사무국에 인디언 분류 업무를 진행하라고 압박을 가했다. 반면, 베어드는 또 다른 우선순위를 가지고 있었다. 그는 사무국이 박물관에 전시할 자료를 수집하는 일에 집중하기를 원했다.[47] 그는 파웰에게 이렇게 말했다.

> 나는 의회 의원들이 줄곧 문헌학적 작업에만 안달하고 있는 걸 봤어요. 내가 세출위원회 앞에서 말했던 것처럼 내 생각에 가장 중요한 일은 유럽에서 자료를 수집하기 위해 찾아온 여행가들이나 수출할 목적으로 자료를 수집하는 미국 내 딜러들에 의해 유럽으로 다 반출되기 전에 최대한 이른 시간 내에 원주민들의 고고학적 민족학적 자료를 확보하는 일입니다.[48]

그러나 파웰은 다루기 쉬운 인물이 아니었다. 서부의 경제적 개발과 인디언 커뮤니티의 미래에 관한 그의 견해는 확고했지만 많은 이들의 호응을 얻지는 못했다. 그는 자신이 자주 쓰는 용어인 '서부 건조지' 내의 소규모 농업의 위험성에 대해 경고했고 이 바람에 "서부 전체의 본격적인 토지 매매, 농장화, 공유지로의 정착민 유입을 통한 경제 개발"을 도모하려는 계획과 계속해서 부딪혔을 뿐만 아니라 서부 정치인들과 정착민들을 위해 일하는 로비스트들을 분노하게 했다.[49]

1894년, 의회 내 그의 정적들은 그를 지질조사소에서 사임시켰다. 하지만 인디언 정책에 관한 그의 생각이 기득권자들에게 도전하고 있을 동안 그는 계속 민족학 사무국 수장 자리는 유지하면서 윌리엄 맥기William McGee를 조수로 데려와 어려운 일을 맡겼다("맥기, 나는 내가 뭘 원하는지 알고 있어. 너도 내가 뭘 원하는지 알고 있지. 어떻게 하면 될지 내년 3월까지 방법을 찾아내 봐.").[50] 파웰과 맥기는 둘 중 누구의 뇌가 더 큰지 내기를 하기도 했다. 둘 다 자신의 뇌를 스미소니언에 기증한 것이다. (결과만 놓고 봤을 때는 파웰이 이겼지만 둘 중 누구도 특별히 크지는 않았다. 1979년 존 웨슬리 파웰 도서관 개관에 맞춰 스미소니언이 개관 기념 파티를 열었을 때 파웰의 뇌가 카트에 실려 들어왔는데,

200명의 하객이 맞아주었다.)[51]

파웰과 인류학자의 길

파웰의 전문 분야는 지질학이었다. 그가 아메리카 원주민을 직접 경험한 것은 서부 탐험에 나섰던 짧은 기간이 전부였다. 그가 인디언과 그들이 역사상 갖는 가치에 대해 좀 더 깊은 이해를 얻기 위해 참고한 것은 미국 인류학자로서는 유일하게 국제적인 지명도를 가진 루이스 헨리 모건Lewis Henry Morgan의 학설이었다.

뉴욕 로체스터 변호사였던 모건은 근처에 있던 이로쿼이 인디언 보호 구역에 호의적인 관심을 보이고 있었다. 그는 이로쿼이 인디언을 캔자스로 옮기려는 움직임에 반대하는 캠페인을 벌였고 그들이 땅에 대한 소유권을 주장하는 송사를 진행하도록 도왔다. 1851년 그는 그들의 제도에 관한 책『호-데-나-소-니 리그 혹은 이로쿼이League of the Ho-de-na-sau-nee or Iroquois』를 출간했다. 거기서 그는 "나는 인디언에 관한 관심을 내려놓고 내 일에 집중했다. 내가 이 책을 쓴 가장 큰 이유는 빨리 이렇게 정리함으로써 이 주제에 대해 더 이상 신경 쓰고 싶지 않았기 때문이다…. 1850년 말부터 1857년 여름까지 인디언 문제는 완전히 제쳐 두었다."[52]

그러나 얼마 안 가 그는 미국 과학 아카데미 회원으로 선출되었다. 그리하여 그는 북미 인디언들의 기원과 그들이 가진 여러 언어의 관련성에 관한 논쟁에 참여하게 되었다. 그는 언어학 자료를 섭렵했고 가족과 결혼의 기원에 관해 맥레넌J. F. McLennan과 헨리 메인Henry Maine이 제시하는 추상적인 이론을 근거로 아메리카 원주민(모건에 의하면 집단혼을 하고, 가족이 없다)에서부터 시작해 아프리카, 극동, 유럽에 이르기까지 전 세계 인간 사회를 결혼 형태에 따라 진보하는 하나의 계열 속에 배치했다. 여기에 대한 증거는 친족을 부르는 용어에서 가져왔는데 이런 용어 속에 고대 사회에서 결혼이 갖는 의미가 담겨 있다고 보았던 이유에서였다.

1887년 모건은 그의 대표작 『고대 사회: 야만에서 미개를 거쳐 문명 이르는 진보 과정 연구Ancient Society: Researches in the Lines of Progress from Savagery through Barbarism to Civilization』를 출간한다. "지구상에서 인류가 아주 오래전부터 존재했다는 것은 확정적인 사실이다."라고 그는 서론에서 쓰고 있다. "그에 대한 증거가 근래 30년 동안 발견되었으며 따라서 지금 우리 시대야말로 이 중요한 사실을 확인할 수 있는 최초의 세대라는 점은 주목할 만하다."[53] 그렇게 고대 사회에서 시작해 인류 역사는 분명히 확인되는 경로를 따라 발전했다. "인류 부족 사회에서 야만savagery이 미개barbarism보다 앞서 존재했으며 미개는 문명보다 앞서 존재했다는 것을 이제는 확실한 증거에 근거해 말할 수 있다… 인류 역사는 그 근원이 하나이고 경험도 하나이고 진보 과정도 하나다."[54]

파웰은 깊은 감명을 받았다. 그는 『고대 사회』를 "밤늦도록 읽고 이걸 현장에 직접 적용하기로 결심했다."[55] 1877년에 그는 모건에게 편지를 보냈다. "귀하의 책을 읽고 나서 나는 귀하가 인디언 사회 및 통치 조직에 관한 참된 시스템을 발견했다고 믿게 되었습니다."[56] 그는 이 책을 민족학 사무국 직원들의 필독서로 선정했다.[57]

모건에 의하면 북미 인디언은 야만 단계 중에서도 중간 단계나 발전한 단계에 해당하는 상태로 지도자가 없고 가족도 확정되어 있지 않으며 사유 재산에 대한 개념도 형성되어 있지 않았다. 파웰은 바로 이런 전제에서 시작해 인디언 정책을 펼쳐야 한다고 보았다. 1878년 그는 내륙부 장관에게 다음과 같이 편지를 썼다. (멕시코와 전쟁을 치르면서 미국에 거대한 영토가 새로 생긴 이후였다.)

1849년 이후로 문명이 빠른 속도로 퍼진 까닭에 백인과 인디언들은 모든 지역에서 직접적인 갈등 상황에 들어섰으며 '인디언 문제'가 우리에게 과제로 부과된 바, 이 문제는 지혜롭게 풀지 않으면 미련하게 해결하게 됩니다. 많은 어려움이 내재되어 있지만…또한 우리가 인디언에 대한 이해가 부족한 탓에 불필요하게 생겨난 문제도 상당합니다. 야만은 문명의 초기 단계를 말하는 게 아닙니다. 자신만의 제도와 관습, 철학, 종교를 가지고 있으며 문명과는 엄연히 구분되는 사회입니다.[58]

1880년, 인디언의 토지 소유권을 지지하는 콜로라도 상원 의원 헨리 텔러Henry Teller에게 보내는 편지에서 파웰은 앞으로 해야 할 일에 대한 자신의 견해를 이렇게 피력했다.

지금 우리가 맞닥뜨린 모든 인디언 문제는 1차적으로 야만 사회에 내재되어 있는 두 가지 조건에서 발생합니다. 첫째, 인디언 부족에게 속해 있는 땅은 그들에게 매우 귀중하다는 사실입니다…. 이는 그곳이 그들의 종교가 깃들어 있는 곳이기 때문입니다. [따라서] 그들을 그 땅에서 떼어놓는 것이 그들을 문명화하기 위한 첫 번째 단계입니다…. 현재까지 상당히 많은 북미 인디언이 자신들이 살던 고향을 떠나왔습니다. 지금도 자기 조상들 무덤이 있는 곳에서 종교 예식을 거행하고 있는 이들은 얼마 되지 않습니다. 이 문제의 상당 부분은 해결된 셈인데 그러나 향후 몇 년간은 미국인들이 좀 더 지혜와 인내심을 발휘해야 합니다. 한편으로는 소수 야만인의 이해관계와 미신 때문에 문명의 진보와 수백만 명의 문명인의 집을 건설하는 일이 늦춰져서는 안 된다고 요구하면서도 또 한편으로는 인디언들에게 엄격한 정의와 폭넓은 아량을 베풀어야 한다고 요구하는 식으로 말입니다.[59]

간단히 말하자면 모건도 설명했듯이 파웰은 인디언들은 초기 공산주의 단계에 갇혀 있으므로 그들이 진보하게 하려면 그들을 조상들이 살던 땅에서 떼어내야 한다고 생각했다. 그리고 나면 그들도 사유 재산의 원리를 받아들이고, 문명사회로 나아가는 첫걸음을 뗄 수 있다는 이유에서였다. 그 뒤, 인디언 보호 구역에 정착한 다음에는 농사를 짓는 법을 배울 수 있을 것이며, 그리고 마침내 그들도 공유지 불하법Homestead Act의 혜택을 받아 서부를 발전시키는 자작농이 될 수 있다고 생각했다.

파웰에 의하면 "인디언이 사유 재산을 얻게 되면 그 즉시 사유 재산권을 이해하게 되고 법과 질서를 옹호하는 자가 된다."[60] 또한, 인디언 보호 구역 내의 인디언들은 새로 밀려드는 이주민들로부터 보호받아야 한다고 주장했다. 파웰이 의회에서 설명했듯이 "지금처럼 인디언들이 나라 여기저기에 흩어져 있는 한, 인디언들에게 정의가 시행될 길은 없다."[61]

인디언 역사의 종말도 이미 확정되어 있다고 보았다. "우리가 원하든 원치 않든 이 땅의 원주민들은 사라져야 한다. 우리로서는 그들이 멸종되지 않고 점진적으로 흡수되어 문명사회의 일원이 되었다는 사실에서 위로를 얻어야 한다."[62] 파웰의 입장에서 흡수 동화는 필연적이고 바람직했다. "피를 흘리는 방식이 아니라 피가 섞이는 방식을 통해 문명은 야만을 이기며 피를 흘리거나 피가 섞이거나 더 큰 균일성이 확보된다."[63] 이런 변화는 진행 중이고 돌이킬 수 없다. "수년 내로 기록된 역사에서 배우는 방법 외에 자신들이 살던 원시 상태 속에 거주하는 북미 인디언들을 연구하는 방법은 모두 불가능하게 된다."[64]

모건 역시 파웰의 의견에 동의했다. 그는 이미 뉴욕 의회의 공화당 상원 의원이 되어 있었다. 한때 그는 링컨 대통령에게 자기를 인디언 문제부Indian Affairs[05]의 국장으로 임명해 달라고 로비를 벌인 적도 있었다. 이제는 그가 파웰을 응원했다. 1880년 11월, 가필드가 대통령에 당선되었을 때, 모건은 파웰에게 편지를 보냈다. "공화당이 승리했으니 나와 당신에게는 축하할 일입니다. 이제 당신의 일을 진행하는 데 4년간 안정된 기간이 보장될 것이고 든든한 기반 위에서 일할 수 있을 겁니다. 공화당의 승리로 나라 전체가 유익하게 된 일반적인 수준을 넘어서는 일입니다. 가필드 만세, 민족학 사무국 만세."[65] (1881년 있었던 가필드의 대통령 취임 축하 무도회는 새로 완공한 국립 자연사 박물관에서 개최된 첫 번째 이벤트였다. 가필드는 몇 달 후 암살당했다.)

원주민을 돌아보다

스미소니언 운영위원들은 인디언 문제부 위원을 처음 만난 자리에서 문제부가 보유한 중개인들을 동원해 "이 나라의 자연사와 관련한 자료, 특히 미국 원주민의 구체적 역사와 생활방식과 관습에 관한 자료"를 수집해달라고 요청했다.[66] 1873년, 조지프 헨리Joseph Henry는 윌리엄 테쿰세 셔먼William Tecumseh Sherman 장군에게 인디언과 전쟁 중인 연방 군인들을 교육시켜 '인디언의 삶과 전쟁에 관한 표본'을 수집해 주기를 요청했다. 예를 들어, 1855년에 수Sioux족과 치렀던 애쉬 할로우 전쟁Battle of Ash Hollow 중에 "죽은 인디언의 몸에서 그런 표본을 있는 대로 다 찾아냈던" 일을 언급하면서 말이다.[67]

초기에 모아들인 인류학 수집품은 말 그대로 뒤죽박죽이었다. 커티스 힌슬리Curtis Hinsley는 민족학 자료를 진열한 케이스들이 "박물관 홀의 서쪽 갤러리 위쪽 전체를 거의 다 차지하고 있었으며 이는

---

05 인디언 문제부 - 인디언 문제를 전담하는 내무부 소속 부서

박물관 전체 공간 중 1/4에 해당하지만 각각의 전시물은 닥치는 대로 수집한 것들로 채워져 있다."라고 쓰고 있다. 게다가 민족학 자료 진열장 15개 중에 단 한 개만 북아메리카 그룹에 할당되었다.[68]

베어드는 인류학 수집품을 확장하는 일을 맡았지만 그의 최우선 관심은 자연사 쪽이었다. 그는 실베스터 처칠Sylvester Churchill 대령의 딸과 결혼했는데, 대령은 영국의 유명한 처칠 집안의 먼 친척뻘되는 사람이었다. 처칠 대령은 군인들에게 기회 닿는 대로 스미소니언 협회에 기증할 표본을 수집하라고 지시했다. 그 결과, 데브라 린제이Debra Linsay가 기록한 대로 "1850년대에 스미소니언 협회에 들어온 표본 중 상당 부분은 전쟁부, 내륙부, 육대, 해군, 지형국, 그 외에도 국가가 시행한 다양한 조사를 통해 수집되었다."[69]

1858년 베어드는 내부적으로 탐사 및 수집 프로그램도 시작했다. 수집가들에게 배포하는 가이드북도 제작했는데 이때 제작한 가이드북에는 스미소니언이 처음으로 고용한 전문 언어학자 조지 깁스George Gibbs가 쓴 『아메리카 민족학과 언어학 연구를 위한 지침Instructions for Research Relative to the Ethnology and Philology of America』도 포함되어 있었다. 베어드의 승인을 받아 집행한 탐사 중 가장 성공적인 것은 캐나다의 북극 지방인 매켄지강 쪽으로 떠났던 탐사였는데 거기서 가지를 쳐나갔던 탐사대는 포트 앤더슨에 있던 허드슨 베이 주식회사Hudson Bay Company와 무역을 하던 이누이트와 아타파스칸Athapaskan 인디언들에게서 민족학 자료를 수집했다. 데브라 린제이에 따르면 이때 "매켄지강의 원주민들은 성홍열, 홍역, 독감에 시달리느라 큰 고통을 겪었다. 쇠약해져 더 이상 사냥을 할 수 없게 된 원주민들은 자신들이 갖고 있던 무기, 연장, 가재도구, 다른 개인적인 소유물을 가져와 식량이나 회사 창고에 있는 상품과 교환해 갔다. 꽤 많은 이들이 그렇게 했다."[70]

남북전쟁 이후 다른 나라 정부들이 남서부 지역에 들어와 문화재들을 닥치는 대로 훑어간다는 보고서를 받은 의회는 스미소니언 협회와 민족학 사무국에 아메리카 원주민 공예품을 수집하라고 압력을 가했다. 이에 1870년대 초, 스펜서 베어드와 파웰 대령은 초창기 지질학 조사단 출신의 베테랑들을 고용해 수집 탐사대를 꾸려 정기적으로 파견했다. 그 무렵 미합중국 차원의 거대한 기획이 실천에 옮겨졌는데 독립 선언 100년을 맞아 1876년 필라델피아에서 개최된 100주년 기념 초대형 전시회가 그것이었다.

의회에서 제정한 법안에는 전시회가 "이 나라의 천연자원과 그 개발 양상…그리고 인류에게 기여할 만한 기술 진보를 오래된 국가들의 기술과 비교해 보여주기로 한다."라고 명시되었다. 「뉴욕 타임스」가 기사에서 다루었듯이 전시회는 "관람객들이 인류의 진보 과정을 순차적으로 볼 수 있도록 설계되었다."[7] 깜짝 놀랄 만한 발명품들이 필라델피아 전시장에 선을 보였는데 전화기, 냉장고, 웨스팅하우스[06]에서 만든 철도용 에어 브레이크 등이 포함되어 있었다. 기계류를 전시한 홀에서 가장 주목할 것은 전시회 전체에 전력을 공급하는 거대한 발전기였다.

본관의 진열대는 국가별로 배치되었는데, 전시회 책임자 중 한 명의 표현으로는 '인종별 구성'이었다(당시 새로 만들어지는 과학 용어는 민족과 '인종'에 대한 언급은 피하는 추세였다). "라틴족을 대변하는 프랑스와 식민지 구역은 북동쪽 중앙탑 옆에 마련되었다. 앵글로색슨족을 대변하는 영국과 식민지 구역은 북서쪽 중앙탑 옆에 마련되었다. 튜튼족을 대변하는 독일, 오스트리아, 헝가리 구역은 남서부 탑

06 웨스팅하우스 - 미국 발명가 조지 웨스팅하우스George Westinghouse(1846-1914)
    가 설립한 전기 기기 제조 회사

옆에 마련되었다."[72]

연방정부에서 주최한 이 전시회의 총책임자는 윌리엄 핍스 블레이크William Phipps Blake였다. 화학자이자 지질학자이며 광산 기술자인 블레이크는 미시시피 건너편 땅에 대한 과학적 지도 제작에 관여했다. 그는 1867년 파리 박람회에 캘리포니아를 대표해 나갔으며 서부 식민지 개척을 위한 로비 활동에서는 스미소니언 민족학 사무국의 파웰 대령과 함께 중심적인 역할을 했다.

블레이크는 인디언 고고학과 민족학 관련 전시를 맡아달라고 스미소니언 협회를 초대했다. 베어드는 흔쾌히 참여했다. 그는 자료 수집 원정대를 파견하는 데 필요한 특별 예산을 따냈다. 원정대는 태평양 연안 북서부, 캘리포니아, 그리고 (파웰 대령이 직접 이끌고) 로키산맥으로 떠났다. 메이슨은 인디언 사무국과 닿아 있는 중개상들이 지역 공예품을 수집해 오도록 자금을 댔다.[73]

또한, 베어드는 100주년 기념 전시회에 내놓을 인디언 고대 유물과 민족학 자료를 수집하는 일을 위해 두 명의 젊은이를 고용했다. 은둔적인 느낌의 독일학자 찰스 라우Charles Rau와 코넬대학에 다니는 17살 프랭크 쿠싱Frank Cushing이 그들인데 쿠싱은 훗날 전시회 큐레이터가 되기도 한다(그 후 둘 다 국립 박물관에서 직책도 얻는다). 스미소니언에는 내륙부에 할당된 공간과 맞먹을 정도로 넓은 진열 공간이 제공되었다.

100주년 기념 전시회는 전국 신문과 잡지에 대서특필되었고 1천만 명가량의 방문객이 찾아왔다. 온통 시끌벅적한 '센테니얼 시티Centennial City'로 사람들이 몰려들었는데 그곳에는 식당과 바뿐만 아니라 직접 눈으로 본 사람이 했던 말에 따르면 "보르네오의 원시인, 호주의 야생에서 살던 아이들…전시회 개최 측의 설명에 의하면 '완전한 순종 식인종'인 '피지인Feejees'도 들어와 있는" 사설 '박물관'까지 마련되어 있었다.[74] 이런 싸구려 눈요깃감은 군중을 즐겁게 하기 위한 것이었지만 베어드 입장에서 과학 관련 전시물은 대중을 대상으로 큰 성과를 거두었다. 그는 진귀한 수집품을 잔뜩 가지고 워싱턴으로 돌아왔다. 그 무렵 조지프 헨리는 스미소니언 협회가 인류학에 관

존 웨슬리 파웰 대령과 파이우트족 추장 타우구Tau-gi.
1874년 콜로라도 계곡에 대한 지형 및 지질학 조사 당시
잭 힐러스Jach Hillers가 찍은 사진.
(스미소니언 협회 승인을 받고 게재)

박물관의 그림자

심을 기울여야 한다는 점을 받아들였다. 1877년에 나온 연례 보고서에서 그는 이렇게 쓰고 있다. "인류학, 즉 인류의 자연사야말로 지금 가장 인기 많은 학문 분야라고 하겠다."[75]

민족학 자료 수집가 쿠싱

1878년, 조지프 헨리의 뒤를 이어 베어드가 스미소니언의 사무총장이 되었다. 1881년, 오랜 기다림 끝에 마침내 국립 박물관이 들어설 건물이 완공되었다. 베어드는 이렇게 설명한다.

> 새로 완공한 건물 속의 수집품은 '인류학 박물관'을 세울 목적으로 수집한 것인데 여기서 '인류학'은 좀 더 폭넓고 자유로운 의미로서 야만인은 물론 문명인이 가진 특성과 그들이 문명과 문화 속에서 달성한 바를 다 담고자 한다. '인간' 그리고 그 인간이 자기 필요를 충족하기 위해 땅에서 나오는 산물을 어떻게 활용했는지 그 방식을 보여주는 것이 우리의 중심 이념이다[76].

1883년 베어드는 파웰에게 의회는 지금도 여전히 스미소니언 협회가 인디언 관련 수집품을 확장하길 원한다는 내용의 글을 써 보낸다.[77] 사무국은 대부분 파웰과 비슷한 경력을 가진 이들을 직원으로 채용했다. 지질학 조사에 참여했던 남북전쟁 참전용사들 말이다. 그들은 민족학이나 언어학에는 아무 지식이 없었다. 베어드는 직원의 폭을 넓혔다. 프랭크 해밀튼 쿠싱Frank Hamilton Cushing을 채용해 100주년 기념 전시회에서 민족학 전시를 돕게 했고 1879년에는 그를 미국 남서부에 거주하는 호피족과 주니족 마을로 가 민족학 자료를 수집하는 원정대에도 참가시켰다.

이는 아주 탁월한 선택이었다. 예민하고 예술적이고 독창적이고 주로 독학으로 공부해 온 이 젊은이는 어렸을 때부터 인디언 공예품에 매료되었다. 쿠싱은 첫 번째 원정에서 이미 인디언의 생활방식에 크게 감동하였다. 그는 인디언 마을에서 2년 반을 지내면서 주니족 언어를 배우고 주니족 전통 복장을 입었으며 그들의 신화, 종교, 관습에 관한 정보를 수집했다.

"쿠싱은 신화를 만들어 내는 사람처럼 생각할 수 있어"라고 파웰은 말했다. "그는 사제처럼 점괘를 풀고 그가 하는 말은 아주 그럴듯한 고대 설화처럼 들릴 정도야."[78] 쿠싱이 주니족의 통과의례를 치르기 위해 사람의 두피가 필요하다고 했을 때 스펜서 베어드는 박물관에 소장되어 있던 두피를 보내주기까지 했다.[79] 현장에서 활동할 동안 급여도 전액 지급되었다. 베어드는 이런 방식이 민족학 자료를 모으기에는 매우 값비싼 방식이라고 생각했기에 쿠싱은 자기 방식을 옹호해야 했다. 1881년 3월에 그는 이렇게 쓰고 있다.

> 인디언들은 겨우 며칠 전부터야 그들의 신성한 춤에 사용된 용품이나 부족의 오래된 전리품을 수집하는 것을 허락해 주었습니다. 이제야 그런 물품을 모으는 것을 도와주고 있으며 그 결과, 지금 저는 민족학 수집품에서 가장 근사한 것들을 모을 수 있으리라고 기대하고 있습니다. 물론 끝을 보려면 시간이 아직 많이 필요하고 새로운 전략과 신중함을 계속 도모해야 하지만 말입니다.[80]

몇 달 후 베어드가 재차 묻자 쿠싱은 반발하듯 말한다. "저는 이곳 주니족 사회 안에서 최선을 다해 수집품을 수집하고 있습니다. 물품이 아니라 데이터를 모으고 있어요. 기회가 닿는 대로 수집품도 채우고 있습니다. 예전에는 도저히 얻을 수 없을 듯하던 원시적인 의상과 현대적인 의상도 이제는 제 영향력이 커지면서 마침내 얻을 수 있게 되었습니다."

1916년 스미소니언 협회의 캐슬에서 블랙풋Blackfoot 부족의 일원인
남부 피건Piegan족 전사인 산악 추장Mountain Chief이
민족 음악학자 프란시스 덴스모어Frances Densmore를 위해
민요를 녹음하고 있다. (스미소니언 협회 승인을 받고 게재)

다만, 쿠싱은 호피족 마을에서는 고대 유물을 얻지 못했는데 그곳
에서는 인맥을 구축하지 못했고 그들의 언어를 익히지도 못했기 때
문이었다. 신성한 물건에 손을 대려다가 위험에 처한 적도 몇 번 있
었다. 주니족 사회에서도 조심해야 했다. 파웰은 쿠싱이 전쟁의 신
과 비의 신, 그리고 다른 성물들이 들어 있는 주니족의 오래된 신당
에 방문했던 기록을 남기고 있다. "그러나 그는 다른 인디언들과 함
께 가야 할 때도 있고 몰래 가볼 때도 있었지만 언제든 거기 있는 물
건을 건드려서는 안 되었다."[81] 사정이 어쨌든 자신이 원하는 것을 얻
지 못하는 이유에 대해 쿠싱은 물물교환을 시도할 만한 충분히 좋은
물건이나 현금이 없어서 그렇다고 베어드에게 말했다.

이제 저는 주니족이 사는 마을에서는 상대방이 원하는 가격을 주면 무엇이
든 구할 수 있지만, 우리 수집품에 꼭 필요한 것들은 (상대적으로) 아주 높은

가격을 쳐주거나 그들이 원하는 물건 그러니까 칠면조 깃털, 조개껍데기, 파
란색이나 초록색 보석, 아니면 그런 보석의 모조품 등을 주어야 얻을 수 있
습니다. 하지만 절망하지는 마세요. 제게는 멋진 옷이 몇 벌이나 있습니다.
음식과 의약품은 물론이고, 많지는 않더라도 공예품도 얻을 수 있습니다.[82]

파웰은 쿠싱을 민족학 사무국 직원으로 등록해 급여를 지급했지만
파웰 역시 이 기괴한 젊은 청년 때문에 곤혹스러울 때가 있었다. 한
번은 워싱턴에서 열린 리셉션장에 쿠싱이 주니족 복장을 하고 나타
났는데, 파웰은 "그를 향해 '집에 가서 옷을 갈아입고 오라'고 고함을
쳤다."[83]

　쿠싱이 유난히 독특한 인물이라 그런 건 아니었다. 파웰은 "학생
들은 원주민이 가진 악습을 간과한 채 원주민이 가진 미덕만 강조하
는 이상한 경향을 품기 쉽다. 그들은 인디언이 야만인이라는 사실을
망각한 듯하다."라고 논평을 한 적도 있는데[84] 그러면서도 그는 쿠싱
이 주니족 마을에서 2년을 더 지내도록 허락했다. 그 사이에 쿠싱은
워싱턴 DC에 사는 에밀리 테니슨Emily Tennison과 결혼했고, 신부와
그녀의 여동생, 요리사까지 데리고 필드로 돌아갔다. (그가 에밀리와
결혼을 한 이유가 주니족 여자와 결혼해야 하는 상황에서 벗어나기 위해서
였다는 말이 돌기도 했다.)[85]

결국 정치가 쿠싱의 몰락을 가져왔다. 그는 인디언 사회 내의 보수파
쪽과 연합하여, 밀고 들어오는 선교사와 이주민에 대항해서 싸웠다.
1884년에는 자기가 살던 지역의 인디언들을 도와서 미국의 어느 저명
한 정치가의 사위가 인디언의 땅을 강제로 빼앗아 가지 못하게 막았
다. 하지만 언론에서 그의 생활 스타일이나 윤리 및 도덕에 대해 신랄
한 말이 나오기 시작했고, 결국 그는 워싱턴으로 돌아와야 했다.[86]

　프란츠 보아스Franz Boas는 쿠싱을 "아주 유능한 사람"이라고 말했

지만 그럼에도 "그가 한 작업은 처음부터 전면적으로 다시 해야 한다."라고 덧붙였다.[87] 쿠싱이 꾸준한 실증주의자 스타일은 아니라는 점은 분명했다. 힌슬리Hinsley는 그가 일하는 방식이 "직관적 통찰과 시적인 인상"에 크게 좌우된다고 평가했다.[88]

그러나 그가 수집한 물품은 놀라울 정도였다. "25년간 스미소니언 협회는 단독으로 남서부 지역에서 4만 1천 점의 자료를 확보했고, 그 중에 3만 4천 점 이상이 장기 전시품으로 등록되었다."라고 낸시 파레조Nancy Parezo는 쓰고 있다. "특히 이 놀라운 수집품의 2/3는…쿠싱이 주니족 사회에 거주하던 6년 동안 수집되었다."[89] 그뿐만 아니라 획득한 민족학 자료에 관한 내용이 이때부터 비로소 신중하게 기록으로 남겨지기 시작했다.

> 기록할 수 있는 역량을 갖춘 주니족의 정보원들에게는 획득한 물품의 본래 이름을 기록하게 했고, 그 사용법과 기능도 설명하게 했으며, 물품의 이력도 남기고, 디자인과 의미도 서술하게 하고, 어떻게 만들어졌는지, 그 기법의 역사는 어떠한지, 흔한 물건인지 희귀한 물건인지, 작품의 질은 어떤지에 대해서도 언급하게 했다. 제조 기법은 세세히 기록되었고, 원자재도 명시했다.[90]

베어드는 남서부 지역 민족학 자료는 최대한 많이 모으고 싶어 했지만, 다른 지역에서 가져온 원료로 만든 물건에 대해서는 부정적이었다. "그 당시 아메리카 인디언들이 사용하는 물건에 관한 관심은 정보원들의 조상들이 만들어 사용하던 물품에 관한 관심보다는 덜했다."라고 낸시 파레조는 말한다.[91] 그러면서도 그녀는 주니족 사람들은 면직물이나 쇠로 만든 연장 등을 얻을 수 있다면 자신들의 전통 물품을 얼마든지 교환할 생각이 있다는 걸 쿠싱은 이미 알고 있었다는 점도 지적한다.

쿠싱은 스페인의 정복 이후 양과 말을 기르면서 초래된 변화에 대해서도 깊이 알고 있었다. 얼마 가지 않아서 주니족은 바구니보다는 항아리를 더 많이 만들기 시작했다. 쿠싱의 설명에 따르면, 말을 탈 수 있게 된 후로 바구니는 유목민들을 만나서 얻으면 되는 물품이 되었기 때문이었다. 양의 배설물을 태워서 항아리를 더 많이 만들 수 있게 되었지만 땔나무와 석탄으로 만들 때보다 항아리의 품질은 낮아졌다.[92]

보관·진열·분류

베어드로서는 쌓이기 시작하는 아메리카 인디언 공예품 수집품이 자랑스럽긴 했지만 동시에 걱정거리였다. 국립 박물관 건물이 완공되기 전까지만 해도 필라델피아에서 가져온 모든 물품을 전시할 공간은커녕 짐을 풀어놓을 공간도 부족했다. 더 큰 문제는 오래된 표본들은 보존 상태가 열악할 뿐만 아니라 목록조차 없었다는 점이었다. 미시시피 동쪽에서 나온 고대 유물과 서부에서 가져온 민족학 물품이 뒤섞이기도 했다. 1876년, 100주년 기념 전시회 때부터 시작해서 찰스 라우가 고대 유물 부문에 대한 책임자로 임명되었다. 그는 유럽에서 이미 정착된 모델에 따라, 뼈, 돌, 청동, 철, 유리 등 원재료를 기준으로 물품을 정리하기 시작했다. 그러나 민족학 자료들은 엉망이었다.

1884년 베어드는 오티스 터프톤 메이슨Otis Tufton Mason을 국립 박물관 최초의 민족학 부문 담당 큐레이터로 임명했다. 그 뒤로 메이슨은 미국 박물관계에서 선도적인 인물이 되지만 이 직위에 임명될 때만 해도 그는 워싱턴에 있는 어느 고등학교 교장이었고, 베어드를 도와주는 헌신적인 자원봉사자 중 한 명이었다. 새로 맡은 업무에서 그가 감당해야 할 일은 어마어마하게 많았다. 그가 전해 들은 바로는 박물관이 소장한 민족학 사료는 20만 점가량이었지만 자신이 직접 조사한 결과 50만 점으로 상향 조정해야 했다. 이들 대부분은 목록도 갖춰지지 않은 상태였다. 깨지기 쉬운 표본도 관리가 되지 않았다. 메이슨은 누군가에게 보낸 편지에다 "물품은 하나같이 깨지거나 좀이 먹어서 위태로울 지경이었다."라고 썼다.[93]

메이슨은 공예품은 생명체의 장기처럼 다루어야 한다는 학설을 받아들이고 있었다. 구체적인 기능을 수행하며, 필요를 충족하기 위해 존재한다는 의미였다. 그러나 공예품은 숲속에서 저절로 자라나지 않으며 목적에 따라 만들어진 것이었다. 그래서 메이슨은 공예품을 '발명품'이라고 부르길 좋아했다. 이 점은 파웰도 마찬가지였는데 그는 '발명품의 진화'라고 이름을 붙인 노트도 갖고 있었다.[94] 발명품이라는 용어는 1876년 알렉산더 그레이엄 벨이 최초의 전화를 만들고 이듬해인 1877년에 토머스 에디슨이 최초의 발명품인 축음기를 만들어 낸 나라인 미국에서는 각별한 의미가 있는 말이었다. 메이슨은 국립 박물관 토요 강연 중에 청중에게 이런 말을 했다.

여러분은 인류학적으로 중대한 의미를 지닌 물건들이 날마다 자기 손을 거쳐 간다는 사실을 깨달은 특허국 직원의 얼굴에 스치는 만족스러운 미소를 상상하기는 어려울 겁니다. 그는 "나는 인류학자야! 예전에는 내가 한낱 검사관일 뿐이라고 생각했지만 말이야. 이대로라면 내가 인류학 논문도 쓸 수 있지 싶어"라고 소리를 쳤더랍니다. 자신만의 도구와 건축물과 용품을 갖추지 못했던 문명의 단계란 존재하지 않습니다. 대단히 흥미로운 변모 과정을 겪지 않는 도구와 건물과 의복도 없습니다. 이들 물건은 자연사 표본으로 간주할 수 있지요.[95]

자연사 중심의 이런 시각은 자연사 박물관에서 베어드가 데리고 있던 명석하고 젊은 부관인 조지 브라운 구드도 지니고 있었다. 스미소니언에 있던 다른 저명한 인물들처럼 구드 역시 자연 과학자였다. 특히 해양 생물에 조예가 깊었다. 사실 그는 클리블랜드 대통령에게서 어업청장 자리를 제안받았지만 스미소니언에 계속 머무는 쪽을 선택했다. 1881년 미국 국립 박물관에 새로운 건물이 생겼을 때, 불과 30살이었던 구드는 부관장으로 임명되었다. 얼마 지나지 않아서는 스미소니언의 부총장이 되었다. 1887년에는 박물관 관장이 되었다.

구드는 유능한 행정가였으며 아이디어도 풍부했다. 스미소니언에서 자신이 진행한 '미래의 박물관'이라는 공개 강연에서 그는 박물관을 좋아하는 세대라면 곧잘 인용하게 될 말을 잔뜩 쏟아냈다. **"이미 완성된 박물관은 죽은 박물관이며, 죽은 박물관은 쓸모가 없는 박물관이다."** "과거의 박물관은 해체하고 재건하고 변모시켜 장식품이 가득한 묘지에서부터 살아있는 생각의 요람으로 만들어야 한다. 미래의 박물관은 도서관이나 실험실과 나란히 존재해야 한다."

그는 박물관은 '실물 교육'을 할 수 있도록 설계되어야 한다고 생각했다. 무엇보다 명확하고 체계적으로 분류된 물건들의 세상을 보여주어야 한다고 본 것이다. "우리의 박물관은 유리 케이스 안에 담긴 표본으로 가득 차 있는 집 이상이어야 한다. 아이디어로 가득해야 하고, 아이디어는 철저한 체계를 따라 배치되어야 한다…. 이것은 예전에 내가 했던 말처럼 '효과적인 교육 박물관은 잘 선택된 표본에 의해 충분히 설명되는 유익한 라벨의 수집품이다'라는 뜻이다."

그러나 그의 말 중에 가장 유명한 말은 진보의 원리를 자기중심적으로 적용한 다음과 같은 말이다. "한 국가, 도시, 지역이 도달한 문명의 발달 정도는 그곳에 있는 대중 박물관의 특징과 그 박물관이 어느 정도 자유롭게 유지되느냐로 확인할 수 있다."[96]

구드는 '예술과 산업' 분야 수집품에 각별한 신경을 썼다. 그는 이 분야의 수집품이 '민족학' 표본과 밀접하게 관련되어 있으며 "이 둘 사이는 명확하게 구분할 수 없다."고 보았다. 그래서 문제가 생겼다. 구드는 "별도의 자리가 확보되어 있지 못한 인류학적으로 중요한 가치가 있는 자료"까지 자신이 도맡아야 한다고 불만을 토로했다.[97] (그런가 하면 메이슨은 민족학 부문에는 인력이 부족할 뿐만 아니라 고고학 부문과 예술과 산업 부문 큐레이터들은 자기들이 맡고 싶지 않은 자료를 죄다 자신에게 보낸다고 항의했다.)

구드는 공예품 진열 방식에 관해 스미소니언은 유럽에서 나온 두 가지 모델의 영향을 받았다고 설명한다. 대영박물관과 독일 유수의 기관들은 지역별 분류법을 따른다. 구드 자신이 선호하는 또 다른 모델은 자연사 박물관에 좀 더 부합하는 방식이었다. '발명품들'을 기능에 따라 무기, 악기, 바구니 등으로 분류한 뒤에 그다음에는 '진화론적' 계열을 따라 "가장 간단한 유형에서 시작해 뒤로 갈수록 그 분야에서 인간이 만들어 낸 가장 완벽하고 정교한 물품이 오도록 배치하는" 방법이었다. 구드는 이 방식을 "유명한 옥스퍼드의 피트 리버스 수집품"에서 채택한 방식이라고 봤는데 거기서는 전시품을 "인종에 상관없이 문화와 문명이 진화해 온 과정을 보여주도록 진열한다. 이런 포괄적인 방식은 원시인이나 비유럽인에게만 집중하는 민족학 박물관 옹호자들이 제외하는 자료들까지 포함할 수 있다."[98]

구드의 영향을 받았던 메이슨은 이 두 가지 유럽 모델-지역별 배열 방식과 발달 단계별 배열 방식-을 절충하려고 애썼다. 메이슨의 조수이자 나중에 후임이 되는 월터 허프Walter Hough는 이렇게 쓰고 있다. "메이슨 교수는 분류의 전문가였다. 그는 인류 이성의 내용을 조직적으로 배열할 때 생기는 문제를 즐거워했으며 그 어떤 문제도 그의 역동적인 정신에는 어려울 게 없었을 뿐만 아니라 대가다운 온화함을 가지고 다양한 관련성을 파악하고 배열했다."

그렇지만 메이슨 자신은 박물관의 민족학 자료에 관한 서류 기록이 너무 부실해 "특정 표본을 특정 부족 것으로 분류하는 일 자체가 불가능할 때가 많다."고 인정했다.[99] 그는 일관성 있게 그러나 희망을 담아 "비슷한 것은 비슷한 것들끼리 모아 두면 부족과 지역 문제는 알아서 풀릴 것이다."라고 말하곤 했다.[100]

1886년 메이슨이 박물관의 북극 지방 관련 자료를 가지고 자신의 첫 번째 대형 전시회를 열었을 때 그는 북극 지방 문화권을 15개로 나누고 한 지역에서 나온 공예품은 함께 모아 진열했다. 동시에 그는 "중요도를 따지자면 지역은 유형이나 재료에 비해 부차적이라는 점을 명확히 이해해야 한다."고 주장했다. 그게 전부가 아니었다. 그는 발명품들이 끝없이 개선된다는 점을 강조했다. 극지방 전역에서 나온 연장과 도구 중에 비슷한 목적을 위해 만들어진 것들은 가장 조악한 것부터 가장 정교하고 효율적인 것까지 계열에 따라 진열되어야 한다고 말이다.

이렇게 서로 상충하는 관점을 존중하다 보니 북극 전시회에 찾아온 방문객들은 주눅이 들 만큼 압도적인 3차원 진열에 직면해야 했다. "체스판의 한 축을 따라 걷다 보면 방문객은 하나의 문화권이 생산해 낸 온갖 발명품들이 모여 있는 광경을 볼 수 있다."라고 힌슬리 Hinsley는 쓰고 있다. "그리고 직각으로 꺾어 걸어가면 하나의 발명품을 따라가게 된다."[101] 이는 피트 리버스가 고안했던 원형 홀 배열 방식과 무척 닮았다.

이 방식은 큐레이터들에게는 악몽 같았을 게 분명하다. 구드는 현실적인 해결책을 찾아냈다. "그는 진열 케이스에 정성껏 바퀴를 달았는데 그 덕분에 1~2시간이면 그때그때 필요에 따라 기능별로 혹은 문화권별로 전체 진열품을 재배열할 수 있었다."라고 캐롤 린제이G. Carroll Lindsay는 쓰고 있다. "그러나 그가 기능에 따른 분류를 '영구적' 배열이라고 보고, 문화권별 배열은 한시적 배열로 본다는 점에서 과학의 영향을 받은 게 분명하다."[102]

민족학 사무국의 파웰은 이런 것과는 다르고 정치적으로는 더 긴박한 문제라고 할 수 있는 '분류 문제'로 씨름하고 있었다. 지질조사소는 그 당시 미국 서부 지도를 만드는 일을 진행 중이었다. 의회는 민족학 사무국이 인디언 인구가 어떻게 분포되어 있는지 차트로 만들어 내기를 원했다.

이건 그렇게 단순한 문제가 아니었다. 국립 박물관의 메이슨은 인디언 부족 이름을 기록한 카드식 카탈로그를 작성했는데 그 이름이 수천 개에 달했을 뿐만 아니라 19세기 초부터 대규모로 진행된 강제 이주까지 있었다. 인디언 보호 구역은 동부의 여러 지역에서 온 수많은 인디언 부족들을 수용해야 했다. 파웰에 따르면, 그 당시 존재하는 민족들은 대부분 혼혈이었다. 서로 다른 공동체 간에 일어난 '통합을 향한 진전'으로 인해 "원래는 있었을지 모르는 부족 간의 차이는 사라져 버렸다."[103] 그 결과, "기존 민족 분류체계는 폐기하고, 지적인 활동에서 생기는 인간적인 특징에만 근거한 새로운 체계를 만들어야 했다."[104]

스미소니언 최초 사무총장이었던 조지프 헨리는 가장 명확하고 신뢰할 수 있는 분류 기준은 '언어'라고 보았다. 독일의 인도 유럽어 연구 전통은 초창기 아메리카 인디언 연구가들, 그중에서도 앨버트 갤러틴Albert Gallatin에게 큰 영감을 주었는데 그는 1826년에 『미국 인디언 언어 목록A Table of Indian Languages of the United States』를 출간하고, 10년 후에는 더 정교하게 만든 『북아메리카 인디언 부족 개요 Synopsis of the Indian Tribes of North America』를 출간했다. 1856년 스미소니언 협회가 출간한 『미국 고고학Archaeology of the United States』을 쓴 새뮤얼 헤이븐Samuel Haven은 언어학적 고고학적 증거를 검토한 후 갤러틴과 마찬가지로 북아메리카와 남아메리카 원주민들은 언어와 문화적으로 서로 연결되어 있으며 그들의 공통 조상은 선사시대에 아시아에서 건너왔다는 결론을 내렸다. 그러나 북아메리카 인디언 어족에 관한 신뢰할 만한 설명은 여전히 부재한 상태였다.[105]

스미소니언 협회는 예일대학 언어학 교수인 윌리엄 드와이트 휘트니William Dwight Whitney에게 도움을 요청했다. 독일에서 프란츠 보프Franz Bopp와 알브레히트 베버Albrecht Weber 등과 같이 공부했던 산스크리트어 전문가 휘트니는 어휘 수집을 위한 음성 표기법을 만들어 냈다. 그러나 이 표기법은 현장 조사를 다니는 사무국 직원들에게 지나치게 어렵고 복잡했다. 파웰은 이 일에 자신의 조직적 역량을 발휘해 한층 간단한 방식을 고안했다. 1885년 사무국은 『멕시코 북부 인디언 부족의 어족 목록, 주요 부족 이름과 동의어에 대한 잠정적 목록 포함List of Linguistic Families of the Indian Tribes North of Mexico, with Provisional List of the Principal Tribal Names and Synonyms』이라는 제목으로 55쪽에 이르는 책자를 발간했다. 1891년에 파웰은 북미 인디언 언어 지도를 완성할 수 있었다.

제임스 스미슨의 사후여행

스미소니언 수집품 형성에 관한 전설 같은 이야기 중에는 엽기적인 부분도 있는데 다름 아닌 제임스 스미슨의 시신 처리 문제가 그것이었다.[106] 스미슨의 조카는 자신의 후원자였던 스미슨의 시신을 이탈리아 제노바에 있는 오래된 영국인 묘지에 묻었다. 스미소니언 협회는 설립자의 묘를 관리하는 일에 책임감을 느꼈다. 제노바 주재 미국 영사에게 "협회가 비용을 대는 조건으로 묘소를 철저히 보수하고 최적의 상태로 보존"하는 일이 맡겨졌다. 1891년 스미소니언 사무총장이었던 랭글리Langley는 "항구적으로 묘지를 관리"하는 데 필요한 보조금을 지급했다. 스미슨의 유산을 기념하는 내용을 담은 새로운 명패도 제작되었다.

1901년 스미소니언 협회는 근처에 있는 채석장이 확장됨에 따라 묘지를 이전해야 한다는 통보를 받았다. 스미소니언 협회의 신탁 관리자이기도 했던 발명가 알렉산더 그레이엄 벨은 다른 신탁 관리자들에게 스미소니언 창립자의 유해를 가져와 국립 박물관 안에 묘를 만들고 모셔야 한다고 거듭 설득했지만 뜻을 이루지 못했다. 1903년 여름에 그는 자기 눈으로 직접 살펴보기 위해 제노바로 떠났다.

도착하자마자 그는 이탈리아 관료 사회와 부딪쳤다. "유해를 옮기는 데 필요한 공문서는 정말이지 끝도 없었다."라고 벨의 아내 마벨 Mabel은 자신의 일기장에 쓰고 있다.

> 이탈리아 국경 밖으로 시신을 옮기는 허가증, 묘를 열어볼 수 있는 허가증, 관을 구매할 수 있는 허가증, 국가의 허가증, 도시의 허가증, 경찰과 관료들의 허가증 등등. 알렉은 모든 일을 조용히 처리해 가능한 한 빨리 유해를 수습해 떠나야 한다고 노심초사했다. 그는 배에 타기만 하면 그때부터는 안전하다고 말하면서 무슨 일이 생기면 틀림없이 워싱턴이 나서서 자기를 도와줄 것이라고 강조했다.[107]

스미슨의 친척들은 유해를 옮기는 데 반대했다. 벨은 자신이 미국 대통령 테디 루스벨트의 대리인으로 이탈리아에 와 있다고 주장하면서 제노바 지역 관료들에게는 스미슨이 자기 재산을 미국 정부에 증여했으므로 그의 유해 역시 미국 소유라고 설명했다.

드디어 석관을 개봉할 때가 되었다. "나는 놀라울 정도로 잘 보존된 유해 상태를 보고 상당히 놀랐다."라고 벨은 쓰고 있다.

두개골은 완전한 상태였다. 뼈는 다 분리되어 있었지만, 우려했던 것과는 달리 공기와 접촉했을 때도 바스러지지 않았다. 묘를 덮고 있던 돌로 만든 평판을 걷어 냈을 때, 유해는 두꺼운 이불 같은 것에 덮여 있었고, 그 이불 아래로 윤곽이 보였다. 나는 이게 뭔지 몰랐는데 나중에 알고 보니 세월이 흐르면서 썩은 관이 먼지처럼 되어 생긴 사태였다. 이 먼지가 유해를 이불처럼 덮고 있었다.[108]

벨의 사위는 「내셔널 지오그래픽 매거진」의 최초 편집자였다. 그가 주도적으로 여론을 형성해 나갔다. 루스벨트 대통령은 미국 해군 함정을 뉴욕항으로 보내 제노바에서 돌아오는 이들을 맞이했다. 워싱턴에서는 해군 군악대가 유해를 호위한 채 스미소니언 캐슬까지 도착했다.

관은 공식적으로 미국과 영국 국기에 덮인 채 남쪽 탑의 오래된 리전트 룸에 안치되었다. 새로운 묘를 어떻게 할 거냐는 문제가 대두되었다. 신탁 관리인 위원회에서 여러 가지 건축 설계안을 제시했지만 의회는 너무 거창한 묘를 제작하는 데 예산을 쓰고 싶지 않았다. 마침내 1905년 캐슬 입구에 있는 한 방이 '묘지 부속 채플'로 선정되었다. 스미슨의 유해는 제노바에서 가져온 본래 대리석 석관에 담겨 그곳에 묻혔다.

이후 1974년에 와 묘실을 수리하는 바람에 유해를 한 번 더 파내기로 결정되었다(전해지는 이야기에 따르면 박물관을 돌아다니는 스미슨의 유령이 목격되는 탓에 그렇게 하기로 했다는 소문도 있었다). 형질 인류학 부문 큐레이터인 로렌스 엔젤J. Lawrence Angel 박사가 스미슨의 유해를 살펴보는 일을 맡았다.

그러나 이때 불행한 사고가 일어났다. 인부들은 무덤의 봉인을 해체하기 위해 토치램프를 사용했는데 그 바람에 유골을 싸고 있던 벨

벳에 불이 붙은 것이다. 만약 소화기를 사용했으면 더 큰 손상을 입었을 것이다. "인부들이 홀에 있는 분수까지 뛰어가 입안에 물을 가득 머금고 돌아와 뿜어대는 방식으로 불을 껐기에 스미슨의 유골은 전소를 가까스로 피했다."라고 헤더 유잉은 쓰고 있다. "관은 식당에서 빌려온 식탁보에 덮였고 스미슨은 카트에 실려 예의에는 다소 어긋났지만 신중하게 길mall을 지나 실험실까지 이동되었다."[109]

엔젤 박사는 비록 유골이 이미 제노바에서 심각하게 훼손된 데다 못이나 다른 쓰레기와 섞여 있는 상태이지만, 생전 스미슨이 165cm의 키에 어릴 때 영양실조에 시달렸으며 충치가 있고 파이프 담배를 피웠다는 사실을 알아냈다. 이틀 뒤 유골은 관에 봉인되어 무덤에 안치되었다.[110] 이렇게 제임스 스미슨은 자신이 세운 박물관에 다시 전시될 수 있었다.

7장

프란츠 보아스,
스미소니언에 도전하다
문화상대주의의 등장

미국에서 인류학이 토대를 놓던 시기의 신화 같은 이야기는 여러 세대를 걸쳐 학생들에게 전해지고 있다. 이야기의 주인공은 프란츠 보아스. 1930년대 후반까지만 해도 미국과 유럽에서 고등교육을 받고 사회에 영향력이 있는 이들은 생물학은 운명이라고 생각했다. 유럽 인종이 다른 인종보다 우수하다는 것이었다. 역사는 인종 간의 갈등에 관한 기록이라고 보았다. 우수한 인종이 열등한 인종을 정복하고 멸절시키면서 인류는 발전한다는 식이었다. 그 무렵 레그나 다넬Regna Darnell의 표현을 빌리자면 역설적이게도 "보아스가 등장했다."[01] 그는 문화 역사 분석에 입각한 새롭고 인도적인 패러다임을 제시했고 이는 인종주의적인 사회 진화론을 몰아내기에 이른다.

이 신화에 따르면 결정적인 전투는 1887년에 벌어졌다. 젊은 외국인이었던 보아스는 진화론자들의 성지였던 스미소니언이라는 거대 조직에 홀로 도전장을 내밀었다. 그는 스미소니언이라는 구닥다리 경비대가, 공예품을 마치 자연사 표본이라도 되는 듯이 진화 단계에 따라 진열하고 있다며 비난을 퍼부었다. 보아스는 가면, 토템, 악기, 심지어 연장까지도 의미가 있는 문화적 산물로 이해해야 하며 따라서 그 지역의 맥락 속에서 받아들여야 한다고 주장했다. 장차 보아스가 일으키게 될 과학 혁명의 첫 번째 총성 같은 말이었다.

진화론자들은 단박에 진압되었다. 상대주의적이고 반反인종주의적인 문화 인류학이 찬란한 빛을 내며 나타났다. 그리고 퀴퀴한 냄새가 나는 구식 박물관을 벗어나 새롭게 세워진 연구 중심 대학의 생동감 넘치는 지적 환경 속으로 진입했다.

다넬 교수 역시 이 신화 속에서 자랐다. 그러나 그녀는 스미소니언 관련 논쟁의 역사를 파고 들어가다가 스미소니언의 다양한 프로젝트와 보아스의 어젠다agenda 사이에 "실질적인 연속성이 있다는 사실을 발견했다. 나는 보아스가 그때까지 이미 확립되어 있던 인류학적 연구 성과 안에서 작업을 시작했고 인류학이 갖고 있던 전제를 상당 부분 수용했다는 점을 깨달았다. 게다가 미국 인류학 분야에서 보아스의 인류학이 헤게모니라고 할 만한 힘을 가지게 된 시기는 1900년보다는 1920년 쪽에 가깝다."[02]

스미소니언의 민족학자들이 한결같이 진화론적 패러다임에 경도되어 있었던 것도 아니었다.[03] 1914년 나온 국립 박물관 연례 보고서에는 이렇게 기록되어 있다. "민족학 전시물은 지역별로 전시하며 각 지역에서 나온 자료들은 한군데 모아 전시하거나 물건의 종류에 따라 진열한다."[04]

보아스가 전혀 새로운 혁명적인 관점을 제시한 건 아니었다. 그는 3년 전인 1884년 가을, 스미소니언 협회를 방문한 영국의 저명한 인류학자 에드워드 버넷 타일러Edward Burnett Tylor로 인해 워싱턴 DC에서 촉발된 오랜 논쟁에 가담했을 뿐이었다.

타일러, 인류학 논쟁의 시초

타일러의 대표작 『원시 문화』는 1871년에 나왔다. 왕립협회 회원이면서도 그는 최근에 와서야 이 분야에서 실질적인 자리를 얻었다. 즉 워싱턴을 방문하기 몇 달 전 옥스퍼드대학 최초의 인류학 교수로 임명되었는데 영국 전체를 통틀어서도 처음이었다. 타일러가 스미소니언을 방문했을 때 파웰 대령은 그를 데리고 가 인디언 보호 구역을 구경시켜 주었다. 그는 워싱턴 인류학회에서 강연도 했다.[05]

타일러는 미국과 미국 인류학계에서 받은 자신의 인상에 관한 이야기로 강연을 시작했다. 더 정확히 말해 살짝 짓궂은 농담으로 시작했다. 그는 이렇게 청중에게 입을 열었는데 "제가 미국에 와 가장 충격적이었던 점을 인류학적인 시각에서 말하면 일종의 고풍스러움이라고 할 수 있습니다." 특히 그가 퀘이커 교도와 메노파 교도들이 거주하는 펜실베이니아 시골에 갔을 때가 그랬다. "만약 내가 지금은 영국에서 거의 사라진 물레를 하나 갖고 싶다면 펜실베이니아에서 본 것보다 나은 물레를 얻지는 못할 것 같은데요. 그곳에는 '제 증조할머니가 쓰시던 물레'-그것도 거실에 딸린 헛간 같은 곳에 서 있었어요-가 있던데 제가 지금까지 가본 다른 어느 나라보다 많이 보이더군요."

타일러는 자신도 퀘이커 교도들 사회에서 자라났음에도 불구하고 미국의 메노파 교인들은 종교적인 이유로 여전히 고풍스러움을 유지하고 있어 놀랐다고 말했다. "그들 중에는 결연한 의지를 지닌 채 현대 사회의 변화를 받아들이길 거부하고 단추 달린 옷 대신에 자신들의 조상 때처럼 후크 단추hooks and eyes가 달린 옷을 입은 이들이 있었어요. 이런 식으로 그들은 양심과 종교적인 신념에 관한 문제에서는 관습이 얼마나 견고하게 작용하는지 잘 보여줍니다."[06]

그가 새로 사귄 메노파 친구들은 "제가 그들과 그들의 역사를 연구하러 왔다는 점에 대해서는 별로 이상하게 생각하지 않았지만" 파웰 대령과 함께 주니족 인디언을 방문할 계획이라고 말해주자 무척 놀랐다고 전한다.

제가 그렇게 말하자 모두 놀란 표정으로 쳐다봤습니다. 부드럽지만 책망하는 눈빛도 섞여 있었죠. 내 친구들이 보기엔 자신이 원해 여행을 다니는 사람이 굳이 인디언들을 보러 간다는 사실이 꽤 이상했던 모양입니다. 저로서는 펜실베이니아 식민지 개척자들을 대상으로 하는 연구이든, 뉴멕시코의 인디언들을 대상으로 하는 연구이든 문명사를 연구하는 이들에게는 공통적인 목표가 있다는 점을 지적해 두지 않을 수 없었습니다.

파웰 대령과 함께 서부에 있는 인디언 보호 구역에 방문했을 때 타일러는 "알곤킨족이나 이로쿼이족처럼 '백인화'되지 못하고 예전 아메리카 원주민으로서 삶의 모습을 간직한 인디언 부족들이 사는 곳에 가보면 그들의 삶이 구세계의 삶과 아주 흡사하다는 사실을 자주 그리고 생생한 방식으로 목격할 수 있다."고 보았다. 메노파 교인들이 사는 모습이나 주니족이 사는 모습은 똑같았다.

우리가 캘리포니아에 있는 어느 집에 들어가 모슬리 교수[스미소니언 소속 인류학자]가 자기 수집품에 추가하려고 모하비족 인디언에게 머리카락 한 다발만 달라고 사정하지만 얻지 못하는 장면을 상상해 보시기 바랍니다. 그는 완강히 거절합니다. 머리를 흔들죠. 계속 압박하자 손짓하면서 말합니다. 줄 수 없다고. 머리카락을 잃으면 자신은 눈이 멀고 귀가 멀고 미쳐 버린다고. 병을 치료하기 위해 주술사가 오더라도 아무 소용이 없고 결국 자신은 죽게 된다고 말이죠.

"이것은 구세계가 가진 관념과 완벽히 똑같습니다."라고 타일러는 말했다. "이탈리아나 스페인에 가서 머리카락 한 다발을 달라고 해도 똑같은 반응이 나옵니다. 그들이 대는 이유도 모하비족이 말하는 내용과 똑같습니다."

공유하는 역사도 없을 뿐만 아니라 서로 멀리 떨어져 있는 두 지역에서 왜 이토록 유사한 풍습과 도구와 관념이 생겨난 것일까?

저는 인류학 연구에 종사한 이래로 이 질문에 대한 두 가지 위대한 대답 사이에서 왔다 갔다 하지 않은 날이 하루도 없었습니다. 그리 오래되지 않았던 인류의 후손들이 자기 자녀들에게 똑같은 관념을 가르쳐 주었고 그 관념이 세대를 거쳐 오랜 세월 동안 이어져 서로 다른 지역에 거주하는 서로 다른 체형의 부족들에게서 발견되는 것이며 그렇다면 이것은 인류가 공통 조상을 갖고 있다는 오래된 관념을 대변하고 있는 게 아닐까? 아니면 전 세계에 퍼져 살고 있는 인간은 다들 본질적으로 비슷한 생각을 하기 마련이어서 비슷한 삶의 정황 속에서는 비슷한 관념과 풍습을 발전시키는 것인가? 이 자리에 서 있는 지금 저로서는 제가 찾을 수 있는 모든 강력한 표현을 동원 이 중대한 문제에 집중하는 일이 얼마나 중요한지 강조하지 않을 수 없으며 이 문제에 대한 답을 찾는 일이야말로 학문으로서의 인류 문명 연구를 최대치로 발전시킬 수 있는 유일한 길이라고 말하고 싶습니다.

그리고 타일러는 미국 국립 박물관에서 만난 실제 사례도 언급했다. "오늘 아침, 박물관에서 파월 대령, 모슬리 교수, 홈스 씨와 함께 서부 인디언들이 만든 도구를 살펴보고 있는데 악기를 모아 놓은 케이스 안에 같이 걸려 있는 묘한 물건들에 시선이 갔습니다. 편평하고 길쭉하거나 타원형으로 된 나무 조각으로 만든 물건인데 끝에는 끈을 달아 놓아 빙빙 돌리면 윙윙거리는 소리가 나는 물건이었습니다."

그중에 하나는 우트Ute족 인디언이 만든 것이고 다른 하나는 주니

　　　　　　　　　　　　박물관의 그림자

족이 만든 것이었다. 그러나 다일러는 그날 아침 호주 원주민이 그들과 같이 있었다면 "그는 무척 놀랐을 뿐만 아니라 공포심까지 느꼈을 겁니다. 그 도구는 자신들이 중요한 종교 예식을 거행할 때 쓰는 신비로운 물건이었기 때문입니다."라고 말했다. 남아프리카의 동 케이프에 사는 호사Xhosa족 남자들은 성년식을 거행할 때 여자들에게 다가오지 말라고 경고하는 목적으로 이와 비슷한 도구를 사용한다. 흔히 불로러bullroarer라는 이름으로 알려진 이 물건은 바쿠스Bacchus 신과 관련된 고대 그리스 제식에도 등장하고 독일과 영국에서는 아이들이 놀이에서 사용된다.

불로러가 상호 접촉과 교역을 통해 서로 떨어져 있는 여러 지역에서 나타났다고 보는 쪽과 각 지역에서 독립적으로 고안되었다는 쪽, 어느 쪽이 진실일까? 물론 불로러가 독립적으로 고안되었을 가능성도 충분하다. 불로러의 작동 방식은 단순하며 큰 소리는 경고할 때 쓰기 편리하기 때문이다. "가능성의 차원에서만 살펴본다면" 타일러는 이렇게 언급한다. "비슷한 삶의 정황에서 여기저기서 독립적으로 고안되었다는 가설은 역사 속에서 서로 연결되었기에 생겨났다는 가설에 맞서 자신만의 설득력을 가지고 있습니다. 어느 쪽이 타당한지 둘 다 타당한지 저로서는 판단하기 어렵습니다."

그러나 타일러는 "굳이 이름을 붙이자면 '얼마나 이국적이냐에 근거한 논리'라고 할 수 있는" 실험을 제안한다. 이런저런 기괴한 풍습, 묘한 장식물, 공교로운 메커니즘 따위가 과연 여러 지역에서 독립적으로 고안되었을까? "어쩌다가 이렇게 만들어졌나 생각될 정도로 특수한 정황에서 사용되는 물건이 서로 다른 지역에서 나타났다면 더 흔한 물건을 비교할 때보다는 확실히 예전에 두 지역이 서로 접촉했던 적이 있었다고 말하는 게 맞다고 생각합니다."[07]

타일러는 박물관의 전시물 진열에 관해서는 더 분명한 입장을 드러낸다. 풍습이나 도구는 다른 곳에서 가져올 수 있고 같은 기원에서 나왔을 수도 있고 독립적으로 생겨났을 수도 있다. 어떤 경우든 이들은 그 진보를 보여주는 단일한 계열 속에서 진열되어야 한다. 타일러 자신은 피트 리버스 수집품을 옥스퍼드에 기부하는 일에 관여했다. 이 수집품은 "지금까지 아무도 시도해 본 적 없는 규모로 발전 이론을 구현하기 위한 목적으로 수집된" 것이었다. 젊었을 때 그는 크리스티와 함께 멕시코 여행을 떠났는데 크리스티의 인류학 수집품은 한 해 전에 대영박물관에 모두 기부되었다. 크리스티 컬렉션 역시 '발전적'이고 '진화론적인' 원리에 근거해 진열되었다. "우리가 가지고 있는 두 개의 위대한 인류학 박물관에서는 인류학적 성취에 크게 기여하는 두 가지 원리–문명 발전 단계별로 모든 물품을 조직적으로 모으고 이들을 발전 단계에 따라 배열하기-가 작동하고 있습니다."[08]

워싱턴 인류학회 회의에서 타일러가 강연할 때 메이슨과 구드도 청중으로 앉아 있었을 가능성이 크다. 나는 그들이 고개를 끄덕이며 동의하는 모습을 상상한다. 타일러처럼 그들도 과학, 진화, 진보를 신봉하고 있었다. 그러나 스미소니언의 큐레이터들은 박물관 전시물 진열 방식과 관련해 유럽 민족학자들이 두 진영으로 갈라져 있다는 점을 이미 잘 알고 있었다. 한쪽은 박물관 수집품을 지역별로 진열하는 쪽을 선호한다. 다른 쪽 리더들, 특히 영국의 피트 리버스 같은 이들은 자신을 자연 과학자로 간주했다. 그들은 표본을 우선 "유형에 따라" 나눈 다음, 진화의 계열에 따라 배치했다.

스미소니언 큐레이터들은 이 두 관점 모두에 관해 할 이야기가 있었다. "워싱턴의 민족학 수집품은 이중 시스템에 입각해 분류되었다."라고 구드는 말한다. 메이슨은 다음과 같이 설명한다.

제대로 설계된 박물관이라면 전시물을 체스판 형태로 배열할 수 있어야 한다. 그래서 한 방향으로 가면서 각각의 인종이나 부족이나 지역을 대표하는 전시품이 나란히 진열된다. 그와 직각을 이루는 방향으로 가면서 나오는 전시물을 살펴보면 관람객은 인류가 원하는 바를 유형별로 분류한 모든 물품을 볼 수 있다.[09]

보아스는 왜 분노했는가?

타일러가 워싱턴에서 강연하고 4년이 지났을 무렵 29살의 프란츠 보아스는 스미소니언의 인류학자들을 향해 도발하듯이 나왔다. 지리적, 라마르크주의적, 반反다윈주의적 전통이 살아 있는 독일에서 공부한 그는 국립 박물관이 채택하는 기능주의적, 진화론적 배열 방식을 멸시했다. 그는 북아메리카 민족학의 전문가로 성장 중이었고 미국에서 유명해졌으며 가능하다면 거기서 경력도 쌓으려고 했다.

1883년에 보아스는 독일에서 박사 학위를 따기 위해 배핀 섬Baffin Island[01]에 사는 이누이트 사회에 들어가 현장 연구를 진행했다. 1884년 10월, 워싱턴에 처음 온 그는 스미소니언에 있는 극지방 전문가인 독일인 에밀 베셀스Emil Bessels를 만났다. 운 좋게도 파월도 소개받았던 보아스는 "민족학 부문을 담당하고 있던 메이슨 교수도 '찾아냈으며' 메이슨 교수는 몹시 친절하고 따뜻했다."라고 자기 약혼녀에게 편지를 썼다. "메이슨 교수는 내 연구 결과를 「스미소니언」에서 출간하는 건 어떠냐고 물었는데 나는 부정도 긍정도 안 했어."

보아스는 국립 박물관에 별로 감명받지 못했다. 그와 메이슨은 "여기는 모든 게 느러터졌고 처참하다 싶을 만큼 모든 게 뒤죽박죽

---

01 배핀 섬 - 그린란드와 허드슨 만灣 사이에 있는 캐나다령의 섬

이야. 오전 내내 상자를 열고 짐을 꺼내느라 돌아다녀야 했어. 모든 게 여기저기 흩어져 있어 수집품을 뒤지고 다니느라 신경이 곤두서더라고."라며 불평을 쏟아냈다. [10)]

1885년 보아스는 베를린 왕립 민족학 박물관 관장인 아돌프 바스티안의 조수로 몇 달간 일하면서 브리티시컬럼비아에서 가져온 방대한 분량의 민족학 자료를 다루었다. 그 지역의 수려한 예술 작품과 공예품에 감동한 보아스는 1886년 3개월 동안 태평양 연안 북서부 지역으로 현장 연구에 나섰는데 이게 그가 이후 그 지역으로 떠났던 수많은 여행 중 첫 번째 여행이었다.

1886년 여름, 그는 이번에는 바스티안이 보낸 특사 자격으로 스미소니언에 다시 찾아왔다. 10여 년 동안 대중에게 공개되지 않은 상태였던 베를린 민족학 박물관은 새로 지은 거대한 박물관 전용 건물에서 다시 예정이었는데 바스티안은 스미소니언의 신임 사무총장이 된 스펜서 풀러턴 베어드에게 소장품 교환을 제안했다. 베를린 박물관은 아메리카 원주민이 만든 공예품을 수집품에 추가하고 싶었다. 바스티안은 고대 조각 작품을 워싱턴에게 내줄 수 있다는 의사를 밝혔는데 그가 쓴 표현을 빌리면 "아메리카 인디언이 남긴 진귀한 과거 유적과 고대 그리스 유적을 교환"하고자 했다.

보아스가 바스티안의 대리인 역할을 했다. [11)] 보아스는 별도의 협상도 진행했다. 자신이 북서부 해안에서 수집한 물품 목록을 바스티안에게 보냈다. 미국의 어느 바이어가 이걸 600달러에 사겠다고 하는데 베를린은 의향이 있느냐고 물었다. "원칙적으로 말하면 저는 워싱턴 박물관에게 단 한 점도 주지 않을 생각입니다."라고 그는 바스티안을 설득했는데 스미소니언이 "원래 같은 지역에서 나온 것들이어서 한 곳에 모아두어야 하는 물품을 모두 갈라놓고 유형별로 재배치하고 있다."고 불만을 털어놓기도 했다. [12)] 그러나 1887년 5월에 그

는 자신이 브리시티 컬럼비아에서 수집한 물품을 구매하라고 메이슨에게도 제안하고 있었다.[13]

편지를 보내고 닷새가 지났을 때 보아스는 미국 국립 박물관의 민족학 자료 진열 방식에 대해 거침없이 비판하는 글을 썼다. 이 글은 창간된 지 얼마 안 되었는데도 이미 권위 있는 저널로 발돋움한 「사이언스」에 실렸는데, 「사이언스」는 당시 알렉산더 그레이엄 벨의 자금지원을 받아 운영되고 있었다. 보아스가 얼마 전 그 잡지의 부편집자로 발탁되어 지리학 분야를 담당할 때였다. 타일러가 워싱턴에서 강연한 내용도 「사이언스」에 실렸는데 보아스는-타일러를 언급하지는 않았지만-타일러의 중심 논지를 수용하고 있었다. "멀리 떨어진 지역에서 비슷한 발명품이 나타나는 사태." (이 비문법적인 표현이 보아스가 자신이 쓴 비판적인 글에 단 헤드라인이었다.)[14]

타일러처럼 보아스도 이 세상 속이 서로 떨어진 지역에서 유사한 공예품이 나타나는 사실을 언급한다. 타일러처럼 보아스도 이 공예품들이 과연 서로 독립적으로 만들어졌을지 묻는다. 그게 아니라면 사람은 어디서 살든 비슷한 도전에 직면하면 비슷한 해결책을 내놓기 마련이어서 그런 것일까? 여기서 보아스는 국립 박물관 민족학 부문 담당 큐레이터인 오티스 메이슨의 견해를 인용한다. "자연에서와 마찬가지로 인류 문화에서도 비슷한 원인은 비슷한 결과를 낳는다. 똑같은 스트레스를 받고 똑같은 자원을 가지고 있다면 똑같은 발명품이 나오게 되어 있다."

보아스는 마오리Maori족 가면과 콰키우틀Kwakiutl족 가면이 표면적으로는 유사해 보이고 평원 인디언[02]이 쓰는 활과 화살이 남아프리

카 부시맨의 활과 화살과 비슷해 보이지만 그 바람에 잘못된 결론에 이르기 쉽다고 지적한다. 박물관 진열장 속에 함께 놓아두면 비슷해 보이지만 실제로 그걸 사용했던 이들에게는 전혀 다른 기능과 의미를 지니고 있을 수 있다는 이유에서였다. 또한, 비슷한 결과물이 나왔더라도 그 결과물을 낳은 원인은 다양할 수 있었다. 그런 점에서 메이슨은 기초적인 논리에서 오류가 있다. "비슷한 발명품을 만들어 낸 원인을 검토하는 과정에서 메이슨은 전체 체계를 뒤흔들어 놓는 중대한 사실을 놓쳤다. 서로 다른 이유에서도 비슷한 결과물이 나온다는 사실 말이다." 이 명제야말로 당시 독일 지리학계에서 일어난 논쟁의 핵심 주제였다. 서로 다른 환경의 영향 속에서 똑같은 결과가 나올 수 있다는 점이 핵심이었다.[15]

그 후 보아스는 비판 범위를 한층 넓혀나갔고 연장자에 대한 예우나 와스프[03]의 예의범절 따위는 신경 쓰지 않았다. "우리는 민족학 연구 분야에서 메이슨 교수가 내세우는 주요 원리에 동의할 수 없다." 메이슨은 그저 이론적인 가정에서부터 추론했다는 말이었다. 반면, 보아스 자신은 자연 과학자라면 마땅히 그렇듯이 '경험론자'라는 것이었다.

이론보다 사실이 우선시되어야 한다. 굳이 세부적으로 따지지 않더라도 메이슨은 완전히 잘못된 길에 들어섰다. "민족학에 관한 오티스 메이슨의 글에 나타나는 중심 사상은 인류의 발명품과 다른 민족학적 현상을 생물학 표본처럼 분류하려는 데 있다."[16] 이것만으로도 이미 문제이지만 메이슨이 채택하는 생물학 모델 자체는 너무 낡았고 잘못되어 있었다. "그는 민족학적 현상을 생물학 표본처럼 다루고 분류하기 위해 민족학에 종種, 속屬, 과科 같은 순전히 추상적인

03　와스프WASP - 앵글로색슨계 백인 신교도

구분을 도입했다." 마지막으로 도도하면서도 냉혹한 발언이 이어졌다. "우리가 메이슨의 사상에 반대하는 이유는 분류가 설명은 아니기 때문이다."[17]

결론 부분에서 보아스는 국립 박물관 큐레이터들이 구체적으로 해야 할 일에 대해 말한다. 베를린 왕립 민족학 박물관의 아돌프 바스티안의 선례를 따라 바스티안이 '지리학적 지역'이라고 이름 지은 기준에 따라 공예품을 분류해야 한다는 것이었다.

> 수집품은 부족별로 모으는 편이 좋고 그렇게 해야 각 부족의 고유한 스타일을 알 수 있다. 한 민족의 예술과 특징은 그들이 만들어 낸 산물 전체를 한곳에 모아 연구할 때 제대로 알 수 있다. 국립 박물관 수집품에서는 북아메리카 부족들의 특징이 다 사라져 버린 상태인데 물품들이 건물 도처에 흩어져 다른 부족의 물품과 함께 진열되어 있기 때문이다.[18]

보아스의 비평에 대해 메이슨은 "솔직하고 거침없이 말해줘 감사하다."라고 쓰면서 "탁월한 편집자[보아스를 가리킨다]의 허락을 받아 내 대답을 보낸다."라고 써 내려갔다.[19]

그는 자신이 생각하는 제일 원리에 대해 서술함으로써 대답을 시작했다. 어떤 분류법이든 반드시 "분명한 개념, 관념, 특징…'분류상의 개념'에 입각해야 한다." 이것은 인류학 박물관 큐레이터에게는 "원재료, 인종, 지역, 사회 구조, 환경, 구조와 기능, 진화 혹은 공교로움" 등을 가리킨다. 그러므로 공예품을 합리적으로 분류하는 방법은 다양하다. 큐레이터는 자신만의 관념이 있으며 "내가 보기에 그것이야말로 과학이 가지고 있는 큰 축복이다. 만약 이 세상의 모든 박물관이 똑같은 방법에 따라 전시한다면 오직 한 가지 철학적 문제만 고려하게 되는 셈이고 연구는 거기에 따라 한정될 수밖에 없다." 민족학 표본은 민족학자들에게만 중요한 게 아니다. 음악가, 예술가, 공예품 전문가, 전쟁과 종교를 연구하는 학생들도 박물관에 찾아와 관심 있는 물품을 연구한다. 한 가지 방식으로만 진열해서는 모두를 만족시키기 어렵다는 뜻이었다.

그러나 메이슨은 이론 차원에서 중요한 문제가 있다는 점에는 동의했다. 서로 떨어진 지역에서 나온 공예품이라도 유사한 모양을 가지고 있을 때가 있다. 이건 어떻게 설명할 수 있는가? 메이슨은 "철학적 민족학자들이 유사한 물건에 대한 서로 다른 두 가지 해석 방식 때문에 언제나 '이중고'에 시달린다."라고 보았다. 첫 번째 해석 방식은 "서로 접촉했던 적이 있기에 유사한 물건이 만들어졌다고 보는 반면, 두 번째 해석 방식은 서로 관련 없는 이유로 생겨났다고 보며 그 이유가 비슷한 이유인지 아닌지는 중요하게 생각하지 않는다." 메이슨 자신은 "생명이 생명에서부터 생겨나듯 관습과 물건은 앞선 관습과 물건에서 생겨난다."라고 믿는 쪽이었다. 보아스가 제시하는 주장 즉 서로 다른 이유에서 동일한 결과가 나올 수 있다는 '대단히 독창적인' 주장에 "실제로 부합하는 사례는 하나도 없다.", "생물학적 방법론과 수단을 적용하면 할수록 우리 학문은 탄탄한 토대 위에 세워지게 된다."고 답했다.

끝으로 메이슨은 박물관이 보유한 북서쪽 해안 공예품 수집품을 보아스가 살펴볼 수 있게 해주지 못한 데 대해 사과했다. 그러나 이것은 "내가 만든 시스템의 결함" 때문이 아니며 메이슨 자신이 민족학 수집품 부문을 담당하고 있었던 지난 2년 동안 그저 "아메리카 서부 해안에 관심을 기울일 여유가 없었기 때문이었다."라고 밝힌다.[20]

여기에 대해 보아스는 즉각 다시 답하며 날을 세웠다. 서로 다른 지역에서 독립적으로 발명되는 게 흔히 있는 일이라는 견해를 지지하는 증거는 별로 없다고 말이다. 그러나 어쨌든 이건 질문 자체가 잘못되었다고 인정했다. 연장과 도구를 그들의 기능에 따라 하나로 묶게 되면 생각을 잘못된 방향으로 인도할 우려가 있다. 특정 공예품에 의미와 가치를 부여하는 것은 각 지역 사람의 관념이다. 보아스는 이러한 자신의 주장에 관한 사례를 제시한다. 타일러는 주장의 실례로서 울부짖는 소리가 나는 불로러를 가져왔다. 보아스는 큰 소리를 내는 또 다른 단순한 구조의 악기를 제시한다.

> 이 소리는 단지 소음을 만들어 내겠다는 생각에 따라 기술적으로 만든 결과물뿐만이 아니다. 그런 목적뿐만 아니라 종교적인 관념에 입각하여 만든 것이기도 한데, 어떤 소리든 정령을 쫓아낼 때 필요하기 때문이다. 아니면 단지 소리 내는 걸 좋아하는 아이들의 장난감이었을 수도 있고 그 민족 고유의 예술품이었을 수도 있다. 그러니까 똑같이 생긴 도구이지만 인간 심리학의 박물관에서 보면 서로 다른 부문에 속하는 셈이다.[21]

이때 헤비급 비중을 가진 파웰 대령이 논쟁에 끼어들었다. 그는 박물관 전시품은 선택적일 수밖에 없다는 사실부터 지적했다. 전시물 진열 시 고려해야 할 "문제는 두 가지로 좁혀진다. 첫째, 어떤 원리에 입각해 선별할 것인가? 둘째, 어떤 방식으로 진열할 것인가?" 어떤 진열도 최종적일 수 없다. 실제로 국립 박물관은 이동이 가능한 진열 케이스를 사용해 서로 다른 관계를 보여줘야 하는 경우에는 전시품의 자리를 쉽게 바꿀 수 있도록 했다.

파웰은 보아스가 부족별 진열 방식을 선호한다는 점을 지적했다. 그러나 이 방식은 불가능했다. 콜럼버스 당시만 해도 아메리카에는 2만 5천 개가 넘는 부족이 존재했고 "소규모의 사람들이 모여 각각의 부족을 형성했다." 대부분 유목민이었고 부족은 자연스럽레 소멸하거나 서로 합쳐졌다.

그러니까 아메리카 발견 후 100년이 지났을 무렵만 해도 그 부족을 발견했을 시기를 기준으로 순수하고 단일한 혈통에 상실이나 혼잡, 변화가 없는 부족은 존재할 수 없다. 이런 변화는 오래전부터 계속 이어져 왔고 지금도 진행 중이다. 역사상 알려져 있던 대부분의 부족은 흡수되거나 동화되거나 다시 갈라지고 또 갈라져 왔다. 그러니까 지금 시점에 원시 사회든 현대 사회든 한 부족 사회가 영원히 이어지는 경우는 없다.[22]

부족별 진열 방식을 대체할 만한 방식이 있는가? 피부색, 두개골 모양 등을 기준으로 삼는 생물학적 분류법은 실행 가능한 대안이 될 수 없었다. "이런 특징을 기준으로 인류를 분류하는 법은 아직 제대로 확정되지 않았다."라고 파웰은 쓰고 있다. "인류를 철저히 포괄적이고 포용적인 방식으로 인종별로 분류하기는 어렵다."

그렇다면 다른 방법은 어떤 것이 있는가? 언어로 분류할 수는 있으나 "이 방식으로는 대단히 불완전한 분류만 가능하다. 유타주의 파이우트족, 평원에 사는 코만치족, 뉴멕시코의 여섯 푸에블로족…이들은 모두 동일한 어족에 속한다. 그러나 그들의 예술은 몹시 다양하다." 파웰은 결국 "과학으로서의 민족학은 성립할 수 없는데 인류를 그룹별로 분류하려는 시도는 지금까지 모두 실패했기 때문이다…인류의 단일성이야말로 인류학이 도달한 위대한 결론이다."[23]

파웰은 바스티안이 옹호하는, 유형에 따른 지역별 진열 방식이 흥미로운 결과를 낳을 수 있다는 점은 인정했다. 환경적 조건은 문화 발전에 영향을 미치는 게 분명하다. 그러나 그는 보아스의 주장에 반대하는 근본적인 이유가 있었다. 박물관은 공예품을 전시한다. 그리고 공예품은 그 지역에 살던 이들의 생활에서 지극히 일부분만 한정적으로 보여줄 수 있다. "인류의 특징을 드러내는 인간 활동은 예술, 제도, 언어, 의견 혹은 철학 등으로 분류할 수 있다. 이 활동들 중에서 예술 부문만 박물관에 진열되며 그것도 일부만 진열된다. 그러니까 인류학 박물관을 세우는 일은 불가능하다."

보아스는 간단히 대답했다. "파웰 대령과 나 사이에는 의견 차이가 전혀 없다." 단지 오해가 있을 뿐이라고. "파웰은 내가 콜럼버스 이전에 살았던 이들에게서 나온 고고학 수집품에 대해 말하고 있다고 생각하는 듯하다. 그러나 그렇지 않다. 나는 고고학이 아니라 민족학에 관해 말하고 있다. 나는 파웰 대령의 의견에 100% 동의한다."라고 보아스는 쓰고 있다. "하지만 그의 말은 지금 논의 중인 쟁점과 아무 관련이 없다는 점은 지적해야겠다."[24]

미국 국립 박물관 디오라마에서 연기하고 있는 프란츠 보아스.
'은밀한 방에서 나오는 하마츠'라는 제목의 이 장면은
"식인종을 물리치기 위한 콰키우틀 인디언의 예식" 속의 한 대목을 재현한다.
스미소니언 카탈로그에 이 사진의 연대는 '1895년 혹은 그 이전'이라고
표기되어 있다. (스미소니언 협회 승인을 받아 게재)

메이슨은 파웰이 끼어드는 바람에 이 젊은 외국인이 마음에 상처를 입지 않았을까 염려했다. 그는 보아스에게 자신이 「사이언스」지에 다시 한번 답변을 실으면 도움이 되겠느냐고 편지를 보냈다. "번거롭게 하기는 싫지만 제가 할 수 있는 모든 일은 다 할 의향이 있습니다."[25] 실제로 보아스는 마음이 불편했다. 바스티안이 그를 지지하는 개인적인 편지도 보냈지만 보아스는 자기 부모에게 쓴 글에서 이 모든 일로 인해 두통이 생겼다고 털어놓았다.[26] 그러나 자신의 편지가 「사이언스」에 실린 지 사흘 후 보아스는 메이슨의 제안을 받아들여 자신의 민족학 연구 결과를 스미소니언에서 출간하겠다는 편지를 보냈다. 그리고 며칠 후 메이슨은 보아스가 국립 박물관에 제안한 민족학 공예품을 사겠다고 말했다.[27]

1898년 보아스는 뉴욕에 있는 미국 자연사 박물관의 민족학 및 생체학 부문 부副큐레이터로 임명되었다. 그는 지역 중심의 상대적 관점을 도입하고자 애를 썼지만, 월스트리트 은행가 출신에 신탁 이사회 의장을 맡은 모리스 제섭Morris K. Jesup은 허버트 스펜서의 제자이자 열렬한 '진화론자'였다. 1905년에 그 자리에서 사임하면서 보아스는 "우리만 문명의 담지자가 아니며 이 세상 어디서든 인간 정신은 창조적으로 활동해 왔다는 사실"을 일반 대중에게 알려야 할 사명감을 품게 되었다고 말했다.[28]

8장

하버드 피바디 아메리카 고고민족학 박물관
퍼트넘과 가장 오래된 인류학 박물관

애초에 피바디 미국 고고민족학 박물관은 하버드로서는 기쁘게 받아들일 만한 기증품은 아니었다. 기증자는 자수성가한 엄청난 부자인 조지 피바디George Peabody였다. 매사추세츠에 있는 작은 시골의 가난한 집에서 태어난 일곱 형제 중 한 명이었던 피바디는 볼티모어에서 장사를 시작했고 금융업자로 변모했다가 런던으로 가서는 미국인 은행가로 자리 잡고 유명해졌다. 한때 피바디는 자신이 발행한 채권을 메릴랜드주가 거부하면서 심각한 어려움에 부닥친다(개혁 클럽Reform Club[01]에서 그의 가입을 받아주지 않았다). 그때의 일로 그가 세운 회사는 금융위기를 맞아 파산 직전까지 갔다. 그러나 피바디와 그의 은행은 모든 시련을 이겨냈다. 그는 1864년에 은퇴했고, 자기 자본은 모두 빼낸 뒤 회사 경영권을 자기 동료였던 주니어스 모건Junius S. Morgan에게 넘겼는데 그가 바로 훗날 J. P. 모건이라는 거대한 금융제국을 일으킨 J. P. 모건의 아버지였다.

　유년기에 겪은 가난의 영향으로 피바디는 매우 근면했고 부하를 매섭게 굴렸으며 돈을 아껴 썼다. 결혼은 하지 않았다. 은퇴한 뒤로

01　1836년에 설립된 영국 런던에 있는 사교 클럽

는 면모를 완전히 일신해 미국 최초의 거물급 자선가로 나섰다. 남부 주에서는 가난한 이들을 위한 주택건설사업과 교육시설 설립사업에, 동부 해안 지역에서는 박물관 건립 사업을 위해 기부했다. 그럴 만한 충분한 재력이 있었다. 1869년 사망할 당시 그의 재산은 1천 6백만 달러에 이르렀는데 그 당시로는 깜짝 놀랄 만한 수준의 금액이었다.

피바디 박물관의 탄생

1866년 하버드와 예일에 세워진 피바디 박물관은 최첨단 과학 분야를 위해 건립되었다. 이 박물관들은 피바디의 조카이자 리엘과 다윈의 제자로 나중에 예일에서 고생물학 교수가 되는 오스니얼 찰스 마시Othniel Charles Marsh가 제안하여 세워졌다.[01] 마시는 두 가지 방면에서 과학적인 열정을 품고 있었는데, 공룡과 선사시대 미국 중서부 지층 연구가 그것이었다. 예일에 있는 피바디 자연사 박물관은 그가 갖고 있던 공룡 수집품을 받아 소장했다. 하버드는 미국 선사시대 연구와 보존을 담당하기로 했다.

"미국 고고학에 관한 나의 관심은 얼마 전 『인간의 고대성Antiquity of Man』을 출간한 찰스 라이엘Sir Charles Lyell에게서 힘입은 바가 큰데 런던에서 그를 만났을 때 그는 나에게 미국에서 이 분야를 새로 연구해 보라고 강력한 어조로 요청했다."라고 마시는 회상한다. 미국으로 돌아온 그는 예상대로 고고학 연구를 시작한다. 그리고 그의 머릿속을 섬광처럼 스쳐 지나가는 생각이 있었다. "케임브리지에 피바디 박물관을 세워야겠다는 생각은 1865년 10월, 오하이오 뉴어크Newark에 있는 고대 무덤 발굴 중 처음으로 떠올랐다. 그날 밤 나는 런던에 있는 내 삼촌 피바디 아저씨에게 그런 박물관을 세우자는 내용의 편지를 썼다."[02] 피바디는 마지못해 하버드에 피바디 미국 고고

민족학 박물관을 세울 자금으로 15만 달러를 보냈다.

　하버드 총장은 이 선물은 받아들이는 게 최선이라고 생각했지만 이 연구 주제는 "대학과 커뮤니티 구성원들이 흥미롭거나 중요하다고 받아들이지는 않을 듯하다."라고 판단했다.[03] 그 당시 고고학은 고대 유럽 문명을 문서로 정리하고 가치를 책정하는 일이었는데 그 일은 매우 고상하게 여겨졌다. 그러나 보스턴과 케임브리지 상류 사회에서는 콜럼버스 이전의 북아메리카 역사에 관한 관심이 부족했을 뿐만 아니라 심지어 경멸하는 분위기까지 팽배해 있었다. (대영박물관에서 앵글로색슨족과 켈트족 고대 유물을 다루는 일을 멸시하듯이.)

　워싱턴과 스미소니언 협회는 미국의 새로운 미개척지Frontier인 서부에 집중했다. 보스턴과 하버드는 동쪽, 즉 유럽을 향했다. 1879년 보스턴에서 세워진 미국 고고학 협회는 고전주의자들이 장악하고 있었다. 그들이 처음 추진한 프로젝트는 아테네에 고전 연구를 위한 미국 학교를 세우는 일이었다. 하버드대학 예술학 교수이면서 미국 고고학 협회 창립자 겸 회장이었던 찰스 엘리엇 노턴Charles Eliot Norton은 단테 『신곡』 연구의 권위자이자 고딕 양식 예술과 건축을 열렬히 흠모하는 존 러스킨John Ruskin의 제자였다. 그는 헨리 애덤스Henry Adams의 동료이기도 했는데 또 다른 친구였던 헨리 제임스Henry James는 노턴이야말로 미국에서 "문화를 대변하는 인물"이라고 말하면서 그를 "이제 새로 생겨나 비상하면서 돈을 한창 끌어모으고 있는 민주주의 국가에서…가장 필요한 문화적 사명"을 감당할 자라고 추켜세웠다.[04]

　노턴은 피바디 미국 고고민족학 박물관 큐레이터 프레데릭 퍼트넘Frederic Putnam이 미국의 저명한 인류학자 루이스 헨리 모건Lewis Henry Morgan에게 보낸 편지에서는 조금 다르게 묘사된다. 퍼트넘은 노턴이 "사회적인 영향력이 큰 인물"이며 "여기 케임브리지 지역에서 아주 멋진 집과 넓은 땅을 소유한 부자"라고 쓰고 있다.

> 제가 보기에 그는 지금까지는 미국 고대 유물이나 민족학에 관심을 보이지 않지만 고전 예술에 상당히 조예가 깊어요. 제가 알기로 그는 피바디 박물관 안에 들어와 본 적은 없고 제가 지금 하고 있고 하려는 일에 대해서도 전혀 알지 못합니다. 만약 선생님께서 그를 설득해 예전에 아메리카에 살았던 민족들 연구에 관심을 갖게 해주시면 정말 좋겠습니다. 그는 케임브리지와 보스턴에서 상당한 영향력이 있고 많은 이들이 그를 지지할 것이기 때문입니다.[05]

그러나 루이스 헨리 모건도 노턴을 설득하지는 못했다. "저는 미국 고고학에 큰 관심은 없습니다(물론 협회장이기에 이런 말을 대놓고 할 수는 없겠지만요)."라고 노턴은 토마스 칼라일Thomas Carlyle에게 보낸 편지에서 말한다. "하지만 그리스에는 관심이 꽤 많습니다. 그들의 사려 깊은 사상과 생활 양식이 오늘날 젊은이들에게 영향을 많이 미치면 미칠수록 미래 세대에게 유익하리라 믿습니다."[06]

커티스 힌슬리는 1880년 5월 보스턴에서 열린 미국 고고학협회 회의에서 있었던 인상적인 논쟁에 관해 이야기한다. 노턴이 의장으로 앉아 있었다. 보스턴 지역 지배계층 사람들이 다 자리하고 있었다. 스미소니언 협회의 파웰 대령이 초청 연사였는데 그는 콜럼버스 이전 시대의 고대 유물을 수집하고 연구할 필요성에 대해 열변을 토했다. 청중은 둘로 갈라졌다. 어느 쪽을 우선시해야 하는가? 유럽 고대 유물 시장에 나와 있는 물품은 점점 희소해지고 비싸지고 있었다—구매부터 해야 하는가, 선사시대 아메리카 인디언 거주지 발굴이 더 급한가?

보스턴 사회의 저명한 지식인 찰스 퍼킨스Charles Perkins가 나서서 구세계에 먼저 집중해 "우리 박물관에 진열해 둘 물건을 잡아야 한다."라고 주장했다.[07] 어떤 신사는 "우리에게 유익한 지식은 원시인에 관한 지식이 아니라 우리 앞에 존재했던 세련되고 교양 있는 인종에 관한 지식"이라고 외쳤다. 몇몇 연사들은 인디언이 만든 "항아리, 부엌에서 쓰는 용품, 도끼 전부 다" 가치가 없다고 말했다. 피바디 박물관 큐레이터였던 퍼트넘은 고고학협회가 미국에 존재하는 한 "이 협회가 추구하는 목적이 '민족학'이라면…이제 이 분야 연구를 시작해야 하며 미국은 이 연구를 하기에 좋은 곳"이라는 실용적인 발언을 했다. (그러나 그는 만약 위원회가 고고학을 "최고로 발전한 예술"을 추구하는 분야라고 생각한다면 유럽에 집중해야 한다는 것을 인정했다.)

아메리카 부족 연구에 관해 더 사려 깊은 논의를 진행하는 일은 흠잡을 데 없는 보스턴 혈통에 북아메리카 역사에 관한 여러 권의 책을 펴낸 프랜시스 파크먼Francis Parkman에게 맡겨졌다. 파크먼이 당시 인디언들에게 공감하고 있었던 것은 아니었다. 그는 진보에 대해 특히 어떤 비평가의 표현을 빌리면 "프로테스탄트 앵글로색슨 문명"의 진보에 대해 열렬히 신봉하고 있었다.[08] 젊었을 때 그는 베스트셀러 여행기인 『오레곤 트레일: 대초원과 로키산맥 지역 사람들에 대한 스케치The Oregon Trail; Sketches of Prairie and Rocky-Mountain Life』를 출간했는데 그 책에는 인디언의 삶에 대한 수많은 비판이 담겨 있었다. 파크먼은 아메리카 인디언은 그 자체로 연구할 만한 가치가 있는 것은 아니라고 보았다. 다만, 그들의 존재가 "인류 문명의 진보라는 대단히 중요한 가치를 가진 질문"을 제기하기에 의미가 있다고 보았다.[09]

'다윈주의 박물관'이 일으킨 논란

이 모든 것이 상당히 민감한 문제였다. 진보는 좋지만 다윈주의는 논란이 많은 주장이었고 무엇보다 반反종교적이었다. 하버드대학 내에서도 의견이 갈렸다. 학부생들은 하루에 두 번씩 의무적으로 채플에 참석해야 했고 창조론자들이 성서처럼 귀중하게 생각하는 윌리엄 페일리William Paley의 『자연 신학 혹은 신성의 존재와 속성에 관한 증거Natural Theology or Evidences of the Existence and Attributes of the Deity』가 수업 필수 교재이던 때였다. 그러나 하버드가 간직해 온 신학적이고 고전주의적인 전통은 도전받고 있었고 얼마 전에는 학부에 과학 단과대학이 설립되었다.

미국 자연 과학계를 선도하던 세 명의 과학자는 하버드대 교수였고 세 명 모두 자신만의 과학 관련 수집품을 보유하고 있었다. 아사 그레이Asa Gray는 식물학 교수이자 하버드 식물원 원장이었다. 하버드 동물학과 지질학 교수였던 루이스 애거시스Louis Agassiz는 비교 동물학 박물관의 설립자이자 원장이었다. 해부학 교수이자 고릴라 연구 전문가인 제프리스 와이먼Jeffries Wyman은 비교 해부학 박물관 큐레이터였다. 세 명 모두 과학계에서는 세계적인 명성을 얻고 있었다. 그러나 그들 모두 다윈의 이론에 동의하는 것은 아니었다.

미국 과학자 중에 다윈을 최초로 지지하고 나선 이는 아사 그레이였다. 1861년, 『종의 기원』이 출간된 직후 그는 "자연 선택은 자연 신학과 불일치하지 않는다."라는 제목의 논문을 썼다. 다윈은 영국에서 자비로 그 논문을 출간해서 여기저기 배포했다. 다윈은 찰스 라이엘에게 보낸 편지에서 "내 생각에 아사 그레이보다 사태 전체를 잘 파악하고 있는 이는 없으며 그는 고귀하게 싸우고 있습니다."라고 쓰고 있다.[10] 그러나 다윈은 진화의 신학적 의미에 관해서라면 그레이의 입장에 조심스러울 수밖에 없었다. "제 견해가 무신론적이지는 않다는 당신의 의견에는 당연히 저도 동의합니다."[11] 그러나 그레이가 계속 압박했음에도 불구하고 자연 세계가 신의 계획에 따라 펼쳐진다는 교리에 다윈은 동의하지 않았다.

루이스 애거시스는 다윈주의를 거부했다. 7대째 스위스 프로테스탄트 목사를 배출한 집안의 후손이었던 그는 뮌헨에서 의학을 공부했고 파리에서는 퀴비에Cuvier나 훔볼트Humboldt와 교분이 있었으며 스위스에서 자연사 교수가 되었다. 그는 1846년 보스턴에 있는 로웰 연구소Lowell Institute에서 '동물계에서 드러나는 창조의 계획'이라는 제목으로 일련의 강연을 했다. 그의 설명에 따르면 창조는 "전능한 지성의 사려 깊은 생각에 따라 형성된 지적인 계획"이다.[12] 이 복음을 듣기 위해 5천 명이 몰려들었다. 모든 강연은 두 번째 청중을 위해 다시 반복되어야 했다.

하버드는 애거시스를 위해 즉시 교수 자리를 마련했다. 그는 파리 식물원 내에 퀴비에가 세웠던 자연사 박물관을 모델로 자신이 세운 비교 동물학 박물관을 위해 보스턴 상류층 사람들로부터 막대한 돈을 기부받았고 매사추세츠 의회에서 지원금까지 받아냈다. 또한, 매우 뛰어난 자질을 갖추고 있을 뿐만 아니라 보스턴에서 상당히 넓은 인맥을 가진 엘리자베스 캐봇 캐리Elisabeth Cabot Cary와 결혼했는데 그녀는 그를 뉴잉글랜드의 오래된 재산가 그룹에 소개하는 역할도 했다(애거시스가 죽은 후 그의 아내는 래드클리프 대학[02]의 첫 번째 총장이 되었다.)

1860년 1월 그레이는 다윈에게 보낸 편지에서 애거시스가 "대중

---

02 1879년에 창립된 매사추세츠 주州 케임브리지의 명문 여자대학. 하버드대학과 밀접한 관계가 있고 졸업자는 하버드 졸업자와 동등한 자격이 있는 것으로 간주된다.

강연 중에 당신의 책을 무신론적이라고 비난하는 바람에 당신의 책이 더 많이 팔리게 되었어요! 아마 「월간 아틀란틱」에도 비판하는 글을 실을 모양이에요. 그 책이 그에게는 상당히 거슬리나 봅니다. 제가 그의 이론과 당신의 이론을 비교 대조하는 것도 한층 거슬릴 거예요."라고 썼다.[13]

오래된 정통 교리에 충실한 애거시스는 이 세상에는 신이 창조하신 불변하는 생물 종들이 살고 있다는 젊고 안정된 우주론을 믿고 있었다. 그는 종교적 신념에 투철한 인간이 분명했지만 다윈을 그토록 완고하게 반대한 것은 성마르고 권위적이고 굽힐 줄 모르는 그의 기질에 기인한다.[14] 그레이는 애거시스가 대중영합적이라면서 다음과 같이 비판했다. "그는 항상 대중을 대상으로 글을 쓰고 말한다. 제대로 판단할 능력이 없는 재판부에 호소하는 형국이다."

두 교수 간의 관계는 최악으로 치달았다. 1864년에는 뉴헤이븐에서 출발한 기차 안에서 여러 사람이 보는 앞에서 언쟁을 벌였다. 그레이가 애거시스를 "노 젠틀맨no gentleman"이라고 부를 지경이었다. 결투를 벌이자는 말까지 나왔다.[15]

그러나 그레이는 다윈에게 보낸 편지에서 하버드에 있는 또 다른 자연 과학자 제프리스 와이먼은 다윈이 제시한 새로운 이론에 대해 전혀 다른 반응을 보인다고 썼다. "와이먼-대단히 훌륭한 판단력을 갖추고 있을 뿐만 아니라 이 이론으로 완전히 전향하지는 않았지만 이 이론에 충격을 받은 이-은 당신의 책이 '우레처럼 강력하다'면서 '철저히 과학적이면서도 철학적인 책'이라고 평가했습니다."[16]

신사적이며 열린 정신을 지녔을 뿐만 아니라 현장 생물학 분야에서 큰 명성을 얻은 와이먼은 다윈이 수집해 제시하는 세부적인 관찰 결과에 깊은 인상을 받았다.[17] 다윈 역시 와이먼의 전문적인 식견을 존중했다. 『종의 기원』 개정판 작업을 진행하면서 다윈은 그레이더러 와이먼의 도움을 빈게 해달라고 요청했다.

둘 사이에 서신 왕래가 시작되었고 다윈은 와이먼에게 아메리카의 동물군에 대해 질문했으며 자연 선택에서 색상이 미치는 영향에 대한 와이먼의 견해를 구하기도 했다. 와이먼은 아메리카 돼지 중에서는 "오직 검은색 변종만 페인트-루트paint-root라는 특수한 식물을 먹어도 발굽이 빠지지 않습니다."라고 대답했다. 다윈은 이 말을 『종의 기원』 제3판에 포함시켰다.[18]

하버드에 기부하는 건에 대해 생각하던 조지 피바디는 애거시스와 접촉하려고 시도했음에도 애거시스는 그를 만나주지 않았다(나중에 그는 피바디가 그 박물관에 자신의 이름을 넣어야 한다고 고집했기 때문에 그랬다고 밝혔다).[19] 피바디는 자신이 세우는 하버드 박물관은 "최근에 뜨겁게 토론되고 있는 동물계와 인류의 발전 과정이라는 중차대한 질문"을 다루어야 한다고 천명했다.[20] 즉, 이 박물관은 다윈주의에 입각한 박물관이 되어야 하는 셈이었다.

모여드는 미국의 유물들

'피바디 미국 고고민족학 박물관'이라는 이름 그대로 이 박물관은 미국 고대 유물에 집중하기로 했다. 하버드의 다윈주의자였던 그레이와 와이먼이 신탁 관리 이사로 임명되었는데 같이 임명된 이사진으로는 매사추세츠 고위층 인사로서 하원 의장을 지냈고 피바디 교육재단 이사장까지 역임했던 로버트 윈스럽Robert Winthrop, 피바디의 조카 두 명, 미국 6대 대통령이자 스미소니언 협회의 대부인 헨리 애덤스의 할아버지인 존 퀸시 애덤스도 있었다.

새로 생긴 박물관은 아주 적절한 시기에 세워졌다. 루아르 계곡[03]과 영국 데번주州에서 주목할 만한 선사시대 유물이 발굴되었다. 찰스 라이엘이 쓴 『인간의 고대성에 관한 지질학적 증거』가 1863년에 출간되었고 1865년에는 존 러벅이 쓴 『선사시대』가 나왔다. 다윈은 인간 진화에 관한 급진적인 주장을 준비하고 있다고 알려져 있었다(그가 쓴 『인간의 유래』는 1871년에 출간되었다). 1867년에 런던을 방문한 헨리 애덤스는 다윈이 "영국 사회에 경기를 일으키는" 광경을 직접 눈으로 확인했다.[21]

이제 막 태동기에 들어선 피바디 박물관의 신탁 운영진은 전 세계에 기증품을 보내 달라고 요청하는 안내문을 작성했는데 그들이 기증품을 요청한 분야는 아래와 같다.

1. 석기류: 도끼, 둥근 끌, 끌, 곤봉, 절굿공이, 봉돌, 인디언 도끼, 막자사발, 화살촉, 창의 끝

2. 도자기류: 꽃병, 항아리, 파이프, 그릇, 장식용 조각상

3. 민족학 자료: 활, 화살, 화살통, 창, 나무 딸랑이, 북, 방패, 눈신, 칼, 통나무집, 약 담아 두는 가방, 담배쌈지, 요리 도구, 의류

4. 생체학 자료: 미라, 유골, 특히 두개골과 긴뼈

5. 고대 유물: 페루, 멕시코, 칠레, 중앙아메리카에서 나온 그림, 조각, 주물

6. 에스키모, 푸에고 제도[04] 사람, 파타고니아인이 만든 물품이나 그들과 관련된 물품[22]

---

03 프랑스 중부 루아르 강 중간 지역에 280㎢ 넓이로 펼쳐져 있는 계곡

04 푸에고 제도 - 남미 남단의 군도 현재는 아르헨티나와 칠레가 공동 통치 중이다.

와이먼이 빅물관 큐레이터로 임명되었다. 1868년 신탁관리위원회에 제출한 첫 번째 연례 보고서에서 그는 "이 박물관의 설립 취지에 부합하는 다양한 물품이 수집되고 있으며 현재 비교 해부학 박물관의 제3 보일스턴 홀Boylston Hall에 임시 보관 중이다."라고 썼다. 여기서 말하는 '다양한 물품'에는 "북미 인디언 두개골과 유골, 다른 인종의 두개골, 석기류 몇 종, 항아리류 여러 점" 등이 포함되어 있었다. 그 뒤로 기부자들이 계속 다른 품목을 보내왔는데 여기에는 페루와 샌드위치 제도[05]에서 가져온 두개골도 포함되어 있었다. ("이들은 비교 연구를 위해 대단히 유익하다."라고 와이먼은 신탁관리위원회에 강조하고 있다.[23])

와이먼은 석기 시대 유물을 찾을 수 있으리라는 기대를 품고 중서부 지역 발굴 사업도 기획했으며 유럽에서 선사시대 수집품도 구매했다. 그가 신탁관리위원회에 한 말에 따르면 "구세계와 신세계의 석기 시대 도구를 직접 비교하는 방안을 마련하려는 목적"이었다.[24] 계획은 그토록 야심 찼으나 와이먼은 소심한 사내였고 건강이 좋지 않았으며 무엇보다 예산이 너무 부족했다. 1874년 그가 사망했을 때 아사 그레이는 그가 "특별한 지원도 없이 쇠약한 몸과 열악한 예산으로…빛이 나지도 않는데…빈곤 속에서 묵묵히" 훌륭하게 사업을 추진했다고 말했다.[25]

와이먼이 죽은 후 하버드 피바디 박물관 임시 관장직을 맡은 그레이는 후임자를 물색하기 시작했다. 가장 유력한 후보는 근처 세일럼 Salem에 위치한 자연사 민족학 박물관의 관장인 프레데릭 퍼트넘이었는데 그 박물관도 피바디의 자금을 받아 운영 중이었다. (이 박물관은 피바디의 또 다른 조카이자 세일럼 출신이었던 조지 피바디 러셀George

---

05 샌드위치 제도Sandwich Islands - 하와이 제도의 옛 이름

Peabody Russell의 요청으로 세워진 세 번째 피바디 박물관이다.)

퍼트넘의 반란

1640년 영국에서 이주해 온 존 퍼트넘의 후손이었던 프레데릭 워드 퍼트넘은 1839년 세일럼에서 태어났다. 자신과 거의 동시대인이었던 존 웨슬리 파웰과 마찬가지로 퍼트넘 역시 비정규 교육만 받았지만 일찌감치 자연사에 흥미를 보였다. 17살에 도서관과 박물관까지 보유한 에식스 인스티튜트Essex Institute라는 어느 지역 학회에 가입했는데 그 박물관에서 그는 조류 수집품 담당 큐레이터가 되었다. 몇 달 후 퍼트넘은 하버드(그의 아버지, 할아버지, 증조할아버지가 공부했던 곳이기도 하다)에서 애거시스와 같이 일하기 위해 이사를 했다. 그는 애거시스와 함께 7년 동안 자신에게 매우 유익했지만 힘겹고 고달픈 세월을 보냈다.

애거시스는 수업 시간에 학생들에게 영감을 미쳤다. 헨리 애덤스는 자신의 학부 시절을 회상하면서(언제나 그렇듯 3인칭으로 서술하고 있는데) "그의 상상력을 자극하는 강좌는 빙하기와 고생물학을 가르친 루이스 애거시스의 강의가 유일했으며 대학에서 받은 다른 모든 수업을 합친 것보다 더 강력하게 호기심을 자극했다."[26]

그러나 애거시스는 같이 지내기 까다로운 동료였고 권위적인 학과장이었다. 그는 하버드 인문학자들이 풍기는, 동료애가 물씬하면서 영국을 예찬하는 클럽 같은 분위기를 좋아하지 않았다. 그는 모름지기 자연 과학을 전공하는 교수라면 위계질서가 잡힌 독일이나 프랑스의 연구 중심 대학 스타일을 취해야 한다고 생각했다. 애거시스는 자신이 세운 박물관을 이런 생각에 따라 운영했다. 이런 식으로 운영하면 이 박물관으로 인해 과학 분야에서 하버드의 위상을 높일 수 있다고 봤으며 또한 이 박물관이 종교의 성지로 자리 잡아야 한다고 생각했기에 "우리 박물관이 추구하는 위대한 목표는 최고의 절대 지성이 자신을 드러낸 징표인 동물계 전체를 다 보여주는 것"이라고 천명했다.[27]

애거시스의 학생 조교들은 이 대의명분에 따라야 했다. 그들은 독립적으로 글을 발표해서는 안 되었고 반反다윈주의 노선에 서야 했으며 인류는 별도로 창조되었으므로 본질적으로 다른 동물과 차이가 난다는 애거시스의 견해를 따라야 했다. 이것은 특히 미국 남북전쟁 기간[06] 중에 많은 논란을 일으킨 이슈였다. 1863년에 마침내 반란이 일어났다. 애거시스의 첫 번째 학생 조교 중 대다수가 반발해 나가 버렸고 그때 새로 생긴 세일럼 피바디 박물관에서 그들을 전부 받아주었다. 그레이 교수 강좌를 들었을 뿐만 아니라 휘트니Whitney와 함께 고고학 발굴 작업에도 참여했던 퍼트넘이 이 반란의 리더였다.[28] 아사 그레이가 세일럼 박물관 신탁관리위원이었다. 1875년 그는 세일럼 박물관에 있는 퍼트넘을 데려와 하버드 피바디 박물관 관장직을 맡겼다.

퍼트넘은 아메리카 선사시대 연구에 신경을 많이 썼지만 잘못된 길에 들어서고 말았다. 와이먼처럼 유럽에서 드라마틱하게 발견된 선사시대 유물에 깊은 인상을 받았던 그는 미국에서도 석기 시대 유적지를 발견하고 근대 이전 인간 유골도 발견할 수 있으리라 생각했다. 그러나 미국에서 석기 시대 정착지나 무덤을 찾기란 매우 어려웠다. 퍼트넘은 뉴저지에 있는 자기 농장에서 석기 시대 유적을 발견했다고 주장하는 외과 의사이자 독학으로 골동품 전문가가 된 찰스 애벗 Charles C. Abbot에게 발굴 자금을 지원했다. 하지만 이 도박은 애벗이

---

06 1861~1865년

박물관 자금으로 어느 구두 수선공에게 사들인 수집품이 가짜로 판명나면서 참담하게 막을 내렸다.

퍼트넘은 30년 동안 뉴저지 트렌턴Trenton 지역에 있는 빙하 자갈 지역 발굴 사업을 지원했다. "그는 빙하기에 이 대륙에서 사람이 살았다는 확신을 품고 살다가 죽었다."라고 전미 과학원을 위해 퍼트넘 전기를 쓴 미국 고고학자 앨프리드 토저Albred Tozzer는 쓰고 있다.[29]

그러나 스미소니언 고고학자 윌리엄 헨리 홈스William Henry Holmes는 퍼트넘의 발견물은 상당수가 최근 것이라고 주장하면서 퍼트넘과 애벗이 "어느 인디언이 하루 만에 만든 것"을 근거로 "만 년 동안 문화 진보 과정을 만들어 냈다."라고 결론 내렸다.[30] 퍼트넘 사후, 스미소니언 협회 인류학자 알레스 흐르들리카Aleš Hrdlička는 퍼트넘이 발견한 인간 유해 중 상당량은 근대 델라웨어 인디언 공동체에서 나온 것으로 확정했다. 따뜻한 기후가 시작되었던 11,200년 이전 시기 북아메리카에서 형성된 고고학 유적지는-어느 저명한 학자의 표현을 빌리면-"매우 희귀하거나 아예 존재하지 않는다."[31]

퍼트넘의 공상

일부 골동품 전문가는 아메리카 고대사에 관한 대안적인 이론에 매료되었다. 그 이론은 땅에 만들어져 있는 신비한 언덕과 관련되어 있다. 1770년 토머스 제퍼슨은 몬티첼로Monticello에 있는 자기 집 근처에서 고대 봉분을 발굴했다. 오하이오 계곡에서도 그와 비슷하게 생긴 봉분이 몇 개 나왔다. 그곳에서 발굴을 진행하던 피바디의 조카 오스니얼 마시는 '아메리카 선사시대 박물관을 세우면 어떨까?'라는 생각에 이른다. 봉분은 플로리다, 뉴멕시코, 미시시피 분수령 지역에서도 나타났다. 봉분 발굴 작업을 통해 유해는 물론 놀라울 만큼 뛰

박물관의 그림자

어난 공예품도 다수 출토되었다. 조지프 헨리가 직접 편집을 맡은 학술 논문 시리즈 '스미소니언 지식 총서'의 첫 번째 책이 바로 무덤에 관한 선구적인 연구서인 『미시시피 계곡의 고대 기념물Ancient Monuments of the Mississippi Valley』이었다.

"진흙, 조개껍데기, 운모, 천연구리 등으로 만든 정교한 공예품이 포함된 이곳의 출토품들은 아메리카 원주민 문화는 모두 원시적이라는 믿음에 도전한다."라고 현대의 권위자 브루스 트리거Bruce Trigger는 쓰고 있다.[32] 이 지역은 발달한 문명, 즉 멕시코의 톨텍Toltec 인디언[07] 유적지와 관련된 것은 아닐까? 아니면 그보다 훨씬 더 오래된 유적지로 영국 브릭섬Brixham 동굴이나 도르도뉴Dordogne[08]의 구석기 시대 유적지와 같은 시기일 수도 있다. 이쯤 되자 아주 감질나는 생각이 퍼져나갔다. 이 봉분은 선사시대 바이킹 유적지의 흔적일 수도 있고, 심지어 그보다 더 오래전 유럽에서 원주민들에게 밀려 떠나온 개척자들의 유적이라고 볼 수도 있는 것이 아니냐는 생각이었다. 그렇다면 미국 서부에 처음 정착한 자들은 유럽인들이 아닐까?[33]

퍼트넘도 이런 공상에 휩쓸렸다. "아주 오랫동안 나는 멕시코와 중앙아메리카 문명은 외부에서 유입된 게 분명하다고 주장해 왔습니다."라고 그는 1900년에 프랑스계 미국인 자선가이자 골동품 전문가인 루바 공작Duke of Loubat에게 보낸 편지에서 쓰고 있는데 그래서 "나는 오하이오 계곡에 있는 그 거대한 언덕을 건설한 자들은 멕시코에서 초기에 갈라져 나온 일파라고 봅니다."[34] 그는 오하이오에 있던 봉분을 발굴했고 보스턴의 부유한 여성들에게 드라마틱한 형

---

07   톨텍 인디언 - 10세기경 멕시코에서 번영했던 인디언

08   도르도뉴 - 프랑스 중부 지명. 이곳에서 1940년 발굴된 라스코 동굴에는 구석기 시대에 그려진 것으로 추정되는 동물 벽화가 있다.

상의 '뱀의 언덕Serpent Mound'[09]이 있는 땅을 구매하라고 추천하기도 했다. (이곳은 피바디 박물관에 기증되었고 나중에 오하이오 주립공원이 되었다.)

루이스 헨리 모건은 이런 공상을 받아들이지 않았다. "오하이오 계곡에 있는 언덕을 만든 부족은 아메리카 인디언들이다."라고 그는 쓰고 있다. "그 외 다른 가정은 성립할 수 없다."[35]

그럼에도 몇몇 의원들은 민족학 사무국에 조사를 요청했다. 1878년 여름, 퍼트넘과 파웰 대령은 2주간 테네시주에 있는 봉분 발굴을 감독하며 지냈다.[36] 파웰은 금세 모건의 의견에 동의했다. 그는 1885년 「사이언스」지에 기고한 글의 제목을 직설적으로 '인디언들이 봉분을 세운 자들이다'라고 달았다.[37] 1890~1891년 민족학 사무국 연례 보고서에서는 "이 낭만적인 공상이 널리 퍼져 흔히 말하는 '잃어버린 민족'과 관련된 공상이 얼마나 많은 이들의 상상력을 자극해 왔는지 모른다."라고 파웰은 쓰고 있다. "100년 넘는 세월 동안 사라진 나라의 유령이 이 대륙의 광활하고 고독한 땅 위로 배회하고 있었으며 숲에 덮인 봉분은 그 나라의 왕과 귀족들을 위한 신비한 무덤으로 간주해 왔다. 무척 매혹적인 추측이었다." 파웰은 스미소니언 고고학자인 사이러스 토마스Cyrus Thomas에게 이 일을 더 조사해 보라고 맡겼고 그가 이 신화를 결정적으로 무너뜨린다.[38]

이후로 봉분은 아메리카 인디언인 아데나Adena족과 호프웰Hopewell족이 세운 것이라는 의견이 정설로 굳어졌다. 초기 유적지는 기원전 800년경까지 거슬러 올라간다.[39] 그 뒤로 퍼트넘은 더 근사한 유적인 고대 마야 유적 연구를 위해 보스턴 상류층 기부자들의

---

09 오하이오주 피블스Peebles에 있는 길이 411m, 높이 1m가량의 조형 언덕으로 선사시대에 만들어진 것으로 추정된다.

관심을 유발하는 데 성공했다.[40] 그는 이 문명도 유럽에서 왔다는 믿음을 고수했다.

퍼트넘, 고고민족학을 주도하다

1877년 피바디 수집품은 새로 지은 박물관 건물로 이전되었고 대중에게 공개하기 위해 진열되었다. 최근의 피바디 박물관 관장인 루비 왓슨Rubie Watson에 따르면 초창기였던 당시에는 "피바디 스태프는 수집품을—즉, 수집품 전체를—1차적으로는 지역-문화권별로(예를 들어, 북미, 스위스 호수 지역, 태평양 제도) 배열하고 그다음으로는 물품의 유형이나 기능별로(예를 들어, 막자사발, 돌도끼, 도자기) 배열하는 데 신경을 썼다."[41] 이것은 프랭크의 지도하에 대영박물관이 채택한 지역별 배치와 기능 중심의 자연사 스타일의 분류 방식 사이에서 절충하려고 했음을 뜻한다. 그러나 관람객들에게는 명확한 설명이 전달되지 않았다. "수천 점의 공예품이 아주 작은 라벨이 붙어있거나 라벨이 전혀 붙어있지 않은 채 전시되었다."라고 왓슨은 쓰고 있다.

1878년경 퍼트넘은 "오래전부터 만들어진 발명품, 예술품, 제작물 등에서 드러나듯이 인간이 문명을 향해 나아간 발전 과정을 보여주기 위해" 피바디 수집품을 재배치하고자 했다.[42] 1880년 1월, 그는 루이스 헨리 모건에게 피바디를 방문해 달라고 요청했다. "박물관에 미국 고대 유물 중 가장 크고 중요할 뿐만 아니라 어떤 면으로 봐도 진품인 수집품을 모았습니다. 이렇게 말하는 게 너무 강한 표현처럼 보일 수도 있지만 저는 이미 다른 박물관들의 수집품을 다 봐서 알고 있습니다."[43]

그는 1891년에 신탁관리위원회에 제출한 연례 보고서에서 피바디 박물관이 "비문명권 사람들에게서 가져온 이질적인 고대 유물과 수집품을 과학적으로 배치하는 작업을 완수했다."라고 주장했다.[44] 이

건 너무 많이 나간 발언이었다. 박물관의 진열에 적용된 일관된 이론 따위는 없었다. 퍼트넘은 박물관 진열품을 진화론에 근거해 재배열하지도 않았다.

1887년 하버드는 퍼트넘을 미국 고고민족학 피바디 석좌교수로 임명한다. 이 자리는 20년 전 박물관의 신탁 약관에 이미 마련되어 있었지만 하버드로서는 퍼트넘이 그 자리에 앉을 만한 자질이 되는지 확신하지 못했다. "총장님도 알고 계시다시피 저는 퍼트넘의 역량에 대해 신뢰하지는 않습니다."라고 애거시스의 아들 알렉산더는 하버드 총장에게 편지를 썼는데 "하지만 그는 정직하고 근면하고 탁월한 큐레이터이며…저는 그가 교수가 되는 것에 대해서만 반대합니다."[45]

그러나 피바디 석좌교수로 임명된 이후 퍼트넘은 규모는 작지만 점점 큰 인기를 얻고 있던 이 학문 분야에서 주도적인 학자가 되었다. 그는 중세 시대 주교처럼 여러 지위를 계속 꿰차기 시작했다. 1873년에는 미국 과학발전협회의 종신 총장이 되었는데 그 뒤로 25년간 영향력 있는 이 자리를 계속 차지하고 있었다.[46] 퍼트넘은 하버드대 교수 자리를 내려놓지도 않은 채 시카고와 뉴욕의 교수 자리도 획득했으며 버클리에서는 피비 허스트 박물관Phoebe Hearst Museum에서도 직위를 얻었는데 보아스가 가고 싶어 했던 자리였다.

1889년, 미국 국립 박물관 민족학 부문의 큐레이터 오티스 메이슨은 파리에서 파리 민족학 박물관 수장인 어니스트-테오도르 해미를 만난 후 퍼트넘에게 약간 놀리는 듯한 편지를 보냈다.

파리에서 너와 닮았고 너처럼 말하고 너처럼 걷는 해미 박사를 만나니까 네 생각이 천 번도 넘게 나더라. 그는 모든 일에 관여하는 사무총장이고 파리

인류학자들 사이에서는 중요 인사여서 그가 도착하기 전에는 회의를 시작하지도 않더라고. 그리고 너랑 계속 비교하자면 그도 가끔 지각을 해.[47]

파웰 대령은 퍼트넘에게서 깊은 인상을 받지 못했다. "내가 보기에 그는 글씨체도 엉망이고 과학계에 인맥은 넓고 자기 앞길을 잘 열어가긴 하지만 판단력을 신뢰하기는 어렵다."[48] 하버드에서 그에게서 처음 수업받은 학생 중 한 명이었던 존 스완튼John Swanton은 퍼트넘에 대해 "현장 연구는 한정적이어서 그가 미국 고고학계에 기여한 것이라고는 그 분야를 널리 알리고 피바디 박물관을 세웠다는 정도"라고 비판했다.[49]

미국 인류학계에서 퍼트넘은 프란츠 보아스의 후원자였다는 사실 때문에 유명해졌다고 할 수 있다. 전해지는 이야기에 따르면 퍼트넘은 스미소니언의 진화론자들과 대립하던 반反진화론적 인류학자이자 젊은 독일인 보아스를 옹호했을 뿐만 아니라 그 뒤로 초래된 위기 상황 속에서도 그가 경력을 이어갈 수 있게 도와줬다. 그들 간의 관계가 맺어진 초창기에는 보아스 역시 이런 이미지에 걸맞게 처신했는데 자신을 퍼트넘의 '고아 소년orphan boy'이라고 표현하면서 그의 후원을 호소했을 뿐만 아니라 돈도 빌려 썼다.[50]

퍼트넘은 보아스보다 훨씬 능숙한 출세주의자였지만 학자로서는 그에게 못 미쳤고 이론가도 아니었다. 그는 1886년 미국 과학발전협회의 회의 석상에서 처음 보아스를 만났다. 그는 보아스가 하는 말을 잠자코 듣기만 했다. 그 뒤로 퍼트넘은 보아스가 「사이언스」 지의 부副편집장이 되도록 도와주었다.[51] 그러나 보아스가 스미소니언 측과 한바탕 거친 싸움을 벌였을 때 퍼트넘은 관여하지 않았다. 그가 진화론자를 비판한 보아스의 편을 들었다는 증거도 없다. 그 둘은 몇 년 후 시카고에서 열린 콜럼버스 만국 박람회에서 함께 일했는데 같은 철학을 가지고 있었기 때문이 아니라 퍼트넘이 자신을 위해 힘든 일을 할 사람이 필요했기 때문이었다.

퍼트넘은 장기적인 안목으로 일을 도모하고 있었다. 그는 박람회가 끝나면 자신이 시카고 박물관의 과학 부문을 총괄하는 관장이 되고 보아스는 인류학 부문장으로 세워 힘든 일을 맡아 처리하게 할 생각이었다. 그러나 스미소니언 협회도 시카고에 자신들의 인맥이 있었다. 전혀 승부가 되지 않았다. 모든 분야에서 스미소니언 쪽이 승리를 거두었다. 그 뒤로 보아스는 퍼트넘을 따라 뉴욕에 있는 미국 자연사 박물관으로 갔지만 둘 사이의 관계는 좋게 끝나지 않았다.

9장

1893년 콜럼버스 만국 박람회

진보와 아메리카 인디언

1893년 시카고에서 열린 '콜럼버스 만국 박람회'는 크리스토퍼 콜럼 버스가 아메리카 대륙으로 온 지 400주년 되는 해를 기념하는 자리 였다. 시카고는 엄청난 예산이 투입되고 애국심을 분출하는 이 야 심 찬 행사를 유치하기 위해 뉴욕과 경쟁해 이겼다. 벤치마크 대상 은 1889년 파리 박람회였지만 시카고는 파리를 넘어서고자 했다. 박 람회 예산을 조달하기 위해 일리노이주는 초기 주식 발행액이 5백만 달러에 이르는 회사 설립을 인가했다. 연방정부도 공식 행사를 위해 150만 달러 지원을 승인했다.[01]

시카고 박람회의 도전

두 박람회 모두 산업혁명의 경이로운 성과물을 중심부에 세워두었 다. 파리 박람회에는 새로 건립한 높이 324m짜리 에펠탑이 있었으며 시카고에는 최초의 대관람차가 나왔다. 높이는 80.4m였지만 36개의 객차가 달려 있고 각각의 객차에는 40개의 회전식 좌석이 마련되었 다(퐁카Ponca족 추장으로서 인디언의 토지 소유권을 위해 싸웠던 스탠딩 베어 추장도 이때 머리 장식을 완전히 갖추고 관람차에 탔다).[02] 최초의 영 화도 에디슨이 만든 활동사진 영사기로 시카고 박람회에서 상영되었다. 최초의 지퍼도 전시되었을 뿐만 아니라 새로운 조식용 시리얼인 슈레디드 휘트Shredded Wheat도 나왔고 향을 첨가한 추잉검 주시프루트Juicy Fruit도 선보였다.[03] 파리에서 그랬듯이 온갖 어마어마한 총기류가 크루프 전시장Krupp pavilion에 진열되었다.

시카고 박람회는 박람회를 위해 설계한 '화이트 시티White City'에서 열렸다. 전시장 설계를 위해 유명 건축가들이 총동원되었고 조경 분야의 천재적 건축가 존 옴스테드John Olmsted가 공원과 정원 설계를 맡았다. 월트 디즈니의 부친은 건설 도급업자 중 한 명이었다. 미시간 호숫가에 세워진 박람회 장소는 최초로 선보이는 첨단 편의시설로 가득했다. 전기로 작동되는 가로등, 공중화장실, 방문객 자녀용 탁아소까지.

그러나 경이로운 기술적 성취, 모든 이들의 찬사, 제품 설치, 광고, 엔터테인먼트 등이 박람회의 전부는 아니었다. 시카고가 파리를 앞서려면 교육적인 목표, 즉 한층 고양된 세계사적 차원의 '메시지'가 있어야 했다. 박람회 준비위원회는 청사진을 만들어 달라며 미국 국립 박물관 관장인 조지 브라운 구드를 찾아왔다. 구드는 자신이 작성한 '콜럼버스 만국 박람회를 위한 분류 시스템에 관한 1차안'에서 박람회는 "지난 수 세기 동안 전 세계에서 현재까지 발전해 온 문명과 예술의 발전 단계"를 보여줘야 한다고 역설했다. 그것은 "다시 말해 그림이 담긴 문명 백과사전"이어야 한다는 뜻이었다.[04] 워싱턴에 돌아와 구드는 시카고 박람회 기간에 실행할 스미소니언의 민족학 전시 계획을 의회에 제출했다. (이 계획은 1889년에 파리를 방문한 메이슨이 작성했던 열정적인 보고서를 기반으로 했다.)[05]

퍼트넘도 계획이 있었다. 1890년 5월, 「시카고 트리뷴」지에 보낸 편지에서 그는 박람회 주제는 "아메리카 대륙에서 인류가 발전해 온 단계"를 보여주는 것이어야 한다고 조언했다.[06] 시카고에서 했던 강연에서 그는 콜럼버스 당시 아메리카의 "낮은 문화 수준"을 보여주는 것이 필요하며 그렇게 해야 "예술과 문화 방면에서 백인이 성취한 물질적 번영과 발전 양상"과 대조시킬 수 있다고 말했다.[07] 이런 접근법은 또 다른 유익함도 있다. 이렇게 함으로써 미국 대중이 인류학이라는 새로운 학문을 접할 수도 있고 뉴욕의 자연사 박물관보다 훨씬 나은 박물관이 될 시카고 박물관 개관에 대한 기대감도 고조될 수 있는 셈이었다.

진지한 이들은 미시간 호숫가로 가면 아주 중요한 것을 배울 수 있다고 기대했다. 『헨리 애덤스의 교육The Education of Henry Adams』[01]에서는 한 장章 전체를 시카고 박람회에 할애하기도 했다.[08] 애덤스는 화이트 시티를 두 번 방문했는데 두 번째 방문 기간에는 2주 동안 거기서 "온몸으로 흡수하며" 지냈다.

> 그는 100년은 배워야 할 만큼 방대한 연구 대상을 발견했다⋯. 배울 만한 것이 모든 건물에서 토끼처럼 튀어나왔다⋯. 파리는 이 정도 수준에는 미치지 못했다. 이 박람회처럼 느슨하고 서로 연결되지도 않고 모호하고 제대로 정의되지도 않고 관련성도 약한 사유와 아직 설익은 사유 그리고 실험적인 시도들로 쌓아 올린 바벨탑이 미시간 호수 표면에 어른거린 적은 한 번도 없었다⋯. 박람회가 북서부 지역의 자연스러운 성장의 산물이라는 사실은 다윈에게 놀라움을 안겨줄 만한 진보의 한 단계였다⋯. 1893년 시카고는 역사상 처음으로 미국인들에게 과연 그들이 어디로 가고 있는지 알고 있느냐는

---

01 앞에서 여러번 언급한 헨리 애덤스(1838-1918)의 회고록. 자신을 3인칭 시점에서 서술한다. 애덤스가 자기 인생 후반에 맞이한 20세기에 적응해가는 이야기를 담고 있다. 19세기 교육 이론과 관행에 대한 날카로운 비판이 담겨 있다.

질문을 던졌다…. 그는 자신도 그 답을 모르듯이 미국인들도 답을 알지 못한다고 결론 내렸다…. 시카고는 미국의 사상을 통합한 최초의 표현이었다. 모든 사람은 거기서부터 시작해야 한다.[09]

박람회장에서 세계 종교 총회의 일부로 '진화를 위한 의회Congress on Evolution'가 구성되었다. 의회는 "인간 진보에 대한 지적이고 도덕적인 해설"을 제공할 뿐만 아니라 "인간 진보상의 모든 부문 간의 관계를 조화롭게 구성"해 진화론과 기독교를 화해시키는 것을 목표로 삼았다. 허버트 스펜서가 기조연설을 했다. '새로운 시대의 콜럼버스'라는 제목의 연설에서 그는 의회를 향해 이기주의가 이타주의와 결부되어야 한다고 역설했다.[10]

진화, 진보, 문명 그리고 인디언

시카고 박람회가 세상을 향해 던진 메시지는 진화, 진보, 문명에 관한 것이었다. 파리 박람회와 동일한 셈이다. 파리와 시카고에서 문명 세계는 거울 속에 비친 자신과 정반대되는 모습, 즉 비문명 세계와 대조되는 방식으로 강조되었다. 한 기자의 표현을 빌리면 시카고 박람회장에서는 "어디를 가도" 아메리카 인디언이 있었다.[11] 국가 빌딩State Building 안에 마련된 지역 및 국가 전시장에는 민족학 자료가 전시되었다. 아메리카 인디언이 만든 공예품은 신발과 가죽류 빌딩 Shoe and Leather Building, 교통수단 빌딩Transportation Building, 낚시류 빌딩Fisheries Building, 그리고 (오티스 메이슨이 큐레이팅한) 여성 빌딩 Women's Building에 전시되었다.[12] 파리 박람회와 마찬가지로 무대처럼 마련된 마을을 차려 놓았고 살아 있는 원주민들이 그 안에 전시되었다.

전국에서 모인 인류학자와 역사가들의 컨퍼런스에서는 '원시인'

그중에서도 특히 북아메리카 원시인의 과거와 미래에 관한 강연이 이어졌다. 미국 역사학회 회의 중에 젊은 사학자 프레데릭 터너Frederic J. Turner는 그 후 몇 세대 동안 미국 역사학계에서 반향을 일으키게 될 논문을 발표했다. 제목은 『미국 역사에서 변경Frontier이 갖는 의미』였다.[13] 서부와 아메리카 원주민, 그리고 미국의 장래에 대한 비전을 제시하는 논문이었다.

터너는 인구조사 감독관의 말을 인용함으로써 발표를 시작한다. "1880년 전까지만 해도 이 나라에는 정착지의 경계선이 있었지만 지금은 사람이 살지 않는 지역에 섬처럼 고립된 정착지들이 알알이 박힌 상태여서 경계선이라는 개념은 성립하지 않는다." 터너가 보기에 이것은 역사적으로 대단히 중요한 전환점이었다. 그전까지만 해도 변경은 '야만과 문명이 만나는 지점'이었다. 유럽 전통에서 자라온 정착민들은 원주민의 삶의 방식을 채택했다.

> 변경은 문명의 옷을 벗겨냈고 [정착민들은] 사냥할 때 입는 옷과 모카신[02]을 챙겨 입었다. 그들은 체로키족과 이로쿼이족처럼 긴 통나무집에 살면서 집 주변으로 인디언들이 설치하던 말뚝 울타리도 세웠다. 얼마 지나지 않아 인디언들이 심던 옥수수를 심고 날카로운 나무로 땅을 갈았다. 싸움할 때 함성을 지르고 전형적인 인디언들이 하듯이 사람의 두피를 벗겨냈다. 간단히 말해 변방에서는 환경이 인간에게 미치는 영향이 너무나 컸다.

그러나 정착민들은 거친 환경을 조금씩 길들이기 시작했다. 그 후로 "매우 빠르고 효과적으로 미국화"가 진행되었다. 정착민들은 미국식 개인주의와 민주주의의 감수성을 대변하는 이들이 되었다.

---

02 모카신moccasin - 북미 원주민들이 신던 부드러운 가죽으로 만든 납작한 신

그렇다면 아메리카 인디언들에게는 어떤 일이 일어났는가? 무엇보다 교역이 일어났다. "변경을 개척하며 농사를 짓는 이들이 나타나기 오래전에 이미 원주민 스타일의 인디언은 자취를 감추었다. 농부들은 총으로 무장한 인디언들과 마주했다." 정착민들이 서부로 뻗어나가던 시기에 "인디언은 공동의 위험이었기에 공동의 대응이 필요했다."

전쟁에서 패한 원주민의 삶은 이미 결정되어 있었다. 오직 동화되는 길뿐. 과거에는 정착민들이 인디언 생활 양식을 따랐다. 하지만 이제는 인디언들이 미국인의 생활을 익혀야 했다. 그리고 더 이상 위험으로 여겨지지 않게 된 인디언들의 이전 생활방식은 낭만적으로 미화되었다.

시카고 박람회에서 미국 문명이 돋보이도록 전시된 것은 아메리카 원주민뿐만이 아니었다. "이 세계 만국 박람회는 하나의 거대한 인류학적 계시라고 해도 지나친 말은 아니다."라고 메이슨은 자랑스럽게 말했다. "모든 인류가 거기 다 모인 것은 아니더라도 직접 사람이 전시되든 그림으로 전시되든 했다."[14] 박람회가 세운 경쾌하고 생기발랄하고 자유로운 구역인 미드웨이Midway에는 전 세계에서 불러 모은 댄서, 음악가, 곡예사들이 팀을 이루고 공연했으며 하나같이 매혹적인 동방의 분위기를 뿜어냈다.

피바디와 스미소니언의 경쟁

퍼트넘은 민족학 분야 책임자였고 보아스는 그의 오른팔이었다. 그들은 인류학 빌딩에 거대하고 다채로운 전시회를 기획했다. 그들의 라이벌 스미소니언 측은 메이슨 주도하에 정부 빌딩 1층에서 자신들만의 전시회를 열었다. 하버드 피바디 박물관과 스미소니언 협회가 서로 경합하는 모양새였다. 이 둘 사이의 경쟁 관계는 **박람회가 끝난**

후 세워질 시카고 박물관의 민족학 부문을 퍼트넘과 스미소니언 협회 중 누가 차지하느냐는 문제 때문에 한층 심각했다.

양측은 인류학에 대해 서로 다른 그림을 제시했지만 그들의 입장은 단순히 스미소니언 측의 제너럴리스트 관점과 바스티안의 지역 중심주의 간의 대립이라는 식으로 요약하기는 어렵다. 오히려 정반대였다. 스미소니언 측은 북아메리카 민족학 분야에 집중해 지역 중심적인 전시회를 준비했다. 퍼트넘과 보아스는 전 지구 민족학 자료를 느슨하게 되는 대로 진열해 보여줬으며 거기에 사람의 두개골과 골격, 학교 학생들과 아메리카 인디언의 체격을 측정한 표까지 진열했다.

스미소니언 측 전시관은 미국 민족학 사무국과 국립 박물관이 보유하고 있던 자원을 활용했다. 메이슨은 3년 동안 준비했다. 파웰이 작성한 아메리카 원주민 언어 분포 지도가 이때 드디어 공개되었는데 가로 5m, 세로 4m 크기의 이 지도가 가장 주목할 만한 전시물이었다. 파웰과 그의 팀은 북미 지역에 57개 어족語族이 있다고 밝혔다. 그중에서 메이슨은 16개의 '큰 어족'을 강조해 표기했다. 애초의 계획은 지도에 미국 인디언 부족들을 표현한 그림도 넣는 것이었지만 어족은 물질문화와 정확히 일치하지는 않았다. 공예품과 생활 도구의 분포는 차라리 최근 농무부에서 발간한 북미 생물지리학 지도와 더 잘 부합했다. 메이슨은 "물질적 활동은 환경에 지배받는다."라고 결론 내렸다.[15]

이것은 보아스의 이전 스승인 아돌프 바스티안의 견해와 일치했다. 즉, 원칙적으로 보아스도 깊은 인상을 받았을 것이다. 그러나 메이슨은 위험을 분산시켰다. "나는 이 부족들이 만든 옷과 예술품을 별도 공간에 진열해 학생들은 어느 공간에 들어서더라도 최근 두드러진 인종과 언어와 산업과 철학 간 상관관계에 관한 이론적 문제에 대한 실제적 해답을 눈으로 볼 수 있게 했다." 또 한편으로 "똑같은 사태를 보면서도 학생들이 다른 관점을 가질 수 있도록 몇 개의 별도 공간은 전혀 다른 방식으로 진열했는데 개별 산업을 분류상 가장 우선적인 개념으로 삼고 부족과 국가를 두 번째 개념, 언어적 유사성을 세 번째 개념으로 삼았다."[16]

가장 인기가 많았던 전시관은 '생활 그룹'이었는데 전통 복장을 입힌 석고 마네킹이 공예품을 만들거나 예식을 집행하는 장면을 재현하는 곳으로 파리 박람회에 참석했을 당시 메이슨이 경탄했던 새로운 유형의 전시물이었다. 이곳은 미국 민족학 사무국의 떠오르는 스타이자 파웰의 제자이며 고고학자로 변신한 예술가였던 윌리엄 헨리 홈스William Henry Holmes가 맡아 준비했다. "이 그룹보다 관람객을 더 많이 끌어들인 전시관은 없었다."라고 메이슨은 말했다. "박람회의 어떤 부문보다 사람이 많이 모여들었다."[17]

인류학 빌딩 쪽에서는 퍼트넘이 자신이야말로 시카고 박람회에서 "이 나라 최초의 과학적인 인류학 전시회"를 전개했다고 주장했다. 그는 자신의 주장을 명문화했다. "정문 쪽에 있는 전설적인 '인류학 빌딩, 인간과 그의 작품들' 부문은 대단히 포괄적이면서 이 분야가 얼마나 폭넓은지 보여주는데 인간의 도덕적, 정신적, 육체적 특징을 다룰 뿐만 아니라 예술과 건축과 제조 분야에서 인류가 이룬 위대한 성취의 초창기 모습을 제시한다."[18] 약속은 이토록 거창했지만 공간 설계는 생각을 제대로 담아내지 못했고 실제 전시물은 엉망진창이었다.

1891년부터 1893년 사이 퍼트넘은 박람회에 전시할 물품을 구하기 위해 55명의 현지 조사 조교를 고용했으며 전시할 물품을 받는다는 공고도 냈다. 그러나 공고가 너무 막연했다. 그 공고를 보고 사람들이 보내온 물품은 놀라울 정도였다. 낸시 파긴Nancy Fagin에 의하면

"메사 버드[03]에서는 수십 개의 머그잔이, 콜로라도에서는 동굴에서 발굴된 미라 몇 구가, 뉴멕시코에서는 메사 지역[04] 마을 전체의 모형이 도착했고 오하이오 주립 역사학회에서는 고대 포트[05]와 뱀의 언덕을 본뜬 거대한 석고 모형을 보내왔다. 전시실은 개인들이 보내온 수많은 단품 공예품과 상자를 보관할 전시실도 마련되었다."

물품에 대한 설명문은 제대로 갖춰지지 않았다. "표본을 비공식적으로 받아들이는 바람에 공예품과 진귀한 물품이 계속 쌓이기만 했다…. 퍼트넘, 보아스, 스태프들은 제대로 된 인수증 하나 없이 쏟아져 들어오는 표본 상자들을 받아들이느라 제대로 된 라벨을 붙일 수 없었고 목록을 만들 수도 없었으며 분류도 불가능했다…. 공예품을 다른 공예품 위에 쌓거나 다른 공예품 안에 밀어 넣어 두기도 했고 천장에서 빨랫줄 같은 걸 내려 매달아 두기도 했다."[19] 1892년 11월, 보아스가 부모에게 보낸 편지에 이런 대목이 나온다. "한마디로 모든 게 뒤죽박죽이고 퍼트넘은 절망하고 있어요."[20]

콜럼버스 당시 아메리카 인디언들의 실상을 재현하는 것이 목표였기에 민족학 공예품은 대부분 고립된 지역, 특히 북서부와 서부에서 온 것들이었다. "로키산맥 동쪽에 살던 인디언들은 백인과 교류하면서 이미 많이 변모했기에 그들과 관련된 자료는 많지 않았다."라고 보아스는 쓰고 있다.[21] 고고학 관련 자료들은 근거가 빈약한 퍼트넘의 견해, 즉 북아메리카에서 석기 시대 인류가 일찍 나타났을 뿐

---

03 메사 버드 국립공원. 미국 콜로라도 주 서남부에 있다.

04 메사 - 꼭대기는 평평하고 등성이는 벼랑으로 된 언덕. 미국 남서부 지역에 흔히 있다.

05 고대 포트Fort Ancient - 오하이오 주 워런 카운티에 있는, 아메리카 원주민이 만든 조형 언덕

만 아니라 아즈텍, 잉카, 마야 문명도 유럽에서 왔다는 이론을 증명
하는 방식으로 설계되어 전시되었다. 보아스는 "한창 논란 중인 구
석기 시대 도구들도 충분히 많이 전시되었다."라고 최대한 중립적으
로 표현했다. 봉분 모형도 전시되었지만 "봉분을 만든 이들이 봉분
발견 당시 그곳에 살고 있던 인디언 부족들보다 앞선 민족이라고 생
각해서는 안 된다…. 그들의 문화는 비슷한 수준이었다."[22] 중앙아메
리카와 마야 시대에 나온 기념비를 재현한 작품들이 인류학 빌딩 앞
에 당당히 세워졌지만 보아스는 이 문명들이 유럽에서 넘어왔다는
퍼트넘의 이론은 전혀 언급도 하지 않았다.

　보아스는 형질 인류학 담당 조교로 임명되었다. 퍼트넘이 임명한
현지 조사 조교들은 박람회에 내놓을 인디언 예술 작품과 공예품을
수집하느라 바빴지만 보아스는 대학생 70명을 동원해 학생 9만 명과
아메리카 인디언 1만 7천 명의 신체치수 검사를 했다. 인류학 빌딩에
는 연구실 세 군데가 마련되었다. "인류의 해부학적 모습을 보여줄
두개골과 골격이 온전히 다 수집되었다."라고 보아스는 「코스모폴리
탄 매거진」 특집 기사에서 썼다.[23] 여러 인종의 이상적인 청년의 모
습을 구현한 조각상들이 세워졌다. 방문객은 보아스나 그의 조교들
에게 자기의 신체지수를 검사받을 수 있었다.[24]

쏟아져 들어오는 자료를 목록으로 만들 시간도 없었고 완공되어야
했던 인류학 빌딩도 박람회가 시작된 1893년 5월 1일까지 완공되지
않아 7월이 되어서야 사용할 수 있었다. 그때까지 수집품은 우유 창
고에 보관하기로 했는데 치즈 전시회를 위해 거기를 비워줘야 하는
때가 찾아왔다.[25] 퍼트넘 자신도 사무실을 아홉 번이나 옮겨야 했다.
하루는 퍼트넘이 다음과 같이 불만을 털어놓기도 했다.

내게 전혀 통보하지도 않은 상태에서 내가 없을 때 토요일부터 인부들이 내 사무실로 왔다. 파티션은 모두 해체되었고 전시회에서 내가 맡은 부문에 대한 모든 기록과 귀중한 자료에 대해 아무도 신경 쓰지 않았고 미장 공사를 해놓은 부분까지 다 뜯어냈다… 치욕스럽고 멋대로이고 나에 대한 인격적인 모욕이자 박람회에서 내가 맡은 자리에 대한 모욕이기도 했다.[26]

「뉴욕 타임스」에서는 '퍼트넘 교수의 불운'이라는 조롱하는 기사를 쓰기도 했다. (「뉴욕 타임스」 1893년 5월 22일 자.)

이번 만국 박람회에서 가장 중요한 구역이 하나 있다. 메인 빌딩들에서 멀리 떨어져 있어 접근하기 어려워 방문객 10명 중 9명은 제대로 신경 쓰지도 않겠지만 말이다. 그러나 발목까지 오는 긴 모래밭을 힘겹게 지나 그곳에 가기만 한다면 그 수고를 충분히 보상하고 남을 만한 구경거리가 잔뜩 있다… 인류학 빌딩은 전시장 뒤쪽에서도 가장 먼 곳에 있으며 외관은 물론 내부 역시 지독히 황량하며 흥행에 실패할 것 같은 징후가 완연한 건물이다.

기자는 "세계 박람회의 다른 어느 부문 담당자도 퍼트넘 교수처럼 많은 논란과 비판에 휩싸인 이는 없었다."라고 말하면서 모욕적인 언사를 계속 퍼부었다.

퍼트넘은 적극적이고 해박한 지식을 갖춘 작은 체구의 남성이지만, 학자이자 전문가로서 아주 심각한 결함-현실성 부족-을 안고 있는 듯하다… 그렇기에 그는 항상 으르렁대면서 이전투구를 벌여야 했고 더 세속적이고 자기주장이 강한 다른 부분의 책임자들은 어떻게든 자기 일을 해내고 있는 반면, 그는 계속 기다려야 했으며 그가 맡은 인류학 빌딩은 여전히 마무리되지 않았고 민족학 전시물 중 상당수는 이곳과 파타고니아 사이에 흩어져 있으며 이 딱한 과학자는 수많은 비난과 비판과 모욕을 감수하고 있다. 그중에서도 가장 심한 말은 며칠 전 시카고 신문에 실린 기사가 지적하듯 '인류학 부문은 허무맹랑한 신화일 뿐이고 퍼트넘 교수는 자신이 몇 년째 해결하려고 애쓰는 고고학적 문제처럼 불분명한 인물'이라는 평가였다.

이건 분명히 도가 지나친 말이었지만 퍼트넘이 맡은 일은 진척이 형편없었으며 문제의 상당 부분은 퍼트넘 자신에게 책임이 있다는 사실은 부정할 수 없었다. 계획이 너무 크고 야심 찬 데 비해 시카고에서 보내는 시간은 얼마 안 되었는데 하버드 박물관과 미국 과학발전협회 일로 여전히 바빴기 때문이었다. 얼마 안 가 박람회 집행부도 그에게 질색하고 말았다. 준비위원장이었던 할로우 히긴보텀Harlow N. Higginbotham은 인류학 빌딩이 뒤늦게 완공되었을 때도 거기에 한 발짝도 들이려고 하지 않았다.

퍼트넘의 살아있는 마네킹

퍼트넘은 인류학 빌딩 앞마당에 전시한 전시물에 특별히 관심을 쏟았다. 복제한 마야 유적, 이누이트족의 가죽 텐트, 북서부 해안에서 볼 수 있는 널빤지로 만든 집, 이로쿼이족의 전통가옥, 나무껍질로 만든 원형 천막, 개척자들이 살던 오두막 등이 전시되었다.[27] 스미소니언 쪽에는 석고로 만든 '생생한' 마네킹이 있었다. 퍼트넘과 보아스는 마을을 만들고 그 안에 피와 살을 가진 살아 있는 아메리카 인디언들을 데려다 놓았다. 퍼트넘은 이를 '아메리카 원주민 재현 부서'라고 불렀다. 마을에 사는 가짜 원주민들은 전통 의상을 모방한 옷을 입고 있었다. (유카Yucca 섬유로 만든 실제 원주민의 옷을 제작하는 가공업자를 도저히 찾아낼 수가 없었다.)[28]

그들은 때때로 춤과 예식도 공연했다. 유감스럽게도 인류학 빌딩은 요란한 소리를 내는 철길 바로 옆에 붙어있었는데 퍼트넘은 이것 때문에 "그림같이 생생한 효과를 내는 데 심각한 문제가 있다."라고 불만을 터뜨렸다. 보아스가 콰키우틀 인디언의 춤을 재현할 때는 시트를 사용해 뒤쪽에 서 있는 신발과 가죽류 빌딩을 가려야 했다.[29]

보아스는 조교인 조지 헌트George Hunt에게 콰키우틀 인디언의 큰 집을 사들이도록 하고 기술자들에게는 축소한 마을을 만들라고 지시를 내렸다. 헌트는 9명의 원주민 남성, 5명의 여성, 2명의 아이까지 시카고로 데려왔다. 퍼트넘은 「스프링필드 데일리 리퍼블리칸 Springfiled Daily Republican」지에 이렇게 쓰고 있다(1892년 8월 20일자).

> 우리는 아메리카 북부, 남부, 중부에 사는 원주민 부족들에게 자신들의 비용으로 박람회에 참석해 자신들만의 전시회를 열고 자신들이 만든 장신구를 팔아 경비를 충당하면 어떠냐고 여러 번 요청했다. 어떤 부족은 응하겠지만 우리가 직접 원주민을 시카고에 데려와야 할 경우도 있을 것이고 또 어떤 이들은 그들을 관할하는 정부에서 보내줘야 가능할 것이다.

콜로라도주에서 경비를 대고 보내온 나바호 인디언 대표단은 미드웨이에 있는 상업지구로 들어가겠다면서 철수해 버렸다. '에스키모 마을'에 전시하기 위해 래브라도[06] 이누이트Labrador Inuit족 사람들을 데려왔는데 대부분 거기를 때려치우고는 '에스키모 전시 회사 Esquimaux Exhibition Company'를 세우더니 박람회 전시관 바깥쪽, '버팔로 빌의 와일드 웨스트 쇼Buffalo Bill's Wild West Show' 근처에 자신들의 마을을 만들어 버렸다. (미드웨이와는 관계 없이 진행된 와일드 웨스트 쇼는 박람회 공간 바깥에 자리하고 있었지만 매우 인기가 많았고 수익

---

06 래브라도Labrador - 캐나다 동부 지방 지명

도 높았다.)[30]

나중에 보아스는 "두 번 다시는 서커스 단장 노릇은 하지 않겠다."라고 다짐할 정도였다.[31] 그러나 퍼트넘은 "이 작은 원주민 식민지"에 자부심을 품고 있었다. 그는 콜럼버스 만국 박람회 공식 기록물에 "관람객에게 눈요깃감을 제공하는 부차적인 쇼가 아니라 역사상 최초로 아메리카에 거주했던 이들에 관한 과학적 연구를 위해" 만든 것이라고 썼다. "그뿐만 아니라 우리는 이 원주민들을 친절하고 사려 깊게 대했으며 그들 역시 문명과 교육의 혜택을 직접 눈으로 목격함으로써 발전할 기회를 얻었다. 그 근처에서 미국 정부가 운영 중인 인디언 학교는 인디언들도 그와 같은 혜택을 받기만 하면 얼마든지 성장할 수 있다는 점을 전 세계에 보여준다."

그러나 "이 작은 원주민 식민지"에 진지한 관심을 기울인 사람은 아무도 없었다. 퍼트넘은 무슨 생각을 하고 있었을까? 그가 던지고 싶었던 메시지는 무엇이었을까? 인디언 문제부[07] 국장이었던 토머스 제퍼슨 모건Thomas Jefferson Morgan은 무엇이 문제인지 알고 있었다. 인디언 학교는 아메리카 원주민이 미국적 생활방식에 동화되는 모습을 보여주어야 했다. 퍼트넘은 자신의 전시물을 통해 아메리카 인디언의 '원시 상태'를 보여주려고 했던 반면, 인디언 문제부는 아메리카 인디언이 '문명화되는 과정'을 보여주고자 했다.

만국평화연합Universal Peace Union의 인디언 위원회 사무총장으로서 퍼트넘의 인류학 부문에 파견된 정치적 인물이자 정부가 임명한 교사 자격으로 파인 리지Pine Ridge 인디언 보호구역에서 일한 적도 있었던 엠마 시클스Emma Sickles는 퍼트넘이 연출한 인디언 마을을 비난하는 글을 「뉴욕 타임스」에 실었다. 그 전시회는 "인디언 부족

---

07 미국 내무부 산하 인디언 전담 부서

중 가장 저열한 이들만 데려다가 가장 혐오스러운 방식으로 원시 상태를 묘사"했다고. 정말 "인디언들을 대상으로 하는 음모 중에서도 가장 사악한 음모"라고 말이다. 또한, "인디언을 야만인 아니면 정부에서 파견한 이들에 의해서만 교육을 받을 수 있는 인간으로 제시함으로써 인디언에 대한 부정적인 정서를 조장했다."라고 썼다. 퍼트넘은 시클스를 해고했지만 박람회 집행부는 그녀를 복귀시켰다.[32]

퍼트넘이 겪어야 했던 난처한 일은 또 있었다. 애초 그가 맡았던 '민족학, 고고학, 역사학, 지도 제작, 라틴 아메리카 사무소, 집단 전시 및 단독 전시회 총괄부'가 미드웨이를 운영할 책임이 있었다. 대관람차 주변에 설치되어 야외에서 이루어지는 엔터테인먼트의 허브hub 역할을 하는 이 구역은 영업권을 보장받은 이들에 의해 운영되었는데 조직위는 이곳을 "전 세계인들의 시장이자 쉼터"라고 표현했다. 거기에는 "이집트인, 수단인, 자바섬 스타일 마을에 살고 있는 인도네시아인도 있었고 래브라도에서 온 에스키모인이 58명, 서부 아프리카풍으로 만든 무대에는 가슴을 다 드러낸 다호메이인[08]들이 있었으며 말레이인, 사모아인, 피지인, 일본인, 중국인도 있었다." [33]

　사람들에게 인기가 많았던 산책로 '카이로의 거리'는 파리 박람회에서 금상을 수상한 적도 있었다. 파리에서는 이집트 신전과 페르시아의 에로스 신전이 선을 보였다. '오리엔탈' 느낌을 주는 또 다른 전시물로는 터키, 알제리, 튀니지 마을도 있었다.[34] 밸리 댄서들도 있었다. 매주 토요일에는 수영 경기가 열렸고 줄루족 사람, 다호메이인, 터키인, 남아메리카 인디언들이 참여했다. 화려한 '광란의 미드웨이 무도회'까지 열렸고 박람회 주요 인사들이 초청을 받았다.[35]

08　다호메이 - 아프리카 서부의 베냉Benin 공화국의 옛 이름

이 모든 일은 퍼트넘과는 어울리지 않았다. "도대체 '카이로의 거리' 같은 게 다 무엇이란 말인가?"라고 그는 썼다. "각자 양껏 차려입은 아랍인 이집트인, 누비아인, 수단인에 저글링 재주를 부리는 사람, 검객, 행상, 당나귀 모는 소년, 낙타 탄 사람들까지 뒤섞인 이 야단법석 말이다."[36]

이런 수사학적 질문에 대해 박람회 집행부는 퍼트넘을 밀어내 버리는 것으로 답해주었다. 그 후, 미드웨이 관리는 19살짜리 기업가 솔 블룸Sol Bloom에게 맡겨졌다. 그는 퍼트넘 교수에게 미드웨이를 맡기는 일은 "알베르트 아인슈타인에게 '링링 브라더스 앤 바넘 앤 베일리 서커스단'[09] 운영을 맡기는 일"과 같다고 말했다.[37] (묘한 우연이지만 1883년부터 1885년 사이에 바넘 앤 베일리는 '기묘한 원시인들의 민족학 총회'라는 타이틀로 전국을 돌아다닌 적이 있었다.)[38]

스미소니언의 승리

박람회는 10월 마지막 날 끝났다. 그 뒤로 보아스는 인류학 빌딩에 있던 수집품을 시카고에 생기는, 콜럼버스 기념박물관이 들어설 예술궁Palace of Fine Arts으로 옮기는 일을 감독하느라 9개월을 보냈다. 그와 퍼트넘은 박물관 전시자들이 가져온 민족학 물품도 구매했다. 베를린에서 대학원생으로 있을 때 보아스도 참여해 같이 수집한 적도 있었던 북서부 해안 수집품을 보유한 야콥슨 대위는 시카고까지 가져온 물품을 다 팔아 치우고 떠나고 싶었다. 보아스와 퍼트넘은 그가 여행 경비를 충당하려고 기를 쓰고 있다는 걸 알았기에 계속 시

---

09 링링 브라더스 앤 바넘 앤 베일리 서커스Ringling Brothers and Barnum and Bailey Circus - 1871년부터 시작된 미국의 유랑 서커스단. 바넘 앤 베일리 사가 1919년에 링링 브라더스 사를 인수해 합병되었다.

간을 끌면서 가격을 낮추었다. 야콥슨은 "그 양키들이 그토록 멋진 수집품을 푼돈만 주고 가져갔다."라며 비난했다.[39]

새로 짓는 박물관 건립기금 마련은 지지부진한 상태였는데 마지막에 백화점 업계의 거물인 마셜 필드Marshall Field가 1백만 달러를 내놓은 덕분에 탄력을 받았다. 퍼트넘과 보아스는 박물관 운영권이 자기들에게 주어질 것이라고 기대했지만 스미소니언 측과 시카고 쪽의 스미소니언 인맥들이 전략에서 앞섰다.[40] 필드 박물관Field Museum이라고 명명된 이 박물관의 민족학 부문은 홈스Holmes가 수장으로 임명되었다. "저는 즉시 짐을 싸 박물관을 나와버렸어요."라고 보아스는 퍼트넘에게 편지를 썼다. "이제 저는 백수 신세여서 선생님께서 저를 위해 해주실 일만 기대하고 있습니다. 저에게는 다른 의지할 만한 데가 없습니다."[41] 퍼트넘은 지금 자신과 보아스를 위해 뉴욕에 자리를 알아보고 있다는 말로 그를 달래주었다.

"우리가 시카고에 띄운 배는 모두 좌초되었습니다."라고 보아스는 부모님에게 편지를 써 보냈다.[42] 1894년 2월에 그는 퍼트넘에게 이렇게 편지를 썼다. "인류학 빌딩 완공이 늦춰진 일은 선생님에 대한 비난의 좋은 구실이 되었고 모두 선생님의 추진력에 대해 비판하고 있습니다. 인류학 빌딩을 때맞춰 꾸미지 못한 것 때문에 저 역시 추진력이 부족하다는 비판을 받고 있고요."[43]

홈스와 스미소니언 측 인사들은 보아스의 꿈이 좌절된 일에 대해 상당한 미안함을 느꼈다. 시카고에서 참패한 뒤 보아스조차 스미소니언 일파들이 자신에게 "놀라울 만큼 우호적"이라고 말할 정도였다. 홈스 역시 보아스를 달래기 위해 애썼다. "워싱턴 쪽 사람들이 마음이 편치 않은 모양입니다."라고 보아스는 퍼트넘에게 썼다. "그래서 예전 같으면 제안하지 않았을 좋은 일도 제안하려고 하더군요."[44]

맥기McGee는 국립 박물관에서 북서부 해안 수집품 물품 목록화 작업을 도와달라고 요청했다. 메이슨은 국립 박물관에서 "[북서부 해안] 부족들이 겨울에 하는 의식적인 춤을 묘사한 완전한 수집품"을 마련해 달라고 요청했다(아이라 재크니스Ira Jacknis의 표현을 빌려오자면 이 과업을 수행하느라 보아스는 "자기 경력에서 가장 집중적으로 참여하고 관찰하는 작업을 진행했다").[45] 파웰은 보아스에게 미국 민족학 사무국에서 편집일을 맡아달라고 제안했는데 자기 연구를 할 시간은 따로 보장해 주겠다는 조건이었다. 심지어 보아스는 사무국의 가장 대표적인 프로젝트인 『아메리카 인디언 언어 핸드북』 제작을 책임지는 계약까지 맺었다. 그는 이 핸드북을 자기 스타일로 편집해 드디어 1911년에 제1권을, 한참 지나 1922년에 제2권까지 출간했지만 그 뒤로는 완성하지 못하고 그만두었다.

한편, 홈스는 시카고에 머물기로 한 자신의 결정을 후회하게 되었다. 그는 필드 박물관의 상업적인 압박을 아주 싫어해 최대한 빨리 워싱턴의 스미소니언으로 돌아왔다. 1902년 파웰이 사망한 후 그는 미국 민족학 사무국 국장이 되었지만 이 일도 순탄치 않았다. 스미소니언에 새로 취임한 사무총장 랭글리Langley가 사무국을 대대적으로 물갈이하고 자신의 관할하에 귀속시켜 버린 것이다.[46]

1893년의 마지막 날, 보아스는 그 해를 돌아보며 이렇게 말한다. "처절한 생존 경쟁, 지독한 불안, 만족할 수 없는 성과, 이게 올해를 요약하는 말이다."[47] 설상가상으로 박람회가 끝난 후 찾아온 사태도 심각했다. 미국은 경기침체에 들어섰다. 박람회가 끝나기 며칠 전인 10월 28일, 시카고 시장인 카터 해리슨 4세Carter Harrison Ⅳ가 암살당했다. 폭동을 일으킨 풀먼 팰리스Pullman Palace 자동차 회사 노동자들은 화이트 시티 내 건물 대부분을 무너뜨려 버렸다.

그러나 퍼트넘은 난관을 뚫고 나갔다. 「뉴욕 타임스」에 실린 악의적인 기사에도 불구하고 그는 미국 자연사 박물관Museum of Natural History의 인류학 부문 수장으로 임명되었고 보아스를 민족학과 생체학 부문의 부副큐레이터 자리에 앉혔다. (퍼트넘은 자기 자리를 시간제라고 생각했다. 그는 여전히 하버드대 교수 자리를 유지하면서 한 달 중에 일주일만 뉴욕에 머물렀다.)

미국 자연사 박물관과 보아스의 고뇌

1869년에 세워진 미국 자연사 박물관은 뉴욕 금융권과 정치권 엘리트들의 후원을 받았다. 돈은 문제가 되지 않았다. 신탁관리이사회에는 은행가 J. P. 모건과 모리스 제섭Morris K. Jesup, 그리고 테디 루스벨트 대통령의 부친까지 포함되어 있었다. 박물관으로 쓰기 위해 센트럴스퀘어를 바로 뒤에 둔 거대한 고딕 양식의 건물이 세워졌다. 과학 분야의 전문성을 위해 예전에 퍼트넘의 동료였으며 그와 함께 애거시스에게 반발했던 알버트 빅모어Albert S. Bickmore가 영입되었다.

그러나 은행가와 큐레이터는 우선순위에서 항상 의견이 일치할 수 없었다. 신탁관리위원회 위원장을 맡은 제섭은 모든 것을 꼼꼼히 관리했다. 얼마 지나지 않아 보아스는 제섭이 홍보 분야에 너무 꼼꼼히 개입할 뿐만 아니라 허버트 스펜서의 진화론에 경도되어 박물관 전시물 진열 방식에 자기 생각을 과도하게 강요한다는 불평을 쏟아내기 시작했다. 특히 보아스는 자신에게 주어진 자리가 권력 서열상 제섭과 직접 이야기할 수 없는 낮은 지위라는 점을 짜증스러워했다.

보아스는 좀 더 많은 대중과 소통하는 전시회를 기획했다. 자신이 한때 비판했던 스미소니언의 방식과 흡사하게 기능 중심으로 진화론적 발전 양상을 제시하고자 설계된 이 전시회는 "대부분의 원시부족이 스스로 만든 물품에 얼마나 전적으로 의존하고 있는지를 보여줄 뿐만 아니라 문명이 발전함에 따라 점점 더 넓은 지역에서 인간의 필요를 채우는 일이 가능해지고 있다는 것을 보여주도록" 기획되었다. 보아스는 이 전시회가 특히 "장인들에게 큰 관심을 불러일으킬 것이며…목수와 대장장이와 방직공의 기술이 서로 다른 문화권에서 발전해 온 양상을 보여준다."라고 말했다.[48]

그러나 보아스는 박물관을 대중화하는 일에는 주저했다. 그는 논문 수준의 연구를 통해 확정되지 않은 내용은 작품 설명용 라벨에 표기하지 않으려는 바람에 경영진을 짜증스럽게 했다. 게다가 박물관을 찾아오는 관람객에 대해서도 좋게 생각하지 않았다. 사람들 대부분이 "눈요기 이상을 원하지 않는다."라는 것이었다.[49] 그렇기에 관람객들을 잘 관리해야 한다고 보았다. 전시장 중앙 복도를 따라 진열장을 전시하면 관람객들이 "우왕좌왕 돌아다니기 때문에 박물관을 방문한 짧은 시간 동안 최대한의 혜택을 얻을 수 있는 방식으로 돌아볼 수 있게 강제로 이끄는 일은 불가능하다…. 전시장을 세로로 길게 반으로 나눈 다음, 관람객들이 그 자연적인 순서를 따라 수집품을 돌아보게 함으로써 전시물을 반만 보고 말더라도 여기저기 멋대로 돌아다니면서 이 벽감 저 벽감을 들여다보는 방식보다는 많은 유익을 얻도록 강제로 이끌어야 한다."라고 말이다. 물론 이때 보아스는 아직 영어가 자연스럽지 않은 상태였지만 계속 '강제로 이끌다 compel'라는 말을 사용했다는 점은 시사하는 바가 크다.[50]

보아스는 제섭과 어떻게든 잘 지내보려고 했지만 영 뜻대로 되지 않았고 그렇다고 다른 자리를 얻는 것도 불가능해 보였다. 1901년 버클리에 있는 허스트 박물관에 자리가 났다. 보아스는 내심 기대를 했지만 그 자리를 퍼트넘이 냉큼 채갔고 이번에도 시간제였다. 보아스는 퍼트넘에게 보낸 편지에서 자신이 "여러 날 동안 잠을 못 이루었다."라고 쓰면서 "다시 예전처럼 우리 사이가 조화로워지기까지는" 아주 많은 시간이 필요할 것이라고 말했다.[51]

또한, 보아스는 박물관 중심의 인류학 연구에 반대하는 입장이었다. 1899년에 그는 컬럼비아대학에서 시간제로 교편을 잡았다. 1902년 스미소니언 사무총장 랭글리에게 보낸 편지에서는 인류학 연구가 박물관에 한정되어서는 안 된다고 썼다. "물질적 형태로 나타나지 않는 인간 활동–언어, 사상, 관습 여기에 하나 더 추가하면 인체 측정까지–을 철저히 연구해야 합니다."[52]

박물관 인류학에 관한 자신의 마지막 논문에서 그는 독일과 미국에서 20여 년 동안 수행한 연구를 회고하면서 "인류학 연구의 유일한 연구 대상인 여러 문화 간 심리적, 역사적 연관성은 극히 적은 분량의 박물관 표본을 통해 확인되는 민족 전통 생활상만으로는 제대로 파악될 수 없다."라고 결론 내린다.[53] 이런 주장은 역설적이게도 1887년 파웰이 보아스의 의견에 반대하며 내세웠던 "즉, 인류학 박물관을 세우는 것은 불가능하다."[54]라는 주장과 정확히 일치한다.

보아스는 단지 자신도 지금까지 종사해 온 박물관 중심의 환경에서 탈피하려는 것만은 아니었다. 그는 박물관이라는 요새 속에 안주하고 있는 미국의 기성 인류학계와 결별하고자 했다. 1904년에 그는 국제 학술회의에서 인류학 역사에 관한 강연을 했다. 문화 발전에 관한 3가지 모델 간의 대립과 갈등이 강연 주제였다. 보아스는 그중 하나를 타일러와 관련시켰는데 문명의 상태를 향한 문화적 진보가 전 세계에서 보편적으로 일어난다는 가정에서 출발한 이론이었다.

두 번째 모델은 바스티안의 이론으로 인류 보편적인 '기본 사상'이 각 지역 환경에 적응하면서 지역별로 특색있게 드러난다는 모델이다. 세 번째는 이주에 따른 효과와 다른 문화에서부터 차용하는 측면을 강조한 독일 지리학자 프리드리히 라첼Friedrich Ratzel의 이론이었다. 그러나 조앤 마크Joan Mark가 지적하듯이 이 강연에서 두드러진 점은 "미국 인류학자 한 세대 전체를 역사 속에서 통째로 생략해 버린 일이다. 루이스 헨리 모건이나 존 웨슬리 파월, 윌리엄 헨리 홈스, 프랭크 해밀턴 쿠싱, 앨리스 플레쳐 등에 대한 언급이 아예 없었다…. 심지어 보아스 자신이 그토록 많은 신세를 졌던 F. W. 퍼트넘에 대한 언급도 없었다."[55]

미국 국립 박물관에서 미국 민족학 부문 큐레이터로 오랫동안 활동했던 윌리엄 스터트반트William Sturtevant는 '박물관 중심 인류학의 시대'를 1840년대에서 '대략 1890년대'까지 잡는다.[56] 개척자들의 시대는 지나갔다. 1896년에 구드가 사망하고 파월과 피르호는 1902년 바스티안은 1905년, 메이슨과 해미는 1908년에 세상을 떠났다. 1905년 보아스가 미국 자연사 박물관을 떠나 컬럼비아대학 풀타임 교수가 되었던 때는 인류학의 무게 중심이 박물관에서 대학으로 옮겨진 시기와 일치한다.

보아스와 스미소니언 간의 관계에서 일어난 마지막 사건은 1차 세계대전 기간 중 펼쳐졌다. 보아스와 그를 지지하는 그룹은 유럽 제국 간의 싸움인 이 전쟁에 미국이 참여하는 것을 반대했다. 홈스와 스미소니언 쪽 인사들은 참전을 지지했다. 1919년 보아스는 「더 네이션The Nation」에 기고한 글에서 "스파이 활동을 위장하기 위해 과학을 매춘부로 팔아먹는" 자들을 비판했다.[57] 이름을 밝히지는 않았지만 사실 그가 표적으로 삼았던 자는 멕시코에서 연구 활동을 한다면서 미국 해군정보국을 위해 정보를 수집하던 실바누스 몰리Sylvanus G. Morely였다. 홈스는 동료에게 "보아스가 쓴 반역적인 기사"에 대한 강한 불만을 쏟아내면서 "이 나라의 인류학을 프로이센인이 장악하고 있으며 이제는 훈족의 지배를 끝내야 한다."라고 격정적으로 토로했다.[58] 보아스는 그 후 열린 미국 인류학회 모임에서 비판을 받았고 간신히 제명은 피했다. 그러나 그 무렵 보아스와 그의 학생들은 한창 여러 대학에서 생겨나고 있던 인류학과를 장악했다. 또한, 박물관 인류학자들의 영향력도 줄어들고 있었다. 하지만 이 두 부류 사이의 적대감은 한 세대 동안 이어졌고 보아스는 외국인 혐오와 반反유대주의적 비방의 표적으로 남아 있었다.[59]

The Museum of Other People

3부

박물관의 분화와 재창조

10장

유골 다툼
박물관의 인간들

17세기 후반까지만 해도 유럽 약재상들은 의학적 목적으로 인체 장기를 보관하는 경우가 흔했다. 그들은 사람의 머리에는 특별한 능력이 있다고 믿었다.[01]

또한, 여러 사람 앞에서 시신을 해부하는 것은 의학 교육의 표준적 활동으로 이는 렘브란트가 그린 「해부학 강의」에서도 잘 나타나 있는데 그 그림에는 암스테르담 외과의사 길드가 매년 시행하는 시신 공개 해부 자리에 참석한 의사들과 저명한 시민들의 초상이 담겨 있다.

시신 경쟁과 헌터의 '개인' 박물관

1632년 1월, 시술자는 암스테르담시가 공식적으로 임명한 해부학자 니콜라스 툴프Nicolaes Tulp 박사다. 시신은 무장강도 죄목으로 최근 처형된 남자의 것이었다. 의사 중 어떤 이는 시신 옆에 놓여 있는 해부도를 들여다보고 있는데 1543년에 안드레아스 베살리우스Andreas Vesalius가 출간한 『인체구조론De humani corporis fabrica』에 실린 그림일 가능성이 크다.

18세기에 들어와 의과대학이 많이 생겨났다. 의과대학은 해부용 시신이 계속 필요했는데 런던의 외과의사협회는 교수형 집행인에게 매년 살인자 시신 6구를 얻을 수 있었다. 그러나 학교는 그것보다 많은 시신이 필요했다. 웬디 무어Wendy Moore에 의하면 "처형이 있는 날이면 외과의들은 타이번Tyburn[01]에 있는 교수대로 몰려와 처형된 범죄자의 시신을 달라고 애원하거나 돈을 주고 사거나 훔쳐 가려고 혈안이었다." 얼마 지나지 않아 "비양심적인 장의사, 무덤 도굴꾼들, 런던에 있는 교회 마당의 무덤을 파내는 시신 전문 탈취자들이 죽은 지 얼마 안 되는 시신을 날이 밝기 전에 해부학 교실로 가져다준 덕분에" 시장은 충분히 많은 시신을 공급받을 수 있었다.[02] (이들은 '부활론자'라고 불렸다.)

조지 왕조 시대[02] 영국에서 가장 유명한 외과의사였던 존 헌터John Hunter는 "끊임없이 시체를 해부했기에 무덤에서 훔쳐 온 시체가 계속 필요했는데 18세기 다른 어떤 해부학자보다 많은 양이었다."[03] 라고 그의 전기를 집필한 웬디 무어는 쓰고 있다. 무덤에서 시신을 파내는 도둑들과 결탁해 있다는 소문으로 인해 그의 명성에 흠집이 생기긴 했지만 헌터는 사람의 두개골, 유골, 병에 담아 놓은 장기, 기형아, 심지어 키가 250cm에 이르렀던 아일랜드인 찰스 번Charles Byrne의 뼈까지 포함한 수집품을 갖고 있었는데 개인 소유로는 유럽에서 가장 큰 수집품이었다.[04] 성격이 쾌활했던 번은 자신의 시신을 사람들에게 공개하는 것을 허락했다.

그가 사망했을 당시 「모닝 헤럴드」지는 이렇게 기사를 썼다. "외과의사라는 이들이 모두 몰려들어 사망한 아일랜드 거인의 집을 둘

---

01 타이번 - 영국 런던의 사형 집행장. 1300년부터 1783년까지 공개처형이 집행되었다.

02 조지 왕조Georgian 시대 - 영국 조지 1~4세 치세 때인 1714년부터 1830년을 말한다.

러싼 채 시신을 차지하겠다고 소란을 피웠는데 마치 그린란드에서 거대한 고래를 잡으려고 작살을 박아 넣는 자들 같았다."[05] 번의 친구들이 시신을 지키고 서서 시신을 보려는 사람들에게는 2실링 6페니를 받았다. 그리고 나서 그들은 번이 유언한 대로 관을 바다에 던졌다. 그러나 헌터는 미리 장의사에게 500파운드를 찔러줬는데 그 당시로서는 상당한 금액이었다. 시신을 가져가던 이들이 여관에 들렀을 때 장의사의 조수들이 시신을 꺼내고 관에는 돌멩이를 잔뜩 집어넣었다. 헌터는 시신을 졸여 뼈만 추출했다.[06] 그는 오랫동안 뼈를 숨기고 지냈지만 1786년에 와 그의 친구인 조슈아 레이놀즈Sir Joshua Reynolds가 그린 헌터의 초상화에는 "오른쪽 맨 위쪽 구석에 기묘하게 생긴 긴 발이 보일 듯 말 듯 살짝 보인다."[07]

말년에 와 헌터는 자기 개인 박물관을 1년에 두 번 관람객에게 공개했는데 "5월에는 귀족과 신사들에게, 10월에는 동료 의사들과 자연과학자들에게"[08] 보여주었다. 그때는 박제한 기린, 코끼리와 고래 뼈, 다섯쌍둥이의 유해, 난쟁이 유해는 물론 '그 아일랜드 거인'도 공개했다.[09] 헌터가 죽고 나서 그의 수집품은 링컨스 인필드Lincoln's Inn Fields[03]에 있는 왕립의과대학으로 옮겨졌다. 20세기에 들어오면서 '헌터의 박물관'은 더 이상 교육 목적으로는 사용되지 않으나 관광객들이 많이 찾아왔다. 기괴하고 으스스하고 시대착오적이긴 하지만 그럼에도 분명히 박물관이라고 할 수 있는 곳이었다. 2017년에는 '리노베이션renovation'을 위해 폐쇄되었다. 2023년에야 다시 개관하는 것으로 보아 상당히 광범위하게 보수공사가 진행될 듯하다. 재개관할 때는 아일랜드 거인의 유골을 포함한 기괴한 전시물들은 빠질 게 분명하다.

---

03 링컨스 인필드 - 영국 런던에 있는 가장 큰 광장

박물관의 그림자

유골 박물관과 두개골 신화

19세기 초 이래로 의학 박물관, 자연사 박물관, 인류학 박물관에서는 두개골과 유골, 항아리에 담긴 뇌, 태아, 심지어 포르말린에 담은 인간의 머리 전체까지 전시했다. 스미소니언 협회 안의 미국 국립 자연사 박물관에는 약 3만 4천 점 이상의 인체 뼈와 두개골이 있다. 2001년에 서유럽 박물관 협회는 자신들이 총 13만 1,562점의 해골을 보유하고 있다고 보고했다. 유골은 고고학자들이 발굴하기도 하고 건축 현장이나 도로나 철길 건설작업 도중 우연히 발견하기도 했다. 2만 3천 점 이상은 로마 제국 이전 시대, 1만 2,772점은 로마 제국 시대, 9만 5,646점은 중세 이후 것이었다.[10]

19세기까지만 해도 과학 연구용으로 두개골, 인체 유해, 뇌, 다른 장기에 대한 수요가 있었다. 1805년에 괴팅겐의 의학부 교수였던 요한 프리드리히 블루멘바흐Johann Friedrich Blumenbach는 주로 두개골 크기에 따라 인종을 5가지로 나누었다. 그와 경쟁 관계에 있던 다른 교수들도 그때부터 인종을 5가지(혹은 4가지, 때로는 3가지)로 나누어 두개골에 관해 서술했다.

북미 지역에서 인종 연구의 개척자는 사무엘 조지 모턴Samuel George Morton이었다. 1799년 필라델피아에서 출생해 퀘이커 교도 집안에서 자란 모턴은 펜실베이니아대학에서 공부한 다음, 에든버러 대학 내의 유명한 의대를 다녔으며 거기서 최첨단 의학과 해부학을 접했다. 미국으로 돌아와서는 펜실베이니아 의과대학의 최초로 교수진의 일원이 되었다. 그가 진행한 수업은 '5가지 인종에 따른 두개골 차이 연구'였다. "정말 이상한 일이지만 나는 이 인종별 두개골을 구매하지도 못했고 빌리지도 못했다."라고 그는 회상한다. "이렇게 중요한 학문 분야에서 이토록 자료가 부족했기에 나는 나만의 수집품을 만들어 가야 했다."[11]

그는 인간의 두개골이 대부분인 개인 박물관을 만들었는데 그의 친구들은 이곳을 '미국에 있는 골고다'라고 불렀다. 루이스 애거시스는 스위스에 있는 자기 어머니에게 이렇게 편지를 썼다. "두개골 600개, 그것도 주로 전에 미국에서 살았던 인디언들의 두개골이 일렬로 배열된 장면을 한 번 상상해 보세요. 이런 건 다른 데는 없어요. 이 수집품 하나만으로도 미국에 와볼 만한 가치가 충분해요."[12]

모턴은 이 두개골을 화려한 도해가 포함된 3편의 논문으로 정리했다. 아메리카 인디언 두개골에 관한 『아메리카 두개골Crania Americana(1839)』, 고대와 근대 이집트 무덤에서 나온 두개골을 설명한 『이집트 두개골Crania Aegyptiaca(1844)』, 그리고 1849년에는 자신이 가진 623개의 두개골 전체를 목록으로 만든 마지막 책이 나왔다. 그의 연구는 최신 신경학, 두개학, 골상학의 성과를 반영하고 있었다. 이 학문 분야들의 공통된 전제는 유물론이었다. '정신'에 관한 철학 이론은 모조리 무시되었다. 뇌야말로 의식, 지성, 인격의 참된 구현체였다. 두개골의 형태와 융기된 부분을 살펴보면 신의, 대담성, 범죄 가능성, 성적 지향성 등 인간의 특징을 알 수 있다고 보았다.

모턴은 아메리카 원주민들이 단일 인종인지 아닌지 확인하려고 노력했다(그는 북극 에스키모인을 제외한 모든 원주민은 단일 인종이라고 결론 내렸다). 그러나 그는 단지 인종의 유형을 구분하는 정도로는 만족하지 않았다. 인종과 지적 능력을 연결했다. "이렇게 되면 이건 교리가 되는 셈이다."

모턴의 동료였던 샌포드 헌트Sanford B. Hunt는 말했다. "교배가 일어나지 않는 순수한 인종은 고유한 두개골 용량과 형태를 가지고 있으며 이것은 각각의 인종이 가지고 있는 중요한 특징이자 영구적인 조건이다. 즉, 인종에 따라 뇌의 크기는 불평등하게 다르며 두개골의 형태와 윤곽도 인종마다 다르다."[13] 모튼은 코카서스 인종 중에서도 한 분파-'튜튼 족'(게르만, 앵글로-색슨, 앵글로-아메리칸, 앵글로-아이리시)-가 가장 큰 뇌를 가지고 있다고 주장했다.

모턴이 죽고 나서 그의 친구들은 그가 갖고 있던 두개골 수집품을 사들인 다음 필라델피아 자연 과학 학술원에 기증했지만 그의 이론은 인기가 시들해졌다. 에든버러대학에서 그를 가르쳤던 교수 중 한 명이었던 로버트 제임슨Robert Jameson은 모턴의 통계 목록에 남자 두개골과 여자 두개골이 구별되어 있지 않다는 점을 지적했다. "남자는 남자, 여자는 여자의 두개골과 비교할 수 없고 남자와 여자가 각각 그 민족의 성취에 어느 정도 기여했는지 알 수 없는 한, 각 민족의 두개골을 서로 비교해 지적 역량 차이를 확인하는 일은 불가능하다."[14] 1978년에 스티븐 제이 굴드Stephen Jay Gould는 모튼의 연구 결과를 재분석해 발표했는데 거기서 그는 "이것들은 그가 선험적으로 이미 갖고 있던 서열(자기 민족이 최상위이고 노예는 최하위)을 부각하기 위해 무의식적으로 조작한 가설과 속임수로 짜깁기한 것에 불과하다."라고 결론 내렸다.[15]

1966년에 필라델피아 학술원은 모턴의 수집품을 펜실베이니아대학 고고인류학 박물관으로 이전했다. 이 박물관 웹사이트에 최근 이런 포스팅이 올라왔다. "2020년 6월, 펜실베이니아 박물관은 고고학 자료분석센터 내에 있는 전용 교실에 쌓아두었던 모턴의 수집품 일부를 이전합니다…. 8월, 우리는 이 수집품에 포함되어 있던 노예들의 두개골을 본국으로 보내거나 재매장하는 방안을 마련하기 위한 위원회를 꾸렸습니다."

다양한 유골이 모여들다

미국 남북전쟁의 중요한 고비였던 1862년 8월, 워싱턴 DC가 위험에 처했을 때 군대의 군의관이었던 윌리엄 하몬드William A. Hammond는

'의학 및 외과적 가치가 있는 표본'을 보존하기 위해 육군의학박물관을 세우겠다고 발표한다.[16] 전쟁 중에 사망한 군인의 숫자는 60만 명이 넘었다. 육군의학박물관의 제1대 큐레이터였던 존 브린턴John H. Brinton 박사는 전쟁터와 육군병원에서 전사자의 시신과 신체 장기를 수집하는 일을 자신의 사명으로 생각했다.

> 내가 영원한 안식을 주고자 하는 바람으로 참호에 묻혀 있던 시신을 꺼내 쌓아 올린 더미에서는 악취가 진동했고 나는 몹시 의아해하는 외과의사들과 별로 그들보다 덜 당황한 것 같지는 않은 의사들에게 둘러싸인 채 마치 시신을 파먹는 악귀처럼 일했다. 그러나 그들은 곧 내가 진심이라는 점을 알아차렸고 내 진심은 그들 사이로 빠르게 퍼져 나갔다. 이 부대 병원에서 저 부대 병원으로 뛰어다니자니 박물관 설립에 관한 관심이 일어나기 시작했고 마침내 모두 적극적으로 협력해 주었다.[17]

남북전쟁이 끝나고 얼마 안 있어 인디언과의 전쟁이 시작되었다. 1867년 4월, 군의관이었던 반스Barnes는 군의관들에게 "인디언이 쓰는 무기, 의류, 도구, 식단, 의약품뿐만 아니라 그들의 두개골도 모으라…. 북아메리카 원주민들의 두개골을 최대한 많이 측정해 인류학 발전에 기여하기 위해 노력하라."는 지시를 내린다.[18] 부副외과의였던 힌츠R. B. Hintz는 즉시 크로Crow족이 전투할 때 쓰는 곤봉, 큰 사슴의 뿔 한 세트, 그리고 자신이 직접 파낸 인디언 두개골 두 점(상태가 아주 우수했다)을 보냈는데 하나는 '스포켄Spokane'족의 두개골이었고 다른 하나는 '페이건Pagan'족의 두개골이었다.[19] 이것은 시작에 불과했다. 얼마 지나지 않아 박물관은 3천 점이 넘는 두개골과 신체 장기를 보유하게 되었는데 여기에는 '현존하는 인디언과 멸종된 인디언 부족 대부분'의 표본, 그리고 '백인과 흑인의 두개골'까지 포함

되어 있었다.[20]

1867년에 이 수집품은 워싱턴 DC 10번가에 있는 포드 극장에 진열되었는데 이곳은 2년 전에 발생한 링컨 암살사건으로 그 당시까지 폐쇄되어 있던 상태였다. 링컨의 시신을 부검했던 6명의 의사 중 한 명이었던 우드워드J. J. Woodward 박사는 이 수집품에 경의를 표했다. "질병과 상처, 사지 절단, 죽음에 관한 연구를 위해 수집한 이 침울한 분위기의 보물 창고보다 고귀한 기념비를 우리나라가 어떻게 세울 수 있으랴?"[21] 1880년대에 이 수집품은 한 해 4만 명의 관람객을 끌어들였다.[22] 그러나 군의관들 사이에서는 비교해부학에 관한 관심이 점점 식어가던 시기였다. 결국 육군의학박물관은 '대부분 고대와 근대의 북미 인디언 부족 것인 인간의 두개골 2,206점'을 스미소니언 협회에 있는 미국 국립 박물관에 넘겨주었다.[23]

1903년에 와 국립 박물관은 처음으로 형질인류학 부문 큐레이터를 선발했다. 알레스 흐르들리카Aleš Hrdlička는 파리에서 폴 브로카에게서 배운 학생이었다. 그는 박물관에 첨단 측정 기법을 도입했고 이미 상당히 많은 분량이었던 인간 장기 수집품을 더 확장했다.[24] 그는 "인류학 수집품은 전체적으로는 인종과 유형에 따라 배열되었지만 세부로 들어가면 지역별로 분류했다."라고 쓰고 있다.[25] 이는 최신 감각에 따른 것이었지만 흐르들리카가 내세우는 이론은 무척이나 기괴했다. 그는 인류가 유럽에서 처음 나왔다고 믿었기에 북아메리카 인디언이 아시아에서 왔다는 주장을 거부했을 뿐만 아니라 최초 인류hominids의 조상은 영장류라는 다윈의 이론도 배격했다.

19세기 후반에 인종 연구가 발전하면서 인종적으로 다양한 표본을 갖춘 수집품은 가치가 한층 더 커졌다. 인류학자들-보아스도 그중 하나였다-은 민족학과 고고학 공예품뿐만 아니라 인간의 유해도 수집해 박물관에 팔기 시작했다.

　보아스는 제섭이 이끄는 탐사단의 일원으로 브리티시컬럼비아 지역에서 경험을 쌓은 제임스 테이트James Teit에게 "선사시대 무덤에서 유골을 발굴하는 일은 아주 좋은 일이지만 인디언들은 자기들의 조상이 묻힌 매장지라면 아주 뜨거운 (그리고 종교적인) 애정을 가지고 지키려고 하니 조심하라."라는 경고를 받았다.[26]

　이에 보아스는 신중히 움직였다. 1888년에 브리티시컬럼비아를 방문했을 때 그는 투옥 중인 인디언 수감자들의 신체를 측량할 목적으로 감옥을 방문하는 허가를 받았다. 그는 사진사를 데려갔고 사진사는 문신을 한 아름다운 하이다Haida족 인디언 5명을 포함한 죄수들의 사진을 찍었다. 그 사진사는 인디언의 두개골을 찾을 수 있을 것이라며 보아스를 데리고 항구 쪽에 있는 섬으로 갔다. 보아스는 자기 아내 마리Marie에게 보내는 편지에 이렇게 썼다. "우리가 도착했을 때는 누군가 이미 유골을 훔쳐 가버려 남은 게 없었지만 머리 부분만 사라진 완전한 상태의 유골 1구를 발견했어. 무덤에서 유골을 훔치는 건 전혀 유쾌하지 않은 일이지만 아주 쓸모 있는 일이니 누군가는 해야 해…. 유골은 학문적인 가치가 있을 뿐만 아니라 돈도 되니까." 편지에는 이런 내용도 있었다. "어젯밤에는 밤새도록 꿈에 해골과 뼈만 나왔어. 나는 이런 걸 붙잡고 일하는 게 정말 싫어. 이런 걸 수집하기만 하고 가질 수는 없으니까." 먼 곳에 있는 어느 인디언 마을에 갔을 때 보아스는 사진사에게 "내가 두개골을 건질 동안 마을 사진이나 찍고 있으라고 했어…. 물론 거기 도착하기 전까지 그 사진사(말도 더듬는 멍청이야)에게 내가 뭘 하려는지 얘기해주지 않았지. 거기서 두개골이랑 남자의 하체 부분 유골을 찾았어."[27]

　그 뒤로 보아스는 과학자들에게 유골을 파는 사업을 하는 어느 형제와 계약을 맺었다. 마리에게 쓴 편지에서 그는 "하루 종일 미친 듯이 치수를 쟀네 두개골이 다 합쳐 75개 정도였어." 스미소니언은 그에게서 두개골 85점과 완전한 유골 14점을 구매했다.[28]

홀로코스트 이후의 인종 문제

인종 연구는 제2차 세계대전 전까지만 해도 형질인류학의 중심부였다. 하지만 홀로코스트 이후로는 인종 연구가 내세우는 전제는 비판의 대상이 되었다.

토마스 헨리 헉슬리Thomas Henry Huxley의 손자 줄리언 헉슬리 Julian Huxley는 멘델과 다윈의 이론을 합쳐 '진화론적 종합'을 이루는 데 기여했다. 한때 우생학의 신봉자였으며 남을 의식하지 않고 반유대주의적 편견을 갖고 있었음에도 그는 나치의 인종차별에는 경악했다. 그는 '인종'이란 생물학적 실체라기보다 사회적으로 만들어진 대상이라고 보았다. 표현된 형질적 특징은 심리적이고 지적인 자질을 알아보는 데 도움이 되지 않는다고 판단했다. 1936년에 그와 케임브리지의 인류학 교수 앨프리드 헤던Alfred Haddon은 "히틀러 같은 금발, 로젠베르크 같은 장두長頭, 괴벨스처럼 큰 키, 괴링과 같은 호리호리함, 슈트라이허 같은 남자다움" 등 나치가 내세우는 전형적인 아리안족의 특징에 조롱을 퍼부었다.[29]

헉슬리가 유네스코UNESCO의 초대 사무총장으로 임명되었을 때 그는 인종에 대한 소책자 시리즈를 발간하기 시작했는데 여기에는 미셸 레리Michel Leiris와 클로드 레비스트로스Claude Lévi-Strauss의 수필도 포함되었다. 이 시리즈는 1950년에 헉슬리 자신이 쓴 11쪽짜리 팸플릿 『인종 문제The Race Question』에 처음 소개되었다. 팸플릿의 결론은 다음과 같다.

현실적이고 사회적인 목적을 종합적으로 고려해 봤을 때 '인종'은 생물학적 현상이라기보다 사회적 신화에 가깝다. '인종'이라는 신화는 지금까지 인간과 사회에 심각한 폐해를 초래했다. 특히 근래 들어 인간의 삶에 큰 피해를 주었으며 말할 수 없는 고통을 가져왔다. 지금도 수백만 명의 인간이 정상적으로 발전하지 못하게 하고 문명 세계가 창조적인 정신을 따라 효율적으로 협력하지 못하도록 방해하고 있다. 민족 간의 생물학적 차이는 사회적 수용과 사회적 행동의 관점에서 보자면 무시되어야 한다. 생물학적이고 사회적인 두 가지 관점 모두에서 보더라도 인류의 단일성이 가장 중요한 사항이다.

그러나 '구닥다리들'은 인종 간의 생물학적 차이는 중요하며 과학 연구는 집단학살은 말할 것도 없고 정치와도 관련 없이 진행되어야 한다고 주장했다. 1962년 펜실베이니아대학의 교수였던 칼튼 쿤Carleton Coon은 『인종의 기원The Origin of Races』이라는 두꺼운 연구서를 출간했는데 그 책에서 그는 인종별 특징에 관한 오래된 정통 관념을 재확인하면서 유럽인이 진화상 최상위(환경에 가장 잘 적응했고 가장 발전했으며 호모 사피엔스 중 가장 우수한 대표자)에 있다고 보았다.

같은 해 미국 형질인류학 학과장이었던 셔우드 워시번Sherwood Washburn은 미국 인류학회 연례회의에서 회장으로 연설하게 되어 있었다. 집행부는 그에게 쿤의 책이 불러일으킨 논쟁을 다루어 달라고 요청했다. 강당 안은 사람으로 꽉 차 있었다. 워시번은 쿤의 이론이 "19세기의 유형적 사고방식으로 되돌아간 것이며 그 어떤 전문적 연구를 위해서도 쓸모가 없다."라고 비판했다.[30] 전도유망한 젊은 인류학자였던 어빈 데보레Irven Devore는 그 연설에 청중은 기립 박수를 보냈지만 "내가 주위를 둘러보니 형질인류학자들 중에 일어서지 않는 자도 여러 명 있었고 대부분은 마지못해 일어서긴 했지만 환호하거나 갈채를 보내지는 않았다."라고 회고했다.[31] 그러나 10년도 지나지 않아 미국 형질인류학자들은 인종 연구를 포기했다. 유형별 연구의 시대는 끝났고 통계에 기반한 십단유전학의 시대가 찾아왔다.

그러나 어디나 그런 것은 아니었다. 1993년에 나는 비엔나 자연사 박물관에서 개최한 인류의 진화 전시회를 찾아갔던 적이 있다. 두개골이 일렬로 진열되어 있었는데 각각 지역별 인종의 유형을 나타내고 있었다. 유럽 쪽 진열장에는 '집시'의 두개골도 있었지만 무슨 이유인지 유대인 두개골은 보이지 않았다. 조그만 아시아 구역에는 진열장 하나에 두 개의 유골이 들어 있었는데 하나에는 '일본인', 다른 하나에는 '인도네시아인'이라는 라벨이 붙어있었다. 마지막에는 3개의 두개골이 배열되어 있었다. 각각 오스트랄로피테쿠스, 침팬지, '부시맨' 라벨이 붙어 있었다. **부시맨은 상대적으로 원시적인 종과 함께 묶일 만하다는 사고방식이 분명히 드러나 있는 진열 방식이었다.**

빈에 있던 내 동료들이 들려준 이야기에 따르면 이건 나치의 과학을 인정하는 전시회라고 항의했더니 엄밀한 과학 연구에 정치를 개입시키지 말라는 비난만 돌아왔다는 것이었다. 동료들의 제안에 따라 나는 이 일을 글로 써 「네이처Nature」지에 실었다.[32] 런던 언론이 이 일을 다루었고 그 뒤로 빈의 언론도 나섰다. 그렇게 전시회는 종료되었다. 몇 년이 지난 뒤 비엔나 자연사 박물관은 인간의 진화에 관한 최신 관점에 입각한 전시회를 선보였다.

이 유골들을 어떻게 할 것인가?

인종 연구의 인기가 시들해지면서 인류학 박물관들은 자신들이 보유하고 있는 두개골과 유골 처리 문제로 곤혹스러워졌다. 인간의 유해를 연구하려면 엄격한 규정을 지켜야 했고, 까다로운 행정 절차도 밟아야 했다. 한편, 음식, 건강, 신장, 이주에 관련된 과학 연구는 계속되었다. 1953년 4월 25일, 프란시크 크릭Francis Crick과 제임스 왓슨

James Watson이 「네이처」지에 DNA 이중 나선 구조를 발표했을 때 형질인류학은 생물학과 마찬가지로 혁명에 가까운 변화를 겪었다. 인류의 진화, 건강, 이주, 유전자 구조와 상호 관련성 연구를 위해 몸에 직접 칼을 대는 경우를 최소화하는 방법이 빠르게 도입되었다. 인간의 유해를 전시하는 일은 대단히 민감한 문제가 되었다.

1987년, 스미소니언 협회 사무총장인 로버트 맥코믹 애덤스Robert McCormick Adams는 인디언 문제를 다루는 미국 상원위원회에 나와 증언하는 자리에서 미국 국립 자연사 박물관에는 총 3만 4천여 점의 유골과 두개골이 있으며 이 중 42.5%는 북아메리카 인디언 것이라고 밝혔다. 11.9%는 이누이트 것이라고 했다. (백인의 유해는 수집품의 20%를 차지했다. 5% 정도가 흑인 유해였고 20%가량은 명확히 분류할 수 없었다.)[33]

위원회는 다음과 같이 기록한다. "애덤스 사무총장의 증언에 대한 인디언 부족의 반응이 즉각적으로 나왔다. 그다음 달부터 미국 내 인디언 부족들은 어느 부족이나 지역에서 나온 것인지 확인된 유골은 돌려보내야 한다고 요구했다."[34]

상원의 인디언문제위원회 의장이었던 알래스카의 이노우에Inouye 상원의원은 유해를 부족의 통치기관으로 보내 매장하도록 하고 워싱턴 DC에는 기념비를 세우자고 제안했다. 1989년에 의회는 스미소니언 협회 내에 국립 아메리카 인디언 박물관을 만들라고 명령했다. 이 법안은 또한 스미소니언 협회 사무총장에게 미국 국립 박물관이 소장 중인 인디언과 하와이 원주민 유해와 '장례식 관련 물품'의 목록을 만들라고 명령했다.

박물관이 소장 중인 어떤 물품이라도 그 물품을 처분할 권한이 있던 자에게서 자유롭게 사들인 것이라고 명확히 증명할 수 없는 경우에는 연방정부가 인정하는 인디언 부족이 그 물품에 대한 송환권을 행사할 수 있었다. 그 권리를 행사하려는 부족은 의회가 제정한 용어를 쓰자면, '문화적 연관성cultural affiliation'을 증명해야 했다. 1990년, 아메리카 원주민 묘지 보호 및 송환법NAGPRA: Native American Graves Protection and Repatriation Act은 이와 유사한 규정을 연방정부 보조금을 받는 모든 박물관으로 확대했다. 되돌려 줘야 하는 물품에는 "신성하거나 문화유산에 해당하는 공예품"까지 포함되었다. (이들 용어의 의미는 그 뒤로 이어진 여러 건의 법정 소송 과정에서 법률적인 타당성을 따지게 된다.)

유명 박물관 관장들은 공동명의로 의회에 제출한 글에서 이 법안으로 인해 "박물관들은 파산에 이르게 될 정도로 감당하기 어렵고 적대적인 법정 송사에 직면하게 되었으며 대중은 이루 말할 수 없이 소중하고 특별한 수집품을 잃어버리게 될 것이며 아메리카 원주민을 포함한 미래 세대는 인류 역사의 중요한 부분에 대한 지식을 얻지 못하게 되었다."라고 경고했다.[35] 이에 아메리카 원주민 대변인들은 송환법이 정치적 문화적 근거는 물론 심지어 영적인 근거에 입각해 보더라도 정당하다고 맞받아쳤다. 샤이엔 인디언평화위원회Cheyenne Peace 회장이자 국립 아메리카 인디언 박물관 제1대 관장이었던 리차드 웨스트Richard West는 말했다.[36] "송환법은 우리 시대에 진행 중인 문화적 부흥에 대한 가장 강력한 정치적 메타포"라고 말이다.

논란은 뜨거웠고 종종 과열될 때도 있었다.[37] 캘리포니아대학의 연구 조사 및 정책 책임자였던 제이 스토브스키Jay Stowsky는 당시를 되돌아보며 이런 논평을 내놓았다. "나는 그토록 적대적인 분위기를 한 번도 경험한 적이 없었는데-내가 클린턴 대통령 집권 당시[04] 백악

---

04 클린턴 행정부는 1993년부터 2001년까지였다.

관에서 근무 중이었다는 점을 생각해 보시라."[38]

법안은 그 당시 상원의 인디언문제위원회 의장을 맡고 있던 존 맥케인John McCain 상원의원이 주도했다. 그는 이 법안의 통과야말로 "수많은 인디언 부족과 박물관이 지나온 기나긴 과정의 마침표이다. 송환법은 원주민 공동체와 박물관 공동체 양쪽 모두에게서 격렬한 감정을 불러일으켰다. 나는 이 법안이 진정한 절충안이 되리라고 믿는다."라고 평했다.[39] 의회에서 설립한 위원회에 나와서 증언한 애덤스 사무총장은 "인디언 후손들이 내세우는 우선적인 권리는 매우 강력하지만 그들이 직접적인 후손이라는 사실은 명확히 확인되지 않은 상태다. 과학의 도움을 받는 것이 타당해 보인다. 새로 개발되어 속속 도입되고 있는 놀라운 시험 기법을 동원해 표본을 분석해야만 이들이 먼 조상의 직접적인 후예인지 아닌지 정확히 알 수 있다."라고 말했다.[40]

그러나 애덤스는 곧 패배를 인정했다. "이 일이 여론 재판으로 넘어가면서 우리는 질 수밖에 없었다." 실제 여론조사 결과가 그랬는데 아메리카 원주민 묘지 보호 및 송환법NAGPRA의 결정 사항에 반대하는 응답자는 19%밖에 안 되었다.[41]

기나긴 송환 작업

새로운 법안이 발의되자 미국 박물관 큐레이터들은 두개골과 유골 전시를 중단했다. 그 뒤로 힘겨운 투쟁이 시작되었다. 스미소니언 측은 자신들의 서랍과 캐비닛에 보관 중이던 수천 점의 신체 장기를 목록화하는 작업에 착수했다. 여기에는 치명적인 상처를 입으면 어떻게 되는지 보여줄 목적으로 남북전쟁과 인디언 전쟁 중에 군의관들이 모은 유골, 그리고 19세기에 인종과 진화 연구를 위해 수집한 두개골도 있었다. 박물관에서 큰 비중을 차지하고 있던 미국 서부와

1870년대 알래스카에서 나온 미라, 민족학 연구를 위해 모은 두피와 쪼그라든 머리도 있었다. 여러 진귀한 물품 속에는 미국 민족학 사무국 초대 국장이었던 존 웨슬리 파웰 대령의 뇌도 식초에 절여 보관되어 있었다.

박물관 큐레이터들은 적어도 한 가지 사항에서는 옳았다. '송환 과정은 관련된 사람 모두에게 지독할 만큼 힘들다는 사실' 말이다. 인디언부족연합은 관료사회의 개입과 비용으로 인해 불만을 터트렸다. 나바호족은 자신들이 필요한 서류 작업에만 한 해 45만 달러를 쓴다고 추정했다.[42]

스미소니언 협회는 정작 자신들에게 꼭 필요한 큐레이터 자리는 채우지 못한 채 유해 반환 작업에만 전일제全日制 과학자 열 명을 고용해야 했다.

작은 대학과 박물관 역시 자신들의 수집품을 살펴봐야 했다. 마가렛 브루학Magaret Bruchac은 2003년부터 2010년까지 암허스트 앤 스미스 칼리지의 송환 연구 담당자로 일했던 경험을 이렇게 회상한다.

> 수집품만큼 수집가를 추적하는 일도 필요했다. 이 일은 고고학 현장 작업 노트, 재고 목록, 두개골 측정 기록, 교수진의 서신 왕래 내역, 학과에서 구전으로만 전해 내려오는 이야기(교수들 연구실에 숨겨져 있는 유골에 관한 이야기도 포함되었다)까지 교차 확인해야 하는 고된 작업이었다. 여러 기관을 거쳐 간 자료를 추적하려면 관련 기관 사이에서 교섭력도 필요했다. 나는 발굴 단계에서부터 시작해 탈구 과정, 판매와 유통 단계를 지나 최종 큐레이션 단계에 이르는 모든 증거를 일일이 추적해야 했다. 서류상으로는 명백히 기록되어 있지만 수집품에는 존재하지 않는 '사라진 유해'에 대한 보고서도 작성해야 했다.[43]

송환 작업은 더디게 진행되었다. 꼼꼼히 조사한 결과, 스미소니언이 보유하고 있는 아메리카 원주민 유해는 총 1만 9천 점 이상이었으나 사무엘 레드먼Samuel J. Redman에 따르면 2016년까지 실제 송환된 것은 4천 점이 채 되지 않았다.[44] 박물관 측에서 지연 전술을 쓴다는 비판도 나왔다. 어느 기사에 따르면 "일부 박물관들은 자신들이 보유한 수집품을 상실하고, 불법 시비에도 시달리게 되고, 자신들이 보유한 원주민 수집품에 대한 문화적 해석도 변하는 등, 앞으로의 사태에 대응하기 위해 정보에 대한 접근을 차단했다. 전시회는 중단되었고, 귀중품은 모두 잠금장치가 된 보관함에 넣어 보관되었으며, 협상은 은밀히 진행되었다."[45]

업무에 지친 큐레이터들은 미묘하면서도 좀처럼 해결하기 어려운 또 다른 문제와 맞닥뜨렸다. 19세기에 수집된 상당수는 표본은 관련 서류가 매우 부실했다. 해당 유해가 어떤 조상의 유해인지, 해당 공예품의 정당한 소유주가 누구인지, 예식과 관련된 특정 물품이 애초에 판매를 위해 만들었던 것이었는지 아닌지, 이런 문제를 항상 명확히 해결할 수는 없었다. 구체적인 인체의 장기가 누구 것인지 확인하는 일은 무척 어려웠고 아예 불가능한 경우도 허다했다. 중개상이나 딜러를 통해 획득한 유골은 제대로 분류되거나 라벨이 붙어있지 않은 경우도 많았다. 사무엘 레드먼은 이렇게 쓰고 있다. "어떤 경우에는 유골이 비슷하게 생겼기에 인종 간에 서로 교체될 때도 있었다. 예를 들어, 전시하려는 유골의 턱뼈가 너무 많이 부러지거나 깨져서 사라진 경우라면 박물관 측에서는 다른 아메리카 원주민 유골에서 거기에 해당하는 부분을 가져와 채워 넣는 식이었다."[46] 전쟁터에서 수습한 뼈와 두개골도 있었지만 어느 편 시신인지 확인되지 않는 때도 있었다. "혹시 적의 시신을 매장해 주게 될까 봐 신원이 확인되지 않는 유골은 가져가려고 하지 않는 부족도 많았다."

2010년 새로 제정된 연방 규정에 따라 부족들은 유래가 명확하지

박물관의 그림자

않은 유해에 대한 소유권을 주장하기 쉬워졌다. 그럼에도 레드먼에 따르면 "박물관이 소장하고 있는 유해 중에 문화적으로 소속이 불분명한 경우는 고작 2.1%만 가져갔다."[47] 유해의 신원이 명확히 확인되는 경우더라도 소유권자가 항상 명확히 확정되는 것은 아니었다. 샤이엔 인디언 출신에 콜로라도 상원 의원이었던 벤 나이트호스 캠벨 Ben Nighthorse Campbell은 이렇게 경고했다. "나는 거의 모든 문제에 관해 한 부족 내에서도 갈등이 있다는 것을 알고 있으며 유해와 관련해서도 부족 내에서 갈등이 있다는 것을 알고 있다. 나는 이 문제야말로 우리가 전권을 가지고 시신을 돌려주는 작업을 하기 전에 해결해야 하는 매우 심각하고 어려운 문제라고 생각한다."[48]

'인디언'은 누구인가?

아메리카 원주민 묘지 보호 및 송환법NAGPRA은 유해와 공예품의 소유권은 "지리, 친족 관계, 생물학, 고고학, 언어, 전통문화, 구전 전통, 역사, 그 밖의 다른 정보나 전문가 견해에 입각해 획득한 증거가 많은 쪽"에 주어진다고 명문화했다. 미국 자연사 박물관의 인류학 부문 큐레이터인 데이비드 허스트 토마스David Hurst Thomas는 "서로 다른 이 증거들 간에 우선순위는 정해져 있지 않았다."라고 언급한다.[49] 무엇보다 고고학적 증거와 역사상의 증거가 구전 전통과 부딪치는 경우가 많았다. 박물관 큐레이터 패널 중 한 명은 이렇게 비판한다. "미국 원주민들을 비중 있는 사람들로 대우하면 처음에 그들의 기분이야 좋겠지만 장기적으로 보면 이런 식으로는 미국은 물론 미국 원주민들의 유산을 위해 유익할 게 아무것도 없다."[50]

게다가 누가 소유권을 주장할 수 있느냐는 점도 명확하지 않았다. **도대체 '인디언'이 누구냐**는 오래된 논쟁이 다시 불거졌다. 유럽과 아프리카 이민자들이 대거 유입된 이후로 북아메리카 원주민은 인구통계학적 구성에서 큰 변화를 겪었고 교배도 상당히 많이 진행되었다.[51] 1960년 이후 미국은 인구 센서스(인구 국세 조사)에서 응답자들에게 자신의 정체성을 인디언으로 표시할 수 있게 했다. 2000년 이후로는 자기 민족이나 인종을 한 개 이상 표기할 수도 있었다.

그러나 연방정부가 제공하는 혜택을 받으려는 자는 인디언 문제부에서 발행하는 인디언 혈통 증명서가 필요했다. 이 증명서를 받으려면, 출생 신고서와 자기 집안의 가계도를 제출해 연방 정부가 인정하는 인디언 부족이나 민족이나 마을 출신임을 증명해야 했다. 공식적으로 정해진 바에 따르자면 받는 혜택에 따라 요구되는 인디언 혈통의 정도가 모두 달랐다. 인디언 부족마다 자기 부족 출신으로 인정해 주기 위해 요구하는 혈통의 정도the degree of blood에 관한 규정도 서로 달랐다. 부족 대부분은 조부모 중 한 명 또는 두 명 모두 그 부족 출신인 자들만 자기 부족 사람으로 인정했지만 체로키 인디언 같은 경우는 그런 조건이 없었다.

더 민감한 문제는 인디언 공동체에 속한 흑인들이었다. 1830년에 오클라호마로 강제로 이주당하던 시기 전후로 미국 남동부의 '문명화된 다섯 부족'은 아프리카계 미국인들과 불평등하고 심각한 갈등에 휘말렸다. 하버드의 역사학자 필립 들로리아Philip Deloria는 21세기를 살아간 크리크Creek족이자 유명한 추장의 조카였던 버디 콕스Buddy Cox가 통렬히 요약했던 말을 이렇게 인용한다. "우리는 가진 것도 조금 있었고 사람도 조금 있었고 같이 잔 이들도 조금 있었다."[52]

남북전쟁 이후 아프리카계 미국인의 후손들은 인디언보호구역 내에 정착했고 인디언 말을 쓰고 그들의 관습을 채택했다. 그리고 1979년에서 2007년 사이에 일부 인디언 부족들은 노예에서 해방된 자들에게 부족의 시민권을 주지 않기로 했다. (들로리아는 이렇게 언급하고 있다. "1979년, 그러니까 시민권 운동에 대한 기억이 아직도 생생하던 그 시기에 인디언 부족들이 단지 인종이 다르다는 이유만으로 시민권을 제한한 것은 상당히 비뚤어진 결정이었다.")

데이비드 허스트 토마스는 법안이 "오직 '인디언 부족'에 속하는 자들만 '인디언'이라고 규정하고 있는데 이러한 정의는 그 뜻이 명확하지 않은 '부족(다양한 정의를 지니고 있으며 의미 층도 여러 가지인 용어)'이라는 말에 지나친 의미를 부여한 변화"라고 지적했다.[53] 1901년 대법원에서 나온 '몬토야 대 미합중국Montoya v. United States' 사건 판결은 근래에도 법원이 다루는 다른 사건에서 곧잘 인용되는데 그 판결문은 부족을 정의하면서 "[1] 같은 인종이거나 유사한 인종의 인디언 집단으로서, [2] 공동체를 이루고 있으며, [3] 단일한 리더십과 정부를 갖고 있고, [4] 명확히 규정되지 않을 때도 있지만 구체적으로 특정되는 영역에서 거주하는 자들"이라고 표현하고 있다. 이 규정은 하나 같이 문제가 많을 뿐만 아니라 연방 정부로부터 부족으로 인정받으려면 여기 언급된 조건을 모두 완전히 충족해야 한다는 말인지 아닌지도 불분명하다.

그 뒤로 여러 해 동안 강력한 로비 활동이 벌어진 시기를 거쳐 1934년에 제정된 인디언 재조직법Indian Reorganization Act을 따라서 연방 정부는 공식적으로 총 500개 이상의 아메리카 인디언 부족을 인정했다(오늘날 연방 정부가 인정하는 부족은 총 562개이며 여기에 알래스카 원주민과 하와이 원주민이 추가된다). 그러나 1934년에 공식적으로 '부족'으로 인정된 공동체 간의 연관성을 추적하는 일은 몹시 어려울 뿐만 아니라 불가능한 경우도 많은데 인디언의 두개골과 유골과 예식에 쓰던 용품이 한창 미국 박물관으로 들어오던 19세기 후반에 유목민으로 떠돌아다녔던 부족이나 느슨하게 조직된 공동체가 많았을 뿐만 아니라 비극적인 전쟁을 겪거나 인구 이동을 거치면서 없어져 버린 부족도 있었던 탓이다.

아메리카 원주민 묘지 보호 및 송환법이 통과되고 20년이 지난 후 박물관들은 자신들이 아직 처분하지 못한 채 보유 중이던 인체 장기를 처리하기 위해 많은 노력을 기울였다. 그러나 예상치 못한 문제가 대두되었다. 일부 기독교 커뮤니티에서 재매장 의식을 어떻게 집행해야 할지 모르겠다고 나온 것이다.[54]

뉴멕시코대학 박물관이 그 지역의 주니Zuni족 당국에 자신들이 주니 족 정착지에서 나온 유해와 부장품을 보유하고 있다는 사실을 통보하자, 주니족 당국은 죽은 자가 정확히 어느 씨족 출신인지 모르는 마당에 합당한 의식을 정할 수는 없다는 답변을 보내왔다. "일부 인디언 공동체에서는 재매장할 때 망자를 불편하게 하지 않고 망자의 영이 편안히 쉴 수 있도록 하는 동시에 모든 인디언에게 통용될 만한 새로운 예식 전통을 세워야 했다."라고 마이클 브라운Michael Brown과 마가렛 브루학Margaret Bruchac은 쓰고 있다.[55] 그러나 가슴 뭉클한 대규모 매장도 집행되었다. 2006년 4월 메사 버드 국립공원에서 호피족, 주니족, 지아족, 아코마 푸에블로족 대표단이 참석한 가운데 1,590구의 유골이 매장되었다.[56]

'아버지를 돌려주세요'

종종 도굴 루머가 돌았다. 2009년 2월 「뉴욕 타임스」는 아파치족 추장 제로니모의 후손들이 예일대학 비밀결사단체인 '스컬 앤 본스 Skull and Bones'를 대상으로 소송을 제기했다고 보도했다. 그들의 고소 내용은 1918년에 "프레스콧 부시Prescott Bush-조지 H. W, 부시의 아버지이며 당시 대통령 조지 W. 부시의 할아버지-가 1차 세계대전 당시 동급생들과 함께 제로니모의 묘지에서 두개골과 뼈 두 점, 말굴레, 등자 등을 파냈으며 이를 뉴헤이븐에 있는 '톰Tomb'이라는 이름의 그 단체 전용 클럽 하우스에 전시했다."라는 것이었다.[57] 이 사건은 법원에서 다루어지기 전에 마무리-혹은 해결-되었다. 1928년 어떤 이유인지 모르지만 군대가 나서서 특별한 표지가 없던 제로니모의 묘에 콘크리트를 쌓고 묘비도 세웠다.

더 많은 자료가 남아 있는 또 다른 송사로는 저명한 인류학자 프란츠 보아스와 명망 높은 기관인 미국 자연사 박물관까지 연루된 사건이 있다. 1897년 미국 해군 장교이자 북극 탐험가였던 로버트 피어리Robert Peary가 그린란드 에스키모 6명-4명의 성인과 2명의 소년-을 뉴욕으로 데려온 일이 있었다. 그들 중 한 명은 얼마 안가 피어리와 함께 그린란드로 돌아갔다. 툴레 지방Thule[05]을 연구하는 민족학자 커스틴 하스트럽Kirsten Hastrup에 의하면 "그가 자기 동포들에게 미국과 거기서 본 건물들과 트램에 관해 이야기하자, 그들은 그가 거짓말을 한다고 생각했고, 그 뒤로 그는 심각한 거짓말쟁이로 불렸다. 그는 다시는 그 이야기는 입 밖에 내지 않았고, 아무도 살지 않는 한적한 바닷가의 곳으로 이사해서는 순록 사냥이나 하면서 평화롭게 지냈지만, 친구가 그리울 때면 다시 그 이야기를 꺼내다가 싸웠다. 사연 많은 이야기다."[58]

남아 있던 그린란드인들은 미국 자연사 박물관에서 지냈는데, 거기서 보아스와 그의 학생인 앨프리드 크로버Alfred Kroeber가 그들을 연구했다. 성인 3명과 소년 1명이 폐결핵으로 사망했다. 죽은 자 중 한 명인 키수크Qisuk는 아들 미닉Minik을 남겼는데 그 당시에 5살이었다. 다른 그린란드인들은 미닉을 죽여야 한다고 말하면서, 이런 상황에서는 그렇게 하는 게 관습이라고 했다. 크로버는 그린란드 관습에서는 사람이 죽으면 죽은 자의 시신과 개인 물건을 처분하고 다시

---

05   툴레Thule - 극북極北의 땅. 세틀랜드 제도, 아이슬란드, 노르웨이 등을 가리키는 말

는 언급하지 않는다는 말도 전해 들었다. 그럼에도 크로버는 키수크를 위한 장례식을 준비했다. 하지만 가짜 장례식이었다. 그는 박물관 실험실에서 일하는 기술자들이 장례용으로 시신 모조품을 준비했다.[59] 키수크의 실제 시신은 부검을 위해 슬쩍 옮겨졌고, 뇌와 두개골은 박물관 안에 보관되었다. 흐르들리카는 키수크의 뇌에 관한 연구 결과를 발표했다.

몇 년이 흐른 뒤에야 미닉은 이 사실을 알게 되었다. "그때 거기서 내가 죽었어야 했나 싶어요. 나는 기도하며 울었습니다. 관장에게 직접 찾아가서 내 아버지를 묻어 드릴 수 있게 해달라고 간청했습니다. 하지만 제 말을 들어 주지 않더군요." 이에 보아스는 "아버지의 시신이 토막 나 그 유골이 협회의 수집품에 포함되었다는 사실을 소년이 모르게 하려고" 가짜 장례식을 치렀다고 해명했다.[60]

이들의 불행한 운명은 1986년 캐나다 작가 켄 하퍼Kenn Harper가 쓴 『뉴욕 에스키모 미닉의 일생』이 출간되면서 많은 이들의 주목을 받았다. 하퍼의 글에 감동한 미국 자연사 박물관 북극 전문가 에드먼드 카펜터Edmund Carpenter와 덴마크 국립 박물관 고고학자 요르겐 멜드가드Jorgen Meldgaard는 미닉과 그의 아버지 키수크의 고향 그린란드의 카낙Qaanaaq이라는 마을의 담당 공무원들을 찾아갔다. 그러나 그들은 그 지역 사람들이 유골을 고향으로 가져오는 일에 별 관심이 없다는 사실을 알고 충격을 받았다. 무엇보다도 뉴욕으로 갔던 그 사람들은-마을 사람들은 그들이 자발적으로 갔다고 믿고 있었는데-크리스천이 아니었다. 그러나 교구 담당 주교의 요청을 받은 그 마을 목사는 장례식을 치르기로 했다.

덴마크 왕립 공군에서는 키수크의 유해를 툴레까지 비행기로 실어 왔다. 에드먼드 카펜터는 매장하는 현장에 있었다. 그는 거기 참석한 이들 중 한 명에서 유골이 돌아왔는데 어떤 기분이 드냐고 물었다. "당황스러워요."라는 대답이 돌아왔다. 어느 나이 많은 여성은 박물관 사람들이 장례식을 원한다면 장례식을 해도 좋지만, 유골이 뉴욕에 계속 있었다면 그것도 좋았을 것이라고 말했다. [61](커스틴 하스트럽은 그 지역 사람들은 이 일에 큰 관심이 없었을 뿐 아니라, 시신에 관해 이야기하기를 꺼렸다고 말한다.)

언론에서도 많이 다루었던 또 다른 사건은, 역시 크로버가 연루된 사건으로서, 그가 버클리에 있는 캘리포니아 대학의 교수이자 그 대학 인류학 박물관 관장으로 있을 때였다. 이시Ishi라는 이름으로 알려진 어느 남자의 유골에 관한 사건이었다. 1911년 8월 29일, 중년의 아메리카 인디언이 캘리포니아 오로빌Oroville 근방에서 쓰레기통을 뒤지다가 발견되어서 경찰에 구금되었다. 목장주 일당과의 전투에서 가족이 몰살당한 후로 야생에서 3년가량을 홀로 먹고 지냈던 게 밝혀졌다. 그는 영어를 할 줄 몰랐고, 캘리포니아 지역의 주요 인디언들이 쓰는 말도 하지 못했다.

크로버는 그를 데려와서는, 야나Yana어로 '인간'이라는 의미의 이시라는 이름을 붙여주었고, 대학 박물관에서 시간제 경비원으로 일하면서 소액이라도 급여를 받을 수 있게 했으며, 일요일에는 공예품 만드는 장면도 공연하게 했다. "우리와 같이 지내게 된 이후로도 원한다면 언제든 자기 고향으로 돌아가 예전의 삶을 살 수 있었습니다."라고 크로버는 1914년 인디언 문제부에 보낸 글에서 썼다. "하지만 그는 계속 지금처럼 지내기를 원합니다."[62]

1916년 3월에 이시는 폐결핵으로 사망했다. 그때 마침 크로버는 다른 곳에 있었기에, 그는 전보를 쳐서 의과 대학이 나서서 시신을 해부하지 못하게 했다. 그가 대학 박물관의 젊은 관장 에드워드 기포드Edward Gifford에게 보낸 전보 내용은 이러했다. "이 문제는 여기서 끝내야 해요. 우리는 그 친구들에게 지켜주겠다고 약속했어요. 그래도 과학 연구가 어쩌니 하는 말이 나오거든, 나를 대신해서 과학 연구 같은 건 개나 주라고 전해주시기를 바랍니다."[63]

그러나 너무 늦었다. 이시의 시신은 화장되었으며 뇌는 앞서 제거된 상태였다. 크로버는 뇌를 푸에블로 인디언 항아리에 담아서 사슴 가죽으로 싼 다음 미국 국립 박물관에 있는 알레스 흐르들리카에게 보냈다. 『두 세계 속의 이시Ishi in Two Worlds』라는 책을 쓴 오린 스탄Orin Starn은 그게 1917년 박물관에 들어와 등록되고 번호를 부여받은 일을 추적했다. "이시의 뇌는 아비시니아[06]에서 온 '상아 장신구'와 '현재 필리핀 제도에서 발행되는 우표' 바로 다음인 품목번호 60884번으로 등록되었다." 뇌는 스미소니언 연구실 내의 6번 탱크 속에 보관된 흐르들리카 수집품에 포함되어, 민족학 사무국 창립자 존 웨슬리 파웰 대령의 뇌 옆에 나란히 놓였다.[64]

이시는 살아 있는 친척이 아무도 없었다. 크로버의 아내 테오도라Theodora가 그에 관해 쓴 책이 바로 『이시, 부족 최후의 인물Ishi the Last of His Tribe』이었다. 이사가 죽고 80년이 지나서, 이시 역시 고향으로 돌려보내야 한다는 주장이 대두되자, 스미소니언 협회는 여러 차례 얼버무리고 질질 끈 뒤에야 캘리포니아 인디언 부족들의 대표단을 만났고, 마침내 야나어와 같은 계통에 속하는 언어를 사용하는 한 부족을 선정해서 돌려주었다.[65] 이시의 유해는 2000년 8월에 묻혔다.

원주민의 자격

매장 계획은 때로는 곤혹스러운 법률적 문제를 초래했으며 아메리

---

06   아비시니아Abyssinia - 에티오피아의 별칭

카 원주민 묘지 보호 및 송환법NAGPRA 때문에 해결하기가 쉽지 않았다. '부족'이라는 범주 자체가 정의하기 무척 어려운 말인데도 아메리카 원주민 묘지 보호 및 송환법에서는 부족 개념을 도입해 사람의 유해와 공예품이 "미합중국 토종의 부족, 사람, 문화에 속한 것이어야 한다."라고 정함으로써 '아메리카 원주민' 자격을 규정했다(NAGPRA, 구역 2). 이 구절로 인해 이 법안과 관련해 제기된 사건 중 가장 어려운 소송 건인 케너윅 맨Kennewick Man 사건, 일명 '고대인 the Ancient One' 사건이 일어났다.

1996년 7월 28일, 매년 열리는 수상 활주정hydroplane 경주를 지켜보던 2명의 대학생이 워싱턴 케너윅 근방, 컬럼비아강 저수지에 뜬 해골을 발견했다. 벤턴 카운티 검시관은 법의학 인류학자 제임스 채터스James Chatters를 불러들였는데 그는 그 지역 검시소에서 늘 사건 의뢰를 받던 인물이었다.[66] 채터스는 해골이 나온 지역에서 총 350점의 뼈를 수습해 거의 완벽한 사람의 유골을 완성했다. 그는 유골을 처음 봤을 때만 해도 비교적 최근에 사망한 자이며 코카서스 인종 즉 '유럽인'이라고 판단했다. 그러나 조사 결과, 유골은 8,900년 ~9,000년 전에 죽은 자의 것으로 판명되었고, 이렇게 되면 북아메리카에서 발견된 가장 주목할 만한 고대인의 유해가 되는 셈이었다. 이 유해가 정말 유럽인인가? 「뉴요커」지에 실렸던 기사의 감질나는 제목은 이랬다. '아메리카 원주민이 살기 전에 이 땅에 누군가 살았던 것일까?[67]'

연방 정부 소유지에서 발견되었기에 유골은 미국 육군 공병대가 책임을 지고 맡았다. 하지만 아메리카 인디언 부족 대표단은 자신들에게 그 유골을 매장할 권리가 있다고 주장했다. 미국 국립 박물관의 후기 홍적세 인디언 연구 부문 책임자였던 데니스 스탠포드Dennnis Standford를 포함한 8명의 인류학자가 매장 전에 유골을 과학적으로 검토할 수 있게 허가해 달라고 요청해 왔다. 자신들의 조상이 컬럼비아고원 지역에서 살았던 우마틸라Umatilla족의 추장 아르만 민톤Armand Minthorn은 다음과 같은 반응을 내놓았다. "우리 부족의 구전 역사는 1만 년 전까지 거슬러 올라간다. 우리는 시간이 언제 생겼으며 인디언이 어떻게 창조되었는지 알고 있다. 과학자들이야 자신들이 말하고 싶은 대로 말할 것이다. 존경심 따위는 전혀 없는 자들이니까."[68]

백악관의 입김도 작용해 공병대는 인디언 편을 들었다. 인류학자들은 소송을 제기했다. 그들의 변호사는 공병대가 내세우는 "미묘한 뉘앙스의 메시지는 아메리카 원주민이 이 나라 역사의 주인이라는 말을 하는 셈"이라고 밝혔다[69].

5년 간의 소송 끝에 오레곤 지방법원은 그렇게 오래된 유골이 '어떤 문화권에 속하는지' 판단하는 것은 불가능하므로 케너윅 맨을 '원주민'이라고 판단하기는 불가능하다고 판결했다. 따라서 유골은 과학자들의 연구 대상이 될 수 있다고 보았다(보니센 외 대對 미합중국 외 사건Bonnichsen et al. v. United States et al., 2002년). 2004년 제9연방 순회 항소 법원도 이 판결이 타당하다고 보았다.

아메리카 원주민 묘지 보호 및 송환법은 "현재 미국 토착민인 부족, 민족, 문화권" 대표들만 유골이나 부장품의 소유권을 주장할 수 있다고 정해두었다. 여기서 키워드는 'is' 즉 '현재'라는 말이었다. 상원 의원 존 맥케인은 해당 구절을 '현재 혹은 예전에 토착민이었던is or was indigenous'이라고 바꾸면 문제가 해결될 수 있지 않겠냐고 제안했다.[70] 그러나 이 제안은 받아들여지지 않았는데 문제를 더 복잡하게 만들기 때문이었다. 어느 비평가가 말했듯이 "다음에는 '현재is'라는 말 대신 '토착민indigenous'이라는 말의 의미를 놓고 다툴 것 같다."[71]

박물관의 그림자

시간이 흘러 과학적 연구가 진행되면서 케너윅 맨의 운명도 결정되었다. 2015년 코펜하겐대학 형질인류학자 팀이 고대인의 손가락뼈에서 채취한 0.2g의 얇은 판으로 DNA 검사를 시행했는데 그가 그 당시 케너윅 지역에 살고 있는 인디언들과 유전적으로 매우 깊은 관련이 있다고 결론 내렸다.[72] 2016년 9월, 의회는 그 지역 부족 연합에 유골 소유권을 넘겼다. 2017년 2월, 컬럼비아고원 지대 5대 부족 사람 200여 명이 지켜보는 가운데 유골이 매장되었다.

이렇듯 재매장을 추진하는 운동이 있었지만 막상 죽은 자를 매장하는 일은 식민지 이전의 북미에서는 일반적인 풍습이 아니었다. 칩 콜웰Chip Colwell은 그들의 풍습에 대해 다음과 같이 적었다. "북서부 해안과 대초원 지대에 살았던 민족들은 사람이 죽으면 땅 위에 올려 두었는데 다시 말해 상자에 담아 기둥으로 떠받쳐 두거나 모포로 싸 비계 위에 올려 두었다. 때로는 경의를 표하기 위해 나뭇가지 사이에 올려 두기도 했다. 해안 지역에서는 해안가에 시신을 두고 그 위에 간단히 카누를 올려 두기도 했다." 대륙 동부 지방에서는 시신을 화장하거나 공동 봉분에 묻기도 했다. 일부 공동체는 "죽은 자를 자기 집 바닥 아래나 예식실 안, 마을 바깥에 쌓아 놓은 쓰레기 더미 속에 묻었다."[73]

반면, 오늘날 미국에서는 매장이 적절한 방식으로 받아들여지고 있으며 신원이 불확실한 유골도 마찬가지다. 사후세계에 대한 믿음이 널리 퍼졌기 때문인 것 같다. 코넬대학의 로퍼여론조사센터Roper Center for Public Opinion Research에 따르면 미국인의 3/4가량은 죽음 이후에도 삶이 있다고 믿는다. 묘하게도 그보다 좀 더 높은 수치인 80% 정도가 천국을 믿는다. 하지만 2/3만 지옥이 있다고 믿는다.[74]

호텐토트 비너스, 세라 바트먼

칼 세이건Carl Sagan-천문학자이자 우주론자이며 슈퍼스타급 과학 작가-은 1970년대 어느 날, 파리에 있는 인간 박물관을 방문한 뒤 다음과 같은 글을 썼다. "여러분은 2차 박물관a museum of the second order이 어떤 것인지 감이 올 것이다. 흥미로운 자료보다는 예전에 흥미로웠던 자료를 잔뜩 소장하고 있는 곳 말이다."[75] 그곳의 상냥한 박물관장 이브 코팡스Yves Coppens이 창고의 구석진 곳으로 그를 데려갔는데 거기서 그는 '좀 더 충격적인 수집품'과 마주한다. 그곳에는 "완벽히 보존된 인간의 머리들"은 물론 아마존 유역에서 가져온 쪼그라든 머리, 항아리에 담긴 인간 배아뿐이 아니라 "박물관 건물의 좀 더 깊은 구석 쪽에는" 포르말린에 담긴 인간의 뇌가 선반마다 잔뜩 진열되어 있었다.[76]

몇 년 뒤 세이건의 친구이자 뛰어난 작가이며 생물학자인 스티븐 제이 굴드Steven Jay Gould가 인간 박물관 소장품을 혼자 관람할 기회를 얻었다. 세이건처럼 그도 데카르트의 유골과 폴 브로카의 뇌를 직접 보았다. 그 위의 선반에는 여성 3명의 생식기를 잘라 담아둔 항아리 3개가 놓여 있었다. 항아리에는 '흑인 여자,' '페루 여자,' '호텐토트 비너스'라는 라벨이 붙어있었다. 굴드는 19세기 과학자들은 위대한 백인 남자의 뇌와 유색 인종 여자의 생식기에 집착하고 있었다고 농담조로 평을 남겼다.[77]

'호텐토트 비너스Hottentot Venus'는 남아프리카 출신 여성 세라 바트먼Sarah Baartman을 말한다. 2002년 3월 6일 프랑스 대통령은 그녀의 유골과 그녀의 몸을 본떠 만든 모형을 남아프리카로 돌려보내겠다고 발표했다(그녀의 생식기를 담고 있던 항아리는 1983년에 사고로 떨어뜨리는 바람에 박살이 났다).[78] 세라의 일생의 전반부에 대한 기록은 많이 남아 있지 않다. 클리프턴 크레이스Clifton Crais와 파멜라 스컬리 Pamela Scully의 권위 있는 연구에 따르면 그녀는 1770년대에 아프리카 남단에 있었던 네덜란드 동인도 회사의 동부 변경 지역에서 태어났다.[79]

그곳은 폭력이 난무하고 격렬하며 급격히 변모해 가던 지역이었고, 천연두가 유행했다. 그곳에 오래전부터 터를 닦고 거주하던 호사Xhosa족과 코이Khoi족(네덜란드인들은 이들을 '호텐토트'라고 불렀다)은 이주해 들어온 네덜란드계 '보어인Boer' 농장주들의 지배를 받았다. 세라는 런던에서 온 선교사들의 거점이 있었던 베델스도르프 Bethelsdorp, 즉 지금의 동부 케이프 지역에서 그리 멀지 않은 곳에서 자랐는데 그곳에서는 급진적인 2명의 선교사 요하네스 반 데 켐프 Johannes van der Kemp와 제임스 리드James Read가 복음적인 기독교 교리와 프랑스 혁명의 평등사상을 뒤섞은 도발적인 설교를 하고 있었다. (세라의 여자 형제 1명과 2명의 남자 형제는 베델스도르프 선교사들의 말에서 위안을 얻었다.)

이토록 먼 변방에서는 교배가 일어나면서 정체성이 흔들리기 마련이다. 바트먼 가족은 코이족에 속하는 고나쿠아 부족the Ghonaqua의 일원으로 추정되지만 바트먼-수염난 남자라는 뜻-이라는 그 자체는 네덜란드 이름이며 세라는 코이족 언어뿐만 아니라 그 지역의 네덜란드 방언도 구사할 수 있었다. 그녀와 그녀의 형제들이 태어날 무렵 그 집안은 보어인 농가의 하인이었다. 세라의 어머니와 자식들은 모두 집안일을 하는 노예였다. 그녀의 아버지는 가축을 길렀고 종종 소를 몰고 케이프타운에 있는 시장까지 수백 마일을 갔다 와야 했다. 어느 날 이 여정 중에 그는 부시맨 무리를 만나 살해당했다. 세라의 어머니는 젊어서 죽었다. 1790년대, 약 20살이었던 세라는 전 세계인이 몰려드는 생기발랄한 항구 도시였던 케이프타운으로 떠났다. 크레이스와 스컬리는 "고나쿠아 부족이 독립된 부족으로서는 소멸해 가던 시점에 세라가 그 변방 지역을 떠났다."라고 쓰고 있다.[80] 나폴레옹 전쟁이 발발한 때이기도 했는데 1795년에는 영국 해군이 케이프를 점령했다.

세라는 조부모가 노예였으나 자신은 '자유로운 흑인'이었던 피터 세자르Pieter Cesars와 함께 케이프타운으로 갔다. 피터를 고용한 돈 많은 독일인 도살업자가 세라도 하인으로 삼았다. 그녀는 아이를 3명 낳았지만 모두 어릴 때 죽었다. 몇 년 후 그녀는 피터의 형제인 헨드릭 세자르Hendrik Cesars의 집안에 들어갔는데 그 집은 도시 외곽의 자유로운 흑인들 커뮤니티에 있었고 거기서 그녀는 세탁부 겸 유모로 일했다.

1809년 스코틀랜드 육군 장교이자 케이프타운의 슬레이브 로지Slave Lodge[07]에 거주하던 의사 알렉산더 던롭Alexander Dunlop이 세라의 인생 속으로 들어왔다. 1807년에 영국이 노예무역을 폐지했기에 슬레이브 로지도 곧 폐쇄될 예정이었고 던롭은 다른 돈벌이를 찾기 위해 필사적이었다. 헨드릭 세자르는 빚더미에 파묻혀 있었다. 그 둘은 계획을 하나 세웠다. 세라를 런던으로 데려가서 선정적인 프리크 쇼[08]에 출연시키자는 계획이었다. 세라는 가겠다고 동의했지만 다만 헨드릭이 같이 가야 한다는 조건을 내걸었다.

케이프를 떠나 영국으로 건너갈 무렵 크레이스와 스컬리는 세라바트먼에 대해 다음과 같이 기록한다. "30대에 이미 세상을 겪을 만큼 겪은 여자가 되었다. 그녀는 온통 돈벌이에 혈안인 자들이 뒤섞여

---

07 슬레이브 로지 - 애초에는 네덜란드 동인도 회사에 소속된 노예들 숙소였으나 지금은 각종 역사적인 전시물과 생활용품 등을 전시하고 있는 곳

08 프리크쇼freak show - 기형인 사람이나 동물을 보여주는 쇼

있는 케이프타운에서 걸어 다니고 일을 하며 살았다. 치마와 윗도리와 드레스를 입고 지냈는데 비싼 옷은 아니었지만 유럽인의 옷이었다. 언어도 여러 개를 할 줄 알아 모국어는 물론 네덜란드어, 영어도 약간 가능했으며 소란스러운 케이프 지역에서 들리는 다른 언어들도 알아들었다." 던롭은 그녀에게 '목걸이, 옷, 음식'을 제공해 주겠다고 약속했다. "여기서 내게 뭐라도 주려는 사람이 있겠어요?" 그는 세자르의 아내 안나에게 이렇게 물었던 적도 있었다.[81]

런던에서 던롭은 피카딜리Piccadilly에 있는 이집트 홀에서 전시회를 기획했는데 프리크쇼와 스트립쇼 중간 수준의 공연에 가까웠다. 공연 포스터에서 세라는 거대하고 흉물스러운 엉덩이를 드러낸 채 거의 다 벗은 몸으로 나왔다. 런던 신문에 실린 광고에는 "이 메트로폴리스에 있는 주요 지식인들은 비너스를 보고 충격을 받았을 뿐만 아니라 이토록 놀라운 인종 표본을 접하면서 큰 만족감을 느꼈다."라고 쓰여 있었다.[82]

노예제도에 반대하는 아프리카인 연맹은 세라가 노예로 잡혀 있다고 주장하면서 소송을 제기했다.[83] 그 시대의 유명한 노예해방론자였던 윌리엄 윌버포스William Wilberforce와 재커리 매컬리Zachary Macalay는 「모닝 크로니클」지에 글을 실었다. "이 불쌍한 여성은 자신의 의지와 상관없이 자기 주인의 돈벌이를 위해 걷고 춤추고 자신을 보여주고 있는데 피곤한 기색을 비치면 주인은 야생동물 관리인처럼 막대기를 그녀에게 겨눈 채 겁을 주면서 시키는 대로 하게 한다."[84]

그러나 세라는 (세자르도 있는 자리에서) 자신은 자유롭게 계약을 맺고 자기 몸을 보여주는 것이라고 증언했다. 사건은 기각되었지만 판사는 음란행위 혐의로 소송을 진행했다면 승소할 수 있었으리라는 말을 덧붙였다.

1814년 9월에 세라는 파리로 옮겨 갔고 어느 동물 사육사가 귀족들 살롱에서는 물론 팔레 루아얄Palais Royale에 세워진 대중 공연 무대에도 그녀를 올렸다. 그녀는 심지어 테오롱 드 랑베르Théaulon de Lambert가 지은 풍자극 「호텐토트 비너스La Venus Hottentote」의 소재가 되기도 했다. 조에 스트로더Zoë Strother가 요약한 바에 의하면 그 풍자극은 "변덕스러운 프랑스 여자들에게 상처받은 젊고 순진한 청년 아돌프는 고귀한 야만인 이야기에 감동해 '야만인 여자une femme sauvage'와 결혼하겠노라 다짐한다…. 그의 사촌 아멜리는 밝은색 옷을 입고, 프랑스어를 모르는 척하며 '호텐토트 비너스' 행세를 한다."는 내용이었다. 아돌프는 그녀에게 매혹된다. 그러나 그는 세라 바트먼의 모습을 그린 그림을 접한다. 큰 충격을 받은 그는 이내 자기 사촌의 품에 안긴다.[85]

세라는 프랑스의 유명한 과학자이자 국립 박물관 관장이었던 조지 퀴비에의 시선도 사로잡았다. 그는 4명의 화가를 고용해 세라의 누드화를 그리게 했고 특히 케이프에서 관행적으로 행해지던 대로 인위적으로 소음순을 늘려서 일명 '호텐토트 에이프런Hottentot apron'을 만들어 내는 일에 깊은 관심이 있었다. "자연사 분야에서 이보다 더 경이로운 일은 없다."라고 퀴비에는 적었다. 그러나 세라는 자기 몸을 살펴보게 허락하지 않았다. "그녀는 자기 에이프런을 허벅지 사이나 그보다 더 깊은 곳에 꼭꼭 숨겼다."라고 퀴비에는 말한다.[86]

세라는 1년 후인 1815년 12월 29일에 사망했는데 천연두 아니면 폐렴, 또는 매독에 걸렸던 듯하다. 퀴비에는 그녀가 술을 너무 마셔 죽었다고 보았다("다른 무엇보다 그녀의 입맛에는 브랜디가 잘 맞았던 모양이다. 나는 그녀가 마지막으로 앓았을 때 술을 너무 많이 마셔 죽었다고 생각한다.").[87]

퀴비에게 세라의 시신을 해부할 권한이 주어졌다. 그녀의 몸 전체의 본을 뜨고 두개골은 깨끗이 씻어 보관했다. 퀴비에가 쓴 16페이지짜리 보고서 중에 총 9페이지는 세라의 생식기, 가슴, 엉덩이, 골반을 설명하는 데 할애되었다. 외부 생식기는 절개되어 병에 담겨 보관되었다. 또 다른 병에는 그녀의 뇌가 담겼는데 이것 역시 퀴비에가 꼼꼼히 작업을 진행했다.[88] 퀴비에는 과연 세라를 호모 사피엔스 종의 일원이라고 할 수 있느냐는 질문을 던진다. 그의 보고서에서는 명확히 결론을 내고 있지는 않지만 그럼에도 그녀가 명석하고 언어 구사력이 뛰어났다는 점을 언급하면서 특히 '그녀의 아름다운 손sa main charmante'에 대한 찬사를 남겼다.[89]

후대에 들어와 호텐토트 비너스는 '인종의 유형'을 설명할 때면 언제나 붙박이처럼 등장한다. 세라의 신체 모형은 유럽에서 열린 최후의 세계 박람회인 1889년 파리 만국 박람회에서도 전시되었다. 20세기 전반에도 자연사 박물관에서도 전시되었고 그 뒤에 인간 박물관에서 전시되었다. 1994년, 파리에 새로 생긴 오르세 박물관에서 열린 전시회에서도 세라의 신체 모형은 가장 중요한 작품이었다. 전시회의 제목은 '19세기 민족학 조각품: 호텐토트 비너스부터 고갱의 테후라까지'였다. 세라의 신체 모형은 과학적 목적으로 만든 물품에서 예술 작품으로 변모한 것이다.

세라, 인종차별의 상징이 되다

1994년 남아프리카에서 최초로 민주주의 선거가 치러졌다. 아프리카 민족회의당이 정권을 잡았고 넬슨 만델라Nelson Mandela가 대통령이 되었다. 그러나 아프리카 민족회의당은 주요 지역 중 한 곳인 웨스턴 케이프 지역에서는 승리하지 못했다. 그 지역의 유색인들인 코이산Khoisan족과 네덜란드인들이 아시아의 식민지에서 데려온 노예들의 후손 대부분이 인종차별정책을 추구하는 정당에 표를 던졌기 때문이다.

세라 바트먼은 코이산족에게 새로 고취된 민족적 정체성의 아이콘이 되었고 그들은 흑인이 많아지기 전에 살았던 원주민으로서의 고유한 지위를 주장했다. 코이산족 비영리단체들은 세라의 유해를 돌려받아야 한다고 로비를 펼쳤다. 남아프리카 정부는 자국 내 저명한 형질인류학자 필립 토비아스Phillip Tobias를 내세워 인간 박물관 관장인 앙리 드 럼리Henry de Lumley와 협상을 시작했다.

프랑스는 박물관이 소장하고 있는 수집품은 양도할 수 없는 국가유산이라는 공식 입장을 밝혔다. 게다가 퀴비에가 인종주의와 식민주의적 오만함을 드러내는 괴물이며 심지어 관음증까지 가진 인간이라는 주장에 반발하는 활동가들의 움직임도 있었다. 이때 만델라가 나섰다. 그는 이번 사안이 단발로 끝날 일이며 이번 일을 계기로 또 다른 반환을 요구하는 사태가 계속 이어지게 하지는 않겠다는 의사를 명확히 했다. 프랑스와 남아프리카는 모두 인권을 존중한다는 합의문도 체결되었다. 협상이 진행된 후 6년이 지난 2002년 2월, 프랑스 국회에서는 박물관에 있는 세라의 두개골과 그녀의 몸을 본뜬 모형을 남아메리카 정부에 넘겨주는 법안이 만장일치로 통과되었다.

세라 바트먼의 신격화는 남아프리카에서 우려할 만한 정치적 이슈가 되었다. 서로 대립하는 코이산족 단체들이 그녀를 자신들의 조상이라고 주장했다. 토비아스는 DNA 검사를 해보면 정확히 판가름 날 수 있다고 말했지만 활동가들은 세라의 유해를 또다시 과학적 연구라는 이름으로 조사하는 일은 "침략주의적이며 네오-파시스트적인 행태"라고 반발했다. 웨스턴케이프대학의 여성과 젠더 연구학과 교수였던 이베트 에이브러햄스Yvette Abrahams는 "세라 바트먼은 과연 자기 몸을 조사하길 원할까?"라는 질문을 던졌다.[90]

남아프리카 정부 관료들은 그녀야말로 아프리카 여성들의 아이콘 이며 식민지 시대 여성들이 겪었던 치욕을 말없이 증언하고 있다고 말했다. 그녀의 유해와 몸을 본뜬 모형은 2002년 8월 9일에 땅에 묻혔는데 이날은 '세계 원주민의 날'이자 '남아프리카 여성의 날'이기도 했다. 남아프리카의 두 번째 대통령 타보 음베키Thabo Mbeki가 무덤 옆에서 연설했다. 그는 인종주의, 박해, 폭력의 비극적 서사시에 해당하는 세라의 삶은 탄압받는 남아프리카 여성의 역사를 요약하고 있다고 말했다. 그 이야기 속에서 사악한 자들은 유럽 계몽주의의 설계자들인 몽테스키외, 디드로, 볼테르였다. 진정한 야만인은 그들과 그들의 후손인 퀴비에지, 자신을 지킬 수 없었던 불쌍한 세라 바트먼이 아니라고 말이다.[91]

국가장葬으로 매장이 끝나고 몇 달 후 행키Hankey라는 작은 마을 근처 언덕에 있는 세라의 무덤에는 그라피티가 잔뜩 그려졌고 도굴꾼들이 무덤을 파헤치거나 의식 때 사용하는 마법의 약 '무티muti'에 넣을 목적으로 유해의 일부를 훔쳐 가는 일도 발생했다. 이런 사고를 방지하기 위해 무덤 위에 콘크리트를 바르고 주변으로는 큰 초록색 쇠기둥을 박았다. 크레이스와 스컬리는 다음과 같은 결론을 맺는다. "이제 남아프리카 사람은 누구나 세라 바트먼과 그녀의 이야기를 알고 있다. 그러나 세라 바트먼의 무덤을 보러 여기까지 찾아오는 이는 거의 없다."[92]

매장이라는 도그마

일련의 사건 속에서 인간의 유해는 반드시 매장해야 한다는 도그마 dogma가 묘하게 부각되고 있다. 근대 유럽 초기만 해도 무덤은 새로운 시신을 매장하기 위해 정기적으로 파헤쳐졌는데 『햄릿』 속에서도 죽은 오필리아를 묻기 위해 불쌍한 궁정 광대 요릭의 해골을 꺼내는 장면이 있다. (햄릿은 무덤 파는 자에게 시신이 분해되려면 얼마나 시간이 걸리냐고 묻는다. "아 네, 죽기 전에 이미 썩은 자가 아니라면-요즈음은 관에 맞춰 넣기도 전에 바스러지는 퍼석한 시체가 많아서요-아마 8~9년 정도 걸릴 겁니다. 무두장이는 확실히 9년 정도 걸리고요.")

모든 사람이 잠정적이나마 개인 무덤에 묻힐 수 있는 것도 아니었다. 마이클 카먼Michael Kammen에 따르면, 17~18세기경 유럽에서는 "사망한 이들 중에 공중 도랑에 묻히는 운명을 피할 수 있는 자는 5~7%에 불과했다."[93] 유럽 도시 인구가 팽창하던 18세기에는 묘를 뒤집는 경우가 더 많아졌다. 묘지는 미어터질 지경이었고 유골이 밖으로 넘쳐 나오는 경우도 흔했으며 결국 납골당으로 옮겨야 했다. 1770년대에 파리는 고대 채석장과 연결된 지하 터널망을 묘지로 개조해 사용했다. 이 '파리 지하묘지에 무려 600만 명의 시신이 묻혔다(몽테스키외, 라신, 로베스피에르의 시신도 여기 포함되어 있다). 이곳은 대중에게 공개된 1874년 이후로 관광객들이 찾아오는 코스가 되었다.

유럽의 수많은 성당에서는 성인들의 머리를 조심스레 받침대 위에 올려 전시했다. 열성적인 신자는 만지거나 입 맞출 수도 있었다. 두개골과 유골은 '메멘토 모리', 즉 죽음을 기억하게 하는 상징물이기도 했다. 유럽의 바로크 양식 교회에서는 예배실 안쪽에 수백 개의 두개골을 천장에서부터 매달거나 벽에 붙여 장식했다. 이런 양식은 1626년 로마에서 교황 우르반 8세의 명으로 세워진 캐퓨친 수도회의 성모 마리아 교회를 건축할 때부터 유행하기 시작했다. 이곳 지하실 벽에는 수천 구의 캐퓨친 수도사 유골이 붙어 있다. 마크 트웨인Mark Twain은 이곳을 1867년에 방문한 뒤에 자기가 본 광경을 『순진한 이들의 해외 탐방기The Innocents Abroad』에서 이렇게 기록한다.

우리는 교회 내 작은 예배실에 잠시 들렀다…. 그리고 지하에 있는 거대한

박물관의 그림자

납골당으로 내려갔다. 거기서 충격적인 광경을 접했다! 내부는 6개의 구역으로 나누어져 있었고, 각각의 구역은 자신만의 스타일로 장식되어 있었는데 장식은 모두 사람 뼈였다! 맵시 있는 아치 모양은 대퇴골(넓적다리뼈)로 만들어진 것이었고 깜짝 놀랄만한 피라미드는 온통 웃는 해골들을 쌓아 이루어졌으며 정강이뼈와 팔뼈로 만든 다양하고 기괴한 구조물도 있었다. 벽에는 정성껏 그린 프레스코화가 걸려 있었는데 그 주위를 나뭇가지처럼 둥글게 두르고 있는 것은 울퉁불퉁한 인간의 등골뼈였다. 나뭇가지의 덩굴에 해당하는 부분은 인간의 힘줄이었고 꽃을 이루고 있는 것은 슬개골과 발톱이었다.

1832년에 사망한 영국의 공리주의 철학자 제레미 벤담Jeremy Bentham은 이런 '교회 장식 양식의 무신론자 버전'을 만들어 냈다. 매장되기를 거부했던 그는 유언장에 '몸의 여러 장기를 따로 떼어내 보존하는 방안'을 마련하라는 말을 남겼다. 그는 "유골은 전부 수습해 내가 살아 있을 때 늘 앉아 있던 의자에 내가 한창 집필하면서 깊이 몰두할 때 앉아 있던 그 모습으로 남겨 달라"라고 했다. 그리고 "내가 자주 입던 검은 옷을 입혀서" 전면이 유리로 된 케이스에 넣어 전시하라는 것이었다.

벤담은 이것을 '오토 아이콘Auto Icon(나 자신의 초상)'이라고 명명하고 이를 위해 치를 예식까지 다음처럼 설명해 두었다.

> 만약 나의 친구들과 제자들이 최대 다수의 최대 행복을 달성할 수 있는 도덕과 법률 시스템을 창안한 자를 기념하기 위해 매년 하루 혹은 여러 날 동안 모이게 된다면 내 유언 집행인은 그들이 모이는 방으로 아까 말했던 내용물이 담긴 상자나 케이스를 가져와 거기 모인 사람들이 적당하다고 생각하는 곳에 세워두라.[94]

'오토 아이콘'에는 밀랍으로 만든 머리를 붙여 두었다. 벤덤의 뇌는 그 옆에 놓인 상자에 담아 두었다. 이 상자를 1975년에 어느 학생이 장난으로 훔쳐 간 적도 있었지만 지금은 그 대학 고고학 연구소에서 안전하게 보관하고 있다. 내가 그곳에서 학생들을 가르쳤던 1970년 대 초만 해도 런던대학교 칼리지UCL 평의회는–빅토리아 시대 이래 로 얻은 "가워 가Gower Street에 있는 무신론자들의 터"라는 자신들의 명성에 충실하게–모임이 있을 때면 그 자리에 '오토 아이콘'을 카트에 실어 끌고 와 세워두었는데 지금도 여전히 그렇게 한다고 전해 들었다. 회의록에는 벤덤은 '참석했으나 투표는 하지 않음'이라고 기록된다.

박물관의 그림자

11장

제국의 전리품
아프리카의 궁정예술과 노예무역

영국계 프랑스인 아버지와 아프리카계 어머니 사이에서 태어난 아들인 앨프리드-아메데 도즈Alfred-Amédée Dodds 장군은 1842년에 세네갈에서 태어났다. 생 시르St Cyr 사관학교(나폴레옹이 세웠다) 졸업생인 그는 레위니옹·Réunion[01]과 베트남에서 근무했고 의화단 사건 때는 프랑스군을 지휘했는데 1871년 보불전쟁 당시 실전에 참전했다. 그 뒤로 20년 이상 프랑스령 서아프리카에 주둔했다.

1894년, 도즈의 군대는 고대로부터 이어져 온 다호메이Dohomey 왕국을 무너뜨렸다(현재의 베냉공화국 지역). 장군은 다호메이 왕국의 왕좌와 궁중 예복, 정교하게 돌을 새긴 왕궁의 문 네 짝, 역대 왕의 거대한 조각상 3점(그중 하나는 반은 인간이고 반은 사자 형상이었다), 그리고 쇠로 만든 전쟁의 신 조각상까지 파리에 있는 트로카데로 민족학 박물관으로 보냈다.[01] 21세기 초에 이 전리품들은 케 브랑리-자크 시라크 박물관으로 이전되었다.

---

01 레위니옹 - 마다가스카르 섬 동쪽에 있는 프랑스의 해외 주

박물관, 포로의 감옥이 되다

2016년 8월, 새로 선출된 베냉공화국 대통령 파트리스 탈롱Patrice Talon은 도즈 장군이 프랑스로 보낸 전리품을 돌려달라고 프랑스에 요구했다. 프랑스 외교부는 프랑스 박물관이 보유 중인 물품은 프랑스 국가 유산이라고 대답했다. 다른 이에게 양도할 수 없다는 말이었다. 그러나 1년 후 새로 선출된 에마뉘엘 마크롱 프랑스 대통령은 트위터에 이런 글을 남겼다. "아프리카의 유산을 유럽 박물관이 포로처럼 잡고 있어서는 안 된다."

마크롱 대통령은 2017년 11월 서아프리카 국가인 부르키나 파소에 있는 와가두구대학에서 연설할 때는 좀 더 신중해졌다. "나는 5년 이내에 아프리카의 유산을 아프리카에 **일시적으로 혹은 완전히**(필자가 강조함) 반환하는 협약이 체결되기를 희망한다." 2020년 엘리제궁에서 발표한 내용은 거기서 더 신중해졌다.

> 이것은 현재 프랑스가 국가 차원이나 개인 차원에서 보유하고 있는 모든 아프리카 작품 수집품을 돌려줘야 한다는 말은 아니다. 프랑스 박물관 설립의 근본 취지나 양도 불가능한 국유 수집품에 대해 의문을 품을 일도 아니다. 아프리카의 유산은 다카르[02]나 코토누[03]에서만 아니라 파리에서도 계속 전시되어야 한다…. 문화재 반환이라는 개념은 반환, 전시, 교환, 임대, 보관 의뢰, 공동 프로젝트 등 다양한 형태의 유통을 모두 포함한다.[02)]

마크롱 대통령은 세네갈 경제학자 펠와인 사르Felwine Sarr와 예술사

---

02 다카르 - 세네갈의 수도

03 코토누 - 베냉공화국 최대 도시

가 베네딕트 사보이Bénédicte Savoy에게 연구를 의뢰했다. 예술품의 기원을 다루는 분야의 전문가인 사보이는 현재 베를린기술대학의 예술문화학과 학과장이며 명망 높은 콜레주 드 프랑스의 교수이기도 하다. 하지만 사르와 사보이 모두 아프리카 역사와 아프리카 예술 방면의 전문가는 아니었다. 케 브랑리 박물관 관장인 스테판 마르탕 Stéphane Martin은 그들을 가리켜 파당적인 인물이라고 비판했다. 그는 마크롱의 트위터 내용을 패러디하면서 마르탕은 "박물관은 제국주의 시대의 아픈 역사에 포로로 잡혀 있어서는 안 된다."라는 말을 남겼다.[03]

사르와 사보이의 연구보고서 『아프리카 문화유산 반환: 새로운 관계의 윤리학을 위하여』는 마크롱이 와가두구대학에서 연설한 후 정확히 1년이 지난 시점인 2018년 11월에 나왔다.[04] 보고서는 문화재 반환을 제국주의 이후 시대의 맥락 속에서 살핀다. "이 문제의 가장 곤란한 대목:문화재 탈취와 이전이 시스템적으로-식민지 시스템-이루어졌으며 일부 유럽 박물관들은 본의 아니게 공적인 보관소 역할을 했다."[05]

보고서는 식민지 시대(1885년~1960년)에 프랑스 공공 박물관들이 탈취한 문화재를 4가지 범주로 구분하고 이것들은 해당하는 아프리카 나라에 돌려줘야 한다고 보았다.

(i) 군사 작전 중에 획득한 전리품
(ii) 식민지 시대에 군인이나 정부 관료가 취득한 물품
(iii) 1960년 이전에 과학 탐사를 통해 획득한 수집품(명백한 합의가 있었던 경우는 제외)
(iv) 아프리카의 여러 기관에서 대여받은 물품 [06]

여기에 식민지 시대 이후로도 "명백히 불법인 거래"를 통해 얻은 물품도 반환되어야 했다.[07]

2019년 11월, 프랑스의 수상은 프랑스에서 제작되었으며 19세기에 어느 지방의 귀족이었던 엘 하지 오마르 톨El Hadj Omar Tall이 소장했던 의장용 검을 세네갈 대통령에게 선물로 주었다. 그러나 샐리 프라이스Sally Price의 말에 따르면, "5년간 대여해 주기로 한(이것이 마크롱이 말했던 "일시적 반환"이었다) 이 검은 그 전에 이미 다카르에 있는 흑인 문명 박물관이 프랑스로부터 대여받아 전시한 적이 있던" 검이었다.[08] 그리고 2020년 9월, 프랑스 의회는 도즈 장군이 아보메이 궁에서 가지고 나온 26점의 물품을 베냉공화국에 반환하는 것을 승인한다.

베냉공화국의 탈론 대통령은 '새롭게 모습을 드러내는 베냉'이라는 깃발 아래 야심 찬 관광산업 활성화 계획을 세운다. 클럽 메드Club Med를 모델로 해 관광객 전용 리조트를 개발하기로 한 것이다. 적어도 4개의 박물관을 새로 짓기로 했다. 그러나 국립예술고고학문화협회협회장이었던 디디에 우에누데Didier Houénoudé는 우려하는 바가 있었다. "정부 당국은 돌려받은 문화재를 활용해 관광산업을 활성화하겠다고 홍보 중이다. 그러니까 문화재를 순전히 상업적인 목적으로 활용하겠다는 말이다."[09]

코토누에 있는 아보메이-칼라비 대학의 선사시대 고고학과 교수 디디에 드나Didier D'Nah는 베냉에 연이어 들어선 정부들은 모두 지역 내 고고학 발굴 프로젝트에 전혀 투자하지 않았다고 비판한다. 세계은행이나 중국 정부가 돈을 대는 건설 프로젝트가 진행될 동안 고고학 유산을 보존하려는 조치는 전혀 없었다.[10]

베냉의 예술가 로무알드 하주메Romuald Hazoumé는 영국의 노예무역 폐지 200주년을 기념해 '왕의 입La Bouche du Roi'이라는 멀티미디어 작품을 미국에서 전시했는데 이 작품은 지금은 대영박물관에 보관되어 있다. 작품 제목은 노예들이 한창 미국으로 수출되던 당시 베냉만灣에 있었던 어느 항구를 가리킨다. 노예무역선을 그린 18세기의 그림에서 영감을 받은 하주메의 작품 속에서 검정 플라스틱 석유통으로 만든 수백 개의 가면은 노예들을 상징한다. 그들의 이름은 쇠사슬 소리, 그리고 배의 늑재肋材가 삐걱대는 소리와 한데 뒤섞여 계속 방송된다. 뱃머리에 놓인 2개의 가면은 각각 백인 왕과 흑인 왕을 가리키며 그들 사이에는 풍자적으로 정의의 저울이 놓여 있다. 이 범죄에 그들 모두 연루되어 있음을 뜻한다.

하주메는 베냉공화국 통치자들이 독립 이후 50년 동안 예술을 소홀히 여겼다고 비판한다. 그리고 그는 26점의 다호메이 왕실 아이템을 돌려받기로 한 것은 '위선적인 좋은 아이디어'라고 평하면서 한때 다호메이 왕들의 마법적인 능력을 상징하는 매우 특별한 칼이 전시되어 있었지만 지금은 비어있는 아보메이 역사박물관 내의 거대한 진열장을 거론한다. 2001년에 도난당한 그 칼은 아직도 되찾지 못했다. "나는 문화재들이 또다시 도난당하는 꼴을 보고 싶지는 않다."라고 하주메는 말했다.[11]

여러 박물관 관장도 보안에 관한 우려를 표현한다. 아비장에 있는 문명사 박물관 관장인 실비 메멜-카시Silvie Memel-Kassi는 「아트 뉴스 페이퍼The Art Newspaper」에 쓴 글에서 아이보리 코스트를 통해 흘러나간 물품이 케 브랑리 박물관에만 4천 점 정도 보관되어 있고 뉴욕 메트로폴리탄 박물관에도 그와 비슷한 분량이 있다고 말했다. 그녀는 프랑스와 협상을 통해 이 물품을 대여받거나 반환받을 수 있으리라는 기대를 피력하면서도 한 가지 우려할 사항을 언급한다. "아프리카 국가들은 자신들의 유산을 일부라도 돌려받고 싶다면 박물관

부터 개조해야 한다."라는 것이다.[12]

메멜-카시 박사는 1971년 아비장의 문명사 박물관을 "전 세계를 통틀어 흑인 예술 분야에서 가장 풍부한 수집품을 갖춘 박물관"이라고 칭송한 레오폴드 세다르 셍고르Leopold Sedar Senghor의 말을 인용하면서 그런데도 2010년에만 이 수집품에서 120점이 도난당한 사실을 밝힌다.[13]

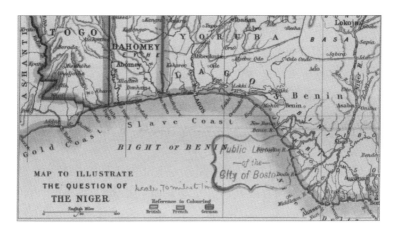

1898년 W. 존스턴W. Johnston과 A. K. 존스턴A. K. Johnston이 작성한 지도.
서아프리카 '노예 해안Slave Coast'을 표시하고 있다. 아샨티,
다호메이 왕국 고대 수도 아보메이, 베냉 등이 보인다
(보스턴 공립 도서관 산하 노먼 B. 레븐탈 지도 센터의 승인을 받고 게재)

아프리카의 노예시장

아샨티 왕국, 다호메이 왕국, 에도 왕국은 서아프리카 기니만灣의 400마일(약 643km)에 이르는 해안가에서 서로 이어져 있다. 지리학자들에게 베냉만灣으로 알려진 이 지역은 한때 노예 해안으로 유명했는데 16세기에서 19세기까지 여기서만 1,200만 명 이상의 아프리

카인이 아메리카로 실려 나갔다.

15세기 후반부터 포르투갈 상인들은 유럽, 서아프리카, 아메리카를 잇는 무역 루트를 개척했다. 그들은 다호메이(현재의 베냉공화국), 에도(한때는 베냉으로 잘못 알려진 현재의 나이지리아 지역), 그 뒤로는 아샨티(현재의 가나) 등 그 지역의 왕국에서 무역 파트너를 발굴했다. 이들 왕국이 유럽 무역상들에게 노예를 팔면 그들은 노예를 싣고 아메리카로 떠났다. 노예를 판 대가로 왕국은 무기, 대포, 기타 교역품을 얻었다.

포르투갈 상사들은 독일에 있는 제조자들에게 황동 팔찌 제작을 대량으로 의뢰했다. 아프리카의 공예품 길드에서는 이 팔찌를 녹여 왕궁에서 장식용으로 쓰는 황동 흉상이나 명판 등을 제작했다. 이 길드는 유럽 시장에서 팔리는 제품도 만들었다. 유럽에서는 상아가 황동보다 가치가 높았으므로 수출용 상아 공예품을 만들었는데 포르투갈 기사나 서원의 무습을 형상화하고 포르투갈 문장紋章을 표시한 소금통과 사냥용 나팔이 특히 유명했다.

포르투갈이 독점하던 무역은 점점 영국, 프랑스, 네덜란드, 덴마크 상사들에게 잠식당했다. 노예 수출은 18세기 후반, 절정에 달했다. 노예무역과 더불어 천연자원 시장도 발달했는데 아프리카 왕들은 자신이 지배하는 지역의 공급망을 장악하고 교환 비율을 정했다. 인도양에서 나온 개오지 조개껍데기cowrie shells가 화폐 역할을 했다. 왕립 아프리카 상사 왕립[04]에 고용된 노예무역선 선장 토마스 필립스Thomas Phillips는 다음과 같이 기록했다. "개오지 조개껍데기가 반드시 있어야 했고 크기가 작을수록 가치가 높았다. 그다음으로 받아들

---

04 아프리카 상사Royal African Company - 1660년에 스튜어트 왕가와 런던 상인들이 서아프리카 해안 국가들과의 무역을 위해 세운 영국 회사

여진 것은 황동 대야였는데 매우 크고 얇고 평평해야 했다. 직물류도 통용되었지만 극히 한정적이었다. 화물 가격의 절반은 개오지 조개껍데기와 황동 대야로 치러야만 다른 물품도 인정해 주었다."[14]

영국과 프랑스는 19세기 초에 와 대서양 노예무역을 금지했지만 일부 아프리카 통치자들은 여기에 굴하지 않았다. 1824년 영국 특사 자격으로 아샨티 왕국에 방문했던 조지프 뒤피스Joseph Dupuis는 아산타헤네Asantahene('모든 아샨티인의 왕')가 자랑하듯 쏟아내던 말을 이렇게 기록한다.

> 내가 어떤 왕이랑 전쟁을 벌일 때 그자가 거만하게 나오면 죽이고 그가 가진 금과 노예들은 내가 차지하고 그의 백성도 내 것이 되오. 당신들 백인 왕들도 그렇게 하지 않는가? 내가 가만Gaman족과 전쟁했을 때, 노예를 얻고자 싸운 것은 아니었으나 딩케라Dinkera(가만 족의 왕)가 내게 무례한 메시지를 보내왔을 뿐만 아니라 내 백성까지 죽였고 자기 아버지처럼 내게 금을 바치지도 않겠다고 하더군요. 이에 내가 믿는 신이 나를 내 조상들처럼 강하게 해주셨기에 나는 딩케라를 죽이고 그의 금뿐만 아니라 2만 명 이상의 노예도 쿠마시Coomassy로 끌고 왔소. 그들 중 나쁜 놈들이 섞여 있었기에 나는 나의 신을 위해 내가 앉은 의자를 그들의 피로 씻었소. 그들 중 착한 자들도 있었기에 그들을 팔거나 내 부하 장수들에게 주기도 했소.

아산타헤네는 뒤피스더러 영국 왕 조지 3세에게 가거든 "이 노예들은 왕을 위해 일할 수 있는 자들이며 왕이 원한다면 만 명도 보내줄 수 있다. 만약 왕이 부하 장수들에게 하사할 아름답고 고운 처녀와 여자가 필요하다면 얼마든지 보내주겠다."라는 말을 전하라고 말했다.[15]

대서양 노예무역이 금지된 이후로도 서아프리카 왕국들에서는 (미국에서와 마찬가지로) 노예가 여전히 존재했다. 허버트 클라인Herbert S. Klein은 "1850년경만 해도 아프리카에는 미국보다 많은 노예가 있었고 그 숫자는 천만 명에 이른다."라고 추정한다.[16] 노예는 금, 상아, 후추, 야자 씨(비누와 윤활제를 만들 때 쓴다) 등 천연자원 교역에 필요한 노동력을 제공했다.

1883년 프랑스는 포르토 노보Porto-Novo[05]에 보호령을 세웠고 이 보호령은 무역 수익을 놓고 다호메이 왕국과 경쟁을 벌였다. 파산에 직면한 다호메이의 왕 베한진Béhanzin은 노예 사냥을 한층 강화했다.[17] 이것이 프랑스의 개입을 정당화하는 명분-사실 구실-을 제공했다. 당시는 소위 '아프리카 쟁탈전'이 극에 달하던 시기였다. 1884년-1885년에 열린 베를린 협약에서 유럽 열강은 아프리카에서 각국 해군이 지배하는 영역의 경계선을 명확히 했다. 정부들은 무역 규칙도 정해야 했다. 도즈 장군은 베한진과 협상하면서 공동 주권 형태를 제안했으나 거절당했다. 1894년 1월, 도즈가 지휘하는 프랑스군은 왕궁이 있는 수도 아보메이를 점령했다. 베한진은 망명길에 올랐다.

프랑스 언론은 다호메이 왕궁을 지키는 경호원이 모두 여자라는 사실에 흥분했다. 그녀들은 법적으로 왕과 결혼한 사이였고 미노mino(우리의 어머니) 혹은 아호시ahosi(왕의 아내)라고 불렸다. 여성 부대는 프랑스와 다호메이의 교전 때도 투입되어 프랑스 군인들에게 깊은 인상을 남겼다. 그들이 남자 군인들보다 역량이 뛰어나다고 평가하는 이들도 꽤 있었다. 이 여성들이 부르는 군가는 다음과 같다. "대장장이가 쇳덩이를 불에 달군 뒤 모양을 바꾸듯이 우리는 우리의 본성을 바꾸었노라. 이제 우리는 여자가 아닌 남자." 베한진 왕이 패배한 뒤 다호메이에서 온 '아마존 여전사들(실제 다호메이 여전사는 아니었을 것이다)'이 파리 동물원Jardin d'Acclimatation의 민족학 분야 전시

---

05 포르토 노보 - 다호메이의 도시. 현재 베냉공화국의 수도

물로 배치되기도 했다.[18]

프랑스 군대가 왕궁에 진입하려 하자 왕은 왕궁에 불을 놓으라는 명령을 내렸다. 19세기 궁 중에서 단 2개만, 그것도 일부만 타지 않고 남았다. 이곳에는 그 뒤로 얼마 동안 왕실 가족들이 살았지만 더 이상 유지비를 감당할 수 없었다. 1911년, 프랑스 식민지 정부가 궁을 복원했고, 1943년에는 아보메이 역사박물관으로 탈바꿈했다. 서아프리카 민족학자 에바 마이어로위츠Eva Meyerowitz는 그 뒤 얼마 안 가 그곳을 방문했다.

「벌링턴 매거진」에 쓴 기고문에서 그녀는 이 박물관에 소장된 형형색색으로 수놓은 아름다운 벽걸이와 왕실에서 쓰는 장신구—왕이 쓰는 조각한 의자, 은으로 만든 부적, 홀, 갑옷—에 대해 찬사를 보냈지만, 가장 아름다운 것들은 파리의 개인 박물관에 있다는 사실도 강조했다. 또한, 그녀는 전시품 중에는 "포르투갈 노예 무역상이 왕에게 바친 선물인 술잔 세트와 유럽에서 만든 다른 물품"도 있었다고 밝혔다. 마이어로위츠는 지나가는 말로 "프랑스 정부가 그곳의 몰락한 왕실에서 사들여서 파리 트로카데로 박물관에 보내는 보석류도 보았다."라고 쓰고 있는데 프랑스로 보내기 전에 그녀가 사진으로 찍어서 그 흔적을 남길 수 있었다.[19]

아보메이 왕궁은 1985년 유네스코UNESCO 세계 문화유산 보호지역으로 등록되었다. 궁에서 화재가 한 번 있었고 그 뒤로는 유네스코가 지정한 '사라질 위험에 처한 세계 문화유산' 리스트에 올라갔다. 게티 문화재단Getty Foundation이 주도하여 설립한 국제적 컨소시엄이 재건축과 보존을 위한 대형 프로젝트를 추진했다. 하지만 2007년에 와 왕궁은 '사라질 위험에 처한 세계 문화유산' 목록에서 제외되었다.[20] 2021년 11월, 도즈 장군이 가져갔던 다호메이 왕궁의 문화재는 프랑스 개발청이 2천만 유로의 자금을 대고 복구한 아보메이 왕궁 박물관으로 이전되었다.

2018년 1월, 워싱턴 포스트는 케빈 시프Kevin Sieff가 쓴 '아프리카의 어느 나라가 마침내 노예를 팔았던 과거를 인정하다'라는 제목의 기사를 실었다.[20] 이 당시는 노예무역으로 막대한 이익을 거둔 이들의 조각상를 철거하는 문제로 세계적인 여론이 비등하던 시점이었다. 그러나 시프가 지적하듯이 한때 서아프리카 최대 노예무역항이었던 베냉공화국의 도시 쿼다Quidah에는 "대서양 노예 무역사 전체를 통틀어 가장 큰 노예무역상"이었던 프란시스크 펠릭스 데 수자Francis-

아보메이 왕궁에서 나온 의자.
파라솔 아래 앉아 있는 왕은 10명의 아내에 둘러싸여 있다.
의자 앉는 자리 아래로 2명의 군인과 나무판에 목이 묶인 7명의 죄수가 보인다.
이들은 노예가 되거나 처형된다. 이 의자는 2021년 파리의 케 브랑리 박물관에서
베냉 공화국의 아보메이 역사박물관으로 이관되었다

co Félix de Souza의 조각상이 지금도 여전히 서 있다. 조각상만 서 있는 게 아니라 그의 가족을 위한 박물관은 물론 그의 이름을 딴 광장까지 있다. 데 수자의 가족은 지금도 그 나라에서 가장 영향력 있는 가문이다.

시프는 데 수자 가문의 족장이 친척을 수행원단으로 이끌고 왕을 만나러 아보메이를 방문하는 연례행사에 대해서도 기록한다. "노예를 매개로 맺어진 이 두 가문의 관계를 기념하고 축하하는 행사다." 2017년에 있었던 행사에 대해 그는 이렇게 쓰고 있다.

> 눅눅한 습기가 가득한 그날 아침, 금으로 수놓은 솔과 모자를 걸친 모이스 데 수자Moise de Souza가 스포츠 유틸리티 차량에서 내렸다. 그는 연한 조명이 켜진 회의실 앞으로 걸어갔다…. 백인이 대부분인, 미국의 인류학 전공 학생들은 내부에서 구경해도 된다는 허락을 받았다. 드디어 노란색과 오렌지색이 섞인 드레스를 다 같이 맞춰 입은 아내들에게 둘러싸인 채 왕이 도착했다. 그는 데 수자와 악수를 했다. 유리잔마다 샴페인이 부어졌다.

이날 행사는 TV 뉴스로 전국에 방송되었다.

노예 상인의 변신

고대 왕국의 이름을 따온 다호메이 공화국은 프랑스령 서아프리카가 분할되어 여러 개의 독립국가로 세워지던 1960년에 건국되었다. 그 뒤로 군사 쿠데타가 연이어 일어났고 1972년에 마티외 케레쿠Mathieu Kérékou 대령이 이끄는 군대가 다섯 번째 쿠데타를 일으킨다. 2년 후 케레쿠는(그때는 장군이 되어 있었다) 마르크스-레닌주의 노선을 택해 그 나라의 석유 회사들과 은행을 모두 국유화하고 국명도 베냉공화국으로 바꾸었다.

새로 생긴 공화국은 순탄하지 못했다. 급진적이고 과격한 정책과 계속 터진 부패 스캔들로 원조금이 대폭 감소했다. 케레쿠-베냉에서는 '카멜레온'이라는 별명을 가지고 있었다는 민첩하게 좀 더 온건한 정책으로 선회하면서 전 세계를 대상으로 대대적인 홍보 캠페인에 돌입했다. 1999년 미국을 방문했을 때 그는 볼티모어에 있는 아프리카계 미국인 교회에 찾아가 무릎을 꿇고 식민지 이전 시대 아프리카 국가들이 노예무역에 가담했던 사실에 대해 사과하고 기독교 정신에 입각해 죄를 용서해 줄 것을 간청하며 화해를 도모했다.

그 후 케레쿠는 화해와 개발을 위한 전 세계 지도자 회의를 소집했다. 2명의 미국 의원을 포함해 각국에서 온 수많은 연설자가 노예제도에 관해 사죄의 말을 쏟아냈다.[22] 케레쿠 역시 자신의 정치적 실책에 대해 베냉의 가톨릭 주교에게 개인적으로 사죄하고 마르크스-레닌주의 노선을 포기하기로 했으며 2005년에는 정계에서 은퇴했다.

오늘날의 베냉공화국 정부는 간단히 말하면 '노예제도를 기억하기 위한' 세계적인 박물관을 건립 중이다. 세계은행의 자금 지원을 받아 '기억의 방'에 해당하는 130개의 방에 재건한 노예선까지 갖춘 거대한 관광 코스가 될 것이다. 이 계획은 가나공화국에서 아프리카계 미국인 관광객을 대상으로 노예무역 관련 유적지를 관광 코스를 개발해 성공했던 사례에 자극받아 설계되었다.[23]

베냉 내부 정치권에서 노예무역은 지금도 여전히 쟁점 사안이다. 2016년 대통령 선거 유세 기간 중 TV 토론회에 나온 후보 중 한 명이었던 리오넬 진수Lionel Zinsou는 상대편으로 나온 기업가이자 '면화의 왕King of Cotton'이라는 별명으로 알려진 파트리스 탈롱Patrice Talon이 노예 상인 집안 출신이라고 공격했다. 하지만 결국 탈롱이 대통령으로 당선되었다. 그는 2021년 4월에는 야당 대표를 감옥에

가두고 자기 개인 변호사를 법무부 수장 자리에 앉힌 후 지극히 낮은 투표율을 기록한 선거에서 86%의 지지표를 얻어 대통령에 재선되었다. 「포린 폴리시」지는 '베냉의 '면화의 왕'이 민주주의를 엉터리로 만들다'라는 제목으로 선거 전에 특집 기사를 실었다. 바로 이 탈롱 대통령이 마크롱 대통령으로부터 고대 다호메이 왕조의 상징물을 돌려주겠다는 약속을 받아냈다. 2022년 2월에 그 상징물을 돌려받으면서 성대한 환영식도 열었다.

서아프리카에서 영국 식민지가 확장될 무렵 아프리카 왕국들은 모두 금방 '진압되었고' 왕가는 모두 외국의 무력에 굴복해야 했다. 1873년 가넷 울즐리Garnet Wolseley 장군이 이끄는 영국군이 아샨티 왕국을 공격했다. 이듬해 영국군은 야샨티의 수도를 점령하고 1822년에 아샨티 왕이 사는 석궁인 아반Aban 궁을 약탈했다. 「데일리 텔레그라프」지의 기자는 그 궁을 '박물관'이라고 불렀는데 "박물관으로 불려야 마땅하기에" 그렇다고 썼다.[24] 「런던 타임스」의 기자는 아반궁의 위층에 있는 방마다 "완벽한 골동품 가게처럼 차려져 있었는데 각국 언어로 쓰인 책, 보헤미안 유리 제품, 시계, 은쟁반, 고가구, 페르시아산 깔개, 키더민스터[06]에서 나온 양탄자. 그림과 조각, 그 밖에 수많은 궤짝과 상자들이 나왔다…. 여기에 무어인과 아샨티인들이 만든 공예품도 있었다."라고 썼다. 역사가 아이버 윌크스Ivor Wilks에 따르면 아반 궁은 "그 궁보다 앞서 세워진 유명한 대영박물관의 기능에 큰 관심을 보이고 있던 오세이 본수Osei Bonsu가 심혈을 기울여 만든 작품이었다."[25] 값나가는 물품은 모두 빼낸 후 영국군은 궁에 불을 놓았다.

---

06 키더민스터 - 영국 중서부의 도시, 양탄자로 유명하다.

1874년 7월에 조인된 포르메나 협약Treaty of Formena에 따라 아샨티 왕은 영국에 배상금으로 금화 5만 온스를 건네야 했고 인신 공양을 폐지하고 자유무역을 보장해야 했다. 그러나 협약은 지켜지지 않았다. 1896년 1월, 영국은 다시 침공해 아샨티 왕을 국외로 추방했다. (그는 세이셸 제도[07]에서 오랜 유배 생활을 했는데 우간다에서 추방되어 온 2명의 왕 카바카 부간다Kabaka of Buganda와 카바가레가 토로Kabagarega of Toro와 함께 지냈다.)

1900년 3월, 골드코스트 식민지 총독이었던 프레데릭 호지슨Sir Frederick Hodgson은 아샨티의 왕권을 상징하는 황금 의자를 내놓으라고 요구했다. 또다시 전쟁이 터졌다. 1년 후 왕국이 영국 식민지에 병합되면서 전쟁이 끝났다.[26] 그 황금 의자는 숲속에 20년 이상 숨겨져 있었다. 1921년에 와 도로공사를 하던 근로자들이 의자를 발견했는데 이들이 금장식의 일부를 벗겨 냈다. 아샨티 법정은 절도범들에게 사형을 선고했지만 그 뒤에 영국 당국에 의해 형 집행이 유예되어 해외로 추방되었다.

1995년, 아샨티 왕국의 수도 쿠마시Kumasi에 마냐이야 왕궁 박물관Manhyia Palace Museum이 건립되었다. 이 박물관에는 가구, 기념품, 사진, 지난 시절 아샨티 왕실 인물들을 나타내는 마네킹 등이 전시되어 있었으며 왕실 예복도 순서를 정해 번갈아 가며 진열되었다. 그러나 왕국이 노예무역에 가담했던 사실을 인정하는 기록은 그 어디에도 없다.

베냉 브론즈 약탈 사건

가장 악명 높은 아프리카 고대 유적 약탈 사례가 바로 베냉 브론즈

---

07 세이셸 제도 - 인도양 서부의 92개 섬으로 이루어진 공화국

Benin Bronzes 약탈 사건이다. 이 명칭 자체는 2가지 차원에서 호도하기 쉬운데 첫째, 약탈당한 문화재 대부분은 황동brass으로 만들거나 상아ivory로 조각한 물품이기 때문이다. 또한, 그 문화재들은 현재의 나이지리아 남서부에 위치한 에도 왕국에서 반출되었다. '베냉'이라는 말은 왕국 수도를 뜻하는 그 지역의 말인 '이세키리 우비누itsekiri Ubinu'에 해당하는 포르투갈어다. 유럽인들은 에도를 베냉이라고 부르기 시작했지만 이후로 이 용어는 베냉만으로도 알려진 서아프리카 기니만 연안의 더 넓은 지역을 통칭하는 말로 사용되었다.

베냉시Benin city 약탈은 여러 면에서 우울할 정도로 다호메이와 아샨티 왕궁 습격과 닮았지만 심지어 당시 식민지주의 군사작전 관행의 기준으로 보더라도 심각하다 싶을 정도로 피비린내가 진동했고 약탈 규모도 놀라웠다. 1897년에 약탈당한 황동 판화 작품과 흉상과 상아 조각의 규모를 정확히 알 수는 없고 나중에 이어진 발굴 과정을 통해 여러 박물관으로 들어간 숫자도 알 수 없지만 수천 점은 족히 넘는 게 분명하다.[27] 현재 대영박물관에만 약 950점의 유물이 있지만 그중에서 100점가량만 전시되어 있다. 이 공예품의 수준은 전문가들이 깜짝 놀랄 만큼 뛰어나 아프리카에 대한 유럽인의 관념을 완전히 뒤바꾸어 놓을 지경이었다.

이야기는 영국 외교부가 니제르 델타 지역에 보호령을 설치한 1885년부터 시작된다. 1888년, 왕실에서 정기적으로 터져 나오는 계파 간 갈등의 한 국면을 지나면서 새로운 오바Oba[08]가 에도의 지배권을 장악했다. 그는 왕실 재정을 정상화하는 일에 착수했다. 1896년 11월, 니제르 연안 보호령의 부장관이자 총영사로 임명된 영국 변호사 제임스 필립스James Philips가 영국 외교부 장관에게 보낸 보고서에

---

08 오바 - 베냉에 거주하던 종족들의 추장을 이르는 말

보면 새로운 오바가 "그 나라에서 가장 수익성이 좋은 산물인 야자 씨 거래를 금하고 이를 어기고 거래하다가 적발되면 사형에 처하기로 했다."

[그는 이렇게 이어간다] 제가 보기에 해결책은 단 한 가지, 베냉의 왕을 폐위시키는 길뿐입니다. 제가 얻은 정보를 통해 봐도 의심의 여지가 없고 인간 본성에 대한 지금까지의 제 경험을 통해 판단해도 마찬가지지만 이런 상황에서 평화적인 해결 방안 따위는 아무 의미가 없고 지금은 장애물을 제거해야 할 때입니다. 이에 폐하께서 허락해 주시면 오는 2월에 베냉시에 들어가 왕을 폐위하고 그를 대신해 통치할 원주민 위원회를 수립한 다음, 나라의 문호를 개방하도록 하겠습니다… 왕궁에는 왕을 폐위하는 데 드는 비용을 상쇄하고도 남을 만큼 많은 상아가 있다는 사실도 알려드립니다.[28]

필립스는 외교부의 답변을 기다리지도 않았다. 지금은 소상들에게 드리는 예식을 진행하느라 혼자 은둔 중이므로 나중에 방문해 달라는 오바의 말조차 듣지 않았다. 1896년 12월, 필립스는 영국군 장교 7명과 무역상 2명, 그리고 200명가량의 짐꾼을 이끌고 쳐들어간 뒤 (같이 움직이던 영국 군대는 목표 지점에 도착하기 전에 해산되었지만) 기둥에 매복해 있다가 공격했다. 필립스, 그리고 9명의 영국인 중 6명, 정확한 숫자는 알 수 없지만 아프리카인 짐꾼 중 몇 명이 사망했다.

1897년 2월, 이를 응징하기 위해 케이프타운에 주둔 중이던 영국 해군 중에 해리 로손Harry Rawson 소장이 이끄는 중대 병력이 파병되었다. 오바는 무슨 일이 닥칠지 예상했다. 최근 이미 영국군이 그 지역에서 영국에 협력하지 않는 상인 우두머리들을 여러 명 제거한 전례가 있었기 때문이었다. 1887년에는 그 지역에 주둔하던 영국 관료조차 "정당하지 않으며 우리가 늘 말하는 페어플레이 정신에도 어긋난다."라고 고백했던 수법을 써 오포보Opobo[09] 지역 우두머리 자자Jaja를 제거하기까지 했다. (즉, 협상을 하자고 영국 배에 태운 뒤에 붙잡아 추방했다.)[29] 1894년에는 에도와 거래 중이던 상인들의 우두머리인 나나 올루마Nana Oluma를 추방했다.

그래서 오바는 만반의 준비를 갖추었다. 베냉시에 배치되어 있던 포르투갈산 대포를 준비시키고 군대도 동원했으며 수백 명의 노예와 포로들을 자기 조상들에게 희생제물로 바쳤다. 그러나 아무 소용이 없었다. 영국군은 손쉽게 도시를 점령했다. 전쟁터에서 뼈가 굵은 해군이었지만 그들은 자신들 눈 앞에 펼쳐진 광경에 충격을 받았다. 해군 대장에게 보낸 글에서 로손은 이렇게 쓰고 있다. "제물과 사람 피 냄새가 진동하고 시체는 도처에서 썩어 나가고 있고 우물마다 자신들이 숭배하는 나무들에 매달아 죽인 시신을 던져 넣어 가득 찼으며(나무는 우리가 모두 폭파했습니다) 보이는 사람마다 모두 구역질하고 있습니다."[30]

로손은 소위였던 16살 때 북경 이화원 습격 작전에도 참여했는데 그때도 "한 명당 1,000파운드 값어치가 있는 순금 액자를 선물로 받았던 그 엄청난 보물 약탈"에는 참여하지 못했던 것을 두고두고 후회했다.[31] 그랬기에 오바의 궁과 신전을 모두 약탈하는 이번 기회는 놓치지 않으려고 했다.

영국군은 오바의 여러 영웅적인 행적과 궁전의 일상을 그려 넣은 황동판들이 먼지를 뒤집어쓴 채 왕궁 정원 바닥에 쌓여 있는 것을 발견했다(왕궁의 지붕을 황동 덮개로 교체할 예정이었으므로 정원에 있

---

09 오포보 - 현재의 나이지리아 남동부, 아콰이봄 주 남서부의 하천에 있는 항구 지역

던 황동판은 다시 집어넣기 전까지 내놓은 게 분명했다).[32] 또한, 영국군은 죽은 왕들을 모신 신당에서 황동 흉상도 꺼내왔고 정교하게 새긴 상아 조각품과 나무 조각품도 모두 긁어 담았는데 그중에는 15세기에 만들어진 작품도 꽤 많았다. 이것들은 모두 신으로 추앙받는 왕이 거느리는 길드 조직이 만든 작품이었는데 구체적으로 연륜이 많은 이들로 구성된 황동 길드부터 나무 조각과 상아 조각 길드, 대장장이,

1897년 베냉시 점령 당시, 오바의 궁전에서
브론즈 공예품과 상아에 둘러싸여 있는 영국 군인들.
사진을 찍은 로버트 앨먼Robert Allman 박사는 군대가 베냉에 침공할 때 동행했다.
그는 그 뒤에 남부 나이지리아에 주둔하는 의무 장교가 된다
(런던 대영박물관 승인을 받아 게재. © 대영박물관 신탁관리 위원회)

방직공, 가죽 세공 길드까지 있었다.[33]

영국군은 오바의 궁에 임시 본부와 병원을 세웠다. 골프 코스까지 마련했다. (한 장교가 「골프 매거진」에 실린 기사에서 했던 말에 의하면, "가장 큰 문제는 골프 코스 사방에 해골과 뼈가 깔려있다는 점이었다. 이런 말을 하기는 참 슬프지만 우리가 가진 최고급 그린은 불쌍한 노예들을 수없이 매달아 죽였던 '십자가 나무'라는 나무 밑에서 자란 잔디로 만든 것이었다.")[34]

니제르 연안에 새로 세워진 보호령의 총영사 랄프 무어Ralph Moor는 약탈을 통제하기 위해 애를 많이 썼다. 이번 군대의 출격 비용을 충당하기 위해 상아 더미와 수백 점의 황동판을 영국 정부 몫으로 돌려야 했고 상아로 만든 표범상 두 점은 빅토리아 여왕에게 바치기 위해 따로 빼둬야 했다. 이런 배분 계획은 성의 건물 대부분을 태운 화재로 인해 잠시 보류되었다.

장교들은 자기 몫을 챙겼다. 응징차 출격했던 영국군 이야기를 「일러스트레이티드 런던 뉴스Illustrated London News」지에 기사로 실었던 헨리 찰스 세핑스 라이트Henry Charles Seppings Wright는 16세기 오바의 어머니 이디아Idia의 실물 크기 황동 두상 작품을 포함한 여러 점의 걸작을 차지했는데 이디아 두상은 나중에 그 신문사의 이사였던 윌리엄 제임스 인그램William James Ingram이 대영박물관에 기증하게 된다.[35] 계급이 낮은 해군 병사들도 기념품을 챙겼다.

오바는 체포되어 칼라바르Calabar로 추방되었고 거기서 1914년에 죽었다. 영국 식민지가 된 에도에서는 1915년에 노예제도가 폐지되었고 노예 신분에서 해방된 수천 명이 축하하기 위해 베냉시로 몰려왔다.

런던에서는 식민지 총독들이 경매에 내놓은 막대한 양의 상아 제품이 팔려 나갔다(당시 상아가 황동 제품보다 비쌌다). 상당한 양의 황

16세기에 나온, 상아에 철과 황동으로 상감 무늬를 새겨 넣은 펜던트 마스크.
에도[베냉] 왕국 대왕대비였던 이디아Idia를 표현한 것으로 추정된다.
티아라에 박힌 포르투갈인들의 머리를 주목하라.
거의 똑같이 생긴 마스크 두 점이 존재하는데 하나는 대영박물관에,
다른 하나는 뉴욕 메트로폴리탄 미술관에 있다.
이들과 비슷하게 생긴 또 다른 마스크 두 점이 각각 시애틀 미술관과
슈투트가르트 린덴 박물관에 소장되어 있다.
(런던 대영박물관의 승인을 받아 게재 © 대영박물관 신탁관리 위원회)

동 두상과 황동판이 대영박물관에 대여되었다. 장교들은 자신들이
가져온 장물을 런던의 골동품상과 경매회사에 갖고 왔다.[36]

베냉 브론즈, 박물관으로 흩어지다

총영사 랄프 무어는 상아로 만든 상자를 자기 몫으로 챙겼는데 상자

에는 줄에 묶인 천산갑 옆으로 2명의 포르투갈인이 서로의 목을 조르는 형상이 그려져 있었다. 거기에 상아로 만든 부적 두 점, 16세기에 만들어진 상아 마스크 한 쌍도 있었는데 길이 23cm짜리 이 상아 마스크에도 「일러스트레이티드 런던 뉴스」지가 대영박물관에 기증한 황동 두상에 형상화되었던 이디아의 위엄 있는 얼굴이 형상화되어 있었다.

이디아의 목걸이와 티아라에는 포르투갈인의 머리가 놀랄 만큼 정교하게 조각되어 있다. 이 마스크 한 쌍은 런던대학 경제학부 민족학 교수인 찰스 셀리그먼Charles Seligman이 사들였는데 그는 그중 하나를 대영박물관에 대폭 할인한 값에 팔았다. 그가 죽은 후인 1957년, 그의 아내는 나머지 하나를 넬슨 록펠러Nelson Rockefeller에게 2만 파운드에 팔았다. 그녀는 그 돈을 왕립 인류학회에 기증했고 학회는 자신들이 발행한 크리스마스 카드에 마스크 형상을 담았다. 대영박물관의 아프리카 민족학 부문 큐레이터인 윌리엄 패그William Fagg는 이 마스크를 "현재 개인이 소장하고 있는 베냉 문화재 중에서, 나아가 고대 서아프리카 문화재 전체 중에서 가장 아름답고 가치 있는 작품"이라고 썼다.[37] (이 마스크는 현재 뉴욕 메트로폴리탄 박물관에 소장되어 있다.)

피트 리버스 장군은 1897년 5월에 처음 공개 경매로 나온 베냉 브론즈 작품을 구매한 후 자신의 옥스퍼드 박물관 수집품에 포함했다. 베를린, 라이프치히, 비엔나(빈)에 있는 민족학 박물관들도 열렬한 구매자들이었다. 가격은 치솟았다. 바스티안의 뒤를 이어 베를린 민족학 박물관의 아프리카 오세아니아 부문 책임자가 된 펠릭스 폰 루샨Felix von Luschan은 호가가 계속 높아지는 사태에 불만을 쏟아냈다. 런던의 주요 딜러이자 '민족학 표본 및 유럽과 동방의 무기와 갑옷류 전문 수집가'였던 W.D. 웹스터W.D. Webster는 1898년 4월에 "베냉 표본은 가격이 비싸지만 모든 사람이 원하므로 가격은 천정부지로 뛸 수밖에 없다."고 대답했다. 웹스터 자신도 "물건이 들어오던 초창기에 내가 팔아 치웠던 표본을 그 가격의 2배를 주고서라도 다시 사들일 생각이 있는데 베냉 지역은 이미 다 정리되었고 작품은 모두 이 나라에 들어와 있기에 더이상 새로운 것을 얻을 방법이 없기 때문"이라고 말할 지경이었다.[38]

폰 루샨은 베를린 민족학 박물관을 위해 580점의 베냉 작품을 수집했고 에도의 공예품에 관한 권위 있는 연구서를 출간했다.[39] 부유한 사업가이자 지리학자인 한스 마이어Hans Meyer는 베냉 유물 53점을 수집해서 라이프치히 민족학 박물관으로 보냈다. 그는 폰 루샨에게 쓴 글에 다음과 같이 썼다. "영국인들이 이런 걸 팔아치웠다는 게 내 눈에는 수수께끼예요. 그들에게 이런 물품이 너무 많거나 민족학이나 문화사나 예술사 차원에서 이게 어떤 의미가 있는지 제대로 모르거나…. 어느 경우든 이렇게 멋진 표본이 지금 우리 손에 들어왔어요."[40]

불만을 털어놓는 영국 학자도 물론 더러 있었다. 영국인으로서 베냉에 관한 최초의 논문을 썼던 링 로스H. Ling Roth는 정색하면서 "영국인들로서는 무슨 일이 있어도 당연히 영국에 남아있어야 했던 이런 작품들이 해외로 팔려 나갔다는 사실 자체가 너무 속상하다."라고 썼다.[41]

그러나 영국 당국은 체제 선전 차원에서 이 전리품이 갖는 가치를 알고 있었다. 오바의 궁이 약탈당한 시기는 빅토리아 여왕 즉위 60주년 기념식을 불과 몇 달 앞둔 시점이었다. 영국은 식민지 총독이었던 조지프 체임벌린Joseph Chamberlain의 제안을 받아들여 이 즉위 기념식을 '대영제국 페스티벌'로 확대했다. 1897년 대영박물관은 여왕을 기념하는 의미에서 베냉 원정대가 가져온 전리품을 전시했다. 베냉에서 나온 판화 작품 300점이 대영박물관 지하에 있는 아시리아 홀에 전시되었다. 민족학 갤러리에는 조각한 상아 작품과 황동 두상이 전시되었다(당시만 해도 상아는 여전히 비쌌다). 언론은 이 예술 작품의 기원에 관한 이야기로 도배되었다(중국? 이집트? 이탈리아? 아프리카는 절대로 아니다!). 1898년 1월, 전시회가 끝난 후 외교부는 대영박물관에 판화 작품과 황동 두상 일부를 보관하도록 했다.[42]

현재 나이지리아에 있는 여러 박물관에는 500점가량의 베냉 브론즈 작품이 보관되어 있다. 대부분은 식민지 시기에 괴짜 같은 3명의 영국인 덕분에 나이지리아가 차지할 수 있었다. 그 3명은 유명한 옥스퍼드 영어사전의 최초 편집자였던 제임스 머레이 경의 손자 케네스 머레이Kenneth Murray, 희귀 고문서 판매상의 두 아들인 윌리엄 패그 William Fagg와 버나드 패그Bernard Fagg를 가리킨다(사전과 고문서 서점은 박물관과 공통점이 많다). 이들은 모두 예술을 사랑했고 나이지리아 고대 유물을 예술품이라고 생각했다.

케네스 머레이는 옥스퍼드 베일럴 칼리지에서 예술 공부를 하다가 중퇴했다. 1927년에는 미술 선생으로 나이지리아에 갔다. 1943년에는 나이지리아 최초로 고대 유물 감정인으로 임명되었다. 식민지 시대 나이지리아의 한 박물관 큐레이터였던 프랭크 윌레트Frank Willett는 "그는 거의 혼자 이 나라 모든 예술품의 소재를 확인하고 사진을 찍고 목록을 만들었다."라고 회상한다. 윌레트는 또한 머레이가 "수많은 걸작품이 파괴되지 않도록 사비를 들여 구매해 보존했으며 1957년에는 자신의 소장품을 기증했는데 이것이 라고스Lagos에 문을 연 나이지리아 박물관의 핵심 수집품이 되었다."라고 기록한다.[43] 1960년 10월, 나이지리아 독립을 축하하는 사람들이 이 박물관으로 쏟아져 들어왔는데 하루 동안 무려 3만 명의 관람객이 찾아왔다.[10] 머레이는 "관람객이 너무 많아 들어오지도 나가지도 못할 지경이었고 꽃은 모두 짓밟히고 계단이 무너져 내릴 정도였다."라고 기록했다.[44]

케임브리지에서 수학한 고고학자 버나드 패그는 1947년에 나이지리아 정부 소속 고고학자로 임명되어 머레이의 친구이자 동료가 된다. 1952년에는 조스Jos에 영국령 서아프리카 최초 공립 박물관을 세웠으며 1957년에는 머레이의 뒤를 이어 나이지리아 고대 유물 감정인이 된다.

그는 새로운 박물관 건립도 추진했다. 1958년까지 머레이와 패그는 얼마 전 라고스에 세워진 국립 박물관에 베냉 공예품 90점을 기증했는데 여기에는 1950년부터 1951년 사이 대영박물관이 나이지리아 고대 유물 관리국에 기증하거나 팔았던 베냉 판화 작품 23점도 포함되어 있었다.[45] 패그의 후임이자 나이지리아인으로는 처음으로 고대 유물 관리부 장관으로 임명된 에크포 에요Ekpo Eyo 교수는 패그와 마찬가지로 케임브리지대학 고고인류학과에서 공부했다. 그는 패그에 대해 "애초에는 대영제국의 이미지와 힘을 투영하도록 나이지리아에 파견되었지만 모두의 기대를 깨고 아프리카인의 이미지와 과거를 투영했다."라고 평가한다.[46]

나이지리아 독립 이후 버나드 패그는 옥스퍼드 피트 리버스 박물관 큐레이터가 된다. 그의 형 윌리엄 패그는 1938년에 대영박물관에 합류한 후 은퇴할 때까지 거기서 일했다. 그는 동생처럼 아프리카 전문가가 되었다(그는 1946년 대영박물관의 고고민족학 큐레이터들은 "대륙별로 전문 분야를 정하는 정책을 채택했고 그때 나는 어린 편이어서 아프

---

10 나이지리아는 1960년 10월 1일 영국으로부터 독립했다.

리카를 배당받았다."라고 회상한다).[47] 제이콥 엡스타인Jacob Epstein, 헨리 무어Henry Moore, 롤랜드 펜로즈Roland Penrose 등 유명한 영국 화가의 친구이기도 했던 패그는 아프리카 조각에 관한 교과서를 집필했고 베냉 예술 작품의 연대를 측정할 수 있는 개요 작업도 진행했다. 대영박물관에서 퇴임한 후로는 크리스티 경매회사의 고문이 되었는데 그의 동료들은 그에게 어울리지 않는 자리라고 보았다. 그는 회사를 설득해 '원시 예술primitive art' 부문 명칭을 '부족 예술tribal art' 부문으로 변경했다.

납치된 유물들

독립을 축하하는 온 국민의 열기가 가라앉은 이후로 나이지리아는 정치적, 경제적 위기에 접어들었다. 특히 나이지리아 북부 출신 무슬림 장성들이 수립한 군사정권은 이교도들이 만든 고대 유물 따위에는 전혀 신경을 쓰지 않았는데 그 바람에 나이지리아 박물관들은 모두 쇠락해 갔다. 박물관 예산은 말라 버렸다. 유물 관리는 소홀해졌고 보안도 허술해졌으며 도둑이 드는 일도 잦았다. 바나비 필립스Barnaby Phillips 기자의 보도에 따르면 현재 라고스 국립 박물관은 300점가량의 작품만 전시 중이며 창고에 들어있는 수만 점의 작품은 "설명하는 라벨 내용도 부실하고 뒤죽박죽으로 한군데 처박혀 있다."라고 한다. 큐레이터인 오모타요 아데보에Omotayo Adeboye가 그에게 전한 말에 따르면 박물관 관람객은 하루 30명 수준이며 그것도 대부분 단체로 온 어린 학생들이다.[48]

2020년, 국제투명성기구Transparency International[11]는 전 세계 180개

11　상층의 비리와 부정부패를 없애자는 취지로 설립된 국제기구. 1993년 5월 베를린에서 창설되었다.

나라를 대상으로 부패도 순위를 발표했다. 덴마크와 뉴질랜드가 공동 1위로 부패가 가장 적은 국가로 선정됐다. 소말리아와 남수단은 꼴찌인 공동 179위로 가장 부패한 국가였다. 나이지리아는 카메룬, 과테말라, 이란, 레바논, 마다가스카르, 모잠비크, 타지키스탄과 함께 공동 149위였다. (노벨상을 받은 나이지리아 시인이자 소설가 월레 소잉카 Wole Soyinka가 부패한 나이지리아 정치권에 쏟아낸 신랄한 비평서『지구 상에서 가장 행복한 사람들의 땅의 연대기(Chronicles from the Land of the Land of the Happy People on Earth』를 참고하라. 벤 오크리Ben Okri는 이 책에 대해 "나이지리아의 썩은 부위를 다루는…거대한 죽음의 무도회"라고 평가한다.)[49]

게다가 폭력과 범죄까지 만연해 있다. 납치 사건이 빈번히 발생한다. 베냉시와 라고스를 잇는 길을 오가는 여행객들은 공포에 떤다. 기차여행도 위험하긴 마찬가지다. 2022년 3월 28일, 선로에 설치된 폭탄이 터지면서 카두나Kaduna에서 수도인 아부자Abuja로 가던 기차가 탈선했다. 총을 들고 기다리던 이들에 의해 승객 8명이 살해되고 25명은 부상을 입었으며 정확한 숫자를 알 수 없는 사람들이 납치되었다. 「이코노미스트」지는 이 사건에 대해 다음과 같이 기록했다. "그 지역을 공포에 떨게 하는 납치 전문 갱단이 벌인 사건 중에서도 가장 후안무치한 사건이다. 이슬람 국가Islamic State와 연계된 지하디스트들이 오래전부터 북동부 지역에서 벌이고 있는 반란, 농부들과 유목민들 간에 계속되는 충돌과 더불어 발생하는 이런 범죄 사건으로 인해 아프리카에서 가장 많은 인구를 가진 나라의 대부분 지역이 통제불능 상태에 빠져 있다."[50] 나이지리아 박물관들은 유용 사건은 물론 무장강도 사건도 수없이 겪었다. 콰메 앤서니 아피아Kwame Anthony Appiah는 다음과 같이 적었다. "지금까지 나이지리아 박물관에서 도난당한 예술 작품은 수억 달러어치에 이르는데 이는 거의 언제나 내부자들과 공모해 일어난 일이었다."[51]

　정치 지도자들은 외국 정상에게 줄 선물을 고른다며 국립 박물관을 계속 찾아왔다. 1961년 발레와Balewa 수상은 국립 박물관이 보관 중이던 베냉 상아 조각품을 존 케네디 대통령에게 선물로 주었다(이 작품은 지금도 보스턴에 있는 존 에프 케네디 도서관에 보관되어 있다). 베냉 브론즈 작품을 둘러싼 정치학에 관한 탁월한 책을 쓴 바나비 필립스는 버나드 패그의 뒤를 이어 나이지리아 고대 유물 관리부 장관으로 임명된 에크포 에요와 관련된 지독한 사례를 전해 들었다.

　1973년 어느 토요일 아침, 집에 있는 에요 교수에게 전화가 한 통 걸려왔는데, 나이지리아의 통치자인 야쿠부 고완Yakubu Gowan 장군의 전화였다. (에요 교수의 전화는 몇 달 동안 통화가 안 되던 상태였는데, 갑자기, 기적적으로, 연결이 되었다.) 장군은 이번에 자신이 영국에 공식 방문할 때 엘리자베스 여왕에게 줄 선물을 고르려고 국립 박물관으로 가려는 참이라고 말했다. 에요 교수는 서둘러 박물관으로 달려가서 귀중한 작품들을 다 감추었다. 고완 장군이 비교적 소품인 베냉 중기 시대 두상을 선택하는 것을 보고 안도감을 느끼긴 했지만, 에요는 이 선물로 인해 나이지리아 문화재를 반환받는 일은 불리해질 것이라고 예감했다. 실제로도 나이지리아 외교부가 약탈당한 베냉 문화재를 돌려달라는 협상을 시도할 때마다 영국 외무부는 이 선물 이야기를 꺼냈다.

　아이러니하지만, 영국 외무부는 이 두상이 그 전에 이미 한번 나이지리아 국립 박물관에서 도난당했던 작품이라는 사실을 인지하고 있었다. 도난당한 후에 대영박물관에 들어와 있던 이 두상은 윌리엄 패그의 노력으로 1950년에 라고스에 있는 케네스 머레이에게 반환되었던 것이었다. 지금 그 두상은 윈저궁 왕실 컬렉션에 포함되어 있다.[52]

　　　　　　　　　　　　　　　박물관의 그림자

1977년 나이지리아가 '전 세계 흑인 아프리카 예술 문화 축제'를 개최했을 때 대영박물관이 소장 중이던 상아로 만든 이디아 조각상이 축제의 공식 심볼로 채택되었다. 외교부에서는 행사를 위해 마스크를 대여해 주도록 설득에 나섰지만 박물관 측은 상아가 금이 간 상태여서 이동 도중이나 열이 가해지면 파괴될 수 있다며 거절했다. 나이지리아 언론은 이를 냉소적이고 모욕적인 변명이라고 보도했다.

사실을 말하면 마스크 상태는 결정적인 요소가 아니었다. 개인적으로 판단하건대 대영박물관 큐레이터들은 이 마스크를 빌려주면 다시 돌려받지 못할 가능성이 크다고 보았던 듯하다. 대영박물관이 1950년에 라고스에 돌려줬던 청동 판화 작품 중 3점이 미국의 수집품 속에서 발견되었다. 1980년 오일 가격 상승기에 나이지리아 정부는 경매에 나온 황동 두상 몇 점을 구매한 적이 있는데 그중 일부는 얼마 후 다시 세계 시장에 판매용 물건으로 나왔다.

에요 교수의 아들은 자기 아버지가 "직장 동료들을 조심해야 했다. 유심히 지켜봐야 하는 이들이 몇 명 있었다."라고 말하는 걸 들은 적이 있었다.[53] 이런 걱정을 에요 교수만 한 건 아니었다. 1996년 나이지리아 문화부 장관 월터 오포나고로Walter Ofonagoro는 "우리는 지금 우리 문화유산을 놀랄 만큼 빠르게 잃어버리고 있다. 이러다가는 더 이상 후손에게 물려줄 문화재가 남아 있지 않은 날이 올지도 모른다."라고 경고했다.[54] 2000년, 나이지리아 고대 유물에 관한 권위자인 존 픽튼John Picton은 박물관 큐레이터들이 모인 회의 석상에서 최근 잇달아 벌어진 나이지리아 박물관과 고고학 발굴품 도난 사건은 "1897년에 영국군이 자행한 베냉시 문화재 약탈에 비견될 만큼 심각한 수준"이라고 발표했다.[55]

최악의 상황은 에요 교수와 나이지리아 국립 박물관이 기획한 '고대 나이지리아의 보물'이라는 전 세계 투어 전시회 기간에 일어났다.[56] 1980년 디트로이트에서 첫 번째 전시회가 열렸을 때 언론에서는 전시품에 걸려 있는 막대한 보험금 액수를 밝혔는데 여기에 자극받은 라고스 국립 박물관의 한 직원이 박물관에 보관되어 있던 베냉 고대 유물을 모두 훔쳐가 버린 것이다. "그 이후로 이런저런 형태로 순회 전시를 계속할 수밖에 없었는데 전 세계의 믿을 수 있는 기관들에 대여하는 형태로 국가 유산의 일부라도 안전하게 보존하기 위해서였다."라고 나이지리아 박물관 전前큐레이터 프랭크 윌레트Frank Willett가 2000년에 열린 박물관 관련 국제 컨퍼런스 석상에서 말했다.[57]

유물반환운동, 정의인가 무모함인가

2007년 이후, 해외에 있는 베냉 브론즈 작품을 '에도 서아프리카 미술관'으로 반환받는 길을 협의하고자 유럽, 미국, 나이지리아의 큐레이터와 관료들이 모여 '베냉 다이얼로그 그룹Benin dialogue group'을 결성하고 정기적인 회의를 이어오고 있다. 이 박물관은 나이지리아의 '문화유산반환협의회Legacy Restoration Trust'라는 비영리기관의 계획에 따라 설립되었다. 나이지리아의 어느 기업이 주도하고 에도주 주지사도 후원하는 이 협의회는 대영박물관의 도움을 받아 400만 달러의 기금까지 마련했다. 새 박물관 건물 디자인은 워싱턴 DC에 있는 국립 아프리카 아메리카 역사 문화 박물관을 설계한 데이비드 아자예Sir David Adjaye가 맡았다.

그러나 2021년 7월, 베냉의 오바가 이 계획에 반대하는 선언문을 발표했다. 오바의 대변인은 "나는 사적 결사체인 문화유산 반환협의회와 에도 서아프리카 미술관이 베냉 왕국 국민의 이익에 부합한다고 생각하지 않는다."라고 말했다. 베냉 브론즈 작품들은 자신이 설립하려는 베냉 왕립 박물관으로 반환되어야 한다는 것이 오바의 주

장이었다.[58]

고대 유물에 대한 베냉 왕실의 관심은 새삼스러운 일이었다. 상당한 시간 동안 베냉 왕실이 소유했던 고대 유물은 방치되다시피 했다. 에바 마이어로위츠가 베냉시를 방문했던 1940년대만 해도 그녀의 말처럼 "먼지를 뒤집어쓰고 땅에 파묻힌 상태로 발견된 값비싼 청동 작품들이 지금도 여전히 아무도 관리하는 사람도 없이 열린 방에 겹겹이 쌓인 상태이며 방문객에게 보여줄 때는 마당으로 다 꺼내 놓았다가 그냥 그대로 거기 방치되어 있을 뿐만 아니라 아무도 신경 쓰는 사람이 없었다."[59] 베냉 왕실 수집품의 보존 상태를 우려하던 버나드 패그가 나서서 왕궁에서부터 좀 더 안전한 베냉시 우체국 부지로 이전했다.

기부자 중에서는 이 일에 오바가 나서는 게 적절한지, 민주주의에 부합하는지 의문을 제기하는 이들이 많았다. 해당 지역 사람들은 오바의 계획에 대해 어떤 의견인지, 고대 왕실 유물을 돌려받는 일에 대해 그들은 얼마나 관심이 있는지도 명확하지 않았다. 지금은 인구 178만 2천 명으로 나이지리아에서 4번째로 큰 도시인 베냉시 사람들은 식민지 이전 시대 왕국의 유산에 대해 그렇게 큰 자부심이 없다. 베냉시는 13세기에 세워진, 길이 11킬로미터에 이르는 토벽土壁이 반지처럼 주변을 둘러싸고 있다. 나이지리아로서는 국가 차원에서 보존할 만한 기념물이지만 필립스의 보고에 따르면 벽 일부에는 복음주의 교회를 광고하는 이들이 사적으로 제작한 옥외광고판까지 붙어 있는 실정이다. 해자에는 쓰레기와 비닐봉지가 가득 차 있다. 그 지역 건설업자들은 진흙을 얻겠다고 해자를 파내고 있다.[60]

상황이 이렇게 된 가장 큰 이유는 현재의 베냉시가 다양한 교파의 기독교도 영향력 아래 있기 때문이다. 영국인들이 오바를 쫓아낸 이후 영국 선교회는 에도 지역에서 선교사역을 시작했다(선교사역을 주도한 이는 제임스 존슨 주교Bishop James Johnson였는데 그는 에도에 노예로 잡혀 유럽 상인들에게 팔려 나간 후 영국 왕립 해군 초계 대대에 의해 구조된 요루바족[12] 사람의 아들이었다).[61]

그뿐만 아니라 그 지역 자체도 변모하고 있다. 식민지 시대에 여러 학교와 대학이 설립되었고 현대적 신문방송매체가 고립된 벽촌까지 들어왔다. 역설적이지만 시대변화를 반영하는 중요하고 의미 있는 지표는 바로 최근 베냉시 도심에 사당들이 다시 생겨나고 있다는 사실이다. 이 사당들은 종교 혼합적인 특색을 갖고 있다. 민족학자 찰스 고어Charles Gore는 이렇게 말한다. "현재 도심에서 생겨나는 사당들은 카리스마를 갖춘 '오헨스ohens'가 개인적인 역량으로 세운 것들이며 이들은 서로 경쟁할 뿐만 아니라 정통교회와 오순절 교회…심지어 하레 크리슈나Hare Krishna[13], 장미십자회, 그 외 다른 교파들을 포함한 종교단체와도 경쟁 중이다."[62]

이와 같은 포스트모던한 상황에서 현재 오바가 직업별 길드 조직을 장악하려고 할 뿐만 아니라 자신이 상속받은 지위의 영광도 되찾으려 하고 있다.

베냉 브론즈 반환 요구는 영국과 독일에서 큰 울림을 얻고 있다. 대영박물관은 전 세계에서 가장 많은 고대 베냉 유물을 보유하고 있다. 베를린, 드레스덴, 함부르크, 라이프치히에 있는 박물관들도 상당량의 베냉 청동 두상, 판화, 상아 조각상을 갖고 있는데 이들은 대부분 20세기 초 런던의 딜러와 경매인을 통해 획득한 것들이다. 두 나라

---

12   요루바족 - 나이지리아 서남부와 베냉 지역의 부족

13   하레 크리슈나 - 힌두교 크리슈나 신을 믿는 종파

에서 지금도 한창 진행 중인 고대 베냉 유물 소유권 논쟁은 지난날의 식민주의에 대한 재평가 논의에도 불을 지폈다.

영국에서는 브렉시트Brexit 추진운동이 제국주의 시대에 대한 향수를 자극했다. 반면, 독일에서 일어난 논쟁은 전혀 다른 성격이었다. 1차 세계대전 이후 독일은 식민지를 거의 다 빼앗겼다. 한 세대가 지나 히틀러가 패망한 후 독일인들은 나치 정권과 홀로코스트의 본질을 이해하기 위해 고뇌를 거듭해야 했다. 그 와중에 식민지 시대에 대한 기억은 희미해졌다. 21세기 들어 젊은 역사가들은 식민지 시대 이데올로기와 정책이 나치 제국과 직접적으로 연관되어 있다는 새로운 관점을 제시했다. 1904년부터 1908년 사이 현재의 나미비아에서 일어난 헤레로Herero족과 코이Khoi족 반란을 잔인하게 진압한 일은 인종학살이었을 뿐만 아니라 홀로코스트의 실험판에 해당한다는 이론이었다(물론 일부 역사가는 여기에 이의를 제기한다).[63] 그 일에 대해 보상하고 훔친 유물을 반환해야 한다는 요구가 잇달았다.

반환운동이 힘을 얻을 즈음 독일의 기관들은 아프리카에서 나온 것은 아니지만 상징적인 의미가 있는 물품을 나미비아 정부에 선물로 보냈다. 1890년대에 수집되어 슈투트가르트 박물관에서 보관 중이던 성경과 채찍이었다. 베를린 역사박물관은 지금의 나미비아 해안에서 수집된, 15세기에 포르투갈이 만든 기념석을 기증했다. 그러나 이 모두는 제멋대로 기획한 것들이었다. 이런 식민지 시대 유물의 반환은 나미비아 정부가 요구한 것도 아니었으며 특히 포르투갈의 기념석은 제대로 된 주인을 찾아줘야 하는 물품이었다.

독일의 활동가들은 식민지 시대에 획득한 예술품을 나치가 약탈한 예술품과 동급으로 취급하려고 했다. 베냉 다이얼로그 그룹의 한 회원은 나이지리아 대표단이 퉁명스럽게 "당신들은 유대인에게 훔친 물품은 돌려주면서 우리에게는 왜 안 돌려주는가?"라고 말한 것을 내게 이야기해 주었다. 뉴욕시티대학교 내 랠프 번치 국제학술센터 관장인 존 토르피John Torpey는 "최근 반환에 대한 요구가 더 거세진 것은 홀로코스트가 우리 시대의 '절절한 상징'이 된 현실 때문"이라고 쓰고 있다.

> 유럽에 거주 중인 유대인들에게 나치가 가한 폭력은 다른 불의한 일을 평가하는 기준이 되었고 지지자들은 인간이 저지른 다른 잔인한 탄압 사건도 이 기준에 따라 이해하고 배상할 길을 찾으려고 한다…. 홀로코스트는 '부서진 것을 회복하려는' 정치라면 누구나 관심을 가져야 하는 중대한 은유(메타포)가 되었다.[64]

이런 분위기에 힘입어 반환운동은 특히 독일에서 강력히 추진되었다.

2019년 초 독일연방 문화부 장관은 원래 소유주였던 국가에서 훔쳐 와 독일 박물관에서 보관하고 있는 작품은 모두 되돌려 주어야 한다고 공식적으로 발표했다. 관료사회의 복잡한 공식 절차를 거쳐야겠지만 현재 베를린, 함부르크, 라이프치히, 슈투트가르트, 쾰른, 드레스덴의 박물관이 보유하고 있는 베냉 브론즈 작품 중에 상당수가 반환될 것이라는 점은 의심할 여지가 없다.

그런데 과연 누구에게 돌려줘야 하는가? 베냉의 오바와 에도 주지사가 지원하는 그 지역 협의회가 서로 자신의 소유권을 주장하는 상황은 외국 박물관들을 곤란하게 만들었다. 2022년 1월 나이지리아 국립박물관위원회는 베냉 유물에 관한 협상권은 모두 자신에게 있다고 발표했다. 외국 정부와 박물관들로서는 일단 안도할 만한 일이었다. 마침내 제대로 된 권한을 가진 대화 상대가 나타난 셈이었다. 그러나 그동안 자신들의 고대 유물을 보존하고 전시하면서 보여준

나이지리아 국립 박물관의 참담한 역량을 생각하면 회의론은 좀처럼 해소되기 어려운 것이 현실이다.

12장

그런데 이게 예술인가?
원시미술의 발명과 부족예술 박물관

1890년대에 들어오면서부터 인류학자들은 아프리카, 오세아니아, 아메리카에서 나온 미술품과 공예품을 연구하기 시작했다. 옥스퍼드 피트 리버스 박물관 큐레이터 헨리 밸푸어Henry Balfour는 1893년에 『장식미술의 진화The Evolution of Decorative Art』를 출간했다. 그 뒤를 이어 케임브리지대학의 앨프리드 코트 해던Alfred Cort Haddon은 1894년에 『뉴기니의 장식미술Decorative Art in New Guinea』을, 1895년에는 이론서인 『예술의 진화: 그림으로 본 디자인의 역사Evolution in Art: As Illustrated by the Life-Histories of Designs』를 발간했다. 그 시대에 사용한 표현을 가져오자면 장식예술의 진화에 대한 이론(자연주의에서 추상으로, 혹은 그 반대로)을 "실처럼 뽑아냈고" 당대 남태평양의 '원시' 예술을 그 시기 프랑스에서 한창 발견되고 있던 선사시대 동굴 벽화와 비교하기도 했다.

원시의 미에 반하다

20세기 초에 접어들면서 예술계에는 이국적 예술에 대한 전혀 새로운 접근법이 붐을 이루었다. 수집가들과 후기 인상파 화가들은 원시주의primitivisme[01]의 미학적 측면-그리고 그 이데올로기까지-을 수용하기 시작했다. 그다음 세기에 이르도록 원시주의 예술관은 나무 조각, 상아 조각, 청동 작품이 생겨난 시기의 사회를 잘 알고 있는 민족학자들과 자기 나름의 방식으로 그 예술을 소화하고 있던 미술가, 큐레이터, 딜러, 수집가들이 서로 경합하면서 형성해 갔다.

프랑스 예술사가 필립 다강Philippe Dagen은 최근 내놓은 자신의 2권짜리 저서 『프리미티비즘primitivisme』에서 1880년 전후로 태어난 미술가인 브라크Braque, 드랭Derain, 피카소Picasso 등이 인상파 화가들과 자신들을 차별화할 필요성을 느꼈다고 분석한다. 스캔들을 일으키고 부르주아 사회에 충격을 가하기 위해 그들은 자신을 야생의 인간, 즉 원시인으로 내세웠다.[01] 역설적이지만 젊은 예술가들의 스튜디오에 여기저기 놓여 있는 아프리카와 오세아니아의 공예품이 오히려 초현대적 예술을 상징하게 된 셈이다. 그와 동시에 그들은 서양 예술 전통에 대한 경멸을 숨기지 않았다. 다강에 의하면 피카소가 수집한 가면과 조각상은 '시대 균열의 상징물' 같은 것이 되었다. 피카소 자신의 표현을 보면 "내 스튜디오 여기저기에 놓인 아프리카 조각상은 모델이라기보다 증인에 가깝다."[02]

무엇에 대한 증인이라는 말인가? "그것들은 피카소가 유럽 미술 전통에서 벗어나고 있다는 사실을 확정적으로 보여준다."라는 게 다강의 논지다. 피카소도 비슷한 말을 한다. "'흑인 예술l'art nègre'을 만났을 때야 비로소 나는 박물관에 들어있는 '아름다움'에 대항할 길을 찾은 느낌이었다."[03]

---

01   원시주의(프리미티비즘) - 소박한 형태와 사상을 가장 가치 있다고 보는 철학·예술·문학 사조

몽마르트르의 자신의 작업실에 앉아 있는 피카소.
아프리카 조각상들이 보인다. 1908년. 미국 화가이자 작가인
프랭크 젤렛 버지스Franck Gelett Burgess가 찍은 사진
(퍼블릭 도메인)

그보다 앞선 세대들은 이국적인 예술 작품과 공예품에 푹 빠져 들었다. 18세기 후반에는 중국풍이 유행이었으며 프랑스가 알제리와 튀니지를 식민지로 점령하던 19세기 초에는 하렘에 있는 여자들과 환관의 모습을 담은 이슬람 양식의 카펫과 그림이 인기였다. 심지어 프랑스 동양화가 협회까지 생겨날 정도였다. 일본이 외국에 문호를 개방한 1858년 이후로는 '자포니즘japonisme', 즉 일본주의가 대두되었다. 이 양식들은 대부분 장식 예술과 관련되어 있다. 그러나 원시주의는 또 다른 차원의 문제였다. 한마디로 현대 예술에 일어난 새로운 움직임이었다. 다강의 표현처럼 "원시적인 것primitive와 이국적인 것

exotic은 동의어가 아니다."[04]

다른 무엇보다 1889년 파리 만국 박람회야말로 아주 머나먼 땅에서 나온 예술품과 공예품을 위한 잔치였다. 빈센트 반 고흐Vincent van Gogh도 박람회에 꾸며놓은 멕시코 마을을 둘러보고서는 "원시적이면서 대단히 아름답다."라고 평했다.[05] 폴 고갱Paul Gaugin도 그곳에 마련되어 있던 '원시마을'을 행복하게 돌아다니다가 프랑스령 콩고에서 만든 로앙고 정령Loango spirit의 조각상(밍키시minkisi라고 부른다)을 2점이나 구매한 후 여기에 손수 다시 색을 칠했다.[06] 그러나 파리에서 진정한 의미의 원시주의가 출현한 시기는 1905년-빠르게 잡으면 1904년 초, 늦어도 1906년-이라고 할 수 있다. 이 무렵부터 아방가르드 예술가들은 파리 트로카데로 궁의 민족학 박물관을 원시예술의 전당으로 평가하기 시작했다. 또한, 그들은 자신만의 수집품도 수집해 나갔다.

1905년(혹은 1906년), 센강 연안의 아르장퇴유Argenteuil에서 그림을 그리며 하루를 보낸 모리스 드 블라맹크Maurice de Vlaminck는 어느 작은 카페를 찾아갔다. 블라맹크의 말을 인용하자면 "카운터에는 선원과 광산 노동자들이 가득 모여 있었다. 화이트 와인과 탄산수를 마시면서 바 뒤쪽 선반을 올려다보자니 페르노, 아니세트, 큐라소[02] 술병들 사이에 놓여 있는 흑인 조각상 석 점이 내 눈에 들어왔다. 그중 두 점은 다호메이에서 나온 것으로 황토색과 하얀색 흙을 발라 만든 것이었고 아이보리 코스트에서 나온 나머지 한 점은 완전히 새까맸다."[07]

값을 흥정한 끝에 블라맹크는 거기 있는 사람들에게 술을 한 잔씩

---

02 페르노Pernod, 아니세트anisette, 큐라소curaçao - 모두 술 종류

돌리기로 하고 그 조각상을 얻었다. 블라맹크의 작업실을 찾아왔다가 이 아프리카 조각상을 본 친구 앙드레 드랭André Derain은 그중 하나를 사고 싶다고 졸랐다.[08] 이게 바로 그 이후 이어진 아프리카 예술에 대한 뜨거운 관심이 촉발된 순간이라고 하겠다. 1910년에 대영박물관을 방문한 드랭은 거기서 "놀라울 만큼 충격적이고 잘 표현된" 아프리카 조각작품을 보았다고 블라맹크에게 글을 써 보냈다.[09]

흑인 예술, 마티스와 피카소를 뒤흔들다

이것과는 별개이면서 한층 더 정확한 기록으로 남아 있는 상징적인 만남이 1906년에 있었다. 앙리 마티스Henry Matisse가 렌Rennes街에 있는, '야만인 아비의 집'이라고 불리던 가게에서 아프리카 나무 조각상을 구매한 사건이다(즉, 당시만 해도 이미 '원시예술' 작품을 다루는 딜러들이 화려한 상업지구에서 활동하고 있었다는 뜻이다). 마티스는 이렇게 회상한다.

> 전체가 흑인들의 조그만 나무 조각상으로만 채워진 코너도 있었다. 그 조각상들이 하나같이 조각예술 차원의 관점에서 만들어졌다는 사실에 나는 상당히 놀랐다. 이집트인들의 작품과도 무척 닮아 있었다… 이들 흑인 조각상은 근육계의 움직임에 집중해 대상에 대한 묘사에서부터 출발하는 유럽의 조각품과 대조적으로 상상을 통해 도입한 평면과 균형에 입각해 그 원재료의 물질적 특성을 드러내도록 만든 것이었다.[10]

마티스는 그 조각상을 미국 작가 거트루드 스타인Gertrude Stein에게 보여주었다. "때마침 피카소가 찾아왔기에 우리는 함께 이야기를 나누었다. 그때가 바로 피카소가 아프리카 조각품에 눈을 뜬 때였다."[11] 피카소는 마티스와 그의 아내와 함께 저녁 식사까지 했다. 힐러리 스펄링Hilary Spurling은 당시를 이렇게 회상한다. "피카소는 저녁 내내 그 조각상에서 떠날 생각을 하지 않았다. 그러고는 세탁선 Bateau Lavoir[03]에 있는 자신의 작업실에 돌아와 밤새 작업했고 다음 날 아침 시인 막스 제이콥Max Jacob이 그곳을 찾아갔을 때 피카소는 외눈박이에 귀가 네 개이고 네모난 입을 가진 기괴한 여자 얼굴을 그린 습작들에 둘러싸여 있었는데 자신의 애인 얼굴 그림이라는 것이었다."[12]

당시 피카소는 거트루드 스타인의 초상화를 그리려고 몹시 애쓰고 있었다. 무려 90회나 그녀를 모델로 앉혀 놓고 그림을 그렸지만 끝내 그녀의 얼굴을 그려내지 못해 미뤄둔 상태였다. 그러다 이제야 해결책을 찾은 것이다. "그는 모델이 없는 상태에서 마스크처럼 생긴 모습을 그림으로써 마침내 그의 말대로, 그녀를 닮은 모습을 그려내는 데 성공했다."[13]

피카소는 민족학 박물관에서 자신이 경험한 깨달음의 순간에 대해 이렇게 말한다.

트로카데로에 찾아갔을 때는 정말 역겨울 지경이었다. 벼룩시장 같았다. 그 냄새. 나 혼자였다. 당장 나가고 싶었다. 그러나 그러지 않았다. 거기 계속 머물렀다. 계속. 그때 뭔가 매우 중요한 것을 깨달았다. 뭔가 내게 일어나고 있었다. 정말로.
그 마스크들은 다른 조각작품과는 달랐다. 전혀 다른 차원이었다. 마법 같은 물건이었다…. 그 조각상들이 흑인에게 어떤 의미였는지 나는 이해할 수 있었다…. 모든 주물fetishes은 똑같은 목적을 위해 만들어진다. 그것들은

---

03 세탁선洗濯船 - 파리 몽마르트 지구에 있는 유명한 건물의 애칭. 20세기 초 예술가, 문인, 극작가, 딜러상들이 모여 살며 교류했던 곳이다.

무기다. 사람들이 정령에게 지배당하지 않고 독립적으로 존재할 수 있도록 하는 무기. 도구이기도 하다. 정령에게 형태를 부여함으로써 우리는 그들에게서 벗어날 수 있다. 정령, 무의식(그때까지만 해도 그렇게 많이 언급되지는 않던 개념이지만) 정서, 모두 똑같은 말이다. 나는 내가 왜 화가인지 이해했다. 그 무시무시한 박물관에 혼자서 그 마스크들과 붉은 인디언 인형들, 먼지를 뒤집어쓴 마네킹들과 함께 있었던 그때. 「아비뇽의 여인들」은 바로 그날 내 머릿속에 떠오른 작품이지만, 단지 그 양식 때문에 그런 것은 아니었다. 그 것은 내가 캔버스에 처음 그린 엑소시즘 작품이었다-그래, 정말 그렇다![14]

1907년에 그린 「아비뇽의 여인들」은 양식화된 앙상한 알몸 상태의 매춘부 5명을 그린 작품인데 2명은 아프리카의 가면 같은 얼굴을 하고 있다. 수잔 프레스턴 블리에Suzanne Preston Blier는 피카소가 아프리카 비밀결사단체들이 쓰는 가면에 관한, 레오 프로비니우스Leo Frobenius의 책에 실려 있던 삽화들을 변용해 그렸다고 본다.[15] 그러나 피카소 자신은 「아비뇽의 여인들」이 아프리카 모델에서 비롯되었다는 주장을 거부한다. "흑인 미술이 「아비뇽의 여인들」에 미친 영향은 전혀 없다."라고 피카소는 말한다. 흑인이 아니라 루브르에 가서 봤던 이베리아반도의 고대 도시 오수나Osuna에서 발굴된 조각상에서 도움을 받았다는 것이 그의 주장이다.[16] 피카소 전기를 쓴 존 리차드슨John Richardson에 따르면 피카소는 고갱이 만든 「오비리Oviri('야만'이라는 뜻)」라는 제목의 타히티 여신상에서 영감을 받았다. 고갱이 자신의 무덤에 세워달라고 했던 그 조각상은 1906년에 살롱 도톤느 Salon d'Automne[04]에 전시되어 있었다.[17]

---

04 파리에서 매년 가을에 열리는 미술품 전시회

박물관의 그림자

원시주의를 사랑한 예술가들

독일 표현주의 화가들은 원시주의가 프랑스 후기 인상파와 거의 동일한 시기에 나온 것으로 보았다. 블라우 라이터 서클Blaue Reiter cir-cle[05]의 선구자였던 바실리 칸딘스키Wassily Kandinsky는 뮌헨의 바바리아 민족학 박물관에 전시되어 있던 아프리카와 오세아니아 공예품을 스케치하기 시작했다. 디 브뤼케Die Brücke[06] ('다리'-미래에 이르는 다리라는 의미)의 설립자 중 한 명인 에밀 에른스트 루트비히 키르히너Emil Ernst Ludwig Kirchner는 드레스덴 민족학 박물관에 있던 이국적 조각상에 매료되었다. 이 젊은 세대는 자신들의 작업실에 바틱batik 양식[07]으로 염색한 커튼을 달고 조각한 나무 의자를 갖다 놓았다. 문화혼합주의적이었지만 대단한 것은 아니었다. 칸딘스키와 프란츠 마르크Franz Marc가 편집해 1912년 나온 블라우 라이터 선언서에는 그들이 그린 작품은 물론 그들에게 동조하는 프랑스 화가들의 그림과(예술사가 로버트 골드워터Robert Goldwater가 경이에 차 언급하듯) 다음과 같은 작품이 포함되어 있었다.

> (블라우 라이터 선언서에는) 뉴칼레도니아, 말레이반도, 이스터섬, 카메룬 제도에서 나온 조각상도 실렸다. 브라질 마스크, 멕시코에서 나온 석상, 러시아에서 나온 작은 조각상, 러시아 민화 작품, 이집트 인형, 고대 그리스 조각상, 일본 목판화, 15~16세기경에 나온 바바리아의 유리화, 19세기 독일의 민화, 13세기에 만

---

05 20세기 초에 뮌헨시와 그 근교에 살았던 일단의 독일 화가들. 프랑스 야수파 화가의 색채와 구조적·정서적 목적을 위해 일그러진 형태를 특징으로 한다.

06 1905년 드레스덴에서 결성된 독일 표현주의 화가 그룹

07 인도네시아 지방의 염색법. 납결 염색법이라고도 부른다.

든 돌로 만든 두상, 14세기의 태피스트리, 발둥 그리엔Baldung-Grien [08]목판화 한 점…아이들이 그린 그림, 대중적인 봉헌용 편액까지 포함되어 있었다.[18]

후기 인상파가 성공을 거둘 무렵인 1908년 9월, 야수파와 입체파는 디 브뤼케의 멤버와 함께 드레스덴에서 전시회를 개최했다. 1913년 12월에는 베를린의 노이에 갤러리Neue Galerie에서, 1914년 1월에는 드레스덴에서, 피카소의 작품들이 아프리카 조각상과 나란히 전시되었다. 갤러리들은 아프리카와 오세아니아에서 나온 작품에 현대적 감각으로 표현한 라벨을 부착하기 시작했다. 다곤 신상에는 '입체파', 세피크 부족이 만든 물품에는 '표현주의'나 '초현실주의', 사모아에서 나온 작품에는 '미니멀리스트'라는 라벨을 붙였다.[19]

스칸디나비아, 오스트리아, 벨기에, 영국에서 원시주의의 분파들이 나타났다. 블룸스버리 그룹Bloomsbury Group의 일원이면서 1910년 11월부터 1911년 1월까지 런던에서 '마네와 후기 인상파'라는 기념비적인 전시회를 개최한 로저 프라이Roger Fry는 '흑인 조각'과 '부시맨 예술'에 관한 논문을 발표했다. 헨리 무어Henry Moore는 "로저 프라이의 글을 읽어 보면 거기에 모든 게 다 담겨 있다."라고 말했지만 실제로 그를 비롯해 바바라 헵워스Barbara Hepworth와 제이콥 엡스타인Jacob Epstein 등 다른 영국 조각가들은 대륙에서 발생한 원시주의의 숙성된 사상보다 기교적인 면에 더 많은 관심을 보이고 있었다.[20]

피사로Pissarro와 쇠라Seurat는 '원시적 현대주의primitive-modern'에 대

---

08 한스 발둥 그리엔(1484/1485-1545) - 독일 화가. 본명은 한스 발둥이지만 초록색을 자주 사용해 '초록색'을 뜻하는 그리엔이라는 별명이 붙었다. 알브레히트 뒤러의 제자로 독일 르네상스와 매너리즘 시대를 대표한다.

332   박물관의 그림자

해 논의하기 시작했다. 얼마 지나지 않아 유럽에서 자생한 원시주의 작가에 관한 연구가 진행되었다. 주말에만 그림을 그리는 순수한 화가이자 평일에는 통행료 징수원으로 일하느라 별명이 '세관원douanier'이었던 앙리 루소Henry Rousseau에 대해 피카소, 브라크, 아폴리네르, 부조리 극작가 알프레드 자리Alfred Jarry 등은 학교에서 전혀 배운 적 없는-즉, 예술적 기교 따위가 없는-그의 테크닉에 찬사를 보냈다(그들은 또한 정글을 배경으로-달리 말해 식물원의 온실을 배경으로-사자와 호랑이를 그리기 좋아하는 루소의 성향에 대해서도 좋게 평가했다). 1908년에 피카소는 루소를 위해 아주 유명한 연회를 베풀기도 했다.

독일에서 루소와 같은 역할을 한 인물은 에밀 놀데Emile Nolde였다. 태어났을 때 한스 에밀 한센Hans Emil Hansen이라는 이름이었던 그는 덴마크-독일 접경 지역 슐레스비히-홀스타인의 농가에서 자랐다. 나무 조각가로 수련을 받았지만 30대 초에 와 화가로서의 길을 개척하기 시작했다. 고향의 지명을 따 이름을 놀데로 바꾸고 덴마크 배우와 결혼했다. 1906년에 브뤼케 그룹에 의해 발탁되었고 나중에 블라우라이터 그룹에게도 발탁되었다. 관습적인 도시 중산층 출신의 인상주의자들은 북부 독일 시골 출신의 그를 태생적 원시주의자로 평가했다.[21] 제1차 세계대전이 터지기 직전에 놀데는 좀처럼 찾아보기 어려운 노동자 계급 출신의 동료 미술가 막스 페히슈타인Max Pechstein과 함께 남태평양의 독일 식민지로 여행을 떠났다.[22]

그 이후 1920년대와 1930년대를 거치며 각자 전위예술가 그룹의 대표주자로 발돋움했지만 둘의 정치적 운명은 갈라졌다. 페히슈타인은 혁명을 추구하는 좌익 그룹에 가담했다. 반면, 놀데는 나치당 덴마크 지부에 참여했다(그는 페히슈타인을(그가 유대인이 아님에도) 유대인이라고 비판했으며 심지어 "미술 딜러들은 모두 유대인"이라고까지 주장했다).[23] 괴벨스Goebbels가 놀데의 작품을 열광적으로 수집했지만, 나치 정권이 1937년 뮌헨에서 개최된 퇴행예술 전시회Degenerate Art Exhibition[09]에는 놀데와 페히슈타인 두 사람의 작품이 모두 포함되었다. 그 뒤로 정풍운동이 벌어졌고 독일 박물관들에 전시되어 있던 천 점 이상의 놀데의 작품이 모조리 철거되었는데 이는 다른 어떤 예술가의 작품보다 많은 숫자였다.

그러나 유럽 부르주아 사회에 반발한 원시주의 예술의 정점은 누가 뭐라 해도 폴 고갱Paul Gauguin이었다. 그는 1903년 5월에 사망할 때까지도 거의 알려지지 못한 작가였지만 1906년 살롱 도톤느 전시회에 고갱의 그림과 조각상 227점이 세잔, 드랭, 반 동겐, 마티즈의 작품들과 나란히 진열되었다. 작품뿐만 아니라 그의 일생에 얽힌 전설 같은 이야기 역시 후기 인상파들을 매료시키기에 충분했다. 결혼한 주식중개인이 전부를 버리고 떠나 원시적인 삶을 살며 원시주의 그림을 그리며 살았다는 이야기 말이다.

"나는 이미 결심했어. 조만간 오세아니아에 있는 타히티라는 작은 섬으로 갈 거야. 거기는 돈이 없어도 얼마든지 살 수 있는 곳이야."라고 고갱은 1887년 3월에 덴마크 사람인 아내 메테Mette에게 편지를 보냈다. "유럽의 다음 세대에게는 끔찍한 시대가 찾아올 거야. 황금이 지배하는 세상. 전부 엉망이 되었어. 사람도 예술도."[24]

그는 1891년에 직장을 그만두고 가족을 버린 채 타히티로 가 그곳에서 만난 여자와 살면서 폴리네시아와 서구의 모티브와 스타일을 접목한 그림을 그리며 2년 동안 지냈다. 고갱은 문명의 사악함과 원시 상태의 우월함에 대해 자신만의 이론-적어도 관념이라고는 할 만

---

09 1937년 11월 뮌헨에서 나치가 개최한 전시회. 정풍운동의 일환으로 '독일인의 정서를 상하게 하고 민족의 정체성을 해치고 예술적 기량이 부족한' 작품을 모아 전시했다.

한-이 있었다. 아우구스트 스트린드베리August Strindberg는 고갱을 가리켜 "코맹맹이로 징징대는 문명을 혐오하는 야만인"이라고 말했다(스웨덴 희곡작가이자 소설가인 스트린드베리는 1889년에 실험적인 민족학 서적『프랑스 농부들 속에서: 주관적 여행기Among French Peasants: Subjective Travel Notes』도 출간했던 인물이었다.)[25] 이에 고갱은 다음과 같이 대답했다. "당신들은 문명에서 괴로움을 겪겠지만 원시 상태는 내게 항상 새로운 젊음을 가져다주었다." 그는 딸에게도 이렇게 썼다. "원시예술에서는 언제나 네게 유익한 자양분을 발견하겠지만 숙성한 문명사회에서 나온 예술에서 얻을 게 있을지는 모르겠구나."[26]

그러나 고갱은 얼마 못 가서 남태평양의 현실에 환멸을 느끼기 시작했다. 폴리네시아에 도착한 직후 메테에게 보낸 편지에서 그는 이렇게 쓰고 있다. "타히티의 토양은 완전히 프랑스화되었고 그 이전의 상태가 조금씩 없어지고 있어. 유럽에서 파견된 선교사들은 개신교 특유의 위선을 가져왔고 시를 없애 버렸으며 원주민 전체를 쇠약하게 만든 천연두도 들여왔어."

그때까지만 해도 아직 흥미롭고 우수한 조각상을 가끔 찾아볼 수 있는 시기였지만 대부분은 마르키즈 제도the Marquesas Islands에서 나오는 것들이었다(경찰들이 딜러 역할을 했다). 고갱은 "식민지 관할 당국은 타히티에 오세아니아 예술 박물관을 설립한다는 너무나 간단한 일을 단 한 순간도 생각해 본 적이 없다."라고 불만을 털어놓았다.[27]

원시주의의 발전

1923년 어느 비평가는 「예술적인 삶Bulletin de la vie artistique」에 실은 기고문에서 "우리에게는 먼 이국에서 나온 예술을 지칭하는 간편한 말이 아직 없다."라고 썼다.

장식예술 박물관은 '토착indigenous 예술'이라고 부른다. 이런 표현을 받아들여야 하는가? 이국적exotic이라는 표현은 어떤가? 이 용어에는 약간 경멸하는 느낌이 있는데 진지함은 부족하면서 '매력적'이라는 뜻이기 때문이다. 밸리 댄스와 아편 소굴을 연상시키기 때문이다…. '흑인 예술'이라는 말 역시 고약한 표현이다. 이 표현은 항상 죄송하다는 말과 함께 사용해야 한다. 하지만 아직도 적합한 다른 말이 없다. 먼 이국에서 나온 예술이라는 표현은 어떤가? 일상 대화에서 이렇게 긴 어구를 사용하는 것은 적절치 않다. 토착적이라는 말은 너무 느슨하고 이국적이라는 말은 퇴폐적이다. 이런 곤혹스러움에서 우리를 건져줄 사람은 없을까?[28]

어떤 용어를 쓰든 전위적(아방가르드)인 젊은 예술가들은 아프리카와 오세아니아에서 나온 조각품들은 종교적, 주술적 영감을 받아 만든 것이라고 여겼다. 그들은 아무 연관성이 없는 이 물품을 한데 묶어서 '페시쉬fetishes'라고 불렀다. 하지만 원시주의와 문명에 관한 그들의 생각은 제대로 연구해 나온 것도 아니고 일관되게 정리된 것도 아니었다. 예술사가들은 후기 인상파와 원시주의 작품 간에 형식상의 유사성을 확인하려고 했지만 쉽지 않았다.

피카소는 자신은 아프리카 가면을 마티스, 브라크, 드랭과는 전혀 다른 차원에서 본다고 주장했다. 자신이 보기에 아프리카 마스크는 주술적이고 종교적인 의미를 지닌 아이콘인데도 자기 동료들은 '다른 조각품과 비슷한 종류의 조각품'으로 본다는 것이었다. 브라크만 해도 "그는 이 마스크를 대하면서 놀라워하거나 두려움을 느끼지 않았다. 그는 엑소시즘 따위에는 관심이 없었다…. 그는 아프리카 마스크를 전혀 이해하지 못했다. 미신 따위도 믿지 않았다!" 거트루드 스타인은 조금 다르게 표현한다. "아프리카 예술이 마티스와 피카소에게 미친 영향은 전혀 달랐다. 그 작품을 통해 마티스는 비전vision보

박물관의 그림자

다 상상력imagination 측면에서 영향을 받았다. 피카소는 상상력보다 비전 측면에서 더 큰 영향을 받았다."[29]

어떻든 피카소의 말은 계속 바뀌었다. 1920년 4월, 단명했던 아방가르드 예술 평론지 「악시옹Action」은 예술가들을 대상으로 '흑인 예술'에 대한 질문을 던졌다. 피카소는 이렇게 대답했다. "흑인 예술이라고요? 저는 아무것도 모릅니다Connais pas!"[30] 1937년 앙드레 말로André Malraux와 나눈 이야기 도중 불만을 털어놓기도 했다. "모두 흑인이 내게 미친 영향에 대해서만 이야기하고 있어요. 제가 뭘 할 수 있겠어요? 우리는 모두 페티시를 사랑했어요."[31]

물론 유럽의 실험적인 젊은 예술가들이 모두 원시주의에 경도된 것은 아니었다. 1912년, 비판적인 표현주의 화가 막스 베크만Max Beckmann은 원시주의에 불만을 쏟아냈다. "불행한 일이지만 온갖 원시인들이 일부 젊은 독일 화가들에게 깊은 인상을 남기고 있으며 그들에게는 부시맨의 그림과 아스텍 조각상보다 중요한 건 이 세상에 달리 없는 듯하다. 그러나 우리는 솔직해져야 한다! 우리는 흑인도 아니고 중세 초기에 살았던 기독교인도 아니다…. 전시회라는 전시회에는 모두 진열된 이 투박하고 허름한 조각상들이 복잡한 우리 시대의 정신을 제대로 표현한다고 말할 수 있는가?"[32]

그러나 원시주의는 정교하고 세련된 지지자들을 계속 모으고 있었다. 1912년, 카리스마 넘치는 시인이자 희극작가이며 소설가이자 저널리스트로 종종 미술품 딜러로도 활동했던 기욤 아폴리네르Guillaume Apollinaire는 "유럽 예술을 위해 루브르가 필요하듯이 이국 예술을 위해서도 거대한 박물관이 필요하다."라고 강력히 요구하고 나섰다.[33] 아폴리네르 자신은 베냉 브론즈 작품을 직접 사들이기도 했다(그는 피카소를 '베냉의 괴짜the Benin Bird'라고 불렀다). 그는 자신이 '흑인 예술'이라고 가볍게 표현한 아프리카, 오세아니아 지역 예술 분야를 선도하는 이론가가 되었다(모랭 머피Maureen Murphy는 이 것을 머릿글자만 따 조금 어색하게 에이오 아트A'O Art라고 불렀다).[34] 아 폴리네르의 이론은 파리 아방가르드 예술가들에게 널리 받아들여졌 다. 1920년 「예술적인 삶」지는 "과연 루브르가 먼 이국에서 나온 예 술 작품을 받아들일까?"라는 질문을 던졌다.[35] 여기에 응답한 예술가 들과 작가들은 긍정적인 대답이 압도적으로 많았다.

1920년대 들어서면서 원시주의는 좀 더 체계적인 형태로 발전했 다. 파리 아방가르드를 새로 선도하기 시작한 초현실주의자들이 아 프리카와 오세아니아 지역의 '페티시'를 숭배했을 뿐만 아니라 아프 리카계 미국인의 음악과 춤을 열렬히 사랑하게 되었다.[36] 1920년대 초현실주의자들의 장관commissar으로 대접받던 앙드레 브르통André Breton은 본능, 무의식, 섹슈얼리티, 원시(모든 좋은 것), 문명(썩고 인위 적인 것) 개념에 관한 강렬한 이론을 발전시켰다. 브르통은 과학자들 이 사물의 모든 것을 알고 있지만 정작 가장 중요한 것, 즉 작품과 마 음과 영혼의 결합에 관해서는 아무것도 모른다고 비판하면서 수수 께끼 같은 그 무엇, 사물의 신비를 가리고 있는 마지막 베일은 절대 로 걷어 올리지 말아야 한다고 간곡히 말했다.[37]

어떤 근거에서 그랬는지는 모르지만 초현실주의자들 중에서는 오 세아니아가 아프리카보다 더 낫다고 주장하는 이들도 있었다. 1929 년, 벨기에의 초현실주의 잡지 「바리에테Variétés」에는 '전 세계 초현 실주의 지도'라는 것이 실렸다. 이 세계의 중심에 거대한 폴리네시아 가 자리 잡고 있었다. 아프리카와 인도는 조그맣게 표시되었다. 작게 표기된 북아메리카 저 너머로 알래스카와 래브라도반도가 어렴풋하 게 표기되었다. 유럽은 축소되어 이스터섬보다 작게 나와 있을 뿐만 아니라 독일 지배 아래 있는 것으로 나타났다. 이 작은 유럽의 끝부 분에 파리가 간신히 표기되었다.

원시성은 문명화된 어린아이와 동일시되었다. 인종적인 특징도 강조되었다. 프랑스의 예술가들과 지식인들은 '흑인 예술'에 대해 자유롭게 논하기 시작했다. 이 용어는 그 의미가 다소 모호한 상태였지만, 남태평양이나 아프리카, 나아가 아메리카 원주민의 예술과 공예품을 가리키는 말로 사용되었는데 그중에서도 파리에서 흑인 예술로 가장 인기가 많았던 이들은 아프리카계 미국인 재즈 연주자와 댄서들이었다. 모두 그들에게 열광했지만 이런 열광적인 반응 속에는 인종차별에 반대하면서도 어딘가 역차별적인 측면anti-racist racism도 있었다. 아폴리네르는 새로 일어난 이런 숭배 현상을 '흑인 숭배 혹은 흑인편집증le Melanophilie ou Melanomanie'이라고 재치 있게 표현했다.[38]

원시주의 예술 시장의 형성

그리고 딜러들도 있었다. 딜러들은 시장을 형성하고 희소성을 확보하기 위해 진품 여부를 추구하는 경향을 만들어 냈다. 크리스토퍼 슈타이너Christopher Steiner가 아프리카 예술품 시장에 관한 자신의 중요한 설명에서 말하듯이 "진정한 아프리카 예술이란 유럽과의 접촉 이전 혹은 식민지 이전 시기에 원주민들이 자신들이 사용할 목적으로 만든 오래된 물품을 말한다."라는 식이었다. 접촉은 곧 오염과 쇠퇴를 뜻하는 말이 되었다.[39] 딜러들, 그리고 딜러의 고객이었던 부유한 수집가들은 진품 이론을 적극적으로 활용했다. 그렇게 하는 게 사업상 유리했다.

딜러들은 아방가르드 예술가들이 원시주의에 관심을 보이자마자 달려들었다. 1912년 11월, 부유한 프랑스계 미국인 프랭크 버티 하빌랜드Frank Burty Haviland(그의 할아버지는 자포니즘japonisme이라는 말을 만들어 내기도 했다)는 피카소에게 아프리카 가면 한 점을 주고 그대가로 그가 그린 그림 한 점을 받았다. 돌이켜 보면 이 거래야말로 고전적인 아프리카 예술과 후기 인상파 예술을 동등한 지위로 간주하는 새로운 시장이 형성되고 있음을 상징적으로 보여주는 사건이었다.

1912년에 와 아폴리네르는 당시 한창 세를 뻗치고 성장하던 미술품 딜러 폴 기욤Paul Guillaume의 사업 파트너가 되었다.[40] 파리의 가난한 동네 피갈Pigalle 출신으로 당시 20살이었던 기욤은 에투알 광장 Place de l'Étoile[10] 근처 자동차 수리점에서 판매원으로 일했다. 타이어는 프랑스령 아프리카의 고무공장에서 조달받았는데 그 지역 도매상들이 타이어 외에 다른 물품도 배에 화물로 실어 보내왔다. 기욤은 가면과 조각상에도 손을 댔으며 이를 받아 자동차 타이어나 자전거와 함께 수리점 진열대에 진열해 두었다.

어느 날 그 길을 지나가던 아폴리네르(초창기 자동차 광팬이었다)는 눈에 띄는 아프리카 조각상을 발견했다. 그 후 얼마 지나지 않아 그는 젊은 기욤을 예술가와 딜러들에게 소개했다. 기욤은 본국에 휴가차 들어와 있는 식민지 관료들이 자주 드나드는 파리의 한 카페에 이런 안내문을 내걸기까지 했다. "폴 기욤은 아프리카에서 만든 물건이나 수집품이라면 무엇이든 비싼 값을 주고 사드립니다.[41]" 한 해가 지나기도 전에 그는 자신만의 갤러리를 운영하면서 신인 예술가들을 대변하는 인물이 되었는데 입체파 화가 프란시스 피카비아Francis Picabia, 초현실주의 화가들인 자코모 데 키리코Giacomo De Chirico와 피에르 로이Pierre Roy의 작품이 아프리카와 오세아니아 지역에서 나온 조각상들과 나란히 그 갤러리에 전시되었다.

1914년 독일과 프랑스 사이에 전쟁이 터지자 아폴리네르는 기병

---

10 에투알 광장 - 개선문이 있는 현재의 샤를 드골 광장

대에 자원했다. 심지어 1916년에는 부상을 입은 채 다시 전선에 투입되었다. 그러나 정작 그는 휴전을 불과 이틀 남겨 둔 1918년 11월 9일 독감으로 사망했다. 파리에 남아 있던 기욤은 사업이 번창했다. 그는 전시회, 유행에 어울리는 리셉션, 출판 등 최신 홍보 기법을 잘 활용했으며 그가 출간한 『흑인 조각Sculptures Nègres』에는 아폴리네르가 쓴 『흑인 예술에 관하여』라는 논문도 실렸다. 자신의 갤러리도 파리 귀족들이 사는 지역인 포부르 생토노레Faubourg Saint-Honoré로 이전했다. 1918년에는 샹젤리제 극장에서 '흑인 축제fête nègre'까지 열었다.

아폴리네르는 멕시코 출신 예술가이자 딜러인 마리우스 데 자야스Marius de Zayas에게 기욤을 소개해 준 적이 있는데 데 자야가 앨프리드 스티글리츠Alfred Stieglitz가 운영하는 5번가의 아방가르드 갤러리 '291'의 대표로 파리에 있을 때였다. 스티글리츠는 1908년에는 로댕과 마티즈 작품 전시회, 1901년에는 세잔 진시회, 1911년에는 피카소 전시회를 열었던 인물이었다. 데 자야는 열광적인 흑인 예술 지지자였다. 그는 스티글리츠에게 보고하면서 기욤에 대해 "이 운동에 대한 모든 것을 알고 있으며 즐거움을 위해 일하고 정직하고 신뢰도가 높아 파리에 있는 현대 예술가들은 모두 존경하는 인물"이라고 말했다. 1915년 10월 스티글리츠는 데 자야가 '291'의 분점인 '모던 갤러리Modern Gallery'를 새로 오픈하도록 지원한다. 당시 언론 자료에 따르면 이 갤러리는 "현대 미술 운동이 낳은 최첨단 작품과 흑인 조각, 식민지 이전 시대 멕시코 예술과 사진 작품의 판매"를 목적으로 했다.[42]

1922년 기욤은 거대 재벌이면서 필라델피아에서 현대 예술과 원시 예술 수집품을 구축하고 있던 앨프리드 반스Alfred Barnes와 인연을 맺는다. 할렘 르네상스[11]의 토론장 역할을 하던 「오퍼튜니티 매거진Opportunity Magazine」에 쓴 글에서 반스는 기욤의 갤러리 '신전The Temple'에 대해 이야기하면서 기욤을 '대제사장'으로 표현했다.

> 나는 지금까지 우리 시대 예술의 역사를 만들어 온 그토록 많은 화가, 조각가, 작곡가, 작가, 미술품 전문가들이 그토록 한결같이 헌신하고 존경하는 이를 만나본 적이 없다…. 고대 흑인 조각품을 모아놓은 그의 갤러리이자 박물관은 프랑스의 창작가뿐만 아니라 미국, 일본, 영국을 비롯한 모든 대륙의 창작가들에게 메카와 같은 곳이 되었다. 나는 그 박물관에서 아프리카 추장 6명과 러시아 발레단의 수장 4명을 동시에 본 적도 있다.[43]

기욤은 반스를 위해 '원시 흑인 조각' 카탈로그를 만들었다. 펜실베이니아대학 근대 예술학과의 반스재단 지정 석좌교수였던 토머스 먼로Thomas Munro가 작성한 그 카탈로그는 순전히 예술적인 관점에서 전시품에 대해 논하는데 특히 "연관된 다른 사실들은 모두 배제하고-조각상의 조형적 특징-선, 평면, 질감과 색상의 영향"에 집중하고 있다. 먼로에 따르면 민족학은 "작품의 조형적 특징에 대한 평가에서 혼란에 빠지기 쉽다. 예술적 차원에서 보면 조각가가 어떤 주제를 선택했느냐가 중요한 게 아니라 그 소재의 특징을 얼마나 잘 사용해 그 주제를 구현했느냐가 중요하다."[44]

제1차 세계대전 이후 미국 수집가들이 현대 화가의 작품과 원시주의 조각품과 조각상을 사들이기 위해 파리로 몰려들었다. 넬슨 록펠러

---

11 할렘 르네상스 - 1920년대 뉴욕 할렘에서 일어난 흑인 문학과 흑인 음악 문화의 부흥

Nelson Rockefeller는 파리 라스파이Raspail가街에 있던 엘렌 를루Hélène Leloup의 갤러리를 정기적으로 찾아오는 방문객이었다. 를루는 방문객들을 다음과 같이 회상한다. "그 사람들은 전혀 아는 게 없었다. 그저 새로운 것, 프랑스 와인, 프랑스 패션, 아 그리고, 흑인 예술에 환장해 있었다." (를루는 파리에 있는 창고에 트럭으로 공예품을 실어다 주는 아프리카 기업인들의 도움으로 그들의 수요를 충족시킬 수 있었다고 말했다.)[45]

원시 예술품을 다루는 프랑스 딜러들은 얼마 지나지 않아 뉴욕에 가게를 차렸고 기욤과 를루는 그곳을 꾸준히 찾았다. "흑인 예술은 정말 매력적이다." 기욤은 득의양양하게 외쳤다.[46] 아폴리네르의 친구 조지프 브루머Joseph Brummer는 1914년에 뉴욕으로 건너가 자기형과 함께 파리 모더니스트들의 작품과 흑인 예술품을 취급하면서 스티글리츠, 데 자야와 경쟁했다. 1923년, 브루클린 박물관은 아프리카 조각품과 조각상을 예술 작품으로 전시한 최초의 미국 기관이 되었다('벨기에령 콩고에서 나온 원시 흑인 예술품전').

1933년 뉴욕 현대 미술관MoMA이 개최한 '아메리카에 존재하는 현대 미술의 원천(아스텍, 마야, 잉카)'전에서는 미국 현대 예술가들의 작품을 콜럼버스 이전 중앙아메리카에서 나온 예술품과 나란히 전시했다. 약간 묘한 뉘앙스를 품은 이 타이틀은 미국 현대 미술가들과 유럽의 미술가들을 동급으로 놓겠다는 취지였다. 특히 미국 작가들은 아프리카 원시인이 아니라 미국에서 영감을 얻는다고 말하고 싶었던 듯하다(그러나 아이러니하게도 전시회는 프랑스에서 빌려온 작품이 대부분이었다).[47] 뉴욕 현대 미술관은 1935년에 와서는 '아프리카 흑인 예술'전을 열어 엄청난 인기를 끌었다.

1938년 미국의 젊은 예술사가 로버트 골드워터Robert Goldwater는 자신의 박사학위 논문인 『현대 예술 속의 원시주의Primitivism in Mod-

ern Art』를 출간했다. 골드워터는 후기 인상파 작가들-고갱을 포함해-
이 아프리카나 오세아니아 모델에서 영향을 받았다는 신화를 인정
하지 않았다. 비록 이국적 마스크가 그들의 그림에 나타나지만 "직
접적인 차용은 아니며 넌지시 암시하는 정도를 넘어서는 경우도 많
지 않다."라고 보았다. 원시예술을 수용하면서 "'예술'에 대한 우리
의 관념이 넓어졌고" 예술은 다양한 형태를 띨 수 있다는 사실도 깨
닫게 되었다고 골드워터는 쓰고 있다. 그러나 1968년, 자신의 저서
개정판에 붙인 서문에서 골드워터는 자신의 논지를 이렇게 요약한
다. "원시 예술-그 형태와 기능-의 사회적 목적과 예술적 성취도는
현대 예술의 그것과는 큰 차이가 난다. 현대 예술가들이 원시 예술을
숭배하기는 했지만 그것을 모방하지는 않았고 그 목적이 동일한 것
도 아니었다. 물론 그들 중에는 그렇게 생각한 이들도 더러 있었지만
말이다."

골드워터가 해결하고자 했던 가장 중요한 과제는 '원시주의'-근
대 서구에 출현한 사조-와 '원시적인 것'을 구분하는 것이었다. 원시
적인 것은 인류학자의 소관 사항이었다. "우리는 원시주의에 관심이
있다. 그러나 이것은 원시적인 것에 대한 일정 지식을 전제로 한다."
하지만 골드워터도 원시적인 것과 원시주의를 명확히 구분하기는
쉽지 않음을 인정했다.

인류학자들 중에는 원시 상태 혹은 원시인이라는 관념 자체에 회
의적인 이들도 있다. "그러므로 원시주의에 대한 우리의 정의는 조
금은 두서가 없다."라며 골드워터도 한 발짝 물러섰다.[48]『현대 예술
속의 원시주의』는 원시예술과 관련된 이들에게 학문적 뒷받침을 제
공했다. 이 책은 예술사에서 별로 비중이 크지 않은 고전이 되었다.
하지만 골드워터는 수수께끼 같은 다음의 문답과 연관되어 기억될
것이다. 질문: 원시 예술이란 무엇인가? 대답: 메트로폴리탄 박물관

에 없는 것들을 말한다.[49] (그러나 이 문답도 그리 오래 유지되지는 못했다. 1982년 이후 메트로폴리탄에도 원시 예술 작품이 들어왔으니 말이다.)

레비스트로스, 예술과 인류학 사이

골드워터가 원시주의에 관한–인류학에 대항해–미학적 연구를 전개한 지 1년쯤 지났을 무렵 20세기 후반 유럽 인류학계를 이끈 학자라고 할 수 있는 클로드 레비스트로스Claude Lévi-Strauss가 독일이 점령한 프랑스에서 난민이 되어 뉴욕에 왔다. 아버지와 삼촌 모두 전문예술가였던 레비스트로스는 청소년기에는 나폴레옹 3세의 궁정 오케스트라 수석 바이올린 연주자였던 할아버지를 따라 작곡가가 되려고 했다. 하지만 그는 소르본에서 철학을 공부했으며 우연히 인류학을 자신의 소명으로 삼게 된다.

대학원에서 철학을 공부하고 졸업한 지 얼마 안되었을 때 아직 신혼에 지방의 어느 고등학교에서 교편을 잡고 있을 무렵인 1934년 가을 어느 일요일 아침 레비스트로스는 고등사범학교 교장에게서 걸려온 전화를 받았다. "아직도 인류학을 공부하고 싶은가?"–"당연히 그렇습니다."–"그럼 상파울루대학교 사회학 교수 자리에 지원해 봐. 그곳 교외에는 인디언들이 많이 살고 있으니까 주말이면 얼마든지 연구할 수 있을 거야. 하지만 오늘 정오 이전에 확답을 줘야 해."

그때까지만 해도 레비스트로스는 그저 막연히 인류학을 공부해볼지 생각하는 정도였지만 즉시 이 제안을 받아들였고 몇 명 안 되는 젊은 프랑스 학자들–여기에는 페르낭 브로델Fernand Braudel도 포함되어 있었다–과 함께 브라질에 새로 생긴 그 대학 교수진으로 파견되었다.[50]

사실 그는 자신이 가르쳐야 하는 사회학은 물론 자신이 연구하고 싶은 민족학에 대해서도 아는 게 별로 없었다. 하지만 상상력만은 불을 뽐듯 힘차게 약동했다. 그는 "16세기에 처음 거기에 도착한 여행가들의 모험을 내가 다시 시작하는 느낌이었다."라고 고백했다. 그는 아내와 함께 마투 그로수Mato Grosso 고원에 사는 카듀베오Caduveo족과 보로로Bororo족을 찾아 짧은 탐험 여행을 다녀왔고 1년 후에는 아마존에 사는 남비콰라Nambikwara족을 찾아 본격적인 탐사를 떠났다.

파리 인류박물관의 지원을 받았던 이 부부는 파리로 보낼 수천 점의 물품을 수집하는 일에 많은 시간을 보냈으며 나중에 파리에서 레비스트로스는 전시회를 열어 큰 호응을 얻기도 했다. 하지만 출간 분야에서는 페이스 페인팅, 장식 예술, 사회 구조에 관한 짧은 글만 써냈을 뿐이었다. 그들과 동행해 현장 연구를 떠났던 젊은 브라질 학자 카스트로 파리아Castro Faria는 레비스트로스가(아내와 달리) 민족학 차원의 현지 연구에는 소질이 없었다고 평가했다. "그는 인디언들 틈에 낀 철학자였다."[51]

1939년, 독일이 프랑스를 침공하기 몇 달 전 프랑스로 돌아온 레비스트로스는 군대에 잠시 복무했다. 프랑스가 점령된 후에는 난민을 실어 나르는 마지막 배 중 한 척에 승선해 미국으로 도피했다(앙드레 브르통도 같은 배에 탔다). 그의 아내는 함께 가기를 거부했다. 30대 초반 그는 피난민으로서 그리고 정규 교육이나 자격증도 없는 인류학자로서 나라를 빼앗기고 아내와 부모는 비시 정권을 피해 숨어 있는 상태로 홀로 뉴욕에 도착했다.

하지만 정작 기묘하게도 그는 미국에 와서는 행복하게 지냈다. 곧 영어에 능통해졌고 이름도 미국식으로 클로드 L. 스트라우스Claude L. Strauss라고 바꾸었다(동료 중 한 명은 그의 본명이 '청바지 상표'와 똑같아 학생들이 웃을 거라고 그에게 알려주었다). 그는 미국 인류학과 학과장으로 있던 프란츠 보아스도 만났고 보아스 밑에서 부학과장으로 지내던 로버트 로위Robert Lowie나 앨프리드 크로버Alfred Kroeber와도 동료로 지냈지만 그가 친구로 가장 가깝게 지냈던 사람들은 난민으로 프랑스를 떠나온 초현실주의자들이었다. 그의 전기를 쓴 에마뉘엘 르와예Emmauelle Loyer에 따르면 그들은 무의식 차원에서 일어나는 인간의 사유 과정에 대한 레비스트로스의 호기심과 이국 예술에 관한 그의 열정에 공감해 주었고 레비스트로스는 그들의 귀족적 댄디즘을 좋아했다. 그는 컬럼비아대학의 보아스 집 근처에 집을 얻을까 생각했지만 결국 초현실주의자들이 모여 사는 그리니치 빌리지 지역의 아파트를 임대해 들어갔다.

그 동네는 그에게 몽파르나스를 연상시켰다. 거기서는 "발자크 시대의 파리처럼 뒤뜰이 딸린 2~3층짜리 복층 아파트에서 지낼 수 있었다."라고 나중에 회상했다.[52] 파리에 있을 때는 항상 벼룩시장을 돌아다녔던 그는 뉴욕에서도 앙드레 브르통, 막스 에른스트, 마르셀 뒤샹 등과 함께 골동품상을 헤집고 다니며 아프리카와 아메리카의 가면과 조각상을 수집했는데 "모두 돈을 있는 대로 끌어모아 뉴욕 골동품 딜러들이 내놓은 물품을 사들인 후 서로 나누어 가졌다. 당시만 해도 이런 작품에 아무도 관심을 안 가질 때였는데 그랬다는 사실 자체만 해도 지금 와 생각해 보면 아득한 전설 같은 느낌이다. 1951년에는 내가 가진 수집품을 팔아야 했다."라고 글을 남기기도 했다.[53]

1943년, 브르통이 창간한 조그만 잡지에 기고한 글에서 레비스트로스는 이렇게 쓰고 있다. "매일 아침 10시부터 5시까지 미국 자연사 박물관에는 마법 같은 장소가 펼쳐진다. 바로 알래스카부터 브리티시컬럼비아에 이르는 태평양 북서부 연안 지역 인디언들의 작품만 모아놓은, 박물관 1층의 거대한 갤러리다." 이 수집품은 보아스가 마련한 것이었다.

레비스트로스는 지역과 지역을 비교하는 보아스의 방식이 가진 장점을 충분히 이해했지만 지역 간에 우연히 일어나는 상호작용이나 서로 빌려 갖다 쓰는 일련의 사건뿐만 아니라 일종의 '창조적인 발효creative ferment' 과정도 나타난다는 사실도 깨달았다. 태평양 북서부 연안은 약 150년간 유럽인들이 정복했던 지역이었다. "한 가지 양식이 아니라 10가지 이상 서로 다른 양식이 생겨나 꽃을 피웠다…. 이미 알려진 기법은 무시하고 끊임없이 새로움을 추구하는 태도 무엇을 다루든 성공할 수 있다는 창조적 확신을 통해 늘 새롭고 즉흥적인 창작이 일어났고 그렇게 거둔 성과는 황홀하고 눈부실 정도였다—여기에 대한 감을 잡기 위해 우리 시대는 피카소 같은 예외적인 인물이 필요했다."54)

레비스트로스는 북서부 연안에서 나온 공예품을 매우 높은 수준으로 평가했다. 1943년에 발간한 책에서 그는 아폴리네르의 예언에 대한 메아리 같은 글을 썼다. "머지않아 우리는 이 지역에서 나온 수집품이 민족학 박물관에서 미술 박물관으로 옮겨져 자신의 정당한 자리를 찾은 후 이집트나 페르시아 고대 유적은 물론 중세 유럽 작품들과 함께 진열된 모습을 볼 수 있을 것이다."55)

프랑스가 해방된 후 레비스트로스는 프랑스 대사관의 문화 담당 사무관이 되어 미국으로 돌아왔다. "나는 이전에 유명한 (아메리카 원주민 예술품) 수집품을 사들여 프랑스에 보낼 기회가 있었지만 그러지 못했는데 지금 그 수집품은 현재 미국 서부 연안의 어느 박물관이 소장하고 있다. 그 수집품을 팔려던 사람은 세금이 부과되는 달러를 현금으로 받기보다 마티스와 피카소 그림 몇 점을 대신 받고 싶어 했다. 하지만 나는 뉴욕을 방문 중이던 프랑스 예술정책 담당 관료를 끝내 설득하지 못했다."56)

이것이야말로 시대변화를 보여주는 징표라고 하겠다. 원시 예술품 시장은 이제 파리에서 뉴욕으로 옮겨와 있었다. 그리고 이 시장에

박물관의 그림자

는 새로운 후원자이자 정치가이자 부호이며 강박관념에 가까운 수
집벽을 가진 수집가였던 넬슨 올드리치 록펠러Nelson Aldrich Rockefel-
ler가 있었다.

넬슨 록펠러, 열정적인 수집광

스탠더드 오일을 세운 존 D. 록펠러John D. Rockefeller는 넬슨의 할아
버지다. 넬슨의 어머니 애비 올드리치 록펠러Abby Aldrich Rockefeller는
20세기 예술품을 수집했다. 1929년, 뉴욕 증권시장이 붕괴한 검은 화
요일 9일 후 그날, 그녀는 친구들인 릴리 블리스Lillie Bliss, 매리 퀸 설
리반Mary Quinn Sullivan과 함께 뉴욕 현대 미술관-모마MoMa라는 애
칭으로 알려진-을 개관했다. (이들 강력한 트리오를 사람들은 '금강석 같
은 여인들adamantine ladies'이라고 불렀다.)

넬슨은 정치 쪽으로 경력을 쌓았지만 그가 평생 열정을 갖고 즐겼
던 취미는 수집이었다. 그의 부모가 돈을 대고 자기 가족회사의 전
세계 대표부에서 보살펴 주었던 세계 일주 신혼여행을 즐기면서 그
는 오세아니아 조각품과 아시아 조각상들을 수집하기 시작했다. 뉴
욕으로 돌아온 이후로는 아프리카와 콜럼버스 이전의 아메리카 예
술까지 손을 뻗었다.

1930년 다트머스대학을 졸업한 직후 넬슨은 모마 운영위원회 이
사가 되었다가 얼마 후 곧장 승진해 예산 관리자이자 대표가 된다.
그는 메트로폴리탄 미술 박물관 이사이기도 했다. 넬슨은 어렸지만
이 모두는 그의 신분에 따라 자연스럽게 주어지는 직위였다. 모마는
실질적으로 그의 집안이 운영하는 사업체라고 할 수 있었다. 그러나
메트로폴리탄이 훨씬 권위가 있었다.

1942년 그는 메트로폴리탄 측에 자기가 가진 원시 예술 수집품 중
에서 선별한 작품을 기증하겠다는 제안을 했다. 하지만 메트로폴리

탄 관장이었던 허버트 윈록Herbert Winlock은 이를 무시했다. 그런 종류의 물품은 위대한 예술품이 소장된 박물관에 어울리지 않는다고 보았기 때문이다. 실제로 1914년에 메트로폴리탄은 자신들이 소장하고 있던 콜럼버스 이전 작품들을 센트럴 파크의 또 다른 코너에 자리 잡고 있던 자연사 박물관으로 보내기까지 했다. 록펠러로서는 자신의 수집품을 그쪽으로 보내는 방안도 생각했던 것 같다.[57]

하지만 넬슨은 다른 계획이 있었다. 그는 원시 예술 분야의 멘토를 찾았는데 그가 바로 르네 다르농쿠르René d'Harnoncourt였다. 오스트리아 시골의 쇠락한 귀족 가문 출신인 다르농쿠르는 1925년 무일푼으로 멕시코시티에 도착했다. 당시 24살이던 그에게 특별한 자격증 같은 것도 없었다. 1년 정도 방황하던 끝에 그는 한 오스트리아 출신 골동품상 밑에서 일하게 되었는데 다르농쿠르 자신의 표현을 빌리면 "그는 고전풍의 가구를 배 한가득 갖고 있었는데 그의 말로는 쇤브룬 궁Palace of Schönbrun[12]에서 나온 것들이었으며 어쨌든 이것을 모두 처분하고 싶어 했다. 나는 스페인어와 영어를 배워 그 가구는 물론 그가 가지고 있던 다른 물건까지 멕시코인들과 미국인들에게 팔아치울 수 있게 도와주었다."[58]

그 후 다르농쿠르는 멕시코시티에 있던 한 미국인 기업가가 운영하는 예술품 사업의 관리자로 일했다. 그는 멕시코와 북미 지역 수집가들과 교분을 쌓았고 미국 대사와도 안면을 텄다. 그리고 얼마 지나지 않아 메트로폴리탄에서 열리는 멕시코 미술 및 공예품 전시회 큐레이터로 일해 달라는 요청을 받았다. 1933년 미국에 온 다르농쿠르는 넬슨이 예술품을 구매할 때마다 항상 의지하는 고문 역할을 수행했다.

---

12 쇤브룬 궁 - 과거 오스트리아 제국의 궁전

넬슨은 자신을 도와줄 사람이 필요했다. 그는 이미 멕시코 출신의 급진적 미술가이자 협잡꾼 스타일의 우화 작가였던 디에고 리베라 Diego Rivera에게 걸려 공개적으로 큰 곤경을 치른 뒤였다. 1933년에 넬슨은 리베라에게 록펠러 센터 본관 로비를 장식할 그림을 그려달라는 의뢰를 했던 적이 있었다(넬슨은 록펠러 센터 관리팀에 이렇게 말했다. "나는 그의 그림을 별로 좋아하지는 않지만 요즘 힌칭 뜨는 화가이니 좋은 선택지가 될 것 같군요.").[59] 당시 리베라는 사방 벽을 다 두르는 거대한 벽화를 그리겠다고 고집을 부렸다.

리베라는 자신의 구상에 대해 제대로 밝히지 않았지만 머지않아 드러난 그의 그림은 사회주의 리얼리즘 화풍으로 공산주의 혁명을 축하하는 내용으로 근육질의 여자 체조선수가 허들을 뛰어넘고 몸집이 크고 잘생긴 남성 노동자가 첨단 미래형 기계를 조작하는 모습을 담고 있는 내용이었다…. **설마 그럴 리가!** 하지만 안타깝게도 사실이었다. 넬슨은 리베라에게 편지를 썼다. "최근 당신이 그린 그림에 레닌 초상이 그려져 있다는 것을 확인했습니다. 물론 아름답지만, 벽화 속에 그의 초상이 포함되어 있다면 많은 이들에게 분노를 초래할 겁니다…. 이런 말을 하는 게 나로서도 싫지만 지금 레닌의 얼굴이 있는 자리는 다른 사람의 얼굴로 바꿔달라고 요청해야겠어요."

리베라는 소비에트의 상징과 같은 인물 위에 다른 얼굴을 덮어씌우는 걸 거부했지만 그 대신 에이브러햄 링컨 초상을 추가로 그려 넣겠다고 제안했다. 넬슨은 당시를 회상했다. "리베라의 아내 프리다 칼로Frida Kahlo가 문틈으로 계속 들여다보면서 그림이 어떻게 진행되는지 확인했다. 내가 나가면 그녀가 들어왔다."[60]

록펠러 센터의 로비 격인 록펠러 플라자에서는 리베라를 옹호하는 시위가 벌어졌다. 넬슨의 아버지는 이 모든 것이 못마땅했고 결국 벽화는 철거되었다. 리베라는 이런 검열이 "노동자 혁명의 대의명분

을 강화시킨다."라고 말했다.[61]

미국에 온 다르농쿠르가 처음 맡은 일은 뉴딜 정책의 하나로 추진된 인디언 예술공예품위원회의 책임자 자리였다. 1941년에는 모마에서 '미국 인디언 예술전'을 성공적으로 주최했다. 넬슨은 다르농쿠르에게 지급하는 급여 일부를 감당함으로써 그가 자신의 고문 역할에 신경을 쓰게 했다. 1949년에는 다르농쿠르를 모마의 관장으로 임명했으며 그는 그 자리를 1967년까지 지켰다.

다르농쿠르는 맨해튼에 사는 사람들에게 깊은 인상을 남겼을 뿐만 아니라 심지어 경외의 대상이 될 정도였다. 「뉴요커」지는 '흔들림 없는 귀족'이라는 기사에서 그를 한껏 칭송하며 이렇게 소개할 정도였다.

> 자신의 수많은 선조와 마찬가지로 기민하고 우람하고 온화하고 부지런하며 예의 바르고 자신감에 차 있고 귀족적이며 뜨겁게 대화할 줄 아는 빈 출신의 현대 미술관 관장이자 주요 전시물 설치인인 르네 다르농쿠르는 친가 쪽과 외가 쪽 모두 룩셈부르크 공작과 합스부르크 왕가에서 궁정 관료를 지낸 중부 유럽의 귀족을 수없이 낳은 혈통의 후손으로서 끝없이 이어지는-때로는 한꺼번에 몰려드는-후원자들에게 자신이 꼭 필요한 존재임을 증명이라도 하는 듯한 선물 같은 전시회를 이번에 개최했다.[62]

1957년에 록펠러는 다르농쿠르의 가르침대로 자신이 유년기에 살았던 집 바로 옆에 있는 미술품 전용 타운하우스에 개인 소유의 원시 미술 박물관을 열었다. 공식적으로 발행한 소책자에 따르면 이곳은 "아프리카, 오세아니아, 아메리카의 원주민이 만들어 낸 풍부하고 다이내믹한 예술품에만 집중한 유일한 박물관"이었다. 이 예술이야말로 "더 발전한 문명권인 동방과 서양에서 나온 예술 작품만큼 우리 문화유산으로서 소중한 가치가 있다."

록펠러는 자신이 세운 원시예술 박물관 대표직을 맡았다. 다르농쿠르가 부대표였다. 『현대 예술 속의 원시주의Primitivism in Modern Art』의 저자인 로버트 골드워터가 관장이었다. 젊은 영국인 더글러스 뉴튼Douglas Newton이 부副큐레이터로 발탁되었다. 그는 미술이나 박물관에는 전문 지식이 전혀 없었지만 설치installation 방면에 뛰어난 역량을 보였다. 그는 나중에 골드워터의 뒤를 이어 관장이 된다.

이렇게 해 모든 것이 자리 잡았지만 이런 장르의 예술품은 과연 어떤 식으로 브랜딩branding해야 하는가? 1956년 11월, 록펠러는 한 기부자에게 보낸 글에서 이렇게 쓰고 있다. "계속 우리를 괴롭히는 한 가지 문제는 바로 '토착적indigenous'이라는 말입니다. 이 말은 극히 일부 전문가를 제외하고 그 누구에게 어떤 의미도 전달하지 못합니다."[63]

결국 그는 '원시적primitive'이라는 용어를 쓰기로 했는데 「라이프 매거진」과의 인터뷰에서는 이게 가장 무난하게 일반적으로 받아들여지는 용어라고 설명했다. "오래전에 사용하던 '고딕'이라는 말이나 최근 나온 '모던'이라는 용어처럼 이 말도 한때는 부정적인 의미로 쓰였지만 지금은 역사적 설명은 물론 찬사의 의미까지 전달하는 용어가 되었습니다."[64]

그 무렵 록펠러는 정치에 몰두해야 했다. 그는 1959년부터 1973년까지 뉴욕 주지사를 지냈고 1974년부터 1977년까지 제럴드 포드 대통령 재임 당시 부통령으로 일했다. 공화당 대통령 후보 경선에도 세 번이나 뛰어들었다(공화당 내 좌파에 속했던 그는 1960년에는 리처드 닉슨에게, 1964년에는 배리 골드워터에게, 1968년에는 로널드 레이건에게 졌다).

하지만 그 와중에도 원시예술 수집품을 위한 시간은 언제든지 낼 수 있었다. "시끌시끌했던 아이젠하워 대통령 재임 당시 지친 록펠러는 모마의 관장 르네 다르농쿠르에게 전화를 걸어 페루에서 나온 황금 동상이나 콜럼버스 이전 시대 조각상을 트렁크 한가득 싣고 워싱턴 까지 날아오라고 꼬신 적이 여러 번 있었다."라고 록펠러 전기 작가 리처드 노턴 스미스Richard Norton Smith는 쓰고 있다. 넬슨은 30분가 량 자기가 사고 싶은 '물건'을 고르면서 기운을 차리곤 했다. 그는 자 신의 이모 루시Lucy에게 이런 말을 남기기도 했다. "내 쇼핑중독증은 올드리치 가문으로부터 물려받은 것 같아요. 세상에 이것보다 즐거 운 일이 없어요."[65]

록펠러가의 비극

록펠러 가문은 20세기 미국에서 나온 최고 가문 중 하나다. 넬슨은 아들 마이클Michael이 자신의 뒤를 이어 모마를 운영하기를 바랐다.[66] 실제로 마이클은 원시 예술에 대해 아버지가 품고 있던 열정을 물려 받았다. 그리고 아버지처럼 위험을 즐기는 스타일이었다. 깎아지른 슬로프에서 스키 활강을 즐기고 과속으로 차를 몰다가 교통 위반 티 켓을 끊는 일도 많았다.

　23살이던 1961년, 당시 하버드 학생이었던 마이클은 하버드 피바 디 박물관이 주최한 뉴기니 탐사 원정대에 지원했다. 그곳에서 마이 클은 네덜란드에서 온 젊은 인류학자와 함께 통나무로 만든 카누를 타고 해안에서 한참 떨어진 섬에서 다른 섬으로 이동하던 중에 어려 움에 빠졌다. 상어가 출몰하는 바다를 헤엄쳐 육지까지 가기로 했고 그렇게 실종되고 말았다. 록펠러는 모마에 있는 애비 올드리치 록펠 러 가든에서 추모 전시회를 열었다. 마이클이 수집한 아스맛Asmat족 의 조각상 수백 점이 전시되었다. 그러나 넬슨이 자기 책상 위에 올

1961년 23세의 나이로 실종되기 직전 뉴기니 아스맛족과 함께 있는 마이클 록펠러.
얀 브룩헤즈Jan Broekhuijse가 찍은 사진
(하버드 피바디 고고민족학 박물관의 승인을 받고 게재)

려놓은 건 마이클 사진뿐이었다.[67]

그리고 1968년, 넬슨의 멘토였던 다르농쿠르는 술취한 운전사가 모는 차에 치여 사망한다. 넬슨은 원시 예술 박물관의 문을 닫았고 1969년에는 거기 있던 수집품을 메트로폴리탄에 기증했다. 이번에는 아무도 이의를 달지 않았다. 박물관 신탁관리위원회는 원시 예술품을 전시할 새 건물을 짓는 일에 착수했다. 이 건물은 마이클의 이름을 따 명명키로 했다. 원시 예술 전담 부문도 새로 꾸렸다. 넬슨의 스태프가 모두 메트로폴리탄으로 들어왔다. 로버트 골드워터가 자문 겸 회장으로 취임했고 더글러스 뉴턴은 부문장이 되었다.

넬슨은 새 건물을 짓는 데 400만 달러를 지원하기로 약속했지만 실제로 돈을 넘겨주지는 못했다. 그러자 메트로폴리탄 관장이던 토마스 호빙Thomas Hoving은 공개적으로 그를 '야바위꾼'이라고 불렀다. 넬슨의 전기 작가에 따르면 그 돈은 "브룩 애스터Brooke Astor의 도움을 받고 넬슨의 계모가 갖고 있던 재산에서도 어떻게든 끌어모아 결국 전달되었다."[68] 메트로폴리탄 마이클 C. 록펠러 동棟은 1982년 1월에 개관했고 사하라 이남 아프리카, 태평양 제도, 아메리카 등에서 나온 예술품을 주로 전시했다. 수집품을 진열하는 일을 맡은 큐레이터 중 한 명이던 수잔 포겔Susan Vogel에 따르면 메트로폴리탄 측은 이 갤러리가 박물관의 다른 갤러리와 똑같은 톤을 유지하기를 원했다. "그 말은 곧 자연사 박물관에서 사용하는 진열 기법은 배제한다는 뜻이었다. 마네킹 설치 불가, 사진 벽화 불가, 음악도 불가."[69] 심지어 민족학 자료도 진열 불가였다. 결국 작품이 나온 역사적 맥락에 관한 정보조차 거의 찾아볼 수 없게 되었다.

원시주의, 민족학과 예술 사이에서

메트로폴리탄에 원시예술용 건물이 새로 생기면서 여기저기서 경쟁하듯이 전시회가 개최되었다. 특히 모마가 즉시 반응했다. 1984년에는 모마의 윌리엄 루빈William Rubin과 예술사가 커크 바네도Kirk Varnedoe가 큐레이터로 나선 '20세기의 원시주의: 부족과 현대의 연관성'이라는 전시회를 개최했다. 루빈은 중요한 건 원시적인 것(그게 무엇이든)이 아니라 현대 예술의 한 사조로서의 '원시주의'라는 골드워터의 주장을 어느 정도 받아들이는 입장이었다. "서구에 이런 물품이 소개된 것은 여행가들, 식민지 관료, 민족학자들의 힘이다. 그러나 이런 물품이 단지 호기심의 대상이나 공예품 수준에서 벗어나 중요한 예술의 지위로 격상되고 예술로 대접받게 된 것은 신념을 가지고 새로운 영역을 개척한 현대 예술가들 덕분이다."[70]

아프리카, 오세아니아에서 만든 이 물품들이 어떤 맥락에서 생겨났는지는 인류학자들이 연구할 일이다. "나는 전혀 다른 목표를 가

시고 있다. 서구의 현대 예술가들이 원시주의 조각품을 '발견'했던 그 시대적 맥락 속에서 원시주의 조각품을 이해하고자 하는 것이다. 민족학자들의 1차적 관심-이 물품들이 각각 갖고 있던 기능이나 중요성을 파악하려는 관점-은 내가 관심을 보이는 논의와는 아무 연관성이 없다. 이 물품들이 우리가 살펴보려는 현대 미술가들에게 알려졌다는 단순한 사실 외에는 말이다."[71]

루빈은 후기 인상파 미술가들이 일종의 미학적 돌파를 한 이후, 즉 '패러다임 변화'를 겪은 후에야 원시 마스크와 조각상에 주목했다고 주장하면서 이 패러다임의 변화란 "지각적인 것the perceptual에서 개념적인 것the conceptual으로의 이동"을 뜻한다고(암시하는 정도로) 요약했다. 논리적 순서상 원시주의는 입체파의 뒤를 이어 나타났다는 것이 주장의 핵심이었다. "현대 미술의 발달 단계상, 아프리카 예술의 '발견'은…그것이 필요했을 때 일어났다." 하지만 그 발견이 현대 서구 미술의 혁명적 변화를 초래한 '원인'은 아니었다.[72]

그는 인류학자들의 견해에 별다른 관심이 없었지만 자신이 쓰는 용어였던 '부족tribal 예술'의 의미에 관해서는 뚜렷한 견해를 밝혔다. "모든 위대한 예술과 마찬가지로 세련된 부족 조각 작품들은 그걸 만든 이들의 구체적이고 개인적인 삶과 시대를 초월한 인간의 형상을 보여준다."[73] 예전에 골드워터는 "넌지시 암시하는 정도"라고 썼다. 루빈은 골드워터가 현대에 나온 일부 작품들과 부족 시대에 나온 작품 사이에 정신적으로뿐만 아니라 양식상으로도 연관성이 있다는 사실을 과소평가했다고 보았다. 루빈이 더 제대로 알고 있다는 것이다. 어째서인가? "여러 예술가의 증언은 차치하더라도 예술가의 정신이 어떻게 작동하는지, 그 정신이 어떤 곁가지와 우회로를 거쳐 자신이 원하는 바에 도달하는지 잘 알고 있는 나의 감각 속에 그 답이 들어 있다."[74]

1984년, 메트로폴리탄 원시 예술 부문의 부副큐레이터였던 수잔 멀린 포겔Susan Mullin Vogel은 맨해튼 어퍼 이스트 사이드에 위치한 두 개의 타운하우스를 용도 변경해 '아프리카 예술 센터'를 오픈했다. 1988년에는 '예술Art/공예품Artifact: 인류학 수집품 속의 아프리카 예술' 전시회를 열었다. 이 전시회는 오래전부터 많은 이들을 괴롭혀 온 질문에 다시 도전했다. 포겔은 도록 서문에 다음과 같이 썼다. "지금 우리가 아프리카 예술품이라고 부르는 작품들은 예전에는 모두 공예품으로 분류되던 것들이다. 이 두 범주 사이의 경계선은 그렇게 뚜렷하게 그어지지 않기에 이 문제는 아프리카 예술품과 그 밖의 '원시' 예술품을 수집하고 전시하는 이들에게 늘 곤혹스러움을 안긴다."

포겔은 예술 작품과 공예품 사이의 차이는 더 이상 예전처럼 뚜렷하지 않다는 입장을 취했다. 예술사가와 인류학자들은 꾸준히 자신의 길로 걸어왔다. 이제 인류학자들은 미학적 관점을 인식하고 예술사가들은 예술 활동이 일어나는 사회적 맥락에 대해 점점 더 깊은 관심을 보이게 되었다. 그 결과, 미술 박물관과 민족학 박물관의 전시품 진열 방식은 매우 유사해졌다. 좀 다르게 표현하자면 둘 다 거의 비슷한 **우아한 미니멀리스트 갤러리 스타일**을 추구하게 된 것이다.

그러나 아직도 어려운 선택은 남아 있다. 수단의 아잔데족이 고기를 잡기 위해 만든 그물을 과연 예술 작품으로 간주해야 하는가? 포겔은 1910년경 수집된 그물을 찍은 사진을 자기 은사이자 컬럼비아대학 미학 교수인 아서 단토Arthur Danto에게 보여주었다. 단토의 평가는 냉정했다. 그는 모마에서 개최한 원시주의 전시회를 "심각할 정도로 잘못된 이해에 기반"했을 뿐만 아니라 "박물관학적으로 조작된" 사례라고 판단했다.[75] 그렇다면 그는 사냥용 그물을 예술 작품으로 본 것인가, 공예품으로 본 것인가? 단토는 "그건 어떤 면에서 보면 전문가들이 판단할 사항"이라고 전시회 도록에 쓴 기고문에서 밝히고 있다. 그러나 그는 단지 그렇게만 생각하고 있던 것은 아니었다. "그 둘은 놀라울 정도로 유사하므로 매우 숙련된 인류학자라도 같은 지역에서 나온 예술품과 공예품을 구별하기란 불가능하다."

예술품으로 판정하든 공예품으로 판정하든 이 사냥용 그물은 미국 자연사 박물관 창고에 무려 한 세기 동안 한 번도 전시된 적 없이 보관되어 있었다. 아프리카 수집품 부문 큐레이터였던 에니드 실드크라우트Enid Schildkraut가 이걸 꺼내와 아프리카 예술 센터에 대여했을 당시 그 그물은 그걸 최초로 수집했던 사진작가이자 미국 박물관의 콩코 탐험대(1909~1915년)에 동행했던 허버트 랭Herbert Lang이 그 당시 밧줄로 묶어둔 상태 그대로였다. 수잔 포겔은 랭이 운송과 보관을 위해 한 다발로 묶어둔 상태 그대로 전시하기로 결정했다.

이것이 예술 작품으로 인정받는다면 그건 애초에 그물을 짠 사람 덕분인가, 이걸 수집한 허버트 랭 때문인가, 큐레이터인 수잔 포겔 덕분인가? 이도 저도 아니라면 이걸 응시하는 관람객의 시선에 달린 것인가? 포겔은 맨해튼의 세련된 교양인들이 말아 놓은 그물을 본다면 현대 미술 박물관에 소장 중인, 나무와 노끈으로 만들어진 재클린 윈저Jacqueline Winsor의 작품 「바운드 스퀘어Bound Square」와 같은 현대 예술 작품으로 받아들일 것이라고 주장했다. 예술 속 인류학 분야의 전문가인 알프레드 겔Alfred Gell은 포겔이 큐레이터로서 새로운 시대를 열었다고 찬사를 보내면서 '포겔의 그물'은 1917년에 마르셀 뒤샹Marcel Duchamp이 리처드 머트를 뜻하는 'R. Mutt'라는 서명을 한 뒤 진열했던 남자 소변기 「샘Fountain」에 필적한다고 보았다.[76]

그러나 단토는 무엇보다 관념론 철학자였다. 그는 보편적이고 영원불변하는 기준을 세우고 싶어 했다. 소크라테스, 헤겔, 비트겐슈타인까지 거론한 뒤에 그는 **원시 예술 같은 것은 존재하지 않는다고 결론**

을 내렸다. "두서없이 흔들리는 서구 예술계의 열망을 힘입어…일부 (아프리카) 공예품이 매우 세련되게 만들어진 예술 작품들과 비슷한 대접을 받았다고 해서 이 공예품이 예술 작품이 되는 것은 아니며 그런 사실로 인해 이 공예품에 세련미가 더해지는 것도 아니다."

단토는 "칼이나 그물이나 머리핀 같은 물건의 의미는 그 용도utility가 전부"라고 보았다. "물건은 무엇을 위한 것인지가 중요하지만 예술 작품은 그보다 상위의 기능을 수행한다. 즉, 우리를 더 높은 리얼리티와 접촉할 수 있게 한다는 말이다. 예술 작품은 자신이 가진 의미meaning를 통해 그 진가가 확인된다. 작품은 자신이 표현하는 바를 따라 이해되어야 한다."[77]

이때가 예술계의 대제사장들이 권위를 가지고 나서서 '비유럽권'에서 나온 조각상, 청동상, 도자기, 직물, 토템, 종교 예식용 물건, 장식장, 무기류 중에서 어떤 것을 예술 작품으로 분류해야 할지 결정할 수 있었던 마지막 기회였던 것 같다. **21세기 초만 되어도 '이게 예술인가?'라는 질문을 제기하는 것조차 교양 없는 행동으로 간주되었다.** 2004년 터너상(영국이 현대 예술 분야에서 수여하는 가장 권위 있는 상) 수상자에 이르기까지 500명의 전문가들을 대상으로 현대 예술에 가장 큰 영향을 미친 작품이 무엇인지 조사한 적이 있었다. 1962년에 메릴린 먼로를 그린 앤디 워홀Andy Warhol의 실크 스크린 작품이 3위에 올랐다. 피카소의 「아비뇽의 여인들(1907)」이 2위였다. 1위는 1917년에 공개된 마르셀 뒤샹의 소변기 「샘」이 차지했다.

영국 언론은 충분히 예상할 수 있는 평가를 쏟아냈다. 좌파 계열의 「가디언」은 뒤샹의 소변기와 1998년에 터너상 후보에 오른 트레이시 에민Tracey Emin의 정돈되지 않은 침대 작품 간에 "직접적인 연관성"이 있다고 환호했다(비록 이 작품은 상을 받지는 못했지만 2014년 크리스티 경매에서 420만 달러에 팔렸다). 우파 계열인 「데일리 텔레그라프」는 투표 결과가 "오늘날 예술이 처한 참담한 운명"을 잘 설명한다고 조롱했지만 정확히 무엇을 설명하는지는 밝히지 않았다.

어느 전문가는 BBC 방송에 출연해 결과에 대해 다음과 같이 말했다. "현대 예술에서 가장 영향력이 큰 작품으로 피카소와 마티스의 작품이 아니라 뒤샹의 「샘」을 선택한 결과는 충격이다. 하지만 그 결과는 현대 예술의 역동성을 잘 반영한다…. 이제 예술 작품은 어떤 재료로도 만들 수 있고 어떤 형태든 띨 수 있다."[78] 「뉴 스테이츠먼」은 뒤샹이 "그냥 오줌을 누고 있었을 뿐"이라고 표현했다.

'참된' 원시 예술과 관광객에게 팔 목적으로 대량으로 만든 물건 사이의 구분도 사라져 갔다. 1989년 파리 퐁피두 센터에서 열린 '땅의 마법사들Magiciens de la Terre'이라는 야심 찬 전시회는 파리 비엔날레를 한층 폭넓게 만들었다. 전시회는 현대 서구 예술가와 비서구권 예술가들의 작품에 공평하게 공간을 할애했고 관광객을 대상으로 만든 작품과 질 낮은 키치kitsch 작품도 미술 작품들과 같이 진열했다. 그러나 이 전시회는 오래된 원시주의자들의 신념에서 여전히 벗어나지 못한 채였다. 큐레이터들은 마법이나 종교 예식과 관련된 물품을 선호했으며 서구 예술가 중에서는 주로 '원시적인 것'과 관련된 작가들의 작품들이 전시되었다.[79]

민족학의 황혼

파리에 있는 박물관들은 뉴욕에 뒤처지지 않으려고 신경을 많이 썼고 뉴욕 역시 끝없이 파리를 곁눈질하며 살폈다. 그러나 이 두 곳에서 작동하는 역학은 큰 차이가 있다. 맨해튼에 있는 박물관들은 재계의 거물이나 그들의 아내 혹은 미망인이 설립한 자선단체다. 반면, 파리에 있는 대형 박물관과 기념물은 언제나 왕, 황제, 공화국 대통령 같은 통치자들이 가지고 노는 장난감 같은 것이었다.

해방 이후 프랑스 경제가 회복하기 시작하면서 제5공화국에 연이어 들어선 대통령들은 파리에 문화적인 랜드마크를 세우는 데 집중했다. 프랑스 최초의 문화부 장관이었던 앙드레 말로André Malraux는 드골de Gaulle 대통령을 설득해 현대 미술 박물관, 도서관, 음악 홀을 하나로 합친 복합 건축물을 설립하려는 야심 찬 계획을 승인받는다. 이것은 드골의 후임이었던 조르주 퐁피두Georges Pompidou 때 완성되었다. 나중에 자크 시라크Jacques Chirac 대통령은 이 건축물을 퐁피두 센터라고 명명했다.

지스카르 데스탱Giscard d'Estaing 대통령은 오르세 미술 박물관을 세웠다. 인상파에 가려져 있던 19세기 작가들의 작품을 주로 다룬 오르세 미술관은 신고전주의를 추구했던 프랑스 예술원Académie des Beaux-Artx에 대한 향수를 자아냈다. 지스카르의 후임이자 제5공화국 최초로 당선된 사회주의자 대통령인 프랑수아 미테랑François Mitterand은 나폴레옹 코트에 있는 루브르의 입구에 유리와 금속으로 만든 거대한 피라미드를 제작했다. 그리고 (많은 논란을 일으킨) 오페라 하우스를 새로 설계했고 프랑스 국립 도서관의 현대화를 추진했다. (그는 "세계에서 가장 크고 현대적인 도서관"이라며 자신만만하게 내세웠다.)

1995년부터 2007년까지 프랑스 대통령이었던 자크 시라크는 한편으로 알제리에서 프랑스군 장교로 근무할 때부터 아프리카 예술 작품을 수집해 온 수집가이기도 했다. 그는 자신이 세운 '원대한 계획'에 따라 원시 예술 전문 박물관을 짓기로 했다.[80] 이것은 꽤 놀라운 선택이었다. 그의 전임 대통령들은 주로 근대, 문명, 프랑스에 바치는 기념물을 세웠다(때로는 자신을 위한 기념물을 세우기도 했다). 그러나 파리는 뉴욕에 뒤처져 있었다. 파리에 메트로폴리탄 록펠러 동棟에 필적할 만한 게 있는가?

그뿐만 아니라 이 문제는 인권문제이기도 했다. 시라크는 이번에 설립하는 박물관은 박애와 평등이라는 계몽주의 이념에 바치는 헌사라고 천명했다. 그는 "민족 간에 위계질서가 있을 수 없듯이 예술에서도 그 어떤 위계질서가 존재하지 않는다"라고 2006년 6월 20일, 유엔 사무총장 코피 아난Kofi Annan과 레비스트로스도 참석한 케 브랑리 박물관 개관식 기념사에서 밝혔다. "모든 민족은 각자 온 세계에 전달할 만한 고유한 메시지가 있으며 이 메시지는 인류 선체를 살찌우고 아름다움과 진리에 기여한다."

시라크는 약간 수상한 구석이 있는 거래상 자크 케샤슈Jacques Ker-chache의 도움을 받고 있었는데 그는 1961년 가봉에서 20점가량의 성물함을 밀반출하다가 붙잡혀 투옥된 적도 있던 인물이었다. 시라크는 그에 대해 "원시 예술des arts premiers 분야의 세계적인 전문가이자 …단언컨대 이 세상의 가장 아름다운 작품을 직접 자기 눈으로 가장 많이 살펴봤던 인물로 저속한 것과 천재적인 작품을 한 점 오차도 없이, 그것도 단번에 감별해 내는 신미안을 갖고 있다."라고 평가했다.[81] 케사슈는 루소Rousseau를 연상하는 표현을 써 "온 세상 모든 걸작은 자유롭고 평등하게 탄생한다."라는 말을 남겼다.[82]

1990년 3월 시라크는 루브르에 "아프리카, 아메리카, 극지방, 아시아, 오세아니아 문화권에서 나온 오브제"를 다루는 구역을 '즉시' 설치할 것을 요청하는 선언문 작성을 주도해 진보적 신문인 「리베라시옹Libération」에 실었다. 파리에 있는 저명한 인류학자들 중 몇 명도 이 선언문에 서명했지만 클로드 레비스트로스는 참여하지 않았다. 그의 주장은 다음과 같았다. "루브르는 세상 모든 것을 담는 박물관universal museum이 아니다. 루브르의 역할은 프랑스와 서구 세계의 전통을 형성한 모두를 하나로 모으는 것이다."[83]

자신이 추진한 프로젝트가 한창 진행 중이던 2000년, 시라크는 루브르 박물관 측에 짧게나마 원시 예술전을 열어달라고 요청한다. 케

사슈가 개인적으로 소유 중이던 아프리카, 아시아, 아메리카, 오세아니아 작품 중 120점을 대여하기로 했다. 일부 큐레이터들은 루브르는 문명이 거둔 최고의 성취물만 다루어야 한다며 반대했다. 루브르는 원시 공예품을 전시하는 곳이 아니라고 말이다. 게다가 일개 딜러가 자신의 개인 소장품을 루브르에서 전시하는 게 말이 되느냐고 항변했다. 하지만 대통령은 주장을 꺾지 않았다. 그와 케샤슈는 결국자신들의 뜻대로 강행했다. 전시회는 건물과 건물 사이에 개념상으로는 임시로 만든 공간인 파비옹 데 세시옹Pavillon des Sessions[13]에서개최되었으며 지금도 여전히 그곳에 있다.[84]

그리고 마침내 시라크는 완전히 새로운 박물관을 짓지 않고는 안되겠다고 발표한다. 레비스트로스는 대통령의 계획을 지지하며 나섰다. 그는 1996년 「르 몽드」지에 이렇게 쓰고 있다.

> 이제 민족학 박물관 형태로는 우리 사회와는 전혀 다른 여러 사회의 실상을
> 제대로 보여주기 어렵게 되었다. 앞으로 그리 오래 존속하지 못할 게 분명한
> 몇 가지 예외적인 사회를 제외한 수많은 공동체가 글로벌 정치 경제 속으로
> 통합되고 있다. 1935년부터 1938년 사이에 내가 현장에서 수집했던 물품
> 들을 다시 살펴보니 물론 다른 물품을 봐도 마찬가지겠지만 이 물품들은 기
> 록으로 남기는 목적뿐만 아니라 무엇보다 미학적인 차원을 추구해 왔다. 기
> 록이라는 측면이 연구실에서 진행할 영역이라면 미학적 측면은 초대형 미
> 술 박물관과 문명사 박물관의 몫이다.[85]

이것은 매우 중요한 양보였으며 이제 예술계에 주도권을 내주겠다는 의미가 강했다. 하지만 레비스트로스의 동료 인류학자들 모두 시

13　파비옹 데 세시옹 - 루브르 남쪽, 플로레Flore 윙과 데농Denon 윙 사이에 있다.

라크의 계획에 동의한 건 아니었다. 그들은 '파리에는 이미 비유럽 지역에서 나온 예술 작품 수집품을 갖춘 인간 박물관도 있고 아프리카 오세아니아 미술 박물관도 있다'는 사실을 언급했다. 시라크는 즉시 이 박물관들을 폐쇄하고 인간 박물관에 있던 28만 점의 작품과 아프리카 오세아니아 미술 박물관에 있던 3만 점을 모두 새로 지은 박물관으로 몰았다.[86]

이렇게 함으로써 현실적인 문제도 해결할 수 있었다. 시라크는 애초에 케 브랑리 박물관 건설에 3억 달러의 정부 예산을 배정했지만 새로운 박물관 건립 계획이 알려지면서 원시 예술품 시장이 폭발하다시피했다. 소더비는 박물관 개관 시점에 맞춰 파리에서 경매까지 열었다. 15점의 작품이 한 점당 50만 달러 이상 가격에 팔려 나갔다. 이런 시기에 케 브랑리가 이전 박물관들에 있던 걸작품들을 돈 한 푼 없이 수용한 것은 대단한 행운이었다.

그러나 인류학자들은 원시 예술 박물관이라는 개념과 관련해 상당히 까다로운 의문을 던졌다. '원시'와 '예술', 두 용어 모두 문제라고 주장한 것이다. 여기에 대해 시라크는 프랑스 최초의 문화부 장관이었던 앙드레 말로의 권위를 빌려와 응수했다(시라크는 말로의 유해를 무덤에서 파내 팡테옹에 전시하기까지 했다). 말로가 꿈꿨던 '벽 없는 박물관'에는 아이들의 예술과 정신질환자의 예술뿐만 아니라 흑인 예술을 위한 자리도 있었다. 말로에 따르면 이들은 "역사와 연대기 밖에 존재하는 모든 것이 예술"이라는 헤겔 사상을 잘 반영한다.[87]

그런데 말로가 말했던 '야만적인'과 것과 시라크가 말하는 '원시적인' 것은 과연 무슨 의미였을까? 전문 박물관 큐레이터로서 케 브랑리 박물관 초대 관장으로 임명된 제르맹 비아트Germain Viatte는 논쟁적인 느낌을 완화한 표현을 사용했다. 이 박물관은 '이국 예술' 혹은 '비서구 문명권의 예술과 문화'에 집중해야 한다고 말이다.[88] 프랑스는 제외하더라도 유럽의 '전통적' 집단거주지에서 발굴된 물품은 포함해야 하지 않느냐는 논의도 있었지만 이런 생각은 곧 배제되었다. 새로 지은 박물관은 오세아니아, 북극지방, 아메리카와 아프리카에 사는 '토착민'의 예술품과 공예품에 집중해야 한다고 보았다.

그러나 과연 이렇게 서로 멀리 떨어져 있는 민족들에게 유럽의 식민지가 되었던 경험 외에 어떤 공통점이 있는가? 케샤슈는 시라크가 세운 박물관에 또 다른 이름을 제안했는데 바로 '최초 예술 박물관'이었다. **최초 예술the first arts? 정말 그런가?** 북극부터 아마존에 이르는 지역에 살았던 수렵 채집인이 모두 예술을 했던가? 남아프리카 부시맨이나 호주 원주민들이 바위에 그린 그림이 2만 년 전에 나온 라스코 동굴화와 같은 시대에 만들어진 작품이라고 말할 수 있는가?

캐나다의 박물관학자 엘리즈 뒤비크Élise Dubuc는 연이어 제시된 박물관 명칭을 유쾌하게 열거하면서 생각에 잠기기도 했다. "원시 예술 박물관(기자들이 사용한 명칭), 태곳적 예술 박물관(말로), 최초 예술 박물관(인류 초기에 형성된 나라들의 작품이 다루어질 것이라며 시라크가 제안한 이름), 문명과 최초 예술 박물관(1996년 11월), 인류 예술 문명 박물관(1998년 2월), 그리고 예술과 문명 박물관…."[89]

1997년 프랑스 중간선거 결과, 좌파가 의회 다수를 차지했다. 시라크는 야당과 불편한 '동거'를 할 수밖에 없었다. 새로 임명된 총리는 대통령이 세우려는 박물관의 기획팀을 좌파 인류학자 모리스 고들리에Maurice Godelier에게 맡겼다. 고들리에는 공예품을 이해하기 위해서는 그것이 만들어지고 사용된 시대적 맥락 속에 가져다 놓고 이해해야 하며 인류 보편적인 테마(보이지 않는 존재, 힘, 생애 주기, 섹스, 자연력의 재현)를 이해하는 데 지역별로 어떤 유사성과 차이가 있는지를 보여주는 소위 '식민지 시대 이후post-colonial'를 다루는 박물관을 세우고자 했다.

박물관의 그림자

고들리에의 기획은 케샤슈로서는 전혀 마음에 들지 않는 방향성을 지니고 있었다. "예술 작품은 그것이 만들어진 환경에 대한 논의로 환원될 수 없다."는 것이 그의 주장이었다. "예술품에는 잘 훈련된 안목을 가진 사람이라야 알아볼 수 있는 조형적인 가치가 내재해 있다."[90] 케르사슈는 2001년 8월, 58세의 나이로 사망했지만 박물관 설계팀 대다수는 그의 견해를 지지했다. 이전에 세웠던 인간 빅물관의 주류는 민족학자들이었다("예술을 사랑하는 임직원들이 만든 인류학 박물관").[91] 반면, 이번에 세우려는 박물관은 예술사가들이 장악했다. 졸지에 민족학자들은 뒷방에서 일하는 기술자 신세가 되었다.

케 브랑리 박물관의 탄생

드디어 명칭이 결정되었다. 센 강변에 있는 케 브랑리 지역에서 첫 삽을 뜨기로 했다. 이 박물관은 잠정적으로 '케 브랑리 박물관'이라는 이름으로 2006년 6월에 개관했다. 시라크는 나중에 집권하는 대통령이 박물관 명칭을 자크 시라크 박물관으로 변경하겠다고 한다면 자기로서는 큰 영광으로 받아들이겠다는 의사를 밝혔고 이 명예는 그의 사후에 주어졌다. 현재 이 박물관의 명칭은 케 브랑리-자크 시라크 박물관으로 명명되었다.

명칭이 어떻게 변했든 박물관을 설계한 장 누벨Jean Nouvel은 박물관의 사명에 관한 매우 분명한 주관을 갖고 있었다. 심지어 박물관의 사명을 돌에 새겨 놓기까지 했다. 그는 자신이 세우는 건물에 찾아오는 관람객들은 인류가 타락하기 전에 존재했던 문명의 고향, 즉 청정한 열대 낙원을 경험하기를 원했다. 파리에 본부를 두고 있는 또 다른 기관인 유네스코UNESCO의 이념과 마찬가지로 박물관은 문화적 다양성을 추구하고자 했으며 브누아 드 레스투알Benoît de L'Estoile이 말하듯이 이 이념은 생물학적 다양성의 모델 위에서 구현되었다.[92]

박물관이 자리 잡은 정원은 열대 밀림을 연상케 한다. 건물 내부에는 한때 유럽의 식민지였던 열대 지방에서 가져온, 작가를 알 수 없는 걸작들이 숨이 멎을 정도로 아름답게 그러나 지적으로는 일관되지 않은 방식으로 수집품을 이루고 있다. 이들은 그 어떤 설명이나 제약도 없이 예술 작품으로 제시되어 있다.

클로드 레비스트로스의 제자인 에마뉘엘 데스보Emmanuel Désveaux는 2001년부터 2006년까지 케 브랑리 박물관의 과학 분야를 책임졌다. 그는 「르 몽드」와의 인터뷰에서 '새로 지은 박물관과 인간 박물관은 어떤 차이가 있느냐'는 질문을 받았다. '자연사 박물관이라는 큰 우산 아래 지어진 인간 박물관은 인간의 진화를 다룬 박물관'이라는 것이 그의 대답이었다. 그 박물관에서는 이국적인 민속학 자료를 선사시대 유물들과 관련시킴으로써 근대 유럽 문명에서 나온 작품과 확연히 구분했다. 반면, 케 브랑리 박물관은 문화적 다양성을 옹호한다고 말이다. 데스보는 새로 지은 박물관에서 유럽 문명은 왜 제외되었느냐는 질문에 실용적인 이유를 내세웠다. 유럽은 자료가 너무나 풍부하고 방대하기에 유럽을 포함하면 다른 지역이 죄다 유럽에 가려진다는 것이었다.

그러자 그를 인터뷰한 이는 그렇다면 새로 지은 박물관은 왜 '미학적인 측면을 중시하느냐?'라고 물었다. 데스보는 두 가지 대답을 내놓았다. 첫째, "20세기 초반부터 예술에는 진보가 없다는 관점이 받아들여졌다." 이 테마를 강조함으로써-이게 케 브랑리 박물관이 추구하는 바이기도 하다-모든 사회가 평등하다는 사실을 확인할 수 있다. 둘째, "예술은 다양한 문화를 보여주려고 할 때 좋은 출발점이 된다. 우리 사회에서 예술은 그 가치를 널리 인정받고 있다. 이제는 예술이 종교적이고 신성한 것을 대체하게 된 이유다.[93]"

브누아 드 레스투알은 케 브랑리가 미술 박물관이라는 점이 점점 분명해지고 있는데 한마디로 '민족학 이후post-ethnographic' 시대를 반영하는 박물관이라고 할 수 있다고 말했다.[94] 그는 이렇게 서술했다. "인간 박물관이 이 세계가 이루어져 온 그대로 설명하겠다는 사실적인 허구a realist fiction에 입각해 있었다면 케 브랑리 박물관은 시간과 관련 없는 꿈결 같은 우주 속으로 인도한다."[95]

인간 박물관이 '진화론'에 입각했다면 케 브랑리는 다윈 이후의 시대에 속한다. (「르 몽드」지는 "케 브랑리 박물관은 다윈을 거부한다."라고 도발적인 헤드라인을 뽑았다.)[96] 모리스 고들리에는 케 브랑리 박물관이 '식민지 이후 시대'를 대표하는 박물관이 되기를 원했지만[97] 말리의 전前 문화부 장관이었던 아미나타 트라오레Aminata Traoré는 케 브랑리가 개관할 무렵 프랑스 정부가 이민을 통제하기 시작한 사실을 언급한다. "우리가 만든 예술 작품이 저작권으로 보호받는 그곳에 우리는 거주할 수가 없다."[98]

그럼에도 케 브랑리 박물관은 큰 인기를 거두었는데, 프랑스에 이민 온 자들에게서도 사정은 마찬가지였다. 이것은 케 브랑리의 예산이 지스카르 데스탱 대통령이 세운 오르세 박물관보다 1/3 정도 많았던 것도 한몫했다. 방문객 중 프랑스 국민이 81%를 차지했다.

독일의 훔볼트 포럼

시라크가 세운 화려한 박물관이 엄청난 인기를 얻자 베를린은 상당히 자존심이 상했다. 2002년 독일의 수상 게르하르트 슈뢰더Gerhard Schröder는 연방정부 차원에서 많은 예산을 투입하는 야심 찬 프로젝트를 추진했다. 물론 이 프로젝트에는 실용적인 측면도 있었다. 동독 정권이 베를린 카이저 궁에 세운 흉물스러운 스탈린주의 건축물을 어떻게 처리할 것인지 도시 계획상 문제를 해결하는 방안이기도 했다.

15세기에 지어진 베를린 성은 1713년에 프레데릭 대제 때 바로크 스타일로 확대되고 복원되었다. 1945년 2월에는 연합군의 폭격을 맞아 파괴되었다. 베를린이 분할될 때 중앙의 미테Mitte 구역은 박물관섬[14]과 궁까지 포함해 모두 동독의 영토가 되었다. 공산당은 프레데릭 궁 남아 있던 부분을 불도저로 밀어버리고 스탈린주의 스타일의 콘크리트 건물인 공화국 궁전을 세웠다. 여기는 동독 의회가 정권의 결정 사항을 거수기처럼 추인하던 곳이었다. 1989년 동독과 서독이 통일된 후 이 건물은 보건상의 이유로 폐쇄되었다(건물이 석면에 심각하게 오염되어 있었다). 2002년 독일 의회는 오랫동안 비어있던 이 건물을 허물고 그 자리에 이전 성을 다시 복원하기로 했다.

이 건축 프로젝트는 꽤 오랜 시간 지체되었다. 독일의 앙겔라 메르켈Angela Merkel 수상은 비용이 너무 많이 든다고 보았다. 재정 위기가 닥쳐왔을 때는 건축 계획이 보류되기도 했다. 새로운 건물 설계에 관한 논쟁도 불거졌다. 과거의 궁에 있던 외벽이 3면에 걸쳐 복원되었지만 내부는 현대적 전시 공간으로 디자인되었다. 「파이낸셜 타임스」에 기고한 건축 비평가 에드윈 헤스코트Edwin Heathcote는 "자신의 지난날을 돌아보고 스스로 현대적이고 산업과 기술 중심의 코스모폴리탄적 국가로 자리매김하려는 나라가 파시스트 시대 느낌을 깔고 있는 데다 프로이센 시대 바로크풍과 엄격한 합리주의를 어색하게 결합한 건물을 세운다는 사실은 상당히 기묘한 느낌을 준다."라고 평가했다.[99]

건축을 추진하던 이들은 정치적 논쟁에도 휩싸였다. 사회민주당

---

14 슈프레Spree 강 가운데 자리한 작은 섬에는 구국립박물관, 구박물관, 보데 미술관, 페르가몬 박물관 등 5개 박물관이 모여 있는데 이를 박물관 섬이라고 부른다.

정치인들은 성을 재건하면 공격적인 군국주의 시절에 대한 향수를 자극할 수 있다고 우려했다. 동독인들은 공화국 궁전에서 열리던 디스코 파티 같은 문화 행사에 대한 즐거운 기억이 있었지만 한편으로 자기들을 내려다보는 듯한 서독인들의 태도에 몹시 분노하고 있었다. 이런 상황에서 이 건축이 향후 어떤 역할을 하게 될지 상당히 민감한 문제였다.

왕정 시대에 세워진 그 궁은 1830년부터 1930년 사이 5개의 박물관이 차례대로 세워진 '박물관 섬' 한가운데 자리 잡고 있었다. 1999년에 와 박물관 섬은 유네스코가 지정하는 세계문화유산이 되었다. 그러자 독일 연방의회는 새로운 건축물을 박물관으로 만들기로 했다. 박물관 이름은 독일 출신에 세계적으로 명망을 얻은 인물이자 충분히 오래전에 살아 현실 정치와는 상관없는 학자였던 훔볼트의 이름을 따라 '훔볼트 포럼Humboldt Forum'이라고 지었다. 여기에 어울릴 만한 국제적인 유명 인사이자 대영박물관 관장까지 지냈던 닐 맥그리거Neil MacGregor가 책임자로 낙점되었다.

그런데 무엇에 관한 박물관을 세울 것인가? 전 세계 전문가들에게 자문했다. 그들은 '훔볼트 포럼이라면 세계 속에서 통일 독일이 갖는 위치에 걸맞게 평화적이고 코스모폴리탄적이며 다문화적인 사명을 수행해야 한다'고 조언했다. 지금이야말로 베를린이 보유하고 있던 비서구권 수집품을 시 외곽의 달렌Dahlen에서 도로 가져와 전시할 때라고 말이다.

훔볼트 포럼이 1차적으로 참고할 대상은 파리에 있는 자크 시라크 박물관이었다. 케 브랑리는 인간 박물관과 아프리카 오세아니아 미술 박물관이라는 파리에 있던 유명한 박물관 두 곳의 수집품을 한군데 모아놓은 곳이었다. 훔볼트 포럼도 베를린 민족학 박물관과 (그보다 훨씬 작은) 아시아 미술 박물관의 수집품을 인수했다. 이 박물관은 제1차 세계대전 발발 초기 시 외곽에 있는 달렘으로 이전했다가 제2차 세계대전 기간에 피해를 입었다.

냉전이 시작될 무렵에는 중요한 민족학 수집품이 소련으로 옮겨졌다. 베를린이 통합된 이후로도 달렘에 있는 박물관들은 박물관 섬을 찾아온 방문객들을 좀처럼 자기 쪽으로 유인하지 못했다. 훔볼트 포럼 후원자들은 이국적인 작품들을 베를린 미테 지역에 갖다 놓으면 사람들의 관심을 유발할 수 있으리라 보았다. 민족학 박물관의 큐레이터들은 신중하게 행동하면서도 상황을 낙관적으로 전망했으나 얼마 지나지 않아 자기들의 생각이 틀렸다는 사실을 깨닫게 되었다. 케 브랑리 박물관과 마찬가지로 훔볼트 포럼에서도 예술사가들이 전시회를 주도했기 때문이다.

민족학자이자 예술사가였던 프리츠 크레머Fritz Kramer는 상당히 가혹한 평가를 내렸다. "훔볼트 포럼은 생겨날 때부터 이미 희비극적인 결함을 갖고 있었다. 애초에 의도는 세계화를 반영하고 문화권 사이의 대화를 활성화하겠다는 것이었지만 이를 위해 다른 무엇보다 민족학 수집품을 활용하려고 했다."

여기에 내재한 태생적인 결함이란 이 민족학 수집품은 '과거 식민 시대 제국의 변방에서 살았던, 남긴 문자 기록도 없는 소규모 공동체에서 만든 물품들'이라는 점이었다. 이런 민족학 수집품은 세계화와는 아무 상관이 없었다. 크레머는 "투박하게 말하면 훔볼트 포럼에서 오스트레일리아는 부메랑으로 대표되고 아메리카는 깃털 달린 두건으로 대표되는데 터무니없는 소리라고 하겠다. 책임자들은 이런 딜레마에서 벗어나기 위해 상당히 애를 쓰고 있다. 내 생각에는 바로 이런 이유로 민족학자들이 배제되고 있는 듯하다."라고 평했다.[100]

이보다 더 시급한 문제도 있었다. 베를린 민족학 박물관에서 인수한 물품에는 한 세기 전 런던 경매장에서 사들인 막대한 양의 베냉 브론즈 수집품도 포함되어 있었는데 그 바람에 이미 훔볼트 포럼을 둘러싸고 촉발된 수많은 논쟁에 문화재 반환이라는 복잡하고 민감하고 감정적인 문제까지 추가되고 있었다. 2017년에 문화재 반환에 관한 프랑스의 공식 보고서를 작성한 두 명 중 한 명이었던 베네딕트 사보이Bénédicte Savoy가 훔볼트가 운영하던 전 세계 전문가 패널에서 사임했다. 그녀는 문화재의 기원을 밝히는 연구가 너무 긴 시간을 소비한다고 항변했다. 「쥐트도이체 자이퉁Süddeutsche Zeitung」지와의 인터뷰에서 괴로움을 호소할 정도였다. "이제 나는 예술 작품을 대할 때면 거기서 도대체 얼마나 많은 피가 흘러내리는지 알고 싶어진다. 이 연구 없이는 훔볼트 포럼을 개관할 수 없다."[101] 마침내 코비드Covid 팬데믹이 한창이던 2020년 12월, 가상공간에서 훔볼트 포럼이 개관했을 때 베냉 브론즈는 단 한 점도 보이지 않았다.

그러나 그렇게 신중하게 추진했음에도 훔볼트 운영진은 어려움에 빠졌다. 2018년 5월, '남태평양의 보트가 훔볼트 포럼까지 흘러오다'라는 제목의 언론 기사에서는 "베를린 궁을 훔볼트 포럼으로 재단장하는 프로젝트가 중요한 단계에 도달했다. 계획한 대로 5월 29일이면 오세아니아의 루프Luf족이 만든 보트 한 척이 전시홀 1층에 들어오는데 이것은 베를린 국립 박물관에서 이관된 최초의 대형 전시물이다."라는 내용이 실렸다.

이 배는 1890년, 현재의 파푸아 뉴기니언 서부 제도의 어느 섬에서 제작되었다. 19세기 당시 루프족 남자들은 모두 배를 잘 몰았지만 이 보트는 실제로 항해한 적이 없었다. 1903년까지 보트 창고에 보관되어 있기만 했는데 독일 무역회사 헤른샤임 주식회사Hernsheim&Co의 에이전트가 나서서 사들였다. 뉴브리튼섬의 마투피라는 지역에서 잠시 보관하다가 1904년에 베를린 민족학 박물관으로 가져왔다.[102]

"오, 이런!" 사학자 괴츠 알리Götz Aly는 즉각적으로 이 진귀한 진열품이 전리품이라는 비판을 제기했다. 예전에 독일 해군이 루프섬을 공격했을 때 상당히 많은 사상자가 나왔다. 그래서 이 보트를 몰고 다닐 남자가 남아 있지 않았다. 그러나 헤른샤임 주식회사가 이 보트를 구매하기 2년 전에 있었던 그 공격에 연루되었는지는 불분명하다. 순전히 상업적인 거래를 통해 구매했을 가능성도 크다. 게다가 이토록 정교하게 복원된 보트는 (이런 종류의 보트로서는) 마지막으로 하나 남아 있는 것이기도 했다. 다른 보트들은 다 팔려 나갔거나 어딘가에서 썩어가고 있을 뿐이다. **이 희소한 공예품을 파푸아 뉴기니에서 있었던, 속사정을 제대로 알 수 없는 일과 연결하는 게 과연 정당한 일일까?**

인류학 박물관에 없는 것

파리와 베를린에서 일어나는 새로운 움직임을 보면서 뉴욕도 반격을 준비했다. 2018년 11월, 메트로폴리탄 박물관은 마이클 록펠러 동棟을 전면적으로 재건축하겠다는 계획을 발표했다. 이 계획에 언론은 찬사를 보냈다. "록펠러 동에 전 세계의 3/4에 해당하는 지역의 예술 전통을 진열한다면 명실상부 메트로폴리탄은 백과사전적인 미술 박물관으로 발돋움할 수 있다. 부문별 수집품으로 꾸며 제시해 왔던 세계 3대 예술 전통(아프리카, 오세아니아, 아메리카)을 새로 정돈하기 위해 모든 갤러리-박물관 남쪽의 4만 제곱피트 크기-를 점검하고 새로운 상상력으로 채울 것이며 이 부문이 다른 부문과 구별되는 하나 전체를 이루도록 록펠러 동에 진열하되 박물관 전체 수집품과의 대화가 이루어지게 하고자 한다."[103]

이것은 오랜 세월 동안 이어져 온 예술계와 인류학자들 사이의 경쟁이 마침내 막강한 대대(예술계를 말한다-역자 주)의 승리로 기울고 있다는 사실을 알려주는 가장 최근 징표라고 하겠다. 논쟁에서는 인류학자들이 우세했는지 몰라도 상을 모두 나누어 가진 건 예술계였다. 민속학자 중에는 레비스트로스의 선례를 따라 싸움 자체를 포기하는 이들도 생겼다. 1990년대 초반에 덴마크 국립 박물관이 민족학 수집품을 다시 마련했을 때, 전前 관장 울프 데네Ulf Dahne는 다음과 같은 말을 남겼다. "이제 민족학 전시회는 미술 전시회가 되었다. 모두 나른 민족의 역사에 대해 이야기하는 것에 죄의식을 느끼는지, 다들 아예 아무 말도 하지 않기로 작심했다."[104]

메트로폴리탄, 케 브랑리, 훔볼트 포럼을 운영하던 이들은 자신들이 지금 정확히 어떤 미술을 추구하고 있는지 설명하기는 어려울지 몰라도 한 가지 중요한 사실에 대해서는 모두 동의한다. **이것은 인류학자들이 아니라 예술사가들이 할 일**이라는 사실 말이다. 적어도 학문은 아니라는 점에서 이것은 예술이다. 여기에 대해 나이지리아의 노벨상 수상 작가 월레 소잉카Wole Soyinka는 무척 기뻐한다. 그는 자기가 어렸을 때도 "설령 애초에 만들어졌던 곳에서 조금도 벗어나지 못한 곳에 있을 때라도 이 작품을 대하는 사람들의 태도는 인류학적인 관점과는 거리가 멀었다."라고 회상한다. **역사는 좋다! 하지만 인류학은 제외해야 한다!**

케 브랑리 박물관이라는 거대한 기관이 아프리카 미술을 인류학으로부터 해방하려는 새로운 정책을 추진하기로 한 이후 케 브랑리를 방문했을 때 "드디어!"라는 기쁨의 탄성이자 정당성을 인정받는 듯한 탄성이 내 목구멍을 타고 튀어나온 것은 놀라운 일도 아니었다. 이전에 있었던 인류박물관에서는 한 대륙 전체의 예술이 습관적으로 모두 한 덩어리로 제시되었는데 그런 방식으로는 아프리카의 창의성을 제대로 드러낼 수 없었고 말하자면 단지 사전에 이미 정해놓은 대로 아프리카 예술을 힐뜯는 배타적 사고방식을

정당화하는 일종의 미학적인 부정이었을 뿐이다.[105]

그렇다면 원시 예술이란 무엇인가? **인류학 박물관에는 없는 것을** 말한다.

13장

국립 박물관과 정체성 박물관
정체성의 정치학과 대화하는 박물관

나는 이 책을 쓰기 위한 연구에 착수할 무렵인 2017년 4월, 멕시코시티 국립 인류학 박물관에서 강연할 기회가 있었다. 나는 '인류학 박물관들이 위기에 처해 있다'라는 말로 강연을 시작했다. 엄연한 현실이었지만 주로 인류학자들에게나 심각한 문제이기도 했다. 하지만 특히 멕시코에서 인류학 박물관의 미래는 국가 차원의 관심사였다. 국영 TV에서 다시 나와 내 입장에 대해 좀 더 자세히 설명해 달라는 요청을 받았을 때 나는 적잖이 놀랐다. 물론 나도 멕시코시티가 전 세계에서 가장 유명한 인류학 박물관이자 관광객들이 들르는 필수 코스인 자신들의 박물관에 관해 자부심이 있다는 건 알고 있었지만 이 박물관이 국민 전체의 의식 속에서 그토록 치열한 논쟁을 초래할 정도의 중추적인 역할을 하고 있다는 사실은 부끄럽지만 미처 모르는 상태였다.

전 세계 국립 박물관들이 하나같이 애국심을 고취하는 이야기를 전파하고 있지만 아메리카(그리고 호주와 뉴질랜드)에 있는 국립 박물관들은 그중에서도 특별한 사례에 해당한다. 아메리카 국가들에는 국민의 다수를 이루는 유럽 이민자의 후손뿐만 아니라 식민지 이전에 살았던 이들의 후손인 원주민 공동체도 존재한다. 미국과 브라질에는 아프리카 노예의 후손까지 다수 살고 있다. **국립 박물관은 과연 이런 다양성을 어떻게 소화할 수 있을까?**

혼란스러운 정체성

여기에 대한 해결책으로는 역사 시대와 선사시대를 구분하는 방법이 있다. 여기서 역사란 유럽 제국, 민족주의 혁명, 공화국으로의 독립으로 이어지는 이야기다. 식민지 시대 이전의 유물은 이와는 별도로 주로 자연사 박물관에 진열된다. 그러나 이런 식의 구분은 20세기에 와 점점 폐기되기에 이른다. 국가 형성에 관한 신화 속에 원주민들의 위치도 재정립되었지만 이 과정은 매우 다양한 방식으로 진행되었다. 나라마다 자신만의 내러티브를 개발했으며 식민지 이전 시대에 특정한 이미지를 투사했다. 내가 알고 있었어야 했던 것처럼 멕시코 역시 특별한 사례였다.

스페인에서 온 정복자들이 아스테카(아즈텍)제국을 쓰러뜨릴 때 아즈텍의 지배 아래 속국으로 지내며 불만을 참고 지내던 도시 국가들이 그들에게 협력했다. 1521년 8월, 아즈텍의 수도 테노치티틀란 Tenochtitlán을 무너뜨린 코르테스Cortés는 그 폐허 위에 식민 도시를 세웠다.[01] 아즈텍 신전들은 철저히 파괴되었으며 그 자리에 성당과 교회가 지어졌다. 그 뒤로 200년의 세월이 흐를 동안 콜럼버스 이전 시대의 기록은 조직적으로 감추어졌다. 그러나 1790년에 와 멕시코시티 중앙광장을 보수하는 공사 중에 눈부신 건축물 두 점이 발굴되었다. 아즈텍 시대의 정교한 상징이 가득 표시된 달력인 태양석, 전쟁의 신의 어머니이자 아즈테카 제국의 종말을 예언한 것으로 알려진 코아틀리쿠에Coatlicue 여신의 조각상이 그것이다. 이 시기만 해도

---

01 테노치티틀란이 있던 자리에 현재의 멕시코시티가 세워졌다.

박물관의 그림자

멕시코에도 계몽주의 이념이 뿌리를 내린 이후였다. 발견된 작품들은 큰 환영을 받았다. 아즈텍 태양석은 성당 앞에 전시되었다. 코아틀리쿠에 조각상은 국립대학에서 관리하기로 되어 있었지만 그 신상 앞에서 촛불을 켜고 예물을 드리며 기도하는 방문객들이 늘어나자 도로 땅에 묻어 버렸다.[01]

1810년 멕시코가 스페인에서 독립하기 위한 전쟁을 벌일 무렵 알렉산더 폰 훔볼트는 멕시코와 안데스에 있는 콜럼버스 이전 시대 건축물에 관한 출중한 저서를 출간했다. 그는 이 고대 제국의 유적은 유럽의 고전주의적 이상과는 거리가 멀지만 이제야 이들의 가치가 제대로 평가받고 있다고 평가한다. 그러나 정작 멕시코에서는 19세기 내내 식민지 이전 시대 유산에 관한 관심은 지극히 제한적이었다. 1865년 나폴레옹 3세가 옹립한 합스부르크의 막시밀리안 황제는 국립 자연사 박물관을 세우고 콜럼버스 이전 시대 고고학 연구를 장려했다. 반면, 공화국의 정치인들은 원주민들을 국가 일부로 동화시키는 일에 주력했다. 그들 입장에서는 한때 찬란했던 아즈텍, 잉카, 톨텍 문명 연구를 지원하는 일은 그다지 내키지 않았다.

오랜 세월 권좌에 있었던 포르피리오 디아스Porfirio Diaz 대통령[02]의 임기가 끝나가던 1909년 무렵 국립 박물관은 자연사 박물관과 고고 역사 민족학 박물관 두 개로 분리되었고 특히 고고역사 민족학 박물관은 연구와 교육의 중심으로 성장했다. 멕시코 독립 선언 100주년이 되던 1910년, 이 박물관은 마침내 콜럼버스 이전 시대까지 통합하는 멕시코 역사 전체에 대한 개관을 제시했다. 그 중심부에 해당하는 '거대석 홀Hall of Monoliths'에는 태양석, 코아틀리쿠에 조각

---

02 포르피리오 디아스(1830~1915) - 멕시코의 군인이자 정치가. 1877~1880년, 1884~1911년에 대통령으로 재임했다.

상, 유카탄에 있던 건축물까지 전시되었다. 이것은 근대 멕시코의 국가 정체성에 인디언의 유산까지 포함하려는 새로운 지적 움직임인 '인디헤니스모Indigenismo'를 상징하는 일이기도 했다. 멕시코 혁명(1910~1920년) 당시 이념의 중심부였던 인디헤니스모는 그 이후 20세기 내내 국가로서의 신화를 구축할 때 빼놓을 수 없는 일부가 되었다.

인류학자이자 고고학자였던 마누엘 가미오Manuel Gamio는 인디헤니스모의 설계자 중 한 명이었다. 그는 1909년부터 1910년 사이에 컬럼비아대학에서 함께 연구했던 프란츠 보아스와도 교분이 있었다. 1910년에 보아스는 멕시코시티 국립대학 방문 교수로 임명되어 거기서 학위 과정 개발을 도와주기도 했다. 그의 지도로 가미오는 테오티우아칸Teotihuacán03에 대한 최초의 조직적 고고학 연구를 수행했고 고대인 정착지에 대한 층서학적 예비 분석도 진행했으며 피라미드도 다시 만들었다. 또한, 지역 소작농을 대상으로 민족학 연구를 실시해 그들 중 5%만 아즈텍 어족에 속하는 나와틀어Nahuatl語를 사용하고 있지만 아직도 그들이 고대 문화의 일부를 보존하고 있다고 주장했다.

그러나 가미오는 현대주의자였다. 그는 가장 중요한 목적은 '강력한 조국, 일관되고 잘 통합된 국가 정체성'을 이루는 것이어야 한다고 천명했으며 이 목적은 '인종적 통합, 문화의 융합, 언어의 통일, 경제적 평등'에 입각해야 달성할 수 있다고 보았다. 가미오가 사용한 인종적 통합이라는 말은 다양한 선조들에게서 나왔지만 스페인

---

03 테오티우아칸 - 멕시코시티 근처에 있는 고대 중앙아메리카 도시로 기원후 200~750년경 번영했고 피라미드와 많은 신전·궁전·주거가 자리하고 있었다.

박물관의 그림자

어를 사용하는 이들이 멕시코 인구의 대부분을 이루어 가는 기나긴 과정을 뜻하는 혈통적 혼합, 즉 '메스티사혜mestizaje'를 가리킨다.[02] 멕시코 근대사를 연구하는 역사가 앨런 나이트Alan Knight는 이렇게 쓰고 있다. "혁명이 추구하는 정통 이론에 따르면 인디언·유럽인이라는 오래된 정·반은 이제 좀 더 고차원적인 합, 즉 인디언도 아니고 유럽인도 아니고 오직 참된 멕시칸일 뿐인 메스티조mestizo에 이르렀다."[03]

가미오는 인디언들이 만든 공예품은 국가가 세운 기관에서 책임지고 관리해야 하며 현대 멕시코 예술가들이라면 아즈텍 문화에서 영감을 얻어야 한다고 주장했다. 1922년, 디에고 리베라Diego Rivera와 호세 클레멘테 오로즈코José Clemente Orozco를 포함한 일단의 화가와 조각가들이 '사회 정치 미학 원리 선언'을 발표했다. 그들은 "우리 민족의 고귀한 작품들은 사소한 영적 물리적 표현물까지 포함해 전부 (본질적으로 인디언 것이며) 토착적 기원을 지니고 있다. 아름다움을 창조하는 그 경탄할 만큼 경이로운 역량은 이 민족의 고유한 것이고 멕시코인의 예술이야말로 이 세상에 나타난 가장 유익한 영적 표현물이며 이 전통은 우리가 가진 가장 값진 보물이다."[04]

리베라는 콜럼버스 이전 시대에 나온 멕시코 예술품을 수집해 개인으로는 가장 큰 수집품을 이루었다. 그의 아내 프리다 칼로Frida Kahlo는 그가 골동품을 사들이는 데 너무 많은 돈을 쓰는 바람에 집안 살림할 돈에는 신경도 쓰지 않았다고 불만을 터뜨렸다(그는 나중에 수집품을 국가에 기부했다). 리베라는 자신이 그린 벽화에 아즈텍 시대의 문양을 도입하기도 했고, 멕시코 혁명 당시 순교자들을 아즈텍 신화 속에서 전투 중에 매일 밤 죽고 다음 날 아침에 다시 태어나는 전쟁과 태양의 신과 동일시하기도 했다.[05]

이런 인류학적, 예술적, 정치적 관점은 멕시코 혁명의 정통 유산이 되었고 인디헤니스모 정신은 1964년 차풀테펙 공원Chapultepec Park(아즈텍 통치자들의 휴양지였다)에서 개관한 국립 인류학 박물관에 큰 영향을 미쳤다. 그 근처에 있는 민족사 박물관은 지금도 식민지 시대, 혁명, 혁명 이후의 공화국 체제에 관한 기존 전통적인 이야기를 들려주는 역할을 하고 있다. 그러나 국가적 신화를 가장 강력히 표현하는 역할은 인류학 박물관이 담당하고 있다. 이 박물관을 세우기 위해 어마어마한 규모의 건물이 지어졌다. 여기에 채워 넣을 고고민족학 수집품을 장만하기 위해 예산 지원을 받은 탐사대도 여러번 파견되었다. 박물관이 애초에 보유하고 있던 자료에 3,500점가량의 고고학 자료가 추가되면서 규모가 2배 이상 커졌다. 민족학 수집품의 95%가량은 새 건물이 개관하기 전 2년 사이 다 마련되었다. 168톤에 이르는 아즈텍의 우신雨神 틀랄록Tlaloc 석상도 텍스코코Texcoco[04]에서 가져와 진입로 입구에 배치했다.[06]

박물관 1층은 고고학 자료로 채워졌고 2층은 근대 이후 멕시코인들의 민족학 자료 위주였지만 1848년 미국에 병합된 이전 멕시코 영토에서 나온 자료도 포함되었다. 아즈테카제국은 콜럼버스 이전 시대 멕시코의 절정기로 묘사되어 있다. 박물관의 중심부에는 테노치티클란에 살던 아즈테카족을 위한 거대한 홀이 자리 잡고 있다. 이 홀에 이탈리아 대리석으로 만든 벽 위에 올려놓은 아즈텍 태양석이 있다.

새로 지은 박물관이 개관한 지 4년이 지난 1968년, 틀라텔롤코 Tlatelolco에 있는 세 문화 광장Plaza of The Three Cultures에서 군대가

04　텍스코코 - 멕시코시티 동쪽의 도시. 아즈테카 왕국의 고도古都였다.

학생 시위대를 무참히 학살한 사건이 일어났는데[05] 이곳은 450년 전 스페인 군대가 아즈텍의 제사장들과 무희들을 한곳에 모아놓고 도륙했던 바로 그 장소이기도 했다. 멕시코 외교관이자 시인으로 노벨 문학상도 받았던 옥타비오 파스Octavio Paz는 이에 대한 항의의 표시로 외교관 직책을 내려놓았고 멕시코 역사에서 줄기차게 나타나는 억압적인 중앙집권형 권력 구조(그의 논지다)의 이념적 토대를 다룬 책 『또 다른 멕시코: 피라미드 비판The Other Mexico: Critique of the Pyramid』을 써 출간했다.

파스는 멕시코가 피라미드처럼 생긴 것에 주목하면서 멕시코에서 계속 유지되는 정치 구조도 그렇다고 주장한다. 이 나라와 정치의 최정점은 수도인 멕시코-테노치티틀란이며 아즈테카제국이 번성한 시대에는 신으로 숭배받는 왕 틀라토아니Tlatoani가 여기서 나라를 다스리면서 자신에게 정기적으로 드려지는 인신 공양 제물도 받았다. 아즈텍인들 자체가 이미 세워져 있던 문명으로 쳐들어온 침입자들이었고 파스는 '아즈텍인이 오래전부터 이어져 온 상징 체계를 통제하고 이걸 사용해 백성을 지배함으로써 권력을 유지했다'라는 인류학자 로레트 세주르네Laurette Séjournée의 말에 동의하면서 인용한다.

스페인인들도 이와 똑같은 수법을 구사했다. 이에 대해 파스는 "코르테스는 멕시코-테노치티틀란의 폐허 위에 새로 만든 나라의 수도를 세우기로 했으며 그렇게 그는 아즈텍인들의 후손이자 후계자가 되었다. 정복자들은 원주민들의 세계를 파괴하고 그 폐허 위에 전혀 다른 세계를 건설했다. 하지만 고대 사회와 스페인이 세운 새로

---

05 1968년 10월 2일, 멕시코시티 틀라텔롤코에서 개최된 학생들과 시민 집회를 정부가 공권력을 동원해 무자비하게 진압한 '틀라텔롤코 대학살' 사건을 말한다.

운 세계 사이에는 눈에 보이지 않지만 그 둘을 하나로 묶는 하나의 연속성이 존재한다. 지배라는 한 가닥의 끈 말이다. 스페인 총독들과 멕시코 대통령들은 모두 아즈테카제국 통치자의 후계자들이다."라고 쓰고 있다.[07]

파스는 그렇다면 아즈텍인들은 어째서 자신들보다 앞서 존재했던 잉카, 마야, 톨텍 왕조를 제치고 현대 멕시코의 신비한 조상이 될 수 있었는지 묻는다. 그는 여기에 대한 대답을 인류학 박물관에서 찾았다. 이곳에서 그는 "인류학과 역사는 멕시코 역사에 관한 이념을 제공하며 그 이념은 국가와 정치권력과 사회 질서에 관한 우리의 생각을 유지하는 토대이자 우리 내면에 깊이 박혀 움직이지 않는 사상적 바탕을 이루고 있다."라면서 박물관의 배치 자체가 멕시코 역사와 국가 정체성의 정점은 아즈텍의 수도라는 점을 강조한다. 또한, 결론에서 파스는 "멕시코-테노치티틀란을 이렇게 숭상하고 높임으로써 인류학 박물관은 하나의 신전이 되었다. 박물관 내부에서 성행하는 종교적 경배의 행태는 우리의 역사 교과서와 우리 지도자들의 연설에 영감을 준 것과 똑같은 패턴이다. 계단식 피라미드와 제사단 중심의 제례 의식, (아즈텍 스타일의 힘에 대한 숭배가) 박물관을 저주스럽게 만든다. 아즈텍 피라미드 형상 숭배는 과학의 뒷받침도 받고 있다."라고 적었다.[08]

나는 세련되고 해박한 지식을 갖춘 안토니오 사보리트Antonio Saborit 관장의 안내를 받으며 그 박물관 내부를 둘러본 적이 있었는데 그때 우리는 코아틀리쿠에 신상 앞에서 노래를 부르고 있는 네오-아즈텍 신봉자 무리와 마주쳤다. 마치 200년 전 낡은 대학 박물관에 보관되어 있던 그 신상 앞에서 춤추며 기도하던 그들의 선조들을 떠올리게 하는 광경이었다. 그들은 언제든 환영이라고 사보리트 박사는 내게 말했다. "제물은 바치던가요?" 박사는 미소를 지으며 물었다.

정체성의 재발견

1818년 브라질 리우 데 자네이루에서 왕립 자연사 박물관이 문을 열었다. 1889년에 왕실은 망명을 떠나야 했고 그로부터 3년이 지난 시점에 박물관은 과거의 왕궁 중 한 곳으로 이관되었다. 무척 아름다운 곳에 들어왔지만 운영자금이 턱없이 부족했다. 20세기 들어 자연사 박물관은 인류학 교육 및 연구 과정을 개설했다. 1964년부터 1985년까지 이어진 군부독재 기간이 끝난 후 이 박물관은 라틴 아메리카 전체를 통틀어 대학원 연구 수준에서 가장 중요한 인류학 연구 센터로 발돋움했다.

그러나 과연 이 박물관이 브라질의 현대를 대변하는 박물관이 될 수 있을까? 브라질의 저명한 인류학자 카를로스 파우스토Carlos Fausto는 한 가지 난제가 있다고 말한다. **멕시코, 페루, 컬럼비아와 달리 브라질에는 콜럼버스 이전에 있었던 제국, 즉 유럽의 그레코-로만 시대 건축물에 견줄 만한 거대한 건축물과 조각상이 즐비하게 만들어졌던 과거의 제국이 없다**는 것이다. 초기 선교사들의 기록에 따르면 대서양 연안에 살았던 투피-과라니족이나 아마존 열대우림 속에 살았던 인디언은 국가라고 할 만한 실체가 있었다는 흔적조차 남기지 않았다. 돌로 만든 거대한 기념물 따위는 아예 없었고 두개골과 뼈, 깃털, 나무, 진흙 같은 쉽게 바스러지는 재료로 만든 단순한 공예품 정도만 겨우 남겼을 뿐이다.[09] 파우스토 교수는 브라질 지식인들이 16세기에 살았던 투피-과라니족과 현재의 자신들을 연관 지어 생각하고 있지만 토착 원주민의 땅을 빼앗고 아프리카에서 노예를 수입했던 지난날의 불편한 진실은 외면하고 있다고 지적한다.

2018년 9월 2일 밤 박물관에 화재가 발생했고 수백만 점에 이르는 수집품과 세계 최정상급 도서관 자료 중 80%가량이 불에 타버렸다. 브라질 관료사회의 기억상실증 때문이겠지만 연이어 들어선 정부가 낡은 궁을 정비하고 화재대비책을 세우는 데 소홀했던 탓이 컸다. 그나마 다행인 것은 연구를 진행하던 큐레이터들이 수집품의 상당량을 이미 기록으로 남겨 두었고 박물관이 원주민 공동체들과 긴밀한 관계를 맺고 지역 장인들로 하여금 전통적인 작품을 제작하게 했는데 젊은 세대들이 이 작품들을 주목해 왔다는 점이었다.[10] 오랜 시간을 두고 이어져 온 이런 관계 덕분에 화재로 잃어버린 작품은 최대한 복원될 수 있었다. 박물관은 이제 그들 '원주민의 박물관'도 된 셈이다.

반면, 미국과 캐나다에 있는 원주민 박물관은 전혀 다른 궤적을 밟았다. 1960년대 들어서면서 정체성identity에 대한 낭만적인 관념이 되살아났다. 그 바람에 많은 사회과학자를 놀라게 한 양상이 생겨났다. 즉, 민족 차원의 정체성ethnic identities은 녹아 없어지기는커녕 새로다시 주목받았으며 이제는 긍정적인 의미로 받아들여진다. 정체성 문제가 또다시 정치적 이슈로 대두되었다.

1960년대 중반 캐나다에서 다문화주의multiculturalism라는 용어가 처음 만들어졌다. 미국에서 다문화주의는 시민권 투쟁, 베트남 전쟁 반대, 여성 인권운동, 동성애자 권리운동으로 이어지는 현대적이고 급진적인 전통에 흡수되어 버렸다. 오스트리아-헝가리 제국 말기의 폴란드와 체코 지식인들이 그랬듯이 뉴 레프트[06]는 국가가 외교 정책은 물론이고 국내 문제에서도 제국처럼 행동한다고 비판했다. 이

---

06 뉴 레프트the New Left - 1950년대 학생들 사이에서 출발한 정치운동으로, 전통적 좌익 이데올로기와 결별하고 특히 반전, 반핵, 여성운동과 환경운동에 집중했다.

주장에 따르면 미국은 와스프WASP⁰⁷ 출신 남자들이 문화적 헤게모니를 쥐고 있으며, 이들은 자신들의 기준만 최고로 내세우고 자신들과 다른 이들은 모두 열등하다고 본다. 미국이 안고 있는 이 문제를 해결하는 길은 다름difference을 인정하는 것뿐이다. 아프리카계 미국인, 아메리카 원주민, 스페인어를 모국어로 가진 이들, 여성, 게이 등 모든 이들이 자신들 고유의 문화적 정체성을 진심으로 인정해 주기를 원한다. 다름이라는 그 자체가 근본적인 가치다.

여기에 대한 반발로 보수적 지식인들은 인류 보편적 문명을 지향하는 고전적 계몽주의의 이념을 지지했으며 그들이 보기에 그 이념의 기수이자 가장 앞선 나라는 당연히 미국이었다. 그들은 서구 문명-'서구 문명'에 관한 대학 강좌까지 포함해-이야말로 모든 인류에게 유익하다고 믿었다. '문명의 충돌' 이론을 내세운 새뮤얼 헌팅턴Samuel Huntington은 근래 들어 서구와 이슬람 사이에 벌어지는 적대적 대립은 본격적 전투 이전 단계에서 일어나는 소규모 전투 수준에 불과하며 앞으로 닥칠 "전 지구적 규모의 더 크고 '본격적인 충돌', 즉 문명과 야만 간의 충돌"로 나아가는 과정이라고 본다. 헌팅턴은 그 어떤 문명이나 제국도(그가 보기에 이 둘은 동일하다) 자기만의 고유한 가치를 유지하지 못하면 쇠퇴한다고 주장한다. 미국은 자신이 갖고 있는 앵글로-프로테스탄트의 정체성을 재확립해야 하며 이민자들의 다양한 가치는 이 정체성을 희석하므로 배제해야 한다고 말이다.¹¹⁾

이런 문화전쟁의 반향이 고루한 박물관계를 뒤흔들었다. 21세기

---

07 와스프WASP(White Anglo-Saxon Protestant) - 앵글로·색슨계 백인 프로테스탄트. 미국으로 초기에 이민 간 유럽인의 후손으로 미국 사회의 주류로 여겨진다.

초 워싱턴 DC의 내셔널 몰에 정체성 박물관identity museum인 '국립 아메리카 인디언 박물관National Museum of the American Indian(NMAI)' 과 '국립 아프리카 아메리카 역사 문화 박물관National Museum of African American History and Culture' 두 곳이 문을 열었다. 2020년 12월에 의회는 국립 아메리카 라티노 박물관(건립을 위한 재원은 아직 마련되지 않았지만) 설립도 승인했다. 이 정체성 박물관은 '타인의 박물관'에 강력한 도전이 된다고 하겠다.

정체성 박물관의 등장

2016년 가을, 나는 넉 달 동안 워싱턴 DC에 있는 미국 국립 자연사 박물관에서 방문 학자로 지냈다. 애초에 스미소니언 협회의 주력 박물관이었던 이 국립 박물관은 (다른 무엇보다) 아메리카 원주민의 고대 유물과 민족학 자료 부문에서 세계 최고 수준의 수집품을 보유하고 있었다. 그러나 나는 이 귀중한 자료들이 모두 메릴랜드의 창고에 숨겨 놓은 듯이 보관되어 있다는 사실에 적잖이 놀랐다.

  1986년 전미 인디언 회의에서는 인디언 관련 전시회 중 일부가 "대단히 모욕적이게도 전시회에서는 수백 점의 인디언 유골을 전시하고 있는데 이런 전시회는 다른 박물관들은 이미 수십 년 전에 중단한 행태다…. 우리는 인디언 전시홀을 모두 비우기를 원하며 전시물이 철거된 이유도 밝혀 놓기를 바란다."라고 강력히 항의했다.[12] 당시 책임자였던 큐레이터 윌리엄 메릴William Merrill은 그때 "민족학홀에는 정확하지 않은 자료들이 가득 있었을 뿐만 아니라 인디언이 아닌 이들이 역사 속 아메리카 인디언에 대해 갖고 있던 전형적인 모습을 따라 '시간 속에 고정해' 전시해 두었다."라고 말한다.[13] 그는 새로운 방식의 전시회를 기획했지만 이미 때는 늦었다. 1989년에 미국 의회는 '아메리카 원주민과 그들의 전통에 대한 생생한 기념물'

로서 국립 아메리카 인디언 박물관(NMAI)을 세우기로 했다.

스미소니언 협회 사무총장이었던 로버트 맥코믹 애덤스 주니어 Robert McCormick Adams Jr는 국립 아메리카 인디언 박물관이 문화운동가들의 주도로 운영되지 않을까 염려했다. 박물관장은 물론 큐레이터 대부분이 아메리카 원주민이었다. 의회는 박물관 신탁관리위원회의 1/3은 반드시 아메리카 원주민으로 구성되어야 한다고 결정했는데 몇 년 후에는 1/2까지 높아졌다. 어느 내부자가 내게 해준 말에 따르면 애덤스는 미국 국립 박물관이 압력에 굴복해 자신들이 보유한 아메리카 인디언 수집품을 새로 생긴 박물관에 다 넘겨주게 되리라고 생각했다. 그래서 그는 뉴욕시에 있던 아메리카 인디언 박물관의 수집품을 사들이는 협상을 벌였다. 이 수집품은 투자전문 은행가 조지 구스타브 헤예George Gustav Heye가 개인적으로 수집한 것들이었는데 1957년에 그가 사망한 뒤로 그의 박물관은 엉망이 된 상태였다. 헤예의 수집품을 사들이는 데 총 2억 1천9백만 달러가 들었는데 그중 절반은 연방정부가 댔고 나머지는 카지노를 운영하며 큰 수익을 올린 인디언 세 부족이 내놓은 3천만 달러까지 포함된 개인 기부로 충당했으며 8천 점의 공예품과 12만 5천 점 이상의 사진 작품으로 이루어진 헤예 수집품은 1990년에 국립 아메리카 인디언 박물관에 기증되었다. 이는 현재 NMAI가 보유 중인 작품의 85%에 해당한다.[14]

2004년 5월에 들어와 자연사 박물관의 인디언 전시물은 철거되어 메릴랜드에 있는 저장고의 지하실로 다 옮겨졌다. 2004년 9월에 국립 아메리카 인디언 박물관이 문을 열었는데 자연사 박물관에서 워싱턴 몰을 따라 조금만 걸어가면 되는 곳이었다.

자연사 박물관의 인디언 수집품은 한동안 사람들 눈에 띄지 않는 상태로 안전하게 보존된 셈이다. 그러나 얼마나 오래 그렇게 있어야 하는가? 무슨 이유로 그렇게 있어야 하는가? 스미소니언 전직 큐레이터 중 한 명은 국립 아메리칸 인디언 박물관 건립으로 인해 "스미소니언 인류학 박물관이나 인간 박물관을 향한 우리의 꿈이 다 끝났다."라며 탄식했다.[15] 1964년부터 1984년까지 스미소니언 협회 사무총장으로 있었던 시드니 딜런 리플리Sidney Dillon Ripley는 내셔널 몰에서 마지막으로 남아 있는 공간에 인류학 박물관을 세우겠다고 약속했다. 그러나 가장 어울리는 이 자리는 NMAI가 차지했다. 박물관 관장이 사무실의 높이 솟아 올라와 있는 자기 자리에서 정면을 바라보면 건너편으로 의사당이 보이는 곳이다.

2004년 9월 21일, 미국 전역에서 찾아온 500명이 넘는 인디언 부족원들이 전통 복장을 하거나 깃털 달린 머리 장식을 쓰거나 북을 치거나 노래하면서 워싱턴 DC 몰을 따라 국립 자연사 박물관에서부터 새로 개관한 국립 아메리칸 인디언 박물관까지 행진을 벌였다. "박물관이 주최한 이 원주민 행렬은 근래 들어 아메리카 원주민들이 가장 많이 모인 집회로 자축하는 의미가 있다."라고 「뉴욕 타임스」 예술 분야 통신원 에드워드 로스스타인Edward Rothstein은 쓰고 있다.[16] 뉴멕시코 타오스 푸에블로Taos Pueblo 인디언 출신의 영화제작자이자 극작가이며 산타페에 있는 아메리칸 인디언 미술협회 교수이기도 했던 제임스 루한James Lujan도 거기 있었다. 그는 이 행진이 "지금까지 오랫동안 지연되어 기다려 왔지만 이제야 비로소 인디언 문화를 국가 차원에서 인정하고 지지한다는 상징적이고 감동적인 행사였다(나도 그들 틈에 섞여 있었는데 분명히 전율할 정도로 짜릿한 광경이었다)."라고 쓰고 있다.[17]

다양성이 지닌 예민한 문제들

이 거창한 개관은 적어도 10년 이상 계획한 프로젝트의 정점이었다. 의회가 NMAI 건립 법안을 통과한 다음 해인 1990년부터 인디언 커뮤니티와의 협의가 시작되었다. 의견을 표명해 달라고 인디언 부족 대표들도 초대되었다. NMAI 큐레이터들은 전국을 돌아다니며 그들을 만났다. 부족 대표 중 일부는 나중에 '커뮤니티 큐레이터'라고 명명한 중장기적 공동 연구자가 되었다. NMAI의 젊은 큐레이터인 차베스 라마Chavez Lamar가 커뮤니티 큐레이터들과 NMAI 집행부 사이에서 중재자 역할을 맡았다. 그녀는 "NMAI에 속한 원주민으로 나는 예산, 시간, 고위 관리부의 우선순위가 커뮤니티 큐레이터들이 가진 니즈나 희망 사항과 충돌할 때면 불안하고 실망스러웠다. 동시에 이 프로젝트에 참여한 공동 큐레이터들의 관여도가 낮은 것도 무척 당황스러웠는데 그들은 이 일에 관심과 애정이 없었을 뿐만 아니라 다른 프로젝트, 회의, 업무, 자기 집안일 등으로 바빴다."라고 말했다.[18]

예민한 문제를 처리해야 할 때면 늘 라마 박사가 소환되었다. 이런저런 부족이 배제되었다는 항의가 들어왔다. 과연 인디언이란 누구를 말하느냐는 곤혹스러운 질문도 대두되었다. 어떤 회의 석상에서는 혼혈인 인디언들이 나서서 자기들의 외모가 인디언처럼 생기지 않아 차별당하고 있다고 항의하면서도 이 문제가 공개적으로 논의되지는 않았으면 좋겠다고 말했다. 야카마Yakama 인디언 부족 출신의 한 공동 큐레이터는 라마에게 "우리 야카마 부족은 말할 수 있는 것과 말할 수 없는 것을 정해야 합니다. 말할 수 없는 문제도 있으니까요."라고 지침을 설명했다.[19] 즉, 애초부터 편집이 필요했고 검열도 이루어져야 했다.

푸에블로족 출신의 지식인 제임스 루한James Lujan은 이 문제에 다소 회의적이었다.

원주민 커뮤니티 출신 큐레이터의 시각과 의제를 따라 선택적으로 필터링해 전시물을 진열하게 되면서 너무나 자연스럽게 긍정적인 측면만 강조하고 부정적인 부분은 대충 넘어갔고 인디언을 불쾌하게 만들 만한 사항은 애매하게 처리했다. 결국 우리가 얻을 수 있는 이해의 정도는 인디언 부족 커뮤니티 센터나 기념품점에서 쇼핑할 때 얻는 수준을 넘어서기 어려워졌다.[20]

「워싱턴 포스트」 수석 편집자 마르크 피셔Marc Fisher도 비슷한 취지의 말을 남겼다. "박물관은 인디언 부족마다 자기 부족의 건립 신화나 생존 역사와 관련해 하고 싶은 이야기를 제시할 수 있는 공간을 할당받아 마치 산업 박람회 같은 느낌이 났다. 각각의 방은 박물관 전체의 맥락과는 상관없이 각자 독립적으로 운영하는 판매 부스 같았다."[21]

로스스타인은 "부족민들의 목소리가 '반드시 반영되어야 한다'라는 생각이었더라도 막상 그렇게 선별한 목소리가 별로 이야기할 만한 내용이 없을 때 문제가 생긴다."라는 평가를 내렸다. 심지어 이 목소리들은 어지럽게 떠드는 소음이 될 때도 많았다. 수많은 라벨이 부착되어 있었지만 라벨마다 서로 다른 이들이 작성하고 서명한 내용이 담겨 있었다. 무척 세련되지만 그만큼 애매모호해 포스트 모던 느낌이 나는 내용이었다. 아무래도 관람객으로서는 난해할 수밖에 없었다.

또한, 로스스타인은 어떤 자료에는 전문 큐레이터와 커뮤니티 큐레이터가 작성한 서로 다른 라벨이 동시에 붙어 있다는 점을 지적했다. 뉴멕시코의 산타클라라 푸에블로족의 전시물에 붙인 설명문에는 다음처럼 표기되어 있다. "우리는 크게 보면 여름 민족과 겨울 민족 두 개의 씨족으로 이루어져 있다." 반면, 푸에블로족 출신 공동 큐레이터는 이렇게 쓰고 있다. "둘을 명확히 가르는 경계선은 없다. 막연한 느낌만 있을 뿐이다." 라벨에는 진부한 표현이나 장황한 설교조의 내용이 담기기도 했다. "당신 자신을 존중하고 나누는 것은 매우 중요하다."나 "만물에는 정령이 깃들어 있고 만물은 서로 연결되어 있다."와 같이 말이다. 애리조나의 토호노 오오담Tohono Oodham 부족은 자기 부족의 역사상 가장 중요한 10대 순간을 기록하는데 그 첫 번째는 "새들이 우리에게 비를 부르는 법을 가르쳤다."였다. 더욱이 열 번째는 2000년이 된 것을 기념하며 "건강을 위해 사막을 걸어갔다."였다.

「아메리칸 인디언 계간지」의 편집자 아만다 콥Amanda Cob은 NMAI 입장에서는 "설령 혼란스럽더라도 다양한 목소리를 희석해서는 안되며 관람객들에게 어떻게 반응해야 하는지 알려주고 '내용을 읽어내는 법'을 가르쳐야 한다."라고 주장했다.[22] 라구나 푸에블로Laguna Pueblo 인디언 출신의 여류 작가이자 교사인 레슬리 마몬 실코Leslie Marmon Silko는 혼란스러워하는 관람객을 위한 가이드를 이렇게 제시한다.

A 지점에서 B 지점을 거쳐 C 지점에 이르는 구조에 익숙한 여러분이 보기에는 거미줄을 닮은 푸에블로족의 표현방식-중심에서 수많은 가닥이 방사성으로 뻗어 나와 서로 교차하는 구조-으로 제시된 이 표현물의 구조가 쉽게 이해하기 어려워 보일 것이다. 이 구조는 거미줄과 같아 만들어져 갈수록 전체 모습이 보이게 된다. 여러분은 푸에블로족 사람들처럼 이를 가만히 듣고 있으면 의미가 나타나리라 믿으면 된다.[23]

학자가 배제된 박물관

국립 아메리카 인디언 박물관은 인디언들이 (설령 일치된 하나의 목소리는 아니더라도) 자기 목소리를 내야 한다는 것을 전제하고 있다. 그들은 인류학자, 고고학자, 역사가가 인디언들의 대화에 끼어들어서는 안 된다고 본다. 인디언이 내부자로서 갖고 있는 지식을 중요하게 여겨야 한다는 생각-설령 그들 사이에서 의견이 일치하지 않더라도-때문에 학자들이 전문적 견해를 표명하지 못하게 막고 있다.

"이 박물관에서는 익명의 '전문가'가 객관적이고 제3자의 견해에서 내놓은 의견은 배제하고 모든 이들이 각자 자기 이야기를 하고 있으며 어떤 이는 다른 이들보다 한결 유창하게 이야기를 이어간다."라고, 박물관의 취지에 동의하는 두 명의 예술사가 알도나 조나이티스Aldona Jonaitis와 자넷 캐서린 베를로Janet Catherine Berlo는 설명한다. "NMAI는 유럽-아메리카 역사에 관한 거대한 내러티브를 철저히 부정한다. 그 대신 다양한 리얼리티의 조각들이 각자 자기 이야기를 힘 있게 웅변할 수 있게 하며 인디언 문화에 대한 기존의 관습적인 해석은 다른 역사 인류학 박물관에 맡긴다."[24]

루한Lujan은 좀 더 직설적으로 표현했다. NMAI가 "인디언 역사에 관해 제3자의 입장에서 서술하는 기존의 관습적인 해석을 배제하며 특히 파기된 조약과 집단 학살의 희생자로서 인디언을 다루기를 거부하며 원주민 공동체들로 하여금 스스로 자신들의 역사를 말하게 하고 자신들의 방식으로 자신들의 문화를 설명하게 하며 인류학의 먼지가 풀풀 나는 고루한 학문적 관행을 조롱하게 한다."[25]

스미소니언 협회 사무총장은 원주민의 목소리에 지나치게 큰 비중을 두다 보면 "탁월한 문화의 의미에 관해 권위 있는 해석을 제시하려는 이 박물관의 전통적 입장을 뒤흔들 수 있다."라고 경고했다.[26] 하지만 그런 '권위 있는 해석'은 제시된 적이 없었다. 투스카로라Tuscarora족(거북 부족turtle clan이라고도 한다)[08]의 일원인 졸린 리카드Jolene Rickard는 코넬대학에서 원주민에 관한 강의를 하고 있다. NMAI에서 장기로 진행하는 네 개 전시회 중 두 개 전시회를 맡은 공동 큐레이터이기도 한 그녀는 "NMAI에는 일관된 큐레이터의 관점 따위는 존재하지 않는다. 다양한 큐레이팅 스타일이 존재하며 심지어 한 갤러리 안에서도 서로 충돌하고 있다."라고 말한다.[27] "원주민 출신 학자들 사이에도 원주민 역사에 관해 공식적으로 합의된 정사正史라는 게 존재하지 않을 뿐만 아니라 심지어 주권이나 서구와의 접촉을 서술할 때 집단학살이라는 용어를 사용할지 여부, 원주민들이 이루고 있던 자율적인 국가로서의 정체성(혹은 시민권) 등의 기본 개념에 대한 합의조차 이루어지지 않았다."[28] 리카드 박사는 그 바람에 "방문객이 박물관에서 얻어갈 만한 인상적인 메시지를 만들어 내는 게 불가능해졌다."라고 결론 내린다.[29]

오클라호마의 샤이엔과 아라파호 인디언 출신이자 NMAI 초대 관장이었던 리처드 웨스트Richard West는 이런 비판을 받아들이지 않았다. "해석적 차원에서 보면 원주민의 목소리가 스스로 명료하게 표현되게 함으로써 그들의 이해 방식이 매우 명료하게 서술될 수 있고 박물관 방문객들도 분명히 이해할 수 있으리라고 본다." 그러나 제임스 루한은 이런 말에 설득당하지 않았다. 그는 이런 말을 남겼다. "NMAI가 스스로 박물관으로 내세우지만 내가 보기에는 박물관이라면 당연히 실시해야 하는 최소한의 과학적, 학문적 검토조차 진행하지 않고 있으며 스미소니언의 명성에는 조금도 어울리지 않는다…. 원주민 출신의 회의주의자인 내가 박물관을 처음 봤을 때 나온 냉소적인 반응은 '이 사람들은 도대체 누굴 속여 먹으려고 하는 건가?'

08　투스카로라족 - 북미 인디언 이로쿼이Iroquois족의 한 분파

였다."[30]

NMAI는 무엇을 지향해야 하느냐는 문제도 있었다. 사학자 아이라 잭니스Ira Jacknis는 '국립 부족 박물관'이 되어야 한다고 주장했다. 부족 박물관은 1960년대 이후 미국과 캐나다의 200개 이상 지역에서 계속 세워져 왔다. 그러나 워싱턴 DC의 내셔널 몰에 자리 잡은 이상 NMAI는 국가 차원의 역할을 해야 한다. 그렇다면 과연 이 박물관은 알래스카에서 티에라 델 푸에고 티에라[09]까지 퍼져 있는 다양한 원주민들을 대변하고 아메리카 인디언 전체에 대한 포괄적인 개념을 제시하는가?

「워싱턴 포스트」지의 미술 비평가 폴 리처드Paul Richard는 다음과 같이 말한다. "이 박물관이 항상 내세우는 말은 이렇다. '인디언들은 다 다르다. 그들 전체를 포괄할 만한 인디언의 정체성을 정한다는 것은 그들 모두를 똑같이 만드는 것이다.'라고. 도대체 그게 무슨 말인가? 박물관은 아직도 제대로 된 방향을 잡지 못하고 있다." 그뿐만 아니라 자기가 어떤 박물관이 되어야 할지에 대해서도 결정하지 못했다. 리처드는 냉정하게 결론 내린다. "미술 박물관이 아닌 것은 분명하다. 그렇다고 역사박물관도 아니다. 박물관 전체적으로 보면 역사와는 무관하게 가겠다는 느낌이다. 한마디로 통합 박물관unity museum 같은 것이라고 할 만하다."[31] 루한 역시 똑같은 느낌을 받았다. 그가 이 박물관을 처음 방문했을 때 받았던 인상적인 메시지는 "우리는 아직 여기에 있다." 정도였다.[32]

정말 NMAI는 결국 이런 뉴에이지풍의 진부한 것이 되고 말 것인가? 폴 리처드는 다음과 같이 '맥 빠지고' '후진' 문구를 몇 개 언급

---

09 델 푸에고 제도 - 남미 남단의 군도. 아르헨티나와 칠레의 공동 통치를 받고 있다.

박물관의 그림자

한다. "원주민들은 보이지 않는 힘과 창조력이 지구를 만들었다고 믿는다.", "과거는 물론 현재 아메리카 원주민들은 많은 곳이 거룩하다고 생각한다.", "그들은 다양한 예식ceremony and ritual을 통해 자신들의 믿음을 표현했다. 모든 부족에게 원은 '통합의 상징'이다."라고.[33] 루한은 "NMAI는 인디언에 대한 고정관념을 허물기 위해 노력했지만 사실 고정관념을 더욱더 강화한 꼴이 되었으며 특히 '위대한 영적 전사로서의 인디언'이라는 식의, 뉴에이지풍의 낭만적 관념을 강조하고 말았다."라고 평가한다.[34]

그러나 체로키 부족 출신 미술가 로이드 키바 뉴Lloyd Kiva New는 이런 평가에 크게 개의치 않았다. "우리는 아메리카 인디언이 누구이며 어떤 가치를 지니고 있는지에 관해 결국 전형적인 모습을 보여주는 정도로 끝날지도 모르지만 적어도 그것은 인디언 자신들이 참여해 새로 제시한 모습이기는 하다."[35]

NMAI는 미국 동부에 있던 수만 명의 인디언들이 서부의 새로운 지역으로 강제 이주를 당한 일(눈물 어린 이주길 Trail of Tears)이나 인디언 전쟁, 전염병, 사냥터를 잃었던 일과 대초원에서 버펄로 떼가 몰살당한 일 등 19세기에 벌어졌던 끔찍한 경험은 부각시키지 않기로 정했다. 박물관에 자문 역할을 했던 원주민 자문단은 "인디언 몰살과 차별의 역사에 집중하기보다 미래를 향한 긍정적인 전망을 제시하고자 했다."라고 예술사가 알도나 조나이티스와 자넷 베를로는 설명한다.[36] NMAI의 초대 관장 리처드 웨스트는 개장식 기념사에서 인디언들은 자신을 역사의 희생자로 생각해서는 안 된다는 점을 강조했다. ("모호크Mohawks 부족의 지혜로운 말처럼 '눈에 눈물이 맺힌 채로는 미래를 볼 수 없다.'")

그러나 현대적인Contemporary 느낌이 나는 전시회에도 불구하고ㅡ 나로서는 정확히 단언할 수 없지만 포스트모던한 느낌을 강조하려고 했던 모양이다-미래에 대한 전망은 좀처럼 찾아보기 어려웠다. 폴 리처드는 "토템 기둥과 티셔츠, 머리에 쓰는 장식물과 마스크, 장난감과 손으로 짠 바구니, 창 촉과 운동화…. 이 모든 것을 장식에 신경 써 진열되었지만 관람객도 알아볼 만한 중요한 체계 따위는 없었다."라고 쓰고 있다.[37] NMAI는 놀랄 만큼 화려하게 출발했지만 비평가들은 매서운 비난을 쏟아냈고 여론 또한 비평가 편이었다. 나도 이 박물관에 갈 때마다 통로를 걸으면서 홀로 헤매는 느낌을 받곤 했다.

타인의 박물관은 파괴될 존재인가

NMAI가 내놓는 혼란스러운 메시지는 2016년 오바마 대통령 재임 당시 워싱턴 기념탑이 있던 자리에 세워진 국립 아프리카 아메리칸 역사 문화 박물관의 정제된 내러티브 라인과 극명하게 대조된다. 이 박물관은 명료하면서도 감동적인 이야기를 전달한다. 연한 조명의 지하실에는 서아프리카에서 아메리카까지 유럽인의 배에 실려 온 노예들의 이야기가 펼쳐져 있다(아프리카 왕국의 군대가 그들을 포획해 항구까지 끌고 와 팔아 치웠던 사실은 언급하지 않는다). 거기서부터 5층까지 미국 노예의 역사와 그들의 해방 이야기를 담은 전시회를 감상할 수 있으며 나아가 인종차별과 시민권 운동, 아프리카계 미국인의 삶에서 교회가 감당한 역할도 다루고 있다(무슨 이유인지는 모르겠지만 흑인 무슬림에 대해서도 대부분의 아프리카계 미국인이 출석했던 기독교회와 같은 비중으로 다루고 있다). 그리고 마지막에는 음악, 스포츠, 정치 분야에서 두각을 나타낸 영웅적인 인물들을 소개한다. 이 박물관에는 개관 후 첫 석 달 동안 60만 명 이상이 찾아왔고 지금도 인기가 높다.

그런데 과연 이런 게 미래일까? 타인의 박물관은 정체성 박물관으

로 변모해 가야 하는 걸까? 인류학 박물관이 점점 권위를 상실하고 있는 것은 부정할 수 없는 사실이다. 그들이 내세우는 전문성도 도전받고 있다. 그보다 좀 더 권위 있게 받아들일 수 있는 내부인의 진정성이 더 가치 있게 받아들여지고 있다. 대안적이고 원시적이며 신비로운 지식의 원천에 대한 요구도 높아졌고 원주민들이 그 원천을 지키는 수호자처럼 대접받게 되었다. 이들의 권위에 대항해 반론을 펴는 과학자와 학자들은 무례할 뿐만 아니라 불경스럽다는 비난까지 받았다.

1978년 미국 의회는 '아메리카 인디언의 종교적 자유에 관한 법안American Indian Religious Freedom Act'을 통과시켰다. 이 법안이 미국 헌법 수정 제1조[10]에서 모든 시민에게 보장하는 종교의 자유 이외에 그 어떤 추가적인 자유를 어떤 방식으로 아메리카 원주민들에게 제공하는지는 불분명했다. 그러나 법안을 둘러싼 여론은 일부 인디언 부족들에게 당시 박물관에 보관된 신성한 물건들을 돌려달라는 요구를 하도록 촉구했다. 가장 뜨거운 관심을 받았던 사안은 윌래밋 운석Willamette meteorite 반환 건이다. 윌래밋 운석은 북미에서 발견된 가장 큰 운석으로 1906년에 미국 자연사 박물관이 사들인 것이다. 2000년에 와 새로 지은 전시관에서 가장 중요한 작품으로 전시되었다. 2005년, 오리건주의 그랑 롱드Grand Ronde 부족연맹은 이 운석이 자신들의 신성한 소유물이라고 주장하며 돌려달라는 소송을 제기했다.

양측은 운석을 뉴욕에 그대로 두기로 하되 매년 정기적으로 그랑 롱드 부족이 운석을 경배할 수 있는 권리를 갖는 것으로 합의했다. 운석을 전시한 곳에는 두 개의 설명문이 설치되어 있다. 하나는 우주

---

10 미국 수정헌법 제1조 - 언론·종교·집회의 자유를 정한 조항

물리학의 관점에서 운석을 설명한 내용이다. 다른 하나는 그랑 롱드 측에서 내놓은 설명이다. 당시 이 박물관 큐레이터였던 에니드 실트크라우트Enid Schildkraut는 "그 설명문에는 이 운석이 천상에서 사는 민족이 지상에 있는 자신들의 후손을 돕기 위해 보낸 것으로 서술되어 있다."라고 쓰고 있다. 그녀는 이런 식으로 합의해 문제를 해결하는 방식에 동의하지 않는 큐레이터들도 있다는 사실도 지적한다. "이런 논리라면 앞으로 박물관들은 '지적 설계론'도 진화론과 같은 비중으로 다루어야 하지 않느냐고 문제를 제기하는 이들도 있다."[38]

아메리카 인디언의 종교적 자유에 관한 법안은 종교와 관련된 것이면 그 무엇이든 특별한 지위가 있다는 의미로 해석될 수 있다. 신성한 것으로 간주하는 것이다. 그리고 신성한 것을 대중이 찾아오는 박물관에 진열해 모든 사람이 볼 수 있게 하는 것은 신성모독이 된다. 이에 주니Zuni족 지도자들은 미국 박물관들이 자랑스럽게 간직해 온 주니족 '전쟁의 신' 아하유다Ahayu:da 상을 처분할 것을 요구하고 나섰다. 50~75cm정도 크기에 미루나무나 소나무를 원통형으로 잘라 만든 전형적인 모양에 바닥 부분에는 기도봉[11]으로 장식한 이 쌍둥이 '전쟁의 신'은 날씨를 관장하며 번영을 허락하거나 거두어들이며 적으로부터 보호해 주는 신이다.[39] 매년 동지 무렵 바우 프리스트들Bow Priests[12]이 주니 푸에블로 주변에 있는 신당으로 새로 만든 아하유다 한 쌍을 가져온다. 그전에 있던 아하유다 상은 걷어내 그대로 먼지를

---

11 깃털 장식이 되어 있는 막대 형상으로 푸에블로 족이 신들에게 기도할 때 바쳤다.

12 바우 프리스트 - 우두머리 사제가 선발한 전사들로서 아하유다 신당을 관리하는 역할을 맡고 있다.

뒤집어쓴 채 썩어가게 내버려 둔다. 그것들은 그대로 내버려 두어야 하며 손을 대는 자는 큰 해를 당한다. 주니족 협상 대표단은 "스페인과 미국 정부가 주니족 종교를 폐하고 주니족 땅에서 성물을 제거하는 바람에 이 세상에 영적 불균형이 생겨나 '나쁜 영향'이 초래되었다. 조화를 회복하기 위해 그 성물들은 원래 있던 주니족 땅에 갖다 놔야 한다."라고 주장했다.[40]

주니족 지도자들은 스미소니언 협회의 국립 자연사 박물관이 소장하고 있던 아하유다 상을 전략적 목표로 삼았다. 국립 자연사 박물관이 양보하면 전국에 있는 다른 박물관들도 뒤따를 참이었다. 1978년부터 협상이 시작되었다. 협상 대상은 한 쌍의 아하유다 상, 그리고 주니 푸에블로에 있던 스페인 선교 교회에서 반출된, 18세기에 제작한 성 마이클과 성 가브리엘 조각상이었다. 이들은 19세기 후반 스미소니언 협회의 인류학자들이 수집한 것들인데, 1987년에 결국 푸에블로 당국에게 모두 이관되었다.[41] 1989년에 의회는 국립 아메리카 인디언 박물관 설립 법안을 통과시켰고 1990년에는 아메리카 원주민 묘지 보호 및 송환법Native American Graves Protection and Repatriation Act(NAGPRA)이 통과되어 성물의 반환을 촉진할 수 있었다. 그 뒤로 10여 년 동안 주립 박물관과 대학 박물관에 있던 아하유다 상 60점 이상이 주니족 사제들에게 넘겨졌다.

주니족 협상 대표단은 또한 스미소니언 측에 주니족의 성물을 공개적으로 전시하지 말아 달라고 요구했다. 스미소니언 협상단을 이끌었던 윌리엄 메릴에 의하면 "어떤 물품이 신성한 것이고 어떤 것은 그렇지 않은지 판단하는 매우 복잡한 문제"를 놓고 기나긴 토론이 이어졌다. 주니족 대표였던 한 인류학자는 주니족의 물품은 대부분 신성하다면서 다만, 지금 주니족 측에서 좀 더 명확히 정리하고 있으니 정리되는 대로 전달하겠다고 말했다.[42] 그러나 그런 입장은 끝내 전달되지 않았다.

협상 초기 스미소니언 측에서는 주니족에게 연구와 미래 세대를 위해 아하유다 상을 계속 보존하겠다는 확답을 요청했다. 그러나 협상 후반부로 가면서 이 항목은 사라졌다. 덴버 자연과학 박물관의 인류학 부문 수석 큐레이터 칩 콜웰Chip Colwell은 덴버 박물관이 주니 부족에게 넘겨준 그 전쟁의 신들이 어떻게 되었는지 확인하러 간 적이 있었다. 그는 특별히 만든 신전으로 안내되었다. 문은 안전하게 잠겨 있었지만 천정은 뚫려 있었다. 내부에는 106개의 조각상이 서 있었는데 자연에 노출되어 모두 허물어져 내리고 있었다. 콜웰은 "박물관 큐레이터인 나로서는 이 귀중한 공예품–신상–이 이토록 무참히 바스러지고 있는 사실에 분노하지 않을 수 없었다."라고 썼다.

그러나 한편으로 그는 이게 바로 주니족이 원하던 것이라는 사실도 알아차렸다. **신상은 이렇게 자연으로 돌아가야 한다.** 콜웰은 자기를 안내한 가이드의 눈을 들여다보며 깨달음을 얻었던 그 순간을 회상한다. 그는 아하유다 상이 '이 성지에서' 이렇게 해체되어 가도록 놔두어야만 주니족이 생존할 수 있다는 사실을 깨달았다. "나로서는 여기보다 더 나은 장소는 찾기 어려웠다."라고 그는 쓰고 있다. 하지만 그는 덴버 박물관의 동료들이 품고 있는 의구심도 고려해야 했다. 그들 중에는 과학의 권리보다 인디언의 종교적 권리를 더 중시하는 관점에 이의를 제기하는 이들도 있었다. 또 다른 이들은 "물품, 기증자, 관람객, 대중의 신뢰에 대한 박물관의 책임"도 생각해야 한다고 말했다.[43]

주니족 협상단은 스미소니언과 다른 박물관을 대상으로 이전에 민족학자들이 그 지역 장인들에게 의뢰해 제작한 성물의 복제품도 돌려달라고 요구했는데 그중에는 보이 스카우트에서 만든 복제품도 하나 포함되어 있었다. 코요테coyote 부족 출신으로서 국립공원관리

단 소속 고고학자이자 주니족 종교위원회 대표이기도 했던 에드먼드 래드Edmund J. Ladd는 이에 따라 두 가지 곤혹스러운 문제가 대두된다고 말했다. "어느 게 타당한가? 어느 쪽 신념체계가 채택되어야 하는가? 이런 문제뿐만 아니라 다른 문제에도 대답하려면 시간이 좀 더 필요하다."[44] 그뿐만이 아니다. **과연 누가 성물에 대해 권위 있게 확정적으로 말할 수 있는가? 박물관은 그들의 밀에 어떻게 대응해야 하는가?**

싼사, 죽은 적의 머리

2020년 9월, 피트 리버스 박물관 관장은 자신들이 진행 중이던 유명 전시회인 '죽은 적들에 대한 처우The Treatment of Dead Enemies'를 중단했다. 이 전시회에는 나갈랜드[13]에서 전리품으로 잘라낸 사람 머리, 북아메리카에서 가져온 머리 가죽, 뉴기니에서 가져온 두개골 전시용 보드, 아마존 히바로Jivaro족이 수집했다가 1884년부터 1936년 사이에 박물관이 취득한 쪼그라든 사람 머리 등이 전시되어 있었다. (나중에 판명된 결과, 수축한 사람 머리 10점 중 6점만 실제 인간의 머리였다. 두 개는 나무늘보의 머리였고 나머지 두 개는 원숭이 머리였다.)

아마존 연안 지역에 사는 이들은 죽은 적의 신체를 전리품으로 만들었다. 특히 머리가 중요했는데 그중에 일부는 쪼그라든 미라 형태로 만들기도 했으며 머리 가죽으로 술잔을 만들거나 팔다리뼈로 연장을 만들거나 치아를 뽑아 목걸이로 만들기도 했다. 종교 예식 차원에서 인육을 먹는 경우도 있었다. 이렇게 사람의 몸을 씀으로써 사냥과 곡물 재배에서 큰 수확과 함께 젊은이들을 강인하게 만들고 여성들의 다산을 도모하고자 했다.[45]

13　나갈랜드Nagaland - 인도 동부의 주

에콰도르 동부와 페루 북부에 살았던 히바로Jivaro족과 카노아 Canoa족은 쪼그라든 머리를 만드는 직업의 전문가였다. 그들은 싸움에서 쓰러뜨린 적의 시체에서 머리를 베어냈다. 집으로 돌아온 전사는 그 머리에 있는 뼈는 모두 제거하되 영혼이 거처하는 처소인 머리카락은 조심스럽게 보존했다. 머리는 삶아 말려 수축시킨 후 안쪽에 뜨거운 모래를 집어넣고 손으로 주무르면 사람 얼굴 모양을 다시 잡을 수 있다. 그리고 입술과 눈을 꿰매면 그 영혼을 머리 안에 가둘 수 있다. 머리카락은 정성껏 장식한다. 이렇게 완성된 작품은 쌴사 tsantsa라고 한다. 전사가 싸움에서 이기고 집으로 돌아오면 그의 허벅지에 월경을 상징하는 닭의 피를 발라준다. 그러면 그 머리는 다시 태어나고 새로운 이름을 얻고 이제는 그의 나라가 된 새로운 나라에 정착하게 된다. 1년 후 카를로스 파우스토Carlos Fausto는 이렇게 쓰고 있다.

> 그 머리가 새로 만들어져 집안으로 세 번 들어온 후에는 집안 중앙 기둥에 붙들어 매는 큰 잔치가 벌어진다. 집주인은 초대한 사람들에게 술과 함께 특별히 이 잔치를 위해 기른 돼지를 잡아 고기를 대접한다…. 이렇게 하면 그 머리가 가진 특별한 능력이 사라지고 평범한 장식품이 되는데 집에 보관하다가 그 소유자가 죽으면 함께 묻어 주었다.[46]

이 예식이 끝난 후 자신의 쌴사를 중개인에게 파는 전사들도 있었다.[47]

히바로 부족 내부의 양대 파벌은 슈아Shuar족과 아추아Achuar족이었다. 이들은 문화나 언어가 같으면서도 여러 대에 걸쳐 원수지간으로 지냈다. 그래서 서로 (결혼을 통해 친족이 되듯이) 자신들의 공동체로 들여올 쌴사로 삼기에 가장 좋은 목표였다.

박물관의 그림자

19세기 막바지 무렵 아추아족의 머리를 노린 슈아족의 습격이 잦아졌다. 심할 때는 한 달에 한 번 꼴이었다. 머리를 갖다주고 대신 총을 얻을 수 있는 거래가 활발해지면서 (나중에는 관광객들을 대상으로 장사를 하게 되었고 그 머리 중 일부는 박물관으로 흘러 들어갔다) 습격은 더 심해졌다. 이런 거래는 20세기에 들어와서도 여전했다.[48] 앤 크리스틴 테일러Anne Christine Taylor에 의하면 히바로 부족 내에서 머리 사냥이 사라진 이유에 대해 이렇게 쓰고 있다.

> 그들이 집단 차원에서 지난날의 과오를 모두 잊고 전리품을 얻으려고 공격하는 것을 그만두기로 했기 때문은 아니다. 개개인의 생명과 선택에 대한 선교사들의 통제가 심해졌고 군대가 개입할 수도 있다는 경고도 있었으며 희생자의 친족이 모두 나이가 들고 사망해 분노의 기억도 함께 사라졌기 때문이고 머리를 따 수축시키는 작업 과정과 함께 그 의식이 갖는 의미에 대해 알고 있는 사람들이 점점 줄어들었기 때문이었다.[49]

1950년대 초, 살레지오 수도회 선교사들은 슈아 부족 내에 설립한 학교의 졸업생들을 동원해 가톨릭교회 조직을 구축했다. 1964년에 이 조직은 정부에서도 인정하는 '슈아 부족연맹'으로 발돋움했다. 이 연맹이 벌인 최초의 문화사업은 짠사를 만들어 예식에서 사용하는 방법에 관한 책을 출간하는 것이었다. 1995년 10월, 스미소니언이 세운 국립 아메리카 인디언 박물관은 자신들이 보유한 12점의 짠사를 당시로서는 짧은 기간이나마 평화적으로 공존하고 있던 슈아-아추아 부족 공동연맹에 기증했다. 당시만 해도 슈아족과 아추아족은 화해한 듯이 보였으므로 박물관으로서는 이 짠사의 소유권이 머리를 베인 아추아족 후손에게 있는지, 머리를 벤 슈아족 후손에게 있는지 굳이 따지지 않아도 되었다.

그렇다면 현대의 슈아족은 싼사에 대해 어떤 태도를 보이고 있는가? 고등교육을 받은 경건한 가톨릭교도로서 그 연맹의 임원으로 있던 이들은 싼사 반환을 위한 협상차 워싱턴 DC에 있는 국립 아메리카 인디언 박물관을 공식 방문했을 때 싼사를 아예 쳐다보지도 않았다. 슈아족을 연구하는 민속학자 스티븐 루빈스타인Steven Rubenstein은 이런 행동이 "연맹 결성 이전의 슈아족에 관한 민속학 연구에서는 드러나지 않던 정서로…죽은 자에 대한 경외심의 표현"이라고 말한다.[50] 그러나 다시 슈아 부족만의 연맹으로 환원된 후인 1998년에 들어와 슈아 부족연맹의 회장은 루빈스타인에게 NMAI가 기증한 싼사를 보여주었다. "신성한 물건이죠."라고 그는 말했다. 그리고 그는 연맹으로서는 이들을 보관할 박물관을 지어야 한다는 말도 덧붙였다.[51]

스티븐 루빈스타인에 따르면 연맹을 이끄는 지도층을 국가 자체와 동일시하는 슈아족 평민들은 지도층에 대해 양가적인 감정을 품고 있지만, 그럼에도 전사였던 자신들의 선조들에 대한 존경심이 있어 싼사를 포기하고 싶어 하지 않는다. 루빈스타인은 이렇게 쓰고 있다.

> 나는 앞으로 싼사에 대해 수치심이나 당혹스러움을 표현할 슈아족 사람을 만날 수도 있을 것이다. 지금까지 싼사에 대해 내가 만나본 이들은 모두 자부심과 찬사, 경외심을 갖고 있었다. 슈아족 사람 중에는 싼사를 연맹에 기증해야 한다고 강력히 주장하는 이들도 있었지만 별 관심 없는 사람들도 있었다. 내가 슈아족 사람 몇 명과 함께 (2003년에) 뉴욕에 있는 아메리카 자연사 박물관을 방문했을 때 그들은 다른 사람들이 보고 경탄할 수 있도록 싼사가 그곳에 진열되어 있다는 사실에 매우 즐거워했다. (물론 박물관 관람객 중에 그 머리를 쳐다보는 사람이 얼마 되지 않는다는 것도 직접 확인했지만 말이다.)[52]

2011년 피트 리버스 박물관은 피트 리버스 박물관 아메리카 수집품 담당 큐레이터이자 박물관 인류학 교수인 로라 피어스Laura Peers가 쓴 『쪼그라든 머리Shrunken Heads』라는 소책자를 발간했다. 책의 서론은 이렇게 시작한다.

피트 리버스 박물관에서 가장 눈부신 전시관에는 '죽은 적들에 대한 처우'라는 제목이 달려 있다. 진열대에는 남아메리카에서 나온 쪼그라든 머리, 즉 싼사가 포함되어 있다. 싼사는 모두 커다란 오렌지 만한 크기다. 어떤 싼사는 줄에 매달려 있고 어떤 싼사에는 머리 장식처럼 딱정벌레의 천연색 겉날개가 달려 있다. 입과 눈은 꿰매 붙였다. 오늘날 방문객에게는 혐오스럽게 보이지만 그만큼 시선을 잡아끄는 면도 있다. 박물관의 아메리카 수집품 담당 큐레이터로서 나는 쪼그라든 머리가 당시 사회에서 왜 만들어졌으며 어떤 의미가 있는지 설명하고 싶었다. 그뿐만 아니라 이 전시회로 인해 야기될 이슈, 그리고 박물관 스태프나 관람객들이 이 전시회에 관해 제기하는 의문에 대해서도 토론하고 싶었다. 싼사는 싼사가 만들어진 사회의 맥락에서는 물론이고, 싼사를 박물관에 전시하는 사회 속에서도 인간이 자신을 어떻게 이해하며 인간이 서로 왜 이렇게 대하는지에 관해 우리에게 많은 것을 알려준다.

부자연스러운 퇴장

피어스 교수에 따르면 박물관을 찾아온 관람객들이 안내 데스크에 와 가장 많이 물었던 질문은 바로 '쪼그라든 머리는 어디 있어요?'였다. 그 '쪼그라든 머리'는 영화 「해리 포터」 시리즈에도 나왔다. 피어스 교수는 "유명한 미술가들도 찾아와서는 언제나 머리를 사진으로 찍거나 그림을 그렸다. 이제 대중과 언론 모두 쪼그라든 머리가 피트 리버스 박물관의 핵심이라고 생각할 만큼 상징적인 물건이 되었다."라고 쓰기도 했다. 조심스럽게 다루어야 할 물건이지만 피어스 교수는 독자들에게 그런 염려는 하지 않아도 된다고 안심시키기도 했다. "피트 리버스 박물관은 싼사를 획득할 당시에도 아무 윤리적 문제가 없었으며 그 뒤로 단 한 번의 반환 요구도 없었다."[53]

그래서 2020년에 와 피트 리버스 관장으로 새로 임명된 로라 반 브로크호벤Laura van Broekhoven이 '죽은 적들에 대한 처우' 전시회를 중단하겠다고 발표한 것은 상당히 큰 충격이었다. 박물관이 쪼그라든 머리 수집품을 전시장에서 철수하기로 했다는 사실이 처음 보도되었을 때 박물관 애호가협회 대변인은 아이들이 쪼그라든 머리를 매우 좋아한다는 점을 강조하며 항의했다.[54] 관장으로서는 관람객 중 일부가 이 전시회를 야만적–사람 머리를 전시한다는 사실이 야만

싼사(쪼그라든 머리)를 목에 걸고 자기 마을로 돌아온 슈아 부족 전사.
총기류를 주목하라. 핀란드 민속학자이자 종교철학가
라파엘 카스텐Rafael Kasten이 찍은 사진
(예테보리 세계문화박물관의 승인을 받고 게재. 음화 2435번)

박물관의 그림자

적이라는 게 아니라 머리 자체가—이라고 평가한 것이 결정타였던 게 분명했다. 2020년 9월, 박물관은 히바로 부족의 쪼그라든 머리, 서아 시아 나가Naga족이 전리품으로 얻은 머리, 이집트에서 나온 소년의 미라까지 모두 철시했다. 관장은 박물관이 소장하고 있는 2,800점가량의 인간 유해 대부분도 처분하되 "유해가 생겨난 공동체"에서 설립한 적절한 기관에 넘겨주겠다고 발표했다.

전시회를 중단한 사태에 관해 몇 가지 이유가 제시되었는데 "싼사를 만든 이유나 만드는 방법에 관해 알려진 내용이 거의 없다."라는 게 공식 발표였다. 하지만 이는 지난 100년 동안 싼사를 어떻게 왜 만드는지에 관해 일류 민족학자들이 연구해 놀랄 만큼 상세히 정리한 결과, 즉 피어스 교수가 자신이 쓴 피트 리버스 박물관 소책자에서도 다루기도 한 그 연구 성과를 무색케 만드는 말이었다.[55] 공식 발표문이 인용하고 있는 영국 정부의 박물관 인간 유해 관리법(영국 문화미디어스포츠부, 2005년)조차 "박물관이 구체적인 해석에 유익하다고 판단하고 전시회에 충분한 설명 자료가 동반되며 어떤 것인지 미처 알지 못한 채 전시물을 접하게 되는 사람들이 없도록 조치를 취하는 방식으로 전시한다면 전시할 수 있다."라고 말하는데도 불구하고, 공식 발표문에서는 인간 유해를 전시하는 것은 이제 "비윤리적이며 적절치 않다."라는 주장을 이어가고 있다.

오랜 세월 동안 놓여 있던 유명한 진열장이 있던 곳에는 이제 방문객들이 왜 더 이상 해골과 싼사를 볼 수 없는지 그 이유를 설명하는 대형 포스터가 세워져 있다. "원주민들은 자기 조상들의 유해가 일반인에게 공개되는 것을 원치 않는다. 어느 나바호 부족인은 이렇게 말한다. '우리도 땅에 묻힐 권리가 있고 땅에 묻혔다면 거기 계속 묻혀 있을 권리가 있다'라고." 하지만 이런 주장에 대한 근거는 어디에서도 제시되지 않았을 뿐만 아니라 오히려 이런 주장을 반박할 만한 증거는 넘쳐난다. 그리고 무엇보다 **피트 리버스 박물관이 소장 중인 싼사를 왜 슈아 부족연맹이 맡아 매장해야 하는가?** 예나 지금이나 전례가 없는 일이다.

피어스 교수는 피트 리버스 박물관에서는 싼사를 찍은 사진이 언론에 노출되는 것을 계속 허락할지 말지도 검토하고 있다고 말한다. "박물관은 사진 사용을 허락해 달라는 요청을 자주 받는다. 하지만 우리는 사람들이 쪼그라든 머리에 관한 고정관념 때문에 사진을 사용하려고 한다는 것을 알았다. 그들은 엑소시즘과 관련된 고정관념을 부각시키기 위해 사진을 사용하려고 한다."[56] 그러나 그녀가 쓴 소책자에도 이전에 전시되어 있던 두개골, 머리 가죽, 싼사를 찍은 사진이 실려 있었다. 게다가 인터넷에도 그와 비슷한 사진은 얼마든지 널려 있다.

이전에 나는 그 전시회에 관해 쓴 내 논문 내용을 쉽게 이해하도록 피트 리버스 측에 사진 사용을 허락해 달라고 요청한 적이 있었다. 내게는 피어스 교수가 염려하듯이 "엑소시즘과 관련된 고정관념" 따위는 전혀 없었다. 대학 박물관에서 학문적 연구서 내용을 검열하는 것은 흔치 않은데 나는 박물관의 마케팅과 미디어 부서 직원에게서 거절하는 연락을 받았다. 그녀는 관장인 반 브로크호벤 박사에게 문의했으나 불가하다는 대답을 받았다고 했다. "귀하께서 사용하려는 사진은 관련된 이들을 존중하기 위해 우리가 지난 여름 철시했던 전시회 내용입니다. 이 전시회가 더 이상 진행되지 않는 이상 우리로서는 다른 사진을 사용해 주시기를 바라며 특히 로라 반 브로크호벤 관장은 왜 이런 변화가 있었는지를 설명하는 대체 전시물을 찍은 사진을 사용해 주기를 바랍니다."

관련된 이들이라니! 도대체 그들이 누구이며 그들의 의견은 누가 청취했으며 도대체 '그들'이 믿는 것은 무엇인가? 그리고 그들(누구든)에게 무슨 권리가 있기에 오래된 역사를 자랑하는 유명한 대학 박물관의 정책까지 결정한다는 말인가?

14장

보여주고 말하라
영구 전시회와 단기 전시회

박물관의 보이지 않는 뒤쪽으로 돌아가 보면 그곳에서 큐레이터들이 작품을 관리하고 새로운 작품을 사들이고 가짜 작품을 골라내고 과도하게 남은 재고는 다른 박물관에 대여하거나 교환하는 모습을 볼 수 있다. 도록을 새로 만들고 작품의 정체성을 확인하고 출처와 기원을 확정하고 작품에 붙이는 설명문을 다시 쓰기도 한다. 하지만 이 모든 활동은 대중들 눈에는 거의 보이지 않는다. (물론 BBC에서 만든 시리즈물 「박물관의 비밀Secrets of the Museum」에서는 빅토리아 앤드 알버트 미술관의 눈에 보이지 않는 배후의 모습을 보여주어 시청자들을 매혹시켰던 적이 있긴 있다.)

전시실은 박물관이 대중 앞에 공개하는 얼굴이다. 대형 박물관들은 지극히 선별된 작품만 전시한다. 보유한 수집품 중 1~3% 정도만 전시된다고 보면 된다. 영구(장기라는 의미다) 전시회는 언젠가는 낡은 구닥다리가 되지만 대형 박물관 갤러리를 새로 단장하려면 수백만 달러, 때로는 수천만 달러가 투입되어야 하므로 전시회는 한 세대 혹은 두 세대에 이르기까지 큰 변화 없이 그대로 진행된다. 적어도 전시관 한 곳 정도는 주제를 정해 여는 단기 전시회 공간으로 별도로 마련해 두는데 이때는 다른 곳에서 대여한 작품들을 전시하기도 한다.

전시할 작품을 선별해 진열하는 일은 중요한 의미를 담은 선언문을 작성하는 일이라고 할 수 있고 근래에 큐레이터들이 선호하는 표현을 빌리면, **하나의 이야기를 전달하는 일**이다. 이 이야기는 박물관이 소장한 작품이나 빌려올 수 있는 작품의 양과 질, 큐레이터의 전문적 소양과 기획 역량, 박물관 건물 공간의 물리적 한계, 돈, 정치, 압력 집단 등의 요인에 의해 심한 제약을 받는다. 모든 전시회는 각자 자신만의 어젠다Agenda를 지닌 큐레이터, 디자이너, 관리부, 기부자, 딜러, 외부 전문가와 활동가들이 벌이는 치열한 줄다리기의 산물이다.

박물관 업계 종사자들은 전시회가 언론의 큰 관심을 받기를 바라지만 또 다른 한편으로는 누군가 어떤 식으로든 소동을 일으키는 것을 염려한다. 특히 '타인의 박물관'에서 개최되는 전시회는 논란에 휩싸이는 경우가 많은데 전시회를 통해 사람에 대해, 사람들 간의 관계에 대해, 그들의 차이점과 공통점에 대해 중요한 의미를 담은 선언-이야기-을 하기 때문이며 이 모든 것이 글로벌한 세계 속의 다문화적인 도시에서 일어나기 때문이다. 정체성 정치학[01]-진보와 보수 양쪽 모두 관여되어 있다-이 끼어들어 새로운 문제와 제약과 논쟁을 유발하기도 한다. 20세기 후반 이후로 각국 정부는 박물관에 민간 후원자들을 발굴하라는 압력까지 가하고 있다.

후원자들은 전시회 주제나 전시할 물품을 선정하는 단계에서 지시하는 정도까지는 아니더라도 적어도 영향은 미치고 싶어 한다. 그들은 전시회가 자신들의 공동 이익과 부합하기를 원한다. 적어도 그

---

01 정체성 정치학 - 개인의 관심과 협력 관계는 인종 · 민족 · 종교 · 성에 기초해 만들어진다는 정치적 관점

들에게 당혹감을 안기는 전시회는 되지 않아야 한다. 그들은 전시회가 낙관주의와 선의를 함양하기를 기대한다(이상적으로 말하면 창조성, 영적 고양, 아이들에 대한 사랑과 같은 것들은 전 세계 어디에나 존재하는 인간의 보편적 경험이며 우리는 모두 같은 경험을 공유하고 있다는 메시지를 던져주기를 바라는 것이다). 후원자들은 비록 주제 선정 단계에서만 영향력을 행사할 수 있지만 그 단계에서 모두 자신이 갖고 있는 선입견을 끌고 들어온다. 오만한 억만장자 같은 경우에는 한층 구체적인 어젠다를 제시하는 경우도 있다. 말로 명확히 표현되지는 않지만 현대 박물관의 관장들과 후원자들 사이에는 민족학이나 고고학의 역사적, 학문적 성과 정도는 언제든지 무시할 수 있다는 생각이 퍼져 있다.

인류 박물관 실험

1970년, 대영박물관은 실험을 실행에 옮겼다. 공간이 너무 부족해져 시도한 실험이었다. 대영박물관은 한때 학자들, 도피해 온 혁명가들, 가난한 글쟁이들이 자주 드나드는, 소굴 역할을 하던 도서관 내 거대한 원형 열람실을 비우려는 계획을 이미 오래전부터 갖고 있었다. 민족학 부문은 피카딜리 벌링턴 가든에 있는 건물 하나를 빌려 그곳으로 옮기기로 했다. 이름도 거창하게 인류 박물관Museum of Mankind이라고 지었다. (파리에 있는 유명 인간 박물관Musée de l'Homme에서 가져온 이 이름은 대영박물관의 신탁관리위원 중 한 명이자 내셔널 갤러리 관장으로 인기 있는 TV 시리즈물 「문명」의 진행자이기도 했던 케네스 클라크Kenneth Clark가 제안한 이름이었다.)

1974년에 민족학 부문 책임자가 된 말콤 매클라우드Malcolm Mc-Leod는 큐레이터가 되려는 자는 인류학 분야 학위가 있고 정기적으로 현장연구를 진행하며 해당 분야의 최신 경향을 알고 있는 자여야

박물관의 그림자

한다고 강조했다. 20세기 후반에 이르면 인류학자들은 민족학적 연구 방식을 열렬히 숭배했다. 그들은 '타인들other people'이 어떻게 삶을 꾸려가며 세계를 이해하는지 알기 위해서는 오랜 시간을 두고 그들의 일상생활 속에 함께 녹아 들어가는 것이 유일하다고 믿었다. 삶의 맥락을 이해하는 것이 가장 중요하다는 말이었다.

이것저것 되는 대로 비교하고 추론해 역사를 서술해 나가는 올드스쿨 방식은 이제 그 신뢰성을 의심받기 시작했으며 인류 박물관의 전시회는 특정 시기와 장소에서 살던 특정 민족에게 집중하는 방식을 채택했다. 벌링턴 가든에 있던 시기의 후반에 열린 전시회 명칭들을 살펴보면 이렇다. 아프리카 헤어 드레서의 상징물전, 멕시코 직물전, 키르기스스탄에서 나온 중앙아시아 노마드 펠트전[02], 태평양의 섬 말라이타Malaita전, 만칼라 게임 보드전, 지구 맨 끝 파타고니아전, 남아프리카 구슬공예전.[01] (전 지구적 관점을 가진 유일한 전시회였던 '세계 도자기 공예 전통전'은 예외적이었다고 하겠다.) 전시회를 찾아온 사람들이 특정 (미학적으로 우수한) 공예품을 접한 후 그것들이 특정 지역에서 어떻게 사용되었으며 그곳에 살던 사람들에게 어떤 의미였는지 알고 돌아가기를 바랐던 것이다.

인류 박물관은 사반세기 정도 유지되었다. 드디어 대영박물관의 신고전주의 건물 속에 있던 도서관이 세인트 판크라스 역 옆에 있는 현대적 건물로 이전했는데 이 건물에 대해 당시 찰스 황태자는 '비밀경찰학교 강당처럼 생겼다'라고 표현하기도 했다. 벌링턴 가든에서 열린 전시회는 1997년을 끝으로 막을 내렸다. 수집품은 창고에 보관되었고 2004년 들어 민족학 부문은 블룸스버리에 있는 대영박물

---

02 펠트Pelt - 모직이나 털을 압축시켜 만든 부드럽고 두꺼운 천

관으로 다시 돌아왔다. 그리고 일주일 후 대영박물관의 새로운 관장으로 임명된 닐 맥그리거Neil McGregor는 임직원 회의 석상에서 민족학 부문을 폐쇄하겠다고 발표한다. 민족학 큐레이터들은 아시아, 오세아니아, 아메리카 전체를 담당하는 새로운 부문에 재배치하기로 했다.

다른 여러 메트로폴리탄 박물관 관장들처럼 맥그리거도 예술사가였다. 하지만 그는 대영박물관을 미술 박물관으로 바꾸고 싶은 마음은 없었다. 그는 대영박물관이 애초에 가지고 있던 계몽주의 사상의 뿌리에 충실하게 인류 보편적이며 백과사전 같은 기관으로 남아야 한다고 생각했다. 그는 대영박물관의 소장품 전체를 지칭할 때 수집품collection이라는 단수 명사로 표현하길 좋아했다. 수집품의 어느 부문에서든 그 어떤 특정 학문 분야의 패거리가 지배권을 장악해서는 안 된다는 취지였다.

하지만 이런 행정적 차원의 계책은 이해하기 어려웠다. 도대체 아프리카, 오세아니아, 아메리카가 무슨 공통점이 있다는 말인가? 맥그리거는 타히티족이 줄루족이나 나바호족 같은 인디언과 어떤 점이 비슷한지, 호주 원주민이나 알래스카 이누이트족과 비교했을 때 100년이 넘는 세월 동안 갈등에 점철되고 폭력에 얼룩진 식민지 정복의 역사 이외에 무엇을 공유하고 있는지 명확히 설명하지 못했다. 여러 대륙에 흩어져 거주하고 있지만 서로 매우 닮았으며 자신들 이외의 민족과는 전혀 다른 원시인 원주민들이 존재한다고 믿었던 빅토리아 시대의 비전에 사로잡혀 있었던 것일까?

당연히 그건 아니었다! 당시 대영박물관은 조심스럽게 예의를 갖추어 보유 중인 민족학 자료를 지리학적 지역에 따른 재배치를 진행하고 있었으며 고대 유물도 아시아, 중동, 유럽으로 나누고 있었다. 즉, 아프리카, 아메리카, 오세아니아 유물은 유럽, 중동, 동아시아 유

박물관의 그림자

물을 정리하고 남은 것들이었다. 다만, 콜럼버스 이전 시기 중앙아메리카 제국에서 만든 건축물은 잘 조직된 일군의 고고학자들이 별도로 관리하고 있었다. 어느 큐레이터가 회고하는 말에 따르면 "아시아 부문은 그때까지 예술사가들이 주도하고 있었는데 민족학 부문에서 새로 받아들인 자료를 관리하도록 중간급 큐레이터로 고용된 어느 인류학자는 동양 미술을 산출해 내지 못한 문화권에 대해서는 아무 관심을 쏟지 않는 데 좌절해 사퇴하고 말았다."[02]

원시적인 것과 문화적인 것을 구분하려는 생각이 있었던 것일까? 아니면 인류학자들(원시사회 전문가들로 간주했다)이 고전주의자나 동양주의자들(고대 문명 전문가)과 대립했던 것일까? 이 대목에서 작동했던 논리를 파헤치려면 전문적인 구조주의자들을 모아 세미나라도 열어야 할 판이다.

인류 박물관의 큐레이터들은 나와 동년배들이었다. 우리는 똑같은 지적 수련을 받았다. 나는 그들이 강력한 힘을 가진 고위 인사들로부터 시달리면서 느꼈던 좌절에 공감했다. 그들과 마찬가지로 나역시 아프리카, 오세아니아, 아메리카를 하나로 묶는 발상에 적잖이 당황했다. 그렇게 인류 박물관의 실험은 결국 참담하게 막을 내리고말았다.

단기 전시회와 사자 인간 조각상

2004년에 대영박물관으로 되돌아왔을 때만 해도 인류학 큐레이터들은—약속받은 대로—그들이 보유하고 있던 아프리카, 아메리카, 태평양 지역 수집품으로 멋진 전시회를 할 수 있으리라 기대했지만 박물관의 신임 관장 닐 맥그리거는 오래전 먼 나라에서 살았던 변두리 민족이 만든 일상용품이 사람들의 마음을 끌 수 있을지에 관해 회의적이었다. 게다가 돈도 부족했다. 재무부에서는 예산을 줄이려고 하고 있었다. 후원자들과 기부자들 또한 눈길을 사로잡는 전시회를 열라고 압력을 가하는 중이었다.

1993년 7월, 멕시코의 카를로스 살리나스 데 고르타리 대통령이 영국을 공식 방문했다. 그는 대영박물관에 들른 적이 있는데-우연히 들른 것은 아닌 게 분명했다-그때 그는 대영박물관이 멕시코 외부에 있는 기관 중에서는 멕시코의 중요한 고대 유물을 가장 많이 소장한 박물관임에도 불구하고 정작 영구 전시회에 나와 있는 작품은 몇 점 안 된다며 불만을 토로했다. 멕시코 정부는 상당한 액수의 기부금을 보내면서 멕시코 갤러리 공간을 더 확보해 달라고 요청해 왔다. (자연스럽게 다른 남미 전시회 공간은 줄어들었다.)

기부자들은 단기 전시회를 위해서도 돈을 내놓았다. 언론에서도 많이 다루었던 '신들과 함께 살아가기: 사람들, 장소, 그리고 그 너머 세계전'은 대영박물관에서 2017년 11월부터 2018년 4월까지 열렸다. 이 전시회의 큐레이터는 영국, 유럽, 선사시대 담당자였던 질 쿡Jill Cook과 닐 맥그리거였다. (예술사가로 교육을 받은 맥그리거는 1987년부터 2002년까지는 런던 내셔널 갤러리 관장으로 있었고 2002년부터 2015년까지는 대영박물관 관장으로 일했다. 그는 이 전시회를 위한 게스트 큐레이터로 대영박물관에 돌아왔다.)

이 전시회는 창세기 재단에서 자금을 댔다. 투자전문 은행가인 존 스터진스키John Studzinski가 세운 이 재단은 '예술과 신앙'을 함양하는 데 헌신하는 단체였다. 스터진스키는 가톨릭교도이지만 「파이낸셜 타임스」와의 인터뷰에서는 "영적이라고 해서 항상 종교적이어야 하는 것은 아니다."라고 말했다.[03] 다음은 전시회에 맞추어 박물관이 발간한 소책자 내용으로 일종의 뉴에이지 선언문처럼 들린다.

보이지 않은 영적 세계에 대한 믿음이 없는 인간 사회는 존재하지 않는다.

이런 믿음과 이 믿음에 동반되는 예식은 그들을 둘러싼 환경과 문화적 배경에 따라 다양하게 나타나지만 그 모든 것의 저변에는 초월적인 세계와 초월적인 존재에 대해 인간이 자연적으로 품는 동경이 깔려 있다. '신들과 함께 살아가기전'은 이런 동경과 경향성을 탐색하기 위해 스토리와 사물과 그림과 예식을 통해 표현되었던 그 믿음이 어떤 식으로 믿는 이들을 결속시키고 불안을 감소시키며 사회적 결속을 강화시켜 우리가 사는 세계를 정돈하고 이해할 만하게 만들어왔는지 살펴본다. 이런 일은 인간의 정신에서 출발한다.

이 전시회의 중심 작품은 4만 년 전 만들어진 라이언 맨Lion-Man, 즉 '사자 인간' 조각상이었다. 1939년 여름, 독일 해부학자이자 선사시대 연구가로 나치에 부역하던 지식인이었던 로버트 베첼Robert Wet-zel은 독일 남서부 바덴-뷔르템베르크Waden-Württemberg 울름Ulm 근교에 있는 후기 구석기 시대 유적지인 슈타델 동굴Stadel cave 발굴 사업에 참여하고 있었다. 하인리히 힘러Heinrich Himmler의 지휘하에 히틀러 친위대 과학분과의 자금 지원을 받아 진행된 이 발굴 사업은 히틀러의 군대가 체코슬로바키아를 침공해 제2차 세계대전이 발발하기 일주일 전이던 1939년 8월 25일에 중단되었다. 발굴이 중단되던 바로 그날 동굴 안쪽 작은 공간에서 기묘하게 만들어진 상아 조각상 파편들이 발견되었다.

1962년에 베첼이 죽은 후 이 상아 조각 파편들은 울름 박물관에 보관되었다. 1982년 스위스 고생물학자 엘리자베스 슈미트Elisabeth Schmidt는 같은 조각상에서 나온 것으로 추정되는 파편을 추가로 수습했고 1988년에는 파편들을 재조립해 복원하기에 이르렀다. 완성하고 보니 31.1cm 크기에 머리와 앞발은 커다란 고양이-동굴 사자로 추정된다-모양이었고 하체는 인간의 형상을 한 조각상이어서 뢰벤멘쉬Löwenmensch, 즉 사자 인간이라고 이름 붙였다. 2008년부터 2013년 사이에 진행된 추가 발굴을 통해 같은 조각상에서 나온 파편 575점을 더 발굴했다. 방사성 탄소 연대 측정법에 따르면 3만 5천 년에서 4만 년 전에 만들어진 조각상이었다. 즉, 지금까지 발굴된 조각상 중 가장 오래된 작품인 셈이다. 정교한 복원 작업이 이어졌는데 그 과정에서 애초 조각상에서 1/3가량이 소실된 상태라는 사실도 드러났다.[04]

하지만 질 쿡과 닐 맥그리거는 이 조각상을 제작한 이유에 관해 분

1피트 (31cm) 정도의 크기에 3만 5천 년에서 4만 년 전 매머드 상아로 만든 이 조각상은 1939년 독일 유라산맥 지역의 어느 동굴에서 발견되었다. 뢰벤멘쉬, 즉 사자 인간으로 알려진 이 조각상은 몸은 인간이고 머리는 동굴 사자 혹은 동굴 곰의 형상을 하고 있다. 이본 뮐라이스Yvonne Mühleis가 찍은 사진 (RP 슈투트가르트&울름 박물관 기념물 보존 사무국 승인을 받고 게재)

명한 확신이 있었다. 그들의 설명에 따르면 사자 인간은 "머리는 동굴 사자, 몸은 인간의 형상이다. 직립해 발끝으로 설 수 있었고 잘 발달된 인간의 다리와 날렵한 남성의 엉덩이를 가지고 있다…. 시선은 자세와 마찬가지로 강렬하고 자기를 쳐다보는 사람을 마주 보고 있다. 귀와 눈을 세부적으로 살펴보면 민첩하다는 것을 알 수 있다. 가만히 응시하고 있고 귀를 기울이고 있는 형상이다. 이 강렬하고 신비로운 포식자는…물리적 세계에는 존재하지 않지만 이걸 만든 이가 인간과 자연의 관계에 대해 품고 있었던 생각과 관심사와 호기심을 상징적으로 표현한다."[05]

그러나 대영박물관 전시회가 열리기 3년 전에 나온 신뢰할 만한 과학적 분석 결과, 쿡과 맥그리거가 무시했던 질문이 대두되었다. 사자 인간은 정말로 민첩하게 움직이기 위해 준비하고 있는 상태인가? 물론 그렇게 볼 수도 있지만 고고학자들은 이 조각상에 대해 "매우 유동적인 상태로서 전혀 현실적이지 않은 행동을 표현하고 있는 모습"으로 볼 수도 있다고 말한다.[06] 종교적인 형상일까? 고고학자들은 이 조각상이 사자 머리를 뒤집어쓴 샤먼의 모습이라고 생각한다. 동굴 안쪽의 우묵하게 들어간 공간에 세워져 있었던 것은 그곳이 일종의 신전이었기 때문이었을 가능성이 크다.[07] 이런 추측을 동원하더라도 정확히 이게 무엇인지는 확정할 수 없었다. 울름 박물관 웹사이트 내용은 요령껏 불가지론적으로 표현되어 있다. "우리는 이 작품을 만든 이의 의도가 무엇인지 정확히 알지 못한다. 이 독특한 유물이 놀랄 만큼 멋진 작품으로서 마지막 빙하기에 살았던 인류의 영적 세계를 가능해 볼 수 있게 해주지만 지금 우리로서는 무척이나 복잡했던 그들의 세계관을 제대로 해독하기 어렵다."

그리고 또 하나. 사자 인간은 남성인가? 조각상에서 성기가 있던 부위는 깨져 있다. 후기 구석기 시대 전문가인 요아킴 한Joachim Hahn

은 하복부에 있는 조그만 판 모양을 축 늘어진 성기로 본다. 1982년 이 작품의 복원을 진행했던 엘리자베스 슈미트는 여성의 국부 모양을 표현한 삼각형으로 보았다.[08] 그녀는 이 조각상이 동굴 사자 암컷 Höhlenlöwin 혹은 고양이의 머리를 한 여성을 나타낸다고 주장한다.[09] 울름 박물관 부관장이었던 쿠르트 베르베르거Kurt Wehrberger는 2011년 「슈피겔」지와의 인터뷰에서 이 사자 여성Lion Woman이 "페미니스트 운동의 상징"이 되었다고 말했다.

다만, 최근 과학계는 남성으로 보는 경향이 더 강하다. 성기 부위의 작은 판이 사타구니에서 분리되어 있는데 이것은 그 부위에 있었어야 할 조각-아마도 성기-이 없어졌다는 의미일 가능성이 크다. 그렇다면 그 판 옆쪽으로 나 있는 근육의 줄무늬 모양은 "남성의 성기를 표현하는 기법으로 해석할 수 있다."[10] 아직도 이런 논쟁은 해결되지 않았다. 대영박물관 전시회는 그런 사실을 분명히 밝혔어야 했다.

무엇을 위한 장기 전시회인가

장기 전시회는 이런 유별난 단기 전시회보다 심각한 문제를 초래할 때가 많은데 **말 그대로 매우 오랫동안 전시를 하기 때문**이다. 민족학 부문이 대영박물관으로 돌아왔을 때 민족학 자료 전시를 위해 갤러리 두 곳이 배정되었다. 의료 자선단체인 웰컴 트러스트Wellcome Trust는 2003년에 문을 연 '산 자와 죽은 자' 갤러리를 후원했다. 그 단체가 추구하는 바를 따라 이 전시회는 포괄적인 의미에서 건강과 관련된 이슈를 다루고 있다. 그리고 20세기 중반 인류학이 채택한 기능주의적 관점을 채택한다. 이 관점의 근본 원리는 '세계 도처에 사는 모든 사람은 같은 문제에 직면하며 그 문제의 해결책은 자신이 처한 지역의 권력 구조와 종교적 신념에 부합하면서 동시에 가용할 수 있는 자원으로 만들어 낼 수 있어야 한다'라는 것이다. 대영박물관 웹사이트에 나와 있는 내용을 그대로 인용하면 '산 자와 죽은 자' 갤러리는 "세계 도처의 사람들이 삶과 죽음이라는 힘겨운 현실에 어떻게 대응했는지를 탐구한다…. 모든 이들이 이 도전에 직면해야 했지만 여기에 대응하는 전략은 지역에 따라, 민족에 따라 다양하게 나타난다."

애초에는 박물관의 북쪽 도서관이었던 웰컴 갤러리는 870m²에 이르는 매우 넓은 공간으로 천장의 높이는 6.3m에 이른다. 홀에는 높이 5m가 넘는 거대한 유리 진열장이 가득 채워져 있으며 각각은 전 세계 머나먼 지역에 흩어져 살고 있는 사람들이 구체적인 실존적 문제에 어떻게 부딪혀 가는지를 보여준다. '정령들과 관계 맺기(니코바르 제도)', '서로서로 붙들어 주기(태평양 제도)', '땅과 함께 살아가기(아메리카 인디언)' 등등.

가장 인기 많은 전시물 중 하나는 관람객의 감수성을 자극한다. 이 전시물은 홀 중앙에 놓여 있는데 14m 길이에 유리로 덮인 다리 달린 테이블 안에 들어 있다. 상류층 대상 명품매장에서 개최하는 거대한 전시회를 연상시키는 '요람에서 무덤까지'라는 이름의 이 전시물은 두 명의 예술가와 한 명의 가정의학과 의사가 설계한 것으로 관람객으로 하여금 서구인의 일상생활에서 약이 갖는 위치를 생각하게 한다. 전시물 안내문에는 이렇게 표기되어 있다. "길게 이어진 편직물 두 줄이 나란히 놓여 있는데 하나는 남자의 것이고 다른 하나는 여자의 것이다. 각각의 직물에는 이 남자와 여자가 평생 복용하는 처방약이 들어있다. 그 옆으로 그들의 삶이 이어지면서 나타나는 가족사진, 문서, 보청기 같은 의학적 발명품들까지 나란히 진열되어 있다."

이 전시물은 관람객들의 시선을 확실히 사로잡는다. 키 높은 진열대 안에 놓인 민족학 공예품보다 한결 편안히 감상할 수 있다. 이해 하기도 쉽다. 세상에! 이렇게 많은 약을 먹는다니! 알려진 바와 같이 평균적인 영국인은 평생 1만 4천 정의 약을 먹는데 그중 절반 이상을 생애 마지막 10년 동안 복용한다. 게다가 이는 처방전 없이 구매할 수 있는 일반의약품이나 식품 보충제, 항산화 비타민제는 제외한 수치 다. 주사기, 엑스레이 사진, 유방조영상과 헌혈 수집용 백은 의학기술 의 발전상을 표현한다. 가족사진은 생애 단계를 나타낸다. 선별해 진 열해 둔 물건-콘돔, 꽁초가 가득 담긴 재떨이, 레드 와인잔-은 일상 대화에서 흔히 나타나는 건강에 대한 관심과 염려를 뜻한다. 나는 이 것을 본 방문객이 세상 저 먼 곳에 사는 이들이 사용했던 주술적 치 료 방법이 담긴 진열장을 본다면 약물로 불안과 염려를 해소하려는 서구 사회에 관해 모종의 교훈을 얻을 거라고 상상해 본다. 실제로 주술에 의존하려는 사람도 있지 않을까?

2004년 웰컴 갤러리는 영국 박물관에서 열린 가장 우수한 영구 전 시회에 수여하는 뮤지엄 앤 헤리티지 쇼 상Museum and Heritage Show Award을 받았다. **하지만 영국의 모든 박물관을 통틀어 이 상을 받을 만한 더 나은 후보가 정말 없었을까?**

세인즈버리 트러스트Sainsbury Trust는 시각예술visual arts, 그중에서도 특히 아프리카 미술을 후원한다. 2001년에 처음 대영박물관 내에서 세인즈버리 갤러리가 문을 열었을 때(그 후로 20년 이상 변함없이 유 지되고 있다), 중앙 계단을 통해 들어온 관람객들은 죽은 이가 사후에 지나는 여정을 정교하게 조각해 놓은, 가나에서 만든 여러 개의 관을 마주하고 그다음으로는 1988년 웸블리 스타디움에서 열린 '넬슨 만 델라 석방 기원' 콘서트에서 사용되었던 배너를 만난다. 큐레이터의 설명에 따르면 현대 예술과 도자기류, 축제용 의상, 무기까지 진열해

박물관의 그림자

둔 것은 방문객들에게 "21세기 국제화된 세계에서 아프리카와 아프리카 예술에 대해 어떻게 생각해야 하는지를" 질문할 수 있게 하려는 취지였다.[11] 예를 들어, 큐레이터들은 케냐에서 태어나 영국에 거주하는 도예가 막달레나 오둔도Magdalene Odunda를 "사하라 이남 아프리카 전통에 속한" 작가로 보지만 그럼에도 그녀가 키클라데스 제도[03]에서 나온 조각상이나 아르프Arp, 고디에 브제스카Gaudier-Brzeska, 브랑쿠시Brancusi 같은 현대의 대가들로부터 영감을 받았다는 점을 밝힌다.[12]

그 옆에 있는 홀에는 베냉 동판이나 흉상 등 박물관이 보유하고 있는 가장 유명한 서아프리카 궁정 예술품이 전시되어 있다. 설명은 별로 많지 않다. 공예품 중 일부는 만들 때 사용된 재료에 따라 진열되어 있다. 관람객들에게는 이런 내용에 대한 안내가 거의 없다. 큐레이터는 "처음 보면 매우 자의적인 배치처럼 보이지만 사실 그렇지 않다. 전체적으로 보면 서로 다른 재료와 기법마다 고유한 철학이 배어 있어 이런 방식으로 진열함으로써 아프리카의 역사와 사회생활을 조명할 수 있다. 우리 목표는 갤러리 전체를 통해 '아프리카다움African-ness'의 정수를 요약해 제시하기보다 아프리카 대륙의 문화, 지리, 민족, 예술의 다양성과 그 다양성이 다른 세계에 미친 영향을 드러내는 것이었다."라고 설명한다.[13] 그러나 실제로 관람객의 눈에는 방 하나에 가득 아무 맥락도 없이 진열된 식민지 이전 시대 궁정 예술품과 그 옆에 마련된 또 다른 전시 공간에 진열된 사하라 이남 아프리카 여기저기서 만들어진 현대 공예품이 보일 뿐이다.

20년 이후 2021년 2월부터 파리 케 브랑리 박물관에서 필립 다강Philippe Dagen이 큐레이터로 개최한 '엑스 아프리카Ex Africa' 전시회

---

03 키클라데스 제도 - 에게해 남부에 있는 그리스령 군도

는 고대 아프리카 미술과 현대 아프리카 미술의 관계에 관해 좀 더 근본적이고 흥미진진한 관점을 제시한다. 예술사가인 다강은 인상파 이후 예술계가 오세아니아와 아프리카 예술에 대해 품고 있던 열광적인 집착을 다룬 두 권짜리 연구서 『원시주의Primitivismes』를 쓴 저자이기도 한데 그 책에서 그는 그들의 집착이 20세기 후반 들어오면서 '원시예술'의 상업화로 전락한다고 보았다. 결정적인 순간은 1984년 뉴욕 현대미술관MoMA에서 열린 '20세기의 원시주의: 부족 예술과 현대 예술의 연관성'이라는 전시회였다. 이 전시회는 아프리카에서 나온 마스크와 궁정 예술이, 이를 만들도록 의뢰한 이들이나 만든 이들에게 어떤 의미였는지는 제대로 다루지 않았다. 게다가 뉴욕 현대미술관은 식민지 이후 아프리카 예술을 위한 공간은 아예 마련하지도 않았다.

다강은 뉴욕 현대미술관에 대항하기 위해 '엑스 아프리카'전을 열었다. 첫 번째 전시실은 '채프먼 집안의 수집품'으로 채워졌다. 처음에 보면 매우 우아해 보이지만 사실 식민지 이전 시기 아프리카에서 예식에 사용하던 공예품이나 궁정 예술을 판에 박힌 방식으로 전시한 것이었다. 좀 더 자세히 들여다보면 영리하게 만든 모조품들이 보이는데 일부에는 로널드 맥도널드[04] 로고가 부착된 것도 보일 지경이었다. 이 방의 전시회는 예술을 빙자한 사기꾼 다이노스 채프먼과 제이크 채프먼 형제가 꾸민 것이었다. 좀 더 큰 두 번째 전시실에는 21세기 예술품이 전시되었는데 그중 일부는 이번 전시회를 위해 만들어진 것들로서 현대 아프리카의 고통스러운 현실-독재, 부패, 밀수, 성매매, 아직 해결되지 않은 식민지 시대의 유산-을 다루고 있었다. 작품 중에는 아프리카에서 나온 고전 명작이나 20세기 초 프랑스에

---

04 로널드 맥도널드 - 이전에 맥도널드 햄버거 브랜드가 사용하던 광대 캐릭터

서 나온 대표적인 원시주의 작품을 직·간접적으로 추종한 작품들뿐만 아니라 무례한 방식으로 참고한 것들도 여러 점 있었다.[14]

정치적 논쟁이 촉발되다

20세기 후반 이후 미국과 캐나다에서 열린 아프리카 역사, 민족학, 예술 관련 전시회에 정계가 주목하기 시작했는데 특히 아프리카계 아메리카인 협회에서 깊은 관심을 보였다. 인종과 식민주의에 관한 논쟁적인 프리즘을 통해 전시회를 주목하게 된 것이다.

1989년 11월, 토론토대학 인류학자 잔느 카니조Jeanne Cannizzo가 큐레이터를 맡았던 단기 전시회 '아프리카의 심장 속으로'가 로열 온타리오 박물관Royal Ontario Museum(ROM)에서 열렸다. 자국민에게도 잘 알려지지 않은 역사인 데다 중추적인 역할은 아니더라도 캐나다도 한때 아프리카 식민지를 개척했던 적이 있었는데 전시회 앞에 놓인 세 개의 전시실에서 당시의 역사를 표현했다. '제국의 커넥션 홀'은 대영제국과의 관계를 다루었다. '밀리터리 홀'은 캐나다 군대가 참전했던 남아프리카 줄루족과 보어인의 전쟁에 관한 이야기로 채워졌다. '선교의 방'은 캐나다가 아프리카에서 전개한 선교활동 이야기였다.

카니조 박사는 직접 가담했던 캐나다인이 경험했던 식민지 개척 시대를 제시하고자 했다. 흑인 전사들과 싸워 승리한 백인 병사들의 모습을 담은 작품들이 전시되었다. 애초에 자국 교인들에게 보여줄 목적으로 선교사들이 제작했던 환등 슬라이드도 복원되어 전시되었는데 선교사가 머나먼 선교지에서 사탄에 맞서 싸우면서 아프리카의 젊은 크리스천들에게 서양의 기술을 가르치는 광경이 담겨 있었다.

뒤쪽에 있는 전시실 두 곳에는 식민지 지배를 받던 시기의 아프리카인들의 생활상을 보여주려는 목적으로 꾸몄지만 별로 흥미롭지는 않았다(로열 온타리오 박물관은 제대로 된 아프리카 민속학 수집품을 보유하고 있지 않았다). '오빔분두 홀Ovimbundu Compound'은 식민지 시대 캐나다 선교사들이 활동하던 나미비아 마을의 농가를 재현해 놓았다. 흔히 볼 수 있는 아프리카 공예품들도 전시해 두었다.

그러나 큐레이터와 박물관 측은 꽤 훌륭한 이 전시회가 그토록 격렬한 반응을 불러일으킬 거라곤 전혀 예상하지 못했다. 미국 자연사 박물관의 아프리카 민족학 부문 큐레이터 에니드 실트크라우트Enid Schildkraut는 "전시회에서 터질 수 있는 문제는 모두 터진 듯했다. 촉발된 논쟁은 정말 너무 엄청나 민족학 전시 분야, 그중에서도 특히 아프리카 전시회 분야에서 일하는 우리는 모두 '신의 은총 없이는 못 견디겠다'라고 생각하며 오들오들 떨 지경이었다. 도대체 전시회가 어떻게 그렇게까지 잘못될 수 있을까? 어떻게 일개 전시회가 그토록 다양한 정치적 스펙트럼에 속한 사람들을 분노케 만들 수 있었던 걸까?"라고 쓰고 있다.[15]

첫 번째 문제는 캐나다 선교사와 군대의 관점에서 식민지 시대의 경험을 제시하다 보면 오해를 낳기 쉽다는 것이었다. **이 관점이 과연 캐나다의 메이저 박물관이 아프리카를 이해하는 관점이란 말인가?** 심지어 선교사 가족 중에서도 불편하게 생각하는 이들이 나올 정도였다. 오랫동안 아프리카 민족학 분야에 종사해 온 인류학자 사이먼 오텐버그Simon Ottenburg는 "대중이 이해하기에는 너무 미묘하고 지나치게 아이러니에 가득 차 있었으며…무척 지적이었다. 이렇게 미묘한 내용으로 일반 대중을 위한 전시회를 여는 게 가능하냐는 질문까지 제기되었다."라고 말했다.[16]

박물관이라는 환경에서는 아이러니를 벗겨내기란 쉬운 일이 아니었다. 말하는 주체를 누구로 정할 것인가? 실트크라우트 박사의 글처럼 "로열 온타리오 박물관이나 큐레이터는 방문객들이 이 전시회가 조롱과 풍자의 의미-서로 윙크하면서 주고받는 약간 상스러운 농담 같은-를 담고 있다는 것을 이미 알고 찾아왔으리라고 생각한 게 분명하다.”

그러나 박물관에 찾아오는 관람객 중에서 거기 쓰여 있는 설명문을 주의 깊게 읽어 보거나 그 설명문의 내용 중 일부는 비꼬는 의미로 쓰였다는 것을 알아채는 사람은 거의 없다고 봐야 했다. 그들은 단지 캐나다 입장에서 자국 중심으로 기록한 아프리카와 아프리카인에 관한 내용을 액면 그대로 받아들였으며 이에 큰 충격을 받았다. “충분히 예상할 수 있듯이 비평가 중에서는 **과연 나치의 관점에서 홀로코스트를 소개하는 전시회가 가능하냐**고 묻는 이도 상당히 많았다.”[17] 라고 실트크라우트 박사는 글을 남겼다. 식민지 제국주의의 관점에 대항하는 아프리카인의 목소리는 아예 소개되지도 않았다. 게다가 그 전쟁에 대한 당시 줄루족과 보어인의 관점도 전혀 다루지 못했다.

「토론토 글로브 앤 메일」지는 이에 대해 “이 전시회를 큐레이터가 의도한 대로 이해하려면 매우 지적이고 세련된 교양을 갖춰야 했는데 이런 사정은 좀 더 광범위한 질문, 즉 그렇다면 이 박물관은 누구의 박물관이냐는 질문을 던진다.”[18] 라는 기사를 남겼다. 상당히 좋은 질문이 아닐 수 없다. 당시 토론토는 전 세계에서 이민자들이 몰려오는 지역으로 한창 발돋움하던 시점이었다. 꽤 많은 아프리카-카리브해 출신자들이 토론토에 자리 잡고 있었다. 지역사회에서는 경찰의 공권력 남용 관련 소송을 포함해 긴장도 고조되던 때였다. 이 모든 일은 ‘다문화주의’를 옹호하느라 두루뭉술한 입장을 취하던 정부의 태도를 배경으로 생겨났다.

카리브해 출신 이민자들로 구성된 여러 협회가 함께 모여 ‘아프리카의 진실 추구 연맹’이라는 깃발 아래 느슨한 연합체를 결성했다.

그들은 결속을 강화하기 위해 로열 온타리오 박물관이 개최한 전시회를 목표로 설정했다. 활동가들은 그 전시회가 아프리카의 풍부한 역사를 무시하고 있다고 비난하면서[19] 박물관 측에 전시회를 빨리 중단하고 아프리카인의 공동체에 사과하라고 요구했다. 향후 그 어떤 박물관이든 아프리카에 관한 전시회를 열려면 아프리카인을 큐레이터로 고용해야 한다고도 못 박았다.

이 캠페인은 꽤 큰 성공을 거두었다. 카니조 박사는 토론토대학에서 물러나야 했고 그 전시회를 받아 열기로 계약한 캐나다 내 박물관 네 군데는 모두 계약을 취소했다. "카니조 박사에게 당혹감을 표현하지 않았던 곳은 로열 온타리오 박물관뿐이었다."라고 실트크라우트 박사는 쓰고 있다. 로열 온타리오 박물관 당국은 자유롭게 표현할 수 있는 큐레이터의 권한을 존중해야 한다고 주장했다. 그러나 2016년 11월 (전시회가 중간에 막을 내리고 27년이 지난 무렵) 로열 온타리오 박물관에서 수집품과 연구 부문을 담당하는 부관장인 마크 엥스트롬Mark Engstrom 박사는 공식적으로 사과했다. "로열 온타리오 박물관은 아프리카인에 대한 인종차별적인 처신을 했던 지난 일에 깊은 유감을 표합니다. 또한, 로열 온타리오 박물관은 '아프리카의 심장 속으로'전으로 인해 아프리카계 캐나다 공동체의 구성원들이 겪었을 고통에 대해서도 공식적으로 사과의 말을 전합니다."

아프리카 수집품 전시의 변천사

온타리오에서 벌어진 이 심각한 사태는 아프리카 수집품을 담당하는 캐나다와 미국의 큐레이터들에게는 몸조심해야 한다는 경고음과도 같았다. **이제 아프리카 미술, 역사, 민족학 전시회는 정치적으로 극도로 예민한 문제가 되었다.** 권위 있는 기관들조차 신중해질 수밖에 없었다.

미국 국립 박물관의 자연사 건물(현재의 스미소니언 자연사 박물관)은 1911년에 대중에게 공개되었다. 그곳의 민족학 수집품은 당연히 아메리카 자료가 가장 많았다. 그러나 거기에도 '아프리카 문화홀'이 있었다. 그곳에서는 원시 문명에서 고도로 발달한 문명에 이르기까지 위계질서를 상정하고 그 서열에 따라 전시관을 디자인했다.

스미소니언의 아프리카 수집품은 사실 처음에는 노예제도에 반대하는 이들을 통해 형성되었다. 미국에서 해방된 노예들이 1821년에 라이베리아에 건너가 마련한 정착지에서 활동했던 기독교 목사들이 기부한 물품이었다. 초창기 기부품 중에는 1819년부터 1820년 사이 라이베리아 해안가에서 노예무역을 감시하는 순찰단을 조직했으며 나중에는 서인도 제도에서 해적과 노예무역선을 물리치는 활동도 이끌었던 매튜 페리Matthew Perry 제독이 기부한 물품도 포함되어 있었다. 그 후 세계 박람회에서 사들이거나 다른 유럽 박물관이 아메리카 인디언 공예품과 교환해 보내온 물품도 포함되었다. 그러나 수집품은 질적으로 고르지 못했고 그때그때 되는 대로 수집한 데다 규모도 작았다. 1920년에는 아프리카 공예품이라고 해봐야 2,800점가량이었고 대부분 한 번에 10점 이하 단위로 획득한 것들이었다.

1922년에 들어와서는 영국 예술가인 허버트 워드Herbert Ward가 콩고 공예품 2,700여 점에 자신이 만든 아프리카 남녀 조각상을 함께 기증한 덕분에 스미니언이 보유한 아프리카 수집품 규모가 두 배로 늘어났다. 워드는 헨리 모턴 스탠리의 추천을 받아 콩고에서 2년 동안 일했는데 거기서 반식민주의 활동가 로저 케이스먼트Roger Casement를 만나 교분을 쌓았고 에드먼드 모렐Edmund Morel이 쓴 연구서 『콩고 노예 국가The Congo Slave State』의 출간 자금도 댔다. 이후 그는 유럽으로 돌아와 파리 예술계에서 지명도 높은 인물이 되었다.

아프리카홀에 전시된 워드 콜렉션은 파리에 있는 워드의 작업실을 채우고 있던 낭만적인 진열 방식을 참고해 별도 공간에 전시되었다. 무기류와 조각품은 장식 패턴에 따라 진열하되 뒤쪽에는 천을 깔고 그 위쪽에는 사슴과 코끼리 머리를 올려놓은 후 조명은 어둑하게 해두었다. 워드의 기부품 속에는 벨기에 당국이 내놓은 것도 있었다. 당시 벨기에는 미국 박물관들에서 열리는 콩고 미술품 전시회 홍보에 열중하고 있었는데 국왕 레오폴드가 지배했던 콩고 자유국Congo Free State과 연관된 어두운 이미지를 상쇄하려는 의도였다.

1962년에 들어와서는 아프리카 전시물이 모두 철거되었다. 스미소니언에서 최초로 아프리카 큐레이터가 된 고든 깁슨Gordon Gibson 박사가 큐레이터로 새로 꾸민 아프리카 문화홀은 1969년에 와서야 문을 열었다.[20] 전시물은 당시 미국 인류학계를 지배하던 환경결정론의 영향을 받아 지역별로 배치되었다. 공예품들은 당시 인류학계에서 쓰던 미술 용어인 '기능'별로 묶어 제시되었다. 아프리카 미술과 민속학 부문 큐레이터인 메리 조 아르놀디Mary Jo Arnoldi에 따르면 당시 수집품은 금속 공예, 직조, 축산, 사냥과 낚시용 도구, 가구, 그릇, 바구니, 직물, 의류, 장신구 등 대체로 실용적인 목적으로 만든 공예품 위주였다. 무기류도 꽤 많았는데 워드 수집품에서만 1,700점가량의 칼과 화살류가 늘어났기 때문이었다.

다양한 부족-'헤레로Herero족과 힘바Himba족', '부시맨' 등-을 대변하는 전시물의 절반 이상은 디오라마 형태로 전시되었다. 공예품들의 연대는 표시되지 않았다. 외부의 영향을 받지 않은 아프리카의 전통적인 시골 풍경을 보여주려는 의도가 분명했다. 마스크나 조각상은 놀랄 만큼 적었지만 아프리카 공예품의 예술적 가치를 평가하려는 시도는 서툴게나마 눈에 보였다. '원주민들의 페티시와 나무 조각품'이라는 진열대에 붙은 라벨에는 이런 글이 쓰여 있었다. "아프리카 원주민들은 나무 조각 분야에서 높은 수준의 기량을 갖고 있다.

그들은 페티시에서 대담하게 인간의 모습을 표현했는데 이 원시적 조각상이 그에게는 만족스러운 예술 작품이었을 뿐만 아니라 문명 인들에게는 그들의 관심이 무엇이었는지 알려준다. 의자, 머리 받침 대, 집안에서 쓰는 도구 모두 보기에도 좋은 장식으로 쓸 수 있도록 만들어졌다."[21]

1980년대로 오면서 큐레이터들은 낡고 오래되고 아프리카를 제대 로 대변하지도 못하고 때로는 단지 기분 나쁘게만 할 뿐인 전시회와 라벨 내용에 신물이 났다. 스미소니언 측은 아프리카홀을 서둘러 개 선할 필요가 있다는 점을 인정했다. 그러나 갤러리에 손대는 일은 이 미 순서가 정해져 있어 한참 기다려야 했다. 2017년쯤 되어야 가능할 것 같았다. 그러나 워싱턴에 있는 아프리카 외교관들과 아프리카계 미국 정치인들로부터 계속 불만을 표하는 목소리가 쏟아져 들어왔 다. 1992년 9월, 스미소니언의 재정에 관한 의회 청문회에서 의회 내 흑인 간부회의Black Caucus의 수장인 거스 새비지Gus Savage 의원은 아프리카 문화홀에 있는 "모욕적이고 인종차별적인" 라벨 내용에 관해 스미소니언 사무총장에게 거센 질의를 퍼부었다. 새비지 의원 은 그중에서도 특히 '초자연적 세계의 통제'라는 전시물에 붙은 라 벨 내용을 물고 늘어졌다. 그 내용은 이랬다. "자이르(콩고민주공화국 의 옛 이름)에서는 예언자와 점성술사와 치료 주술사들의 '비밀결사 체'가 정치적으로 막강한 힘을 갖고 있다. 그 단체 회원들은 자신들 만의 복장을 하고 클럽 하우스에 모여 노래 부르고 춤추고 광란의 파티를 벌이거나 인육을 먹거나 무덤에서 파낸 시체를 먹는 등 비 밀스러운 의식에 참여하는데 이는 모두 초자연적인 힘을 얻기 위함 이다."[22]

스미소니언 측으로서는 변명의 여지가 없었다. 전시회는 12월에 폐 쇄되었다.[23] 즉시 새 단장에 들어가기로 했다. 스미소니언 측은 큐레이터, 디자이너, 아프리카 민속학과 미술과 역사 전문가들, 아프리카 인들, 아프리카계 미국인, 스미소니언의 아프리카계 미국인 협회원 등으로 구성된 자문단을 꾸렸다. 120명의 자문위원이 선임되었지만 이후 7년 동안 정기적으로 모인 인원은 평균 60명 선이었다.

주요 고객층은 어디였을까? 이 전시회는 아프리카계 후손들이 가장 먼저 찾아올 만한 곳이었지만 실제로 스미소니언 박물관을 방문하는 사람들 대부분은 미국 전역에서 가족 단위로 찾아오며 국립 자연사 박물관에서 1시간 정도만 머문다. 그 말은 아프리카 전시관에서는 많아 봐야 15분 정도 머문다는 뜻이다. 조사 결과, 관람객 대부분은 오늘날 아프리카인의 생활상에 대해 전혀 알지 못한 채 찾아온다. 그들은 아프리카가 이전에도 그랬고 지금도 여전히 현대 세계와 동떨어진 후진적인 상태라고 믿고 있다.

자문단은 금방 "전시회가 아프리카의 역사, 다양성, 역동성, 아프리카가 세계와 맺고 있는 관계, 역사 속에서 그리고 현대 사회에서 아프리카가 수행하는 역할 등을 강조해야 한다."라는 점에 동의했다.[24] 아프리카와 아프리카계 디아스포라에서 나온 공예품도 수집했는데 여기에는 현대 서아프리카에서 만든 직물류, 브라질 바이아주 州에서 만든 칸돔블레Candomblé[05] 예배 도구, 그리고 현대 아프리카 미술가들의 작품도 포함되었다.[25] 또한, 자문단은 전시관의 이름을 '아프리카의 목소리African Voices'로 바꾸고 전시회는 아프리카인과 아프리카계 미국인의 관점에서 편성해야 한다는 점도 확정했다.

---

05 칸돔블레 - 포르투갈 식민지였던 브라질에서 16세기부터 19세기 말까지 계속된 노예제 시기에 아프리카에서 수입된 흑인 노예들이 가톨릭으로의 개종이 강제되는 상황에 그들이 갖고 있던 종교적 전통이 가톨릭과 혼합되어 형성된 종교

충분히 예상할 수 있는 일이지만 이 60명의 자문단 사이에 의견이 충돌하는 경우가 있었다. "일반론 차원에서 합의한 추상적인 목적과 목표에서 출발해 전시회 스크립트와 디자인 제작 단계까지 나가기란 여간 어려운 일이 아니다."라고 아놀디 박사는 인정한다.[26] 워싱턴에 사는 아프리카계 미국인과 아프리카에서 온 이민자들은 전시회가 현대의 도시화 된 아프리카의 면모를 보여주기를 원했던 반면, 아프리카인들은 존중하는 마음을 담아 아프리카의 전통을 표현해 주기를 원했다. 여러 해 동안 토론을 거듭한 끝에 총 네 개의 갤러리를 마련하기로 결정되었다. 네 개의 갤러리 이름은 '아프리카의 삶', '아프리카의 부', '아프리카의 일' 그리고 '글로벌 아프리카'였다. 그들은 도시와 시골, 디아스포라Diaspora까지 모두 보여주기로 했다.

1980년대 초, 북부 소말리아에서 수습했다가 나중에 박물관에 기증되었던 소말리아 유목민들이 사는 집 '아칼aqal'의 골격이 '아프리카의 삶' 구역에 전시되었다. "그 이야기가 한창 논의될 당시 자문단 내 미국인과 아프리카인 자문위원 중 일부는 이 집을 활용하는 방안에 대해 불안을 느끼고 있었다."라고 아놀디 박사는 회상한다.[27] 별다른 생각 없이 방문한 사람이 이 집을 본다면 '원시적'이라고 생각할 거라고 말이다.

자문단의 일원으로 워싱턴에 거주하던 한 소말리아인은 유목민으로서 양을 치며 자랐던 이였다. 그는 아칼이 소말리아인이 가진 정체성의 중심부를 차지한다고 설명했다. 위원회는 모두 그의 말에 설득되었다. 그리고 나서 위원회는 워싱턴에 살고 있던 소말리아 여성들을 초대해 박물관 창고에서 전통적 가재도구─조각한 머리 받침대, 유리로 만든 물통과 우유통 등─를 선별해 달라고 부탁했다. 그들은 여기에 단파 라디오, 황동 쟁반, 커피포트도 추가해야 한다고 주장했다. 또한, 그들은 창과 방패도 전시하기를 원했지만 '다른 소말리아 학자들

소말리아 유목민의 거주지 아칼aqal.
1980년대 초, 소말리아 북부에서 수습되어 1999년 미국 국립 자연사
박물관에 있는 '아프리카의 목소리' 전시관에 전시되었다
(스미소니언 협회의 승인을 받아 게재)

과 위원회 위원들'은 현대적인 자동 소총을 추가하길 원했다. 스크린
에 틀어놓은 영상에서는 서구식 옷을 입은 소말리아계 미국인이 나와
아칼에서 살았던 추억을 이야기했다.[28]

전시관 전체를 관통하고 흐르는 '역사의 길'은 다른 갤러리도 참
고하도록 만든 것이었다. 그러나 좋은 아이디어였는지는 몰라도 실
제로 구현하기는 어려웠다. "가장 큰 문제는 전시실에서 기껏해야
수십 m를 걸으면서 훑어보는 방문객들이 아프리카의 기나긴 역사를
이해할 수 있게 하는 것이었다."라고 아놀디 박사는 쓰고 있다. 결국
10가지 결정적인 '역사적 순간'에 집중하기로 정했는데 그렇게 기획

박물관의 그림자

한 '시간 속 걸어가기'전의 전반부 절반은 리프트 밸리The Rift Valley[06]에 살았던 최초의 인간에서 시작해 도발적이지만 정확하지도 않은 표현인 "아프리카 무슬림들이 스페인을 다스렸다."라는 제목의 전시물로 채워 놓은 11세기에 이르기까지 무려 23만 년의 세월을 다루어야 했다.

'아프리카의 삶' 갤러리는 중간에 있는 짤막한 전시회를 거쳐 '역사의 길'로 연결되어 있다. 가나의 근대 도시에 있는 시장을 연상시키는 전시회 옆으로 말리의 고대 도시 제네-제노Jene-Jeno의 '역사적 순간'에 관한 전시물이 설치되어 있다. 아프리카와 아프리카 디아스포라 지역에서 진행되는 콩코의 종교 예식을 묘사한 전시물이 '글로벌 아프리카'의 다양한 면모를 소개하는 전시물과 나란히 세워져 있다.

전시관은 양쪽에서 입장할 수 있도록 되어 있어 어디서 시작 어디서 끝나는지 정확히 알기 어려웠다. 박물관이 보유한 아프리카 수집품이 얼마 되지 않는다는 점도 제약 조건이었다. 기술적 문제도 있었다. "우리는 엄청난 시간을 들여 사진을 선택했지만 전시된 사진은 오브제 전시물에 가로막히기 일쑤였다. 디자이너들은 사진을 단지 역사적 맥락을 표현하는 벽지처럼 다루려고 했다."[29]라고 큐레이터들은 회상한다.

라벨이나 좀 더 광범위한 내용을 담은 안내문도 어려운 문제였다. 그래서 입구마다 전반적인 전시 내용을 소개하는 벽보를 붙여 두었고 각 구역에는 주요 주제를 제시하는 별도의 포스터를 부착해 놓았다. 전시물 하나하나에도 라벨이 붙어 있었다. 하지만 효과는 미미했

---

06 리프트 밸리 - 아시아 남서부 요르단강 계곡에서 아프리카 동남부 모잠비크까지 이어지는 세계 최대의 지구대地溝帶

다. "텍스트의 계층 구조가 있어서 서로 다른 주제에 관해 생각을 조직적으로 구성하게 해줄 뿐만 아니라 각각의 텍스트가 제시하는 정보의 우선순위를 결정하는 데도 도움이 되게 했지만 관람객들에게 미치는 영향은 미미한 듯하다. 비공식적으로 확인한 바에 따르면 우리 박물관 방문객의 대부분은 전시회의 다양한 안내문에 대해 인지하지 못하고 있으며 해당 구역의 중심 메시지를 파악하기 위해 갤러리가 제시하는 안내문을 찾아보는 경우도 거의 없다. 이와 마찬가지로 동선을 안내해주는 표시나 갤러리 테마별로 라벨 색상을 달리해 구분한 것도 제대로 알아보는 사람이 드물다."[30] 이것이 아놀디 박사가 내린 결론이었다.

초기에 만든 라벨은 해당 전시물에 관한 짧고 시적인 안내문 형식이었는데 관람객들은 그 내용이 혼란스럽고 조작당하는 기분이 들었다고 말했다. 전시관이 일반인에게 공개되기 6개월 전에 테스트 차원에서 일부 전시회를 공개했을 때 찾아왔던 방문객들은 어수선하다고 불만을 털어놓았다. 그들은 라벨을 사람들이 쳐다보는 오브제에 더 가까이 부착해야 한다고 말했다.

아프리카의 노예제도를 다루는 부분에 이르면 그때의 복잡한 역사를 요약해 제시하고 서로 충돌하는 어젠다를 조정하는 것이 가장 어려웠다. 모형 족쇄와 낙인찍을 때 쓰는 인두 옆에 금을 덧입힌 아칸Akan족[07] 왕의 예복을 나란히 놓아둠으로써 식민지 이전 시대 아프리카 왕들이 축적한 부가 서아프리카 노예무역과 관련되어 있다는 점을 부각시키고자 했다. 그러나 아놀디 박사가 지적하듯이 "조사 결과, 방문객들은 우리가 말하려는 바를 제대로 이해하지 못했다."[31]

---

07 아칸족 - 가나 남부와 코트디부아르에 살고 있는 부족 일므으로 아샨티족과 판티족을 포함한다.

역사의 길에 '돈이 노예무역을 이끌다'라는 새로운 구역을 추가했다. 거기에 부착한 설명문 내용은 이렇다. "아프리카를 식민지로 만든 이후 유럽인들은 노예들의 노동력을 이용해 대규모 농장과 광산을 개발했다. 유럽 노예무역상들은 아프리카 지배층과 결탁해 포로들을 확보했다. 대부분 아프리카인들 간에 일어난 전쟁 중에 사로잡힌 이들이었고 유럽이 주도한 노예 사냥을 통해 사로잡힌 이들도 있었다. 노예로 잡혀 온 이후 수백만 명의 아프리카인들은 자유를 되찾기 위해 투쟁했다."

벨기에, 콩고, 그리고 아프리카 박물관

유럽의 인류학 및 '비유럽권 미술' 박물관들은 어마어마한 규모의 식민지 시대 수집품을 소장하고 있다. 큐레이터들은 자신이 속한 박물관과 제국주의와 노예무역 사이의 연관성을 해명해야 했다. 이민자나 과거의 식민지였던 국가에서 찾아온 방문객을 포함한 국제 사회의 민감한 여론에도 신경을 써야 했다.

1885년에 유럽 열강이 아프리카에서 자신들의 영토를 나눌 때, 벨기에 국왕 레오폴드 2세는 '콩고 자유국'을 자기 개인 소유지로 확보했다. 그리고 이렇게 얻은 봉토는 잔인한 착취를 상징하는 세계적인 대명사가 되었다. 심지어 이를 정당화하려는 홍보전이 전개되기도 했다. 1897년 브뤼셀 국제 박람회에서는 테르뷔랑Tervuren 외곽에다 식민지 전시회를 열었는데 그곳에 문을 연 '위대한 문화 홀'에서는 콩고에서 나온 커피, 카카오, 담배를 판매했다. 공원에는 아프리카인 267명이 거주하는 콩고 마을까지 재연했다. 이듬해에는 테르뷔랑의 전시장에 왕립 중앙아프리카 박물관을 세웠다. 콩코의 자연사와 민족학 자료를 전시하는 곳이었다.

이렇게 홍보에 투자했음에도 콩코 자유국은 여전히 따돌림을 받는 대상이었다. 상당한 압력을 받던 레오폴드는 결국 1908년에 이 나라를 벨기에 정부에 팔았다. 식민지 통치부는 즉시 개혁에 착수했다. 벨기에령 콩고로 이름을 바꾼 후 점점 아프리카 내 영국, 프랑스, 포르투갈 식민지보다 못하지는 않은 수준의 표준적인 식민지로 변모해 갔다. 거대한 반식민주의 운동에 맞닥뜨렸던 벨기에는 1960년에 돌연 이 식민지에 독립을 허락했다. 그럼에도 테르뷔랑에 있던 아프리카 박물관에는 아무 변화가 없었다. 2005년에는 전면적인 보수 공사를 진행해 대규모 전시회인 '콩고의 기억: 식민지 시대전'을 착수했다.

이 전시회는 1차적으로 벨기에인들을 대상으로 했는데 콩고 식민지야말로 제국주의적 문명이 이룩한 모범적인 사례이며 **식민지의 독립을 허락했던 것은 너그러움의 표현이었다**는 식으로 벨기에령 콩고의 역사를 보는 수정주의적 입장을 강조했다. 이것은 콩고 독립 직후 천연자원이 풍부했던 카탕가Katanga 지역이 분리될 때 벨기에가 비공식적이지만 결정적으로 관여한 사실이나 벨기에와 미국 비밀요원들이 결탁해 그 나라의 최초 수상 파트리스 루뭄바Patrice Lumumba를 암살한 사건조차 덮으려는 의도였다. 20세기부터 21세기 초까지 이어진 콩고 정치, 경제의 처참한 형편은 그 나라 토착 정치인들의 탐욕과 경험 부족 때문이라고 비난하면 그만이었다.

이 전시회를 개최한 것은 1998년에 애덤 호크실드Adam Hochschild가 쓴 『레오폴드왕의 유령』이 영어판과 불어판으로 출간된 게 가장 직접적인 이유였다. 그 책 불어판의 부제는 '잊힌 홀로코스트'였다. 테르뷔랑에서 열린 전시회는 호크실드가 내놓은 비판적인 주장을 반박하려는 목적이었다. 전시회는 서로 다른 관점을 존중해 미묘한 시각차가 있는 학문적인 관점을 제공하고 있으니 최종 판단은 관람객들이 직접 내려야 한다고 밝혔다. 공식적으로 나온 책자에는 이런 글이 담겨 있었다. "이것은 모두가 공유하고 있는, 복잡한 감정으로 채워진 역사이므로 그 시대를 경험한 이들과 그 시대를 해석하는 이들의 목소리를 다시 들어볼 필요가 있다. 이에 이번 전시회는 자신들의 경험을 얘기하는 벨기에인들과 콩고인들의 인터뷰 내용도 소개한다."

전시회가 제시한 가장 논쟁적인 메시지는 20세기 초 레오폴드의 통치 시대에 대해 비판하는 이들이 콩고 자유국에서 기아와 전염병과 강제노동으로 사망한 이들 숫자를 지나치게 부풀리고 있다는 말이었다(호크실드는 최대 천만 명이 사망했다고 본다). 레오폴드 통치기의 잔혹성은 식민지 이전 시대 그곳에 있었던 여러 왕국에서 일어난 노예무역과 전쟁을 부각시킴으로써 상대화시켰다. 그러나 전시회가 벨기에령 콩고의 생활 공간, 취업 분야, 법률 분야 등에서 계속 이어졌던 인종차별에 대한 기록을 그대로 보여줬다는 점은 많은 벨기에인에게는 매우 놀라운 일이었다.

전시회에서는 정치권에서 일어난 반식민주의 운동은 물론 현대예술과 새로 나타난 도회적인 음악이던 '콩고 룸바'까지 소개하고 있었는데 1940년대에 한창 인기 있던 쿠바 음악의 영향을 받아 생겨난 이 장르는 그 이후로 음악산업을 부흥시키고 콩고 음악과 댄스에 대한 국제적 유행을 불러오기도 했다. 마지막으로 자아 성찰적인 내용을 담은 '재현Representation' 구역에서는 정치적 선전을 목적으로 식민지 지배자들과 피식민지인들의 모습을 제시한다. 여기에는 테르뷔랑 박물관 자체도 포함되어 있다. 물론 '정치적 선전 도구'라는 점을 인정하지만 그럼에도 공식적인 가이드북에서는 박물관을 "식민지 연구를 위해 세워진 학문적 연구기관이기도 하다."라고 표현한다.

애덤 호크실드는 「뉴욕 타임스」 서평 코너에서 이 전시회를 비난했다(그의 서평 제목이 '어둠의 깊은 곳에서'인 점은 정말 자연스럽다). 여기에 대해 박물관 관장인 장-뤽 벨뤼Jean-Luc Vellut는 전시회가 균형이 잡혀 있으며 관람객은 스스로 결론을 내릴 수 있게 열려 있다고 응수했다. "호크실드는 이런 접근법에 도덕적 헌신이 부족하다는 점을 여실히 드러낸다고 믿지만 테르뷔랑이 선택한 방식은 더 넓은 범주에서 벨기에인의 사회적 의식 속에 식민지 시대의 역사를 도입하고 있다. 지금까지 찾아온 14만 명의 관람객 모두 그 취지를 충분히 이해했다…. 게다가 콩고 정부도 이 전시회를 아프리카로 가져오고 싶다는 의사 표현을 통해 환영의 뜻을 밝혔다."[32]

균형을 잡는다는 것은 쉬운 일이 아니며 균형을 잡은 듯이 보여주는 일도 어렵다. 서로 비교해 평가할 만한 역사적 내러티브를 누가 선택할 수 있는가? 배제해야 할 것은 무엇인가? 테르뷔랑 전시회가 콩고의 현재 정치 상황에 대해서는 침묵하고 있다는 점은 시사하는 바가 컸다. 그러나 「뉴욕 타임스」는 식민지 시대 이후 자국에서 일어난 인종적, 군사적 폭력을 경험한 "콩고인들 중 일부는 식민지 시대를 좀 더 긍정적으로 평가한다."라고 쓰고 있다. 신문은 테르뷔랑 박물관에게 전시회 관련 자문 역할도 했던 콩고의 역사가 이지도르 나이젤 에 지엠Isidore Ndaywel è Nziem의 말을 이렇게 인용한다. "많은 콩고인들 눈에는 식민지 시대가 황금시대처럼 보이지만 벨기에인들은 그와는 정반대로 지난 시대에 저지른 자신들의 과오를 인정하는 방향으로 가고 있다."

카탕가에 거주했던 나이 많은 이들은 식민지 시대를 '호시절la belle époque'이라고 부른다.[33] 테르뷔랑 큐레이터들이 왜 그곳에 가지 않으려고 했는지 쉽게 이해할 수 있다.

박물관은 변화해야 한다

논쟁을 두려워하면 혁신이 일어나기 어렵기 마련이지만 박물관은 고루하게 변한 영구 전시회에는 반드시 변화를 줘야 하며 후원자나 끌어모으고 수집가와 딜러들에게 물건을 팔아치울 목적으로 만든 맥 빠지는 단기 전시회는 속히 중단해야 한다. 특별 전시회는 좀 더 폭넓은 젊은 관객을 끌어모을 수 있는 효과적인 방법이 될 수 있다. 2011년 바젤에 있는 '유럽과 비유럽 민족학 문화 박물관Museum of Cultures: European and non-European Ethnology'의 관장인 애나 슈미트Anna Schmid는 구닥다리가 된 이 박물관을 근본적으로 새롭게 하는 일에 착수했다. 이제 박물관의 절반은 단기 전시회 공간으로 배정되었다. **영구 전시회는 하나도 없었다.** 장기 전시회는 5년마다 새로 꾸며 새로운 시각을 반영한다. 가능한 한, 전시물은 유리장 속에 진열하지 않는다. 저장실도 큐레이터의 감독 하에 관람객들에게 개방한다.

바젤시는 스위스에서도 번창하는 주canton 중 하나다. 교육 수준이 높고 매너 있게 처신하는 중산층 20만 명이 모여 살고 있으며 운영 자금이 넉넉한 공공 박물관이 36개나 있다. 그러니 슈미트 박사가 처한 상황은 비교적 쉬운 편이라고 하겠다. 그녀에게 가해지는 정치적 압력도 없는 게 분명하다. 내가 '문화재 반환' 문제에 대해 질문하자 그녀는 자기 박물관이 보유하고 있는 예술품을 내놓으라고 한 사람은 아직 아무도 없었다고 대답했다.

바젤에서 이루어진 혁신은 사람들이 많이 찾아오는 훨씬 복잡한 도시에 있는 대형 박물관에서는 일어나기 어렵겠지만 단기 전시회 공간을 좀 더 많이 확보하는 정도는 얼마든지 가능한 일이다. 또한, 박물관이라면 논쟁을 피하려고만 하기보다 협력 관계에 있는 다른 여러 박물관의 수집품을 활용해 독창적이고 도전적인 전시회를 개최함으로써 다양한 시각을 보여주려고 애써야 한다.

아카이브에서

이번 연구를 통해 검토한 문제는 휴일 오후에 가벼운 마음으로 피바디 자연사 박물관(예일대)에 찾아온 방문객들이 과연 어느 정도나 박물관 측이 의도한 순서를 따라 관람하는지, 전시물을 살펴보는 데 어느 정도 시간을 사용하는지, 라벨은 얼마나 자주 읽어 보는지, 특히 이런 배치가 '박물관에서 느끼는 피로'를 얼마나 막아주거나 덜어주는지 확인하는 것이다.

관람객 개개인의 기록을 검토해 본 결과, 평균적인 관람객은 가이드북에서 제시하는 내용과 전혀 다르게 움직였다. 그들은 전시물의 24.4%만 살펴보며 내용을 읽어 보는 라벨은 10.9% 정도였다. 지구상에 생명이 출현한 이후 5억 년 동안의 역사를 살펴보는 시간은 평균 21.4분이었다. 방문객의 행동에 관한 자료와 전단지 효과를 연구하고 내린 결론은 다음과 같다. (1) 논리적 순서를 따라 전시물을 단순히 나란히 진열해 두는 식으로는 휴일 오후에 가벼운 마음으로 찾아온 방문객들이 박물관의 의도대로 전시물을 살펴보도록 이끌 수 없다. (2) 방문객들이 전단지의 도움을 받는 경우는 통계적으로 매우 유의미할 정도로 많다.

밀드레드 포터Midred C. B. Porter, 1938년, 『피바디 자연사 박물관을 방문한 평균적인 방문객의 행동』예일 대학. 미국 박물관 협회 간행, New series 16호. 워싱턴 DC. 15쪽.

15장

코스모폴리탄 박물관
모두의 박물관을 향하여

지구상에 있는 박물관 수는 2018년까지 40년 동안 2만 3천 개에서 5만 5천 개로 늘어났다. 중국에서만 4천 개가량이 새로 개관했다.[01] 세상에서 가장 인기 있는 박물관인 루브르에는 2018년에만 1,020만 명의 관람객이 찾아왔는데 2017년에 비해 25%가 증가한 수치다. 런던에 있는 대영박물관과 테이트 모던에는 각각 600만 명가량의 방문객이 찾아왔는데 그중 3/4은 관광객이었다. 2019년, 미국에서 사람들이 가장 많이 찾는 20개 박물관에 찾아온 방문객은 5천만 명에 이른다. 코로나19 팬데믹이 절정이던 2020년에 들어와 세계 유명 미술 박물관 100곳을 찾아온 이들의 숫자는 77%가 감소했지만, 이동 제한이 풀리자마자 방문객 숫자는 다시 치솟았다.[02] 2021년 미국 박물관 산업은 총 154억 달러(한화 약 20조)의 매출을 올려 그 이전 해에 비해 19% 성장했다.[03]

이런 붐에도 불구하고 모든 게 좋기만 한 것은 아니다. 수많은 여행객들이 찾아오는 다문화적인 국제도시에 자리한 대형 메트로폴리탄 박물관들은 식민주의 이후 세계 속에서 자신의 역할을 아직 정립하지 못하고 있다. 무엇보다 타인의 박물관은 그 존재 자체가 위협을 받고 있다. **가장 시급한 문제는 19세기에 제국주의 열강들이 무력으**

로 **빼앗은 세계적인 문화재를 돌려줘야 한다는 요구다.** 더 포괄적으로 보면 식민 시대에 획득해 유럽과 북미 박물관에 소장된 대부분의 물품이 곱지 않은 시선을 받고 있다.

반환을 둘러싼 논쟁들

케임브리지대학 고고인류학 박물관 관장인 니콜라스 토마스Nicholas Thomas는 이렇게 쓰고 있다. "지금도 여전히 언론에서는 거의 모든 민족학 공예품이 약탈한 것이라고 말한다. 물론 베냉 브론즈 같은 유명한 작품들을 포함한 일부 품목은 폭력을 동원해 얻은 게 맞지만 인류학 수집품의 대부분은 돈을 주고 사들였거나 교환을 통해 취득한 것이다."[04]

그런데도 이미 한 세기 전에, 지금은 지도상에서 사라진 국가와 제국에서 모아들인 가구류, 왕실 예복, 무기류, 조각상, 마스크 전반에 대한 반환 요구가 거센 실정이다. 도대체 누가 무슨 권리로 이런 요구를 하는 것일까? 식민지 이전 시대 아프리카를 다스린 통치자의 먼 후손들—그들의 선조는 대부분 어느 한 지역을 다스린 군주이자 노예를 소유하면서 노예무역을 했던 이들이었다—이 과연 지금 외국 박물관에 소장된 고대 유적과 공예품에 대한 전면적인 권리를 가지고 있는가?

다른 대안으로 논란의 대상이 되는 물품을 해당 국가의 국립 박물관에 양도하는 방안도 제기되고 있는데 양도하기 위해서는 밀수, 정치적 격변, 내전, 권위주의적 정권, 지금 그곳에 있는 수많은 기념비와 수집품이 처한 처참한 상황 등 해당 국가 내의 여러 요소를 고려해야 한다.

그보다 한층 미묘하게 갈등을 회피하는 방안도 모색되고 있다. 프랑스 정부는 자신의 식민지였던 남태평양 뉴칼레도니아 제도의 독립운동에 대응하는 차원에서 티바우 문화센터Tjibaou Cultural Center를 지어 기부했는 이 이름은 독립운동을 이끌던 장 마리 티바우Jean Marie Tjibaou의 이름에서 딴 것이다. 1998년 6월에 문화센터가 문을 열었을 때, 장 마리의 미망인이었던 마리 클로드 티바우Marie Claude Tjibaou는 문화센터를 "반환을 약속하는 프랑스 정부의 강력한 몸짓"이라고 평가했다. 그녀는 2007년 7월 파리 케 브랑리 박물관에서 열린 심포지움에서 "이렇게 최근까지 대두되었던, 도처에 흩어져 있는 문화유산을 모두 뉴칼레도니아로 반환해야 한다는 주장에 반해 티바우 문화센터는 일종의 대안을 제시한다. 오늘날 유럽과 미국의 여러 대형 박물관에 전시 중인 카낙Kanak 부족의 물품은 새로운 방식으로 우리 문화를 대변한다고 볼 수 있다. 이 물품들이 전 세계를 향해 말 그대로 우리의 대사로 활동하고 있다."라고 말했다.[05]

2013년, 뉴칼레도니아 박물관의 전前 관장 에마뉴엘 카사에루Emmanuel Kasarhérou가 케 브랑리 박물관이 개최한 카낙 공예품 전시회의 큐레이터 역할을 맡았다. 그는 전시물들을 식민지 정복-피정복의 현장을 지켜본 침묵하는 증인으로서, 그리고 공평하지 않고 때로는 논쟁적이며 창조적이기까지 한 복잡한 상호관계를 거쳐 나온 산물로서 제시했다. 프랑스인 어머니와 카낙 부족 출신 아버지 사이에서 태어난 아들인 그는 "나는 식민지 지배를 받은 민족의 후예로서 많은 것을 느끼는 만큼, 지배한 민족의 후예로서도 많은 것을 느낀다."라고 덧붙였다.[06] 카사에루는 2020년에 케 브랑리 박물관 관장으로 임명되었다.

문화재 반환 요구는 또 다른 논쟁으로 번져갔다. 학자와 내부인 중에 누가 전문가라고 할 수 있느냐가 가장 큰 쟁점이었다. 과연 누가 전시할 품목을 선정하고 오브제나 전시물 하나하나에 따른 스토리를 구성할 것이며 누가 마스크와 예식용 공예품을 위한 라벨을 작성하고 갤러리 가이드북을 만들 것인가?

원주민에 관한 이야기는 원주민만 제대로 할 수 있는가? 만약 그렇다면 어떤 부족 출신의 원주민을 선택해야 하는가? 원주민에 관한 전문지식이라는 개념 역시 형태가 다양하다. 국제토착민족권익운동international indigenous peoples movement은 구체적인 개별 공예품이 어디서 만들어졌고 누구의 소유이며 그 공예품에 어떤 능력이 있느냐는 문제에 관해서라면 샤먼들에게 특별한 통찰이 있다고 믿는다. 심지어 박물관 중에는 샤먼의 특별한 지식을 수용하기 위해 애쓰는 곳도 있다.

1905년부터 1907년 사이에 베를린 민족학 박물관 관장인 테오도르 프로이스Theodor Preuss는 멕시코의 시에라 마드레 서부 지역에서 광범위한 민족학 현지조사를 실시해 박물관 수집품 자료를 모았다. 그가 현지 장인들에게 직접 돈을 주고 사들인 자료도 있고 특별한 공예품인 경우, 복제품도 주문 제작해 사들였다. 신당에서 훔쳐 가져나온 종교 예식용 물품도 가끔 있었다.

그 지역에 거주하는 코라Cora 부족을 연구하는 학자이자 멕시코 국립자치대학의 교수인 마가리타 발도비노스Margarita Valdovinos는 종교 예식에 사용되는 물품은 예식을 치르는 과정에서 만들어진다고 설명한다. 특히 특정한 신들에게 바치는 행위가 그 절정을 이루는데 그 이후 바친 물품은 온전히 신들의 소유이므로 거기 그대로 내버려 두어 부패하게 해야 한다. 사정이 이렇다 보니 반환 문제는 무척 까다로워진다. **신들이 그 선물을 버린 것인가? 평범한 개인이 신들에게 속한 물품을 가지고 있어도 되는가? 이런 신성한 공예품을 박물관은 어떻게 다루어야 하는가?**[07]

2015년, 시에라 마드레에 사는 후이촐Huichol족의 샤먼 몇 명이 베

박물관의 그림자

를린 민족학 박물관을 방문했다(멕시코인들이 프레우스 수집품에 대해 반환을 요청한 적이 한 번도 없었는데도 말이다). 그들은 민족학 자료를 돌려줘야 한다고 주장하는 독일 활동가들의 후원을 받아 찾아왔다. 박물관 저장고에서 샤먼들이 후이촐 공예품을 살펴보는 자리에 발도비노스 박사도 있었다. 그녀는 큐레이터가 샤먼들이 살펴보도록 물품을 건네줄 때 의도치 않게 코라 부족이 만든 공예품과 다른 물품도 포함해 넘겨주는 장면을 목격했다. 샤먼들은 후이촐족이 만들지 않은 물품도 후이촐족의 것으로 확인하고 해석했다. "나는 이미 그 수집품을 잘 알고 있었을 뿐만 아니라 어떤 논리를 따라 목록 번호를 매겼는지도 알고 있어서 그들이 저지르는 실수를 단번에 알아차렸다."라고 발도비노스 박사는 회상한다. 그 뒤로 그녀는 박물관 관장에게 **반환 물품 목록을 선정할 때 샤먼들의 견해를 신뢰해서는 안 된다고 경고했다.** 이것은 민족학자인 그녀의 책무이기도 했다. 그녀는 전문가이니까 말이다.[08]

주인의 자격

2020년 2월, 마사이Maasai족에서 주술과 치료를 담당하는 사람을 일컫는 '레이번laibon' 한 명이 공예품의 출처를 알려달라고 요청한 옥스퍼드 피트 리버스 박물관 측의 초대를 받아 방문했다. 「이코노미스트」지는 그 방문의 클라이맥스를 이렇게 묘사하고 있다. "마사이 부족 몇 명이 탄자니아와 케냐로 돌아가기 전날 오크 목판을 둘러지은 북바인더스 에일 하우스Bookbiners Ale House에 모여 카푸치노와 맥주를 마시면서 옥스퍼드에서 보낸 2주 동안 거둔 성과에 관해 이야기를 나누고 있다. 2월의 고약한 날씨에도 불구 그들은 옥스퍼드 피트 리버스 박물관이 소장 중이던 성물을 돌려받을 수 있게 되었다는 사실에 이번 여행에 대해 무척 만족했다. 이 마사이족 사람들은 피트 리버스 관장인 로라 반 브로크호벤Laura van Broekhoven과 민간 단체 인사이트셰어InsightShare로부터 물품들이 언제 어디서 만들어 졌는지 확인해 달라는 초대를 받아서 왔다. 이를 위해 그들은 마법을 가진 르마론 올레 패릿Lemaron ole Parit이라는 레이번-영적 지도자- 과 함께 찾아왔다. 그의 가족은 여러 세대에 걸쳐 영적 리더로 활동 하고 있다…. 인사이트셰어의 책임자 닉 런치Nick Lunch는 올레 패릿 씨가 고향에 머물고 있느라 이곳에 함께 오지 않은 부족 최고의 영 적 지도자인 자기 아버지 모콤포 올래 시멜Mokompo ole Simel과 대화 하는 광경을 보고 깊은 인상을 받았는데 그들은 '왓츠앱뿐만 아니라 꿈을 통해서도' 대화를 나누고 있었다."

"올레 패릿 씨는 반 브로크호벤 관장의 사무실 바닥에 앉아 여러 개의 돌과 코담배로 채운 엔키동enkidong[01]에 숨을 불어 넣었다. 그다 음 그걸 흔들어 돌을 끄집어 내면 그 패턴이 해당 공예품의 역사를 그에게 말해준다. 그는 '나는 오브제를 취득할 당시 상황도 알고 있 다. 언제 취득했으며 얼마나 많은 이들의 손을 거쳐 왔는지까지도'라 고 설명한다."

올레 패릿 씨는 188점의 공예품을 살펴본 후 그것 중 5점을 콕 찍 어 이것들은 돌려줘야 한다고 말했는데…즉, 아직 구체적으로 선정 되지 않은 탄자니아의 기관에게 돌려줘야 한다는 말이었다. 올레 패 릿 씨가 이렇게 개입하기 1년 전 옥스퍼드에 본부를 둔 활동가 단체 인사이트셰어의 일원이자 탄자니아에서 민권운동가로 일하는 삼웰 낭기리아Samwel Nangiria가 찾아왔을 때도 똑같은 5점을 지목했다. 낭 기리아 씨는 박물관이 마사이족의 창, 화살촉, 목걸이, 조롱박 등을

---

01 엔키동 - 조상과 소통할 때 쓰는 신성한 호리병박. 그 안에 다채로운 돌과 대리석 등을 채운다.

가지고 있다는 사실에 별로 마음 불편해하지는 않았으며 다만 거기 있던 팔찌 5점은 아버지로부터 아들에게 전해져 내려온 개인 물품 이라고 말했다. 즉, 그 팔찌를 100년 전 피트 리버스 박물관에 기증 했던 선교사와 식민지 관료들이 합법적으로 얻었을 리 없다는 말이 었다.[09]

반 브로크호벤 박사는 이 주술가의 말을 빌어들여 팔찌 5점을 돌 려주겠다고 했다. 자신의 논리를 설명하면서 그녀는 소위 인식론적 상대주의epistemic relativism에 기대고 있었는데 인식론적 상대주의란 지식을 평가할 때는 보편적인 학문적 검증과 기준에 따르기보다 해 당 지역의 문화적 전제를 살펴야 한다는 이론이다(일부 상대주의자들 은 트럼프 대통령의 대변인이 말한 유명한 '대안적 사실'도 비중 있게 살펴 보아야 한다고 주장하는 이들이다). "진정한 탈식민지화는 각자의 지식 체계를 동등하게 다루는 것이다."라고 반 브로크호벤 박사는 말한 다. 무엇보다 박물관이 가지고 있는 관련 서류 자체가 완전하다고 할 수 없다는 뜻이었다. "즉, '당신의 지식체계는 우리의 지식체계보다 열등하다'라고 말하는 자체가 지극히 온당치 못하다."[10]

이런 특수한 유형의 인식론적 상대주의는 종종 학문의 '탈식민지 화'를 요구할 때도 나타난다. 1978년에 출간된 에드워드 사이드Ed- ward Said의 저서 『오리엔탈리즘Orientalism』은 모든 '식민지 관련 학 문'은 공통된 구조를 갖고 있다고 본다. 즉, 사람을 우리와 타인, 우리 와 그들, 이렇게 둘로 나눈다. 열대 지역 혹은 호주나 뉴질랜드에 사 는 원주민은 우리와 대립되는 이들로 상정한다. 그들은 미신에 사로 잡혀 있고 감정적이고 폭력적이다. 그들의 낯선 이질감은 식민주의 를 정당화한다.

사이드는 오리엔탈리즘이 "동양에 대한 서양의 투사이자 지배 의 지의 일종"이라고 주장했다.[11] 하지만 그는 타인으로서의 여러 민족에 관한 학문적 연구는 존중했으며 "여자가 겪는 일은 여자만 이해할 수 있고 유대인이 겪은 고통은 유대인만 알 수 있으며 식민지 경험은 식민지 지배를 받아본 자들만 알 수 있다."라는 가설을 거부했다.[12] 그런데도 식민 시대 이후를 연구하는 학자들 사이에서는 원주민만 원주민을 이해할 수 있다는 견해가 널리 받아들여졌다. 외국인 '전문가(항상 겁을 주기 위해 따옴표 처리가 되었다)'는 수상한 자들로 치부되고 학문적인 연구도 무시된다. 피트 리버스 박물관의 공식 입장은 지금도 여전히 그렇다.

그러나 반 브로크호벤 박사는 단지 민간단체 활동가와 샤먼이 나눈 대화에만 근거해 '마사이족' 전체가 어떻게 생각하는지 성급히 말할 수는 없었다. 베를린 민족학 박물관의 파올라 이바노프Paola Ivanov와 베를린자유대학의 조나스 벤스Jonas Bens, 이 두 명의 민족학자는 탄자니아 북부 지역 현지 조사를 나가 그 지역 원주민들은 피트 리버스 박물관에 있는 마사이족의 공예품에 대해 어떤 생각을 하고 있는지 연구했다. 전시물의 사진을 보여주자 응답자들은 이런 게 아주 먼 나라의 박물관에 전시되어 있다는 사실에 매우 놀랐지만 식민지 정복자들이 빼앗아 간 것이라고 말하는 이는 아무도 없었다. 그들은 크게 환영받지 못했던 경제자유화가 진행되고 있던 1980년대에 누군가가 자기 집안의 가보를 판 것이라고 추측했다. 그러나 그 공예품이 이미 100년 전 그쪽에 넘어가 있었던 것이라고 알려주자 많은 응답자가 그렇다면 강제로 빼앗아 간 물건이 맞을 거라고 추론했다. 자기 집안의 선조들이라면 그렇게 귀한 개인 소장품을 순순히 포기하지는 않는다고.[13]

그러나 그들도 식민지가 되기 이전에 마사이족이 살았던 나라가 낙원은 아니라는 사실은 알고 있었다. 그 시기에 마사이족이 살던 지역에는 아랍의 노예상인들이 자주 출몰했다. 게다가 외세의 영향도

박물관의 그림자

막을 수 없었다. 지금 그들이 이슬람과 기독교에 익숙하듯이 그들의 선조들 역시 돈과 장사에 익숙했다.[14]

　샤먼의 지혜에 의존하는 것은 현지인 우선주의를 신조처럼 떠받드는 이들이 내리는 귀류법rductio ad absurdum[02]에 근거한 판단이다. 유럽에 있는 큐레이터 중에서 이슬람 미술 전시회의 총괄권을 이슬람 근본주의 율법 학자에게 맡기는 이는 많지 않다. 옥스퍼드의 어느 박물관에서 오직 성직자만 중세 시대 기독교 미술과 공예품 전시회의 큐레이터직을 맡을 수 있다고 주장하겠는가? 그런데 지금도 일부 명망 있는 기관에서는 식민 시대 이전의 특정한 문화에 대해 제대로 말할 수 있는 사람은 오직 자기 조상이 해당 문화권 출신인 자들뿐이라는, 근거가 빈약한 주장을 내세우고 있다.

　특정 인종에 속하는 사람들의 기억 속에만 각인된 지식이라는 게 있을 수 있을까? 특정 인종이어서 통찰력이 있다고 주장하는 것은 일종의 파워 게임power game이라고 말할 수 있다. 이렇게 되면 자기 선조가 특정 문화권 출신이 아닌 자가 그 문화 전통에 관해 내놓는 발언은 단지 개인적인(부모에게서 물려받거나 사회적 지위와 관련된) 편견에 불과하므로 아무 가치가 없다고 판단하게 된다. **그럴 바에야 무엇을 위해 그들의 주장을 다 듣고 나서 판단하는가?** 그냥 처음부터 어디 출신인지 밝히라고 요구하면 될 일이다.

　샤먼이 큐레이터의 자리를 대체할 수 없듯이 어용 홍보관 역시 그 역할을 감당하기 어렵다. 2022년 3월, 스미소니언 협회는 자신들이

02　귀류법 - 간접적 증명이라고도 하는데 어떤 명제가 참이라고 가정한 후 모순을 이끌어내어 그 가정이 거짓이 되므로 처음의 명제가 거짓임을 증명하는 방법이다.

소유한 베냉 예술품 39점을 나이지리아 국립 박물관 기념물 협회Na-tional Commission for Museums and Monuments에 넘겨주기로 했다고 발표했다(이 결정은 앞으로 신탁위원회의 승인을 받아야 한다). 그중 일부는 다시 워싱턴으로 가져와 나이지리아 측이 전시 책임을 맡은 전시회에서 전시하기로 했다. "이 전시회는 나이지리아의 관점에서 개최되며 우리가 원하는 방식으로 전시된다."라고 나이지리아 박물관 협회 사무총장 아바 이사 티자니Abba Isa Tijani는 「워싱턴 포스트」와의 인터뷰에서 말했다. "자신의 문화유산과 예술품을 온전히 자기 소관하에 전시할 수 있다는 사실보다 중요한 게 있는가?"[15] 그러나 사정이 그렇다면, 「워싱턴 포스트」는 **티자니 씨에게 왜 나이지리아에 있는 박물관들은 자신들이 보유한 베냉 브론즈 작품 500점을 전시하지 못하는지**도 물었어야 했다.

어쨌든 티자니 사무총장의 논리는 상당히 미심쩍다. 그는 워싱턴에서 열리는 베냉 전시회가 '나이지리아의 관점'을 따라 전시되어야 한다고 주장한다. 나이지리아는 종교, 정치, 계층, 인종 간에 분열이 심한 복잡한 사회다. 2022년 7월 기준 인구는 2억 1,700만 명에 달한다. 미국 CIA가 내놓은 『월드 팩트북World Factbook』에 따르면 나이지리아에는 370개 이상의 인종이 있으며 언어도 500개가 넘는다. 크게 보면 이슬람교와 다양한 기독교 교파 간에 나라가 거의 양분되다시피 한 상태다. 식민지 이전 시기부터 존재해 온 컬트Cult 등 또 다른 종교 전통에 속한 이들도 소수지만 존재한다. 다만, 정확한 수는 파악하기 힘들다. 프린스턴에서 기독교와 사회학을 가르치는 아페 아도가메Afe Adogame 교수는 이렇게 설명한다.

이전에 나이지리아에서는 종교와 인종에 관한 인구조사가 정치화되는 바람에 종교-인종에 관한 인구통계학적 데이터는 신뢰할 수 없게 되었고 (지금도 그렇지만) 인구 통계가 정치, 경제, 종교적 목적을 위해 조작되기 일쑤였는데 이 수치에 근거해 국가의 수입이나 다른 자원을 분배했기 때문이다. 최근 인구 조사에서는 종교 항목이 아예 삭제된 것도 이런 이유 때문이다.[16]

그렇다면 베냉 고대 유물의 운명은 누가 결정할 수 있는가? 티자니 사무총장은 과연 베냉 브론즈가 반드시 베냉 왕궁 관료의 감독하에 베냉시에 전시해야 한다는 오바의 의견에 동의할 수 있는가?

콰메 앤서니 아피아Kwame Anthony Appiah도 이런 질문을 던진다.

> 어떤 물건이 한 민족에 속한다는 말은 정확히 어떤 의미인가? 나이지리아의 문화유산 대부분은 현재 국가로서 존재하는 나이지리아가 생기기 이전에 형성되었다. 우리는 기원전 800년부터 기원후 200년 사이 녹Nok에서 만들어진 테라코타 조각상을 왕이 의뢰했는지 평민이 의뢰했는지 알지 못한다. 그걸 만든 사람들이나 샀던 사람들이 그 조각상이 국가 소유라고 생각했는지, 개인이나 한 가문이나 신들의 것으로 생각했는지조차 알지 못한다. 그러나 우리가 분명히 말할 수 있는 한 가지는 적어도 그들이 나이지리아를 위해 이 조각상을 만든 것은 아니라는 사실이다.[17]

'모두의 박물관'을 향하여

'타인의 박물관'에 과연 현재 그들이 보유한 수집품을 소유하고 전시하고 해석할 권리가 있는지 공격하는 것은 지나친 일반화와 과도한 단순화의 산물이다. 그보다는 한층 정교하고 냉정한 비판을 가할 수 있는 근거가 따로 있다. 이 박물관들은 자신들의 거대한 저장고 속에 전 세계의 보물을 잔뜩 갖고 있으며 그 보유량이 얼마나 되는지 아직 한 번도 공개된 적이 없다. 하지만 대부분 박물관의 가장 좋은 창고가 아닌 다른 저장고에 저장되어 있으며 학자들이나 겨우 볼 수 있다.

박물관은 다른 박물관에 대여해주는 도서관 체제로 운영해야 한다. 전문가가 전시 책임을 맡고 서로 돌아가며 빌려주는 프로그램이 개발된다면 지역사회의 감식안 개발에 큰 도움이 된다. 박물관들이 연계되면 서로 협력해 순회 전시회를 개최할 수도 있다.

무엇보다 이 박물관들은 아직도 자신들의 사고방식을 고치지 못하고 있다. 지난 10여 년 간 이어진 논란 속에서 집중포화에 시달리느라 큐레이터들은 방어적이고 비밀리에 움직인다. 그러나 쿡 선장과 그의 동료들이 모으기 시작해 그 후로 여러 세대에 걸쳐 선교사, 학자, 수집가, 딜러들이 모아 쌓아온 일상 생활용품, 종교예식용 물품, 악기, 멋진 수공예품, 고대문명이 남긴 유물 등은 지금도 여전히 전문가들을 매혹시키고 박물관을 찾아오는 이들을 흥분시킨다. 이 모든 것은 타인들의 생활 속으로, 나아가 다른 세계로 들어가는 문을 열어 준다.

그러나 21세기에도 타인의 박물관은 생존 가능한가? 정체성 박물관으로 탈바꿈하거나 '원시미술'이나 '비유럽권 미술' 혹은 논리적으로는 말이 안 되더라도 좀 더 폭을 넓혀 식민지 시대 '아프리카, 아메리카, 오세아니아 미술'을 전문적으로 다루는 미술 박물관으로 변모해야 하는 것 아닌가? 미술 박물관들은 마스크, 흉상, 신상과 귀신 상 등을 가져다 조각상으로 재구성하거나 민속학 자료를 쌓아놓고 설치미술로 제시하기도 한다. 이것을 보면서 관람객들은 경탄한다. 하지만 미술 박물관은 이런 공예품이 만들고 사용한 사람들에게 어떤 의미였는지는 탐구하지 않는다.

그렇다고 타인의 박물관이 항상 더 잘하고 있다는 말은 아니다. 그들은 실제로 논란이 생길까 봐 두려워하는 마음 때문에 새로운 시도를 하지 못하고 있다. 오늘날 큐레이터들은 의기소침한 상태에서 활동가들에게 휘둘리는 경우도 많다. 그러나 큐레이터들이 주도권을 쥐려면 고루하게 변한 영구 전시회에 변화를 주고 후원자나 끌어모으고 수집가와 딜러들에게 팔아치울 목적으로 개최한 맥 빠지는 단기 전시회는 과감히 중단하는 박물관의 노력이 필요하다.

그리고 무엇보다 가장 궁극적인 질문을 회피하지 말아야 한다. **"도대체 이런 박물관은 무엇을 위한 박물관인가?"**라는 질문 말이다. 단순한 정치적 선전 도구가 아닐 뿐만 아니라 인간의 조건에 대한 막연한 일반론을 내세우는 수준으로도 떨어지지 않을 만한 코스모폴리탄 Cosmopolitan 박물관을 위한 자리가 있을까?

2014년부터 2018년 사이 유럽연합이 운영하는 '창조적 유럽 프로그램Creative European Programme'의 주관으로 유럽에 있는 10개 민속학 박물관 대표들이 만나 새로운 유형의 '타인의 박물관'에 관해 토론했다. 이 토론에서 그들은 식민주의 시대의 유산에 관한 논의는 물론 아프리카와 아시아에서 유럽으로 대규모로 유입된 이민자 문제까지 다루었다.

스웨덴, 네덜란드, 오스트리아, 독일에서 맨 먼저 선을 보인 그 박물관은 세계문화박물관World Culture Museum이라는 이름으로 알려지게 되었다. 이 박물관은 유럽도 동등한 수준에서 포함하고 있다는 점에서 타인의 박물관은 아니지만 원칙상으로는 유럽이 함께 포함되어 있어도 실제로는 민속 전통 부분만 포함되어 있다. 실상을 들여다보면 대부분의 세계문화박물관이 이미 존재하던 민속학 박물관과 아시아 미술 박물관을 하나로 합쳐 놓은 것에 불과하다는 사실은 실망스럽지만 그렇다고 별로 놀랄 일도 아니다. 이런 식이라면 세계문화박물관과 타인의 박물관은 무슨 차이가 있단 말인가? ("이 박물관은 모든 사람에 관한 것이다." 이게 빈에 있는 세계박물관Weltmuseum이 내세우는 애처로운 표어다.)[18]

세계문화박물관 프로젝트에 가장 진지한 나라는 스웨덴이었다. 스웨덴 정부는 자국 박물관들을 새로 개편하고 한때는 놀랄 정도로 같다고 생각했던 자국인의 다양성도 확인하고자 했다. 2016년, 스톡홀름에 있는 세 개의 박물관을 하나의 세계문화박물관으로 합치는 계획이 제시되었다.

세계 문화라는 게 무슨 뜻인지를 놓고 개최된 공개토론 중에 험악한 말이 오가기도 했다. 정부가 공식적으로 내놓은 허울 좋은 정의는 '스웨덴 밖에서 생겨난 다양한 문화'를 가리킨다는 것이었다.[19] 극동고대 유물 박물관의 중국 미술 부문 큐레이터인 시 한Si Han은 이렇게 비판했다. "유럽이 아닌 지역을 다루는 모든 박물관을 한 건물 안에 모두 끌어모아 놓고 다문화주의를 옹호하는 척하지만 실제로는 우리와 그들을 대조하고 있을 뿐이다."[20]

그렇게 자국이 보유한 자료를 중심으로 만든 세계문화박물관이 스웨덴에서 두 번째로 큰 도시인 예테보리에 세워졌다. 미국 사회학자 페기 레빗Peggy Levitt은 자신이 그곳을 방문했을 당시 "스태프들은 '세계 문화'가 무슨 의미인지를 놓고 끊임없이 토론을 벌이고 있었다."라고 말한다. 이 박물관 관장인 제트 샌달Jette Sandahl은 문화적 상대주의와 세계인권선언을 결합해 보려고 애를 썼다. 그녀는 레빗에게 이렇게 설명했다.

스웨덴인들이 문화적 다양성을 논할 때는 주로 민족성이나 종교(특히 이슬람)에 관한 이야기가 많아요. 저는 그런 걸 모두 배제했어요. 저는 문화적 다양성에 관한 유네스코UNESCO의 입장과 유엔UN에서 나온 세계인권선언문을 참고로 박물관 강령을 작성했습니다… 유네스코는 모든 문화가 동등하며 인류에 동등하게 기여한다고 말하지만 저는 동의하지 않아요. 제가 좋아하지 않는 문화적 관습도 세상에는 존재하고 특히 여성 할례 같은 것까지 동등하게 대할 가치가 있다고 생각하지는 않습니다. 유네스코의 선언문은 가치가 없지만 인간이 가진 또 다른 핵심가치에 관한 유엔의 정의와 결합해 수정할 수 있었어요. 유네스코 선언문만 아는 사람은 문화적 상대주의자가 되지만 거기에다 세계인권선언을 추가하면 결코 수용할 수 없는 일도 있다는 걸 알게 됩니다.[21]

이렇듯 예테보리 세계문화박물관은 상대주의적 견해를 취하면서도 큐레이터가 좋아하지 않는 부분은 제외했다. 이런 식으로는 범세계적인 기획이 될 수 없다. 차라리 서구(라고 쓰고 '문명'이라고 읽는)의 가치가 가장 우월하다고 보는 낡은 '개발' 프로젝트에 가까운 느낌이다.

고전적인 타인의 박물관은 자기들과는 다른 방식으로 사는 사람들이나 바깥세상에 대해 아는 바 없이 조상들이 살아온 대로 특별한 변화도 없고 인종적으로도 단일한 지역에 거주하는 사람들의 면모를 보여준다. 그러나 현실에서 보면 외딴섬에 사는 사람들도 이미 다른 이들의 생활방식에 대해 알고 있다. 그들의 선조도 마찬가지였다.

물질문화에 관한 연구를 통해 이미 여러 번 밝혀졌듯이 이들의 관계는 수만 년 전부터 이어져 왔다. 때로는 문화 도용이라는 부정적인 평가를 받더라도 모방하고 대응하고 적응하는 경우가 외세의 영향을 철저히 감시하면서 거부하는 경우보다 흔했다. 한 지역사회는 외부 세계와 단절되어 존재할 수 없다. 모든 인간사회는 혼합물hybrid 즉, 여러 전통과 인종이 섞여 만들어 내는 다이내믹한 결합물a dynamic amalgam이다. 원주민 보호론자들이야 부정하겠지만 우리는 모두 그렇게 코스모폴리탄이 되어간다.

수많은 전통사회가 그랬듯이 현대 사회도 새를 토템으로 삼는다면 까치가 토템으로 채택될 가능성이 가장 높다. 우리는 모두 다른 이들이 만든 음악, 패션, 기술, 아이디어를 빌려오니까 말이다. 거의 모든 아프리카인이 최소한 두 개의 언어를 사용하며 여러 개의 언어를 자유롭게 구사하는 이도 많다. 고집스럽게 하나의 언어만 사용하는 영국인과 미국인조차 퓨전 요리를 만들기도 하고 '전 세계의 음악'을 찾아 듣고 한의학이나 티베트 신비주의에 대해 아는 척하기도 한다. 수많은 사람이 월드 와이드 웹www에 기대어 살며 외국인과 데이트하거나 해보고 싶어 하고 시골에서 도시로, 이 도시에서 저 도시로, 다른 나라나 심지어 다른 대륙으로 이사하기도 한다.

물론 내부인으로서 경험하는 삶과 외부자-혹은 민속학자-가 이해하는 삶 사이에는 차이가 있다. 그러나 내부인은 객관적이기 어렵고 자신이 사는 곳에서 이루어지는 제의나 정치적 상황에 대해 제대로 알지 못하는 경우도 많다. 많은 원주민들은 자신들이 사는 곳에서 암묵적으로 이어지는 관행이나 당연하게 받아들여지는 편견이 갖고 있는 의미를 제대로 파악하지 못한다. 런던에 거주하는 평범한 시민이 런던에 대해, 즉 런던의 역사와 인종적 다양성, 비공식적인 관습에 대해, 자료와 방법론과 논리에 대한 학문적 검증을 거쳐 연구 성과를 내놓는 파리나 뭄바이 혹은 싱가포르 출신의 전문 연구가보다 많이 알고 있다고 생각하기는 불가능하다.

우리는 전문가가 필요하다. 역사감각, 비교연구 관점, 폭넓은 시각이 겸비되어야 인간의 상호관계를 제대로 파악할 수 있다. 예를 들어, 베냉 미술과 공예품 전시회는 에도족과 다른 아프리카 부족 전통 사이의 관련성을 추적할 수 있게 해줄 뿐만 아니라 그 지역의 길드 조직이 유럽 시장의 요구에 어떻게 대응했으며 재료는 무엇이었고 기법과 양식은 어땠는지를 검토할 수 있다. 대형 박물관 저장고에

박물관의 그림자

나무에 새겨 만든 장례용 칸막이.
가장행렬 복장을 한 어느 칼라바라 무역상 대표의 모습을 담고 있다.
베키나루시비Bekinarusibi('머리에 올려놓은 백인의 배')라는 이름으로 알려진
이 작품은 무역을 통해 부를 축적한 것을 기념하고 있다.
19세기 나이지리아 동부 니제르 델타 지역
(런던 대영박물관 승인을 받고 게재. ⓒ 대영박물관 신탁관리위원회)

넘치도록 소장 중인 자료를 빌려올 수 있다면 상하이에서도 초기 베
네치아의 유리 공예품 전시회를 열 수 있고 나이로비나 라고스에 있
는 박물관에서 유럽의 집시나 라플란드의 순록을 치는 목동에 관한
전시회를 열 수도 있으며 케 브랑리 박물관에서 서아프리카의 직물
전을 열거나 19세기 아프리카에서 화폐로 사용했던 개오지 조개껍데
기, 마심 군도massim archipelago의 섬과 섬 사이에서 선물을 주고받을

때 사용했던 붉은 조개껍데기 목걸이인 술라바soulava나 하얀 조개껍데기 팔찌인 므왈리mwali를 대체 불가능한 토큰NFT과 비트코인을 비교하는 전시회를 어디서든 개최할 수 있다.

1995년부터 1996년까지 대영박물관은 '놀이와 전시: 남부 나이지리아의 가장행렬'이라는 이름으로 19세기 칼라바리Kalabari 부족이 만든 장례용 칸막이를 모아 특별 전시회를 열었다. 노예무역 중개상이었고 훗날 팜유와 상아 무역중개상으로도 활약했던 칼라바리족은 자신들과 거래하던 유럽인들에게서 배운 기법과 양식을 자신들에게 맞게 차용했다. 이 전시회를 주관한 큐레이터 나이절 발리Nigel Barley에 따르면 이 장례용 칸막이는 서양 그림의 복제품에서 영감을 얻었는데 그는 "유럽식 음식이 나오고 서양식 옷을 입고 영어로 말하면서 진행하는 기나긴 장례식 마지막 무렵 만들어진다."라고 설명한다.[22]

전시회에 나온 칸막이 작품 중 특히 이색적인 작품-앞 페이지에 나와 있다-은 '베키나루시비Bekinarusibi('머리에 올려놓은 백인의 배')'라는 제목의 작품으로 가장행렬 복장을 한 어느 우두머리 중개상을 묘사하고 있다. 전시회에 부착된 설명문에 따르면 이 작품은 무역을 통해 부를 축적한 것을 기념하고 있다. 전시회에는 현대 미술가의 작품도 함께 전시되어 새로운 관점을 제시했다. 나이지리아에서 태어나 영국에 있는 미술학교에서 배운 소카리 더글러스 캠프Sokari Douglas Camp는 모델로 나서서 가장행렬에 참가한 인물들의 모습을 재현했다. 최근 열린 칼리바리 가장행렬에 참여한 그녀의 조카 모습도 영상에 담겼으며 스코틀랜드 화가 에두아르도 파올로치Eduardo Paolozzi는 장례용 칸막이를 다양하게 변주한 그림을 선보였다.

대도시에 있는 대형 박물관과 대학 박물관은 자신들이 감당해야 하는 사명을 자각하고 적극적으로 활동하며 글로벌한 관점을 제공

박물관의 그림자

하는데 최선을 다해야 한다.

우리는 코스모폴리탄 박물관 즉, **인종과 국가 차원의 정체성을 초월하며 서로 비교·대조하고 상호 관련성을 따져보고 정치적 국경선을 넘나들며 일어나는 교역을 추적하고 경계선을 허물어가는 박물관을 꿈꿔야 한다.** 끝없이 변해가는 과거와 현재의 지형 속에 서 있되 엄격하고 비평적이고 독립적인 학술연구 기반을 탄탄히 갖춘 박물관 말이다.

코스모폴리탄 박물관이라면 신비주의적 통찰이나 정체성의 권위에 기대지 않고 학문적 연구 결과에 근거해 도전적인 관점과 서로 충돌하는 시각을 제시할 줄 알아야 한다. 그런 박물관을 방문하는 이들은 자신의 눈을 가리고 있는 유아론唯我論에서 벗어날 수 있다. 예상치 못한 작품들이 함께 진열된 광경이 미치는 경이로움을 느끼며 방문객들은 허만 멜빌Hermann Melville이 말한 깨달음의 충격을 맛볼 기대를 품어도 좋다. "온 세계에는 천재들이 손에 손을 잡고 서 있기에 한 사람이 받는 깨달음의 충격은 전 세계로 퍼진다."[23]

감사의 말

내게는 '타인의 박물관'에서 경력을 쌓아온 오랜 친구가 두 명 있다. 스미소니언 협회 국립 자연사 박물관의 인류학 석좌이자 극지방 민족학 부문 큐레이터인 이고르 크루프니크Igor Krupnik, 그리고 1973년부터 2005년까지 미국 자연사 박물관 인류학 큐레이터였으며 이후 2011년까지 뉴욕의 아프리카 미술 박물관 전시 책임자로 있었던 에니드 실트크라우트Enid Schildkraut가 그들이다. 이 둘은 언제든지 박물관에 관해 이야기하고 내 연구 결과를 주제로 토론하며 나의 판단에 이의를 제기할 준비가 되어 있었다. 이들은 이 책의 모든 내용을 읽었다(때로는 다시 읽었다). 그들처럼 전혀 불평하지 않고 경험도 많으며 지치지도 않는 독자가 내 집에도 여러 명 있었다. 내 첫째 아들이자 멋진 작가인 사이먼 쿠퍼Simon Kuper, 나의 조카이자 출판사 대표인 리처드 쿠퍼Richard Kuper, 내가 길을 잃고 헤매지 않도록 최선을 다해 격려해 준 아내 지테 쿠퍼Jytte Kuper 말이다.

다른 동료 중에도 내가 도움을 요청할 때마다 정보를 알려주고 비평적 시각을 제시하고 격려를 잊지 않았던 이들이 있다. 그들 모두에게 고마움을 전한다. 워싱턴 DC 스미소니언 협회 국립 자연사 박물관에서 아프리카 예술과 민족학 부문 큐레이터로 있는 메리 호 아놀디Mary Jo Arnoldi, 대영박물관 민족학 부문 부副부문장 나이절 발리Nigel Barley, 비엔나 자연사 박물관 큐레이터 마르기트 베르너Margit Berner, 대영박물관 아프리카, 오세아니아, 아메리카 부문장 리산트

볼튼Lissant Bolton, 옥스퍼드대학 피트 리버스 박물관 관장 로라 반 브로크호벤Laura van Broekhoven, 하버드대학 피바디 고고민족학 박물관 큐레이터 파트리시아 카포네Patricia Capone, 포르투갈 리스본 인류학 연구소 교수 넬리아 디아스Nélia Dias, 레이대학 지역 연구소 소속 루돌프 에퍼트Rudolf Effert, 파리 국립과학연구센터 소속 브누아 드 레스투알Benoît de L'Estoile, 리우 데 자네이루 연방내학 소속 국립 박물관의 인류학 교수 카를로스 파우스토Carlos Fausto, 비엔나대학 인류학 교수 토마스 필리츠Thomas Fillitz, 하버드대학 출판부 과학과 의학 부문 前 편집자 마이클 피셔Michael Fisher, 베를린 국립 박물관의 민족학 박물관 관장 조너선 데이비드 맥라클란 파인Jonathan David MacLachlan Fine, 옥스퍼드대학 사회인류학 교수 데이비드 겔러David Geller, 피트 리버스 박물관 아시아 담당 큐레이터이자 옥스퍼드대학 시각인류학 교수 클레어 해리스Clare Harris, 2008년부터 2016년까지 덴마크 왕립학술원 원장을 역임한 코펜하겐대학 인류학 교수 커스틴 하스트럽Kirsten Hastrup, 프랑크푸르트 괴테대학 민족학 명예교수이자 프로베니우스 문화인류학 연구소 前 관장 카를-하인츠 콜Karl-Heinz Kohl, 파리 국립과학연구센터 소속 크리스틴 로리에르Christine Laurière, 1990년부터 2004년까지 대영박물관 민족학 부문 책임자였고 2004년 이후 이스트 앵글리아대학 세계예술 교수로 재직 중인 존 맥John Mack, 노스캐롤라이나대학 인류학 교수 조너선 마크스Jonathan Marks, 브뤼셀 자유대학 前 총장이자 고고학 명예교수이며 테르뷔랑 왕립 중앙아프리카 박물관 과학위원회 위원장인 피에르 드 마레Pierre de Maret, 1974~1990년 대영박물관 민족학 부문 책임자이자 1990~1999년 헌터리안 박물관 및 미술관 관장이었던 말콤 맥러드Malcolm McLeod, 런던대학 아프리카 예술 명예교수 존 픽턴John Picton, 함부르크 로텐바움 세계문화미술 박물관 관장 바바라 플랑켄

슈타이너Barbara Plankensteiner, 베를린 국립박물관 소속 민족학 박물관과 아시아 미술 박물관 부副 관장 알렉시스 폰 포저Alexis von Poser, 스미소니언 협회 국립 인류학 기록보관소의 수석 아키비스트 지나 라파포트Gina Rappaport, 멕시코시티 국립 인류학 박물관 관장 안토니오 사보리트Antonio Saborit, 바젤 문화박물관 관장 애나 슈미트Anna Schmid, 런던 호니먼 박물관 인류학 부문 책임자 로버트 스토리Robert Storrie, 2005~2013년 케 브랑리 박물관 연구교육 부문 책임자 앤-크리스틴 테일러Anne-Christine Taylor, 독일 할레에 있는 막스 플랑크 사회인류학 연구소 연구원 한 베르뮐렌Han Vermeulen, 그리고 왕립 인류학회 기록관 새라 월폴Sarah Walpole이 그들이다.

비할 데 없이 우수한 편집자 페니 가디너Penny Gardiner는 꼭 검토해야 할 세부적인 사항에 관한 질문을 던져 주었고 오·탈자를 바로 잡아 주었으며 내 맞춤법을 놀랍도록 향상시켜 주었다. 제작 과정 전반을 책임졌던 페니 대니얼Penny Daniel과 뛰어난 출판인 앤드류 프랭클린Andrew Franklin에게도 감사를 표한다.

'우리는 유럽을 소화해야 하니까'

이 책의 번역을 시작할 즈음, 머릿속으로 떠오르는 광경이 하나 있었다. 2006년 여름, 뉴욕 메트로폴리탄 박물관을 혼자 돌아다녔던 때. 꽤 오랜 세월이 지난 지금, 감동했던 작품이라고는 전혀 기억에 남아 있지 않지만, 그때 받았던 느낌은 여전하다. 일단 다리가 아팠다. 아무런 사전 지식도 없이, 무엇을 보겠다고 정해 둔 것도 없이, 그 거대한 박물관 안을 이리저리 걸었던 탓. 그렇게 걷고 있자니 과장 하나 없이, 바다에 던져진 돌멩이처럼 끝없이 가라앉는 기분이었다. 전시된 자료가 너무 많았던 것일까? 바닷속으로 가라앉으며 한없이 작아져 갔다. 여태 한 주먹도 안 되는 자기 세계에 집중해서 살아온 청춘이 도무지 가능할 수 없는 긴 세월 동안 전개되어 온 이 세상의 무수한 흔적과 마주한 까닭이 아니겠는가? 나는 박물관 속 공간의 크기에, 그리고 그 크기가 대변하는 세상의 크기에 압도되었던 것이다.

그런 짓눌림에는 유익한 면도 있다. 온 세상과 만나기 위한 몸부림을 낳았으니까. 평생을 두고 거듭거듭 새롭게 세상과 만나야 한다는 과제를 어렴풋이 자각했던 순간이 아니었을까?

영국 대학에서 인류학을 가르쳐 온 백인-이런 인종적인 정보가 이런 책에선 중요한 셈이다-인 저자가 쓴 박물관 이야기를 읽어 나가는 독자가 해결해야 하는 의문은 크게 두 가지로 요약될 듯하다. 첫째, 박물관의 기원에 관한 질문. 책에서도 밝히듯, 전 세계 유명 박물관이 전시하는 자료는 그 박물관이 소장한 전체 물품 중 1퍼센트~3퍼센트에 불과하다. 수십 년째 저장고에 처박혀 있는 품목이 부지기수이다. 유럽과 미국은 이토록 방대한 컬렉션을 도대체 언제 어떻게 끌어모았을까? 왜 끌어모았을까?

둘째, 루브르에 찾아오는 관람객이 한 해에 천만 명, 대영박물관과 테이트 모던에 각각 6백만 명이 찾아오며, 그중에 4분의 3은 여행객이 차지하고 있다는 통계가 던지는 질문이기도 하지만, 그저 「모나리자」 앞에서 사진을 찍으려고 그 먼 곳까지 가는 사람은 없다고 치자면, 그 많은 사람들은 무얼 찾기 위해 박물관에 가는가?

이런 질문에 대한 대답은 "호기심"보다는, 우리가 가진 "정처 없는 마음"과 관련되어 있다. 이 책에는 정처 없는 마음을 달래기 위해 혹은 자신을 찾기 위해, 자기 안으로 들어가기보다는 바깥으로 헤매고 다니며 물건을 수집했던 이들, 나아가 그들의 폭력 아래 쓸쓸하게 피 흘리며 죽어간 이들의 얼굴 표정까지 담겨 있다.

또 하나, 『박물관의 그림자』는 이 두 가지 질문에 대답할 뿐 아니라, 좀 더 심화된 질문을 던진다. 넓은 박물관을 돌아다닐수록 짙어지는 막막함에 시달렸던 나처럼, 박물관에 어떻게 접근해야 할지 모르는 이들에게, 박물관은 "무엇"을 "어떻게" 제공해야 하느냐는 질문. 이 질문에 대답하는 일은 관람객 입장에 서있는 우리에게도 유익할 뿐 아니라, 21세기에 생존의 위기에 처한 박물관계의 활로를 모색하는 방법이기도 하다. 이 쉽지 않은 질문에 대답하려고 저자는 200년 가까이 되는 박물관 형성사 전체를 돌아보며 꽤 긴 여행을 한다.

서양의 초대형 박물관이라고 하면 우리 머릿속에 떠오르는 부정적인 이미지가 있다. 훔쳐 온 남의 문화재를 제 것인 양 전시해 두고 있는 제국주의자들의 장물 보관소 이미지. 이 책은 이런 전형적인 관념에서 벗어날 수 있도록 실제 사실관계를 따지고 들어간다. (공교롭게도, 역자의 말을 쓰기 바로 전날 TV 뉴스에서는 영국과 그리스 양국 간 정상 회담이 회담을 몇 시간 앞둔 시점에 취소되었다는 보도가 나왔다. 유명한 엘긴 마블Elgin Marble 반환 논의 때문이었다.) 저자는 우리도 이미 알고 있듯 살육과 문화재 약탈로 얼룩진 과거도 숨기지 않는다. 다호메이와 아샨티 왕궁 습격 사건은 물론이고 유명한 베냉 브론즈Benin Bronzes를 약탈할 당시의 처절한 참상도 자세히 다룬다. 돈 때문에 노예를 사고팔았던 유럽인과 서아프리카 제국의 결탁 역시 이제는 도무지 가릴 수 없는 역사적 사실이다.

그렇다면, 과연 초대형 민족학 박물관은 장물 보관소인가? 저자는 동의하지 않는다. 소르본느의 예술사학자 모린 머피의 지적처럼, "아프리카 대륙 밖으로 나와 있는 예술품 중 70퍼센트는 1960년대에 이루어진 독립 이후에야 '유출'된 것들"이다(38쪽). 부패, 내정 불안, 내전 등으로 밀수가 횡행했던 과거를 직시해야 한다. 심지어 식민지 시대에 획득한 물품 중에서도 탈취가 아니라 구매와 교환을 통해 얻은 물품이 대다수라는 점도 부각된다.

그럼에도 이 시대 '타인의 박물관'은 수세에 몰려 있다. 남의 문화재는 돌려줘야 한다는 캠페인의 거센 공격 앞에 노출되어 있다. 이런 공격 앞에서 한층 방어적으로 위축되어 있다. 지금의 수세적 자세로는 상처가 심해지기만 할 뿐이다. 저자는 돌려줄 건 당연히 돌려줘야 하지만, 돌려주기 쉽지 않은 사정도 자세히 다룬다. 문화재 반환 논쟁의 해결은 앞으로도 꽤 길고 힘겨운 세월이 필요할 것이다.

저자는 난감한 문화재 반환 논의의 덫에 걸려 허우적거리는 박물관들이 이 지경에서 벗어나려고 변모를 모색하는 방식에 대해서도 비판한다. 훔쳐온 문화재 반환 논쟁을 비껴가는 가장 손쉬운 방법으로서 자신을 '미술 박물관'으로 소개하는 방식 말이다.

> 1988년 런던 빅토리아 앤 앨버트Victoria and Albert 박물관은 자신을 '아주 멋진 박물관이 바로 옆에 붙어 있는 최고급 카페'라고 소개하는 포스터 광고 6편을 제작했다. 그중에 한 포스터에는 이런 질문이 들어있다. '에그 샐러드를 시키면 100,000,000파운드짜리 '예술적 오브제'를 무료로 볼 수 있는 곳이 세상 어디에 또 있을까요?' (43쪽)

저자가 보기에, 이런 식으로는 문제가 해결되지 않는다.

유럽이 "미술 박물관"으로의 변모 가능성을 저울질한다면, 미국에서는 "정체성 박물관" - 인디언 박물관, 흑인 박물관, 라티노 박물관 - 이 대안으로 떠오르고 있다. 그러나 이번에도 저자는 질문을 던진다. 이들이 과연 대안일 수 있는가? 이런 식으로 자꾸 위기를 회피하는 식으로 문제가 해결될 수 있는가?

저자는 비교적 분명한 입장을 밝힌다.

> 무엇보다, 이 박물관들은 아직도 자신들의 사고방식을 고치지 못하고 있다. 지난 십여 년간 이어진 논란 속에서 집중포화에 시달리느라 큐레이터들은 방어적이고 비밀스럽게 움직인다. 그러나 쿡 선장과 그의 동료들이 모으기 시작해서 그 후로 여러 세대에 걸쳐 선교사, 학자, 수집가, 딜러들이 모아서 쌓아온 일상 생활용품, 종교예식용 물품, 악기, 멋진 수공예품, 고대문명이 남긴 유물 등은 지금도 여전히 전문가들을 매혹하고, 박물관을 찾아오는 이들을 흥분하게 한다. 이 모든 것들은 타인들의 생활 속으로, 나아가 다른 세계로 들어가는 문을 열어 준다.

그러나 21세기에도 타인의 박물관은 생존 가능한가? 정체성 박물관으로 탈바꿈하거나, '원시 미술'이나 '비유럽권 미술' 혹은 논리적으로는 말이 안 되더라도 좀 더 폭을 넓혀서 식민지 시대 '아프리카, 아메리카, 오세아니아 미술'을 전문적으로 다루는 미술 박물관으로 변모해야 하는 게 아닌가? 미술 박물관들은 마스크, 흉상, 신상과 귀신 상 등을 가져다가 조각상으로 재구성하기도 하고, 민속학 자료를 쌓아놓고는 설치 미술로 제시하기도 한다. 이것을 보면서 관람객들은 경탄한다. 하지만 미술 박물관은 이런 공예품이 만들고 사용한 사람들에게 어떤 의미였는지를 탐구하지는 않는다. (456쪽)

저자가 보기에 '타인의 박물관'은 지금보다 훨씬 큰 목표를 추구해야 한다. 코스모폴리탄 박물관 즉, 온 세상을 위한 깊이 있는 연구 기관으로 성장해야 한다. 그런데, 지금 타인의 박물관들은 아직 방향을 잡지 못하고 있다. "논란이 생길까 봐 두려워하는 마음 때문에 새로운 시도를 하지 못하고 있다. 오늘날 큐레이터들은 의기소침한 상태에서 활동가들에게 휘둘리는 경우도 많다."(457쪽) 이토록 위축된 상태에서 벗어나야 한다는 외치는 저자의 외침에 나도 기운을 보태고자 한다.

이 책에는 빛나는 장면이 여러 개 있다. 그중에 두 가지만 언급하고 싶다. 하나는 파리의 젊은 예술가들이 아프리카 예술을 "발견"하는 장면. 1906년경에 있었던 사건, 즉 블라맹크가 어느 바에 진열되어 있던 조각상을 발견했고, 그의 친구 드랭이 봤던 순간, 그리고 그것과는 별개로, 앙리 마티스가 원시 예술 조각상을 사들였을 때 피카소가 이걸 보고 반하는 순간.

마티스는 그 조각상을 미국 작가 거트루드 스타인Gertrude Stein에게 보여주었다. "때마침 피카소가 찾아왔기에 우리는 함께 이야기를 나누었다. 그때가 바로 피카소가 아프리카 조각품에 눈을 뜬 때였다." 피카소는 마티스와 그의 아내와 함께 저녁 식사까지 했다. 힐러리 스펄링Hilary Spurling은 당시를 이렇게 회상한다. "피카소는 저녁 내내 그 조각상에서 떠날 생각을 하지 않았다. 그러고는 세탁선Bateau Lavoir에 있는 자기 작업실에 돌아와 밤새워 작업했고, 다음 날 아침에 시인 막스 제이콥Max Jacob이 그곳을 찾아갔을 때 피카소는 외눈박이에 귀가 네 개이고 네모난 입을 가진 기괴한 여자 얼굴을 그린 습작들에 둘러싸여 있었는데, 자기 애인 얼굴 그림이라는 것이었다."

그 당시 피카소는 거트루드 스타인의 초상화를 그리려고 몹시 애를 쓰고 있었다. 무려 90회나 그녀를 모델로 앉혀 놓고 그림을 그렸지만 끝내 그녀의 얼굴을 그려내지 못해서 미뤄둔 채였다. 그러다 이제야 해결책을 찾은 것이다. "그는 모델이 없는 상태에서, 마스크처럼 생긴 모습을 그림으로써, 마침내 그의 말대로, 그녀를 닮은 모습을 그려내는 데 성공했다." (328-329쪽)

원시주의가 유럽 예술계로 밀고 들어온 첫 장면. 그러나 내게는 그런 예술사적인 차원보다는 개인의 정신적인 돌파가 일어나는 장면이라는 차원에서 한층 깊게 마음에 남았다. 앞이 막혀 있을 때 우리는 해답을 찾기까지 한없이 뒤척인다. 얼마나 많은 이들이 혼자만의 어둠 속에서 죽어가는지! 피카소처럼 어둠을 가르고 나온 이들의 기록은 얼마나 아름다운지! 아프리카에서 나온 조각상은 파리 몽마르트르에 살았던 새로운 미술가 세대가 찾아 헤매던 "새로운 영감의 원천" 역할을 했다. **역사 연구는 과거에 대한 지식으로 그치지 않고, 나의 개인적인 인생에 모종의 힌트를 제공할 때 마음속에서 울림을 얻는다.** 나는 책을 읽으면서 피카소가 되어 밤새 작업하면서, 새로운 활로를 찾았을 때 그가 느꼈던 즐거움을 맛보았다. 삶에 고비가 찾아올 때면 또다시 새로 피카소가 되어 밤을 새우게 되리라.

또 다른 하나는 민족학자 멜빌 헤르스코비츠가 1920년대 후반, 지금의 수리남 공화국이 있는 지역인 남아메리카 네덜란드 식민지에 살던 사라마카 마룬 부시맨들 속에 들어가 현지 연구를 진행했을 당시의 기록.

> 내가 베이스캠프와 철길 끄트머리 사이로 흐르는 급류를 헤치고 마지막 여정을 떠나기 위해 통나무 카누에 올라탈 무렵이었다. 필드 연구용 키트, 노트, 잔뜩 쌓인 조각품과 시료 등을 배에 다 실었고 막 작별 인사를 하고 있었다. 그때 어느 나이 많은 여자가 내게 다가왔다. 양손으로는 음식 저을 때 쓰는 예쁜 주걱을 들고 있었는데, 그 전에 내가 그녀에게 돈을 주고 사려고 애를 썼지만 끝내 팔지 않겠다던 것이었다. "백인 양반" 그녀가 말했다. "이거 받아요. 이건 내가 아요보Ayobo가 사는 마을로 와서 같이 살기 전에 그가 만들어 준 거예요. 당신이 아름다운 물건들이 잔뜩 보관되어 있다고 말하던 그 집, 당신들 백인들이 사는 나라의 그 큰 집에다 이걸 보관해 주세요. 그리고 종이에다 아요보가 만들었다는 말은 꼭 써줘요." (37-38쪽)

이름도 얼굴도 알 길이 없는 나이 많은 부시맨 부족 여성의 마음이 전해지면서 코끝이 찡했다. 오래 고민했으리라. 사람의 마음이 드러나는 장면처럼 볼만한 게 어디 있으랴! 남편의 이름을 영원히 남기고 싶어 어려운 결정을 내린 그 여성을 기억하고 싶다.

우리는 직접 필드워크를 나가기도 하고, 필드워크를 나간 이가 남긴 글을 읽기도 하면서 서로를 이해하고 서로에게 다가가는 어려운 길에 들어선다. **고달프지만 유럽과, 유럽의 연장인 미국을 소화하고, 유럽이 만들어 놓은 세계를 소화하는 일이 우리의 과제이자 즐거움**

이라고 믿는 이들이라면, 이 책도 진지하게 연구하며 즐길 만하다.

> 런던에 거주하는 평범한 시민이 런던에 대해, 그러니까 런던의 역사와 인종
> 적 다양성, 비공식적인 관습에 대해, 자료와 방법론과 논리에 대한 학문적인
> 검증을 거쳐서 연구 성과를 내놓는 파리나 뭄바이 혹은 싱가포르 출신의 전
> 문 연구가보다 많이 알고 있다고 생각하기는 불가능하다.
> 우리는 전문가가 필요하다. 역사 감각, 비교 연구 관점, 폭넓은 시각이 겸비
> 되어야 인간의 상호관계를 제대로 파악할 수 있다. (460쪽)

국문학 학회에 참석해서 우리 고전 소설 『구운몽』에 대한 연구 결과
를 발표하는 어느 폴란드 학자의 모습을 기록한 국문학자의 글을 읽
은 적이 있다. 유럽이 세운 박물관을 대하는 우리의 자세도 하등 다
를 바 없다고 나는 믿는다. 서로를 이해하기 위해 애쓰는 우리에게
멋진 길잡이가 되어주었으면 하는 마음으로, 이 책을 내 나라 독자들
에게 정중히 바친다. 지성의 성장을 꿈꾸며…

미주

1장

01) Chang Wan-Chen, 2012, 'A cross-cultural perspective on musealization: the museum's reception by China and Japan in the second half of the nineteenth century', Museum and Society, 10(1), 15-27. See pp. 16-17

02) See Benoît de L'Estoile, 2007, Le Goût des Autres. De l'exposition coloniale aux arts premiers, Flammarion. Les musées des Autres is now an established meme in France.

03) 사회개혁가 에드윈 채드윅Edwin Chadwick에게 보낸 편지 내용. Cited in D. Eastwood, 1994, 'Rethinking the debates on the Poor Law in early nineteenth-century England', Utilitas 6(1), 97-116. Citation, p. 99.

04) Michel Foucault, [1966] 1970, The Order of Things: An Archaeology of the Human Sciences, Routledge, p. 375.

05) an Hacking, 2002, Historical Ontology, Harvard University Press, chapter 6

06) Nélia Dias, 1991, Le Musée d'ethnographie du Trocadéro (1878-1908), Editions du CNRS, p. 23.

07) James Cowles Prichard, 1843, The Natural History of Man: Comprising inquiries into the modifying influence of physical and moral agencies on the different tribes of the human family, H. Ballière.

08) Francis Schiller, 1979, Paul Broca, Founder of French Anthropology, Explorer of the Brain, University of California Press, pp. 133-5.

09) Anon. 1881, M. Paul Broca, Popular Science Monthly, volume 20, Decem-

ber.

10) George W. Stocking Jr., 1991, Victorian Anthropology, The Free Press, p. 252.

11) Stocking, 1987, Victorian Anthropology, p. 252.

12) George W. Stocking Jr., 1971, 'What's in a name? The origins of the Royal Anthropological Institute (1837 – 71)', Man (n.s.), 6(3), 369 – 90. Citation, p. 379.

13) Anthropological News 1868, The Anthropological Review 6, 324.

14) 'Anon. 1864. Anthropology at the British Association', The Anthropological Review, 2(7) (November 1864), 294 – 335.

15) Stocking, 'What's in a name?'

16) Gavin de Beer (ed), 1960, Darwin's Notebooks on Transmutation of Species (4th Notebook, October 1838 – July 1839), British Museum, pp. 69 – 70.

17) Charles Darwin, 1871, The Descent of Man, p. 145.

18) Letter from Darwin to Kingsley, 6 February 1862, Darwin Correspondence Project, letter 3439, University of Cambridge.

19) E. B. Tylor, 1871, Primitive Culture: Researches Into the Development of Mythology, Philosophy, Religion, Art, and Custom, J. Murray, volume 1, p. 26.

20) Michael C. Carhart, 2007, The Science of Culture in Enlightenment Germany, Harvard University Press.

21) Han Vermeulen, 2015, Before Boas, University of Nebraska Press. Citation, pp. 322 – 3.

22) J. R. Seeley, 1883, The Expansion of England, Macmillan, pp. 4 and 12..

23) Franz Boas, 1928, Primitive Art, Harvard University Press, p. 2

24) William C. Sturtevant, 1969, 'Does anthropology need museums?', Proceedings of the Biological Society of Washington 82, 619 – 49. Citation, p. 619.

25) Roland Barthes, [1957] 1972, 'The Great Family of Man', in Mythologies, translated by Annette Lavers, Jonathan Cape, pp. 100 – 101.

26) Dalya Alberge, 2019, 'British Museum is World's Largest Receiver of Stolen Goods, says QC', Guardian, 4 November 2019.

27) Dan Hicks, 2020, The Brutish Museum: The Benin Bronzes, Colonial Violence and Cultural Restitution, Pluto Press, p. 4.

28) https://www.britishmuseum.org/collection/term/x94302.

29) William St Clair, 1967, Lord Elgin and the Marbles, Oxford University Press, p. 100, n 6.

30) Louise Tythacott, 2018, 'The Yuanmingyuan and its Objects', in Louise Tythacott (ed.), Collecting and Displaying China's 'Summer Palace' in the West: The Yuanmingyuan in Britain and France, Routledge.

31) Victor Hugo, 1875, Acts et Paroles. Pendant l'exil: 1852 – 1870, Lévy, p. 201.

32) Richard J. Evans, 2010, 'Looted art and its restitution', The Third Lee Seng Tee Distinguished Lecture. https://www.richardjevans.com/lectures/looted-art-restitution/ p. 1.

33) Hugo Grotius, 1625, De Jure Belli ac Pacis, Book III.

34) Andres McClellan, 1994, Inventing the Louvre: Art, Politics, and the Origins of the Modern Museum in Eighteenth-Century Paris, University of California Press, pp. 122 – 3.

35) Lieut. Colonel Gurwood, 1838, The Dispatches of Field Marshall the Duke of Wellington, John Murray, volume 8, p. 266.

36) Evans, 'Looted art', p. 2.

37) Evans, 'Looted art', p. 8.

38) Matthieu Aikins, 2021, 'How one looted artefact tells the story of modern Afghanistan', The New York Times, 4 March 2021.

39) John Henry Merryman, 1986, 'Two Ways of Thinking About Cultural Property', The American Journal of International Law, 80(4), 831 – 53.

40) James Cuno, 2008, Who Owns Antiquity? Museums and the Battle over our Ancient Heritage, Princeton University Press, p. 49.

41) Larry Buchanan, Quoctrung Bui and Jugal K. Patel, 2020, 'Black Lives Matter May Be the Largest Movement in US History', The New York Times, 3 July 2020.

42) Nicolas Truong, in dialogue with Julien Volper and Yves-Bernard Debie, 2018, 'Restitutions d'art africain', Le Monde, 28 November 2018.

43) Le Monde, 20 February 2020, 'L'ex-patron du Quai Branly dénonce un rapport prônant des restitutions massives d'oeuvres à l'Afrique'.

44) Alison Abbott, 2020, 'Confronting the colonial legacy of museum collections', Sapiens, 7 May 2020, https://www.sapiens.org/culture/museum-restitution/

45) Craig Simpson, 2020, 'British Museum removes bust of slaveowner founder Sir Hans Sloane', Daily Telegraph, 24 August 2020.

46) Farah Nayeri, 2018, 'Return of African artifacts sets a tricky precedent for Europe's museums', The New York Times, 27 November 2018.

47) Brent Hayes Edwards, 2017, Introduction to the English translation, Michel Leiris, Phantom Africa, Seagull Books, p. 63

48) Marja Warehime, 1986, '"Vision sauvage" and Images of Culture: Georges Bataille, Editor of Documents', The French Review, 60(1), 39 – 45. See p. 43.

49) J. Newell, 2005, 'Exotic possessions: Polynesians and their eighteenth-cen-

tury collecting', Journal of Museum Ethnography, 17, 75 – 88.

50) Boswell's Life of Johnson, Aetat 67, Wednesday, 3 April 1776.

51) Newell, 'Exotic possessions', 80.

52) Neil Chambers, 2007, Joseph Banks and the British Museum: The World of Collecting, 1770 – 1830, Pickering & Chatto, p. 12.

53) Newell, 'Exotic possessions', 85 – 6.

54) J. Ita, 1972, 'Frobenius in West African History', The Journal of African History, 13(4), 673 – 88.

55) Enid Schildkrout, 2018, 'The Frobenius Effect: Frederick Starr in the Congo', Critical Interventions, 12(1), 71 – 83.

56) Schildkrout, 'The Frobenius Effect', 81.

57) Johannes Fabian, 1998, 'Curios and curiosity: Notes on reading Torday and Frobenius', in Enid Schildkrout and Curtis A. Keim (eds), The Scramble for Art in Central Africa, Cambridge University Press, p. 91.

58) Gregory Bateson, 1946, 'Arts of the South Seas', The Art Bulletin, 28(2), 119 – 23. Citation, p. 119.

59) Fabian, 'Curios and curiosity', p. 93.

60) Melville J. Herskovits, 1959, 'Art and Value', in Robert Redfield and Melville Jean Herskovits (eds), Primitive Art, Museum of Primitive Art, New York, pp. 41 – 68. Citation, p. 42.

61) Maureen Murphy, 30 November 2019, 'Les non-dits du débat sur la restitution du patrimoine africain', Le Monde.

62) J. Picton, 2010, 'To See or Not To See! That is the Question', African Arts, 43(4), 1 – 6.

63) Z. S. Strother, 2020, 'Iconoclasms in Africa: Implications for the debate on restitution of cultural heritage', HAU Journal of Ethnographic Theory,

10(3), https://www.haujournal.org/index. php/hau/article/view/1501

64) Kwame Anthony Appiah, 2009, 'Whose Culture Is It?', in James Cuno (ed.) Whose Culture? The Promise of Museums and the Debate over Antiquities, Princeton University Press, pp. 80 – 82.

65) Azadeh Moaveni, 2021, 'The Caviar Club', London Review of Books, 9 September 2021.

66) Jytte Klausen, 2009, The Cartoons that Shook the World, Yale University Press

67) Peter Walkman and Golnar Motevalli, 2015, 'Iran has been hiding one of the world's great collections of modern art', Bloomberg News, 17 November 2015.

68) Mary Beard, 2002, The Parthenon, Profile Books, p. 21.

69) Sarah Baxter, 2022, 'Why the Elgin Marbles may finally return to Greece', Sunday Times, 30 July 2022.

2장

01) Andrew McClellan, 1994, Inventing the Louvre: Art, Politics, and the Origins of the Modern Museum in Eighteenth-Century Paris, Cambridge University Press, p. 91.

02) Irène Aghion, n.d., 'Le Cabinet des médailles et antiques', https://journals. openedition.org/inha/2774

03) A. L. Cointreau, 1800, État succinct des acquisitions et augmentations qui ont eu lieu, à dater de l'année 1754 jusqu'à la fin du siècle (an 8 de la République Française), Pugens et Bouquet.

04) E-T Hamy, 1890, Les Origines du Musée d'Ethnographie: Histoire et

Documents, Ernest Leroux, pp. 18 – 19.

05) Jean Copans and Jean Jamin, 1978, Aux origines de l'anthropologie française, Le Sycomore, pp. 153 – 8.

06) Hamy, Les Origines du Musée d'Ethnographie, pp. 23 – 4.

07) Hamy, Les Origines du Musée d'Ethnographie, p. 33, n. 1.

08) Hamy, Les Origines du Musée d'Ethnographie, p. 39, n. 1.

09) Hamy, Les Origines du Musée d'Ethnographie, p. 38.

10) Hamy, Les Origines du Musée d'Ethnographie, p. 136.

11) Hamy, Les Origines du Musée d'Ethnographie, p. 38, n. 2.

12) Hamy, Les Origines du Musée d'Ethnographie, p. 40.

13) Hamy, Les Origines du Musée d'Ethnographie, pp. 41 – 2.

14) Hamy, Les Origines du Musée d'Ethnographie, p. 45.

15) E – F. Jomard, 1831, Sur le but et l'utilité d'une collection ethnographique, et les moyens de la former. Réponse de Férussac. This was printed as an appendix (pp. 63 – 92) to a brochure written by Jomard, Considérations sur l'objet et les avantages d'une collection spéciale consacrée aux cartes géographiques diverses et aux branches de la géographie, Duverger. It is reprinted in full in Hamy, Les Origines du Musée d'Ethnographie, pp. 125 – 44.

16) Hamy, Les Origines du Musée d'Ethnographie, pp. 40 – 41.

17) Hamy, Les Origines du Musée d'Ethnographie, pp. 145 – 62.

18) Hamy, Les Origines du Musée d'Ethnographie, p. 133.

19) Hamy, Les Origines du Musée d'Ethnographie, p. 129.

20) Hamy, Les Origines du Musée d'Ethnographie, p. 129.

21) See Michel Foucault, 1970, 'La situation de Cuvier dans l'histoire de la biol-

ogie', Revue d'histoire des sciences et de leurs applications, 23(1) (janvier – mars 1970, pp. 63 – 92.) The essay has been translated by Lynne Huffer, 2017, 'Cuvier's Situation in the History of Biology', Foucault Studies 22, 208 – 37.

22) Philippe Taquet, 2007, 'Establishing the paradigmatic museum: Georges Cuvier's Cabinet d'anatomie comparée in Paris', in Simon Knell et al. (eds), Museum Revolutions: How Museums Change and are Changed, Routledge, pp. 3 – 14.

23) Toby A. Appel, 1987, The Cuvier–Geoffrey debate: French biology in the decades before Darwin, Oxford University Press; Marjorie Grene, 2001, 'Darwin, Cuvier and Geoffroy: Comments and Questions', History and Philosophy of the Life Sciences, 187 – 211.

24) Hamy, Les Origines du Musée d'Ethnographie, p. 133.

25) On Siebold's career, see Rudolf Effert, 2008, Royal Cabinets and Auxiliary Branches: Origins of the National Museum of Ethnology, 1816 – 1883, CNWS Publications; Ken Vos, 2001, 'The composition of the Siebold collection in the National Museum of Ethnology', in Leiden, Senri Ethnological Studies 54, 39 – 48.

26) Effert, Royal Cabinets, p. 119.

27) Akira Yoshimura, [1979] 2016, Siebold's Daughter, Merwin Asia Press.

28) Effert, Royal Cabinets, p. 124.

29) Vos, 'The composition of the Siebold collection', 45.

30) Philipp Franz Balthasar von Siebold, 1832 – 52, Nippon. Archiv zur Beschreibung von Japan und dessen Neben–und Schutzländern: Jezo mit den Südlichen Kurilen, Krafto, Koorai und den Liukiu–Inseln, Seven volumes, Leiden.

31) Rudolf Effert, personal communication.

32) Effert, Royal Cabinets, pp. 16 – 17.

33) Effert, Royal Cabinets, pp. 19.

34) Effert, Royal Cabinets, p. 60, n. 189.

35) Philipp von Siebold, 1837, 'Kort begrip en ontwikkeling van de doel-matigheid en van het nut van een ethnographisch museum in Nederland'. Reprinted in C. C. F. M. le Roux, 1937, Overzicht van de geschiedenis van het Rijksmuseum voor Volkenkunde 1837 – 1937, Leiden, pp. 63 – 9.

36) Siebold, 'Kort begrip', p. 64.

37) Effert, Royal Cabinets, pp. 38 – 9. See Siebold, 'Kort begrip', pp. 63 – 9.

38) Philipp Franz Balthasar von Siebold, 1843, Lettre sur l'utilité des musées ethnographiques et sur l'importance de leur creation dans les états Européens qui possèdent des colonies ou qui entretiennent des relations commerciales avec les autres parties du monde, Benjamin Duprat. Reprinted in Hamy, Les Origines du Musée d'Ethnographie. Available online in Googlebooks.

39) Hamy, Les Origines du Musée d'Ethnographie, pp. 232 – 3.

40) Hamy, Les Origines du Musée d'Ethnographie, pp. 234 – 5.

41) For a detailed comparison of the classificatory schemes of Jomard and Siebold, see Nélia Dias, Le Musée d'ethnographie du Trocadéro: Anthropologie et Muséologie en France, CNRS, pp. 135 – 8.

42) Hamy, Les Origines du Musée d'Ethnographie, pp. 239 – 41.

43) Hamy, Les Origines du Musée d'Ethnographie, p. 241.

44) Hamy, Les Origines du Musée d'Ethnographie, pp. 241 – 3.

45) Effert, Royal Cabinets, pp. 152 – 64.

46) Alphonse Daudet, 1873, L'Empereur aveugle in Contes de Lundi, Alphonse Lemerre.

47) Effert, Royal Cabinets, p. 135.

48) Kasper Risbjerg Eskildsen, 2012, 'The Language of Objects: Christian Jürgensen Thomsen's Science of the Past', Isis 103(1), 24 – 53. Citation, p. 45.

49) Eskildsen, 'The Language of Objects', 41.

50) Tove Benedikte Jakobsen, in collaboration with Jans Holme Andersen and Christian Adamsen, 2007, Birth of a World Museum, Acta Archaeologica Suplementa, vol. VIII, Wiley–Blackwell, pp. 21 – 2.

51) Eskildsen, 'The Language of Objects', 44 – 5.

52) Kasper Risbjerg Eskildsen, 2008, 'Leopold Ranke's Archival Turn: Location and Evidence in Modern Historiography', Journal of Modern Intellectual History 5, 425 – 53. See pp. 431 – 2.

53) Eskildsen, 'The Language of Objects', 30 – 31.

54) Matthew Goodrum, 2008, 'Questioning Thunderstones and Arrowheads: The Problem of recognizing and interpreting stone artefacts in the Seventeenth Century', Early Science and Medicine, 13(5), 482 – 508.

55) Eskildsen, 'The Language of Objects', 32.

56) Eskildsen, 'The Language of Objects', 34.

57) Jakobsen, Birth of a World Museum, pp. 153 – 7.

58) Christian Jurgensen Thomsen, 1836, 'Kortfattet Udsigt over Mindesmærker og Oldsager fra Nordens Fortid' [A Brief View of Prehistoric Nordic Memorials and Antiquities.], in Oldkyndighed, Copenhagen, pp. 27 – 90. German translation, 1837. Translated into English, 1848, as Guide to Northern Archaeology, John Bain.

59) Eskildsen, 'The Language of Objects', 39.

60) B. Gräslund, 1981, 'The background to C. J. Thomsen's ThreeAge system', in G. Daniel (ed.), Towards a History of Archaeology, Thames and Hudson,

pp. 45 – 50. See also Bo Gräslund, 1987, The Birth of Prehistoric Chronology: Dating Methods and Dating Systems in Nineteenth-century Scandinavian Archaeology, Cambridge University Press.

61) Peter Rowley-Conwy, 2007, From Genesis to Prehistory: The Archaeological Three Age System and its Contested Reception in Denmark, Britain, and Ireland, Oxford University Press, p. 298.

62) Rowley-Conwy, From Genesis to Prehistory, pp. 65 – 81.

63) Rowley-Conwy, From Genesis to Prehistory, p. 75.

64) Rowley-Conwy, From Genesis to Prehistory, pp. 108 – 9.

65) Jakobsen, Birth of a World Museum, p. 154.

66) Bruce Trigger, 1989, A History of Archaeological Thought, Cambridge University Press, p. 86.

3장

01) Philippe Taquet, 2007, 'Establishing the paradigmatic museum: Georges Cuvier's Cabinet d'anatomie comparée in Paris', in Simon Knell et al. (eds), Museum Revolutions: How Museums Change and are Changed, Routledge, pp. 3 – 14, p. 11.

02) James Delbourgo, 2017, Collecting the World: Hans Sloane and the origins of the British Museum, Harvard University Press, p. 173.

03) Delbourgo, Collecting the World, pp. 315 – 16.

04) Delbourgo, Collecting the World, p. 162.

05) Delbourgo, Collecting the World, p. 307.

06) Delbourgo, Collecting the World, p. xxiii.

07) Delbourgo, Collecting the World, p. 202.

08) Delbourgo, Collecting the World, p. 200.

09) Delbourgo, Collecting the World, p. 266.

10) H. J. Braunholtz, 1953, 'The Sloane Collection: Ethnography', The British Museum Quarterly, 18(1), 23 – 6. See pp. 24 – 5.

11) Braunholtz, 'History of ethnography in the Museum after 1753' pp. 90 – 93.

12) Neil Chambers, 2007, Joseph Banks and the British Museum: The World of Collecting, 1770 – 1830, Pickering & Chatto, p. 12.

13) Chambers, Joseph Banks and the British Museum, p. 13.

14) Delbourgo, Collecting the World, pp. 177 – 80, 211 – 12, 282 – 5.

15) Delbourgo, Collecting the World, p. 324.

16) John Mack, 1977, 'Antiquities and the Public: the Expanding Museum, 1851 – 96', in Marjorie Caygill and John Cherry (eds), 1997, A. W. Franks: Nineteenth-Century Collecting and the British Museum, British Museum Press, pp. 34 – 50, p. 37.

17) Stephen Briggs, 2007, 'Prehistory in the nineteenth century', in Susan M. Pearce (ed.) Visions of Antiquity: the Society of Antiquaries of London 1707 – 2007, Society of Antiquaries of London, pp. 227 – 66.

18) David Hughson, 1805 – 9, London; being an accurate history and description of the British metropolis and its neighbourhood, to thirty miles extent, from an actual perambulation, W. Stratford, four volumes. Citation vol. 4, p. 390.

19) H. J. Braunholtz, 1953, 'History of Ethnography in the Museum 1753 – 1938' (part II), British Museum Quarterly, 18(4), 109 – 20. See pp. 110 – 11.

20) Jill Cook, 1997, 'A Curator's Curator: Franks and the Stone Age Collections', in Marjorie Caygill and John Cherry (eds), A. W. Franks: Nineteenth-Century Collecting and the British Museum, British Museum Press, pp. 115 – 29, p. 115.

21) David M. Wilson, 1984, 'The Forgotten Collector: Augustus Wollaston Franks of the British Museum', Thames and Hudson, p. 12.

22) Marjorie Caygill, 1997, 'Franks and the British Museum – the Cuckoo in the Nest', in Marjorie Caygill and John Cherry (eds), A. W. Franks: Nineteenth-Century Collecting and the British Museum, British Museum Press, pp. 51 – 114. Citation, p. 136.

23) Max Bryant, 2016, '"The Progress of Civilization": the pedimental sculpture of the British Museum by Richard Westmacott', Sculpture Journal, 25(3), 315 – 27.

24) Bryant, 'The Progress of Civilization', 323.

25) Mack, 'Antiquities and the Public', pp. 40 – 41.

26) Handbook to the Ethnographical Collections, 1910, British Museum, p. 1.

27) R. R. Marett, 1936, Tylor, Chapman and Hall, p. 31.

28) J. C. H. King, 1997, 'Franks and Ethnography' in Marjorie Caygill and John Cherry (eds), A. W. Franks: Nineteenth-Century Collecting and the British Museum, British Museum Press, pp. 136 – 59. See p. 140.

29) Caygill, 'Franks and the British Museum', p. 72.

30) Caygill, 'Franks and the British Museum', p. 72.

31) Braunholtz, 'History of Ethnography in the Museum', part I, 91.

32) Caygill, 'Franks and the British Museum', p. 71.

33) Braunholtz, 'History of Ethnography in the Museum', part II, 115 – 16.

34) The Geologist, 1859, vol. 2, p. 397.

35) Donald R. Kelley, 2003, 'The rise of prehistory', Journal of World History 14, 17 – 36.

36) Bruce Trigger, 1989, A History of Archaeological Thought, Cambridge University Press.

37) Mack, 'Antiquities and the Public', p. 42.

38) Charles Caverno, 1898, Chalk Lines Over Morals, C. H. Kerr, p. 50.

39) William Ryan Chapman, 1985, 'Arranging ethnology: A. H. L. F. Pitt Rivers and the typological tradition', in George W. Stocking Jr. (ed.), Objects and Others: Essays on Museums and Material Culture, University of Wisconsin Press, pp. 15 – 48. Citation, p. 23.

40) Asa Briggs, 1965, Victorian People, Penguin Books, p. 43.

41) Briggs, Victorian People, p. 23.

42) Briggs, Victorian People, pp. 46 – 7.

43) Mark Bowden, 1991, Pitt Rivers, Cambridge University Press, p. 7.

44) Bertrand Russell and Patricia Russell (eds), 1937, The Amberley Papers: Bertrand Russell's Family Background, Allen & Unwin, vol. 1, p. 22.

45) A. H. Lane Fox, 1875, 'On the principles of classification adopted in the arrangement of his anthropological collection, now exhibited in the Bethnal Green Museum', Journal of the Anthropological Institute 4(1), 293 – 308; A. H. Lane Fox, 1891, 'Typological Museums, as exemplified by the Pitt-Rivers Museum at Oxford, and his provincial museum at Farnham, Dorset', Journal of the Society of Arts, 18 December 1891, 115 – 22.

46) Lane Fox, 1874, 'An address to the Anthropological Society of London', Journal of the Anthropological Institute. http://web.prm.ox.ac.uk/Kent/musantob/display4.html.

47) William Ryan Chapman, 1982, Ethnology in the Museum: A. H. L. F. Pitt Rivers (1827 – 1900) and the Institutional Foundations of British Anthro-

박물관의 그림자

pology, DPhil thesis, Oxford University. Chapter 4, http://web.prm.ox.ac.
uk/rpr/index.php/ethnology-in-the-museum.html

48) Lane Fox, 'On the principles of classification'.

49) Mack, 'Antiquities and the Public', p. 46.

50) W. R. Chapman, 1983, 'Pitt Rivers and his collection, 1874 – 1883: the
chronicle of a gift horse', Journal of the Anthropological Society of Oxford,
14(2), 181 – 202.

51) Chris Gosden, Frances Larson and Alison Petch, 2007, Knowing Things:
Exploring the Collections at the Pitt Rivers Museum 1884 – 1945, Oxford
University Press, p. 68.

52) Letter from Pitt Rivers to Mr Rudler, 23 May 1898, Virtual archive of the
Pitt Rivers Museum, Primary Documents, S&SWM PR PAPERS L2096A.

53) Michael O'Hanlon, 2014, The Pitt Rivers Museum: A World Within, Scala
Arts and Heritage Publishers, pp. 73 – 86.

54) O'Hanlon, The Pitt Rivers Museum, pp. 76 – 7.

4장

01) Andrea Wulf, 2016, The Invention of Nature: The Adventures of Alexander
von Humboldt, The Lost Hero of Science, John Murray, p. 189.

02) Andrea Wulf, 2016, The Invention of Nature: The Adventures of Alexander
von Humboldt, The Lost Hero of Science, John Murray, p. 189.

03) Chris Manias, 2012, 'The growth of race and culture in nineteenthcentury
Germany: Gustav Klemm and the Universal History of Humanity', Mod-
ern Intellectual History, 9(1), 1 – 31. Citation, p. 8. Dolores L. Augustine,
1998, 'Arriving in the upper class: the wealthy business elite of Wilhelmine

Germany', in David Blackbourn and Richard J. Evans (eds). The German Bourgeoisie: Essays on the Social History of the German Middle Class from the Late Eighteenth to the Early Twentieth Century, Routledge, pp. 46 – 86.

04) Otis T. Mason, 1874, 'The Leipsic "Museum of Ethnology"', Annual Report of the Board of Regents of the Smithsonian Institution for 1873, Government Printing Office, pp. 390 – 410, p. 396.

05) Manias, 'The growth of race and culture', p. 20.

06) Manias, 'The growth of race and culture', p. 26.

07) Manias, 'The growth of race and culture', 5.

08) Arnoldo Momigliano, 1990, 'The rise of antiquarian research', in Classical Foundations of Modern Historiography, University of California Press, p. 54.

09) Peter N. Miller, 2013, 'The missing link: "Antiquarianism," "Material Culture," and "Cultural Science" in the work of G. F. Klemm', in Peter N. Miller (ed.), Cultural Histories of the Material World, University of Michigan Press, pp. 263 – 81, p. 267.

10) Gustav Friedrich Klemm, 1843, 'Fantasie über ein Museum für die Cultur-Geschichte der Menshheit', Allgemeine Culturgeschichte der Menschheit, volume 1, B. G. Teubner, pp. 352 – 62.

11) Miller, 'The missing link', pp. 267 – 8.

12) Manias, 'The growth of race and culture', 10 – 11.

13) Manias, 'The growth of race and culture', 9.

14) Manias, 'The growth of race and culture', 9 – 10.

15) Matti Bunzl, 1996, 'Franz Boas and the Humboldtian tradition: From Volksgeist and Nationalcharakter to an Anthropological Concept of Culture', in George W. Stocking, Jr. (ed.), Volksgeist as Method and Ethic: Es-

says on Boasian Ethnography and the German Anthropological Tradition, History of Anthropology, vol. 8, University of Wisconsin Press, pp. 17－78. Citation, p. 50.

16) Edward B. Tylor, 1905, 'Professor Adolf Bastian', Man 5, pp. 138－43.

17) Robert H. Lowie, 1937, The History of Ethnological Theory, Farrar & Rinehart, pp. 32－3, 35.

18) Lowie, The History of Ethnological Theory, pp. 32－3, 35.

19) Klaus－Peter Koepping, 1983, Adolf Bastian and the Psychic Unity of Mankind, University of Queensland Press, pp. 37, 49.

20) Bunzl, 'Franz Boas and the Humboldtian tradition', p. 49.

21) Koepping, Adolf Bastian, p. 61.

22) Koepping, Adolf Bastian, Chapter 5, pp. 60－68; Bunzl, 'Franz Boas and the Humboldtian tradition', p. 49.

23) Koepping, Adolf Bastian, p. 62; cf. W. Smith, 1980, 'Friedrich Ratzel and the Origins of Lebensraum', German Studies Review, 3(1), 51－68.

24) H. Glenn Penny, 2002, Objects of Culture: Ethnology and Ethnographic Museums in Imperial Germany, University of North Carolina Press, pp. 187－90.

25) Penny, Objects of Culture, p. 51.

26) H. Glenn Penny, 2019, In Humboldt's Shadow: A Tragic History of German Ethnology, Princeton University Press, p. 47. Lowie, The History of Ethnological Theory, p. 30.

27) H. Glenn Penny, 2019, In Humboldt's Shadow: A Tragic History of German Ethnology, Princeton University Press, p. 47.

28) O. M. Dalton, 1898, Report on Ethnographic Museums in Germany, Her Majesty's Stationary Office.

29) Koepping Adolf Bastian, p. 215.

30) Penny, Objects of Culture, p. 186.

31) Penny, Objects of Culture, p. 196.

32) Penny, Objects of Culture, p. 103.

33) Penny, Objects of Culture, p. 186.

34) Penny, Objects of Culture, p. 153.

5장

01) Walter Benjamin, 1999 [1982], The Archive Project, translated by Howard Eiland and Kevin McLaughlin, Belknap Press of Harvard University Press, p. 7.

02) E.-T. Hamy, 1890, Les Origines du Musée d'Ethnographie: Histoire et Documents, Ernest Leroux, p. 52.

03) Hamy, Les Origines du Musée d'Ethnographie, p. 57.

04) Hamy, Les Origines du Musée d'Ethnographie, p. 2.

05) Hamy, Les Origines du Musée d'Ethnographie, p. 51.

06) Nélia Dias, 1991, Le Musée d'ethnographie du Trocadéro (1878 – 1908),Editions du CNRS, pp. 164 – 5.

07) Dias, Le Musée d'ethnographie du Trocadéro, pp. 163 – 6.

08) For an intellectual biography of Hamy see Dias, Le Muséed'ethnographie du Trocadéro, pp. 207 – 35.

09) Dias, Le Musée d'ethnographie du Trocadéro, pp. 176 – 7.

10) Dias, Le Musée d'ethnographie du Trocadéro, pp.176 – 7.

11) Dias, Le Musée d'ethnographie du Trocadéro, pp. 177 – 80.

12) Hamy, Les Origines du Musée d'Ethnographie, p. 363. See also E.-T. Hamy, 1897, La galerie américaine du Musée du Trocadéro, twovolumes, Paris.

13) Dias, Le Musée d'ethnographie du Trocadéro, pp. 187 – 91.

14) Dias, Le Musée d'ethnographie du Trocadéro, pp. 158 – 62.

15) Dias, Le Musée d'ethnographie du Trocadéro, pp. 194 – 5.

16) Annie Dupuis, 1999, 'À propos de souvenirs inédits de DenisePaulme et Michel Leiris sur la création du musée de l'Homme en1936', Cahiers d'etudes africaines, 39, 511 – 38. Citation, p. 522.

17) Marcel Mauss, [1907] 2011, 'L'ethnographie en France. Une sciencenégligée, un musée à former', Revue européenne des sciences sociales,49(1), 209 – 34. Citation, p. 229.

18) Mauss, 'L'ethnographie en France', 223 – 4.

19) Marcel Fournier, [1994] 2005, Marcel Mauss: A Biography, PrincetonUniversity Press, chapter 13, 'The Institut d'Ethnologie', pp. 233 – 45.

20) Lucien Lévy-Bruhl, La mentalité primitive (1922), translatedas Primitive Mentality (1923); L'âme primitive (1927), translated as The'Soul' of the Primitive (1928).

21) Thomas Hirsch, 2017, '"I'm the whole show": Marcel Maussprofesseur à l'Institut d'ethnologie', in André Delpuech, ChristineLaurière and Carine Peltier-Caroff (eds), Les années folles del'ethnographie: Trocadéro 1928 – 1937, Muséum national d'Histoirenaturelle, pp. 341 –403. Citation, p. 343.

22) Christine Laurière, 2008, Paul Rivet, le savant et le politique, Muséumnational d'histoire naturelle.

23) Henri Lévy-Bruhl, 1951, 'In Memoriam, Marcel Mauss', L'AnnéeSo-ciologique, 3e serie, 1948 - 9, 2.

24) Hirsch, 'I'm the whole show', p. 390.

25) Hirsch, 'I'm the whole show', pp. 374 - 5.

26) James Clifford, 1981, 'On Ethnographic Surrealism', ComparativeStudies in Society and History, 23(4), 539 - 64; Vincent Debaene, 2002,'Les surréalistes et le musée d'ethnographie', Labyrinthe, 12(2),71 - 94.

27) Debaene, 'Les surréalistes et le musée d'ethnographie', 73.

28) Hirsch, 'I'm the whole show', p. 367.

29) Benoît de L'Estoile, 'Can French anthropology outlive itsmuseums?', Un-published lecture.

30) Sally Price and Jean Jamin, 1988, 'A Conversation with MichelLeiris', Current Anthropology, 29(1), 157 - 74. Citation, p. 158.

31) Bernard Dupaigne, 2016, Histoire du musée de l'Homme. De lanaissance à la maturité (1880 - 1972), Sépia, chapter 7, 'Esthétisme ouscience?'

32) Alice L. Conklin, 2013, In the Museum of Man: Race, Anthropologyand Empire in France, 1850 - 1950, Cornell University Press, p.105.

33) G. H. Rivière (1968), 'My Experience at the Musée d'Ethnologie,'Proceedings of the Royal Anthropological Institute of Great Britain andIreland, 1968, 17.

34) Rivière, 'My Experience at the Musée d'Ethnologie,' 17, 19.

35) Rivière, 'My Experience at the Musée d'Ethnologie,' 18.

36) Bernard Dupaigne, 2006, Le scandale des arts premiers: La veritablehistoire du musée du quai Branly, Mille et Une Nuits, p. 17.

37) Marja Warehime, 1986, '"Vision sauvage" and Images of Culture:Georges Bataille, Editor of Documents', The French Review, 60(1),39 - 445. Cita-

tion, p. 41.38. Christine Laurière, 2015, 'Une Musée sous tensions (1938 –
1949)', inClaude Blanckaert (ed.), Le Musée de l'Homme : histoire d'un
muséelaboratoire, Muséum national d'histoire naturelle/Éditions Artlys,pp.
47 – 76. See p. 50.

38) Christine Laurière, 2015, 'Une Musée sous tensions (1938 – 1949)', in-
Claude Blanckaert (ed.), Le Muséc de l'Homme : histoire d'un muséelabo-
ratoire, Muséum national d'histoire naturelle/Éditions Artlys,pp. 47 – 76.
See p. 50.

39) Hélène Ivanoff, 2018, 'Le Trocadéro au miroir allemande: Entreart, préhis-
toire et ethnologie', in André Delpuech, Laurière andPeltier-Caroff (eds),
Les années folles de l'ethnographie, pp. 203 – 33.

40) Christine Laurière and Carine Peltier-Caroff, 2017, 'La saledu Trésor: Un
petit royaume de l'art primitive', in Delpuech,Laurière, and Peltier-Caroff
(eds), Les années folles de l'ethnographie,pp. 186 – 91.

41) Alice L. Conklin, 2013, In the Museum of Man: Race, Anthropologyand
Empire in France, 1850 – 1950, Cornell University Press, p. 130.

42) Price and Jamin, 'A Conversation with Michel Leiris', 158.

43) Clifford, 'On Ethnographic Surrealism', 546.

44) Clifford, 'On Ethnographic Surrealism', 549.

45) Jacques Soustelle, 1936, 'Musées vivants, pour une culturepopulaire', Ven-
dredi, 26 August 1936.

46) Rivière, 'My Experience at the Musée d'Ethnologie', 18.

47) Christine Laurière, 2017, 'L'épreuve du feu des futurs maîtres del'ethnol-
ogie', in Delpuech, Laurière and Peltier-Caroff (eds), Lesannées folles de
l'ethnographie, pp. 405 – 47. See also, in the samevolume, André Delpuech,
'Collectes, collecteurs, collections dansles années trente', pp. 449 – 79.

48) Dupuis, 'À propos de souvenirs inédits de Denise Paulme etMichel Leiris',

Citation, p. 518.

49) Patrick Wilcken, 2010, Claude Lévi-Strauss: The Poet in theLaboratory, Bloomsbury, pp. 56–74, 79–105.

50) Benoît de L'Estoile, 2007, Le Goût des Autres: De l'exposition colonialeaux arts premiers, Flammarion, pp. 160–71.

51) Michel Leiris, [1934] 2017, Phantom Africa, Seagull Books, 267.

52) Price and Jamin, 'A Conversation with Michel Leiris', 159–62.

53) Dupuis, 'À propos de souvenirs inédits de Denise Paulme etMichel Leiris', 521.

54) Hirsch, 'I'm the whole show', p. 376.

55) Mauss, 'L'ethnographie en France', 22.

56) Charles-Robert Ageron, 1984, 'L'exposition colonial', in PierreNora, Les lieux de mémoires 1. La république, Gallimard.

57) Christine Laurière, 2017, 'Le banquier et mécène du musée', inDelpuech, Laurière, and Peltier-Caroff (eds), Les années folles del'ethnographie. Citation, p. 194.

58) Debaene, 'Les surréalistes et le musée d'ethnographie'.

59) Conklin, In the Museum of Man, p. 212.

60) De l'Estoile, Le Goût des Autres, p. 71.

61) Brent Hayes Edwards, 2017, Introduction to the English translation,Michel Leiris, Phantom Africa, Seagull Books, p. 3.

62) Michel Leiris, 1938, 'Du musée d'Ethnographie au musée del'Homme', La Nouvelle Revue Française, pp. 344–5.

63) Isac Chiva, 1992, 'Entretien avec Claude Lévi-Strauss: Qu'est-cequ'un musée des arts et traditions populaires?', Le Débat 70, 156–63.Citation, p.

156.

64) De l'Estoile, 'Can French anthropology outlive its museums?'

65) Laurière, 'Une Musée sous tensions', pp. 61 – 76; Dupaigne' Histoiredu musée de l'Homme, chapter X, 'Les sombre années de la France'.

66) Laurière, 'Une Musée sous tensions', pp. 68 – 9.

67) F. Weber, 2000, 'Le folklore, l'histoire et l'état en France' (1937 – 1945), Revue de synthèse 121, 453 – 67.

68) Weber, 'Le folklore, l'histoire et l'état en France', 457.

69) Christine Laurière, 2019, 'Jacques Soustelle, de Mexique terreindienne à l'Algérie, terre française', in Christine Laurière andAndré Mary (eds), Ethnologues en situations coloniales, Les Carnetsde Bérose no. 11, Bérose Encyclopédie internationale des histoiresde l'anthropologie, pp. 109 – 64, https://www.berose.fr/article1675.html

70) E mmanuelle Loyer, 2015, Levi-Strauss, Flammarion, p. 682.

71) Nathan Schlanger, 2016, 'Back in business: history and evolution atthe new Musée de l'Homme', Antiquity 90, 1090 – 99.

막간

01) Sally G. Kohlstedt, 2008, 'Otis T Mason's Tour of Europe:Observation, Exchange and Standardization in Public Museums,1889', Museum History Journal, 1(2), 181 – 208; Catherine A. Nicholsand Nancy J. Parezo, 2017, 'Social and Material Connections: OtisT. Mason's European Grand Tour and Collections Exchange',History and Anthropology, 28(1), pp. 58 – 83.

02) Nichols and Parezo, 'Social and Material Connections', 72.

03) Curtis M. Hinsley, Jr., 1981, Savages and Scientists: The SmithsonianInsti-

tution and the Development of American Anthropology,Smithsonian Institution Press, pp. 109 – 10.

04) Benoît de L'Estoile, 2007, Le Goût des Autres: De l'exposition colonialeaux arts premiers, Editions Flammarion, p. 34.

05) Paul Greenhalgh, 1988, Ephemeral Vistas: The ExpositionsUniverselles, Great Exhibitions and World's Fairs, 1851 – 1839,Manchester University Press, p. 20.

06) Otis T. Mason, 1890, 'Anthropology in Paris during the Expositionof 1889', American Anthropologist, 3(1), 27 – 36. Citations, p. 31 andp. 35.

07) Nichols and Parezo, 'Social and Material Connections', 64.

08) Nichols and Parezo, 'Social and Material Connections', 64.

09) Nichols and Parezo, 'Social and Material Connections', 69.

10) Nichols and Parezo, 'Social and Material Connections', 73.

11) Nichols and Parezo, 'Social and Material Connections', 74.

12) Hinsley, Savages and Scientists, pp. 109 – 10.

6장

01) William J. Rhees, 1880, James Smithson and His Bequest, SmithsonianInstitution. (See the 'Advertisement' by Spencer Baird.)

02) Heather Ewing, 2007, The Lost World of James Smithson: Science,Revolution, and the Birth of the Smithsonian, Bloomsbury.

03) Rhees, James Smithson, p. 12.

04) Ewing, The Lost World of James Smithson, p. 271.

05) Rhees, James Smithson, p. 12.

06) Ewing, The Lost World of James Smithson, p. 20 and p. 358 n. 4.

07) Ewing, The Lost World of James Smithson, p. 14.

08) Rhees, James Smithson, p. 24; Ewing, The Lost World of JamesSmithson, pp. 294, 316.

09) Ewing, The Lost World of James Smithson, p. 22.

10) The will is available at: https://siarchives.si.edu/history/featured-topics/stories/last-will-and-testament-october-23-1826

11) Ewing, The Lost World of James Smithson, pp. 324, 330; G. BrownGoode, 1892, 'The Genesis of the National Museum', in Report ofthe United States National Museum for the year ending June 30, 1891,p. 281.

12) Rhees, James Smithson, pp. 21-2.

13) Ewing, The Lost World of James Smithson, p. 327.

14) Rhees, James Smithson, pp. 31-50, summarises the Congressionaldebates.

15) Rhees, James Smithson, p. 34.

16) Ewing, The Lost World of James Smithson, p. 329.

17) Ewing, The Lost World of James Smithson, p. 330.

18) Goode, 'The Genesis of the National Museum', pp. 273-4.

19) Regna Darnell, 2000, And Along Came Boas: Continuity andRevolution in Americanist Anthropology, John Benjamin, p. 21.

20) Goode, 'The Genesis of the National Museum', p. 333.

21) Curtis M. Hinsley, 1981, Scientists and Savages: The SmithsonianInstitution and the Development of American Anthropology, 1846-1910,Smithsonian Institution, p. 64.

22) Goode, 'The Genesis of the National Museum', p. 329.

23) Henry Adams, 1907, The Education of Henry Adams, privatelyprinted. First trade edition, 1918. Quotations from chapter III:'Washington (1850 – 1854)'.

24) Historical Census Statistics on Population Totals by Race, 1790 to 1990(PDF), United States Census Bureau.

25) Memoirs of John Quincy Adams, comprising portions of his diary from1795 to 1848, J. B. Lippincott, p. 29.

26) Hugh Brogan, 2006, Alexis de Tocqueville: Prophet of Democracy in theAge of Revolution, Profile Books, p. 204.

27) Frederick J. Turner, 1893, 'The Significance of the Frontier inAmerican History', Annual Report of the American HistoricalAssociation, 1893, pp. 197 – 227.

28) Frederick William True, 1897, 'The United States NationalMuseum', in George Brown Goode (ed.), The SmithsonianInstitution, 1846 – 1896, Smithsonian Institution Press, p. 333.

29) Donald Worster, 2001, A River Running West: The Life of John Wesley-Powell, Oxford University Press, p. 196.

30) Worster, A River Running West, p. 209.

31) Worster, A River Running West, p. 287.

32) Worster, A River Running West, p. 113.

33) Worster, A River Running West, p. 436.

34) Adams, The Education of Henry Adams, chapter XIX, 'Chaos'.

35) Adams, The Education of Henry Adams, chapter XV, 'Darwinism'.

36) Adams, The Education of Henry Adams, chapter XV, 'Darwinism',and chapter XXXI, 'The Grammar of Science'.

37) Worster, A River Running West, p. 604, n. 30.

38) Worster, A River Running West, p. 463.

39) John Wesley Powell, 1888, 'Competition as a Factor in HumanEvolution', American Anthropologist 1, 297 – 321. Citation, pp. 301 – 2.

40) Joan Mark, 1980, Four Anthropologists: An American Science in itsEarly Years, Science History Publications, p. 144.

41) Worster, A River Running West, p. 397 – 8.

42) Darnell, And Along Came Boas, p. 90.

43) Worster, A River Running West, p. 398.

44) E. B. Tylor, 1884, 'How the Problems of American AnthropologyPresent Themselves to the English Mind', Science, 4(98), 545 – 51.Citation, p. 550.

45) Worster, A River Running West, p. 398.

46) Darnell, And Along Came Boas, pp. 37 – 8. See 14th Annual Report,Bureau of Ethnology, for 1892 – 3, 1896, pp. xxviii – xxix.

47) Darnell, And Along Came Boas, p. 23.

48) Worster, A River Running West, pp. 403 – 5.

49) William De Buys (ed.) 2001, Seeing Things Whole: The Essential JohnWesley Powell, Island Press, p. 4.

50) Hinsley, Savages and Scientists, p. 233.

51) Orin Starn, 2004, Ishi's Brain: In Search of America's Last 'Wild'Indian, W. W. Norton, p. 185.

52) Leslie A. White, 1957, 'How Morgan Came to Write Systems ofConsanguinity and Affinity', Papers of the Michigan Academy ofSciences, Arts, and Letters (xlii), 257 – 68. Citations, pp. 257 and 262.

53) Lewis Henry Morgan, 1877, Ancient Society: Researches in the Lines of-Human Progress from Savagery through Barbarism to Civilization, Holt,p. xxix.

54) Morgan, Ancient Society, p. 6.

55) Carl Resek, 1960, Lewis Henry Morgan: American Scholar, Universityof Chicago Press, p. 141.

56) Mark, Four Anthropologists, p. 165, n. 33.

57) Darnell, And Along came Boas, p. 89.

58) Thomas C. Patterson, 2001, A Social History of Anthropology in theUnited States, Berg, p. 38.

59) Worster, A River Running West, pp. 270 – 71.

60) Hinsley, Savages and Scientists, p. 149.

61) Worster, A River Running West, p. 277.

62) Worster, A River Running West, p. 285.

63) J. W. Powell, 1885, 'From Savagery to Barbarism', Transactions ofthe Anthropological Society of Washington, vol. 3, pp. 173 – 96. Citation,p. 193.

64) Hinsley, Savages and Scientists, p. 149.

65) Worster, A River Running West, p. 392.

66) Hinsley, Savages and Scientists, pp. 64 – 5.

67) Marc Rothenberg, et al. (eds), 2007, The Papers of JosephHenry, Volume 11: The Smithsonian Years: January 1866 – May 1878,Smithsonian Institution, pp. 458 – 9.

68) Hinsley, Savages and Scientists, 67.

69) Debra Lindsay, 1993, Science in the Subarctic: Trappers, Traders,and the

Smithsonian Institution, Washington DC: SmithsonianInstitution Press, pp. 5 – 6.

70) Lindsay, Science in the Subarctic, p. 75, and see chapter 5: 'Northerncollectors and Arctic anthropology', pp. 77 – 88.

71) Robert Rydell, 1984, All the World's a Fair: Visions of Empire atAmerican International Expositions, 1876 – 1916, University of ChicagoPress, p. 20.

72) Rydell, All the World's a Fair, pp. 21 – 2.

73) Rydell, All the World's a Fair, p. 23.

74) Rydell, All the World's a Fair, pp. 33 – 4.

75) Mark, Four Anthropologists, p. 21.

76) Otis T. Mason, 1882, 'What is Anthropology?' A Lecture Deliveredin the National Museum, Judd and Detweiler, p. 14.

77) Nancy J. Parezo, 1985, 'Cushing as Part of the Team: TheCollecting Activities of the Smithsonian Institution', AmericanEthnologist, 12(4), 763 – 74. Citation, p. 769.

78) Darnell, And Along came Boas, p. 76.

79) Darnell, And Along came Boas, p. 75.

80) Parezo, 'Cushing as Part of the Team', 767.

81) Parezo, 'Cushing as Part of the Team', 766.

82) Letter dated May 1881, cited by Parezo, 'Cushing as Part of theTeam', 766.

83) Mark, Four Anthropologists, p. 104.

84) Hinsley, Savages and Scientists, p. 180.

85) Darnell, And Along came Boas, p. 77.

86) Hinsley, Savages and Scientists, pp. 196 – 7.

87) R. Lowie, 1956, 'Reminiscences of Anthropological Currents in

88) C. Hinsley, 1999, 'Life on the Margins: The Ethnographic Poeticsof Frank Hamilton Cushing', Journal of the Southwest, 41(3),pp. 371 – 82. Citation, p. 377.

89) Parezo, 'Cushing as Part of the Team', 771.

90) Parezo, 'Cushing as Part of the Team', 765.

91) Parezo, 'Cushing as Part of the Team', 766.

92) Frank Hamilton Cushing, 1886, 'A Study of Pueblo Pottery asIllustrative of Zuni Cultural Growth', in Fourth Annual Report ofthe Bureau of Ethnology for 1882 – 1883, Government Printing Office,pp. 467 – 521.

93) Hinsley, Savages and Scientists, p. 94.

94) Hinsley, Savages and Scientists, p. 119, n. 27.

95) Mason, 'What is Anthropology', p. 13.

96) G. Brown Goode, 1901, 'The Museums of the Future', Reportof the U.S. National Museum, Pt. 2, Government Printing Office,pp. 437 – 45. Citations, pp. 427, 428, 432.

97) Hinsley, Savages and Scientists, p. 94.

98) Goode, 'The Museums of the Future', p. 443.

99) Ira Jacknis, 1985, 'Franz Boas and Exhibits: On the Limitations ofthe Museum Method in Anthropology', in George W. Stocking,Jr. (ed.) Objects and Others: Essays on Museums and Material Culture,University of Wisconsin Press, pp. 75 – 111. Citation, p. 81.

100) Walter Hough, 1908, 'Otis Tufton Mason', American Anthropologist,10(4), 661 – 7. See pp. 662 – 3.

101) Hinsley, Savages and Scientists, pp. 97 – 8.

102) G. Carroll Lindsay, 1965, 'George Brown Goode', in Clifford L.Lord (ed.), Keepers of the Past, University of North Carolina Press.

103) 1st Annual Report, Bureau of Ethnology, for 1879 – 80, 1881.Citation, p. 80.

104) 14th Annual Report, Bureau of Ethnology, for 1892 – 3, 1896.Citation, p. xxix.

105) Darnell, And Along Came Boas. See chapter 4: 'The Mapping ofNorth America', pp. 45 – 67.

106) Ewing, The Lost World of James Smithson, pp. 336 – 42; Nina Burleigh,2012, 'Digging up James Smithson', American Heritage, 62(2). Seealso the website of the Smithsonian Institution ('Mr SmithsonGoes to Washington').

107) Burleigh, 'Digging up James Smithson'.

108) Burleigh, 'Digging up James Smithson'.

109) Ewing, The Lost World of James Smithson, pp. 10 – 11.

110) Mitch Toda, 2012, 'James Smithson, c. 1765 – 1829', SmithsonInstitution Archives, siarchives.si.edu/blog/james-smithson-c – 1765 – 1829.

7장

---

01) Regna Darnell, 1998, And Along Came Boas: Continuity andRevolution in Americanist Anthropology, John Benjamins.

02) Darnell, And Along Came Boas, pp. xi – xii.

03) Ira Jacknis, 1985, 'Franz Boas and Exhibits: On the Limitation ofthe Museum Method in Anthropology', in George W. Stocking,Jr. (ed.), Objects and Others: Essays on Museums and Material Culture,History of Anthropology,

vol. 3, University of Wisconsin Press,p. 80.

04) Annual Report, United States National Museum, SmithsonianInstitution, 1914, p. 15.

05) E. B. Tylor, 1884, 'How the Problems of American AnthropologyPresent Themselves to the English Mind', Science, 4(98), 545 – 51.

06) Tylor, 'How the Problems of American Anthropology PresentThemselves', 546.

07) Tylor, 'How the Problems of American Anthropology PresentThemselves', 547.

08) Tylor, 'How the Problems of American Anthropology PresentThemselves', 549.

09) O. T. Mason, 1887, 'The Occurrence of Similar Inventions in AreasWidely Apart', Science, 9(226), 534 – 5.

10) Rosemary Lévy Zumwalt, 2019, Franz Boas: The Emergence of theAnthropologist, University of Nebraska Press, pp. 133 – 4.

11) Brooke Penaloza Patzak, 2018, 'An Emissary from Berlin: FranzBoas and the Smithsonian Institution', 1887 – 1888, MuseumAnthropology 41, 30 – 45, 32.

12) Patzak, 'An Emissary from Berlin', 32.

13) Patzak, 'An Emissary from Berlin', 33.

14) Franz Boas, 1887, 'The Occurrence of Similar Inventions in AreasWidely Apart', Science, 9(224), .485 – 6.

15) Douglas Cole, 1999, Franz Boas: The Early Years, 1858 – 1906,University of Washington Press, p. 127.

16) Boas, 'The Occurrence of Similar Inventions', 485.

17) Boas, 'The Occurrence of Similar Inventions', 485.

박물관의 그림자

18) Boas, 'The Occurrence of Similar Inventions', 485 – 6.

19) Patzak, 'An Emissary from Berlin', 34.

20) Mason, 'The Occurrence of Similar Inventions in Areas WidelyApart', 534.

21) Wm. H. Dall and Franz Boas, 1887, 'Museums of Ethnology andTheir Classification', Science, 9(228), 587 – 9, 588.

22) Dall and Boas, 'Museums of Ethnology', 612.

23) Dall and Boas, 'Museums of Ethnology', 613 – 4.

24) Dall and Boas, 'Museums of Ethnology', 614.

25) Patzak, 'An emissary from Berlin', p. 34.

26) Cole, Franz Boas, p. 129.

27) Patzak, 'An emissary from Berlin', 41.

28) Jacknis, 'Franz Boas and Exhibits', p. 107.

8장

01) Ralph W. Dexter, 1965, 'Contributions of Frederic Ward Putnam toOhio Archaeology', The Ohio Journal of Science, 65(3), 315 – 32, 110.

02) F. W. Putnam, 1898, Guide to the Peabody Museum of HarvardUniversity with a Statement Relating to Instruction in Anthropology,Salem Press, p. 4.

03) Curtis M. Hinsley, 1985, 'From Shell-heaps to Stelae: EarlyAnthropology at the Peabody Museum', in George W. Stocking,Jr. (ed.), Objects and Others: Essays on Museums and Material Culture,University of Wisconsin Press, pp. 49 – 74.

04) Henry James, 1914, Notes on Novelists with Some Other Notes,Scribner,

pp. 413 – 15.

05) Hinsley, 'From Shell-heaps to Stelae', p. 56.

06) Phoebe Sherman Sheftel, 1979, 'The Archaeological Institute ofAmerica, 1879 – 1979: A Centennial Review', American Journal ofArchaeology, 83(1), 3 – 17, 4.

07) Curtis M. Hinsley, 1993, 'In Search of the New World Classical',in Elizabeth Hill Boone (ed.), Collecting the Pre-Columbian Past,Dumbarton Oaks Research Library and Collection, WashingtonDC, p. 112.

08) William R. Taylor, 1969, 'Francis Parkman', in Marcus Cunliffeand Robin W. Winks (eds), Pastmasters: Some Essays on AmericanHistorians, Harper & Row, p. 4.

09) Hinsley, 'From Shell-heaps to Stelae', pp. 54 – 5.

10) Letter from Darwin to Charles Lyell, 30 July 1860, DarwinCorrespondence Project, University of Cambridge.

11) Letter from Darwin to Asa Gray, 22 May 1860, DarwinCorrespondence Project, University of Cambridge.

12) Louis Agassiz, 1851, 'Contemplations of God in the Kosmos',TheChristian Examiner and Religious Miscellany, vol. 50, pp. 1 – 17.

13) Letter from Gray to Darwin, 10 January 1860, DarwinCorrespondence Project, University of Cambridge.

14) Mary P. Winsor, 1979, 'Louis Agassiz and the Species Question', inWilliam Coleman and Camille Limoges (eds), Studies in the Historyof Biology, volume 3, Johns Hopkins University Press, pp. 89 – 117,See p. 112.

15) Louis Menand, 2001, The Metaphysical Club, Farrar, Straus &Giroux. See pp. 124 – 8.

16) Letter from Gray to Darwin, 10 January 1860, DarwinCorrespondence Project, University of Cambridge.

　　　　　　　　　　　　　　　　　　　박물관의 그림자

17) Toby A. Appel, 1988, 'Jeffries Wyman, Philosophical Anatomy, and the Scientific Reception of Darwin in America', Journal of the History of Biology, 21(1), 69‒94.

18) Rewriting Origin: The Later Editions, Darwin Correspondence Project, University of Cambridge.

19) Jules Marcou (ed.), 1896, Life, Letters, and Works of Louis Agassiz, two volumes, Macmillan. Citation, vol. 1, p. 142.

20) Hinsley, 'From Shell‒heaps to Stelae', p. 51.

21) Henry Adams, [1918] 1999, The Education of Henry Adams, Oxford University Press, chapter XV, p. 196.

22) David L. Browman and Stephen Williams, 2013, Anthropology at Harvard: A Bibliographical History, 1790‒1940, Harvard University Press, p. 44.

23) First Annual Report of the Trustees of the Peabody Museum of American Archaeology and Ethnology, Cambridge MA, 1868, pp. 8‒9.

24) David L. Browman, 2002, 'The Peabody Museum, Frederic W. Putnam, and the Rise of U.S. Anthropology, 1866‒1903', American Anthropologist, 104(2), 508‒19, 509.

25) Hinsley, 'From Shell‒heaps to Stelae,' p. 52.

26) Henry Adams, The Education, chapter IV, 'Harvard College(1854‒8)'.

27) Steven Conn, 1998, Museums and American Intellectual Life, 1876‒1926, University of Chicago Press, p. 42.

28) Joan Mark, 1980, Four Anthropologists: An American Science in its Early Years, Science History Publications, p. 16.

29) Alfred M. Tozzer, 1933, 'Biographical Memoir of Frederic Ward Putnam, 1839‒1915', National Academy of Sciences, volume XVI, pp. 125‒53. Citations, p. 130.

30) See Mark, Four Anthropologists, p. 151; William Henry Holmes,1894, 'Stone Implements of the Potomac-Tide-Water Province', inAnnual Report of the Bureau of Ethnology, 1893 – 4.

31) For a review of twentieth-century controversies over the firstsettlement of the Americas see Gary Haynes, 2002, The EarlySettlement of North America: The Clovis Era, Cambridge UniversityPress, especially chapters 1 and 7.

32) Bruce Trigger, 1989, A History of Archaeological Thought, CambridgeUniversity Press, pp. 104 – 5.

33) Edward Watts, 2020, Colonizing the Past: Mythmaking and PreColumbian Whites in Nineteenth-Century American Writing, Universityof Virginia Press.

34) Dexter, 'Contributions of Frederic Ward Putnam to OhioArchaeology', 115.

35) Lewis Henry Morgan, 1876, 'Houses of the Mound-Builders,' TheNorth American Review, 23(252), 60 – 85, 61.

36) Mark, Four Anthropologists, p. 23.

37) J. W. Powell, 1885, 'The Indians are the Mound-Builders', Science,5(113), 267.

38) Cyrus Thomas, 1894, 'Report on the Mound Explorations of theBureau of American Ethnology', Twelfth Annual Report of theBureau of American Ethnology, 1890 – 1891, Washington DC, 3 – 370.

39) Trigger, A History of Archaeological Thought, pp. 104 – 5.

40) Hinsley, 'From Shell-heaps to Stelae,' pp. 70 – 71.

41) Rubie Watson, n.d., Opening the Museum: The Peabody Museumof Archaeology and Ethnology, Occasional Papers, vol. 1, PeabodyMuseum of Archaeology and Ethnology, Harvard University,pp. 7 – 8.

42) Mark, Four Anthropologists, p. 30.

박물관의 그림자

43) Mark, Four Anthropologists, p. 29.

44) Mark, Four Anthropologists, p. 22.

45) Hinsley, 'From Shell-heaps to Stelae', p. 61.

46) D. Browman, 2002, 'The Peabody Museum, Frederic W.Putnam, and the Rise of U.S. Anthropology, 1866 – 1903', AmericanAnthropologist, 104(2), 508 – 19. See p. 512.

47) Mark, Four Anthropologists, p. 53.

48) Regna Darnell, 1998, And Along Came Boas: Continuity andRevolution in Americanist Anthropology, John Benjamins, p. 122.

49) Darnell, And Along Came Boas, p. 122.

50) Curtis Hinsley, 2016, 'Anthropology as Education andEntertainment', in Curtis M. Hinsley and David R. Wilcox(eds) 2016. Coming of Age in Chicago: The 1893 World's Fair and theCoalescence of American Anthropology, University of Nebraska Press,p. 4.

51) Mark, Four Anthropologists, p. 32.

9장

01) Curtis M. Hinsley and David R. Wilcox, 2016, 'Introduction: TheChicago Fair and American Anthropology in 1893', in Curtis M.Hinsley and David R. Wilcox (eds), 2016, Coming of Age in Chicago:The 1893 World's Fair and the Coalescence of American Anthropology,University of Nebraska Press, p. xvii.

02) Melissa Rinehart, 2012, 'To Hell with the Wigs! Native AmericanRepresentation and Resistance at the World's ColumbianExposition', American Indian Quarterly, 36(4), 403 – 42, 420.

03) Erik Larson, 2003, The Devil in the White City. Murder, Magic, andMadness at the Fair that Changed America, Vintage Books, pp. 247 – 8.

04) Robert Rydell, 1984, All the World's a Fair: Visions of Empire atAmerican International Expositions, 1876 – 1916, University of ChicagoPress, p. 45.

05) Rydell, All the World's a Fair, p. 56.

06) Rydell, All the World's a Fair, p. 57.

07) Curtis M. Hinsley, 2016, 'Anthropology as Education andEntertainment', in Curtis M. Hinsley and David R. Wilcox(eds), 2016, Coming of Age in Chicago: The 1893 World's Fair and theCoalescence of American Anthropology, University of Nebraska Press,p. 16.

08) See David Brown, 2020, The Last American Aristocrat: The BrilliantLife and Improbable Education of Henry Adams, Scribner, chapter 37,'Chicago', pp. 283 – 7.

09) Henry Adams, 1919, The Education of Henry Adams, chapter XXII,'Chicago (1893)'.

10) Rydell, All the World's a Fair, p. 68.

11) Ira Jacknis, 'Refracting Images: anthropological display at theChicago World's Fair 1893', in Curtis M. Hinsley and David R.Wilcox (eds), 2016, Coming of Age in Chicago: The 1893 World'sFair and the Coalescence of American Anthropology, University ofNebraska Press, p. 272.

12) Jacknis, 'Refracting Images', p. 272.

13) Frederick J. Turner, 1893, 'The Significance of the Frontier inAmerican History', Annual Report of the American HistoricalAssociation, 1893, pp. 197 – 227.

14) Rydell, All the World's a Fair, p. 55.

15) John C. Ewers, 1958, 'A Century of American Indian Exhibits in theSmithsonian Institution', Annual Report of the Board of Regents ofthe Smithso-

nian Institution, pp. 513 – 26.

16) Otis T. Mason, 1894, 'Ethnological Exhibits of the SmithsonianInstitution at the World's Columbian Exposition', in C. StanilandWake (ed.), Memoirs of the International Congress of Anthropology,Schute Publishing Company, pp. 208 – 16; Jacknis, 'RefractingImages', 17 – 18.

17) Jacknis, 'Refracting Images', p. 315.

18) Rosemary Lévy Zumwalt, 2019, Franz Boas: The Emergence of theAnthropologist, University of Nebraska Press, pp. 211 – 39; FredericWard Putnam, 1893, 'Ethnology, Anthropology, Archaeology', inTrimball White and William Igleheart (eds), The World ColumbianExposition: Chicago 1893, John K. Hastings, p. 415.

19) Nancy L. Fagin, 1984, 'Closed Collections and Open Appeals: TheTwo Anthropology Exhibits at the Chicago World's ColumbianExposition of 1893', Curator, 27(4), 249 – 64, pp. 256 – 7.

20) Douglas Cole, 1999, Franz Boas: The Early Years, 1858 – 1906,University of Washington Press, pp. 127, 154.

21) Franz Boas, 1893, 'Ethnology at the Exposition', A World's Fair: ASpecial Issue of Cosmopolitan Magazine, December 1893, 78 – 83, 81.

22) Boas, 'Ethnology at the Exposition', 79.

23) Boas, 'Ethnology at the Exposition', 80.

24) Zumwalt, Franz Boas, p. 218.

25) Hinsley, 'Anthropology as Education and Entertainment', p. 23.

26) Ralph W. Dexter, 1966, 'Putnam's problems popularizinganthropology', American Scientist, 54(3), 315 – 32, 317.

27) Jacknis, 'Refracting Images', pp. 276 – 95.

28) Hinsley, 'Anthropology as Education and Entertainment', p. 38.

29) Hinsley, 'Anthropology as Education and Entertainment', p. 27.

30) Hinsley, 'Anthropology as Education and Entertainment',pp. 38 – 44.

31) Hinsley, 'Anthropology as Education and Entertainment', p. 47.

32) Hinsley, 'Anthropology as Education and Entertainment', pp. 33 – 5:Dexter, 'Putnam's problems'.

33) Cole, Franz Boas, p. 156.

34) Hinsley, 'Anthropology as Education and Entertainment', p. 59.

35) Erik Larsen, 2003, The Devil in the White City: Murder, Magic, andMadness at the Fair That Changed America, Crown Publishers,pp. 311 – 15.

36) Hinsley, 'Anthropology as Education and Entertainment', p. 75.

37) Hinsley, 'Anthropology as Education and Entertainment', p. 70.

38) Bluford Adams, 1996, '"A Stupendous Mirror of DepartedEmpires": The Barnum Hippodromes and Circuses, 1874 – 91', American Literary History, 8(1), 34 – 56.

39) H. Glenn Penny, 2002, Objects of Culture: Ethnology and Ethnographic-Museums in Imperial Germany, University of North Carolina Press,p. 61.

40) C. M. Hinsley and B. Holm, 1976, 'A cannibal in the NationalMuseum: The early career of Franz Boas in America', AmericanAnthropologist, 78, 306 – 16.

41) Joan Mark, 1980, Four Anthropologists: An American Science in itsEarly Years, Science History Publications, p. 38.

42) Zumwalt, Franz Boas, p. 235.

43) Zumwalt, Franz Boas, p. 229.

44) Zumwalt, Franz Boas, p. 252.

45) Ira Jacknis, 1985, 'Franz Boas and Exhibits: On the Limitation ofthe Museum Method in Anthropology', in George W. Stocking,Jr. (ed.), Objects and Others: Essays on Museums and Material Culture,History of Anthropology, vol. 3. University of Wisconsin Press,p. 76.

46) Regna Darnell, 1998, And Along Came Boas: Continuity andRevolution in Americanist Anthropology, John Benjamins, p. 94.

47) Hinsley, 'Anthropology as Education and Entertainment', p. 47.

48) Jacknis, 'Franz Boas and Exhibits', p. 87.

49) Jacknis, 'Franz Boas and Exhibits', p. 86.

50) Jacknis, 'Franz Boas and Exhibits', p. 93.

51) Mark, Four Anthropologists, p. 44.

52) Hinsley, Savages and Scientists, p. 251.

53) F. Boas, 1907, 'Some principles of museum administration', Science25, 921 – 23, 928.

54) Powell and Boas, 'Museums of Ethnology', 613 – 14.

55) Mark, Four Anthropologists, pp. 48 – 9.

56) William C. Sturtevant, 1969, 'Does Anthropology NeedMuseums?', Proceedings of the Biological Society of Washington 82,619 – 49, 622.

57) Franz Boas, 1919, 'Scientists as spies', reprinted in George Stocking,1974, A Franz Boas Reader: The Shaping of American Anthropology,University of Chicago Press.

58) Mark, Four Anthropologists, pp. 161 – 2.

59) See, for instance, Leslie. A. White, 1966, The Social Organization ofEthnological Theory, Rice University Studies, no. 52.

10장

01) Frances Larson, 2014, Severed: A History of Heads Lost and HeadsFound, Granta, p. 151.

02) Wendy Moore, 2005, The Knife Man: Blood, Body-Snatching and theBirth of Modern Surgery, Bantam Books, p. 25.

03) Moore, The Knife Man, p. 86.

04) Moore, The Knife Man, Chapter 12 'The Giant's Bones', pp. 397 – 428.

05) Moore, The Knife Man, p. 422.

06) Moore, The Knife Man, pp. 421 – 6.

07) Moore, The Knife Man, p. 450.

08) Moore, The Knife Man, p. 474.

09) Moore, The Knife Man, pp. 467 – 9.

10) Richard Steckel, Clark Spencer Larsen, Paul Sciulli and PhillipWalker, 2006, 'The Scientific Value of Human Remains in Studyingthe Global History of Health', in Jack Lohman and KatherineGoodnow (eds) Human Remains and Museum Practice, UNESCO,pp. 60 – 70. See pp. 63 – 4.

11) A. Hrdlička, 1914, 'Physical Anthropology in America: AnHistorical Sketch', American Anthropologist, 16(4), new series,508 – 54, 513.

12) S. Gould, 1978, 'Morton's Ranking of Races by Cranial Capacity',Science, 200(4341), 503 – 9, 503; cf. Paul Wolff Mitchell, 2018,'The fault in his seeds: Lost notes to the case of bias in SamuelGeorge Morton's cranial race science', PLOS Biology, https://doi.org/10.1371/journal.pbi0.2007008

13) Sanford B. Hunt, 1861, 'Samuel George Morton', in Samuel D.Gross (ed.), Lives of Eminent American Physicians and Surgeons of theNineteenth Cen-

tury, Lindsay and Blakiston, 591.

14) R. Jameson, 1850, 'Remarks on Dr. Morton's Tables on the Size ofthe Brain', Edinburgh New Philosophical Journal 48, pp. 330－33.

15) Gould, 'Morton's Ranking of Races by Cranial Capacity'; see alsoStephen Jay Gould, 1981, The Mismeasure of Man, W. W. Nortonand Company; cf. Michael Weisberg and Diane B. Paul, 2016,'Morton, Gould, and Bias: A Comment on "The Mismeasure ofScience"'. PLOS https://doi. org/10.1371/journal.pbi0.1002444

16) Gary Laderman, 1996, The Sacred Remains: American AttitudesToward Death, 1799－1883, Yale University Press, pp. 145－6,

17) Laderman, The Sacred Remains, p. 146.

18) Samuel J. Redman, 2016, Bone Rooms: From Scientific Racism toHuman Prehistory in Museums, Harvard University Press, pp. 28－9.

19) Ann Fabian, 2010, The Skull Collectors: Race, Science and America'sUnburied Dead, University of Chicago Press, p. 183.

20) Fabian, The Skull Collectors, p. 176.

21) Fabian, The Skull Collectors, p. 175.

22) Fabian, The Skull Collectors, p. 175.

23) United States National Museum, annual report for the year ending30 June 1898, p. 4.

24) Fabian, The Skull Collectors, pp. 210－11.

25) A. Hrdlička, 1900, 'Arrangement and Preservation of LargeCollections of Human Bones for Purpose of Investigation',American Naturalist, 34(397), 10.

26) Stanley A. Freed, 2012, Anthropology Unmasked: Museums, Science,and Politics in New York City, volume I: The Putnam－Boas Era, OrangeFrazer

Press, p. 182.

27) Rosemary Lévy Zumwalt, 2019, Franz Boas: The Emergence of theAnthropologist, University of Nebraska Press, p. 181; Douglas Cole,1985. Captured Heritage: The Scramble for Northwest Coast Artifacts,University of Washington Press, p. 119.

28) Zumwalt, Franz Boas, pp. 180 – 81.

29) J. S. Huxley and A. C. Haddon, 1935, We Europeans: A Survey of 'Racial' Problems, Jonathan Cape, p. 13.

30) Sherwood Washburn, 1962, 'The study of race', AmericanAnthropologist 65, 521 – 31.

31) I. De Vore and S. Washburn, 1992, 'An Interview with SherwoodWashburn', Current Anthropology, 33 (4), 411 – 23, 422.

32) A. Kuper, 1993, 'Racial science', Nature 364, 754.

33) Patricia Pierce Erikson, 2008, 'Decolonizing the "Nation's Attic"',in Amy Lonetree and Amanda J. Cobb (eds), 2008, The NationalMuseum of the American Indian: Critical Conversations, University ofNebraska Press, p. 56.

34) 101st Congress, Second Session, Senate Report, pp. 101 – 473:'Providing for the Protection of Native American Graves andthe Repatriation of Native American Remains and CulturalPatrimony'.

35) Chip Colwell, 2017, Plundered Skulls and Stolen Spirits: Inside the Fightto Reclaim Native America's Culture, University of Chicago Press,p. 105.

36) Colwell, Plundered Skulls, p. 121.

37) S. Powell, C. Garza and A. Hendricks, 1993, 'Ethics andOwnership of the Past: The Reburial and RepatriationControversy', Archaeological Method and Theory, 5, 1 – 42.

38) David Hurst Thomas, 2000, Skull Wars: Kennewick Man, Archaeology,and

박물관의 그림자

the Battle for Native American Identity, Basic Books, p. 231.

39) 136th Congress, 1990, Rec S17,173.

40) Erikson, 'Decolonizing the "Nation's Attic"', p. 60.

41) Colwell, Plundered Skulls, p. 83.

42) Colwell, Plundered Skulls, p. 113.

43) Margaret M. Bruchac, 2021, 'Colonizing the IndigenousDead', History of Anthropology Review 45.

44) Redman, Bone Rooms, p. 281.

45) M. F. Brown and M. Bruchac, 2006, 'NAGPRA from the MiddleDistance: Legal Puzzles and Unintended Consequences', inJ. H. Merryman (ed.), Imperialism, Art and Restitution, University ofCambridge Press, pp. 193 – 217, p. 198.

46) Redman, Bone Rooms, p. 5.

47) Redman, Bone Rooms, p. 279; Colwell, Plundered Skulls, pp. 7 – 9.

48) Colwell, Plundered Skulls, p. 222.

49) Thomas, Skull Wars, p. 226.

50) Colwell, Plundered Skulls, p. 221.

51) I. K. Jordan, Lavanya Rishishwar and Andrew B. Conley, 2019,'Native American admixture recapitulates population-specificmigration and settlement of the continental United States', PLOSGenetics. https://journals.plos.org/plosgenetics/article?id=10.1371/journal.pgen.1008225

52) Philip Deloria, 2022, 'When Tribal Nations Expel their BlackMembers', New Yorker, 25 July 2022.

53) Thomas, Skull Wars, p. 228.

54) Bruchac and Brown, 'NAGPRA from the Middle Distance', p. 209.

55) Bruchac and Brown, 'NAGPRA from the Middle Distance', p. 211.

56) Michael Kammen, 2010, Digging up the Dead: A History of NotableAmerican Reburials, University of Chicago Press, p. 191.

57) The New York Times, 20 February 2009, 'Geronimo's descendantssue secret society at Yale'.

58) Personal communication.

59) Thomas, Skull Wars, p. 77.

60) Thomas, Skull Wars, pp. 82 – 3.

61) Thomas, Skull Wars, p. 219.

62) Orin Starn, 2004, Ishi's Brain: In Search of America's Last 'Wild'Indian, W. W. Norton, p. 147.

63) Starn, Ishi's Brain, p. 28.

64) Starn, Ishi's Brain, p. 171.

65) Starn, Ishi's Brain, pp. 215 – 16.

66) James Chatters, 2001, Ancient Encounters: Kennewick Man and theFirst Americans, Simon and Schuster.

67) Douglas Preston, 1997, 'The Lost Man', New Yorker, 16 June.

68) Thomas, Skull Wars, p. xxii.

69) Thomas, Skull Wars, p. 240.

70) US Senate, Committee on Indian Affairs, 109th Congress, FirstSession, 28 July 2005.

71) S. Bruning, 2006, 'Complex Legal Legacies: The Native AmericanGraves Protection and Repatriation Act, Scientific Study, andKennewick Man',

American Antiquity, 71(3), 501 – 21, 508.

72) M. Rasmussen, M. Sikora, A. Albrechtsen, 2015, 'The ancestry andaffiliations of Kennewick Man', Nature 523, 455 – 8.

73) Colwell, Plundered Skulls, pp. 228 – 9.

74) https://ropercenter.cornell.edu/paradise-polled-americans-andafterlife

75) Carl Sagan, 1974, Broca's Brain: Reflections on the Romance of Science,Random House, p. 4.

76) Sagan, Broca's Brain, pp. 5 – 6.

77) Stephen Jay Gould, 1987, 'The Hottentot Venus', in The Flamingo'sSmile: Reflections in Natural History, Penguin Books, pp. 291 – 305.

78) P. V. Tobias, 2002, 'Sara Baartman: Her life, her remains, and thenegotiations for their repatriation from France to South Africa',South African Journal of Science 98, 107 – 10, 109.

79) Clifton Crais and Pamela Scully, 2011, Sara Baartman and theHottentot Venus: A Ghost Story and a Biography, Princeton UniversityPress. For the early years, see chapter 1: 'Winds of the Camdeboo'.

80) Crais and Scully, Sara Baartman, p. 27.

81) Crais and Scully, Sara Baartman, p. 57.

82) Crais and Scully, Sara Baartman, p. 78; Sadiah Qureshi, 2004,'Displaying Sara Baartman, The Hottentot Venus', History ofScience 42, 233 – 57.

83) Crais and Scully, Sara Baartman, chapter four: 'Before the law',pp. 82 – 102.

84) Crais and Scully, Sara Baartman, p. 89.

85) Z. S. Strother, 1999, 'Display of the Body Hottentot', in BernthLindfors (ed.), Africans on Stage, Indiana University Press, pp. 1 – 61,pp. 30 – 31.

86) Crais and Scully, Sara Baartman, p. 135.

87) Tobias, 'Sara Baartman', p. 108.

88) Tobias, 'Sara Baartman', 108 – 9.

89) Gould, 'The Hottentot Venus', pp. 295 – 6.

90) Crais and Scully, Sara Baartman, pp. 160 – 61.

91) Crais and Scully, Sara Baartman, pp. 166 – 7.

92) Crais and Scully, Sara Baartman, pp. 167 – 9.

93) Kammen, Digging up the Dead, p. 15.

94) https://www.ucl.ac.uk/bentham-project/who-was-jeremy-bentham/auto-icon/extract-benthams-will

11장

01) J. A. Kelly, 2015, '"Dahomey! Dahomey!": African art in Paris in thelate 19th century', Journal of Art Historiography.

02) https://www.elysee.fr/emmanuel-macron/2020/12/18/restitution-des-biens-culturels-une-promesse-tenue-pour-unenouvelle-page-des-relations-entre-lafrique-et-la-france

03) Nicolas Truong, 2018, 'Restitutions d'art africain', Le Monde,28 November 2018.

04) Felwine Sarr and Bénédicte Savoy, translated by Drew S. Burk,November 2018, The Restitution of African Cultural Heritage. Towardsa New Relational ethics, Ministère de la Culture.

05) Sarr and Savoy, The Restitution of African Cultural Heritage, p. 2.

06) Sarr and Savoy, The Restitution of African Cultural Heritage, p. 61.

07) Sarr and Savoy, The Restitution of African Cultural Heritage, p. 61.

08) Sarr and Savoy, The Restitution of African Cultural Heritage, p. 61.

09) Philippe Baqué, 2020, 'Polémique sur la restitution des objets d'artafricaines', Le Monde diplomatique, August 2020.

10) Baqué, 'Polémique sur la restitution des objets d'art africains'.

11) Baqué, 'Polémique sur la restitution des objets d'art africains'.

12) Baqué, 'Polémique sur la restitution des objets d'art africains'.

13) Baqué, 'Polémique sur la restitution des objets d'art africains'.

14) Thomas Phillips, 1694, 'Voyage of the Hannibal, 1693 – 1694', inElizabeth Donnan (ed.), 1931, Documents Illustrative of the History ofthe Slave Trade to America, volume 1: 1441 – 1700, pp. 392 – 410.

15) J. Dupuis, 1824, 'Journal of a Residence in Ashantee', pp. 163 – 4.Cited in Ivor Wilks, Asante in the Nineteenth Century, CambridgeUniversity Press, pp. 679 – 80.

16) Herbert S. Klein, 1999, The Atlantic Slave Trade, CambridgeUniversity Press, p. 129.

17) C. Newbury, 1959, 'A Note on the Abomey Protectorate', Africa:Journal of the International African Institute, 29(2), 146 – 55, p. 148.

18) R. Law, 1993, 'The "Amazons" of Dahomey', Paideuma 39, 245 – 60.See also Suzanne Preston Blier, 2004, 'Les Amazones à la rencontrede l'Occident', in Nicolas Barcel (ed.), Zoos humains: Au temps desexhibitions humaines, La Découverte, pp. 136 – 41.

19) Eva L. R. Meyerowitz, 1944, 'The Museum in the RoyalPalaces at Abomey, Dahomey', The Burlington Magazine forConnoisseurs, 84(495), 147 – 51, 148, 149.

20) Francesca Pique and Leslie H. Rainer, 1999, Palace Sculptures ofAbomey:

History Told on Walls, The Getty Conservation Instituteand the J. Paul Getty Museum. https://www.getty.edu/

21) Kevin Sieff, 2018, 'An African country reckons with its history ofselling slaves', Washington Post, 29 January 2018.

22) Theodore R. Johnson, 2014, 'How to apologize for slavery: Whatthe U.S. can learn from West Africa', Atlantic Monthly, 6 August2014.

23) https://www.france24.com/en/20200811-benin-restores-slaverymonuments-to-testify-to-brutal-past

24) Ivor Wilks, 1975, Asante in the Nineteenth Century: The Structure andEvolution of a Political Order, Cambridge University Press, p. 201.

25) Wilks, Asante in the Nineteenth Century, pp. 200-202.

26) R. Addo-Fening, 2013, 'Ghana under colonial rule: An outlineof the early period and the interwar years', Transactions of theHistorical Society of Ghana 15, new series, pp. 39-70.

27) Kathryn Wysocki Gunsch, 2018, The Benin Plaques: A 16th CenturyImperial Monument, Routledge. Annex 4: List of Plaques byInstitution.

28) P. Igbafe, 1970, 'The Fall of Benin: A Reassessment', The Journal ofAfrican History, 11(3), 385-400, 395.

29) Igbafe, 'The Fall of Benin', 397.

30) Barnaby Phillips, 2021, Loot: Britain and the Benin Bronzes, OneworldPublications, p. 53.

31) Barnaby, Loot, p. 72.

32) Barbara Plankensteiner, 2007, 'Benin: Kings and Rituals: Court Artsfrom Nigeria', African Arts, 40(4), 74-87. See p. 77.

33) Girshick Ben-Amos. 2021, Benin: Kingdom of Grove Press, OxfordArts Online, https://www.oxfordartonline.com/groveart/view/10.1093/

박물관의 그림자

gao/9781884446054.001.0001/oao-9781884446054-e7000007886

34) Phillips, Loot, p. 104.

35) A. E. Coombes, 1994, Reinventing Africa: Museums, Material Culture,and Popular Imagination in Late Victorian and Edwardian England,Yale University Press, pp. 7 – 29.

36) Coombes, Reinventing Africa, p. 159.

37) William Fagg, 1957, 'The Seligman Ivory Mask from Benin: TheRoyal Anthropological Institute Christmas Card for 1957', Man 57,113.

38) H. Glenn Penny, 2002, Objects of Culture: Ethnology and Ethnographic Museums in Imperial Germany, University of North Carolina Press, p. 77

39) F. von Luschan, 1919, Die Altertümer von Benin, Museum fürVölkerkunde.

40) Penny, Objects of Culture, p. 75.

41) H. Ling Roth, 1903, Great Benin: Its Customs, Art and Horrors, F. King& Sons. See pp. xviii – xxi.

42) Phillips, Loot, pp. 121 – 7.

43) F. Willett, 1973, 'Kenneth Murray', African Arts, 6(2), 65 – 6.

44) Phillips, Loot, p. 219.

45) Phillips, Loot, pp. 217 – 18.

46) J. Povey, F. Willett, J. Picton, & E. Eyo, 1988, 'Bernard Fagg:1915 – 1987', African Arts, 21(2), 10 – 12.

47) John Picton, 1994, 'A tribute to William Fagg', African Arts, 27(3),26 – 9, p. 26.

48) Phillips, Loot, p. 226.

49) Wole Soyinka, 2021, Chronicles From the Land of the Happiest Peopleon Earth, Bloomsbury Circus. Ben Okri's review appeared in theGuardian, 27 September 2021.

50) The Economist, 2 April 2022, 'Red Line: Kidnappers brazenlyderail a train'. See also Kazeem Ugbodaga, 24 November 2020,'Kidnappers on the prowl in Edo: Five hotspots to avoid', PM NewsNigeria.

51) Kwame Anthony Appiah, 2009, 'Whose Culture Is It?', in JamesCuno (ed.), Whose Culture? The Promise of Museums and the Debateover Antiquities, Princeton University Press, p. 73.

52) Phillips, Loot, p. 225.

53) Phillips, Loot, p. 223.

54) Folarin Shyllon, 2011, 'Looting and illicit traffic in antiquities inAfrica', in Stefano Manacordo and Duncan Chappell (eds), Crimein the Art and Antiquities World: Illegal Trafficking in Cultural Property,Springer, p. 135.

55) Frank Willett, 2000, 'Restitution or Re-circulation: Benin, Ife andNok', Journal of Museum Ethnography 12, 125 – 31.

56) Suzanne Preston Blier, 1982, 'Treasures of Ancient Nigeria', ArtJournal, 42(3), 234 – 6.

57) Willett, 'Restitution or Re-circulation', 126.

58) Gregory Austin Nwakunor, 11 July 2021, 'Rumble in Benin overlooted artefacts', Guardian Nigeria.

59) Meyerowitz, 'The Museum in the Royal Palaces at Abomey', 151.

60) Phillips, Loot, p. 3.

61) Mark R. Lipschutz and R. Kent Rasmussen, 1989, 'Johnson, James(Holy Johnson)', Dictionary of African Historical Biography, OxfordUniversity Press.

62) Charles Gore, 2007, Art, Performance and Ritual in Benin City,Edinburgh University Press, p. 199.

63) B. Kundrus, 2005, 'From the Herero to the Holocaust? SomeRemarks on the Current Debate', Africa Spectrum, 40(2), 299 – 308.

64) J. Torpey, 2001, '"Making Whole What Has Been Smashed":Reflections on Reparations', The Journal of Modern History, 73(2),333 – 58, 338.

12장

01) Philippe Dagen, 2019, Primitivismes: Une Invention Moderne,Gallimard; 2021, Primitivismes 2: Une Guerre Moderne, Gallimard. See'Se declarer pour le primitive', Primitivismes: Une Invention Moderne,pp. 133 – 42.

02) William Rubin, 1984, 'Modernist Primitivism: An Introduction',in William Rubin (ed.), 'Primitivism' in 20th-Century Art, volume 1,Museum of Modern Art, pp. 1 – 84, pp. 7, 17.

03) Dagen, Primitivismes: Une invention moderne, p. 136.

04) Dagen, Primitivismes: Une invention moderne, p. 16.

05) Elizabeth A. Williams, 1985, 'Art and Artefact at the Trocadero: ArsAmericana and the Primitivist Revolution', in George W. Stocking(ed.), 1985, Objects and Others: Essays on Museums and MaterialCulture, University of Wisconsin Press, pp. 146 – 66, p. 156.

06) Fondation Dapper, 1989, Objets interdits, Fondation Dapper, p. 10.

07) Jack Flam and Miriam Deutch (eds), 2003, Primitivism andTwentieth-century Art: A Documentary History, University ofCalifornia Press, p. 27.

08) Flam and Deutch, Primitivism and Twentieth-century Art, p. 27.

09) Robert Goldwater, 1968 [enlarged edition. First published 1938],Primitivism

in Modern Art. Belknap Press of Harvard UniversityPress, p. 89.

10) Flam and Deutch, Primitivism and Twentieth-century Art, p. 32.

11) Flam and Deutch, Primitivism and Twentieth-century Art, p. 31.

12) Hilary Spurling, 2009, Matisse: The Life, Penguin Books, p. 149.

13) Spurling, Matisse, p. 150.

14) Flam and Deutch, Primitivism and Twentieth-century Art, pp. 33–4.

15) Suzanne Preston Blier, 2019, Picasso's Demoiselles: The UntoldOrigins of a Modern Masterpiece, Duke University Press, pp. 111–13.

16) John Richardson, 1991, A Life of Picasso: The Early Years, 1881–1906,Random House, p. 519, n. 44.

17) Richardson, Life of Picasso, p. 459.

18) Goldwater, Primitivism in Modern Art, p. 126.

19) Dagen, Primitivismes: Une invention moderne, p. 12.

20) Frances Spalding, 1980, Roger Fry: Art and Life, University ofCalifornia Press, p. 233.

21) Jill Lloyd, 1991, German Expressionism: Primitivism and Modernity,Yale University Press, p. 161.

22) Lloyd, German Expressionism. See chapter 3 'The Brücke Studios: ATesting Ground for Primitivism', pp. 21–49; chapter 9 'Emil Noldeand the Paradox of Primitivism', pp. 161–88; chapter 10 'A SouthSeas Odyssey: Max Pechstein's Visionary Ideals', pp. 191–212.

23) Barry Schwabsky, 2019, 'The Perfect Victim: How should weremember the art of Emil Nolde?', The Nation, 19 September 2019.

24) Alain Buisine, 2012, Passion de Gauguin, Presses Universitaires deSeptentrion, p. 46.

25) R. Swedberg, 2016, 'The literary author as a sociologist? AmongFrench Peasants by August Strindberg', Journal of ClassicalSociology, 16(1), 124 – 30.

26) Goldwater, Primitivism in Modern Art, pp. 66 – 7.

27) Dagen, Primitivismes: Une Invention Moderne, chapter 6, 'Gauguinpour preuve', pp. 306, 310.

28) Philippe Dagen, 2021, Primitivismes 2: Une Guerre Moderne,Gallimard, pp. 91 – 2.

29) Flam and Deutch, Primitivism and Twentieth-century Art, pp. 33 – 5.

30) Anon. 1920, 'Opinions sur l'art nègre', Action, iii, April 1920.

31) Flam and Deutch, Primitivism and Twentieth-century Art, p. 33.

32) Lloyd, German Expressionism, p. 85.

33) Guillaume Apollinaire, 1912, 'Exotisme et ethnographie', ParisJournal, 10 September 1912.

34) Maureen Murphy, 2020 (revised edition), De l'imaginaire au musée:Les arts d'Afrique à Paris et à New York (1931 à nos jours), Les pressesdu reel, p. 34.

35) Flam and Deutch, Primitivism and Twentieth-Century Art, pp. 148 – 66.

36) J. Clifford, 1981, 'On Ethnographic Surrealism', Comparative Studies in Society and History, 23(4), 539 – 64; Vincent Debaene, 2002,'Les surréalistes et le musée d'ethnographie', Labyrinthe, 12(2),pp. 71 – 94.

37) See Debaene, 'Les surréalistes et le musée d'ethnographie'.

38) Guillaume Apollinaire, 1917, 'A propos de l'Art des Noirs,Melanophilie ou Melanomanie', Mercure de France, 1 April 1917.

39) Christopher B. Steiner, 1994, African Art in Transit, CambridgeUniversity Press, p. 104.

40) Peter Read (ed.), 2016, Guillaume Apollinaire/Paul Guillaume:Correspondence, Gallimard.

41) Steiner, African Art in Transit, p. 6

42) Y. Biro, 2013, 'African Art, New York, and the Avant-Garde', AfricanArts, 46(2), 88 - 97, p. 92.

43) Murphy, De l'imaginaire au musée, pp. 104 - 5.

44) Paul Guillaume and Thomas Munro, 1926, Primitive NegroSculpture, Harcourt Brace, p. 7.

45) Murphy, De l'imaginaire au musée, p. 180.

46) Paul Guillaume, 1919, 'Une esthétique nouvelle. L'art nègre', LesArts á Paris 4 (May 15). Cited in Biro, 'African Art, New York, andthe Avant-Garde', pp. 95.

47) Murphy, De l'imaginaire au musée, pp. 129 - 30.

48) Goldwater, Primitivism in Modern Art. Citations, pp. xvi, xvii, xxi,xxiv.

49) N. C. Lutkehaus, 2015, 'The Bowerbird of Collectors: On NelsonA. Rockefeller and "Collecting the Stuff That Wasn't in theMetropolitan"', Bulletin of the Buffalo Society of Natural Sciences,vol. 42, pp. 125 - 36, p. 125.

50) Patrick Wilcken, 2010, Claude Lévi-Strauss: The Poet in theLaboratory, Bloomsbury, p. 40.

51) Emmanuelle Loyer, 2015, Lévi-Strauss, Flammarion, pp. 227 - 9.

52) Loyer, Lévi-Strauss, pp. 278 - 83.

53) Claude Lévi-Strauss, 1982 [original French edition in two volumes,1975, 1979], The Way of the Masks, Douglas & McIntyre Ltd, p. 9.

54) Lévi-Strauss, The Way of the Masks, p. 4.

55) Lévi-Strauss, The Way of the Masks, p. 3.

56) Lévi-Strauss, The Way of the Masks, p. 10.

57) Jennifer Lena, 2020, 'The omnivore paradox', Times LiterarySupplement, 27 March 2020.

58) Geoffrey Hellman, 1960, 'Imperturbable Noble', New Yorker, 7 May1960.

59) Hellman, 'Imperturbable Noble'.

60) Richard Norton Smith, 2014, On His Own Terms: A Life of NelsonRockefeller, Random House, p. 97.

61) Norton Smith, On His Own Terms, pp. 90–93, 95–9.

62) Hellman, 'Imperturbable Noble'.

63) Murphy, De l'imaginaire au musée, pp. 156, 299, n. 51.

64) Murphy, De l'imaginaire au musée, p. 300, n. 54.

65) Norton Smith, On His Own Terms, p. 248.

66) Norton Smith, On His Own Terms, p. 361.

67) Norton Smith, On His Own Terms, p. 368.

68) Norton Smith, On His Own Terms, p. 642.

69) S. Vogel, 1982, 'Bringing African Art to the MetropolitanMuseum', African Arts, 15 (2), 38–45, 41.

70) Rubin, 'Modernist Primitivism', p. 7.

71) Rubin, 'Modernist Primitivism', p. 1.

72) Rubin, 'Modernist Primitivism', p. 17.

73) Rubin, 'Modernist Primitivism', p. 73.

74) Rubin, 'Modernist Primitivism', p. 18.

75) Arthur C. Danto, 1984, 'Defective affinities: "Primitivism" in 20thCentury Art', New Republic, 239(18), pp. 590 – 2.

76) Alfred Gell, 1996, 'Vogel's Net: Traps as Artworks and Artworks asTraps', Journal of Material Culture, 1(1), pp. 15 – 38.

77) Danto, 'Artifact and Art', p. 31.

78) http://news.bbc.co.uk/1/hi/entertainment/4059997.stm

79) A. Jones, 1993, 'Exploding Canons: The Anthropology ofMuseums', Annual Review of Anthropology, 22, 201 – 20. See p. 208.

80) Nélia Dias, 2001, 'Esquisse Ethnographique d'un Projet: Le MuséeDu Quai Branly', French Politics, Culture & Society, 19(2), 81 – 101.

81) Cited in Bernard Dupaigne, 2006, Le Scandale des arts premiers la véritable histoire du musée du quai Branly. Paris, Mille et unenuits, p. 35.

82) Jacques Kerchache, 1990, Les chefs-d'œuvre du monde entier naissentlibres et égaux, Adam Biro.

83) Sally Price, 2007, Paris Primitive: Jacques Chirac's Museum on the Quai-Branly, University of Chicago Press, p. 35.

84) See Dias, 'Esquisse Ethnographique d'un Projet'.

85) Claude Lévi-Strauss, 1996, 'Une synthèse judicieuse', Le Monde,9 October 1996.

86) Dupaigne, Le Scandale des arts premiers.

87) Malraux, La Metamorphose des dieux, vol. III, L'Intemporel,Gallimard, p. 262.

88) Krzysztof Pomian, 2000, 'Un musée pour les arts exotiques:Entretien avec Germain Viatte', Le Débat, 70(1), 75 – 84; Dias,'Esquisse Ethnographique d'un Projet'; Benoît de L'Estoile,2007, Le Goût des Autres: De l'exposition coloniale aux arts premiers, Flammarion, p. 11.

89) Dubuc, 'Le future antérieur du Musée de l'Homme', 89.

90) Dupaigne, Le Scandale des arts premiers, p. 150.

91) De l'Estoile, Le Goût des Autres, p. 416.

92) De l'Estoile, Le Goût des Autres, pp. 24 – 5.

93) 'Le musée du quai Branly rejette Darwin', interview withEmmanuel Desveaux, first director of the museum, Le Monde,19 March 2002.

94) De l'Estoile, 'Can French anthropology outlive its museums?'Unpublished lecture.

95) De l'Estoile, Le Goût des Autres, p. 416.

96) 'Le musée du quai Branly rejette Darwin'.

97) Dias, 'Esquisse Ethnographique d'un Projet', 95.

98) Fabrice Grognet, 2007, 'Musées Manqués, Objets Perdus? L'AutreDans Les Musées Ethnographiques Français', L'Homme 181, 173 – 87,p. 174.

99) Edwin Heathcote, 2001, 'Berlin's Humboldt Forum: a palace insearch of a purpose', Financial Times, 4 January 2021.

100) Karl-Heinz Kohl, Fritz Kramer, Johann Michael Möller, GeroenSievernich and Gisela Völger, 2019, Das Humboldt Forum und dieEthnologie, Kula Verlag, p. 13.

101) Interview with Bénédicte Savoy, 2017, 'Das Humboldt-Forum istwie Tschernobyl', Süddeutsche Zeitung, 20 July 2017.

102) https://www.humboldtforum.org/wp-content/uploads/2020/05/20180529_Grossobjekte_en.pdf

103) https://www.metmuseum.org/press/news/2018/rockefellerwing-announcement

104) Peggy Levitt, 2015, Artifacts and Allegiances: How Museums Put theNation

and the World on Display, University of California Press,p. 27.

105) Wole Soyinka, 2019, Beyond Aesthetics: Use, Abuse and Dissonance inAfrican Art Traditions, Yale University Press, p. 109.

13장

01) Enrique Florescana, 1993, 'The Creation of the Museo Nacionalde Antropología of Mexico and its Scientific, Educational, andPolitical Purposes', in Elizabeth Hill Boone, Collecting the PreColumbian Past, Dumbarton Oaks Research Library and Collection,Washington DC, pp. 81 – 101.

02) David A. Brading, 1988, 'Manuel Gamo and Official Indigenismo inMexica', Bulletin of Latin American Research, 7(1), 75 – 89, 82.

03) Alan Knight, 1990, 'Racism, Revolution and Indigenismo: Mexico,1910 – 40', in Richard Graham (ed.), The Idea of Race in LatinAmerica, 1870 – 1940, University of Texas Press, pp. 71 – 113, 85.

04) Brading, 'Manuel Gamo', 86.

05) Barbara Braun, 1993, 'Diego Rivera's Collection: Pre-ColumbianArt as a Political and Artistic Legacy', in Elizabeth Hill Boone,1993, Collecting the Pre-Columbian Past, Dumbarton Oaks ResearchLibrary and Collection, Washington DC, pp. 251 – 70.

06) George M. Foster, 1965, 'The New National Museum ofAnthropology in Mexico City', American Anthropologist 67, 734 – 6.

07) Octavio Paz, [1950] 1985, The Labyrinth of Solitude and The OtherMexico, Grove Press, p. 298.

08) Paz, The Labyrinth of Solitude, pp. 322 – 4.

09) Carlos Fausto, 2020, 'Under Heavy Fire: Brazil and the Politics ofAn-

박물관의 그림자

ti-Memory', Latin American Antiquity, 31(2), 247 – 55, 248.

10) See Thiago Lopes da Costa Oliveira, 2020, 'Lost Objects, HiddenStories: On the Ethnographic Collections Burned in the NationalMuseum of Rio de Janeiro', Latin American Antiquity, 31(2), 256 – 72.

11) Samuel P. Huntington, 1996, The Clash of Civilizations and theRemaking of World Order, Simon and Schuster.

12) Amy Lonetree and Amanda J. Cobb (eds), 2008, The NationalMuseum of the American Indian: Critical Conversations, University ofNebraska Press, p. 53.

13) Lonetree and Cobb, 'The National Museum of the AmericanIndian', p. 54.

14) John Bloom, 2005, 'Exhibition Review: The National Museum ofthe American Indian', American Studies, 46(3), 327 – 38.

15) Bloom, 'Exhibition Review', p. 327.

16) Edward Rothstein, 2004, 'Museum With an American IndianVoice', The New York Times, 21 September 2004.

17) James Lujan, 2005, 'A Museum of the Indian. Not for the Indian',American Indian Quarterly, 29, 3 – 4, 510 – 16, 511.

18) Chavez Lamar, 2008, 'Collaborative Exhibit Development at theSmithsonian's National Museum of the American Indian', in AmyLonetree and Amanda J. Cobb (eds), The National Museum of theAmerican Indian: Critical Conversations, University of NebraskaPress, p. 147.

19) Lamar, 'Collaborative Exhibit Development', p. 148.

20) Lujan, 'A Museum of the Indian. Not for the Indian'.

21) Marc Fisher, 2004, 'Indian Museum's Appeal, Sadly, Only SkinDeep', Washington Post, 21 September 2004.

22) Amanda J. Cobb, 2005, 'The National Museum of the AmericanIndian:

Sharing the Gift', American Indian Quarterly, 29(3 – 4), 361 – 83.Citation, p. 377.

23) Lonetree and Cobb, The National Museum of the American Indian,p. 181.

24) Aldona Jonaitis and Janet Catherine Berlo, 2008, '"Indian Country"on the National Mall: The Mainstream Press versus the NationalMuseum of the American Indian', in Amy Lonetree and AmandaJ. Cobb (eds), The National Museum of the American Indian: CriticalConversations, University of Nebraska Press, p. 211.

25) Lujan, 'A Museum of the Indian', 511.

26) P. P. Erikson, 'Decolonizing the "Nation's Attic"', in Amy Lonetreeand Amanda J. Cobb (eds), The National Museum of the AmericanIndian: Critical Conversations, University of Nebraska Press,pp. 43 – 83. Citation, p. 68.

27) Jolene Rickard, 2007, 'Absorbing or Obscuring the Absence of aCritical Space in the Americas for Indigeneity: The Smithsonian'sNational Museum of the American Indian', RES: Anthropology andAesthetics 52, 85 – 92, 85.

28) Rickard, 'Absorbing or Obscuring', 86, 87.

29) Erikson, 'Decolonizing the '"Nation's Attic"', p. 68.

30) Lujan, 'A Museum of the Indian', 513.

31) Paul Richard, 2004, 'Shards of Many Untold Stories', WashingtonPost, 21 September 2004.

32) Lujan, 'A Museum of the Indian', 513.

33) Richard, 'Shards of Many Untold Stories'.

34) Lujan, 'A Museum of the Indian', 515.

35) Cited in Lonetree and Cobb The National Museum of the AmericanIndian: Critical Conversations, p. 103.

박물관의 그림자

36) Jonaitis and Berlo, 'Indian Country', p. 211.

37) Richard, 'Shards of Many Untold Stories'.

38) nid Schildkraut, 2006, 'The beauty of science and the truth ofart: Museum anthropology at the crossroads', in Cordula Grewe(ed.), Die Schau des Fremden, Franz Steiner Verlag Stuttgart,pp. 119 – 42. See pp. 121 – 2.

39) See William L. Merrill, Edmund J. Ladd and T. J. Ferguson, 1993,'The Return of the Ahayu:da: Lessons for Repatriation from ZuniPueblo and the Smithsonian Institution', Current Anthropology,34(5), 523 – 67. See pp. 532 – 3.

40) Merrill, Ladd and Ferguson, 'The Return of the Ahayu:da', 532.

41) William L. Merrill and Richard E. Ahlborn, 1977, 'Zuni Archangelsand Ahayu:da', in Amy Henderson and Adrienne L. Kaeppler (eds)Exhibiting Dilemmas: Issues of Representation at the Smithsonian,Smithsonian Books. The negotiations are described in detail inMerrill, Ladd and Ferguson, 'The Return of the Ahayu:da'.

42) Merrill, Ladd and Ferguson, 'The Return of the Ahayu:da', 534.

43) Chip Colwell, 2017, Plundered Skulls and Stolen Spirits: Inside the Fightto Reclaim Native America's Culture, University of Chicago Press,pp. 52 – 3.

44) Merrill, Ladd and Ferguson, 'The Return of the Ahayu:da', 547.

45) See Philippe Descola, 1996, The Spears of Twilight: Life and Deathin the Amazon Jungle, HarperCollins, pp. 273 – 8; and Carlos Fausto,2020, Art Effects: Image, Agency, and Ritual in Amazonia, Universityof Nebraska Press, pp. 50 – 63. Both authors provide detailedanalysis of the symbolism of the tsantsa rituals.

46) Fausto, Art Effects, p. 55.

47) Steven Lee Rubenstein, 2007, 'Circulation, Accumulation, and thePower of Shuar Shrunken Heads', Cultural Anthropology, 22(3),357 – 99, 376.

48) Daniel Steel, 1999, 'Trade Goods and Jivaro Warfare', Ethnohistory,46(4), 745 – 76.

49) Anne Christine Taylor, 1993, 'Remembering to Forget: Identity,Mourning and Memory among the Jivaro', Man, 28(4), 653 – 78,p. 670.

50) Rubenstein, 'Circulation, Accumulation, and the Power of ShuarShrunken Heads', 358, 375.

51) Rubenstein, 'Circulation, Accumulation, and the Power of ShuarShrunken Heads', 382.

52) Rubenstein, 'Circulation, Accumulation, and the Power of ShuarShrunken Heads', 357.

53) Laura Peers, 2011, 'Shrunken Heads', Pitt Rivers Museum, p. 9.

54) Larson, Frances, 2014, Severed: A History of Heads Lost and HeadsFound, Granta, p. 40.

55) https://www.prm.ox.ac.uk/shrunken-heads

56) Peers, 'Shrunken Heads', p. 15.

14장

01) Ben Burt, 2019, The Museum of Mankind: Man and Boy in theBritish Museum Ethnography Department, Berghahn. Appendix:Ethnography Department Exhibitions, 1970 to 2003.

02) Burt, The Museum of Mankind, p. 138.

03) Jan Dalley, 'Lunch with the FT: John Studzinski', Financial Times,21 January 2011.

04) Claus-Joachim Kind, Nicole Ebinger-Rist, Sibylle Wolf, ThomasBeutel-

spacher and Kurt Wehrberger, 2014, 'The Smile of the LionMan. Recent Excavations in Stadel Cave (Baden-Württemberg,south-western Germany) and the Restoration of the FamousUpper Palaeolithic Figurine', Quartär, 61, 129–45.

05) Jill Cook, 2018, Living with Gods: Peoples, Places and Worlds Beyond,British Museum, pp. 4 and 7.

06) Kind et al., 142–4.

07) Kind et al., 139.

08) Matthias Schulz, 2011, 'Solving the Mystery of a 35,000 year oldStatue', Spiegel International, 9 December 2011.

09) Jarrett A. Lobell, 2002, 'New Life for the Lion Man', Archaeology,65(2).

10) Kind et al., 142.

11) Christopher Spring, Nigel Barley, and Julie Hudson, 2001, 'TheSainsbury African Galleries at the British Museum', African Arts,34(3), 18–93, 18.

12) Spring et al., 'The Sainsbury African Galleries', 21.

13) Spring et al., 'The Sainsbury African Galleries'.

14) Philippe Dagen, 2021, Ex Africa, Gallimard: Musée du quai BranlyJacques Chirac.

15) Enid Schildkraut, 1991, 'Ambiguous Messages and Ironic Twists:Into the Heart of Africa and the Other Museum', MuseumAnthropology, 15(2), 16–22, 16.

16) Simon Ottenberg, 1991, (Review) 'Into the Heart of Africa', AfricanArts 24(3), 79–82, 80.

17) Schildkraut, 'Ambiguous Messages and Ironic Twists', 20–21.

18) Toronto Globe and Mail, 1990, Arts Weekend, 29 December 1990.

19) 'The Truth About Africa', pamphlet produced by the Coalitionfor the Truth about Africa, cited by Ottenburg, 'Into the Heart ofAfrica'.

20) Mary Jo Arnoldi, 1999, 'From the Diorama to the Dialogic: ACentury of Exhibiting Africa at the Smithsonian's Museum ofNatural History', Cahiers d'études africaines, 39(155), 701 – 26, 711 – 16.

21) Arnoldi, 'From the Diorama to the Dialogic'. See pp. 704, 710.

22) US House of Representatives 129 (15 September 1992, p. 46.) Citedby Arnoldi, 'From the Diorama to the Dialogic'.

23) Mary Jo Arnoldi, Christine Mullen Kreamer and Michael AtwoodMason, 2001, 'Reflections on "African Voices" at the Smithsonian'sNational Museum of Natural History', African Arts, 34(2),16 – 35, 16 – 18.

24) Arnoldi et al., 'Reflections on "African Voices"', 19.

25) Arnoldi et al., 'Reflections on "African Voices"', 20 – 21.

26) Arnoldi, 'From the Diorama to the Dialogic', 718.

27) Arnoldi et al., 'Reflections on "African Voices"', 19 – 20.

28) Arnoldi et al., 'Reflections on "African Voices"', 28 – 30.

29) Arnoldi et al., 'Reflections on "African Voices"', 22.

30) Arnoldi et al., 'Reflections on "African Voices"', 22.

31) Arnoldi et al., 'Reflections on "African Voices"', 25.

32) Jean-Luc Vellut, 2006, 'In response to "In the Heart of Darkness"by Adam Hochschild', New York Review of Books, 12 January 2006.

33) Bogomil Jewsiewicki, 2010, The Beautiful Time: Photography bySammy Baloji, Museum for African Art, New York, p. 12.

15장

01) The Economist, 14 August 2018, Special Report: 'Museums: Templesof Delight'.

02) 2021, Visitor Figures 2020, The Art Newspaper, 30 March 2021.

03) Statista Research Department, 4 January 2022. https://www.statista.com/statistics/1174784/museum-industry-market-size-us/

04) Nicholas Thomas, 2016, The Return of Curiosity: What Museums AreGood for in the 21st Century, Reaktion Books, pp. 85–6, 92.

05) Roberta Colombo Dougoud, 2013, 'Les bambous gravés, objetsambassadeurs de la culture kanak', Journal de la Société desOcéanistes, 119–32. Citation, p. 131.

06) Dmitry Kostyukov, 2020, 'A New Museum Director's FirstChallenge: Which Exhibits to Give Back', The New York Times, 30September 2020.

07) Margarita Valdovinos. Forthcoming. 'Beyond the history ofethnographic collections: A complex approach to the Cora objectsgathered by Konrad Theodor Preuss in view of a restitutionprocess'.

08) Valdovinos, 'Beyond the history of ethnographic collections'.

09) https://insightshare.org/maasai/

10) Spears and Spires, The Economist, 14 February 2020.

11) Edward Said, 1979, Orientalism, Pantheon, p. 95.

12) Edward Said, 1993, Culture and Imperialism, Chatto and Windus, p. 35.

13) Paola Ivanov, and Jonas Bens, 2020, 'Colonial Alexithymia: Affectand Colonialism in the German Humboldt Forum Debates'. Paperpresented at the EASA 2020 conference in Lisbon, in the panel 'Making and Remaking An-

thropology Museums: Provenance andRestitution'.

14) C. Kusimba, 2004, 'Archaeology of Slavery in East Africa', TheAfrican Archaeological Review, 21 (2), 59 – 88. See p. 65.

15) Peggy McGlone, 2022, 'Smithsonian to give back its collection ofBenin Bronzes', Washington Post, 8 March 2022.

16) A. Adogame, 2010, 'How God became a Nigerian: Religiousimpulse and the unfolding of a nation', Journal of ContemporaryAfrican Studies, 28(4), 479 – 98.

17) Kwame Anthony Appiah, 2009, 'Whose Culture Is It?', in JamesCuno (ed.) Whose Culture? The Promise of Museums and the Debateover Antiquities, Princeton University Press, pp. 71 – 86, p.74.

18) Barbara Plankensteiner (ed.), 2018, The Art of Being a WorldCulture Museum: Futures and Lifeways of Ethnographic Museums inContemporary Europe, Kerber: Welt Museum Wien.

19) Tobias Harding, 2020, 'World culture, world history and the roles of a museum', International Journal of Cultural Policy, 330 – 43.Citation, p. 334.

20) Writing in the Svenska Dagbladet, 4 November 2016. Cited byHarding, 'World culture', 339.

21) Peggy Levitt, 2015, Artifacts and Allegiances: How Museums Put theNation and the World on Display, University of California Press, p. 18.

22) Nigel Barley, 1987, 'Pop Art in Africa? The Kalabari Ijo AncestralScreens', Art History, 10(3), 369 – 80. Citation, p. 373.

23) Hermann Melville, 1850, 'Hawthorn and his mosses', The LiteraryWorld, 17 and 24 August 1850

The Museum of Other People

박물관의 그림자

초판 1쇄 발행 2024년 9월 13일

지은이 애덤 쿠퍼
옮긴이 김상조
펴낸이 박상진
편집 김민준
마케팅 박근령
관리 황지원
디자인 투에스북디자인, 정지현

펴낸곳 진성북스
출판등록 2011년 9월 23일
주소 강남구 삼성동 143-23 어반포레스트삼성 1301호
전화 02)3452-7762
팩스 02)3452-7761
홈페이지 www.jinsungbooks.com

ISBN 978-89-97743-66-7 (03900)

※ 진성북스는 여러분들의 원고 투고를 환영합니다.
　책으로 엮기를 원하는 좋은 아이디어가 있으신 분은
　이메일(jinsungbooks@jinsungbooks.com)로
　간단한 개요와 취지, 연락처 등을 보내 주십시오.
　당사의 출판 컨셉에 적합한 원고는 적극적으로 책을 만들어 드리겠습니다!

JINSUNGBOOKS

진성북스
도서목록

사람이 가진 무한한 잠재력을 키워가는 **진성북스**는
지혜로운 삶에 나침반이 되는 양서를 만듭니다.

사람을 움직이는 생각의 본능
마음오프너

최석규 지음 | 268쪽 | 17,000원

마음을 여는 7가지 생각의 본능!

30년 경력의 광고커뮤니케이션 디렉터인 저자는 게으름과 감정, 두 단어가 녹아든 생각의 본능을 크게 7가지 본능, 즉 '절약본능', '직관본능', '감정본능', '편안함추구본능', '일탈본능', '틀짓기본능', 그리고 '자기중심본능'으로 정리한다. 상대의 본능을 이해하고 그 감정에 거스르지 않을 때, 우리는 진정 상대의 마음을 열 수 있는 오프너를 쥘 수 있게 될 것이다.

인문학과 과학으로 떠나는 인체 탐구 여행
신비한 심장의 역사

빈센트 M. 피게레도 지음 | 최경은 옮김
364쪽 | 22,000원

자율신경을 지키면 노화를 늦출 수 있다!

25년 넘게 5만 명이 넘는 환자를 진료해 온 정이안 원장이 제안하는, 노화를 늦추고 건강하게 사는 자율신경건강법이 담긴 책. 남녀를 불문하고 체내에 호르몬이 줄어들기 시작하는 35세부터 노화가 시작된다. 저자는 식습관과 생활 습관, 치료법 등 자율신경의 균형을 유지하는 다양한 한의학적 지식을 제공함으로써, 언제라도 '몸속 건강'을 지키며 젊게 살 수 있는 비결을 알려준다.

독일의 DNA를 밝히는 단 하나의 책!
세상에서 가장 짧은 독일사

제임스 호즈 지음 | 박상진 옮김
428쪽 | 값 23,000원

냉철한 역사가의 시선으로 그려낸 '진짜 독일의 역사'를 만나다!

『세상에서 가장 짧은 독일사』는 역사가이자 베스트셀러 소설가인 저자가 가장 최초의 독일인이라 불리는 고대 게르만의 부족부터 로마, 프랑크 왕국과 신성로마제국, 프로이센, 그리고 독일 제국과 동독, 서독을 거쳐 오늘날 유럽 연합을 주도하는 독일에 이르기까지 모든 독일의 역사를 특유의 독특한 관점으로 단 한 권에 엮어낸 책이다.

● 영국 선데이 타임즈 논픽션 베스트셀러
● 세계 20개 언어로 번역

포스트 코로나 시대의 행복
적정한 삶

김경일 지음 | 360쪽 | 값 16,500원

우리의 삶은 앞으로 어떤 방향으로 나아가게 될까? 인지심리학자인 저자는 이번 팬데믹 사태를 접하면서 수없이 받아온 질문에 대한 답을 이번 저서를 통해 말하고 있다. 앞으로 인류는 '극대화된 삶'에서 '적정한 삶'으로 갈 것이라고. 낙관적인 예측이 아닌 엄숙한 선언이다. 행복의 척도가 바뀔 것이며 개인의 개성이 존중되는 시대가 온다. 타인 이야기하는 'want'가 아니라 내가 진짜 좋아하는 'like'를 발견하며 만족감이 스마트해지는 사회가 다가온다. 인간의 수명은 길어졌고 적정한 만족감을 느끼지 못하는 인간은 결국 길 잃은 삶을 살게 될 것이고 말이다.

삶의 순간에서 당신을 지탱해 줄 열세 가지 철학
홀로서기 철학

양현길 지음 | 276쪽 | 17,000원

지금, 우리에게 필요한 홀로서기

삶의 고통에서 벗어나기 위해 앞서 고민했던 이들이 있다. 바로 '철학자'들이다. 그들은 더 나은 삶을 살아가기 위해 저마다의 고뇌를 안고 삶과 마주했다. 온전한 자기 자신이 되기 위하여, 나에게 주어진 삶의 의미를 찾기 위하여, 물 흘러가듯 편안하게 살아가는 삶을 위하여, 그리고 스스로 만들어 나가는 삶을 살기 위하여 고민해 왔다. 그렇게 열세 명의 철학자가 마주한 '홀로서기'의 비결을 이 책에 담았다.

면접관의 모든 것을 한 권으로 마스터하다!
면접관 마스터

권혁근 · 김경일 · 김기호 · 신길자 지음
300쪽 | 18,000원

지금, 우리에게 필요한 홀로서기

『면접관 마스터』는 네 면접관이 직접 저술한 지녀야 할 정의, 직업 심리, 그리고 그 시작을 하나로 모았다. 또한 이 책은 부록으로 111인 면접관에게 물은 전문면접관의 인식, 갖추어야 할 역량, 조직이 가장 선호하는 인재상과 함께 전문면접관으로서 품고 있는 생각들을 정리 담아보았다.

새로운 리더십을 위한 지혜의 심리학
이끌지 말고 따르게 하라

김경일 지음
328쪽 | 값 15,000원

이 책은 '훌륭한 리더', '존경받는 리더', '사랑받는 리더'가 되고 싶어
하는 모든 사람들을 위한 책이다. 요즘 사회에서는 존경보다 질책을
더 많이 받는 리더들의 모습을 쉽게 볼 수 있다. 서자는 리더십의 원천
이 되는 인지심리학을 바탕으로 바람직한 리더의 모습을 하나씩 밝혀
준다. 현재 리더의 위치에 있는 사람뿐만 아니라, 앞으로 리더가 되기
위해 노력하고 있는 사람이라면 인지심리학의 새로운 접근에 공감하
게 될 것이다. 존경받는 리더로서 조직을 성공시키고, 나아가 자신의
삶에서도 승리하기를 원하는 사람들에게 필독을 권한다.

● OtvN <어쩌다 어른> 특강 출연
● 예스24 리더십 분야 베스트 셀러
● 국립중앙도서관 사서 추천 도서

나의 경력을 빛나게 하는 인지심리학
커리어 하이어

아트 마크먼 지음 | 박상진 옮김 | 340쪽
값 17,000원

이 책은 세계 최초로 인지과학 연구 결과를 곳곳에 배치해 '취업-업
무 성과-이직'으로 이어지는 경력 경로 전 과정을 새로운 시각에서 조
명했다. 또한, 서자인 아트 마크먼 교수가 미국 텍사스 주립대의 '조직
의 인재 육성(HDO)'이라는 석사학위 프로그램을 직접 개설하고 책
임자로 맡으면서 '경력 관리'에 대한 이론과 실무를 직접 익혔다. 따
라서 탄탄한 이론과 직장에서 바로 적용할 수 있는 실용성까지 갖추
고 있다. 특히 2부에서 소개하는 성공적인 직장생활의 4가지 방법들
은 이 책의 백미라고 볼 수 있다.

나와 당신을 되돌아보는, 지혜의 심리학
어쩌면 우리가
거꾸로 해왔던 것들

김경일 지음 | 272쪽 | 값 15,000원

저자는 이 책에서 수십 년 동안 심리학을 공부해오면서 사람들로부터
가장 많은 공감을 받은 필자의 말과 글을 모아 엮었다. 수많은 독자와
청중들이 '아! 맞아. 내가 그랬었지'라며 지지했던 내용들이다. 다양한
사람들이 공감한 내용들의 방점은 이렇다. 안타깝게도 세상을 살아가
는 우리 대부분은 '거꾸로'하고 있는지도 모른다. 이 책은 지금까지 일
상에서 거꾸로 해온 것을 반대로, 즉 우리가 '거꾸로 해왔던 수많은 말
과 행동들'을 조금이라도 제자리로 되돌아보려는 노력의 산물이다. 이
런 지혜를 터득하고 심리학을 생활 속에서 실천하길 바란다.

10만 독자가 선택한
국내 최고의 인지심리학 교양서
지혜의 심리학
10주년 기념판

김경일 지음
340쪽 | 값 18,500원

10주년 기념판으로 새롭게 만나는
'인지심리학의 지혜'!

생각에 관해서 인간은 여전히 이기적이고 이중적이다. 깊은
생각을 외면하면서도 자신의 생각과 인생에 있어서 근본적인
변화를 애타게 원하기 때문이다. 하지만 과연 몇이나 자기계
발서를 읽고 자신의 생각에 근본적인 변화와 개선을 가질 수
있었을까? 불편하지만 진실은 '결코 없다'이다. 우리에게 필요
한 것은 '어떻게' 그 이상, '왜'이다.

우리는 살아가면서 다양한 어려움에 봉착하게 된다. 이때 우
리는 지금까지 살아오면서 쌓았던 다양한 How들만 가지고는
이해할 수도 해결할 수도 없는 어려움들에 자주 직면하게 된
다. 따라서 이 How들을 이해하고 연결해 줄 수 있는 Why에
대한 대답을 지녀야만 한다. 『지혜의 심리학』은 바로 이 점을
우리에게 알려주어 왔다. 이 책은 '이런 이유가 있다'로 우리
의 관심을 발전시켜 왔다. 그리고 그 이유들이 도대체 '왜' 그
렇게 자리 잡고 있으며 왜 그렇게 고집스럽게 우리의 생각 깊
은 곳에서 힘을 발휘하는지에 대하여 눈을 뜨게 해주었다.

그동안 『지혜의 심리학』은 국내 최고의 인지심리학자인 김경
일 교수가 생각의 원리에 대해 직접 연구한 내용을 바탕으로
명쾌한 논리로 수많은 독자를 지혜로운 인지심리학의 세계로
안내해 왔다. 그리고 앞으로도, 새로운 독자들에게 참된 도전
과 성취에 대한 자신감을 건네주기에 더할 나위 없는 지혜를
선사할 것이다.

● OtvN <어쩌다 어른> 특강 출연
● KBS 1TV <아침마당> 목요특강 '지혜의 심리학' 특강 출연
● 2014년 중국 수출 계약 / 포스코 CEO 추천 도서
● YTN사이언스 <과학, 책을 만나다> '지혜의 심리학' 특강 출연

성공적인 인수합병의 가이드라인

시너지 솔루션

마크 서로워, 제프리 웨이런스 지음 | 김동규 옮김
456쪽 | 값 25,000원

"왜 최고의 기업은 최악의 선택을 하는가?"

유력 경제 주간지 『비즈니스위크Businessweek』의 기사에 따르면 주요 인수합병 거래의 65%가 결국 인수기업의 주가가 무참히 무너지는 결과로 이어졌다. 그럼에도 M&A는 여전히 기업의 가치와 미래 경쟁력을 단기간 내에 끌어올릴 수 있는 매우 유용하며 쉽게 대체할 수 없는 성장 및 발전 수단이다. 그렇다면 수많은 시너지 함정과 실수를 넘어 성공적인 인수합병을 위해서는 과연 무엇이 필요할까? 그 모든 해답이 이 책, 『시너지 솔루션』에 담겨 있다.

한국기업, 글로벌 최강 만들기 프로젝트 1

넥스트 이노베이션

김언수, 김봉선, 조준호 지음 | 396쪽
값 18,000원

넥스트 이노베이션은 혁신의 본질, 혁신의 유형, 각종 혁신의 사례들, 다양한 혁신을 일으키기 위한 약간의 방법론들, 혁신을 위한 조직 환경과 디자인, 혁신과 관련해 개인이 할 수 있는 것들, 향후의 혁신 방향 및 그와 관련된 정부의 정책의 역할까지 폭넓게 논의한다. 이 책을 통해 조직 내에서 혁신에 관한 공통의 언어를 생성하고, 새로운 혁신 프로젝트에 맞는 구체적인 도구와 프로세스를 활용하는 방법을 개발하기 바란다. 나아가 여러 혁신 성공 및 실패 사례를 통해 다양하고 창의적인 혁신 아이디어를 얻고 실행에 옮긴다면 분명 좋은 성과를 얻을 수 있으리라 믿는다.

앞서 가는 사람들의 두뇌 습관

스마트 싱킹

아트 마크먼 지음 | 박상진 옮김
352쪽 | 값 17,000원

숨어 있던 창의성의 비밀을 밝힌다!

인간의 마음이 어떻게 작동하는지 설명하고, 스마트해지는데 필요한 완벽한 종류의 연습을 하도록 도와준다. 고품질 지식의 습득과 문제해결을 위해 생각의 원리를 제시하는 인지 심리학의 결정판이다! 고등학생이든, 과학자든, 미래의 비즈니스 리더든, 또는 회사의 CEO든 스마트 싱킹을 하고자 하는 누구에게나 이 책이 유용하리라 생각한다.

● 조선일보 등 주요 15개 언론사의 추천
● KBS TV, CBS방영 및 추천

UN 선정, 미래 경영의 17가지 과제

지속가능발전목표란 무엇인가?

딜로이트 컨설팅 엮음 | 배정희, 최동건 옮김
360쪽 | 값 17,500원

지속가능발전목표(SDGs)는 세계 193개국으로 구성된 UN에서 2030년까지 달성해야 할 사회과제 해결을 목표로 설정됐으며, 2015년 채택 후 순식간에 전 세계로 퍼졌다. SDG팩 큰 특징 중 하나는 공공, 사회, 개인(기업)의 세 부문에 걸쳐 널리 파급되고 있다는 점이다. 그러나 SDGs가 세계를 향해 던지는 근본적인 질문에 대해서는 사실 충분한 이해와 침투가 이뤄지지 않고 있다. SDGs는 단순한 외부 규범이 아니다. 단순한 자본시장의 요구도 아니다. 단지 신규사업이나 혁신의 한종류도 아니다. SDGs는 과거 수십 년에 걸쳐 글로벌 자본주의 속에서 면면이 구축되어온 현대 기업경영 모델의 근간을 뒤흔드는 변화(진화)에 대한 요구다. 이러한 경영 모델의 진화가 바로 이 책의 주요 테마다.

하버드 경영대학원 마이클 포터의 성공전략 지침서

당신의 경쟁전략은 무엇인가?

조안 마그레타 지음 | 김언수, 김주권, 박상진 옮김
368쪽 | 값 22,000원

이 책은 방대하고 주요한 마이클 포터의 이론과 생각을 한 권으로 정리했다. <하버드 비즈니스리뷰> 편집장 출신인 조안 마그레타(Joan Magretta)는 마이클 포터와의 협력으로 포터교수의 아이디어를 업데이트하고, 이론을 증명하기 위해 생생하고 명확한 사례들을 알기 쉽게 설명한다. 전략경영과 경쟁전략의 핵심을 단기간에 마스터하기 위한 사람들의 필독서이다.

● 전략의 대가, 마이클 포터 이론의 결정판
● 아마존 전략분야 베스트 셀러
● 일반인과 대학생을 위한 전략경영 필독서

경쟁을 초월하여 영원한 승자로 가는 지름길

탁월한 전략이 미래를 창조한다

리치 호워드 지음 | 박상진 옮김
300쪽 | 값 17,000원

이 책은 혁신과 영감을 통해 자신들의 경험과 지식을 탁월한 전략으로 바꾸려는 리더들에게 실질적인 프레임워크를 제공해준다. 저자는 탁월한 전략을 위해서는 새로운 통찰을 결합하고 독자적인 경쟁 전략을 세우고 헌신을 이끌어내는 것이 중요하다고 강조한다. 나아가 연구 내용과 실제 사례, 사고 모델, 핵심 개념에 대한 명쾌한 설명을 통해 탁월한 전략가가 되는 데 필요한 핵심 스킬을 만드는 과정을 제시해준다.

● 조선비즈, 매경이코노미 추천도서
● 저자 전략분야 뉴욕타임스 베스트 셀러

기후의 역사와 인류의 생존
시그널

벤저민 리버만, 엘리자베스 고든 지음
은종한 옮김 | 440쪽 | 값 18,500원

이 책은 인류의 역사를 기후변화의 관점에서 풀어내고 있다. 인류의 발전과 기후의 상호작용을 흥미 있게 조명한다. 인류 문화의 탄생부터 현재에 이르기까지 역사의 중요한 지점을 기후의 망원경으로 관찰하고 해석한다. 당시의 기후조건이 필연적으로 만들어낸 여러 사회적인 변화를 파악한다. 결코 간단하지 않으면서도 흥미진진한, 그리고 현대인들이 심각하게 다뤄야 할 이 주제에 대해 탐구를 시작하고자 하는 독자에게 이 책이 좋은 길잡이가 되리라 기대해본다.

회사를 살리는 영업 AtoZ
세일즈 마스터

이장석 지음 | 396쪽 | 값 17,500원

영업은 모든 비즈니스의 꽃이다. 오늘날 경영학의 눈부신 발전과 성과에도 불구하고, 영업관리는 여전히 비과학적인 분야로 남아있다. 영업이 한 개인의 개인기나 합법과 불법을 넘나드는 묘기의 수준에 남겨두는 한, 기업의 지속적 발전은 한계에 부딪히기 마련이다. 이제 편법이 아닌 정석에 관심을 쏟을 때다. 본질을 망각한 채 결과에 올인하는 영업직원과 눈앞의 성과만으로 모든 것을 평가하려는 기형적인 조직문화는 사라져야 한다. 이 책은 영업의 획기적인 리엔지니어링을 위한 AtoZ를 제시한다. 디지털과 인공지능 시대에 더 인정받는 영업직원과 리더를 위한 필살기다.

대담한 혁신상품은 어떻게 만들어지는가?
신제품 개발 바이블

로버트 쿠퍼 지음 | 류강석, 박상진, 신동영 옮김
648쪽 | 값 28,000원

오늘날 비즈니스 환경에서 진정한 혁신과 신제품개발은 중요한 도전과제이다. 하지만 대부분의 기업들에게 야심적인 혁신은 보이지 않는다. 이 책의 저자는 제품혁신의 핵심성공 요인이자 세계최고의 제품개발 프로세스인 스테이지-게이트(Stage-Gate)에 대해 강조한다. 아울러 올바른 프로젝트 선택 방법과 스테이지-게이트 프로세스를 활용한 신제품개발 성공 방법에 대해서도 밝히고 있다. 신제품은 기업번영의 핵심이다. 이러한 방법을 배우고 기업의 실적과 시장 점유율을 높이는 대담한 혁신을 성취하는 것은 담당자, 관리자, 경영자의 마지막 노선이다.

비즈니스 성공의 불변법칙
경영의 멘탈모델을 배운다!
퍼스널 MBA
10주년 기념 증보판

조시 카우프만 지음
박상진, 이상호 옮김
832쪽 | 값 35,000원

"MASTER THE ART OF BUSINESS"

지속가능한 성공적인 사업은 경영의 어느 한 부분의 탁월성만으로는 불충분하다. 이는 가치창조, 마케팅, 영업, 유통, 재무회계, 인간의 이해, 인적자원 관리, 전략을 포함한 경영관리 시스템 등 모든 부분의 지식과 경험 그리고 통찰력이 갖추어질 때 가능한 일이다. 그렇다고 그 방대한 경영학을 모두 섭렵할 필요는 없다고 이 책의 저자는 강조한다. 단지 각각의 경영원리를 구성하고 있는 멘탈 모델(Mental Model)을 제대로 익힘으로써 가능하다.

세계 최고의 부자인 빌게이츠, 워런버핏과 그의 동업자 찰리 멍거를 비롯한 많은 기업가들이 이 멘탈 모델을 통해서 비즈니스를 시작하고 또 큰 성공을 거두었다. 이 책에서 제시하는 경영의 핵심개념을 통해 독자들은 경영의 멘탈 모델을 습득하게 된다.

필자는 지난 5년간 수천 권이 넘는 경영 서적을 읽고 수백 명의 경영 전문가를 인터뷰하고, 포춘지 선정 세계 500대 기업에서 일을 했으며, 사업도 시작했다. 그 과정에서 배우고 경험한 지식들을 모으고 정제하여 몇 가지 개념으로 정리했다. 이들 경영의 기본 원리를 이해한다면, 현명한 의사결정을 내리는 데 유익하고 신뢰할 수 있는 도구를 얻게 된다. 이러한 개념들의 학습에 시간과 노력을 투자해 마침내 그 지식을 활용할 수 있게 된다면, 독자는 어렵지 않게 전 세계 인구의 상위 1%에 드는 탁월한 사람이 될 것이다.

● 아마존 경영 & 리더십 트레이닝 분야 1위
● 미국, 일본, 중국 베스트셀러
● 전 세계 100만 부 이상 판매

언어를 넘어 문화와 예술을 관통하는 수사학의 힘

현대 수사학

요아힘 크나페 지음
김종영, 홍설영 옮김 | 480쪽 | 값 25,000원

이 책의 목표는 인문학, 문화, 예술, 미디어 등 여러 분야에 수사학을 접
목시킬 현대 수사학이론을 개발하는 것이다. 수사학은 본래 언어적 형
태의 소통을 연구하는 학문이라서 기초이론의 개발도 이 점에 주력하
였다. 그 결과 언어적 소통의 관점에서 수사학의 역사를 개관하고 정치
수사학을 다루는 서적은 꽤 많지만, 수사학 이론을 현대적인 관점에서
새롭고 포괄적으로 다룬 연구는 눈에 띄지 않는다. 이 책은 수사학이 단
순히 언어적 행동에만 국한하지 않고, '소통이 있는 모든 곳에 수사학도
있다'는 가정에서 출발한다. 이를 토대로 크나페 교수는 현대 수사학 이
론을 체계적으로 개발하고, 문학, 음악, 이미지, 영화 등 실용적인 영역
에서 수사적 분석이 어떻게 가능한지를 총체적으로 보여준다.

백 마디 불통의 말, 한 마디 소통의 말

당신은 어떤 말을
하고 있나요?

김종영 지음
248쪽 | 값 13,500원

리더십의 핵심은 소통능력이다. 소통을 체계적으로 연구하는 학문이
바로 수사학이다. 이 책은 우선 사람을 움직이는 힘, 수사학을 집중 조
명한다. 그리고 소통의 능력을 필요로 하는 우리 사회의 리더들에게
꼭 필요한 수사적 리더십의 원리를 제공한다. 더 나아가서 수사학의
원리를 실제 생활에 어떻게 적용할 수 있는지 일러준다. 독자는 행복
한 말하기와 아름다운 소통을 체험할 것이다.

● SK텔레콤 사보 <Inside M> 인터뷰
● MBC 라디오 <라디오 북 클럽> 출연
● 매일 경제, 이코노믹리뷰, 경향신문 소개
● 대통령 취임 2주년 기념식 특별연설

세계 초일류 기업이 벤치마킹한
성공전략 5단계

승리의 경영전략

AG 래플리, 로저마틴 지음
김주권, 박광태, 박상진 옮김
352쪽 | 값 18,500원

전략경영의 살아있는 메뉴얼

가장 유명한 경영 사상가 두 사람이 전략이란 무엇을 위한 것이고, 어
떻게 생각해야 하며, 왜 필요하고, 어떻게 실천해야 할지 구체적으로
설명한다. 이들은 100년 동안 세계 기업회생역사에서 가장 성공적이라
고 평가받고 있을 뿐 아니라, 직접 성취한 P&G의 사례를 들어 전략의
핵심을 강조하고 있다.

● 경영대가 50인(Thinkers 50)이 선정한 2014 최고의 책
● 탁월한 경영자와 최고의 경영 사상가의 역작
● 월스트리스 저널 베스트 셀러

언제까지 질병으로 고통받을 것인가?

난치병 치유의 길

앤서니 윌리엄 지음 | 박용준 옮김
468쪽 | 값 22,000원

이 책은 현대의학으로는 치료가 불가능한 질병으로 고통 받는 수많은
사람들에게 새로운 치료법을 소개한다. 저자는 사람들이 무엇으로 고통
받고, 어떻게 그들의 건강을 관리할 수 있는지에 대한 영성의 목소리를
들었다. 현대 의학으로는 설명할 수 없는 질병이나 몸의 비정상적인 상
태의 근본 원인을 밝혀주고 있다. 당신이 원인불명의 증상으로 고생하
고 있다면 이 책은 필요한 해답을 제공해 줄 것이다.

● 아마존 건강분야 베스트 셀러 1위

정신과 의사가 알려주는 감정 컨트롤술

마음을 치유하는
7가지 비결

가바사와 시온 지음 | 송소정 옮김 | 268쪽
값 15,000원

일본의 저명한 정신과 의사이자 베스트셀러 작가, 유튜브 채널 구독자
35만 명을 거느린 유명 유튜버이기도 한 가바사와 시온이 소개하는, 환
자와 가족, 간병인을 위한 '병을 낫게 하는 감정 처방전'이다. 이 책에서
저자는 정신의학, 심리학, 뇌과학 등 여러 의학 분야를 망라하여 긍정적
인 감정에는 치유의 힘이 있음을 설득력 있게 제시한다.

유능한 리더는 직원의 회복력부터 관리한다

스트레스 받지 않는
사람은 무엇이 다른가

데릭 로저, 닉 페트리 지음
김주리 옮김 | 308쪽 | 값 15,000원

이 책은 흔한 스트레스 관리에 관한 책이 아니다. 휴식을 취하는 방법에
관한 책도 아니다. 인생의 급류에 휩쓸리지 않고 어려움을 헤쳐 나갈 수
있는 능력인 회복력을 강화하여 삶을 주체적으로 사는 법에 관한 명저
다. 엄청난 무게의 힘든 상황에서도 감정적 반응을 재설계하도록 하고
스트레스 증가 외에는 아무런 도움이 되지 않는 자기 패배적 사고 방식
을 깨는 방법을 제시한다. 깨어난 순간부터 자신의 태도를 재조정하는
데 도움이 되는 사례별 연구와 극복 기술을 소개한다.

젊음을 오래 유지하는 자율신경건강법
안티에이징 시크릿

정이안 지음
264쪽 | 값 15,800원

자율신경을 지키면 노화를 늦출 수 있다!

25년 넘게 5만 명이 넘는 환자를 진료해 온 정이안 원장이 제안하는, 노화를 늦추고 건강하게 사는 자율신경건강법이 담긴 책. 남녀를 불문하고 체내에 호르몬이 줄어들기 시작하는 35세부터 노화가 시작된다. 저자는 식습관과 생활 습관, 치료법 등 자율신경의 균형을 유지하는 다양한 한의학적 지식을 제공함으로써, 언제라도 '몸속 건강'을 지키며 젊게 살 수 있는 비결을 알려준다.

고혈압, 당뇨, 고지혈증, 골관절염...
큰 병을 차단하는 의사의 특별한 건강관리법
몸의 경고

박제선 지음 | 336쪽 | 값 16,000원

현대의학은 이제 수명 연장을 넘어, 삶의 질도 함께 고려하는 상황으로 바뀌고 있다. 삶의 '길이'는 현대의료시스템에서 잘 챙겨주지만, '삶의 질'까지 보장받기에는 아직 갈 길이 멀다. 삶의 질을 높이려면 개인이 스스로 해야할 일이 있다. 진료현장의 의사가 개인의 세세한 건강을 모두 신경 쓰기에는 역부족이다. 이 책은 아파서 병원을 찾기 전에 스스로 '예방'할 수 있는 영양요법과 식이요법에 초점을 맞추고 있다. 병원에 가기 두렵거나 귀찮은 사람, 이미 질환을 앓고 있지만 심각성을 깨닫지 못하는 사람들에게 가정의학과 전문의가 질병 예방 길잡이를 제공하는 좋은 책이다.

"이 검사를 꼭 받아야 합니까?"
과잉 진단

길버트 웰치 지음 | 홍영준 옮김
391쪽 | 값 17,000원

병원에 가기 전 꼭 알아야 할 의학 지식!

과잉진단이라는 말은 아무도 원하지 않는다. 이는 걱정과 과잉진료의 전조일 뿐 개인에게 아무 혜택도 없다. 하버드대 출신 의사인 저자는, 의사들의 진단욕심에 비롯된 과잉진단의 문제점과 과잉진단의 합리적인 이유를 함께 제시함으로써 질병예방의 올바른 패러다임을 전해준다.

● 한국출판문화산업 진흥원 『이달의 책』 선정도서
● 조선일보, 중앙일보, 동아일보 등 주요 언론사 추천

"질병의 근본 원인을 밝히고
남다른 예방법을 제시한다"

의사들의 120세 건강비결은 따로 있다

마이클 그레거 지음
홍영준, 강태진 옮김

❶ 질병원인 치유편 값 22,000원 | 564쪽
❷ 질병예방 음식편 값 15,000원 | 340쪽

우리가 미처 몰랐던 질병의 원인과 해법
질병의 근본 원인을 밝히고
남다른 예방법을 제시한다

건강을 잃으면 모든 것을 잃는다. 의료 과학의 발달로 조만간 120세 시대도 멀지 않았다. 하지만 우리의 미래는 '얼마나 오래 살 것인가?'보다는 '얼마나 건강하게 오래 살 것인가?'를 고민해야하는 시점이다. 이 책은 질병과 관련된 주요 사망 원인에 대한 과학적 인과관계를 밝히고, 생명에 치명적인 병을 예방하고 건강을 회복시킬 수 있는 방법을 명쾌하게 제시한다. 수천 편의 연구결과에서 얻은 적절한 영양학적 식이요법을 통하여 건강을 획기적으로 증진시킬 수 있는 과학적 증거를 밝히고 있다. 15가지 주요 조기 사망 원인들(심장병, 암, 당뇨병, 고혈압, 뇌질환 등등)은 매년 미국에서만 1백 6십만 명의 생명을 앗아간다. 이는 우리나라에서도 주요 사망원인이다. 이러한 비극의 상황에 동참할 필요는 없다. 강력한 과학적 증거가 뒷받침 된 그레거 박사의 조언으로 치명적 질병의 원인을 정확히 파악하라. 그리고 장기간 효과적인 음식으로 위험인자를 적절히 예방하라. 그러면 비록 유전적인 단명요인이 있다 해도 이를 극복하고 장기간 건강한 삶을 영위할 수 있다. 이제 인간의 생명은 운명이 아니라, 우리의 선택에 달려있다. 기존의 건강서와는 차원이 다른 이 책을 통해서 '더 건강하게, 더 오래 사는' 무병장수의 시대를 활짝 열고, 행복한 미래의 길로 나아갈 수 있을 것이다.

● 아마존 의료건강분야 1위
● 출간 전 8개국 판권계약

노자, 궁극의 리더십을 말하다
2020 대한민국을 통합시킬 주역은 누구인가?

안성재 지음 | 524쪽 | 값 19,500원

노자는 "나라를 다스리는 것은 간단하고도 온전한 원칙이어야지, 자꾸 복잡하게 그 원칙들을 세분해서 강화하면 안된다"라고 일갈한다. 법과 제도를 세분해서 강화하지 않고 원칙만으로 다스리는 것이 바로 대동사회다. 원칙을 수많은 항목으로 세분해서 통제한 것은 소강사회의 모태가 되므로 경계하지 않으면 안된다. 이 책은 [도덕경]의 오해와 진실 그 모든 것을 이야기한다. 동서고금을 아우르는 지혜가 살아넘친다. [도덕경] 한 권이면 국가를 경영하는 정치지도자에서 기업을 경영하는 관리자까지 리더십의 본질을 꿰뚫을 수 있을 것이다.

인생의 고수가 되기 위한 진짜 공부의 힘
김병완의 공부혁명

김병완 지음
236쪽 | 값 13,800원

공부는 20대에게 세상을 살아갈 수 있는 힘과 자신감 그리고 내공을 길러준다. 그래서 20대 때 공부에 미쳐 본 경험이 있는 사람과 그렇지 못한 사람은 알게 모르게 평생 큰 차이가 난다. 진짜 청춘은 공부하는 청춘이다. 공부를 하지 않고 어떻게 100세 시대를 살아가고자 하는가? 공부는 인생의 예의이자 특권이다. 20대 공부는 자신의 내면을 발견할 수 있게 해주고, 그로 인해 진짜 인생을 살아갈 수 있게 해준다. 이 책에서 말하는 20대 청춘이란 생물학적인 나이만을 의미하지 않는다. 60대라도 진짜 공부를 하고 있다면 여전히 20대 청춘이고 이들에게는 미래에 대한 확신과 풍요의 정신이 넘칠 것이다.

감동으로 가득한 스포츠 영웅의 휴먼 스토리
오픈

안드레 애거시 지음 | 김현정 옮김
614쪽 | 값 19,500원

시대의 이단아가 던지는 격정적 삶의 고백!

남자 선수로는 유일하게 골든 슬램을 달성한 안드레 애거시. 테니스 인생의 정상에 오르기까지와 파란만장한 삶의 여정이 서정적 언어로 독자의 마음을 자극한다. 최고의 스타 선수는 무엇으로, 어떻게, 그 자리에 오를 수 있었을까? 또 행복하지만은 않았던 그의 테니스 인생 성장기를 통해 우리는 무엇을 배울 수 있을까. 안드레 애거시의 가치관과 생각을 읽을 수 있다.

인간에게 영감을 불어넣는 '숨'의 역사
호흡

에드거 윌리엄스 지음
황선영 옮김
396쪽 | 값 22,000원

호흡 생리학자가 엮어낸 호흡에 관한 거의 모든 지식!

우리 삶에 호흡이 왜 중요할까? 그건 바로 생존이 달려있기 때문이다. 지금까지 건강한 호흡 방법, 명상을 위한 호흡법처럼 건강으로 호흡을 설명하는 책들은 많았다. 하지만 호흡 자체의 본질적 질문에 답하는 책은 없었다. 저자는 "인간은 왜 지금과 같은 방식으로 숨을 쉬게 되었는가?"라는 질문에서 시작한다. 평생 호흡을 연구해 온 오늘날 현대인이 호흡할 수 있기까지의 전 과정을 인류역사, 인물, 사건, 기술, 문학작품을 통해서 생생하게 일러준다.

과학책에서 들었을 법한 산소 발견 이야기는 물론, 인종차별의 증거로 잘못 활용된 폐활량계, 제1차 세계대전에서 수많은 사상자를 남긴 유독가스, 오늘날에도 우리를 괴롭히는 다양한 호흡 장애와 몸과 마음을 지키는 요가의 호흡법 등, 이 책은 미처 세기도 어려운 호흡에 관한 거의 모든 지식을 총망라하며 읽는 이의 지성을 자극하고도 남는다. 인간에게 숨은 생명의 시작에서 끝이고, 삶에 대한 풍부한 스토리를 내포하고 있다.

저자는 "평생 탐구해 온 단 하나의 물음인 '인간은 왜 지금과 같은 방식으로 숨을 쉬게 되었는가'에 대한 해답을 이 책에서 찾아보고자" 했다고 밝힌다. 하지만 호흡이라는 하나의 주제로 엮인 이 책을 통해 알 수 있는 것이 비단 호흡의 비밀만은 아니다. 우리는 수개월 동안 호흡 없이 뱃속에서 지내던 아이의 첫울음에 이루 말할 수 없는 감동을 느끼게 된다. 또한 인체에 대한 이해와 산소호흡기의 탄생 등 눈부신 발전을 이룩한 현대 의학의 이면에 숨은 수많은 연구자의 성공과 실패담을 읽으며 그 노고를 깨닫게 된다. 호흡이라는 주제로 얽히고설킨 깊고 넓은 지식의 생태계 속에서 여러분은 인류의 번영과 고뇌, 무수한 학자들의 성공과 실패, 그리고 삶과 죽음이 녹아든 지혜를 선물 받을 것이다.

진정한 부와 성공을 끌어당기는 단 하나의 마법
생각의 시크릿

밥 프록터, 그레그 레이드 지음 | 박상진 옮김
268쪽 | 값 13,800원

공한 사람들은 그렇지 못한 사람들과 다른 생각을 갖고 있는 것인
? 지난 100년의 역사에서 수많은 사람을 성공으로 이끈 성공 철학
정수를 밝힌다. <생각의 시크릿>은 지금까지 부자의 개념을 오늘
맞게 더 구체화시켰다. 지금도 변하지 않는 법칙을 따라만하면 누
든지 성공의 비밀에 다가갈 수 있다. 이 책은 각 분야에서 성공한 기
가들이 지난 100년간의 성공 철학을 어떻게 이해하고 따라했는지
펴보면서, 그들의 성공 스토리를 생생하게 전달하고 있다.

■ 2016년 자기계발분야 화제의 도서
  매경이코노미, 이코노믹리뷰 소개

새로운 시대는 逆(역)으로 시작하라!
콘트래리언

이신영 지음
408쪽 | 값 17,000원

기극복의 핵심은 역발상에서 나온다!

계적 거장들의 삶과 경영을 구체적이고 내밀하게 들여다본 저자는
들의 성공핵심은 많은 사람들이 옳다고 추구하는 흐름에 '거꾸로'
다는 데 있음을 발견했다. 모두가 실패를 두려워할 때 도전할 줄 알
고, 모두가 아니라고 말하는 아이디어를 성공적인 아이디어로 발전
켰으며 최근 15년간 3대 악재라 불린 위기 속에서 기회를 찾고 성공
 거두었다.

■ 한국출판문화산업 진흥원 '이달의 책' 선정도서
■ KBS 1 라디오 <오한진 이정민의 황금사과> 방송

상위 7% 우등생 부부의 9가지 비결
사랑의 완성
결혼을 다시 생각하다

그레고리 팝캑 지음
민지현 옮김 | 396쪽 | 값 16,500원

결혼 상담 치료사인 저자는 특별한 부부들이 서로를 대하는 방식이 다
른 모든 부부관계에도 도움이 된다고 알려준다. 이 책은 저자 자신의
결혼생활 이야기를 비롯해 상담치료 사례와 이에 대한 분석, 자가진단
용 설문, 훈련 과제 및 지침 등으로 구성되어 있다. 이 내용들은 오랜
결혼 관련 연구논문으로 지속적으로 뒷받침되고 있으며 효과가 입증
 것들이다. 이 책을 통해 독자들은 무엇이 결혼생활에 부정적으로 작
하며, 긍정적인 변화를 위해 어떤 노력을 해야 하는지 배울 수 있다.

하버드 경영 대학원 마이클 포터의
성공전략 지침서
당신의 경쟁전략은
무엇인가?

조안 마그레타 지음
김언수, 김주권, 박상진 옮김
368쪽 | 값 22,000원

마이클 포터(Michael E. Porter)는 전략경영 분야의 세계최
고 권위자다. 개별 기업, 산업구조, 국가를 아우르는 연구를
전개해 지금까지 17권의 저서와 125편 이상의 논문을 발표했
다. 저서 중 『경쟁전략(Competitive Strategy)』(1980), 『경쟁
우위(Competitive Advantage)』(1985), 『국가경쟁우위(The
Competitive Advantage of Nations)』(1990) 3부작은 '경영
전략의 바이블이자 마스터피스'로 공인받고 있다. 경쟁우위,
산업구조 분석, 5가지 경쟁요인, 본원적 전략, 차별화, 전략적
포지셔닝, 가치사슬, 국가경쟁력 등의 화두는 전략 분야를 넘
어 경영학 전반에 새로운 지평을 열었고, 사실상 세계 모든 경
영 대학원에서 핵심적인 교과목으로 다루고 있다. 이 책은 방
대하고 주요한 마이클 포터의 이론과 생각을 한 권으로 정리
했다. <하버드 비즈니스리뷰> 편집장 출신인 저자는 폭넓은
경험을 바탕으로 포터 교수의 강력한 통찰력을 경영일선에 효
과적으로 적용할 수 있도록 설명한다. 즉, "경쟁은 최고가 아
닌 유일무이한 존재가 되고자 하는 것이고, 경쟁자들 간의 싸
움이 아니라, 자사의 장기적 투자자본이익률(ROIC)을 높이는
것이다." 등 일반인들이 잘못 이해하고 있는 포터의 이론들을
명백히 한다. 전략경영과 경쟁전략의 핵심을 단기간에 마스터
하여 전략의 전문가로 발돋음 하고자 하는 대학생은 물론 전
략에 관심이 있는 MBA과정의 학생들을 위한 필독서다. 나
아가 미래의 사업을 주도하여 지속적 성공을 꿈꾸는 기업의
관리자에게는 승리에 대한 영감을 제공해 줄 것이다.

● 전략의 대가, 마이클 포터 이론의 결정판
● 아마존전략 분야 베스트 셀러
● 일반인과 대학생을 위한 전략경영 필독서

사단법인 건강인문학포럼

1. 취지

세상이 빠르게 변화하고 있습니다. 눈부신 기술의 진보 특히, 인공지능, 빅데이터, 메타버스 그리고 유전의학과 정밀의료의 발전은 인류를 지금까지 없었던 새로운 세상으로 안내하고 있습니다. 앞으로 산업과 직업, 하는 일과 건강관리의 변혁은 피할 수 없는 상황으로 다가오고 있습니다.

이러한 변화에 따라 〈사단법인〉 건강인문학포럼은 '건강은 건강할 때 지키자'라는 취지에서 신체적 건강, 정신적 건강, 사회적 건강이 조화를 이루는 "건강한 삶"을 찾는데 의의를 두고 있습니다. 100세 시대를 넘어서서 인간의 한계수명이 120세로 늘어난 지금, 급격한 고령인구의 증가는 저출산과 연관되어 국가 의료재정에 큰 부담이 되리라 예측됩니다. 따라서 개인 각자가 자신의 건강을 지키는 것 자체가 사회와 국가에 커다란 기여를 하는 시대가 다가오고 있습니다.

누구나 겪게 마련인 '제 2의 삶'을 주체적으로 살며, 건강한 삶의 지혜를 함께 모색하기 위해 사단법인 건강인문학포럼은 2018년 1월 정식으로 출범했습니다. 우리의 목표는 분명합니다. 스스로 자신의 건강을 지키면서 능동적인 사회활동의 기간을 충분히 연장하여 행복한 삶을 실현하는 것입니다. 전문가로부터 최신의학의 과학적 내용을 배우고, 5년 동안 불멸의 동서양 고전 100권을 함께 읽으며 '건강한 마음'을 위한 인문학적 소양을 넓혀 삶의 의미를 찾아볼 것입니다. 의학과 인문학 그리고 경영학의 조화를 통해 건강한 인간으로 사회에 선한 영향력을 발휘하고, 각자가 주체적인 삶을 살기 위한 지혜를 모색해가고자 합니다.

건강과 인문학을 위한 실천의 장에 여러분을 초대합니다.

2. 비전, 목적, 방법

| 비 전

장수시대에 "건강한 삶"을 위해 신체적, 정신적, 사회적 건강을 돌보고, 함께 잘 사는 행복한 사회를 만드는 데 필요한 덕목을 솔선수범하면서 존재의 의미를 찾는다.

| 목 적

우리는 5년간 100권의 불멸의 고전을 읽고 자신의 삶을 반추하며, 중년 이후의 미래를 새롭게 설계해 보는 "자기인생론"을 각자 책으로 발간하여 유산으로 남긴다.

| 방 법

매월 2회 모임에서 인문학 책 읽기와 토론 그리고 특강에 참여한다. 아울러서 의학 전문가의 강의를 통해서 질병예방과 과학적인 건강 관리 지식을 얻고 실천해 간다.